Hartmut Lüdeling

Handbuch der Radiaesthesie

DRACHENVERLAG

Originalausgabe
4. vollständig überarbeitete Auflage
September 2006

Edition Eike Hensch im
Drachen Verlag
www.drachenverlag.de

Satz und Gestaltung:
Hartmut Lüdeling
Druck:
Hanodruck GmbH,
D–33749 Schloß Holte-Stukenbrock
Einband:
Großbuchbinderei B. Gehring GmbH & Co KG
D–33604 Bielefeld

Umschlagbilder:
Vorn: Kathedrale von Sevilla, Kapitelsaal
Hinten: St. Leonhard bei Tamsweg,
St. Antoniusquelle

ISBN: 3-927369-28-4

Ohne die bewundernswerte tatkräftige Unterstützung, reale und mentale Zusammenarbeit meiner Frau Ingeborg und ihre Geduld beim Abfassen dieser Arbeit wäre dieses Werk nicht entstanden. Ihre hilfreichen Überprüfungen bei meiner Ausbildung, Erfahrungssammlung und Forschung trugen in ganz wesentlichem Umfang zu dem hier vermittelten Stand des Wissens bei.

Besonderer Dank gilt meinem leider verstorbenen Lehrmeister Reinhard Schneider für die fundierte Übermittlung der theoretischen Grundlagen der Grifflängentechnik und deren Einbindung in die Physik der hochfrequenten Wellen.

In Fortsetzung seines Lebenswerkes wird in diesem Werk die von ihm präferierte Schreibweise „Radiaesthesie" anstelle der andernorts gebräuchlichen Version „Radiästhesie" benutzt.

Ebenfalls vielen Dank für die Unterstützung an

Monika Adolph, Birgit und Ulrich Bever, Joseph Birckner, Ferdinand Bongard, Wolfgang Buchstätter, Willem Busscher, Elisabeth und Hanspeter Curiger, Josef Eigner, Claudia Eikmeier, Colin Elam, Regina Elsken, Jens Falley, Georg Fläxl, Ursula Geitner, Walter Göddeke, Siegmar Härtel, Johannes Heimrath, Eike Hensch, Claudia Hollenhorst, Joachim Jünemann, Ewald Kalteiß, Rudolf Kluge, Harm Koch, Hubert Kohnert, Manfred Kuhnle, Wolfgang Larcher, Carl-Heinz Linnemannstöns, Daniel und Phillip Lüdeling, Lara Mallien, Liane Maroldt, Rudolf Mauthe, Karl Meltzow, Konstantin Meyl, Rüdiger Möllmann, Leopold Mörzinger, Wolfgang Müller, Stefanie Münnighoff, Peter Newerla, Adolf Packeiser, Heike Pichard, Hans Pliesenegger, Heinz Jürgen Prinz, Eckhard und Marieluise Plöger, Günter Petautschnig, Christiane Richter, Sabine Rieber, Michael Ritzen, Ferdinand Schmid, Till Schulze-Geißler, Robert Seeberger, Reinhold Terdenge, Georg Thurn von Valsassina, Thomas Weinberger, Bettina Zimmermann

und die vielen ungenannten Helfer, die auf ihre Weise zum Gelingen beigetragen haben.

Hartmut Lüdeling

* Jhg. 1954,

von Beruf Diplom-Ingenieur, als Stadtoberbaurat leitend im öffentlichen Dienst beschäftigt. 1980 - 82 Ausbildung zum geprüften Baubiologen IBN mit anschließender Beratungstätigkeit.

Seit 1985 zusammen mit seiner Frau Ingeborg eigenständige Durchführung von Hausuntersuchungen, zunächst beschränkt auf Baustoffanalysen, Begutachtung der elektrotechnischen Installation und mentale Aufspürung von geobiologischen Störungen.

Zur gleichen Zeit Annahme von Lehraufträgen zum Thema Baubiologie an verschiedenen Einrichtungen zur Erwachsenenbildung.

Durch Kontakt mit Ing. Reinhard Schneider 1987 / 88 Beginn der radiaesthetischen Praxis in Form der Grifflängentechnik und deren Anwendung bei Haus- und Schlafplatzuntersuchungen. Seit 1991 Aufbau des Arbeitskreises Geobiologie Ostwestfalens und Leitung von Ausbildungen, Seminaren und Studienfahrten zur praktischen Radiaesthesie, Geobiologie und Geomantie.

1995 bzw. 1997 zusammen mit Prof. Eike Hensch, Ewald Kalteiß und Dr. med. Manfred Kuhnle Einrichtung einer geobiologischen Fachausbildung unter Einbeziehung der neuen Baubiologie, Biophysik und Umweltmedizin. Zusammen mit seiner Frau Entwicklung der psychodynamischen und transzendentalen Radiaesthesie.

Gründungsmitglied und 1. Vorsitzender des Radiaesthesieverein Deutschland e.V.

Mehrere Veröffentlichungen zu den Themenbereichen Baubiologie, Elektrosmog, Radiaesthesie sowie zur Bauleitplanung.

Kontakt:

Dipl. Ing. Hartmut Lüdeling

info@argo2012.de

Inhalt

Vorwort

Zur ersten Auflage:

Ein Buch über Radiaesthesie, speziell über die Grifflängentechnik, an der Hand zu haben, das die Vielzahl von verschiedenen Begriffen erläutert und gleichzeitig dazu etwas umfassender informiert, erschien dem Verfasser seit langem ein Bedürfnis. Aus einem kleinen Lexikon, das ursprünglich stichwortartig erste Informationen lieferte, entstand so über Jahre hinweg eine immer umfangreichere Materialsammlung, die ihr Dasein in angestaubten Ordnern fristen musste. Allerdings basierten die Grundlagen dieses Lexikons auf Ausführungen verschiedener Autoren und hatten anfangs den Mangel, dass der Verfasser nicht dokumentiert hatte, ob es sich bei einzelnen Ausführungen um Zitate anderer handelt. Wenn trotz intensiver Korrektur in Einzelfällen nicht dokumentierte Zitate versehentlich im Text verblieben sind, bittet der Verfasser um Nachsicht und verspricht bei Neuauflagen Abhilfe.

Nun würden die Grundlagen dieses Buches ihr Dasein in diversen Ordnern auch noch weiter fristen und weiter vor sich hinwachsen, wenn nicht Prof. Eike Hensch in seinem erfahrungswissenschaftlichen Verlag nach Sichtung der ersten zusammenhängenden Unterlagen praktische Geburtshilfe geleistet und gefordert hätte, einen Schnitt zu machen, um endlich die erste Auflage der Öffentlichkeit vorzustellen.

Das vorliegende kleine Werk ist in zwei Teile gegliedert. In dem ersten Teil sind Vorträge des Verfassers über Theorie und Praxis enthalten, die im Rahmen der vom Arbeitskreis Geobiologie Ostwestfalen durchgeführten Einführungen in die Radiaesthesie gehalten wurden. Sie sind als erster Einstieg in die Welt der Radiaesthesie gedacht, insbesondere in die Grifflängentechnik nach Reinhard Schneider. Weiterhin könnte auch der radiaesthetisch Fortgeschrittene hier neue Anregungen finden oder zumindest seine Grundlagen wieder auffrischen.

Im alphabetisch geordneten zweiten Teil finden sich nicht nur die Erklärungen zu einzelnen Stichworten, sondern auch Praxishinweise zu wichtigen Arbeitstechniken. Damit soll eine zusammenfassende Information ohne langandauerndes Herumblättern ermöglicht werden.

Im Übrigen wurde dabei Wert auf eine anschauliche Illustration des Textes gelegt, so dass Wort und Bild zusammen den Gesamtinhalt der Information ausmachen. Allerdings soll dieses Handbuch nicht die praktische Einführung ersetzen. Eine gründliche praxisgerechte Ausbildung ist ohnehin nicht auf rein theoretischem Wege zu leisten. Aber jeder Praktiker wird ergänzend auf den hier vermittelten Inhalt zurückgreifen können.

Dem Verfasser liegt es persönlich am Herzen, keine dogmatischen Vorschriften über Weg, Arbeitsweise und Gerätschaften aufzustellen und er will auch keine alleingültigen Lehrgebäude installieren. Es würde ihn freuen, wenn die hier gegebenen Ausführungen als eine Anregung aufgefasst werden, wie die Grifflängentechnik gehandhabt werden kann. Die geschilderten Beispiele haben sich in der Praxis – auch unter didaktischen Gesichtspunkten – in vielen Fällen bewährt und sind teilweise erst entwickelt worden, nachdem die früher erlernten Methoden entweder zu ungenau oder nicht effektiv genug erschienen. Bei der Fülle des Stoffes ist allerdings dabei nicht auszuschließen, dass es auch andere Ansichten, Wege und Techniken gibt, die das Untersuchungsziel besser und schneller erreichen lassen, den Wissensstand erweitern oder ihn sogar korrigieren würden. Für entsprechende Hinweise wäre der Verfasser sehr dankbar.

Der Leser wird in dieser Ausgabe die sonst üblichen Ausführungen über geobiologische Auswirkungen vergeblich suchen. Die biologischen Wirkungen der radiaesthetisch erfahrbaren Strahlungen und die dabei auftretenden Wechselbeziehungen sind sehr komplex und würden mit Sicherheit den Rahmen dieses Handbuches sprengen. Der Verfasser hat sich auf Ausführungen in diesem Rahmen nur auf einzelne Stichworte im alphabetischen Teil beschränkt, wobei er sich freuen würde, die darüber hinaus gewonnenen Erkenntnisse mit naturheilkundlich kompetenten Fachleuten zusammen zu einem späteren Zeitpunkt aufzubereiten.

Der Verfasser

Gütersloh im Februar 1994

Zur zweiten Auflage:

Das große Interesse an neuen Entwicklungen und Erkenntnissen in der Medizin, der Baugeschichte und im baulichen Umfeld des Menschen im Zusammenhang mit der physikalischen Radiaesthesie veranlasst den Verlag zu einer zweiten Auflage.

Prof. Eike Hensch, Architekt
Nienburg im Mai 1996

Zur dritten Auflage:

Jetzt sind schon fast vier Jahre vergangen, seitdem sich das „Handbuch der Radiaesthesie" seinen Platz in der Leserschaft erobert hat. Nachdem nun die vorangegangenen Auflagen restlos vergriffen sind, wurde es Zeit für eine Neuauflage.

Vier Jahre sind eine lange Zeitdauer, wenn sie komprimiert mit neuen Erkenntnissen gefüllt werden. Nach Ablauf dieser Zeit darf der Leser gerade in dem lebendigen Wissensgebiet der Radiaesthesie erwarten, dass auch der Stand des Buches mit der Weiterentwicklung Schritt hält. Der Verfasser hat sich deshalb entschlossen, das Handbuch zu überarbeiten und auf den neuesten Stand zu bringen.

Mittlerweile hat die Überarbeitung einen Umfang angenommen, dass daraus schon fast ein neues Buch entstanden ist. Der Leser wird vieles darin finden, was das Alte aufgrund neuerer Erkenntnisse in neuem Licht erscheinen lässt und Neues finden, welches das Alte ergänzt und dadurch gegebenenfalls erhellt. In einigen Fällen zwangen aber auch bessere Erkenntnisse dazu, den bisher dargestellten Sachverhalt zu korrigieren, was mit dieser Ausgabe geschehen ist.

Auch diese Ausgabe des Handbuches betrachtet der Verfasser nicht als ex cathedra verkündete reine Lehre, sondern möchte den Inhalt als einen Diskussionsbeitrag zur Radiaesthesie verstanden wissen, der auf erfahrungswissenschaftlichen Forschungsarbeiten beruht. Hier soll das Buch Hinweise geben und anregen, in dieses unerschöpflich weite interdisziplinäre Fachgebiet selbst einzutauchen. Als äonenalte Erfahrungswissenschaft ist die Radiaesthesie nur dann zu *be-greifen*, wenn man sie selber ausübt, dabei aber seinen kritischen Geist nicht außer Acht läßt.

Der Verfasser hat sein selbstgestecktes Ziel erreicht, wenn die durch dieses Buch angeregten Forschungsarbeiten auch künftige Neuauflagen bereichern.

Der Verfasser
Rüthen im Februar 1998

Zur vierten Auflage:

Seit mehr als drei Jahren ist das „Handbuch der Radiaesthesie" nun schon vergriffen und eine große Zahl von Vorbestellungen drücken den Wunsch der Leserschaft aus, diese Lücke wieder zu füllen. Rechtzeitig zu seinem „zwölfjährigen" Bestehen, allen Höhen und Tiefen während seiner Erstellung zum Trotz, wird es wieder verfügbar sein.

Getreu dem Leitgedanken der vorherigen Auflagen hat der Verfasser auch diesmal die Gelegenheit genutzt, Form und Inhalt des Buches den neuesten Erkenntnissen anzupassen.

Am 30.6.2001 verstarb plötzlich unser verehrter Lehrmeister Reinhard Schneider im Kreise seiner Schüler. Ungefähr vier Wochen vor seinem Tod hat er uns noch in einem vertraulichen Gespräch seine neuen radiaesthetischen Visionen übermittelt und die Einladung ausgesprochen, diese gemeinsam zu erreichen. Leider war es ihm und uns nicht vergönnt, seine Einladung auf dieser Ebene anzunehmen.

Trotzdem – sicher auch mit seiner geistigen Unterstützung – gelang es anschließend mit der H3-Antenne, die von ihm in die Radiaesthesie eingeführte Lecherantenne weiter zu entwickeln. Diese neue Antenne hat in den letzten Jahren eine gute Akzeptanz bei ihren Benutzern gefunden und wird die Ausgangsbasis für eine Reihe von Weiterentwicklungen sein.

In der vorliegenden Ausgabe des Handbuches wird daher erstmalig zusammenfassend aus den verschiedenen Anwendungsgebieten der Antenne berichtet.

Der Verfasser
Versmold im September 2006

Teil 1

Beiträge zur praktischen Radiaesthesie

Die geschichtliche Entwicklung der Radiaesthesie

Die Radiaesthesie – die Erfühlung von Strahlungen – muss in früheren Zeiten als natürliche Begabung der Menschheit gegolten haben. Es ist nachzuweisen, dass selbst die ältesten heute bekannten Siedlungsplätze in Strahlungsfeldern liegen, die sich wohltuend auf Gemüt und Gesundheit auswirken. Bestimmte Gebiete scheinen zu früheren Zeiten stets für eine Besiedlung tabu gewesen zu sein. Von Etruskern und Römern ist überliefert, dass ihren Stadtgründungen immer langjährige gründliche Untersuchungen vorausgingen, die von Auguren vorgenommen werden mussten. Diese waren Angehörige einer speziell ausgebildeten „Kaste" von Priestern, die die Radiaesthesie anscheinend in hochentwickelter Form beherrschten. Neben vielen – uns heute fremd erscheinenden – Künsten, wie der *haruspicina* (Eingeweideschau), der *ars fulguratoria* (Deutung des Verlaufes von Blitz und Donner) und dem *auspicium* (Auslegung des Vogelfluges) mussten sie die Plätze für Tempel und Stadtanlagen bestimmen und „reinigen". Diese Aufgabe müssen sie sehr ernsthaft, sorgfältig und erfolgreich wahrgenommen haben, sonst wären ihre Spuren nämlich nicht in allen nachfolgenden Siedlungen wieder zu finden. In vielen römischen Stadtgründungen ist auch heute noch – trotz erheblicher Veränderungen – nicht nur die alte Straßenplanung wiederzuerkennen, sondern auch genau zu erspüren, wo damals der Stadtmittelpunkt, die wichtigsten Kultstätten und die besonders bevorzugten Wohnstätten gelegen haben. Die beiden Schnittlinien, mit denen die Auguren das Himmelsgewölbe geteilt hatten, wurden *cardo* (Nord-Süd) und *decumanus* (Ost-West) genannt. Viele Details aus den Gründungsriten sind uns heute überliefert; nur fällt es ohne ein gewisses (radiaesthetisches) Hintergrundwissen schwer, deren Sinn und Bedeutung abzuschätzen. Die seltsame Neigung der Auguren, einen *lituus* als „Zeichen ihrer Würde" zu tragen, macht nur dann Sinn, wenn diesem Gerät ein Gebrauchsnutzen zugeordnet werden kann. Doch wozu kann man diesen Stab verwenden, der aus dünnem Messingblech hergestellt ist und mit einer auffälligen Flachspirale an der Spitze versehen ist? Für die später daraus entstandene Cambutta der iro-schottischen Mönche, bzw. der Bischofs-, Krumm- oder Schäferstab wären eventuelle Nutzungszwecke für den „aufgeklärten Rationalisten" konstruierbar, aber der wahre Sinn des *lituus* bleibt offiziell im Verborgenen.

St. Wolfgang entdeckt mit seinem Bischofsstab eine Quelle (Abb. aus dem 16. Jh. in der Kirche St. Wolfgang bei Altenmarkt, Bayern)

Reinhard Schneider hat darauf hingewiesen, dass dieser Stab eine radiaesthetische Lokalisationsantenne darstellt, mit der z. B. gute von schlechten Strahlungen hervorragend unterschieden werden können.

Mit dem Untergang der römischen Kultur verlieren sich auch die schriftlichen Zeugnisse über diese Wissenschaft. Aus dem frühen Mittelalter sind hauptsächlich Legenden überliefert, die sich z. B. um Kirchenneugründungen ranken. Das Fehlen schriftlicher Zeugnisse aus dieser Zeit belegt nicht gleichzeitig die Nichtanwendung der Radiaesthesie in Europa, sondern ist eher Hinweis darauf, dass dieses Wissen nicht profaniert werden durfte. In der Sakralbaukunst wurde die Geomantie (wörtlich etwa als Erdwahrsagekunst zu deuten) eingesetzt, um besondere Plätze zu finden und zu schaffen. Diese Kunst wurde – wie viele andere Baugeheimnisse auch – von den Bauhütten und speziell ausgebildeten Meistern in den Mönchsorden – angewendet und gehütet.

Feldveränderung durch gepolte Steine im Fundament einer frühchristlichen Kapelle in Tintagel, Cornwall GB

Bei der Platzwahl und dem Bau alter Kirchen sind oft künstliche Veränderungen im Baugrund vorgenommen worden, die sich heute noch finden lassen (teilweise rätselhafte Steinsetzungen, tiefliegende künstliche Wasserführungen unter Säulenfundamenten) und die keinen technischen Sinn haben, sondern nur dazu dienten, den „Geist" des Ortes zu erwecken. Dieser besteht aus Strahlungen, die diese merkwürdigen Baudetails erst erschaffen oder zumindest positiv beeinflussen.

Ein geschichtlich belegtes, offizielles Anwendungsgebiet war im Mittelalter die Suche nach unterirdischen Erzlagerstätten. Hierzu sind eine ganze Reihe von schriftlichen und bildlichen Hinweisen überliefert. Die meisten deutschen Erzminen des Mittelalters sollen auf radiaesthetische Vorerkundungen zurückgehen. CHRISTOPHER BIRD deutet in seinem „Handbuch der Wünschelrute" darauf hin, dass der deutsche Erzbergbau technologisch so weit entwickelt war, dass die Engländer zur Regierungszeit ELISABETH I. sowohl Bergbaufachleute als auch Rutengänger für ihre Zwecke abwarben. Es gibt Hinweise darauf, dass einige von ihnen außerordentlich erfolgreich gewesen sein müssen, denn sie kamen dort zu großem Ansehen und Reichtum.

Mit dem Zeitalter der Aufklärung geriet die Radiaesthesie wieder zunehmend in den Hintergrund, aber nicht in Vergessenheit. Die Übergänge zwischen den Erkenntnissen der Radiaestheten und der Physik waren fließend. Es ist belegt, dass viele namhafte Physiker sich mehr oder weniger mit Radiaesthesie beschäftigten und teilweise sogar erst durch ihre praktische Anwendung zu manchen epochemachenden wissenschaftlichen Entdeckungen gekommen sind. Allerdings galt es ungefähr ab Beginn des 20. Jh. als nicht sehr karrierefördernd, sich offen zur Radiaesthesie zu bekennen. Trotzdem forderte kein Geringerer als der deutsche Nobelpreisträger MAX PLANCK 1932 ein eigenes Institut zur Erforschung des „Wünschelrutenproblems" dem Kaiser-Wilhelm-Institut anzugliedern. Der Vorschlag dieses mutigen Wissenschaftlers konnte damals leider wegen der herrschenden Wirtschaftskrise nicht verwirklicht werden.

Ebenfalls um die Jahrhundertwende begann eine Diskussion über den Zusammenhang zwischen dem Auftreten gewisser chronischer Krankheiten und radiaesthetisch zu findenden Reizzonen. In mehreren Flächen- und Reihenuntersuchungen konnten Forscher nachweisen, dass es Zusammenhänge zwischen standortgebundenen Faktoren und Häufigkeit von Krebsarten gab. In Deutschland sorgte die planmäßige Feldbegehung von Vilsbiburg des FREIHERRN VON POHL 1929 für Aufsehen.

Vilsbiburg – Ausschnitt aus der Originalkarte der Begehung von FREIHERR VON POHL 1928/29

Vielfach waren dabei statistische Daten aus Registern herangezogen worden, die kleinräumige (wohnungs- oder straßenbezogene) Aussagen zuließen. Zur Zeit des Nationalsozialismus wurden diese Register nicht mehr zugänglich gemacht und weitere Forschungen und Vergleiche mussten unterbleiben.

Gleichzeitig zu diesen Untersuchungen, die als Grundlage für die heutige Geobiologie gelten, begannen naturheilkundlich orientierte Ärzte und Heilpraktiker, mit Hilfe radiaesthetischer Untersuchungen an ihren Patienten, Diagnosen zu stellen. International erfolgreich war der Heilpraktiker MATTHIAS LEISEN mit seinen Spezialelementruten, in denen Informationen von Spurenelementen enthalten waren. Dieses Verfahren war Grundlage für die später entwickelten verschiedenen Formen der Elektroakupunktur, mit deren Hilfe sich der behandelnde Mediziner ein individuelles Bild über den Gesamtstatus seines Patienten machen kann.

Die Erfolge einiger Rutengänger in der Vergangenheit und in der Gegenwart sind nicht zu bestreiten, doch gibt es auch in dieser Disziplin genügend „schwarze Schafe", die eine aufrichtige und ehrliche Forschungstätigkeit durch Selbstüberschätzung und Gewinnsucht in Misskredit bringen. Die Vielfalt immer neuer Geräte zur Abschirmung und Entstörung der sogenannten Erdstrahlen ist ein Ausdruck davon.

Nun ist das Wissen um die Schaffung besonderer Plätze schon in der Antike eine wichtige Aufgabe der Kundigen gewesen, aber diese wurde mit großer Sorgfalt und erst nach langjähriger Ausbildung vorgenommen. Im Gegensatz dazu ist einigen Geschäftemachern irgendein beliebiges Entstörmittel gerade recht, um es nach einer halbstündigen Schlafplatz-Kurzuntersuchung dem verängstigten Laien gegen sein „total verstrahltes" Bett aufzudrängen. Der Verfasser hat Fälle kennengelernt, wo der simple Rat genügt hätte, den Radiowecker aus dem Schlafzimmer zu entfernen, um die „böse Verwerfung" aus dem Ehebett zu beseitigen. Die aus dem Gefühl völliger Verunsicherung heraus notgedrungen gekauften Entstörmatten (Gesamtpreis etwa 2.000 €) hatten sich gegen die seitliche Strahlung des Radioweckers als vollkommen nutzlos erwiesen.

In diesen Fällen hilft die Aufklärung „wohlmeinender“ Journalisten über den Spuk der Wünschelrutentechnik und der damit verbundenen Scharlatanerie wenig. Viele Menschen, die sich an Rutengänger wenden, tun dies aus der Erkenntnis heraus, dass ihnen einerseits die klassischen Wissenschaften bei ihren Problemen nicht weiterhelfen konnten, andererseits sich nun auch unbestreitbare Erfolge der Rutengänger außerhalb des Mediengetöses im Bekanntenkreis gezeigt hatten. Allerdings gibt es in jedem Bereich des täglichen Lebens auch Zeitgenossen, die mit möglichst wenig Aufwand an möglichst viel Geld ihrer Mitmenschen gelangen wollen. In der Radiaesthesie ist dies leider nicht anders als bei allen anderen Gewerbetreibenden auch. Aber auch hier gilt, dass sich jeder sachkundig machen sollte, bevor er sich fremder Dienstleistungen bedient. Der Nimbus eines dunklen Mysteriums paranormaler Kräfte exisitiert nur für diejenigen, die sich nicht mit diesem Wissensgebiet beschäftigen. Die so genannte Aufklärung in den Medien schießt oft über das Ziel hinaus. Sie erreicht damit nur, dass dieser Nimbus verstärkt wird, bewirkt damit in weiten Kreisen der Bevölkerung eine Verunsicherung und vergrößert die Gefahr, letztendlich doch auf Scharlatane hereinzufallen.

„Das Recht ist für die Wachen da“, lautet seit alter Zeit ein Grundsatz der römischen Rechtsprechung. Wach ist stets derjenige, der sich in der Sache auskennt. Es ist deshalb jeder Interessierte aufgerufen, sich selber sachkundig zu machen und sich dadurch ein eigenständiges Urteil zu bilden.

Ist es abwegig, das Rutengehen selber auszuprobieren und zu erlernen? Ursprünglich hatte man geglaubt, dass die Radiaesthesie auf einer angeborenen Fähigkeit beruhen müsse, da die verwendeten Geräte nur bei wenigen reagierten. Wird bei der Vermittlung der Rutenfertigkeiten die Grifflängentechnik nach R. SCHNEIDER angewandt, ist es immer wieder zu beobachten, dass praktisch jeder Anfänger Reaktionen erzielen kann. Der Rest ist – wie bei jeder anderen Fertigkeit auch – durch Weiterbildung und Übung zu erlernen. Dazu werden heute von verschiedenen Forschungs- und Arbeitskreisen eine Reihe von Kursen angeboten. Dort kann sich der Interessierte ein Bild von den vielfältigen Arbeitsmethoden und den weitumspannenden Anwendungsgebieten der Radiaesthesie machen. Der Verfasser hat dabei schon viele verwunderte Gesichter von Skeptikern beobachten können, nachdem sie unvermittelt ihre ersten Rutenreaktionen erzielt hatten.

Der Einstieg in das Reich der Radiaesthesie ist nicht so schwer, wie er zunächst aussieht. Außerdem kann es interessant werden, zwanglos den Einblick in eine Welt zu finden, die uns bislang verschlossen war.

Die moderne Radiaesthesie am Beispiel der Grifflängentechnik

Sicher gibt es eine Menge verschiedener Arbeitsgeräte und -techniken in der Radiaesthesie, mit denen brauchbare Ergebnisse geliefert werden können. Die Erkenntnisse eines Pendelkundigen sind im Prinzip nicht besser oder schlechter zu bewerten als die eines Rutengängers. Maßstab für die Güte der Aussagen ist – wie in allen anderen Bereichen der Wissenschaft auch – der Kenntnisstand und die Aufgeschlossenheit anderen gegenüber sowie die Ernsthaftigkeit des Radiaestheten selbst. Eine Überheblichkeit, wie sie leider in einigen Rutengängerzirkeln herrscht, ist häufig nur der Ausdruck eigener Unvollkommenheit.

Die radiaesthetischen Indikatoren, seien es nun die verschiedensten Pendel, Drehruten oder anderen Ruten, bilden zusammen mit dem benutzenden Menschen eine Einheit von Antenne, Verstärker und Anzeigegerät. Das klassische (hier sehr einfach gehaltene) Denkmodell geht davon aus, dass der Indikator – z. B. unsere Grifflängenrute – eine Empfangsantenne darstellt, die Strahlungen empfängt und diese über die in Spannung (in Bereitschaft) versetzten Muskeln und Nervenbahnen in die entsprechenden Zentren unseres Gehirns weiterleitet. Von dort werden dann die Muskelreaktionen ausgelöst, die wiederum die Rutenausschläge bewirken.

Die verschiedenen Forschungen über die Beziehungen zwischen Mensch und Indikatoren sind höchst interessant, können jedoch nicht im Rahmen dieses Handbuches behandelt werden. Ich möchte mich daher nur einem Aspekt des radiaesthetischen „Empfangsmessgerätes" (gemeint ist hier das Gerät „Rute" in der Hand des Rutengängers, das jedoch niemals eine Maschine sein wird) widmen, also dem Bereich der zu empfangenden Strahlungen.

Reinhard Schneider
Begründer der Grifflängentechnik

Aus der Funktechnik wissen wir, dass die Empfangsgüte von elektromagnetischen Wellen vom Durchmesser, der Länge und der Charakteristik der eingesetzten Antennen abhängig ist. Als mir früher einmal die UKW-Antenne an meinem Wagen bis auf den Sockel abbrach, brach auch gleichzeitig der Empfang meines Senders ab. Im gesamten Frequenzbereich herrschte Funkstille, auch dort, wo vorher klarer Empfang möglich war. Lediglich der englische Soldatensender BFBS, der in Ostwestfalen mit sehr hoher Feldstärke sendet, war noch zu hören, alles andere ging im Rauschen unter. Die Beschaffenheit des Antennensockels reichte gerade aus, diesen starken Sender aufzunehmen, nicht aber die schwächeren zu empfangen.

In anderen Bereichen, wo wir es mit Wellenausbreitungen zu tun haben, die nicht elektromagnetischer Natur sind (zum Beispiel beim Schall), kommt es auf abgestimmte Eigenschaften von Empfangsanlagen an. Unser Ohr empfängt nur einige Bereiche des Schallspektrums. Schall außerhalb dieser Wellenlängen bleibt für uns unhörbar. Vergleichbar mit der Empfangsgüte sind hier Resonanzerscheinungen, wie wir sie früher bei Fenstern mit Einfachverglasungen her erleben konnten. Ein anfahrender Omnibus mit seinem lauten Dieselmotor konnte die Scheiben immer bei einer speziellen Frequenz erheblich zum Rappeln bringen. Bei so einem Effekt müssen die Frequenz der Schallwellen und die Eigenresonanz der Fenster übereinstimmen.

Übertragen auf die Radiaesthesie empfehlen sich Indikatoren, die auf das Spektrum der gesuchten Strahlungen einstellbar oder abstimmbar sind. Nur dann ist der Empfang optimal. Setzen Radiaestheten statt dessen starre Indikatoren ein, geraten sie zwangsläufig nur mit einem begrenzten Strahlungsspektrum in Resonanz. Diese physikalischen Beeinträchtigungen können ausgeglichen werden - allerdings nur mit einem erhöhten Aufwand an mentaler Energie.

In der Grifflängentechnik benutzen wir abstimmbare Ruten, mit denen ein begrenzter, eingestellter Wellenlängenbereich empfangen werden kann. Diese Ruten haben – zur besseren Vergleichbarkeit – einen konstanten Durchmesser und bestehen aus elastischen Kunststoffstäben, die zu gegabelten V-Antennen geformt sind. Als Standard wird die H3-Rute benutzt, eine verdrehungssichere V-Rute aus gespritztem Kunststoff mit eingearbeiteten Markierungspunkten.

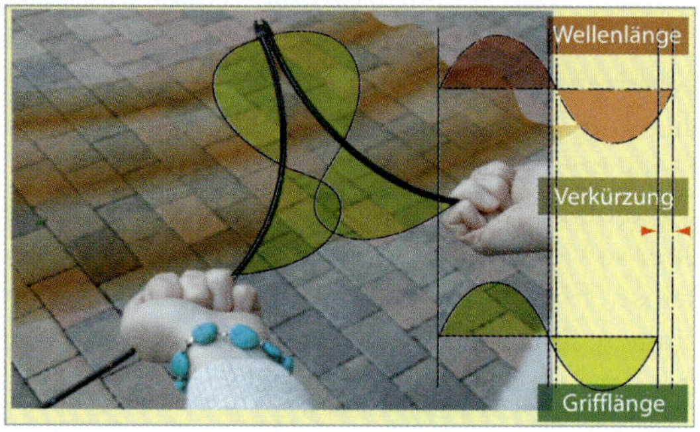

Definition der Grifflänge im Untergriff

In Arbeitshaltung wird diese Rute nun zu einem V-Dipol, einem Antennensystem, das auf die Empfangswellenlänge abgestimmt ist. Der größtmögliche Empfangsgewinn wird erzielt, wenn sie so gehalten wird, dass sich in dem V-förmigen System die empfangenen Wellen mit voller Energie ausbreiten können.

Auf den Schenkeln der Rute sind verschiedenfarbige Markierungen angebracht. Die Längen des Schenkels zwischen den Farbmarkierungen und der Rutenspitze entsprechen den zu suchenden Wellenlängen und werden Grifflängen genannt.

Die Wellenlängen der Strahlungen und die markierten Grifflängen weichen in der Praxis etwas voneinander ab. Die Grifflänge ist bei der Kunststoffrute stets kürzer als die zu empfangende Wellenlänge. Der Antennentechnik kennt diese

Erscheinung als Verkürzungsfaktor. Dieser leitet sich aus dem Schlankheitsverhältnis (Wellenlänge/Antennendicke) ab und liegt bei der H3-Rute im Mittel bei 0,888. Mit diesem Wert muss die zu empfangende Wellenlänge multipliziert werden, wenn die dazugehörige Grifflänge ermittelt werden soll.

Eine wichtige Resonanzwellenlänge von Wasser kennen wir aus der Mikrowellentechnik mit einem Wert von 12,24 cm, die umgerechnet mit 2,45 GHz der Arbeitsfrequenz des Mikrowellenherdes entspricht.

Multipliziert man diese 12,24 cm mit dem Verkürzungsfaktor von 0,888 ergibt sich aufgerundet eine Grifflänge von 11 cm.

Mit diesen 11 cm haben wir bereits das erste wichtige Maß für unsere Wassersuche. Wie REINHARD SCHNEIDER in mehreren Veröffentlichungen ausführt, lässt sich anhand vieler alter Abbildungen und Schriften nachweisen, dass dieses Maß oder ein Mehrfaches davon den Radiaestheten und Geomanten noch bis in das ausklingende Mittelalter bzw. die beginnende Neuzeit hinein bekannt war.

Diese Geomanten, die früher die Aufgabe hatten, gute (Kirchen-)Standorte zu finden und zu schaffen, benutzten natürlich keine Kunststoffruten, setzten aber Pendel, Holzruten und Krummstäbe ein, wobei die Krummstäbe auffällige Ähnlichkeiten mit dem etruskisch-römischen Instrument der Auguren, dem *lituus* hatten. Die Auguren hatten nach offizieller Geschichtsforschung eine ganz wichtige Aufgabe, nämlich Stadtgründungen sakral vorzubereiten und in dem künftigen Areal die heiligen Plätze zu lokalisieren und zu gestalten. R. SCHNEIDER hat einen *lituus* vom historischen Original nachbauen lassen und damit festgestellt, dass er wie eine Einhandrute funktioniert und dass man damit auch verschiedene Wellenlängen und ihre Polarisationen auseinanderhalten kann.

Doch nun wieder zurück in die Neuzeit. In dem Chorraum der Kreuzkirche in Stromberg (Stadt Oelde) befindet sich – leider nicht mehr an der Originalstelle – eine Grabplatte, die einen Bischof aus dem 18 Jh. abbildet, der in der Hand einen Krummstab hält. Etwas unterhalb der Krümme dieses Stabes ist ein kleiner Wulst angebracht. Die Hand des Bischofes, mit der er den Krummstab hält, trägt ein auffälliges Zeichen.

Grabplatte (Mitte 18. Jh.) in der Kreuzkirche in Stromberg

Diese Darstellung zog vor einiger Zeit unseren Blick an und wir entdeckten an dem Stab in der Mitte des Wulstes eine kleine Ritzmarkierung. Daraufhin haben wir den Abstand zwischen dieser Einritzung und der Mitte des beringten Mittelfingers nachgemessen und kamen auf genau 33 cm – dem dreifachen Wert unserer ersten Wassergrifflänge! Mit dieser Einstellung lassen sich die hauptsächlichen geologischen Anomalien in der Kirche nachweisen und sie ist gleichzeitig ein Standardwert für die Suche nach Wasser in normalen Tiefenlagen.

Aber auch diese Grifflänge ist für einen geübten Wassersucher noch nichts, was er unbedingt für seine Arbeit während der Untersuchung an der Kirche benötigen würde. Normale Wasseradern sind im Flachland in fast jeder alten Kirche zu muten. Hier in Stromberg gibt es allerdings etwas, das entweder nur Rutengänger finden oder nur zufällig ins Licht der Wissenschaft gelangt. Wir konnten mit eigenen Augen in ein tiefes Loch schauen, das bei Umbauarbeiten vorübergehend freigelegt wurde. Auf seinem Grund konnten wir deutlich ein wasserführendes Gerinne wahrnehmen, das in einiger Tiefe (geschätzt ca. 7 – 10 m) künstlich hergestellt sein muss. Das Gerinne verläuft augenscheinlich und nach unserer Mutung ziemlich genau mittig unter dem südlichen Seitenschiff der Kirche. Ein sichtbarer Beweis, dass die Einflüsse unterirdischer Wasserführungen in dieser Kirche eine besondere Rolle spielen.

Zunächst konzentrieren wir uns auf die Frage, ob dieser Hinweis auf der Grabplatte Zufall ist oder eine Methode der alten Bauhüttenmeister offenbart, verschlüsselte Botschaften an spätere Generationen weiterzugeben?

In einer anderen Kirche der Umgebung, in der ehemaligen Abtei in Liesborn, gibt es gleich mehrere Krummstababbildungen. Bei zwei von ihnen haben wir das Maß vom Mittelfinger bis zu diesem oberen Ring abgenommen: 22 cm! Diese Grifflänge wird benutzt, um tiefes Wasser zu finden. Die Kirche von Liesborn steht – und das haben wir bereits untersucht – auf einer Wasserader, die unter anderem in Bad Waldliesborn bei Lippstadt einen unterirdischen See speist, aus dem zwei ca. 900 m tiefe Brunnen heilkräftiges Solewasser ziehen. Man könnte noch eine ganze Reihe weiterer kirchlicher Abbildungen anführen, bei denen sehr eindrucksvoll auf Grifflängen hingewiesen wird, doch darüber später mehr.

Für uns steht deshalb aus eigener Anschauung fest, dass unsere Vorfahren bereits detailliertes Wissen über verschiedene Grifflängen hatten und es auch einzusetzen wussten. Offensichtlich muss sich diese Technik über Jahrhunderte bewährt haben und ist, wahrscheinlich als Folge der damaligen strikten Geheimhaltung im Zeitalter der Aufklärung, verschleiert und hinterher nicht mehr verstanden worden. Wenn man sich etwas mit der Sakralbaukunst in radiaesthetischer Hinsicht beschäftigt, erkennt man schon bei alten kleineren Kirchen den hohen Wissenstand der eingeweihten Baumeister. Sollten wir ihnen nicht vielleicht nacheifern – zumindest was ihre radiaesthetischen Fertigkeiten anbelangt?

Radiaesthesie und Physik

Das muss für den Gerichtsschreiber JOHANN FICHART aufregend gewesen sein, als er anno domini 1528, am 21. Oktober zu Frankfurt für zwei Richter ein sicher nicht alltägliches Protokoll schreiben musste. Mit zittrigen Händen, vielen Streichungen und nachträglichen Ergänzungen hatten die drei Herren etwas der Nachwelt erhalten, was direkten und tiefen Einblick in das Alltagsleben eines Menschen gibt, dessen Werke auf seine Zeitgenossen einen fast magischen Reiz ausübten.

„Wir haben als Zeugen die Habe von Meister Mathis Nithart oder Gothart in Augenschein genommen und davon eine Bestandsaufnahme gemacht...", beginnt das Dokument, in dem überliefert wird, welche Utensilien der Maler, Baumeister und Wasserkunstbauer MATHIAS GRÜNEWALD zu Lebzeiten sein Eigen nannte.

Wer heute das Musée d' Unterlinden im elsässischen Colmar besucht, den wird der Isenheimer Altar mit den strahlenden Visionen von Meister Mathis in seinen Bann ziehen. Aber bei GRÜNEWALDS Meisterwerk strahlen nicht nur die Farben...

Das Frankfurter Nachlassverzeichnis führt neben vielen alltäglichen Gebrauchsgegenständen auch auf, dass er viele seltene Farbpigmente, Zeichen- und Malutensilien hinterlassen hat. Zwischen Reibsteinen, Zirkeln, „alchymischem Grün" und „unbekanntem Blau" findet sich auch ein Futteral mit vier „winnsel Ruden". Was „winnsel Ruden" sind, ist zwar offiziell noch nicht mit letzter Sicherheit geklärt, aber GRÜNEWALD beschäftigte sich mit Brunnenbau, Wasserversorgung und wahrscheinlich auch mit Bergbau. So ist es naheliegend, dass er sich der damals üblichen Werkzeuge der Wassersucher bediente, den Wünschelruten.

Mit Wünschelruten kann ein Geübter nicht nur Wasser- und Erzadern finden, sondern auch Plätze und Stellen, an denen sich Farbpigmente besonderer Qualität gewinnen lassen.

Besuch des Hl. Antonius beim Hl. Paulus – Ausschnitt aus dem Isenheimer Altar

Aus den gemalten Zeugnissen wissen wir, dass Meister Mathis ein äußerst sensibler Beobachter war, der mit Leib und Seele das Wesen der Natur erfasste und darstellen konnte. Am Isenheimer Alter hat er am unteren Rand der Szene, die die Hl. Eremiten Antonius und Paulus zeigt, eine Reihe von Heilpflanzen abgebildet, die gegen das damals grassierende Antoniusfeuer verwendet wurden. Es ist bekannt, dass dieses Altarbild Scharen von Pilgern anlockte, die an diesem Leiden erkrankt waren und Heilung suchten. Und so könnte es durchaus möglich sein, dass die an dieser damals verheerenden Seuche erkrankten Pilger allein durch die „strahlenden“ Botschaften Genesung fanden.

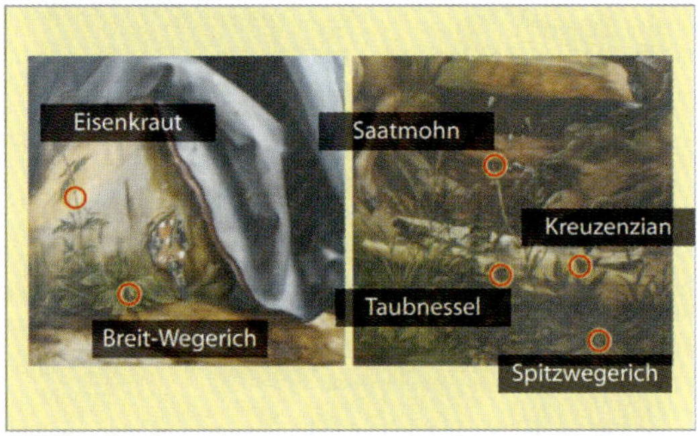

Auswahl der insgesamt 15 verschiedenen Pflanzen[1] aus dem Grünewaldgemälde - links Ausschnitt unterhalb des Hl. Antonius, rechts Ausschnitt unterhalb des Hl. Paulus

Nur 100 Jahre später schrieb der englische Philosoph und Lordkanzler von James I, Sir FRANCIS BACON (1581 – 1626):

„Wir müssen die Natur auf die Folter spannen, damit wir genügend von ihr erfahren. ..“

FRANCIS BACON, Viscount von St. Albans und Baron von Verulam, gilt als ein den Rosenkreuzern nahestehender Begründer der Aufklärung und wird als ein Wegbereiter der modernen Wissenschaften angesehen.

Was ist eigentlich das Wesen der Natur, die Meister MATHIS so kunstvoll abbildet und die Sir FRANCIS BACON dagegen auf die Folter spannen will?

Natur wurde im antiken Griechenland als „physis“ bezeichnet (*physis* = Natur, natürliche Beschaffenheit). ARISTOTELES verstand unter dem Begriff *physica* die gesamte Naturlehre. Für ihn war Natur somit gleichbedeutend mit der Physik.

Wenn wir dagegen an unsere heutigen Naturwissenschaften denken, fällt uns wohl nicht sofort ein duftender Wald mit singenden Vögeln ein, und auch nicht der Rabe, der mit einem doppelten Brotlaib im Schnabel die beiden Eremiten auf dem Seitenflügel des Isenheimer Altars versorgt. Wir denken eher an Formeln, Berechnungen, an Labore, Messgeräte, Reagenzgläser sowie aufwändige Versuche. Wir denken vielleicht sogar an Tierversuche und verbinden dies mit den Ausführungen von Sir Francis und seiner Folter...

Erst mit Beginn des 17. Jahrhunderts hatten mathematische Berechnungen zur Beschreibung der physikalischen Wirklichkeit und deren Gesetzmäßigkeiten die naturphilosophischen Betrachtungen abgelöst. Der große ISAAC NEWTON (1643 – 1727) zählt zu den Gründern der modernen Physik, die sich heute lediglich auf die unbelebte Materie konzentriert.

Doch genau von NEWTON ist bekannt, dass er sich in seinen letzten Lebensjahrzehnten intensiv mit der Alchemie, der Hermetik und der Naturmagie befasste. Er grenzte die Alchemie, die er als vornehme Disziplin betrachtete, klar von der „vulgären Chemie“ ab.

Vielleicht hatte sich NEWTON noch den Blick für das wahre Wesen der Natur bewahrt, vielleicht war ihm noch die wahre Bedeutung der Physik vertraut. Formeln und Zahlen hatten für Newton zumindest eine doppelte Bedeutung. Er beschäftigte sich ja schließlich auch mit der Kabbala. Würde er die heutige Physik der Chemie gleichsetzen und sie als „vulgäre Physik“ bezeichnen?

Die Natur ist die physikalische Wirklichkeit, die durch naturwissenschaftliche Modelle erklärbar ist. Zwar erkennt die Naturwissenschaft an, dass dies zur Zeit nur teilweise gelingt. Ursache dafür ist sicherlich der Stand der Forschung und insbesondere die Unvollkommenheit der bisherigen Forschungsmethoden. Ursache dafür könnte aber auch sein, dass die zur Zeit wissenschaftlich favorisierten Modelle die von ARISTOTELES beschriebene Ganzheitlichkeit zwischen Geist und Materie vermissen lassen.

Wollen Radiaestheten und Geomanten mit ihren Wünschelruten die Natur erkunden, müssen sie sich auf die Physik der Natur einlassen. Dazu brauchen sie nicht die mathematischen Modelle der heutigen Naturwissenschaften anzuwenden, aber sie müssen das Wesen der Natur, der physikalischen Wirklichkeit erkennen. Dieses Wesen hat körperliche aber auch geistig-seelische Ebenen. Zumindest wussten es unsere Vorfahren noch: Ohne Seele keinen Körper, aber auch ohne Körper keine Manifestation des Geistes und ohne Seele keinen Geist.

Der Erkenntnisweg des Schamanen ist, sich mit dem Ziel seiner Forschungen energetisch zu verbinden. Er beurteilt die Natur nicht als Objekt, sondern er verlässt seinen Standpunkt, verbindet sich mit dem Wesen der Natur und erforscht dann, wie es sich aus deren Inneren heraus anfühlt. Diese Sichtweise ist der Schulphysik fremd. Sie wird sich aber dieser Sichtweise wieder öffnen müssen, wenn sie künftig dem Anspruch gerecht werden will, die Natur ganzheitlich zu beurteilen.

Die Radiaesthesie ist ein Weg, den Horizont der Wissenschaft zu erweitern. Der Maler und Baumeister MATHIAS GRÜNEWALD steht dafür, die Strahlenfühligkeit erfolgreich in Forschung und Kunst einzusetzen. Aber es ist erkennbar, dass die Radiaesthesie seine sonst präzise vorhandene Beobachtungsgabe ergänzt, nicht aber ersetzt hat. Das bedeutet, dass er ein umfangreiches Wissen über beide Aspekte der Natur besaß, er sowohl ihre Formen als auch ihre Seele kannte. Diese Gesamtschau begründete seinen Erfolg.

Die derzeitige Schulphysik muss sich dringend von dem Paradigma BACONS befreien, das besagt, dass die Geheimnisse der Natur nur unter Folter zu entlocken sind. Aber auch die Radiaestheten müssen sich von ihrer Einstellung befreien, die Erkenntnisse und Methoden der Schulphysik ignorieren zu können. Nur die Gesamtschau kommt der Wahrheit näher.

Eine Schwachstelle der Radiaesthesie ist, dass sie (Denk-)Muster einsetzt, um zu Erkenntnissen zu kommen. Häufig werden Ja-/Nein-Abfragen durchgeführt, deren Antwort dann scheinbar Rute, Pendel oder andere kinesiologische Reflexe liefern. So wird die Welt leicht aufgeteilt in schwarz-weiß (gut-schlecht), in zweidimensionale Vektoren (Boviseinheiten), links- oder rechtsdrehende Wellenlängen.

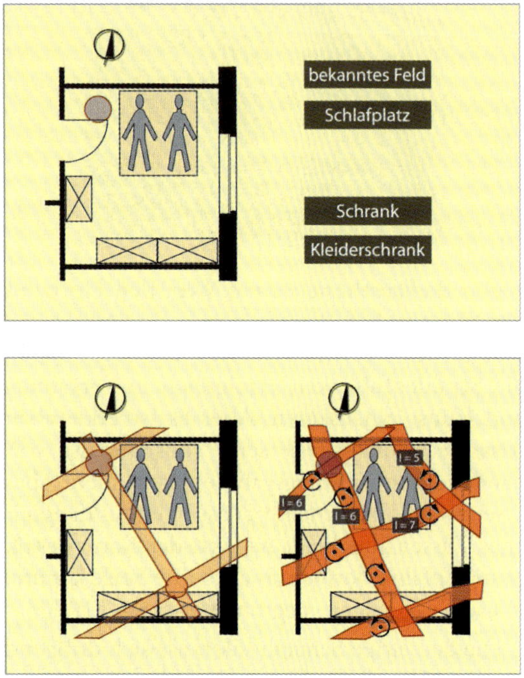

Ergebnisse von Rutengängern unter gleichen Verhältnissen – oben: Das violette Feld war allen bekannt, unten links: Ermittlung aus einer Konditionierung des „2. Gitters“ heraus, unten rechts: Mutung ohne besondere Konditionierung.

Eine zweite Schwachstelle ist, dass wiederum dieselben Methoden dazu eingesetzt werden, um Langzeiterfolge von Eingriffen, Feldveränderungen und Entstörungen zu beweisen, sei es bei Haussanierungen oder bei geomantischen Installationen.

Ein Zugang zur Wirklichkeit über die Radiaesthesie ist immer individuell und persönlich. Die Ergebnisse spiegeln nicht nur die physikalische Umgebung, sondern auch das geistige Bewusstsein des Untersuchers wieder.

Je konditionierter der Rutengänger, desto geringer die Wahrscheinlichkeit, die Wirklichkeit ganzheitlich zu erfassen!

Der Weg zu ganzheitlichen Erkenntnissen sollte außerhalb vorhandener Muster verlaufen. Dazu wäre eine Vorbedingung, sich wie ein Schamane ganz auf das Zielobjekt einzulassen, sich mit ihm zu verbinden, sich mit ihm auf eine Wellenlänge zu begeben. Genauso wie bei einer Funkverbindung, wenn Sender und Empfänger genau aufeinander abgestimmt sind.

Der Vergleich mit der Funktechnik ist nicht rein zufällig gewählt. „Jedes Lebewesen sendet Radiationen aus“, wusste schon einer der Pioniere der Bioelektrizitätsforschung, Georges Lakhovsky (1869 – 1942). Er sah den Kern organischer Zellen als Ursprung der Strahlung an und errechnete, dass diese ungefähr in dem Wellenlängenbereich des Ultravioletten anzusiedeln sind. Indem Lakhovsky 1924 in der Pariser Salpetrière elektrische Schwingkreise einsetzte, um Krebswucherungen bei Pflanzen zu beeinflussen, bewies er, dass Lebewesen auch Radiationen empfangen und verarbeiten können. Somit wären die Voraussetzungen für einen Austausch zwischen lebenden Zellen und Organismen über eine Strahlung aus harmonischen Wellen erfüllt.

Dieser Austausch der Strahlungen zwischen den Zellen und Organismen kann, genau wie die beschriebene Funkverbindung, zum Übermittler wichtiger Informationen werden. Sender und Empfänger sind aufeinander abgestimmt oder gekoppelt und können so Botschaften austauschen.

In der Radiaesthesie muss sich der Rutengänger an sein Zielobjekt (an seinen Klienten) ankoppeln.

Wenn diese Ankopplung stabil funktioniert, werden die wesentlichen Erkenntnisse effizient zum Empfänger, dem Rutengänger gesendet. Er muss sie nur noch verarbeiten und auswerten.

Die Flut der Erkenntnisse sollte nicht zu früh gebremst werden. Denkmuster wirken dabei wie Staudämme, die den Bodensatz zurückhalten und nur klares Wasser ohne Inhalt überlaufen lassen. Erst der Bodensatz ermöglicht das Wachstum. Vielleicht sehen deshalb selbst Skeptiker im Kaffeesatz das bessere Orakelmaterial als im gebrühten Kaffee selbst.

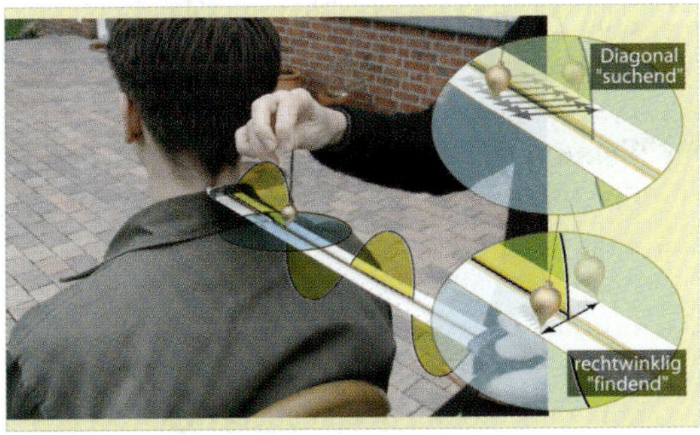

Körperscan an der Medulla oblongata

In der Radiaesthesie beginnen sich deshalb zunehmend Erstaufnahmeverfahren durchzusetzen, die in Anlehnung an die Funktechnik als „scannen" bezeichnet werden. Reinhard Schneider, der die „Grifflängentechnik" begründete, benennt das Scannen auch als „Grifflängenziehen". Dabei wird die Ausstrahlung eines Platzes, eines Stoffes oder auch eines Menschen möglichst komplett auf die vielzahlig vorkommenden harmonischen Einzel-Wellenlängen untersucht, und dies ohne Vorbedingungen. Genau wie ein Funkmesstechniker, der mit seinem Empfänger langsam Frequenzbereich für Frequenzbereich abtastet und akribisch sämtliche Ergebnisse notiert.

Schneider siedelt die radiaesthetischen Strahlungen im Gegensatz zu Lakhovski im Mikrowellenbereich an, das sind Wellenlängen im Millimeter bis Dezimeterbereich. Entsprechend eignen sich in der Radiaesthesie für das Scannen die Lecherantenne® nach Schneider oder die H3-Antenne, die hier beispielhaft beschieben wird. Diese Antennen sind in der Lage, Mikrowellen oder mikrowellenähnliche Strahlungen wellenlängendifferenziert zu empfangen.

Das Scannen hat gegenüber den schematischen Frage- und Antwortverfahren den Vorteil, dass eben auch Erkenntnisse zu erreichen sind, die außerhalb der bisherigen Möglichkeiten liegen. Und: Das Ergebnis unserer Untersuchungen bleibt offen und wird nicht von einem vorgegebenes Denkschema beeinflusst.

Das Beispiel einer Haus- und Schlafplatzuntersuchung soll die Möglichkeiten dieser Methode zeigen:

1. Scannen der H3-Werte:
   Hier wird über eine Vielzahl von ermittelten Einzelwellen versucht, das individuelle Wellenbild der Gesamtstrahlung zu erfassen. Das Scannen erfolgt direkt am Körper der zu untersuchenden Person. Aber nicht am Ganzkörper, sondern an dem traditionell zweckmäßigsten Ankopplungspunkt, der Medulla oblongata, dem verlängertem Mark zwischen Wirbelsäule und Schädel. Die Werte werden

in einem zweiten Schritt auf ihre Strahlungsqualität, Polarisation und Intensität hin überprüft.

Untersuchte(r) N.N.
von: IL/HL. am: N.N.2003

H3-Wert	Qualitäten: induktiv	kapazitiv	Yin/Yang	Intensitäten: links	rechts	unipolar	markant?	Zuordnung Resonanzbeziehung Bemerkungen
0,75	x			3				Quarzwecker
1,55	x			11			*	Wasserader (Mattigkeit?)
3,15	x			3			*	Wasserader
4,20	x			3			*	Nachttischlampen (Rheuma?)
6,00	x			4				Nachttischlampen
7,40	x			4			*	Gemälde von Picasso (Schlechte Träume?)
9,60	x			3			*	Mückenstecker (Verspannungen?)
24,70	x					3		Satellitenreceiver
3,30	IR			2			*	Fernsehfernbedienung (Infrarotsensor)
7,40	IR			2			*	Fernsehfernbedienung im Erdgeschoss (IRS)
22,30	IR					2		Fernbedienung Videorecorder (Infrarotsensor)
5,20		x			4			Mückenstecker
6,90		x		4			*	Antibabypille (nach nur 2 Tagen Einwirkdauer)
7,80		x		2			*	Wasserader
9,25		x		3			*	Wasserader
10,80		x		3			*	Wasserader
24,20		x		3			*	Fernseher
27,30		x		3			*	Videokassette (Manhattan Massaker)

Auszug aus einer Körpermessung, es werden die H3-Werte notiert, auf die die Testperson anspricht, in der anschließenden Schlafplatzuntersuchung werden die verursachenden Belastungsfaktoren gesucht und zugeordnet.

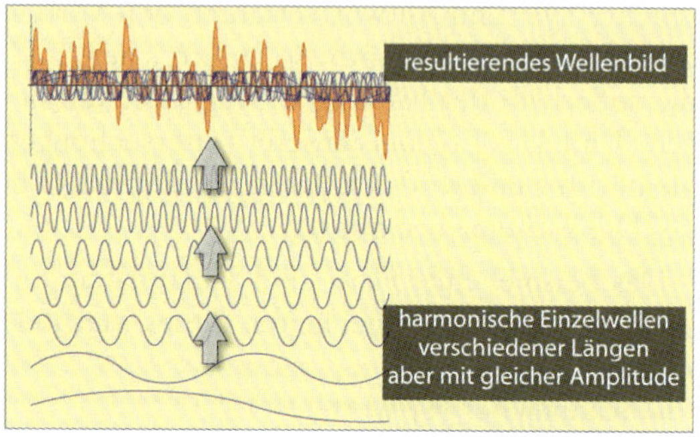

Die Summe harmonischer Einzelwellen bildet das individuelle Wellenbild

Allerdings fallen manchmal auch zunächst schwach erscheinenden Einflüssen wichtige Schlüsselrollen zu. Und „linksdrehende" Einflüsse machen nicht immer krank, „rechtsdrehende" nicht zwangsläufig gesund.

2. Zuordnung der H3-Werte zu Symptomen:
   Erst nachdem alle Werte vorliegen, wird mit Hilfe von Zuordnungslisten abgeglichen, ob sich gewisse Zusammenhänge zwischen den ermittelten Werten und eventuellen Beschwerdesymptomen ergeben. Dieser Abgleich soll Sicherheit geben, in wie weit es gelungen ist, mit dem Probanden in einen wellenlängengleichen Austausch zu treten. Hierbei geht es nur um Hinweise und Tendenzen, nicht aber um sklavisch versteifende Zwangsaussagen. Z. B. wird es einem verantwortungsbewussten Hausuntersucher, der einen von etlichen H3-Werten mit der Zuordnung „Krebs" entdeckt, nicht in den Sinn kommen, dass schon ein Verdacht auf diese Krankheit besteht. Allerdings wird er umgekehrt von sich aus behutsam das Thema medizinische Vorsorge ansprechen, wenn eine Vielzahl der Zuordnungen wiederholt in die Richtung dieses Krankheitsbildes weist.
3. Ursachenforschung und Darstellung der Belastungs-Beziehungen:
   Gestützt auf diese Basiswerte wird im Anschluss die eigentliche Haus- oder Schlafplatzuntersuchung vorgenommen. Da sich normalerweise alle nächtlichen Störfaktoren in Form von eingespeicherten Wellenlängen zeigen, kann nach jedem Wert der Liste direkt im Bettbereich gesucht werden. Auf diese Weise wird gleichzeitig herausgefiltert, was nicht längerfristig gewirkt hat. Ebenfalls sucht man nicht nach Strahlungen, die zwar im Schlafplatz (theoretisch) vorhanden sind, aber die die betroffene Person in keiner Weise tatsächlich stören. Die Wellenlängen der Liste bilden einzeln oder zum Teil auch gebündelt sogenannte Zonen, deren Verlauf

dann in der Regel zu der Ursache (dem Emittenten) führt.
Strahlungsemittenten oder Störfaktoren sind neben natürlichen Einflüssen (Wasseradern, Verwerfungen usw.) oft Gegenstände, mit denen der Proband eine problembeladende Beziehung geknüpft hat.
Detektiert werden diese Emittenten über Weiterverfolgung der am Schlafplatz gefundenen Zonen. Hier helfen radiaesthetische Techniken, die ebenfalls Ähnlichkeiten mit der Funktechnik haben: Richtungsbestimmung, Strahlungsdämpfung, Peilungen u.ä.
Ist ein vermeintlicher Strahlungsemittent ausgemacht, genügt es, ihn etwas aus seiner derzeitigen Position zu verschieben (ca. 1/2 m rechtwinklig zur detektierten Zone). Nahezu zeitgleich wird sich dann im Erfolgsfall die festgestellte Belastungszone im Schlafplatz ebenfalls verändern.
Bei der Suche nach den Ursachen wird der Hausuntersucher immer wieder auf merkwürdige Phänomene stoßen, die uns wieder zum Ursprung unserer Fragestellung nach der Notwendigkeit der Verbindung zwischen belebter und unbelebter Physik führt. Für klassisch naturwissenschaftlich orientierte Menschen leicht nachvollziehbar ist, dass z. B. Mückenstecker schwach energetische Strahlen aussenden, auf die unser Proband auf radiaesthetischem Niveau reagiert. Aber ist es nicht abenteuerlich, dass ein im Bett gefundenes Störfeld zusammenbricht, wenn beispielsweise die Reproduktion eines Picassobildes aus dem Zimmer entfernt wird?

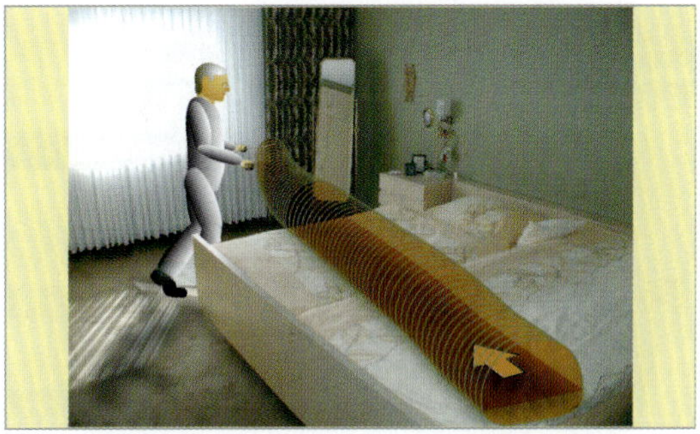

Probleme scheinen sich physisch im Schlafplatz zu verorten. Vom Bett ausgehend sind Zonen wahrnehmbar, die zu Gegenständen führen, die auf den Bewohner subtil negativ wirken

Spätestens hier wird klar, dass eine radiaesthetische Untersuchung, die möglichst ergebnisoffen durchgeführt wird, weit in den transmateriellen Raum hinein reicht. Der H3-Antennenwert, über den die Belastungs-Beziehung zu dem Picassobild ermittelt wurde, ist mit der Bedeutung 7,40 = „Risse, Zerstörung, Verzweiflung“ besetzt. Dieses Thema finden wir häufig bei einer ganzen Reihe von abstrakten Kunstwerken. Spricht daraus die Stimmungslage des Künstlers? Oder wirkt das Bild subtil so auf den Probanden, dass er in diese Stimmung verfällt?
Ein weiteres Beispiel markiert die Videokassette mit dem Inhalt „Manhattan-Massaker“, gefunden über den H3-Wert = 27,3 CL. Dieser Wert steht in den Zuordnungslisten für „Leben“, wenn er rechtsdrehend vorkommt und linksdrehend für „Tod“. Man muss sich direkt über diesen Wert keine Sorgen machen, aber der geistige Inhalt dieser Kassette spricht Bände.

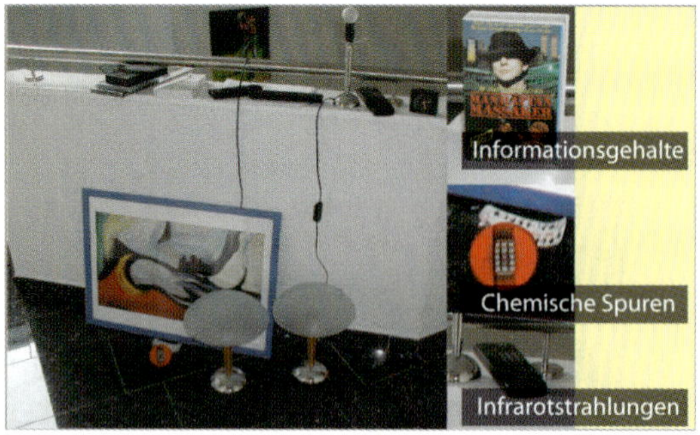

Verschiedene Störfaktoren, die durch Körperscan und Störfeldsuche ermittelt wurden

4. Auflösung der Belastungs-Beziehungen:
Wie in der Medizin gilt, dass die Diagnose den Erfolg einer Untersuchung vorbereitet, aber erst die Therapie ihn sichtbar macht.
So ist es die eine Seite, Störfaktoren mit ihren häufig tiefergehenden Bezügen aufzuspüren und zu benennen, die andere Seite ist, daraus den Weg zur richtigen Sanierung zu entwickeln. Der Hausuntersucher kann es sich leicht machen, die Probleme und deren Sanierung „hart" ansprechen und dann den Probanden allein lassen. Je mehr er sich jedoch wellenlängengleich angekoppelt hat, desto mehr wird er erkennen, dass die Sanierung des häuslichen Umfeldes nicht nur auf materieller Ebene stattfindet, sondern auch zu einem geistig-seelischen Bewusstseinsprozess führt. In der Regel wirken Verhaltensänderungen der Bewohner nachhaltiger als nur einmalige Umgebungsänderungen.
Der Weg zu einem gesunden Schlafplatz führt aus der Aufbewahrungskammer für Gerümpel des Alltags hin zu einem Tempelraum, in dem sich die Seele nachts ohne Sorgen frei erholen, den Geist erfrischen und so den Körper regenerieren kann.

Das hört sich ja alles gut an, wird jetzt der physikalisch orientierte Hausmesstechniker einwenden. Was ist aber mit den Hochfrequenzbelastungen, organischen Giften, Schimmelpilzen usw.?

Darauf ist nur zu antworten: es kommt darauf an. Grundsätzlich sind solche Belastungen nicht gerade gesundheitsfördernd, aber es kommt auf die persönliche Toleranzdosis an. Und diese ist nicht durch staatlich festgesetzte Grenzwerte bestimmt, sondern allein über die individuelle Sensibilität oder Resonanzfähigkeit, die im Einzelfall extrem von den gängigen Erfahrungswerten abweichen kann.

Manchmal werden Wohnumgebungen baubiologisch kostenaufwändig saniert, ohne dass sich ein nachhaltiger Erfolg zeigt. Manchmal verschlimmern sich die Leiden, weil sich zusätzlich zu den einwirkenden Belastungen noch die Angst vor diesen Störfaktoren gesellt.

Aber oft wird es auch nicht genügen, sich auf die rein radiaesthetisch ermittelten Belastungsfaktoren zu beschränken. Deshalb ist es richtig, dass beide Ansätze von einander lernen und sich ergänzen.

Nur die Gesamtschau führt zur Gesundung, macht stark und wird die Menschen wieder heil werden lassen. Verbinden wir die Natur also wieder mit ihrer Physis und geben der Physik wieder etwas von ihrem verlorenen Seelenleben zurück, wir brauchen beides.

---

1 Schedlik, Uschi, „Heilende Kräuter" unter www.joerg-sieger.de

Störbeziehungen – Ein Versuch mit Folgen

Die meisten Hausuntersucher haben das schon erlebt: Trotz gründlichster Umfeldsanierung kommt es immer wieder zu neuen Belastungen. Zwar wurde das Bett verschoben, Wasseradern entstört, Antennen abgebaut und trotzdem zeigen die naturheilärztlichen Kontrollen immer wieder sogenannte geopathische Belastungen an. Erneute Kontrollen in den Häusern der Probanden ergeben rätselhafte Störzonen, die vorher nicht erkannt wurden.

Hat der Hausuntersucher diese Strahlungen übersehen, war er zu oberflächlich? Natürlich stellen gerade in der Radiaesthesie menschliche Unzulänglichkeiten eine große Fehlerquelle dar. Aber manchmal kommt auch der Verdacht auf, dass manche Menschen neue Strahlungszonen regelrecht anziehen...

Anhand eines Versuches soll versucht werden, dieses Phänomen näher zu beleuchten.

Durch einen Körperscan an der Medulla oblongata der Probandin wird unter anderem eine Abstrahlung mit dem H3-Wert = 6,40 CL in einer Intensität von 2 ermittelt. Dieser Wert weist auf eine stärkere Belastung im Schlafplatz hin, die näher untersucht werden sollte. Sie zeigt aber auch, dass unsere Probandin ein entsprechendes Resonanzpotenzial aufweist, das in der Regel auch nach erfolgreicher „Entstörung" des Schlafplatzes noch eine geraume Zeitdauer bestehen bleibt.

Abseits des Schlafplatzes wird im Wohnzimmer auf einem Ruheplatz an der Probandin ein Fußsohlenscan vorgenommen. Dieses Verfahren entspricht dem Körperscan an der *medulla oblongata*, gibt aber im Gegensatz dazu nur Strahlungen an, die unmittelbar zum Scan-Zeitpunkt auf den Probanden einwirken. Der betreffende H3-Wert kann in diesem Fall nicht nachgewiesen werden und somit ist die betreffende Strahlung zur Zeit am Ruheplatz nicht vorhanden.

In 11 m Entfernung wird jetzt ein Feld erzeugt, das dem zuerst ermittelten Resonanzpotenzial entspricht. Dazu wird das Eigenfeld einer H3-Antenne mit dem Einstellwert H3 = 6,40 CL genutzt. Als Strahlungsverstärker dient ein brennendes Teelicht, das mit geringem Abstand über dem Schieber der Antenne platziert wird (Abb. 1).

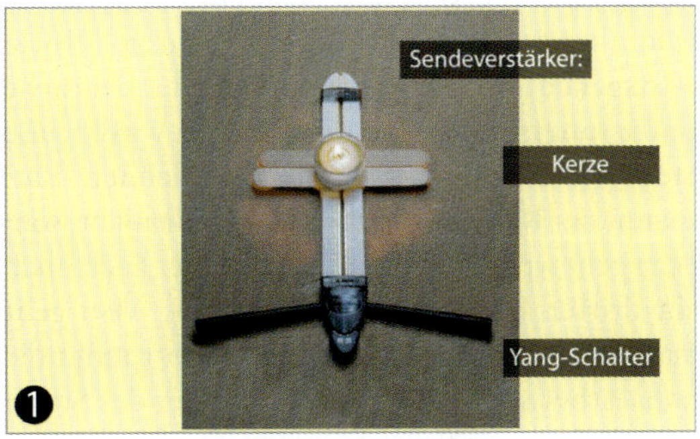

Hilfsmittel zur Strahlungserzeugung

Sobald das Teelicht entzündet wird, beginnt es die Strahlung der Antenne im Raum zu verteilen. Durch fortlaufende Reaktionsabstandsmessungen wird der Stand der aktuellen Feldausbreitung mit dem H3Wert = 6,40 CL überprüft (Abb.2).

In dem Versuch müssen die Begehungen natürlich mit Rücksicht auf Wände, Türen und Einrichtungsgegenstände vorgenommen werden, doch es ist nach wenigen Minuten schon eine deutliche Zunahme des Feldes erkennbar.

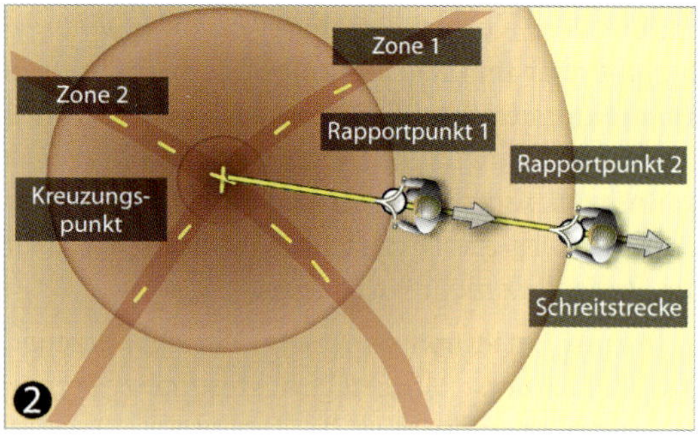

Reaktionsabstandsmessung im Zurückschreitverfahren

Die Reaktionsabstandsmessung liefert die jeweilige Ausdehnung eines Strahlungsfeldes. Dabei wird die Rute am Strahlungsherd in der Feldmitte gespannt und beim vorsichtigen Rückwärtsgehen so lange gehalten, bis eine deutliche Entlastungsreaktion wahrgenommen wird. Diese Stelle wird als Rapportpunkt bezeichnet. Entspannt der Radiaesthet an dieser Stelle nicht, sondern geht weiter, wird ein zweiter oder auch noch ein dritter Reaktionspunkt erreicht. Man geht man davon aus, dass der dritte Rapportpunkt die radiaesthetisch erkennbaren Ausläufer des Strahlungsfeldes markiert.

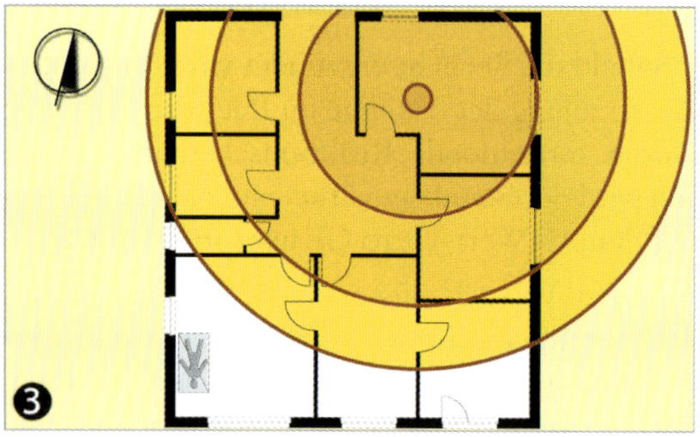

Ausbreitung des Feldes nach fünf Minuten

Nach ungefähr sieben Minuten erreicht die Feldausbreitung in Stärke des dritten Rapportpunktes den Ruheplatz der Probandin.

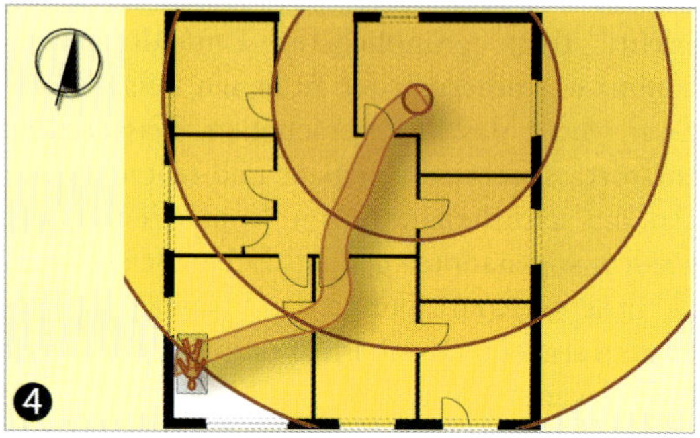

Ausbreitung des Feldes nach ca. 7 min. Die Probandin wird von den ersten Ausläufern berührt

In der unmittelbar anschließend durchgeführten Testung an der Fußsohle kann jetzt erstmals H3 = 6,40 CL nachgewiesen werden, allerdings nur in der schwachen Intensität von fünf. Es ist erkennbar, dass dieser erste Kontakt mit dem Strahlungsfeld bei der resonanzbereiten Probandin bereits Auswirkungen hat. Interessant ist die weitere Beobachtung des Strahlungsfeldes selber. Hier scheint sich unmittelbar nach Ankopplung an unsere Probandin eine Verdichtung des Feldes anzubahnen.

Nach insgesamt 15 Minuten erreicht die Abstrahlung 6,40 CL aus den Fußsohlen eine Intensität von zwei, also den Wert, der bei der ursprünglichen Körpermessung an der Medulla oblongata ermittelt wurde.

An der zunächst kreis- bzw. kugelartig angelegten Feldstruktur wird während dessen beobachtet, dass sie sich unregelmäßig zusammenzieht und sich mehr und mehr zu einem schlauchartigen

gen Gebilde zwischen dem Erreger (Teelicht auf der Antenne) und der Probandin verdichtet.

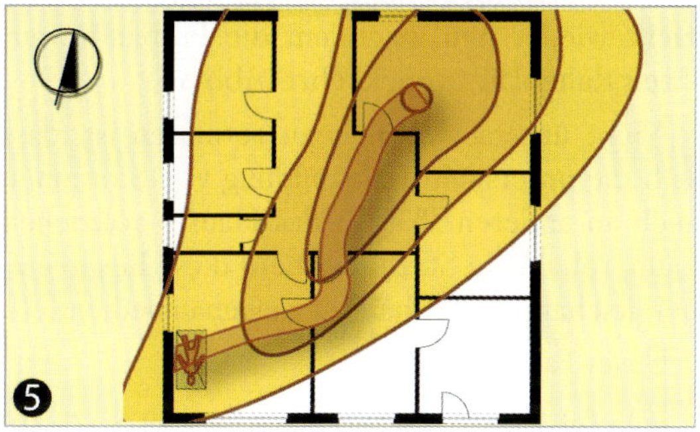

Ausbreitung nach 15 Minuten. Die Störbeziehung konsolidiert sich.

Schlauchartig windet sich die neu gebildete Störbeziehung durch die Räume

Die genaue Felddetektierung zeigt, dass diese schlauchartige Zone nicht die kürzeste Verbindung nimmt, sondern sich ihren Weg durch drei geöffnete Türen bahnt (Abb. 6). Zeitgleich mit der Zunahme der Abstrahlintensität aus den Fußsohlen der Probandin erreicht diese Verdichtungszone ebenfalls eine Intensität von zwei.

Ausbreitung nach 25 Minuten

Nach einigen Minuten beginnt sich die Verdichtungszone langsam auf die kürzeste Entfernung zu reduzieren und durch die Wände zu verlaufen. Das Abstrahlungsfeld zieht sich fast komplett zu dieser Zone zusammen (Abb. 7).

Um die Eigenschaften des neu entstandenen Störfeldes weiter zu erforschen, verlässt die Probandin versuchsweise ihren Ruheplatz und geht in ein benachbartes Zimmer.

Nahezu unveränderte Ausbreitung der Störbeziehung, obwohl die Probandin den Platz verlässt

Zur allseitigen Überraschung folgt die neugebildete Zone nicht der Probandin, sondern verbleibt mit gleichbleibender Intensität an der bisherigen Stelle. Wie sich bei späteren Versuchen herausstellt, bleibt diese Verdichtungszone nur dann lagestabil, nachdem sie sich zwischen Sender und Proband komplett ausformen konnte.

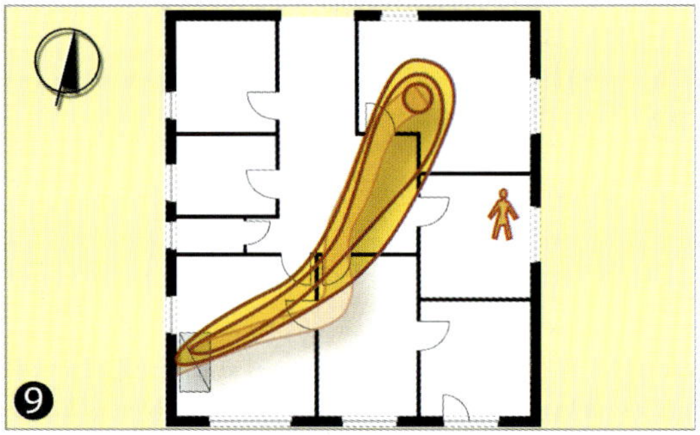

Durch Dämpfung der Sendeleistung verringert sich die Intensität der Störbeziehung bei unveränderter Lage

In einem zweiten Schritt wird die Kerze als Verstärker der Ursprungsstrahlung gelöscht. Dies zeigt erste Wirkungen auf unsere Zone, die Intensität reduziert sich von zwei auf drei.

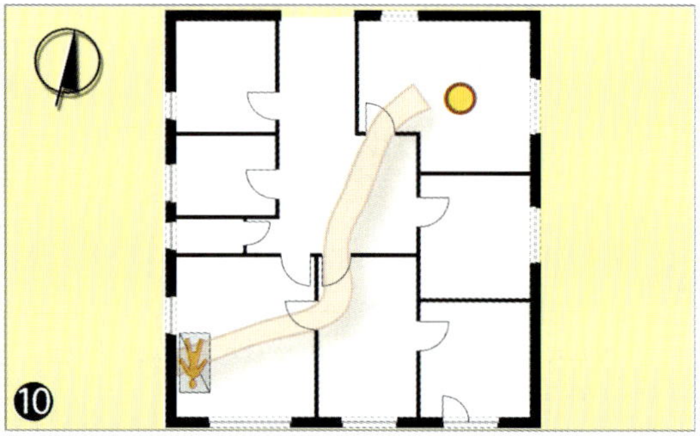

Erst nachdem der Sender von seinem Platz entfernt wird, bricht die Störbeziehung zusammen

Erst als die strahlungserzeugende H3-Antenne auf einen anderen Platz gebracht wird, löst sich diese Störbeziehung auf. Sie bildet sich auch nicht wieder neu, nachdem die Probandin auf ihren Ruheplatz zurückkehrt (Abb. 10).

Nicht untersucht, aber zu vermuten ist, dass sich die untersuchte Neubildung von Störzonen auch an anderen Plätzen des Hauses vollziehen kann, sobald ein Strahlungsherd diese Resonanzbereitschaft der Probandin zielgenau bedient.

Unser Fazit:

Das Auftreten von Störbeziehungen setzt ein aktives Störpotenzial (Abstrahlungsfeld) und ein passives Resonanzpotenzial (Empfangspotenzial) voraus.

Störbeziehungen kann man nicht ausweichen. Abhilfe wird nur erreicht, wenn sie aufgelöst werden, indem

entweder das Resonanzpotenzial des Empfängers gelöscht

oder das Störpotenzial des Senders eliminiert wird.

Die Löschung des Resonanzpotenzials erfolgt in der Regel durch Ausleitung (bei Inkorporationen durch Nahrung, Zahnmaterial usw.), durch Reinigung (Abräucherungen bei Anhaftungen, Ausklopfen bei holografischen Einprägungen), durch Änderung von geistigen Einstellungen.

Die Eliminierung des Störpotenzials erfolgt durch Abschalten der Strahlungen (bei technischen Potenzialen), durch Beseitigung der verursachenden Gegenstände und bei Sekundarstrahlern durch Umplatzieren bzw. Beseitigen der Ursprungsstrahlung.

Von der Kunst mit Pflanzen, Holz oder Steinen zu entstören

Pflanzen

Grundsätzlich kann man davon ausgehen, dass die Platzwahl für die Gründung einer Siedlung, oder einer Hofstelle nicht zufällig gewählt wurde. Hier halfen, zumindest für die Nichtradiaestheten unter uns, bestimmte Zeigerpflanzen, die schon das Vorhandensein von geologisch bedingten Störfeldern anzeigen. Wenn man die Wahl hat, auf einem freien Gelände zu siedeln, würde man ausgerechnet den Platz suchen, an dem sich Brennnesseln im Hülle und Fülle ansiedeln? Oder sucht man für sein Haus die Nähe von Pappeln, Weiden oder Haselnusssträuchern, von denen man weiß, dass sie sehr starke Wassersauger sind und die Bodenfeuchte rings herum ansteigen lassen?

Wenn wir uns auf die Suche nach klassischen Feldveränderungsmethoden begeben, ist es naheliegend, sich die Beschaffenheit der Siedlungsplätze anzuschauen. In Westfalen ist es üblich, freistehende Hofstellen mit Eichen zu umhegen. Dies, obwohl den Eichen ein höchst zweifelhafter Ruf vorauseilt. Es heißt ja: Buchen sollst du suchen, Eichen sollst du weichen. Wenigstens bei Gewittergefahr.

Die Wissenschaft sieht dies nicht bestätigt, aber die Radiaesthesie liefert die Erklärung für diesen Volksglauben. Es ist nämlich ein Unterschied, ob Eichen oder Buchen auf Wasseradern stehen. Eichen polarisieren die Strahlung von Wasseradern um, Buchen nicht – jedenfalls nicht so zuverlässig. Eichen sind deshalb bewußt auf Wasseradern gepflanzt worden und verändern dort das elektrische Ladungspotenzial so stark, dass die Blitze angezogen werden. Eichen, die abseits dieser Adern stehen, verhalten sich genau wie Buchen. So können Wissenschaftler im Labor eben keinerlei Unterschiede feststellen und kommen nicht auf den Grund dieses Volksglaubens.

Die Erkenntnis, dass Eichen in der Lage sind, Wasseradern umzupolarisieren, verdanken wir auch nur einem Zufall und unserer Neigung, den Dingen auf den Grund zu gehen. Bei der Untersuchung einer alten Hofstelle innerhalb eines schönen Eichenbestandes entdecken wir im Haus eine rechtsdrehende Wasserader. Entgegen der Ansicht der meister Rutengänger sind wir davon überzeugt, dass solche Phänomene in unberührter Natur nur sehr selten vorkommen. So verfolgen wir neugierig die Ader in ihrem Verlauf und stellen fest, dass – in Fließrichtung oberhalb – ein mächtiger Eichenbaum mittig auf ihr steht. Hinter dieser Eiche muten wir die Wasserader überraschend als linksdrehend. Der Baum muss diese Ader also umpolarisieren.

Ähnliche Phänomene kennen wir von einem weiteren Lieblingsbaum unserer Altvorderen, der Linde.

Auch hier habe ich ein für mich eindrucksvolles Beispiel aus der Zeit, in der ich als Leiter der Stadtwerke in Rüthen eingesetzt war. Dort gibt es im Rißneital eine sehr ergiebige Quellfassung, die schon seit früheren Zeiten hervorragendes Wasser liefert. Unsere Untersuchungen ergeben, dass das Wellenlängenspektrum der Wasserader zu ca. 95% rechtsdrehende Anteile aufweist. Eine Mutung der zulaufenden Ader zeigt, dass deren Mittelachse genau unter einer mächtigen Linde (ca. 300 – 400 Jahre alt) verläuft, die auch hier die Strahlung von ursprünglich linksdrehend in rechtsdrehend verwandelt. Dass noch Restanteile von linksdrehender Strahlung vorhanden sind, führen wir auf eine Teilzerstörung der Linde zurück, vielleicht sind es aber die Einflüsse eines dicht am Baum vorbeilaufenden Elektrozaunes.

Die Meister Linde im Rüthener Rißneital

Prozessionshäuschen an der Meister Linde

Da die Quellfassung einen Überlauf besitzt, über den aus Umweltgründen immer eine gewisse Menge des Wassers frei ablaufen muss, besteht für die einheimische Bevölkerung die Möglichkeit, sich hier gutes und unverbrauchtes Wasser zu schöpfen.

Nachdem ein örtlicher Arzt in dem Wasser einen größeren medizinischen Nutzen erkennt, spricht es sich herum, dass es wohl als gutes Trinkwasser gebraucht werden kann. Jedenfalls kann man seitdem an dem Überlauf der Quelle immer wieder Menschen beobachten, die sich dort ihr Trinkwasser direkt holen. Aus reinen Vorsorgegesichtspunkten musste damals eine Tafel aufgestellt werden, dass es sich bei dem Wasser nicht um Trinkwasser im Sinne der Trinkwasserverordnung handelt. Das Wasser wird nicht weiter aufbereitet und läuft direkt zum Wasserwerk. Dort wird lediglich maßvoll Chlorgas zudosiert, um eine Nachverkeimung im Leitungsnetz zu verhindern. Das überlaufende Quellwasser erfüllt jedoch diese Auflage nicht.

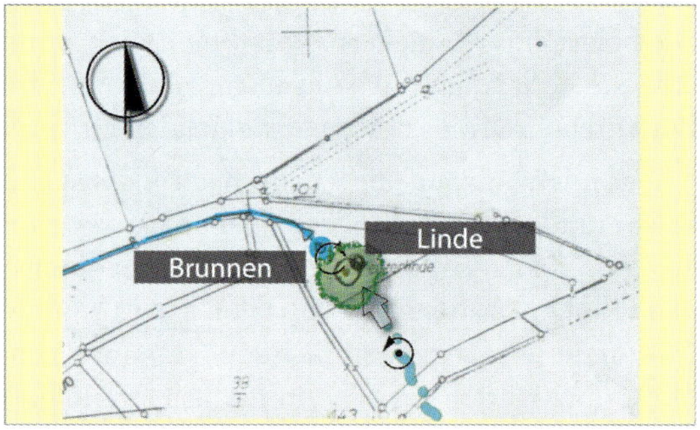

Die Quelle an der Meister Linde

Jedenfalls steht für uns fest, dass es sich lohnt, sich mit Pflanzen, Sträuchern und Bäumen zu befassen, wenn man sich dem Thema historische Feldveränderungen nähern will.

Ein schönes Beispiel liefert hier der kleinwüchsige Buchsbaum (*buxus sempervirens suffruticosa*). Von ihm überliefert ein alter Volksglaube, dass ein angezündeter trockener Buchsbaumzweig Gewitter ablenken und beruhigen soll.

Ewald Kalteiss hat einen Buchsbaumzweig in einem Hochfrequenzlabor der UNI Karlsruhe auf sein Rückstrahlverhalten im Mikrowellenbereich hin untersucht und festgestellt, dass er einige Wellen förmlich „schluckt“.

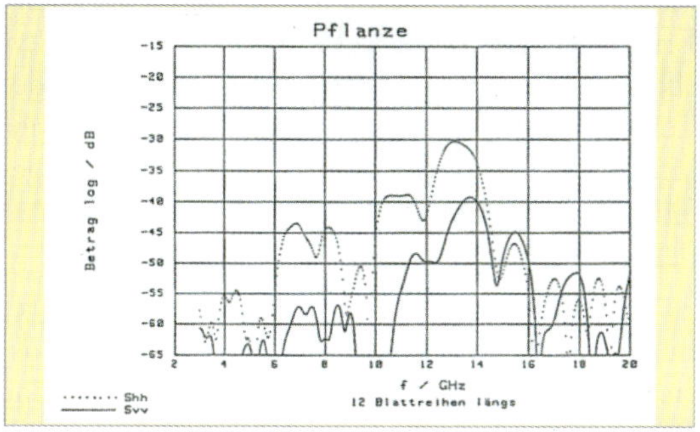

Rückstrahldiagramm eines Buchsbaumzweiges

Er vermutet, dass diese „feldverändernden“ Eigenschaften des Buchsbaumes von dessen Blattstellung herrühren.

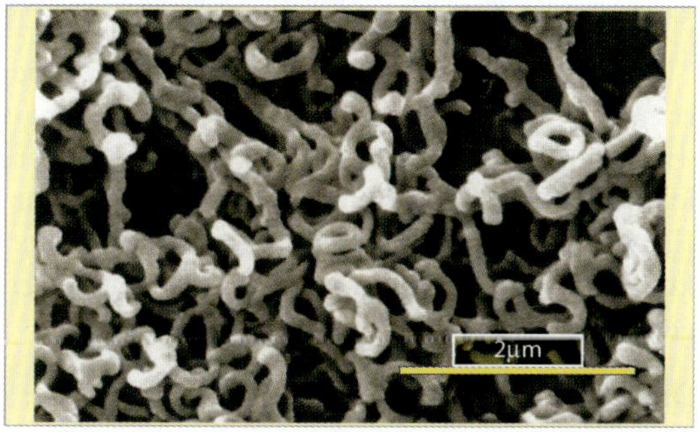

Wachskristalle auf der Oberfläche eines Buchsbaumblattes, Aufnahme eines Rasterelektronenmikroskopes

Ob die Blattstellung Anteil daran hat, dass diese Pflanze nahezu alle geologischen Strahlungsfelder „entstören“ kann, ist unklar. Jedenfalls gehört er zu den ganz seltenen Pflanzenarten, die eine Wachsstruktur auf den Blättern bilden, welche Mikrospiralen enthält. Interessant ist in diesem Zusammenhang die Beobachtung, dass die feldverändernde Wirkung nachlässt, wenn die Blätter austrocknen und sich braun verfärben.

Bei der Entstörung einer Wasserader mit einem Buchsbaum sind vier Dinge zu beachten:

1. Die Entstörung ist nur wirksam, wenn der Buchsbaum millimetergenau auf die Mittelachse der Spektroide eingepflanzt wird.

Buchsbaum, der als Feldveränderung eingesetzt ist.

2. Die Wasserader darf sich nicht geologisch verschieben. Das ist z. B. der Fall, wenn sie innerhalb eines Schuttkegels fließt, der asymmetrisch ist und wenn dann der Wasserstand in der Ader steigt. Verschiebt sich mit steigendem Wasserstand die Mitte des unterirdischen Gerinnes, verschiebt sich auch oberhalb des Geländes die Mittelachse und trifft nicht mehr der Stamm des Buchses. Die Feldveränderungswirkung ist dann nicht mehr gegeben.
3. Auf der Mittelachse der Wasserader muss in Längsrichtung die „richtige“ Stelle gefunden werden. Erst dann ist gewährleistet, dass die

Feldveränderung zuverlässig positivierend wirkt und resistent gegenüber fremden Störfaktoren ist. Denn was nützt eine Entstörung, wenn auch nur ein Elektrogerät, ein zufällig abgestellter Plastikeimer oder eine elektrische Armbanduhr auf der entstörten Ader abgelegt wird und die Feldveränderung schwächt oder gar wieder rückgängig macht?

Abstrahlfeld dieses Buchsbaumes,

4. Die Pflanze muss klein gehalten werden. Sonst entstehen durch ihre Fremdabstrahlung neue störende Felder.

Die Entstörung mit Pflanzen bedarf der Mitwirkung der davon profitierenden Bewohner. Eine radiaesthetische Untersuchung bedeutet, Verhalten ändern zur Erlangung einer Harmonie von Mensch, Haus und Umwelt. Hier bekommt der Mensch wieder seinen Blick zurück für die Natur. Er erkennt, dass die Pflanzen nicht nur Arbeit machen, Licht wegnehmen, alles mit Blättern zuschütten, sondern viel Positives bewirken. Das kann man dann den Pflanzen wieder zurückgeben.

Grundsätzlich kann man bei den traditionellen Feldveränderungen beobachten, dass Sie stets vergraben, eingepflanzt oder eingemauert wurden. Dies betrifft die gezielt eingesetzten Vorrichtungen, zu denen ich weiter unten noch kommen werde. Die dauerhafte Einbindung in die Umgebung ist notwendig, um die beim Feldverändern entstehende Seitenabstrahlung sicher in die Erde oder das Mauerwerk abzuleiten. Der Physiker würde sagen, dass hier das Phänomen der Totalreflexion ausgenutzt wurde, also die Strahlungen werden in die dichten Medien zurückgeleitet und richten im freien Raum keinen Schaden mehr an.

Mit Sicherheit hat man Dinge, die die Umgebung „schön“ machen, frei in den Räumen postiert. Auch das ist Feldveränderung. Denn eine Pflanze in einem Raum verbreitet ihre Schwingungen; versetzt ihn wie einen Resonanzkörper in Schwingung. Aber diese Feldveränderungen wirken nur raumharmonisierend und stellen den „letzten Schliff“ dar – keinesfalls sollte man sich bei der Entstörung von geologisch bedingten Strahlungen allein darauf verlassen.

Ob wir bei dieser Art der Raumharmonisierung aber gleich alles so glauben sollten, was aus dem Feng Shui zu uns herüber kommt, möchte ich bezweifeln. Hier hilft nur eins: selber prüfen. Einem geübten Rutengänger mit Anwendungserfahrung in der H3-Antenne steht der ganze Reigen der Testmöglichkeiten zur Verfügung.

Die schützende Wirkung von Holz

Die Zeiten als Freiherr von Pohl überzeugend die Zusammenhänge zwischen „Erdstrahlung und Krebsgeschehen“ darlegte (1929) sind lange vergangen. Die Siedlungen waren damals überwiegend geprägt von einem Restbestand traditionell errichteter Gebäude. Die dritte Haut der

Menschen wurde aus Naturstein, Lehm und Holz gebildet. Glas, Stahlbeton und Metalle standen erst am Beginn ihrer Materialkarrieren; Produkte aus hochpolymeren Kunststoffen unbekannt und der Elektrosmog spielte noch keine Rolle. Die Erdstrahlungen VON POHLS beeinflussten die Siedlungsqualität in früheren Zeiten wohl wesentlich mehr als heute.

Wenn man davon ausgeht, dass die alten Baumeister um das Geheimnis des guten Platzes wussten, liegt es nahe, dass sich an oder in den alten Gebäuden Hinweise befinden, die auf diese Erdstrahlen hindeuten.

Zwischen Weser und Teutoburger Wald in Ostwestfalen liegt das ehemalige Fürstentum Lippe, bis 1947 ein selbstständiger Staat innerhalb Deutschlands. Hier sind zahlreiche Fachwerkbauten aus der Zeit vor dem 30-jährigen Krieg erhalten. Ein besonders eindrucksvolles Bauwerk ist das historische Rathaus von Schwalenberg, dessen Kern aus dem Jahr 1579 stammt.

Wie in der Region üblich, weisen die Querriegel zwischen den Balkenköpfen der Geschossdecken diagonale Schnitzmuster auf, die irgendwie an unseren Buchsbaumzweig erinnern. Die Ursprünge dieses Musters reichen zurück bis in prähistorische Zeiten. Gemeinhin werden ihm unheilabwehrende (apotropäische) Bedeutungen zugeschrieben. Wir vermuten, dass erdgebundene Strahlungszonen durch diese Muster harmonisiert werden können. Nähere Aufschlüsse erwarten wir von einer Exkursion nach Schwalenberg.

Während der ersten Begehung vor dem Rathaus entdecken wir auf der mit Kopfsteinen gepflasterten Straße das Feld eines unterirdischen Wasserlaufes, der vom Burgberg kommend das Gebäude unterströmt. Mit der H3-Antenne lässt sich gut die Feldverteilung, die für geologische Anomalien typische Schrägstrahlung, Intensität, Einfallsrichtung und Polarisation detektieren.

Rathaus in Schwalenberg – Strahlungszone mit H3-Werten, Polarisation und Intensität

Als wir die Mittelachse der Ader näher zum Haus hin verfolgen, müssen wir dicht vor der Außenwand feststellen, dass die Strahlungszone dort abrupt zu enden scheint. Die Kontrolle zeigt, dass das Strahlungsfeld nicht das Gebäudeinnere ereicht.

Als wir die Fassade an der fraglichen Stelle näher untersuchen, fällt eine viereckige Brüstungstafel auf. Sie zeigt einen veredelten Baum mit roten Äpfeln, der von einem feuerspeienden Drachen auf seiner linken Seite angegriffen und von einem doppelschwänzigen Löwen mit Krone auf seiner rechten Seite verteidigt wird. Die Allegorie dieser Darstellung ist auf den ersten Blick klar. Die ordnende Staatsmacht verteidigt die Früchte des Gemeinwesens gegen die üblen Mächte. Es handelt sich ja schließlich hier um ein Rathaus und die Darstellung wird ergänzt von mehreren Inschriften ähnlicher Intention. Auf einer weiteren Brüstungstafel erinnert Justitia als Engel an die alles ordnende Gerechtigkeit. Doch als wir feststellen, dass die Mittelachse unserer Ader fast genau auf die Baumdarstellung trifft, sehen wir diese Tafel mit anderen Augen. Was Kunsthistoriker und Archäologen mit apotropäisch beschreiben, verändert offenbar auch radiaesthetisch erkennbare Felder. Vielleicht sind die von unseren Vorfahren gefürchteten Einfallstore unheilbringender Mächte wesensgleich mit unseren radiaesthetischen Strahlungszonen.

Hat nun das Holzrelief mit seiner Symbolik auf der Brüstung die Wasserader entstört? Unsere Prüfung ergibt dies nicht und lässt uns eher an einen Warnhinweis der Zimmerleute des 16. Jahrhunderts denken.

Im Laufe der weiteren Untersuchung entdecken wir vor der südlichen Gebäudeecke auf der Straße eine ovale Feldstruktur, die mit den klassischen H3-Werten für Wasseradern zu detektieren ist (jedoch kapazitiv in inverser Anordnung). Sie entpuppt sich bei dreidimensionaler Untersuchung als trichterförmige Abstrahlung aus dem speienden Maul eines fratzenhaften Gesichtes an dem Kopfende des Gehrungsbalkens. Wieder deckt sich sichtbares Symbol mit radiaesthetischer Strahlung.

Strahlungsspeiende Groteske (mit Angabe der H3-Werte)

Interessant ist, dass bei diesem Gebäude die sonst übliche Eckabstrahlung des Wassereinflusses fehlt. Es scheint möglich, dass die Holzkonstruktion die Strahlung so leitet, dass sie nun gebündelt durch das Maul der Konsolfratze austritt.

Jetzt haben wir einen Ansatz für die Wirkungsweise dieser Feldveränderung. Die fratzenhafte

Groteske ist das Zopfende eines Stichbalkens der Erdgeschossdecke. Dieser Stichbalken ist mit den Querriegeln und den Tragbalken der Decke verzapft. Da Holz über seine Kapillaren in Wuchsrichtung sehr gute informationsleitende Eigenschaften aufweist, kann eine an anderer Stelle eingespeiste Strahlung dorthin übertragen werden. Die Frage ist jetzt nur, wie gelangt die Strahlung in die Holzbalken?

Zurück an der gemuteten Wasserader rechts neben dem Eingang wird mit der H3-Antenne, aufgesetzter Peilspitze und dem Yin-Yang-Schalter gesucht, wo sich ein sogenannter Aufnahmepunkt für die Wasseraderstrahlung befindet. Für die Detektierung hat sich dafür der H3 = 7,70 CL in Stellung „Yin“ bewährt (Absaugung belastender Energien).

Durch Peilung tasten wir den Auftrittsbereich der Wasserader auf der Fassade Meter für Meter sorgfältig ab. Unterhalb der verzierten Querriegel erwarten uns deutliche Reaktionen an zwei roten Sternen und in der Mitte der linken Fächerrosette. Jetzt erst beschäftigen wir uns mit diesen Sternen genauer.

Die Siebensterne unter der Tafel mit der apotropäischen Symbolik

Es sind Siebensterne! Sogar die sternenartige Ritzung in der Mitte der Fächerrosette weist sieben Strahlen auf.

Das Unbehagen des unbeteiligten Lesers ist jetzt förmlich zu spüren, aber in der radiaesthetische Praxis sind metaphysische Verkopplungen nicht ungewöhnlich. Der tiefliegende Symbolgehalt der Sieben manifestiert sich offenbar im Siebenstern und gleichzeitig in dem H3-Wert 7,70. Zur Sicherheit werden wir bei Gelegenheit diese Wirkweise an einem verkleinerten Modell laborhaft nachprüfen.

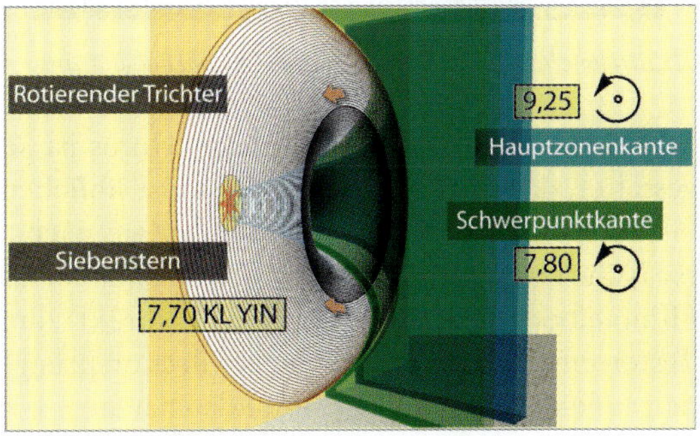

Modell des Absaugungsfeldes an einem der geschnitzten Siebensterne mit H3-Werten und Polarisation

Dass an dieser Stelle des Rathauses die Siebensterne angebracht sind, gibt übrigens auch den Kunsthistorikern Rätsel auf. Erklärlicher wäre eher die Verwendung des achteckigen Sternes aus dem Schwalenberger Stadtwappen.

In Detmold, der alten Residenzhauptstadt des Fürstentums Lippe, kann man ein eindrucksvoll gestaltetes Freilichtmuseum besichtigen. Hier findet das bäuerliche Siedeln vergangener Jahrhunderte ein letztes Refugium. Natürlich haben die dort ausgestellten Fachwerkgebäude ursprünglich nicht dort gestanden, sondern sind aus dem ganzen westfälischen Siedlungsraum zusammengetragen worden.

Traditionelles Himmelbett aus dem Osnabrücker Land

Das Haupthaus des Osnabrücker Hofes ist so gestaltet, dass man auch ohne die sonst üblichen Glasabsperrungen das innere Mobiliar aus nächster Nähe bewundern und ausprobieren kann. Das Himmelbett der Bauernfamilie lädt direkt zum Testen ein. Wir wissen zwar nicht, ob es ursprünglich auf einem guten Platz gestanden hat, aber ein kurzer Schnelltest mit der H3-Antenne zeigt, dass man zumindest jetzt darin sehr erholsam schlafen könnte.

Am Kopfende befinden sich drei stilisierte swastikaähnliche Verzierungen (linksrotierend, also beruhigend wirkend). Wir können aber kaum glauben, welche Überraschung die Kassettendecke des Betthimmels bereithält: Dort findet sich ... ein zweifacher Siebenstern!

Auch an dieser Schnitzerei können wir die gleichen absaugenden neutralisierenden Eigenschaften wie beim Schwalenberger Rathaus entdecken. Doch was sollte hier abgesaugt werden, das Strahlungsfeld einer Wasserader? Da sich der Stern mitten über der Schlafstelle befindet, würde so eine Strahlungszone vor ihrer Neutralisierung die Schlafenden belasten und damit scheidet diese Theorie aus.

Zweifacher Siebenstern in der Kassettendecke des Betthimmels

Wesentlich schlüssiger scheint uns, dass dieser Siebenstern ganz andere Strahlungsfelder absaugt, nämlich die in der nächtlichen Ruhephase ausgestrahlten Eigenfelder der Schlafenden. Da sich die absaugenden Qualitäten des Siebensternes auf Belastungsfaktoren beschränken, kann man beruhigt die Nacht dort verbringen. In diesem Bett wird man die Sorgen und Nöte los, die man geistig beim zu Bett gehen einschleppt. Offenbar war unseren Vorfahren schon das Problem der „Störbeziehungen“ bekannt, die ganz wesentlich die nächtlichen Belastungen bilden.

Interessant ist, dass der Absaugungseffekt deutlich ausgeprägter ist, wenn die Siebensternen in das Holz geschnitzt werden. Hier spielt offenbar eine Rolle, dass das Muster des Sterns erhaben über den umgebenden Flächen steht. An den Kanten liegen somit die Fasern des Holzes frei und ermöglichen den Eintritt der Strahlungen.

Der Funktechniker denkt jetzt wahrscheinlich schon an eine Planarantenne...

Einlegerrahmen, der aus polungsrichtig verbauten Hölzern besteht

Die Eigenschaft des Holzes, wie ein Lichtleiter Strahlungen zu transportieren, machen sich auch in neuerer Zeit wieder aufmerksame Tischler zu Nutze. Werden beim Bettenbau die verwendeten Hölzer so eingesetzt, dass diese leitenden Eigenschaften ausgenutzt werden können, kann sogar ein milder Abschirmungseffekt erzielt werden. Versuche und längere Praxistests haben gezeigt, dass mit der einfachen Konstruktion eines Einlegerrahmens der nächtlichen Neubildung von Störzonen vorgebeugt werden kann.

Bei diesem Rahmen werden die Hölzer entsprechend ihrer Wuchsrichtung so verbaut, dass jeweils ein Kronenende des einen Holzes an das Wurzelende des nächsten anschließt. Wichtig dabei ist die sorgfältige Ausführung der Eckverbindungen, die zumindest eine Überblattung oder Verzapfung enthalten müssen und keinesfalls Verleimungen oder Metallverbindungen aufweisen.

Da die Wuchsrichtung der gehobelten Leisten meistens nur von Fachleuten zu erkennen ist, helfen sich die Radiaestheten mit der H3-Antenne und aufgesetztem Yin-Yang-Schalter. Dieser wird an den Leisten Reaktionen in Stellung „Yin" zeigen, wenn das zur Wurzel zeigende Ende untersucht wird und umgekehrt mit „Yang", wenn es sich um das Kronenende handelt.

Einzelanfertigung eines abschirmenden Holzbettes in einer kleinen radiaesthetisch arbeitenden Tischlerei

Interessant, allerdings auch wesentlich aufwändiger, ist die Herstellung von nach diesem Prinzip gestalteten kompletten Betten. Hier gibt es Tischlereien, die sich dankenswerterweise dieser Aufgabe widmen. Diese Betriebe beachten auch das wohltuende Geheimnis des letzten Schliffes, mit dem hochwertige Naturharzöle dann von innen aus gesehen gegen den Uhrzeigersinn (Schutzwirkung) in das Holz eingeschliffen und eingerieben werden.

In diesen Betten baut sich der gespeicherte Stress ab; Sorgen und Nöte lösen sich auf. So wird der sicher deutliche Preisunterschied zu Produktionen von Möbeldiscountern schnell vergessen sein und ersetzt durch ein deutliches Mehr an Lebensfreude und Leistungsfähigkeit.

Steine und ihre apotropäischen Wirkungen

„Der Stein, den die Bauleute verworfen haben, ist zum Eckstein geworden". Dieser Satz aus Psalm 118 wurde im Neuen Testament mehrfach wiederholt und stellt offenbar eine wichtige Botschaft der christlichen Glaubenslehre dar.

Im Gleichnis von den bösen Winzern wird der verworfene Eckstein symbolhaft zum Träger des erneuerten Glaubens. Das bedeutet aber nicht, dass er zum Fundament einer neuen Kirche wird, wie manche meinen.

Es gibt nämlich einen Unterschied, den wohl nur die Bauleute kennen. Zum Fundament gehört der „Grundstein", der niemals mit den Ecksteinen verwechselt werden darf. Der Grundstein hat eben vornehmlich statische Funktion, er trägt das Gebäude. Die Ecksteine aber werden für das Aufmauern der Ecken benutzt. Diese Arbeiten führen in der Regel nicht die einfachen Maurer durch, sondern die Poliere - zumindest aber die Vorarbeiter. Als Eckstein kommen nur diejenigen Steine infrage, die besonders eben geformt sind (bei Natursteinmauerwerk), die mindestens zwei gerichtete Seiten haben und besonders witterungsresistent sein müssen. Die Ecksteine werden seit alters her zuerst aufgemauert, an ihnen wird die Schichthöhe bemessen und an ihnen wird mit dem Lot die Senkrechte ausgerichtet.

Der Eckstein sorgt also für Stabilität gegen die Unbilden der Witterung, schützt die Mauer und gibt beim Bau die Richtung vor. Wenn sich Jesus also mit dem Eckstein vergleicht, ist er nicht der Atlas, der die Welt trägt, sondern er ist der Hirte, der seine Herde schützt und gleichzeitig ist er der universelle Vordenker.

Soweit die spirituellen Botschaften der profanen Baupraxis. Nur, steckt hinter dem Eckstein eventuell noch ein weiteres Geheimnis?

An der Nordwestküste der englischen Grafschaft Cornwall liegt auf einer, nur über einen schmalen Pfad erreichbaren Felsenhalbinsel die Burg von Tintagel. Es soll sich der Legende nach um die Burg von Uther Pendragon und seiner Frau Igraine und damit um den Geburtsort von König Arthur handeln.

Tatsächlich gibt es dort, abseits von der sagenhaft anmutenden Burg des Hochmittelalters, einige Überreste keltischer Besiedlung. An einer arbeiteten wir mehrfach mit Gruppen von Radiaestheten während unserer geomantischen Exkursionen. Inmitten der Siedlung liegen die Mauerreste der Julitte's Chapel, ca. 1000 n. Chr. erbaut.

Die Reste dieser Kapelle eignen sich gut, um die Strahlungssituation zu dokumentieren und so detekieren wir zunächst das Umfeld dieser Ruine. In der Regel recht zuverlässig wird das Strahlungsfeld einer höhlenartigen geologischen Formation entdeckt, die quer durch die Siedlungsreste und quer durch das Kapellenschiff verläuft.

Ca. 15 m südlich der Kapelle kreuzt diese Strahlungszone diagonal eine rechteckige Maueranordnung, die offenbar die Grundmauern eines Raumes gebildet hatten. Es trägt jedesmal zur allgemeinen Verblüffung bei, wenn die Radiaestheten erkennen, dass sich das Strahlungsfeld an diesen Mauern förmlich teilt und wie bei unserem hölzernen Bettrahmen um den Raum herum durch die Steine abgeleitet wird. An der anderen Seite dieses Raumes schließt sich dieses Phänomen wieder zur vorherigen Zone zusammen. Testungen selbst auch der kritischen Teilnehmer ergaben, dass sich innerhalb dieses Raumes keinerlei Strahlungsfeld der geologischen Anomalie nachweisen ließ.

Eine spannende Situation, die wir später laborhaft nachbauen konnten. Wir kamen dabei wieder auf das Phänomen der Ecksteine zurück.

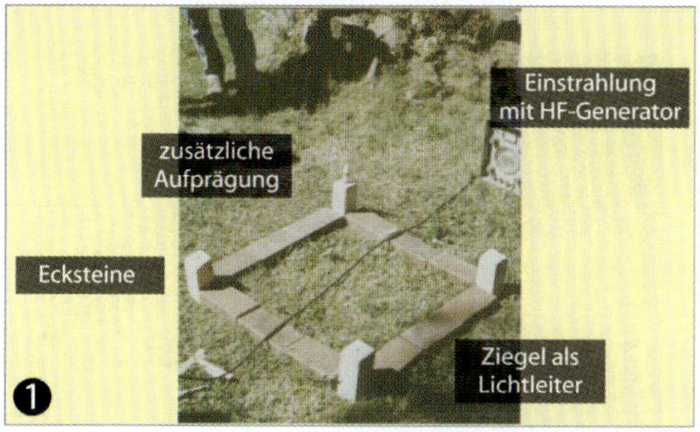

Ecksteine im Laborversuch

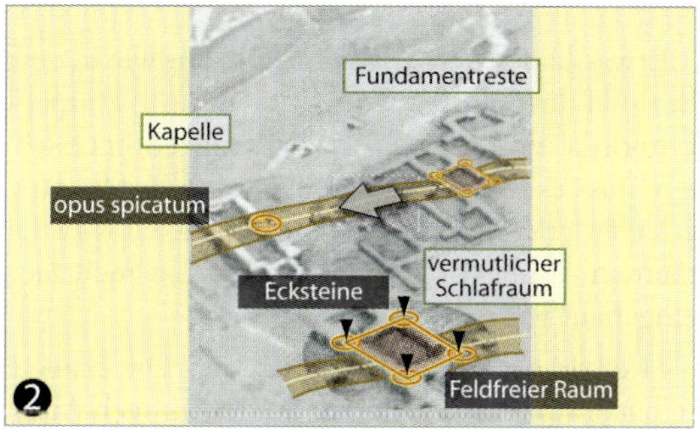

Situation in Tintagel

Diese Steine, nach dem Prinzip der unterschiedlichen Polungen an den Ecken eingesetzt, erzeugen mit den Steinreihungen dazwischen ein System, das die Strahlungen bündelt und ableitet. Auch hier haben wir wieder ein Stück des Mysteriums des Ecksteins gelüftet, nämlich seine unheilabwehrende Wirkung, mit der er die Bewohner vor den „bösen" Erdstrahlen schützt.

Eine weitere Überraschung können die geübten Rutengänger erleben, wenn sie direkt innerhalb der Kapelle arbeiten. War die Strahlenformation außerhalb noch als „linksdrehend" zu bezeichnen, wird sie unmittelbar ab der Innenseite der Außenwand als rechtsdrehend eingestuft. Wird die Bodensituation genauer untersucht, entdeckt man in der Breite der Strahlungszone anstatt der normalerweise liegend verbauten Steine einen deutlich hervorgehobenen Bereich senkrecht aufgestellter Steine. Da Radiaestheten glücklicherweise neugierig sind, war es nur eine Frage der Zeit, bis Unentwegte mit Hilfe der Feinradiaesthesie herausfanden, dass auch diese Steine nach dem Prinzip der Polung entsprechend „+" und „-" gerecht aneinandergesetzt waren.

Damit haben wir zwei ca. 1000 Jahre alte Phänomene gefunden, die beweisen, dass es die Bauleute auch schon damals verstanden, erfolgreich die Strahlensituation zu verändern.

Wer sich einmal mit dem Weltkulturerbe des Limes befasst, wird dort verschiedentlich nicht nur mit den Wallanlagen, sondern auch mit steinernen Resten dieser römischen Grenzmauer konfrontiert.

Wie das Beispiel einer Schautafel im Rems-Murr-Kreis in der Nähe von Murrhardt zeigt, befindet sich in diesen römischen Mauerresten einige Stücke eines als Zierblende angesehenen Mauerverbandes, dem *opus spicatum* (Ähren- bzw. Fischgrätmuster).

Die Schautafel gibt an, dass mit diesem Muster eine besondere Stabilität und Belastbarkeit des Mauerwerkes erzielt wird. Ähnlich wie manche

Theologen über den Eckstein stolpern, ergeht es hier den Archäologen.

Schautafel am Limes (©Archäologie in Deutschland 1/2006)

Ich empfehle einen kleinen Nachbau dieses Musters und die Durchführung eines Belastungstestes im Vergleich zu den liegend verlegten Mauerschichten. Das *opus spicatum* neigt dazu, sich unter großem senkrechtem Druck förmlich auseinander zu schieben. Liegend vermauerte Steine halten diesen Drücken stand. Der Schrägverband braucht starke seitliche Widerlager, wie sie in der unten abgebildeten Klostermauer nicht vorhanden sind.

opus spicatum in Bury St. Edmunds, England

Nur, wenn diese offizielle Vermutung nicht zieht, warum wurde es verwendet? Übrigens nicht nur zu römischen Zeiten, sondern auch bis in die frühe Neuzeit hinein.

Als Zierverband? Da halte ich dagegen, dass sich diese Schichten manchmal unsichtbar innerhalb von Mauern oder unter Putz befinden.

Im Innenhof liegender Friedhof des Klosters von Cholera

Etwas handfester wird es, wenn wir wie in dem Beispiel des Klosters von Cholera im Naturpark Emporda in den spanischen Pyrenäen beobachten, dass es dort zwischen dem im Kloster intergrierten Friedhof und den benachbarten Klosterräumen in ungeordneten Abschnitten mehrfach eingebaut wurde.

Hier drängt es sich förmlich auf: Die Bauleute hatten an verschiedenen Stellen einfach Angst - vielleicht Angst vor den Geistern der Toten, die man mit verwirrenden Mustern abschrecken wollte.

Lassen wir uns wieder auf einen Laborversuch ein mit dem Nachbau eines *opus spicatums*, das wir auf einer Wasserader platzieren. Auch hier stellen wir deutlich feldverändernde Wirkungen fest, wenn wir das Strahlungsfeld in Fließrichtung vor und hinter der Steinsetzung untersuchen. Durchgängig ist zu erkennen, dass das Feld durch diese Art des Mauerverbandes schwächer wird und zudem noch seine Polarisation verändert.

Versuch an einem nachgebautem opus spicatum

War in unserem Beispiel die Strahlungszone oberhalb mit H3 = 7,80 IL in einer Intensität von 2 zu detektieren, konnte ca. 3 m hinter dem opus spiactum nur noch 7,80 IR in einer Intensität von 5 - 6 nachgewiesen werden. Diese Art von Feldveränderungen wurden andernorts eingesetzt, um besondere Aufenthaltsqualitäten zu schaffen. Erfahrungsgemäß fühlt man sich dort wesentlich wohler, als in einem linksdrehenden Strahlungsfeld mit erstgenannter Qualität.

Mit diesem Wissen untersuchen Sie einmal die Stellen des Fischgrätmusters am Limes-Wachtturm in Murrhardt. Ich bin gespannt auf das Ergebnis.

In der Zeitschrift AiD war vor einiger Zeit eine seltsame Frage gestellt worden. Bei Ausgrabungsarbeiten waren Hambuger Archäologen auf eine Depotgrube aus dem 17. Jh. gestoßen, die nicht in das bisher bekannte Schema passte. In dieser Grube, die sorgfältig freigelegt wurde, befand sich ein umgedrehter Tonkrug und ein paar Zentimeter dahinter ein halbschalenartiger Walfischknochen mit Ritzzeichen. Es war den Ausgräbern schnell klar, dass es sich hier nicht um eine gewöhnliche Abfallgrube handeln konnte, sondern dass mehr dahinter stecken musste. Zumal sich Tontopf und Walfischknochen in einem planeben angelegtem Sandbett befanden und offenbar kunstvoll in Position gebracht wurden.

Ausgrabung in Hamburg Finkenwerder (© Archäologie in Deutschland 3/2004)

Mich hat diese Darstellung elektrisiert. Mit ein bisschen Fantasie sehe ich in dieser Konstellation einen Urtyp des CAP-Kompensators von Carl Arnold Piacenza. Dieser hat ein sehr erfolgreiches Entstörgerät entwickelt, bei dem die Strahlung erst auf eine geschlossene Glasröhre trifft und dann auf eine kurz dahinter liegende zweite Röhre, die halbseitig verspiegelt ist.

Also auch genau das Prinzip Hohlkörper und dahinter liegender halbrunder Reflektor. Gilt hier wieder das Prinzip der Vertreibung böser Geister? Zumindest ist die Wirkung aus radiaesthetischer Sicht von CAP-Kompensatoren seit über 70 Jahren zuverlässig nachgewiesen. Wenn meine Informationen stimmen, soll PIACENZA bei Abbrucharbeiten nach dem ersten Weltkrieg einen entsprechenden historischen Vorgängertyp entdeckt haben, der ihn zu der Entwicklung des CAP inspirierte.

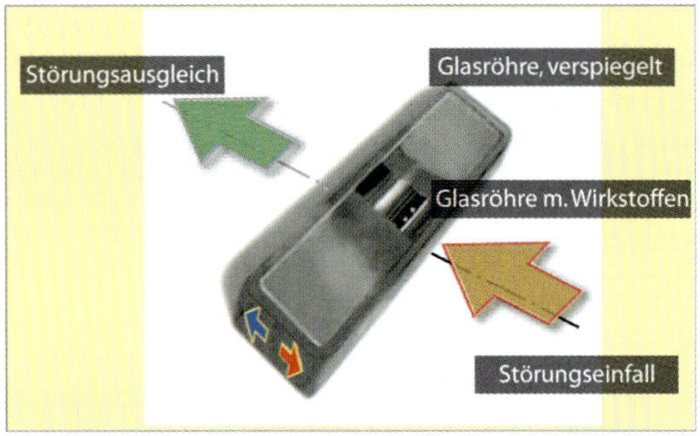

CAP-Kompensator nach Carl Arnold Piacenza, Kempten mit Platzierungsvorschrift

Ich würde mich freuen, wenn auch die offizielle Archäologie diese Deutung mit in die Interpretation des Fundes von Finkenwerder einbezieht.

Geomantie

Die Kunst den *genius loci* zu erspüren

Im Industriezeitalter erscheint es nur sehr schwer nachvollziehbar, aber in allen alten Kulturen spielte der Geist des Ortes, lat. *genius loci,* eine wichtige Rolle, wenn es darum ging, den richtigen Platz für Siedlungen oder Kulteinrichtungen zu bestimmen.

Ein gut erhaltenes Mosaik in Herculaneum, das 79 n. Chr. beim Ausbruch des Vesuv untergegangenen ist, zeigt eine Schlange, die sich um einen runden Altarsockel windet. Die Schlange galt zu der Zeit als Symbol für den mit dem Ort verbundenen Geist. Die Opfergaben, die ihr auf dem Altartisch dargebracht werden, deuten auf eine tiefe Achtung hin, mit der die Römer ihrem Ortsgeist begegneten.

Darstellung des genius loci auf einem herculanesischen Mosaik

Das antike Mosaik zeigt aber auch einen nackten Knaben, der überrascht die Schlange bei ihrem Opfermahl antrifft. Sinnigerweise trägt der Knabe in seiner rechten Hand einen Zweig (Hinweis auf eine Rhabdomantie, d.h. Weissagung mit Stäben), während seine linke Hand auf seinen Mund zeigt (Andeutung seiner Wahrnehmung). Wenn man von oben schaut, windet sich die Schlange im Uhrzeigersinn um den Opfertisch und ist gerade dabei, das ihr dargebrachte Mal zu verzehren. Die Windung der Schlange um den Tisch symbolisiert eine Positivierung des Platzes (durch Rechtsdrehung im Sinne der Radiaesthesie).

Für uns leiten sich aus dieser Darstellung die Erkenntnisse ab, dass der Geist des Ortes für uns erkennbar wird, wenn wir

1. offen und möglichst frei von Vorprägungen sind (Symbol des nackten Knabens)
2. bereit und in der Lage sind, zu sehen (linke Hand) und zu erkennen (rechte Hand greift den Stab genau in der richtigen Proportion im Goldenen Schnitt wie eine Einhandrute)
3. dem Geist des Ortes in Ehrfurcht begegnen und ihn in Ehren halten (Opferdarbringung).

Wenn wir diese Botschaft verinnerlichen und uns danach richten, wird sich uns der *genius loci* zu erkennen geben.

Dass der Geist des Ortes durch ein Lebewesen symbolisiert wird, entspricht der antiken Vorstellung. Jedoch wird auch der materialistisch eingestellte Skeptiker zugeben müssen, dass sich die Qualität der Orte grundlegend unterscheiden kann. Dazu müsste er nichts weiter tun, als sich an verschiedene Plätze zu begeben und sich dort mit geschlossenen Augen ungefähr 10 Minuten ruhig hinstellen. So wird er sein Anlehnen an die Brüstungsmauer des Donjons der Kartharerburg von Queribus anders wahrnehmen, als wenn er die römische Spolie an der Außenmauer der Peterskirche von Lavant in seinem Rücken spürt.

Der Kirchberg von Lavant, Osttirol, römische Spolie an der Südseite der höher gelegenen Peterskirche

Château de Queribus, Cucugnan, Dep. Aude, Frankreich

Mit ein bißchen Aufmerksamkeit wird unser Skeptiker wahrnehmen, dass es Unterschiede gibt. Diese haben etwas mit der Topografie zu tun, mit den daraus abzuleitenden Luftströmungen und mit der unterschiedlichen Ionisation. Diese Unterschiede sind sicht- und messbar. Schwieriger nachvollziehbar wird es, wenn es um die Wahrnehmung der feinenergetischen Strahlungen geht. Doch auch hier haben wir einen Test vorbereitet.

Im Auftrag der Großglockner Hochalpenstraßen AG hatten wir 2002 auf der Franz-Josefs-Höhe am Großglockner ein Steinkunstprojekt installiert. Wir wollten damit einen Erlebnisbereich schaffen, wo die unterschiedlichen feinenergetischen Felder erspürt werden können. So hatten wir zusammen mit Helfern der GROHAG zwei unterschiedliche Steinkreise installiert, der eine sollte weibliche Energien ausstrahlen, der andere männliche.

Unsere wind- und wettererprobten Helfer, die an härteste Straßenbauarbeiten im Hochgebirge gewöhnt sind, hatten jetzt einen recht seltsamen Auftrag. Sie beschafften mit einem Geländewagen Wasser aus einer schwer zugänglichen aber „rechtsdrehenden" Quelle, brachten handverlesene Flusskiesel an und sammelten an den Steilhängen der Hohen Tauern durch uns markierte Steinbrocken, die mit Kiepen zum nächsten befahrbaren Weg getragen werden mussten. Nach einer kleinen Einweisung in das Geheimnis der Herstellung von „rechtsdrehendem" Beton konnten sie dann beobachten, wie Feinenergiefelder üblicherweise erzeugt werden. Wir freuten uns über ihre fleißige Mithilfe, konnten uns aber auch lebhaft vorstellen, was sie insgeheim dachten.

Die Steinkreise im Rohbau, oben die Yin-, unten die Yang-Installation

Als am zweiten Tag die Kreise langsam Formen annahmen, sprach uns ein jüngerer aus ihrer Runde an und wollte wissen, was man denn so in diesen Kreisen Geheimnisvolles erleben könne. Diese Testbereitschaft kam uns wie gerufen und so sollte er sich dann in jeden Kreis stellen und dort fünf Minuten mit geschlossenen Augen stehen bleiben. Gesagt, getan, nach Ablauf des Tests befragten wir ihn nach seinen Empfindungen. Seine erste Antwort war, nichts besonderes gespürt zu haben.

Doch die Nachfrage, in welchem Kreis er sich größer und in welchem er sich kleiner gefühlt habe, wurde spontan beantwortet: Im vorderen Kreis kleiner und im hinteren deutlich größer!

Wir hatten ihm vorher nicht verraten, dass es sich bei dem vorderen um den weiblichen (Yin), bei dem hinteren um den männlichen (Yang) Kreis handelt. Somit drückten seine Empfindung genau aus, dass er mit den unterschiedlichen Haupteinflüssen der beiden Kreise jeweils in die erwartete „männliche" Resonanz gegangen war (schwächend im Yin-, stärkend im Yang-Kreis). Weibliche Besucher reagieren in den Kreisen oft genau gegensätzlich. Somit scheint deutlich zu werden, dass die Ortsenergien individuell unterschiedliche Empfindungen auslösen können.

Versetzen wir uns einmal in die Rolle der verantwortlichen Baumeister der Vorzeit, welche die Aufgabe hatten, den geeigneten Platz für ein megalithisches Heiligtum, eine Burg oder eine Stadtgründung zu ermitteln. Aus römischer Zeit ist verbürgt, nach welchen Regeln die Standortwahl und der anschließende Gründungsritus erfolgte.

Die Gründung einer römischen Stadt verlief - entsprechend des Vorbildes der Etrusker - in vier Schritten:

1. Die *inauguratio*, eine Standortbestimmung durch Deuten von Vorzeichen (auguria),
2. die *limitatio*, das Festlegen des Bezirkes durch Ziehen einer Ackerfurche, mit der symbolisch ein äußerer Stadtgraben (Furche) und ein innerer Befestigungswall entstanden. CATO (234 - 149 v.Chr.) beschreibt diesen Gründungsakt so:

   „(...) an einem durch günstige Vorzeichen bestimmten Tag spannt der in eine weiße Toga gehüllte Gründer rechts einen weißen Stier und links eine weiße Kuh vor den Pflug. Dessen Schar muss aus reinem Kupfer sein. Dann zieht er, die Kuh an der Innenseite führend, eine Furche und hält den Pflug dabei schräg, so dass die Schollen innen aufgeworfen werden. Die auf diese Weise aufgehäufte Erde bedeutet die zukünftige Stadtmauer, die Furche den Graben. An den für die Tore bestimmten Stellen wird der Pflug hoch gehoben. Denn diese sind profan, während die Mauer heilig ist, ebenso wie der ganze von der Furche umgrenzte Raum, das Stadttemplum..."

Römischer Augur beim Limitationsritus, begleitet von Landvermessern, die mit Messseil und Messrute ausgerüstet sind

3. die *orientatio*, das Festlegen von *via decumana*, *via praetoria* und *via principalis* und schließlich
4. die *consecratio*, das Einweihen, mit dem die Anlage unter den Schutz der Götter gestellt wurde.

Zusammengefasst handelt es sich also um vier Schritte, die zur Einrichtung eines „guten Platzes" notwendig erachtet wurden. Lediglich der erste konzentriert sich auf die Suche nach dem idealen Ort, die weiteren Schritte deuten schon mehr darauf hin, die gegebenen Verhältnisse zu verändern. Der gute Platz wurde also nicht als naturgegeben angesehen, sondern nach erfolgreicher Auswahl eines Ortes bedurfte es der Kunst der Stadtgründer, diesen noch weiter zu positivieren.

Wir können annehmen, dass es sich bei diesem Gründungsritual der Römer um die Anwendung von grundlegenden Erkenntnissen handelt, die bereits in der Frühzeit der Kulturen ebenso angewendet wurden wie in den Gründungen der Hochgotik im späten Mittelalter. Ein Wissen also, das offensichtlich erst zu Zeiten der Aufklärung in der Neuzeit allmählich verloren gegangen ist.

Wenn wir heute alte Kultstätten untersuchen, müssen wir eben berücksichtigen, dass die naturgegebene Strahlungssituation in mehrfacher Hinsicht von den Kundigen verändert wurde. Es wird deshalb zu unterscheiden sein, welche Einflüsse auf diese Veränderungen zurückzuführen sind und welche nicht. Auf diese Weise lassen sich die Kriterien, nach denen die Auguren die Platzauswahl vorgenommen haben, zum Teil wieder rekonstruieren. Zum Teil müssen wir aber auch feststellen, dass sich auch das ursprünglich vorhandene natürliche Strahlungsmilieu den neuen Platzverhältnissen angepasst hat und somit einer Veränderung unterliegt.

Nach den uns bisher vorliegenden Erkenntnissen waren in radiaesthetischer Sicht für die Platzwahl anregende Strahlungszonen von Bedeutung, die sich vornehmlich aus Bodenstrahlungen bilden. Hier denken wir zunächst an Wasseradern, Höhlen, Spalten, Verwerfungen, Lagerstätten oder ähnliches. Während es bei Wasseradern in Lockergesteinen oder in eiszeitlichen Ablagerungen nicht sicher ist, ob sie nicht im Lauf der Zeit

Lage und Richtungen verändern, ist das Vorkommen von Spalten, Verwerfungen und Lagerstätten eigentlich geostationär - zumindest was den Zeitraum der Besiedlungsgeschichte angeht.

Gerade Verwerfungszonen scheinen für Kultbauten geradezu prädestiniert zu sein. Leider mit der Folge, dass sich die dort immer wieder auftretenden Erschütterungen und Verschiebungen verheerend auf die Bauwerke auswirken. Berühmte Beispiele sind die Akropolis in Athen oder die Carmo-Kirche auf dem Grabenbruch oberhalb der Altstadt von Lissabon.

Convento do Carmo auf der Bruchzone zwischen der Unterstadt (Baixa) und der Oberstadt (Barrio Alto) in Lissabon, durch das Erdbeben von 1755 zerstört

Vor einiger Zeit war den Medien zu entnehmen, dass unter dem Hauptsitz des englischen Königshauses, Schloss Windsor, eine Erdöllagerstätte nachgewiesen wurde. Radiaesthetisch werden Erdölvorkommen als rechtsdrehend also lebensfördernd angesehen.

Die Höhenburgen des Mittelalters verdanken ihre eindrucksvolle Lage nicht allein strategischen Überlegungen, sondern nutzen oft auch Ortsenergien aus, die die Chinesen als Drachenkräfte bezeichnen würden. Diese geheimnisvollen Strahlungen finden sich meist auf Bergkämmen, an gefährlichen Felsabbrüchen oder an Flussbiegungen. Sie lassen sich zwar radiaesthetisch detektieren, sind jedoch nicht auf unterirdische Einflüsse zurückzuführen, sondern wahrscheinlich auf Verdichtungen im natürlichen elektrischen Feld, also mehr auf unterschiedliche Ladungen, die im Raum unmittelbar an und über der Oberfläche der Erde entstehen. Da diese Ladungen natürlich mit den Rhythmen der Witterung, den Jahreszeiten und auf andere Umgebungsbedingungen reagieren, bekommt so eine Linie eine gewisse Lebendigkeit, die dann symbolhaft einem Drachen zugeschrieben wird.

Wenn Kultplätze sich auf geografisch nachprüfbaren Visierlinien befinden, kann ein geübter Radiaesthet häufig Liniensysteme finden, die als Leylines bezeichnet werden. Doch sollte man hier bei der Untersuchung kritisch vorgehen. Diese Linien lassen sich künstlich erzeugen und so liegt die Vermutung nahe, dass sie zumindest bei der ersten Platzwahl noch nicht existierten.

Ähnliches scheint nach Erkenntnissen des Verfassers auch für Systeme zu gelten, die in der Literatur als Gitter oder Gitternetze beschrieben werden. Für einige soll sogar gelten, dass die römischen *agrimensores* (Landmesser) deren regelmäßige Strukturen für ihre *limitatio* benutzt haben. Es wird die Existenz von Gittern diskutiert, die dem römischen *actus* (35,568 m) und der *centuria* (711,36 m x 711,36 m) entsprechen.

Die Römer hatten die Landvermessungen zwar immer im gleichen Rastermaß vorgenommen, jedoch nicht nach den Himmelsrichtungen sondern parallel zu den Hauptstraßen ausgerichtet. Diese gesicherte Tatsache widerspricht dem

Gedanken, dass sich die Landmesser an einem atmosphärisch vorgegebenem Strahlungssystem orientierten.

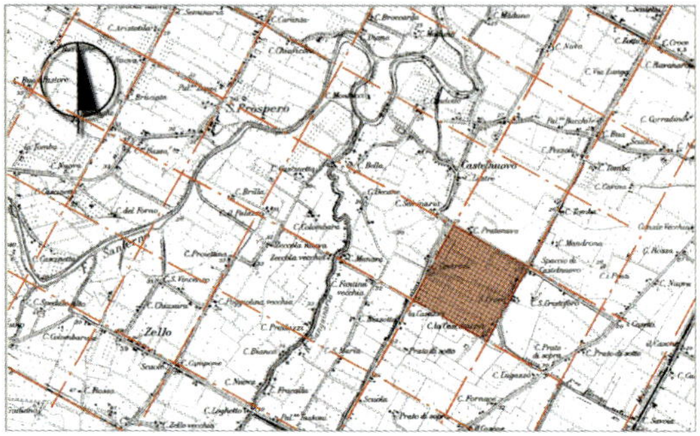

Überreste der römischen Landvermessung in der Emilia romagna, Italien

Abgesehen davon verfügten die Römer auch schon in der Antike über eine hochentwickelte Messtechnik, die den damalig vorhandenen relativ ungenauen radiaesthetischen Arbeitsgeräten in diesem Punkt weit überlegen waren. Wenn nun doch an den Überresten der römischen Vermessung radiaesthetische Effekte beobachtet werden, handelt es sich vermutlich um künstliche Strahlungsmarkierungen, die erst im Zuge der Vermessung vorgenommen wurden.

Die Suche nach den bisher beschriebenen Strahlungsarten liefert in der Regel immer einen Platz, der von den Kundigen gut zu einem Kraft-, Licht oder Harmonieplatz gestaltet werden kann. Ein Blick in die vergleichende Religionsgeschichte zeigt jedoch, dass den als heilig geltenden Plätzen immer eine bestimmte Platzqualität zugeschrieben wird. Der zu errichtende Tempel wurde stets einer speziellen Gottheit gewidmet, der historische Kirchenbau erhielt nachfolgend dann ein Patrozinium, wurde also einem oder einer Schutzheiligen geweiht.

Im Rahmen der Vorbereitung einer geomantischen Exkursion nach Südengland war der Verfasser 1992 auf das Buch „The Sun and the Serpent" des Rutengängers Hamish Miller und seinem Autor Paul Broadhurst gestoßen.

Die beiden untersuchen eine Linie, die von der Westspitze Cornwalls durch Glastonbury schnurgerade bis hin zur Ostküste in der Nähe von Great Yarmouth auffällig viele Kirchen (vorzugsweise St. Michael geweiht) und andere Heiligtümer miteinander verbindet. Viele von ihnen liegen auf Hügeln ähnlich wie der Torhill von Glastonbury. Um diese Leyline ranken sich zwei mit Wünschelruten nachweisbare Kraftströme. Der eine verbindet die Michaelskirchen auf den Hügeln, der andere benachbarte Orte in der Ebene, die häufig alte Marienkirchen beherbergen. Es entsteht ein System ähnlich den beiden Schlangen, die sich um den Stab des Thoth winden.

Der Torhill von Glastonbury soll einen Knotenpunkt in diesem System bilden und deshalb wollen wir ihn genauer untersuchen.

Nach einigen Begehungen an der Nordseite des Hügels stoßen wir auf eine Zone, die laut unserer Lektüre die gesuchte Linie sein muss, die die Michaelskirchen verbindet. Anhand umfangreicher Abgleichungen mit unseren Testampullen und Vergleichswerten bestimmen wir diese Zone als unterirdische Lagerstätte mit erhöhter radioaktiver Emanation (vor allem Gamma-Strahlung). In einiger Entfernung entdecken wir das von Miller beschriebene Pendant, die Linie, welche an den Marienkirchen zu finden ist. Wir bestimmen sie mit unseren Methoden als eine Strahlenstruk-

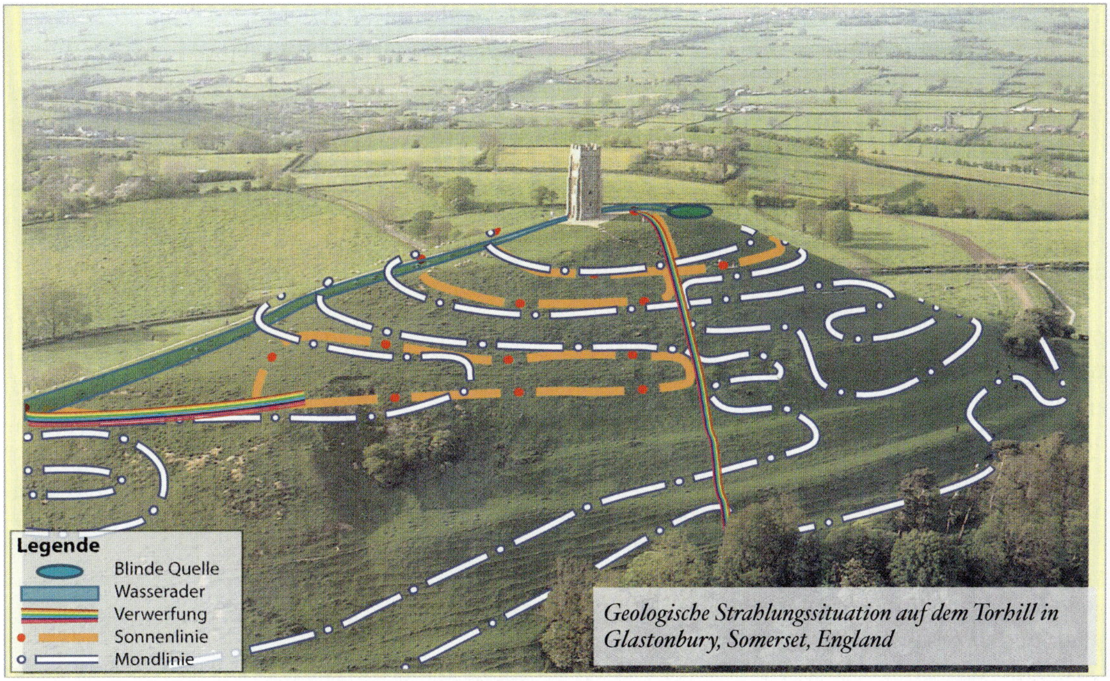

Geologische Strahlungssituation auf dem Torhill in Glastonbury, Somerset, England

tur, die sonst nur über unterirdischen Höhlensystemen auftritt.

Mit Testobjekten verfolgen wir die jeweiligen Zonen in Richtung des Hügels. An den steilen Abhängen haben wir viel Publikum, da der Hügel im Sommer sehr bevölkert ist. Mal bedrängen uns ganze Gruppen fragender Besucher, mal bahnen wir uns den Weg mitten durch verständnislos dreinblickende Rinderherden. Jede Ablenkung erhöht das Risiko des Irrtums. Unsere Linien werden zum Teil von einer Vielzahl anderer geologischen Anomalien überlagert. Mühevoll verfolgen wir so tagelang unsere beiden Energielinien und messen die Ergebnisse puzzleteilchenweise ein.

Während unserer Arbeiten steigen wir offenbar tiefer und tiefer in Gänge des Labyrinthes hinein, das sich nach einer Legende auf oder in dem Hügel befinden soll. Unzählige Male ergaben gegenseitige Nachkontrollen, dass uns die Verhältnisse wieder irgendwo genarrt haben mussten – mal war eine Kreuzung übersehen worden, mal parallele Linien vertauscht oder ein Wendepunkt übergangen worden. Doch wer so intensiv die Michaelslinie und die Marienlinie verfolgt, bekommt langsam ein sicheres Gespür für diese Strahlungszonen.

Die gefundenen Abweichungen zu den Angaben von „The Sun and the Serpent" spornen uns an, auch andere Orte zu untersuchen. Das Ergebnis dieser Suche überrascht uns: In ganz Südengland finden wir an allen alten Marienkirchen diese Marienlinien. Bei den Michaelskirchen sind in ähnlicher Weise ihre Pendants zu finden. Beide Liniensysteme verlaufen nicht unbedingt parallel zu den Bauwerksausrichtungen, sondern beeinflussen nur deren Grundriss, mal diagonal zur Mittelachse, mal mit Abzweigungen, mal mäandrierend.

In Englands längstem Kirchenbau, der St. Peter, Paul und St. Swithun geweihten Kathedrale von Winchester, detektieren wir ebenfalls eine Marienlinie rechtwinklig zur Achse der im Osten angebauten „Ladychapel“.

Doch Winchester zeigt uns mehr und liefert neue Erkenntnisse weit über die Ansätze von Miller hinaus: Vom Platz des alten sächsischen Vorgängerbaues an der Nordseite der Kathedrale, quer durch das nördliche Seitenschiff, das Mittelschiff und das südliche Querschiff hindurch, verläuft eine uns bisher unbekannte Lagerstätte, die sich von Stonehenge herüberschlängelt. Sie kreuzt in Winchester auch den Platz des alten römischen Forums, vielleicht auch den Platz des Jupitertempels?

Diese Beobachtung liefert ein Stichwort: Es scheint offenbar eine direkte Verbindung zwischen dem vorchristlichen *genius loci* und dem anschließend christlichen Patrozinium zu geben. Wir hatten mittlerweile eine Vielzahl von unterschiedlichen Linien gefunden und waren dann dem Rat der in Portugal lebenden Astrologin Doris Kegel gefolgt und testeten Resonanzbeziehungen zu den Planeten unseres Sonnensystems. Zu unserer Überraschung ergaben sich hier deutliche Beziehungen: Die Michaelslinie entpuppte sich als Sonnenlinie, die Marienlinie bezeichnen wir seitdem als Mondlinie, die Hauptlinie aus der Peter und Paulskirche als Jupiterlinie.

Nachdem wir 2001 zur Vorbereitung eines Geomantieprojektes in Zusammenarbeit mit der Großglockner Hochalpenstraßen AG in Kärnten systematisch ca. 650 alte Kirchenstandorte auf das Vorkommen von Planetenlinien hin untersucht hatten, wagten wir eine Systematik der Beziehungen zwischen Patrozinium und Planeteneinfluss aufzustellen.

Die Heiligenlegenden geben oft verdeckte Hinweise auf bestimmte geistige Themen, die den astrologischen Beschreibungen der Eigenschaften der Planeten entsprechen. Ein schönes Beispiel dafür ist die Geschichte, die sich um die Kirche in Heiligenblut am Großglockner rankt.

Heiligenblut am Großglockner

Briccius war ein dänischer Soldat im 10. Jh., der für seine treuen Dienste vom Kaiser in Konstantinopel eine Phiole mit heiligem Blut geschenkt bekam. Auf seiner Rückkehr in die Heimat versteckte er diese Phiole in einer Wunde an seiner rechten Wade. Er wollte in der Nähe des Großglockners die Hohen Tauern überqueren, geriet in eine abgehende Lawine und starb. Bauern entdeckten dann in dem Schneefeld drei frische Ähren, die auf den

Leichnam von Briccius hinwiesen. Dieser wurde ausgegraben und auf einen Ochsenwagen gelegt, der ihn ins Tal brachte. An einer Stelle wollten die Ochsen nicht mehr weiter und so wurde Briccius kurzerhand dort beerdigt.

In drei darauffolgenden Nächsten wuchs das rechte Bein aus dem frischen Grab, wurde aber jedesmal wieder mit Erde bedeckt. Erst beim dritten Mal untersuchte man das Bein genauer und entdeckte dabei die Phiole mit dem heiligen Blut, sowie ein Pergament, das die Herkunft beschrieb. Die Echtheit des heiligen Blutes wurde schließlich über den Bischof von Salzburg in Konstantinopel bestätigt. Anschließend baute man an der Stelle des Grabes eine Kirche, in deren Krypta Briccius aufgebahrt wurde.

Als Kirchenpatron entschied man sich für Vinzenz von Saragossa. Dieser spanische Bischof erlitt am 22. Januar 304 den Märtyrertod und wurde anschließend den Geiern zum Fraß vorgeworfen um eine Reliquienverehrung zu unterbinden. Nachdem dies nicht gelang, wurde er in eine Ochsenhaut eingenäht und ins Meer geworfen. Auch dies war vergebens. Seine sterblichen Reste wurden aus der Tiefe des Meeres wieder an das Ufer gespült, von treuen Christen geborgen und nach Le Mans gebracht, wo er seitdem verehrt wird.

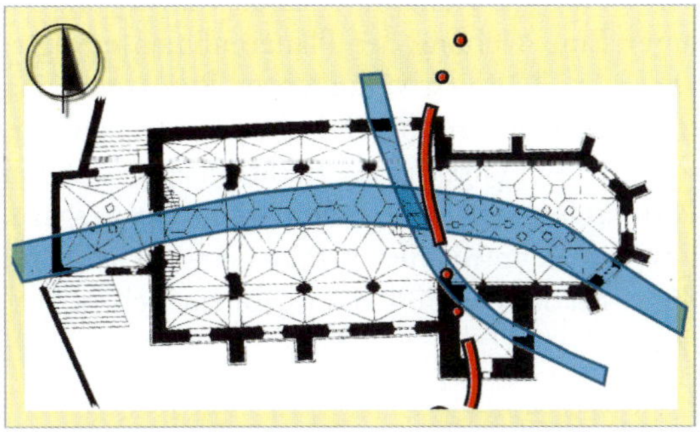

Grundriss der Kirche in Heiligenblut, Darstellung der Wasseradern und der Plutolinie

In der Kirche von Heilgenblut finden wir als prägenden Einfluss eine Plutolinie. Dieser Planet, der erst 1930 in den Tiefen des Alls entdeckt wurde, steht für die Unterwelt. Pluto soll in der Mythologie als unerbittlicher Feind allen Lebens die Sterblichen in das öde schauervolle Reich des Todes hinabziehen. Er steht aber gleichzeitig für das Wissen, das aus diesen tiefsten Tiefen wieder heraufsteigt und eine Transmutation bewirkt. Die Entsprechung „Wer aber (den Tod) überwindet, dem wird kein Leid geschehen," steht für das plutonische Prinzip.

Bei einer Untersuchung des weiträumigeren Umfeldes der Kirche entdecken wir, dass die Plutolinie von einem Bergrücken hereinkommt, der Ochsenkopf genannt wird.

Nun können wir das Thema deutlich zuordnen: Es ergeben sich große Übereinstimmung zwischen dem Hl. Vinzenz und der Bricciuslegende. Beide werden nach ihrem Tode mit dem Ochsen konfrontiert (der unfähig ist, sich fortzupflanzen), beide kommen aus den Tiefen wieder hervor und bringen von dort heilige Schätze mit...

Doch immer noch bleibt für den aufmerksamen Leser die Frage im Raum stehen, ob wir es nicht nur mit radiaesthetischen Hirngespinsten zu tun haben. Diese Linien sind in der Landschaft zwar auffindbar und alle Bedingungen deuten darauf hin, dass sie im Untergrund vorhanden sind. Unerklärlich ist jedoch, dass ihr Verlauf anscheinend überhaupt keine Rücksicht auf die vorhandene Geologie, die verschiedenen Schichtungen und Gesteinsmaterialien nimmt. Sie verhalten sich im Sandboden nicht anders, als im Mergelgestein oder in schräg aufgerichteten Schichtungen des harten Osningsandsteines. Sogar radiaesthetisch gemutete und geologisch gesicherte Verwerfungslinien führten bei den Linien nicht zu größeren Lageveränderungen – ein Tatbestand, der selbst hartgesottene Mystiker ins Nachdenken bringt.

Uns hat dieser Umstand jedenfalls erheblich verunsichert, bis wir – im Sacellum hoch oben auf dem Felsen 2 der Externsteine – in der geraden Verlängerung des berühmten Sonnenvisierloches eine rechtsdrehende Merkurlinie entdeckten. Da wir sie bei der Außenbegehung unten auf dem Vorplatz nicht gefunden hatten, vermuteten wir sie im Felsen oberhalb der Erdoberfläche. Tatsächlich gelang es uns, mit unseren Testobjekten eine dunkelbraune, wahrscheinlich erzhaltige Ader auszumachen, die sich – ca. 20 bis 30 cm breit – deutlich von dem Sandstein des Felsens abhebt.

Erzhaltige Zone an den Externsteinen, als Merkurlinie detektiert

Auch bei Kontrolluntersuchungen an den Steilküsten Portugals konnten wir mehrmals solche Linien aus der Nähe untersuchen. Oberhalb der Küstenlinie, kurz vor dem Absturz des Geländes, endete die Ausstrahlung unserer Planetenlinien und konnte vom Strand aus, manchmal sogar in erreichbarer Höhe, in der Felswand wiederentdeckt werden.

Die Planetenlinien, denen wir zwischenzeitlich noch Resonanzlinien markanter Fixsterne wie den Sirius und den Polarstern hinzufügten, lassen sich nur mit Testobjekten detektieren. Dies gewährleistet, dass die Planetenstrahlung in ihrer gesamten Bandbreite mit der gesuchten Linie in Resonanz gerät. Hier gilt wie in der Musik: Nicht der (Einzel-) *Ton*, sondern der (Gesamt-) *Klang* macht die Musik. Eine Beschränkung der radiaesthetischen Suche auf nur eine Grifflänge erhöht die Fehlerquote, da die Planetenlinien erst durch ihre Vielstrahligkeit unverwechselbar werden.

Die von uns nach langen Testungen angegebenen Grifflängen für die Planetenlinien stellen nur einen kleinen Teil dessen dar, was über die Testobjekte an gesamtem Schwingungsspektrum abgerufen werden kann.

Für uns sind die bereits gewonnenen Erkenntnisse deutliche Hinweise darauf, dass die Wahl von guten Plätzen und die darauffolgende Zuordnung zu bestimmten Wesenheiten im Allgemeinen nicht dem Zufall überlassen wurde, sondern unter Einbeziehung der Planetenlinien erfolgte. Diese im Erdreich verankerten Resonanzlinien sind offenbar ein energetisches Bindeglied zwischen den in christlicher Tradition ausgewählten Patrozinien und den heidnischen Vorgängern. Erst die Kenntnis dieser feinenergetischen Einflüsse rundet das Bild einer geomantischen Analyse ab.

Chartres

Der Versuch, den Geheimnissen gotischer Baukunst nachzuspüren

Wer von Paris die Autobahn in Richtung Nantes befährt, den strahlt sie bei klarem Wetter schon von weitem an: Die Kathedrale Notre Dame de Chartres. Fast überirdisch schwebend beherrscht sie die weiten Ebenen der Beauce, leuchtet in ihrem transzendenten Blau über den weiten Getreidefeldern.

Der Kirchenbau von Chartres gehört zu den bedeutendsten Zeugnissen der Kirchenbaukunst. Die überwiegenden Bauteile kommen aus der Zeit der Gotik. Allerdings hat es am gleichen Standort eine Reihe von Vorgängerbauten gegeben, deren Überreste direkt in das heutige Bauwerk integriert wurden.

Urkundlich ist belegt, dass Bischof FULBERT 1020 nach einem verheerenden Brand den Wiederaufbau einer Kathedrale veranlasste, die 1037 nach 17 Jahren Bauzeit geweiht wurde. Die vorhandene Unterkirche gestaltete er zur heutigen Krypta um. Diese Unterkirche geht auf christliche Vorgängerbauten zurück, die ein galloromanisches Zentralheiligtum integrierten, in dessen Mittelpunkt eine Muttergottheit und ein Brunnen stand. Später wurde in der Krypta die „*virgini pariturae* Notre-Dame-sous-Terre" verehrt, die schon im 9. Jh. als das bedeutendste Marienheiligtum des Karolingerreiches galt. Der Brunnen hatte die Bezeichnung „Puits des Saints-Forts" (Brunnen der Starken Heiligen).

Mitte des 12. Jahrhunderts wurde die romanische Kathedrale erweitert: Es entstand zunächst ein freistehender Turm im Nordwesten, dann später symmetrisch dazu ein Turm im Südwesten. Im Zwischenraum wurde das berühmte Westportal, das Königsportal, eingefügt.

Notre-Dame de Chartres

Nach dem zweiten Brand vom 11.6.1194 standen die Baumeister vor der Aufgabe, die Kathedrale in der uns heute vorliegenden Form neu zu errichten. Mit den Bauarbeiten wurde nach 1194 begonnen und 1220 soll das Gewölbe des Schiffes vollendet gewesen sein. Im Oktober 1260 ist die Weihe der neuen Kathedrale durch eine Urkunde von Papst ALEXANDER IV. belegt.

Es gilt mittlerweile als gesichert, dass die Krypta in vollständiger Ausdehnung nach Nordosten sowie der Westbau mit den beiden Türmen in das gotische Bauwerk übernommen wurden.

Die Baumeister der heutigen Oberkirche haben sich bei ihren Planungen auf den Bereich zwischen der Innenseite des Westportales und dem nordöstlich gelegenen äußeren Rand der vorhandenen Krypta konzentriert. Bei der Konstruktion des aufgehenden Mauerwerkes und der Säulen mussten sie sich an die Gegebenheiten der Unterkirche anpassen. Die gewaltigen Lasten des neuen Bauwerkes mussten ja sicher in den Baugrund abgeführt werden.

Diesen Baugrund dürfen wir uns auch nicht als gewachsenen Fels vorstellen, sondern er besteht unterhalb des heutigen Bodens in der Krypta zunächst aus einer 3 – 8 m dicken Schicht Bauschuttresten vermutlich galloromanischer und frühchristlicher Vorgängerbauten. Der unterhalb anstehende gewachsene Boden besteht aus Tongestein, das mit Feuersteinen durchsetzt ist.

Da die vorhandene Krypta aus Vorgängerbauten entstanden ist, die früher offenbar eine Oberkirche bildeten, muss der Bereich unterhalb des heutigen Chores und des Mittelschiffes mit Boden oder Bauschutt verfüllt worden sein, auf dem der Fußboden der Oberkirche liegt.

Wir können daher davon ausgehen, dass bei der Planung des gotischen Baues zunächst eine ebene Fläche bestanden hat, auf der die neue Anlage eingemessen werden konnte.

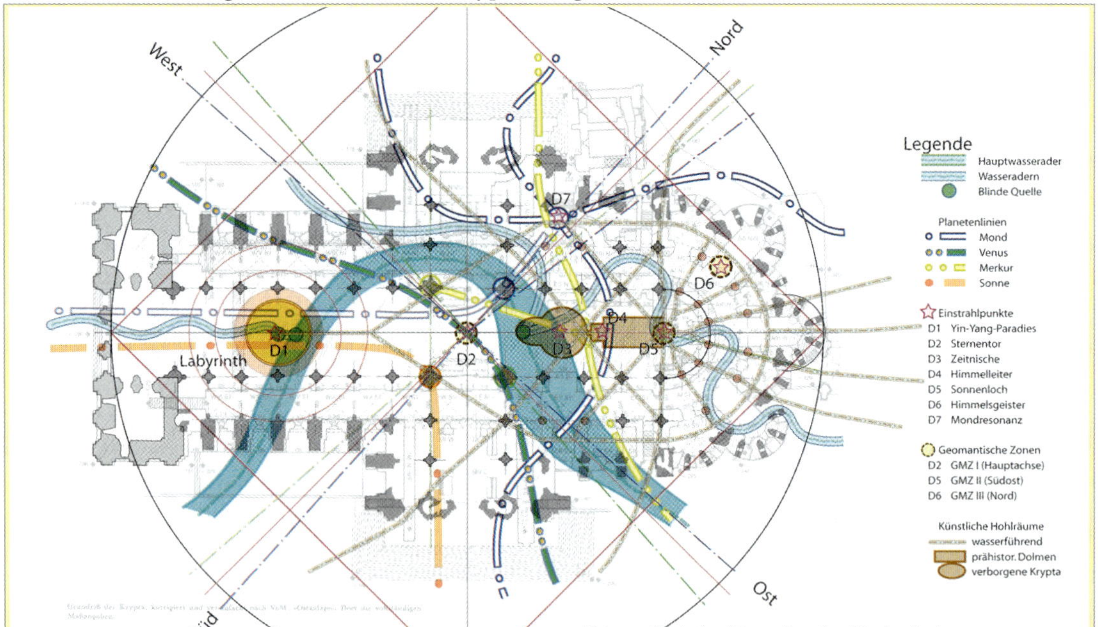

Die geologische Situation der Kathedrale

Die Kathedrale Fulberts und somit auch die nach dem Brand von 1194 erhaltene Krypta ist nicht geostet. Die Achse des Kirchenschiffs weicht um 46°54,5‘ von der Ostung nach Norden ab. Dieser Winkel kann mit einem ganzzahligen Maßverhältnis von 29 : 31 konstruiert werden.

So richtig schlüssig ist bisher diese Abweichung von der sonst traditionell üblichen Ostung nicht erklärt worden. Aber eine Anfrage bei einem Spezialisten für Archäoastronomie klärt auf: Die Ausrichtung folgt ziemlich exakt dem alle 18,6 Jahre erreichten nördlichen Extrem des Mondaufganges.

Wir haben uns zum Ziel gesetzt, ein erstes Licht in das Dunkel der Kathedralbaues zu bringen. Dabei interessiert uns zunächst, an welchen natürlichen Kraftfeldern sich die Erbauer orientiert haben. Dies wären zunächst die Strahlungen aus den Tiefen der Erde heraus, wie sie über bestimmten Unregelmäßigkeiten in den Bodenschichten auftreten.

Nach einer gründlichen Untersuchung des Umfeldes finden wir – ähnlich wie vor uns Blanche Merz – einen unterirdischen Wasserlauf. Er kommt von Osten her aus dem Tal der Eure und unterströmt mäanderförmig das Kirchenschiff. Da das Plateau, auf dem die Kathedrale errichtet ist, ungefähr 30 m über dem Flussbett liegt, muss die Ader tiefer sein. Nach unseren Berechnungen hat sie eine Tiefenlage unter dem Vierungsboden zwischen 38 und 40 m und steht unter artesischem Druck von 0,5 bar. Diese Hauptader windet sich um die Vierung der gotischen Kirche herum und streift das berühmte Bodenlabyrinth am Rande.

Direkt unter dem Schlußstein des ersten Joches des Chores entwickelt sich eine Blinde Quelle, die zwei weitere Wasserläufe versorgt. Einer dieser Wasserläufe speist den 1901 ausgegrabenen galloromanischen Brunnen, der offiziell als der Brunnen „Puits de Saints-Forts“ angesehen wird. Die Sohltiefe dieses Brunnens liegt bei 37,60 m. Doch sowohl aus den archäologischen Grabungsbefunden (der vorrömische Brunnen wurde in der Römerzeit verfüllt) und aus den radiaesthetischen Untersuchungen (keine besonderen Strahlungsfelder zu entdecken) geht klar hervor, dass dieser Brunnen nichts mit der Legende um die „Starken Heiligen“ zu tun haben kann.

Apsidialer Hohlraum und Blinde Quelle im Langchor

Viel interessanter ist dagegen der Platz der Blinden Quelle im ersten Chorjoch. Sie scheint in südwestlicher Richtung durch einen apsidenartig geformten Mauerring eingefasst zu sein. War dies die Außenmauer der frühchristlichen Krypta? Möglicherweise jener Krypta, die von den Domherren Mitte des 17. Jahrhunderts zugemauert wurde und in der sich der heilige Brunnen und der alte Platz der Notre-Dame-Sous-Terre befunden haben muss?

Eine nach Westen ausgerichtete Apsis ist bei frühchristlichen Kirchen nicht ungewöhnlich und könnte deshalb auf das Interesse der Archäologen stoßen.

Der apsisförmige Hohlraum mündet in einen größeren kreisförmig bzw. achteckigen zentralen Raum, in dessen Mitte sich vielleicht der gesuchte Brunnen befindet. Der Apsis gegenüber scheint sich ein schmaler Gang anzuschließen, der einen größeren länglich rechteckigen Hohlraum erschließt. Genau in der Mitte dieses Raumes hatte Blanche Merz seinerzeit einen starken Kraftplatz gemutet. Weiter stellte sie fest, dass es dort zu einer merkwürdigen Verdrängung des Globalnetzgitters kommt.

Roche-aux-Fees – ein großer Dolmen in der Bretagne

Wir haben eine ähnliche Situation schon früher in dem Querschiff der Kirche „Sept-Saints" bei Vieux-Marché in der Bretagne entdeckt. Dort ist ein prähistorischer Dolmen überbaut worden und wurde so zu einer christlichen Krypta. Auch hier in Chartres erzählt die Legende, dass auf dem Hügel in der Vorzeit ein Dolmen gestanden haben soll. Wurde diese Anlage etwa auch überbaut und als Kryptaraum in die Kirche integriert?

Am Ende dieses Hohlraumes, erkennen wir einen überbreiten Wandabschluss. In der Mitte der Achse des Hochchores ist an dieser Stelle der Fußboden mit einem großen Stern markiert, senkrecht darüber befindet sich die Mittenrosette des Chorabschlusses.

Seitenwände des vermuteten megalithischen Dolmens

Im Zentrum dieser Bodenmarkierung finden wir den sternförmigen Zusammenfluss einer Reihe künstlicher Drainagekanäle, die wahrscheinlich in Sohltiefe durch die Fundamente der Säulen verlaufen. Mit dieser Methode hatten die alten Baumeister die tragenden Gebäudeelemente anregen wollen. Wie – das kann man sehr schön an deren oberen Pendanten, den Strebepfeilern erkennen. Dort sind ganz gezielt die Regenrinnen hindurch geleitet und sorgen für gleichartige Anregung in der Höhe.

Doch das sternförmige Bodenmosaik vor dem Hochaltar schöpft sein energetisches Kraftfeld nicht nur aus diesen Kanälen, es liegt auch genau über dem hinteren Abschlussmegalithen des vermuteten Dolmens. Unsere bisherigen Untersuchungen an anderen Dolmenanlagen zeigen, dass von diesen Steinen häufig starke Strahlungen ausgehen. Hier wäre ein Bedarf für ergänzende Scintillationsmessungen vorhanden.

Führung des Regenwassers durch die Tragkonstruktion

Zumindest sind es immer wieder einzelne Steine solcher megalithischen Anlagen, die Anfangs- oder Zielpunkte von echten Leylines (weiträumige geomantische Zonen) markieren. Diese Leylines könnte man als (prä-) historische Richtfunkstrecken bezeichnen, deren Strahlungsfeld sich radiaesthetisch nachweisen lässt. Verschiedene Versuche haben gezeigt, dass sich über diese „Funkstrecken" mit relativ wenig Aufwand telepathische Übertragungen durchführen lassen.

Ein weiterer Platz in der Kathedrale, der den Kundigen zu intensiven Forschungen reizt, ist das berühmte Labyrinth im Fußboden des Langhauses. Diese Einlegearbeit im Boden ist gefertigt aus hellem Berchères-Marmor und schwarz-blauem Marmor, der aus dem Tal der Meuse stammen könnte. Sie ist das einzige bekannte Meisterwerk, das noch originalgetreu aus der Bauzeit (vermutlich um 1200) erhalten ist. Nach GARDNER[1] soll das Muster dieses Labyrinthes auf eine griechische Handschrift aus dem 2. Jh. zurückgehen und der Schutzgöttin Frankreichs Notre Dame de Lumière (Unsere liebe Frau vom Licht) gewidmet sein.

Der Außendurchmesser beträgt im Mittel – über die Sporne des äußeren Zahnkranzes gemessen – 12,885 m, seine Lauflänge nach unseren Messungen 260,80 m (± 0,30 m).

Ist es ein Zufall, dass dieses Labyrinth mit einem H3-Wert von 27,3 anpeilbar ist und zugleich die ursprüngliche Anzahl der hellen Steine des Laufweges 273 beträgt? Die 273 steht für die Anzahl der Tage, die eine Schwangerschaft dauert, H3 = 27,3 wird für Leben (rechtsdr.) oder Tod (linksdr.) angegeben. Auch steht -273 °C für den absoluten Nullpunkt...

Wer das Labyrinth durchschreitet, wird 28 mal seine Richtung um 180° ändern müssen. Dies geschieht an 14 Stellen, wo sich passgenau gefertigte Formsteine gegenüber liegen. Die Anzahl dieser Punkte erinnert an die Kreuzwegstationen. Es ist kein Wunder, dass an diesen 14 Wendepunkten – entweder durch die verwendeten Steine selber oder durch besondere Energetisierungen – Strahlungsfelder unterschiedlicher Wellenlängen detektierbar sind.

Das Labyrinth von Chartres

Die Wendepunkte liegen auf dem Achsenkreuz, das das Labyrinth in 4 Segmente einteilt.

Hier liegt es nahe, diesen Quadranten die 4 Elemente zuzuordnen. Legt man jetzt über das Labyrinth die Windrose mit den 4 Himmelsrichtungen, verlaufen diese ziemlich genau in der Mitte der Viertel.

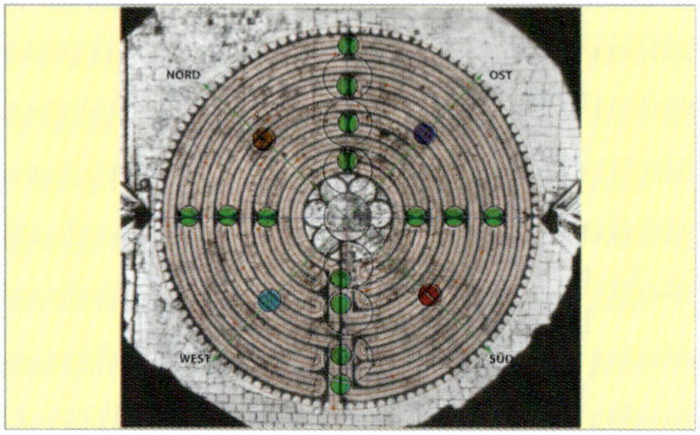

Das Labyrinth mit den Wende- und Elementpunkten

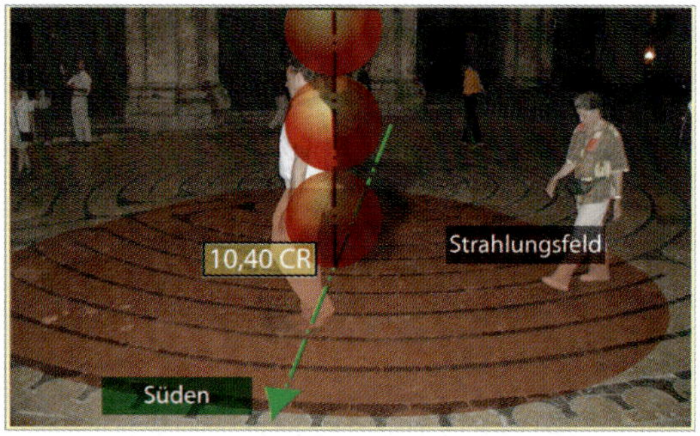

Beispielhafte Darstellung des Strahlungsfeld des Elementes Feuer im Süden mit Angabe des H3-Hauptwertes

Mit den H3-Werten für die einzelnen Elemente lassen sich insgesamt 4 Mittelpunkte von Strahlungsfeldern anpeilen. Diese liegen sehr präzise auf den Himmelsrichtungen der Windrose und der Mitte der Laufwege, die sich auf der 6. Schale befinden. Das Chartreser Labyrinth weist neben der „Rose" in der Mitte 11 Kreise oder Schalen auf, über die der Laufweg geführt wird.

Die 6. Schale liegt demnach in der Mitte der Laufwegwindungen. Die gefundenen Mittelpunkte der „Elementstrahlungsfelder" decken sich somit mit dem Zentrum der Quadranten.

Angeordnet sind die Elemente des Labyrinthes entsprechend den Himmelrichtungen: Wasser im Westen (links vom Eingang), Erde im Norden, Luft im Osten und Feuer im Süden.

Jetzt fällt eine Besonderheit auf, die nur durch Begehen des Labyrinthes erfahren werden kann: Der Weg vom Eingang zur Mitte führt sofort nach einer Wendung zum Elementpunkt „Wasser", dann über viele Windungen zum Element „Luft", kurz danach ist die Mitte des Weges erreicht, dann wird in fast symmetrischer Entfernung der Elementpunkt „Erde" überschritten und dann, vor der letzten Wendung kommt der Elementpunkt „Feuer".

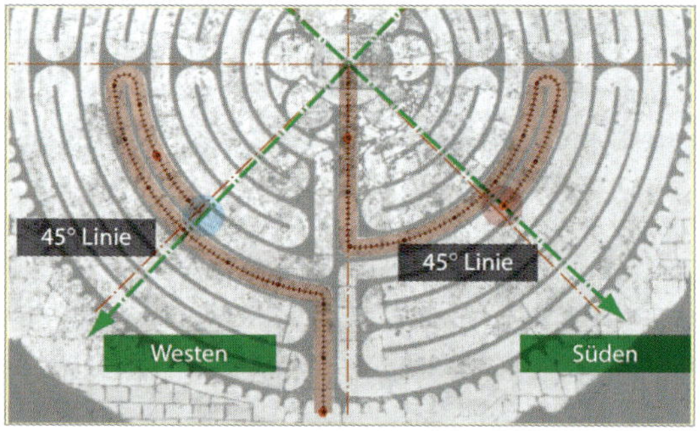

Die Ausrichtung der Elementpunkte auf die Himmelsrichtungen führt zu einer Symmetrie der Lauflängen

Die Elementpunkte sind also symmetrisch auf dem Laufweg verteilt. Und zwar genauer, als es auf den ersten Blick erscheint: Wenn man exakt Maß nimmt, dann entspricht der Laufweg vom Eingang zum ersten Punkt bis auf den Zentimeter genau dem Weg vom letzten Punkt bis zur Kreismitte der inneren Rose.

Dies aber nur, weil die Elementpunkte in Chartres erstens wirklich präzise nach den Himmelsrichtungen angeordnet sind und zweitens, weil das Labyrinth nicht genau nach Nordosten (45°), sondern unter 46°54,5‘ nach Norden ausgerichtet ist. Würde man es etwas drehen und trotzdem die Elementpunkte auf den Himmelsrichtungen belassen, verändern sich die Lauflängen und die Symmetrie ist zerstört.

Eine zusätzliche maßliche Besonderheit drückt sich als Formenstrahlung radiaesthetisch aus. Da das Labyrinth als „Haus des Daidalos“ galt (griechischer Baumeister, der sich fliegend von seinen Zwängen befreite, nachdem er das Labyrinth gebaut hat), ist es nicht verwunderlich, wenn im Inneren bestimmte Maßeinheiten verborgen sind. Diese können einfach ermittelt werden: Rechnet man zu dem gemessenen Innenkreis noch dreimal dessen Durchmesser dazu, gelangt man an die Mittellinie der 10. Schale. Dividiert man deren Umfang jetzt durch die Anzahl der Dorne des äußeren Zahnkranzes (113 + 1 weggelassener am Eingang = 114), dann erhält man ein historisches Fußmaß, nämlich 30,5 cm (engl. Fuß), mit dem sich die Hauptachsen der Kathedrale problemlos konstruieren lassen. Die Zahl der Zacken des Labyrinthes deutet im Übrigen auf arabischen Einfluss hin: der Koran hat 114 Suren.

Wer sich darauf einlässt, das Labyrinth in seiner vollen Länge zu durchschreiten, wird überrascht sein, wie frisch und zentriert er sich fühlt, wenn er nach seinem Gang noch etwa 5 Minuten ruhig in der Mitte verweilt. Dies liegt daran, dass er – vielleicht sogar ohne es zu ahnen – ein uraltes Ritual vollzogen hat. Neben dem Wechsel zwischen den vier Elementen bewegt er sich auch in dem Spannungsfeld der beiden Dualitäten, die gleichfalls für unsere Gehirnhälften stehen. Radiaesthetisch ordnen wir sie den Planetenlinien „Sonne“ (Yang) und „Mond“ (Yin) zu, die längs des Kirchenschiffes verlaufen. Die Mondlinie im Nordwesten, die Sonnenlinie im Südosten. Diese beiden Polaritäten spiegeln sich auch in den Symbolen auf den Haupttürmen wieder. Aus historsichen Gründen sind sie lagevertauscht: Der alte kleinere Nordwest-Turm (ursprünglich dem Mond zugeordnet) wurde von Jehan de Beauce ab 1506 prachtvoll aufgestockt und hebt sich wie die Sonne gegenüber dem jetzt unscheinbaren Südturm hervor.

Die Polaritäten spiegeln sich auch an einem anderen Bauteil der Kathedrale wieder, dem berühmten Westportal, durch das der Besucher in das Kirchenschiff eintritt. Täglich stehen dort hunderte und bestaunen das reiche Bilderwerk dieses frühgotischen Portals, das bereits Mitte des 12. Jh. erschaffen wurde und den verheerenden Brand von 1194 überstanden hat.

Das Königsportal (Westportal) von Chartres

Die gotischen Bögen lösen zu der Bauzeit gerade den romanischen Rundbogen ab und gleichen Portalen der Al Aksa Moschee in Jerusalem. Und genau diese Stadt hatten die Kreuzfahrer einige Jahrzehnte zuvor erobert. Auch hier zeigt sich wieder eine Verbindung zu der arabischen Welt.

Die Portalanlagen mit ihren nach innen gestaffelten Gewändefiguren und Archivolten (Glieder der Portalbögen) wirken wie Trichter. Sie erinnern an Lautsprecher oder auch an Hornstrahler heutiger Mikrowellensender.

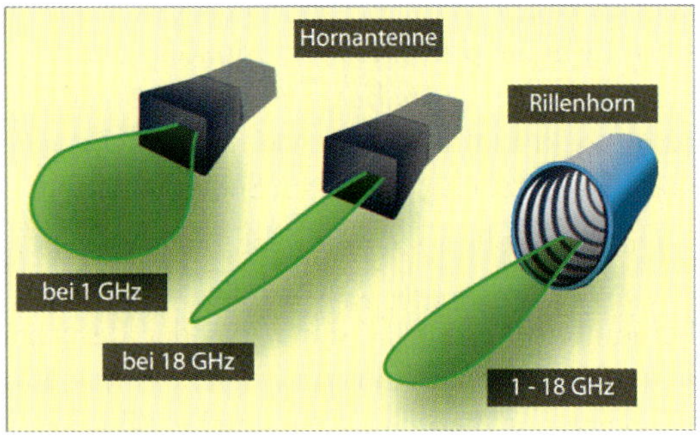

Abstrahlfelder von Hornantennen mit verschiedenen Anpassungen – nach Angaben von E. Kalteiss

Diese Staffelungen waren schon in der Romanik beliebt, die Gotik weist jedoch als einziger Baustil des Abendlandes zusätzlich den Spitzbogen auf. Die radiaesthetische Bewertung verschiedener Baustile zeigt, dass der gotische Baustil den spirituellen Aspekt am deutlichsten hervorhebt.

Während der Rundbogen der Romanik die Aufwärtsentwicklung von zwei gegenüberliegenden Säulen (welche die gegensätzliche Polaritäten verkörpern) durch seine Rundung abfängt, leitet der gotische Spitzbogen diese aufstrebenden Energien in das Spitzende hinein und lässt sie von dort aus in den Kosmos wirken. Der romanische Bogen schafft zwar gegenüber dem waagerechten Balken einen Überraum über den beiden Polaritäten, erreicht jedoch nicht die spirituelle Dynamik eines gotischen Bogens. Diese kunsthistorische Betrachtung findet sich in den abgestrahlten Feinergien wieder.

Portale und ihre typischen Abstrahlungen – von links nach rechts: Romanik, Hochgotik, Barock (H3-Werte 5,35 CR = göttliche Durchstrahlung, 8,35 CR = spirituelle Höherentwicklung)

Jesus in der Mandorla, umgeben von den Symbolen der 4 Evangelisten und den Engeln auf den Archivolten

Bei der Ornamentik der drei Eingänge des Westportals fällt auf, dass die Figuren der innenliegenden Archivolten des mittleren und rechten Einganges ausschließlich Engel darstellen. Die Figuren in den beiden äußeren Bögen halten Musikinstrumente ohne sie zu spielen.

Die Künstler der Gotik haben mit den Engeldarstellungen immer eine unsichtbare Botschaft verbunden, die subtil auf die Beobachter wirkt. Im Mittelportal befinden sich vier Engel mit Astrolabien, die früher zur Berechnung des Sonnen- und Gestirnstandes benutzt wurden.

Was diese Geräte allerdings in dem Königsportal vermitteln, ist nicht sofort klar. Es könnte eine Würdigung von Bischof FULBERT bedeuten, dem nachgesagt wird, die im arabischen Raum benutzten Astrolabien im Abendland eingeführt zu haben. Zumindest ist dies der dritte Hinweis auf arabische Kultureinflüsse.

Engel mit Astrolabien im mittleren Westportal

Zwei der Engel liegen sich in der gleichen Höhe auf der Süd- und Nordseite des Portals gegenüber. Die Alidaden (Zeiger auf der Rückseite des Instrumentes zur Bestimmung des Höhenstandes anvisierter Objekte) der Himmelsscheiben weisen gleichlautend auf 1:30 Uhr. Der Engel auf der rechten, nördlichen Seite schaut sein Pendant direkt an, während dieser andere den Blick in die Mitte zu den Besuchern richtet.

Spannend ist, dass der rechte Engel eine Strahlung „sendet" (Yang), die der linke „empfängt" (Yin) und sie auf den Boden des Eingangsbereiches weiterleitet. Durch dieses Feld wird der Besucher der Kathedrale geführt und nimmt auf subtile Weise diese Konstellation wahr.

Die von der beschriebenen Stellung des Astrolabiums ausgehende Strahlung wurde mit H3 = 27,3 CR und aufgesetztem Akustiksensor (Zuordnung = Leben oder Tod) ermittelt.

Die Besonderheit der Qualität dieses Feldes erschließt sich erst, nachdem man sich den Tympanon genauer anschaut. Hier fällt ein notdürftig geschlossener Riss auf, der mittig durch den Türsturz verläuft. Hatten hier die Baumeister den Sturz zu schwach ausgelegt, so dass er gerissen ist?

Abstrahlungsfeld aus den Astrolabien

Ein Blick in die Geschichte schafft Klarheit. Im Jahre 1594 wurde HEINRICH IV. in der Kathedrale zum König gekrönt. Wie es sich für einen absolut regierenden Monarchen geziemt, wollte er standesgemäß hoch zu Ross in das Kirchenschiff reiten. Der damals noch vorhandene Mittelpfeiler in dem Portal störte und wurde für dieses besondere Ereignis kurzerhand herausgerissen - leider mit den beschriebenen Folgen für die Baukonstruktion.

Die versuchte grafische Rekonstruktion des Pfeilers führt zu einer Überraschung. Die Form der Mandorla auf dem Tympanon und der Rahmen des Türsturzes werden jetzt optisch durch den Pfeiler so gestärkt, dass ein neues Symbol erkennbar wird: das ägyptische Ankh-Kreuz!

Das Ankh-Kreuz ist ein Zeichen für Leben. Somit rekonstruiert der radiaesthetische Befund in eindrucksvoller Weise die ursprünglich im Westportal vorhandene Symbolik, die gleichsam optisch und energetisch wirksam war. Das heute noch zu ermittelnde Feld ist wahrscheinlich nur noch ein Fragment, zumal der Schaft des Pfeilers ja früher ganz darin stand und es wie eine vertikal stehende Antenne mit Sicherheit noch verstärkte.

Übrigens lässt sich das Ankh-Symbol auch andernorts mit H3 = 27,3 CR finden.

Rekonstruktion des früheren Mittelpfeilers

Viele Botschaften der Kathedrale erscheinen uns sehr verschlüsselt. Die Radiaesthesie hilft jedoch, den Schleier der Geheimnisse Stück für Stück zu lüften, dieses Puzzle zusammenzuführen und unsere Ehrfurcht vor dem Wissen unserer Vorfahren zu vergrößern.

1 Gardner, Laurence: Hüterin des heiligen Gral, Bergisch Gladbach 2005

Teil 2

Radiaesthesie von A bis Z

Hinweise

Abkürzungen:

Im Text werden folgende Spezialabkürzungen verwendet:

H3 = Einstellwert auf der H3-Antenne
Qualitätsangabe folgt auf H3-Wert:
„I" = Induktiv, „C"= Kapazitiv oder
„S"= Halbleitend
Polarisationsangabe folgt danach:
„U" = Unipolar, „R" = rechtsdrehend
oder „ L" = linksdrehend

Zusatzschalter/-sensoren:
„Yi" = Stellung Yin, „Ya" = Stellung Yang des Yin-Yang-Schalters, „Ak"= Akustiksensor, „Is"= Infrarotsensor
„/"= Intensität
Beispiel:
H3= 7,80 IR Yi/2
H3-Wert 7,80 cm, induktiv rechtsdrehend, gemutet mit „Yin" in einer Intensität von 2

Arbeitsanweisungen:

Den alphabetisch aufgeführten Stichworten sind Arbeitsanweisungen zugeordnet, die sich in die Bereiche „Allgemeines Basiswissen", „Grundlagentechniken" sowie „Spezialtechniken" gliedern. Der Bereich „Allgemeines Basiswissen" liefert grundsätzliche Erkenntnisse, die für alle weiteren Schritte benötigt werden. Der Bereich „Grundlagentechniken" ist methodisch geordnet, wie unten dargestellt ist. Erst nach Beherrschen dieser Techniken ist es sinnvoll, sich den „Spezialtechniken" zu widmen.

Allgemeines Basiswissen

Grundlagentechniken

Spezialtechniken

Abladung / Abladungspunkt

Energieentzug durch ortsgebundene bzw. -ungebundene Einflüsse. Bei Personen, die sich in einen abladenden Bereich begeben, verringert sich nach kurzer Zeit der >Reaktionsabstand der >Strahlungen, die mit dieser Zone resonanzfähig sind. Gegenteil: >Aufladung.

Hinweis: Abladung, wie sie in der >Grifflängentechnik beschrieben wird, ist genau gegensätzlich zu der Definition der Abladung, wie sie von CURRY[1] und WITTMANN[2] beschrieben wird!

1 Dr. med. MANFRED CURRY, dt., Radiaesthesieforschungen

2 Obering, SIEGFRIED WITTMANN, dt., Radiaesthesieforschungen

Ablenkung

Bezeichnet in der Elektrophysik die Richtungsänderung von Elektronenstrahlen, wenn diese ein >elektrisches >Feld durchlaufen (technische Anwendung ist die Fernsehbildröhre).

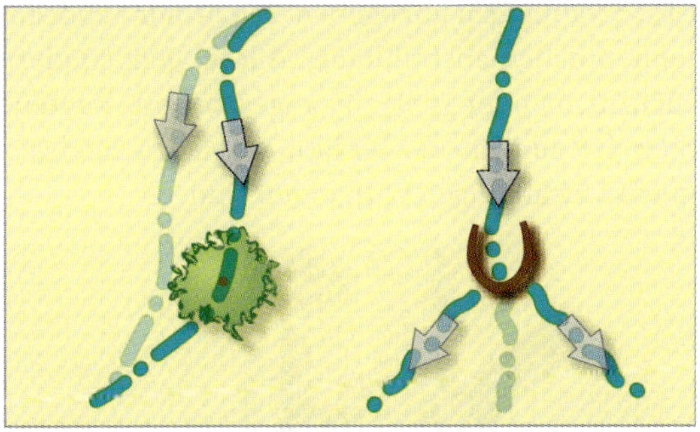

Links: Ablenkung der Strahlung einer Wasserader durch Bewuchs, rechts: Ablenkung durch Feldveränderung

In der >Radiaesthesie werden Ablenkungserscheinungen bei linienartigen >Strahlungsfeldern beobachtet, die durch >Resonanz mit anderen Feldern oder Objekten entstehen. Strahlungsfelder, die in ihrem Verlauf fixiert sind (z. B. von >geologischen Störungen erzeugt bzw. technischer Richtfunk), werden nur örtlich begrenzt abgelenkt. Strahlungen, die von einem stationären Ursprung in den freien Raum auslaufen (z. B. >Reflexionen, >Kantenstrahlungen), werden abgelenkt, ohne dass eine Rückorientierung auf die ursprüngliche Lage erfolgt. Ablenkungen stellen >Feldveränderungen dar und können durch Verdrängung oder Umlenkung „feldfreie" Räume schaffen.

Da es in vielen Fällen erforderlich ist, die „wahre" Lage der Strahlungszone zu bestimmen (z. B. >Bohrpunktangabe über einer >Wasserader), ist zum Ausschluss von >Fehlmutungen als Kontrolle der >Rückschritttest erforderlich.

Abschirmung

Eine Form der >Feldveränderung, die mit Hilfe von z. B. Metallfolien schädliche Einflüsse von >Mikrowellen eliminieren (absorbieren oder reflektieren) oder zumindest abschwächen soll (vgl. >Dämpfung). Die von einigen >geologischen Störungen (tieferen >Wasseradern, >Verwerfungslinien u.ä.) ausgehende ionisierende >Strahlung und die dadurch möglicherweise entstehenden Radongasbildung kann mit diesen Methoden nicht dauerhaft beseitigt werden. >Skalarwellen lassen sich nach den derzeitig vorliegenden Erkenntnissen ebenfalls nicht wirksam abschirmen.

Abschirmungen mit Metallfolien sollten, wenn überhaupt, nur nach sorgsamer Abwägung durchgeführt werden, da sie durch >Resonanz- und >Reflexionsfähigkeit selbst zu einem >Störer werden können.

Abschwächer

>Dämpfungsglied in der Elektrotechnik für Vergleichsmessungen. Mit Zuschaltung mehrerer Dämpfungsglieder können Empfangssignale stufenweise so abgeschwächt werden, dass schwache Signale ganz oder teilweise unterdrückt werden. Auf diese Weise lassen sich starke Signale besser analysieren.

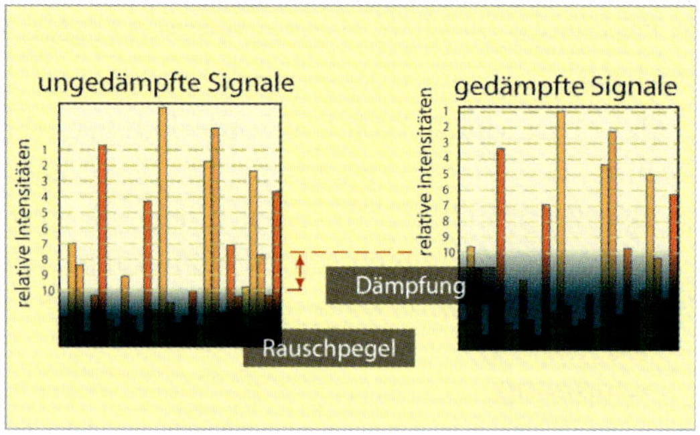

Abschwächung von unerwünschten Signalen

In der >Radiaesthesie kann ein >kapazitiv wirkender Abschwächer für die >Lecherantenne® aus einem Stück Messingblech mit unterseitig geklebter Isolierfolie gefertigt werden. Für die >H3-Antenne ist ein entsprechendes Zubehör in Vorbereitung.

Abstimmtechnik

Mit der Abstimmtechnik wird herausgefunden, welche >Wellenlängen bestimmte Stoffe abstrahlen. Diese Technik ist elementarer Bestandteil einer >Schlafplatzuntersuchung, da mit ihrer Hilfe herausgefunden werden kann, welche biologisch wirksamen Strahlungseinflüsse auftreten (vgl. >Grifflängenziehung, >Körperscan).

Abstimmung

Bezeichnet in der Elektrophysik einen Vorgang, bei dem ein Empfänger möglichst exakt auf die >Kennfrequenz der aufzunehmenden >Strahlung eingestellt wird. >Antennen (in der >Radiaesthesie >Ruten, >Pendel u. ä.) weisen bessere Empfangsergebnisse auf, wenn ihre mechanische Länge eine Resonanzbeziehung zur >Wellenlänge der Sendestrahlung eingeht (vgl. >Antennengewinn, >Verkürzungsfaktor). Die genaue Abstimmung einer Rute auf die Wellenlänge der >Strahlung kann die Treffsicherheit deutlich verbessern. Die Benutzung der in der >Grifflängentechnik angegebenen Werte (siehe >Grifflängentabelle) stellt im allgemeinen eine hinreichende Anpassung auf die jeweiligen >Arbeitswellenlängen dar.

Abstrahler

Gerät oder Bauteil, das unter >Anregung geeignet ist, >Strahlungen abzugeben. Nicht nur Sendeantennen haben abstrahlende Wirkungen, sondern auch nicht oder schlecht abgeschirmte Bauteile oder Öffnungen in Geräten, in denen hochfrequente Strahlungen vorhanden sind.

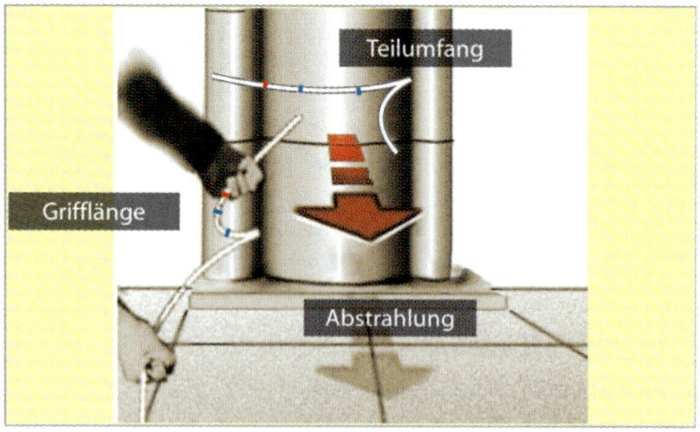

Abstrahlverhalten einer Säule

Abstrahler in der >Radiaesthesie können z. B. in Kirchenbauten Pfeilervorlagen (>konvexes Abstrahlungsverhalten), Rippen-, Gurt- und Strebebögen sowie Kanten und Ecken sein. Eine >kennzeichnende >Grifflänge des Abstrahlungsfeldes kann sich aus dem sichtbaren Umfang des abstrahlenden Bauteils ergeben.

Abstrahlungsfeld

>Feld, das ein sendender Gegenstand (>Abstrahler) erzeugt.

Adey-Fenster

Siehe >Fenster, biologische. Die Bezeichnung geht zurück auf den amerikanischen Forscher W. R. ADEY.

Akupunkturmeridiane

Die aus der traditionellen chinesischen Medizin bekannten Akupunkturpunkte sind durch die sogenannten Meridiane verbunden. Diese lassen sich >radiaesthetisch mit der >H3-Antenne und aufgesetzter >Peilspitze direkt am Körper detektieren. Dabei ist zu beachten, dass das Abstrahlverhalten der Meridiane je nach Körperregion unterschiedlich ist. So können für die Detektierung nur ausgewählte >Arbeitswellenlängen (H3-Werte) benutzt werden. Nach Untersuchungen des Verfassers lassen sich diese Arbeitswellenlängen systematisieren, wenn sie nach ihren >Yin und >Yang-Aspekten geordnet werden.

Arbeitsblatt 13

Akustiksensor (AKS)

Aufstecksensor für die >H3-Antenne zur Untersuchung von Schallquellen, >Infra- und >Ultraschall, sowie >Kristall- und >Zellmembranschwingungen (>Phononen). Kernstück des AKS ist eine Elektret-Mikrofonkapsel, die auch ohne Betriebsspannung in der Lage ist, Schallwellen in >radiaesthetisch wahrnehmbare >Wellen in das Parallelleitersystem der H3-Antenne einzuspeisen.

Alpha-Strahlen

Alpha-Strahlen sind Strahlen natürlicher radioaktiver Elemente, die aus zweifach positiv geladenen Helium-Ionen bestehen (α-Teilchen). Sie haben ionisierende Eigenschaften, sind nur von kurzer Reichweite und durch Zeitungspapier abschirmbar. In der >Radiaesthesie sind Alpha-Strahlen nur >mental, mit Testobjekten oder indirekt über bestimmte Begleitwellenlängen nachweisbar. Diese Strahlung tritt in der Regel über einigen >geologischen Störungen, wie z. B. >Wasseradern und >Verwerfungen erhöht auf.

Amplitude

Von lat. *amplitudo* „Geräumigkeit, großer Umfang, Weite“ abgeleitete Bezeichnung der größten Schwingungsweite bzw. Schwankungsbreite (vgl. >Schwingung).

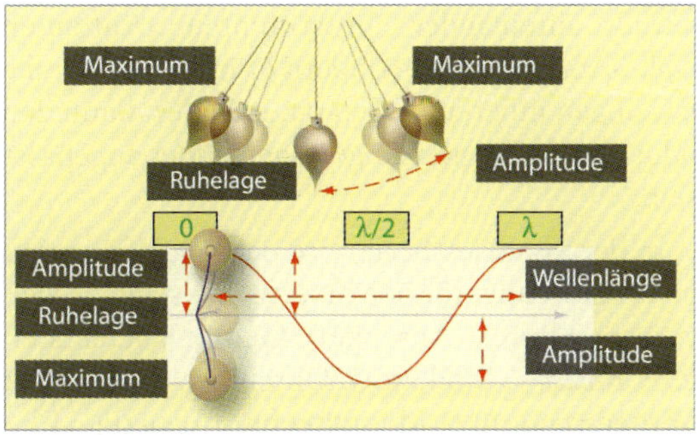

Amplitude bei harmonischer Schwingung

Bei geradlinigen >Pendelbewegungen bezeichnet die Amplitude die größtmögliche Auslenkung des Pendelkörpers als das Maß zwischen seiner Ruhelage und einer seiner Extremlagen. Bei harmonischen Schwingungen (>Wellen) ist die Amplitude die senkrecht zur >Ausbreitungsrichtung auftretende Differenz zwischen Ruhelage und Wellenberg bzw. Wellental.

Ankopplung

Herstellung einer Verbindung in physikalischer oder geistiger Beziehung. Insbesondere bei >mentalen Abfragen ist großer Wert auf eine funktionierende Ankopplung zu legen.

Ankündigungslinie/ -zone

Bestandteil einer >Spektroide eines geologischen Strahlungssystems (>Wasserader, >Verwerfung u.ä.).

Anpassung

Beschreibt in der Elektrotechnik die bestmögliche Leistungsübertragung von einer elektrischen Signalquelle (Sender) zum Verbraucher (Empfänger). Zu einer optimalen Anpassung des Empfängers an den Sender gehören nicht nur die jeweils aufeinander abgestimmten >Antennen (vgl. >Abstimmung), sondern es müssen auch die jeweiligen inneren Widerstände in den Bauteilen oder Verbindungsleitungen aneinander angepasst sein.

In der >Radiaesthesie wird der Begriff übertragen angewendet für den biophysikalischen Regelvorgang >Rute (= Antenne) – Gehirn (=Schaltstelle) – Rute (= >Indikator). Durch Anwendung der >programmierten Mentaltechnik (geistige Einstellung auf die verwendete >Grifflänge bzw. den eingestellten >H3-Wert) wird die Qualität des Anpassungsvorganges deutlich verbessert.

Anregung

Von urspr. mhd. *regen* „aufrichten, in Bewegung setzen, erwecken". Unter Anregung wird in der Physik ein Vorgang verstanden, bei dem durch einen äußeren Impuls ein Stoff oder Gegenstand in einen höheren Energiezustand übergeht.

In der >Radiaesthesie beobachtet man Anregungen z. B. bei Gegenständen aus langkettigen Kunststoffen (Polymere), die unter Einfluss von >ultravioletten Strahlen oder sichtbarem >Licht bisweilen starke und weitreichende >Strahlungsfelder emittieren können.

Antenne

Von lat. *antenna* „Segelstange, Rah", in der Zoologie als *antennae* für „lange dünne Insektenfühler" gebräuchlich und bezeichnet in der Technik Vorrichtungen zum Empfangen oder Senden von >elektromagnetischen Wellen.

Antennen in Technik, Flora und Fauna

Auffällige Ähnlichkeiten mit künstlichen Antennen haben neben Fühlern von Insekten und Barthaaren von Tieren auch Baum-Nadeln (V-Dipole), sowie Blätter mit ihren Rispen.

In der >Radiaesthesie, insbesondere in der >Grifflängentechnik, werden die verschiedenen >Indikatoren (>Wünschelrute, >Pendel, >Drehrute usw.) als Antennen aufgefasst.

Antennenanlagen

Die im häuslichen Umfeld gebräuchlichen >Antennen werden hauptsächlich zum Empfang von Radio- und Fernsehprogrammen eingesetzt. Mit zunehmenden Anforderungen an die Empfangsqualität sind die rein passiven Antennensysteme von den aktiven Systemen verdrängt worden. Diese aktiven Anlagen bestehen aus der Antenne und einem Antennenverstärker (bei >Satellitenschüsseln Receiver genannt).

Bei >radiaesthetischen >Hausuntersuchungen werden Ausstrahlungen von Antennenanlagen zunehmend als >Störfaktoren erkannt. Diese entstehen entweder durch Veränderung der aufgefangenen elektrischen >Feldlinien im >Nahfeld der Antenne, durch >Rückstrahlung aus dem Antennenverstärkern oder durch >Reflexion von >Strahlungen anderer Störer.

Durch Veränderung der elektrischen >Feldlinien entstehende Störungen treten nach Erkenntnis des Verfassers erst dann stärker hervor, wenn sie zusätzlich von Rückstrahlungen durch Antennenverstärker angeregt werden.

Solche Störungen können erheblich reduziert werden, wenn diese Verstärker nachts spannungsfrei geschaltet werden. Ist kein Antennenverstärker vorhanden und wird die Anlage trotzdem als Störer erkannt, sollte nachts die Zuleitung zu der störenden Antenne gezogen werden.

Weitere Störungen entstehen durch die Metallkonstruktionen der Antennen und deren Befestigungsvorrichtungen. Besonders senkrechte, nach unten offene Stahlrohre können durch >Resonanzbildung erhebliche >Störfelder erzeugen (vgl. >Satellitenschüsseln).

Antennencharakteristik

>Antennen in Technik und >Radiaesthesie haben als Sender ein bestimmtes Abstrahlverhalten (vgl. >Abstrahler), das sich als >Feld darstellen lässt (vgl. >Fernfeld, >Nahfeld). Umgekehrt als Empfänger weisen sie einen ähnlich gelagerten Empfindlichkeitsbereich auf.

Bei der >H3-Rute bildet sich dieses Empfangsfeld (>Empfangscharakteristik) als keulenartige Verlängerung der Rutenspitze aus, wenn sie in vorgeschriebener Weise benutzt wird. Kommt es während der >Mutung zu einem Kontakt des Empfangsfeldes mit dem grifflängen- und wellenlängengleichen >Strahlungsfeld der >Grenzlinie einer >Zone, wird eine Reaktion erzielbar sein.

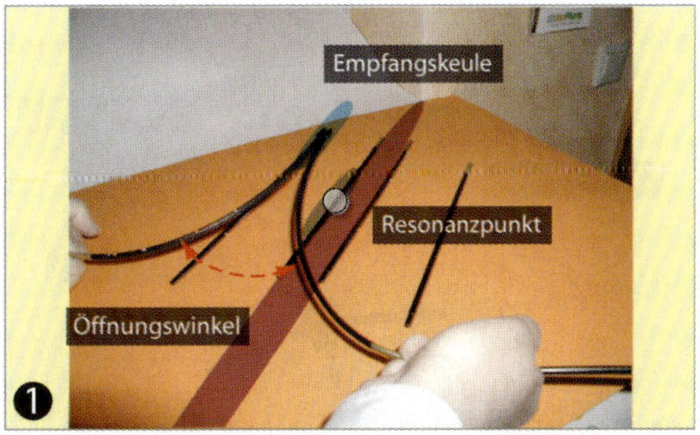

Zusammentreffen der planmäßigen Hauptkeule einer resonanzbereiten Rute mit dem Strahlungsfeld unter Einhaltung des optimalen Öffnungswinkels

Bei Abweichung von der vorgeschriebenen >Rutenhaltung können >Fehlmutungen auftreten, d.h. unerwünschte Störsignale werden mit avisierten Zielsignalen verwechselt (vgl. >Nebencharakteristik). Die Grenzlinien der >Reaktionszonen liegen dann nicht mehr in der planmäßigen Hauptkeule, sondern in den sich erst durch unsachgemäße Handhabung herausbildenden Nebenkeulen.

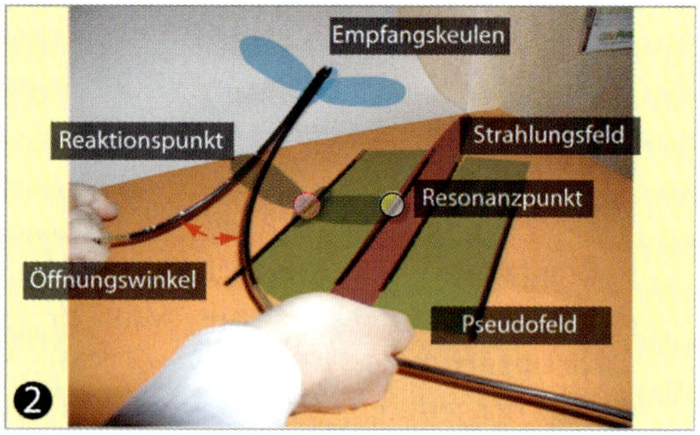

Veränderung der Empfangscharakteristik nach Änderung des Öffnungswinkels, die auftretenden Nebenkeulen erzeugen einen Pseudofeldbereich

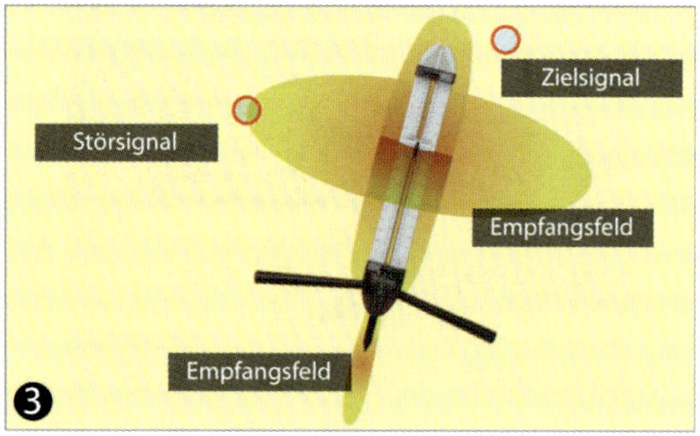

Charakteristik der H3-Antenne, idealisierte Darstellung ohne Rutengänger.

Die Empfangscharakteristik der >H3-Antenne ist tellerartig um den >Schieber herum und in Verlängerung der Leiterbahnen nach unten besonders weit ausgeprägt. Durch Auf- bzw. Anstecken des >Peilstäbchens kann sich die Charakteristik deutlich ändern. Ebenso unterliegt dieses Feld deutlichen Veränderungen, wenn es durch das >Körperfeld bzw. das >geistige Feld des >Rutengängers beeinflusst wird.

Antennengewinn

In der Technik lässt sich ein optimales Empfangsergebnis von hochfrequenten >elektromagnetischen Strahlungen nur dann erzielen, wenn die wirksame Antennenlänge (>Antennenlänge, wirksame) auf die zu empfangende >Wellenlänge und deren >Einfallsrichtung abgestimmt ist.

In der >Radiaesthesie kann mit einem auf die zu suchende Wellenlänge abgestimmten >Indikator erheblich trennschärfere >Reaktionen erzielt werden als mit einem sogenannten Universalindikator, der nicht entsprechend abstimmbar ist.

Antennenlänge, wirksame

Damit ein optimaler Empfang erreicht werden kann, muss die wirksame Antennenlänge mit der >Wellenlänge einer >Strahlung in >Resonanz geraten. Ist eine >Antenne auf die einfallende Strahlung abgestimmt, wird sie maximalen Gewinn erzielen. In der Antennentechnik unterscheidet man zwischen der mechanischen und elektrischen Länge einer Antenne. Die tatsächliche mechanische Länge ist stets um den >Verkürzungsfaktor kleiner als die elektrische Länge.

In der >Radiaesthesie wird aus der Übertragung dieser physikalischen Gesetzmäßigkeiten auf abstimmbare Indikatoren (>H3-Rute, >H3-

Antenne usw.) die >Grifflängentechnik abgeleitet.

Antennenpolarisation

Bei Sendeantennen bestimmt die relative Lage einer >Antenne zur Erdoberfläche (senkrecht, waagerecht) und die Beschaffenheit (z. B. Stab oder Wendel), wie sich das abgestrahlte >elektromagnetische Feld verhält.

anthropomorph

Von griech. *ánthropos* „Mensch“ und *morphé*, „Gestalt, Form“, zusammengesetzt als „menschenähnlich“. In der >Radiaesthesie werden damit >Felder bezeichnet, die vom >Rutengänger ausgehen.

Aquastats

Englische >Rutengänger beschreiben Aquastats als Form von >Störungen offenbar >geologischen Ursprungs, die mit einer speziellen *geodetic rod* (Geodäsie-Rute) gefunden werden können.

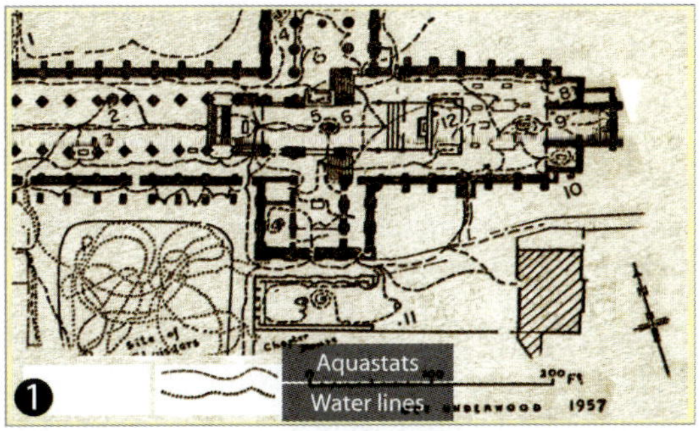

Aquastats in der Kathedrale von Winchester nach Underwood

Underwood[1] beschreibt diese Linien als positiv. Sie bestehen seinen Schilderungen zufolge aus vier parallel laufenden >Zonen, in denen er jeweils drei schwächere >Rutenreaktionen erhält, wenn er sie durchquert.

Im Unterschied zu den von deutschen Rutengängern beschriebenen geologischen Systemen verlaufen diese Linien in keiner Weise geradeaus, sondern mäandrieren bzw. bilden stellenweise spiralförmige Muster, die darüber hinaus noch zeitlichen Schwankungen unterworfen sind.

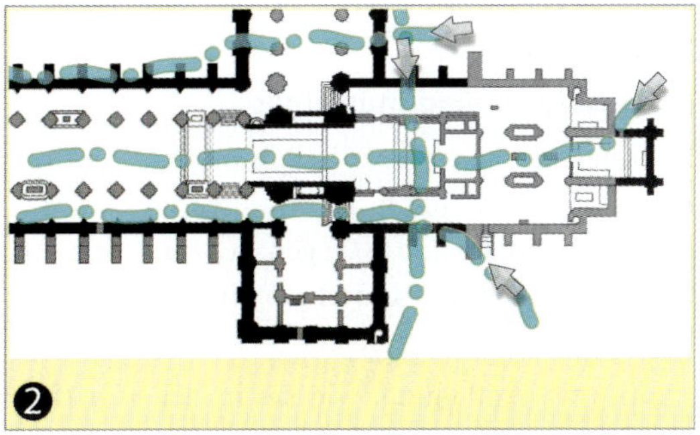

Mutung von Wasseradern 1993 vom Verfasser

Der Verfasser hat beobachtet, dass sich die Aquastats den bisher in der >Grifflängentechnik bekannten Untersuchungsmethoden entziehen (vgl. >Denkmuster). Sie sind, soweit bekannt, lediglich mit >mentaler Arbeitstechnik (H3 = 6,40 CR) und aufgestecktem >Testobjekt >Ch'i zu bestimmen. Weiterhin weisen sie – im Gegensatz zu den bisher bekannten >geologischen Störungen – keine >Schrägstrahlung auf.

1 Guy Underwood, engl., Radiaesthesieforschungen, Autor von „The Pattern of the Past“

Äquipotenziallinie

Aus lat. *aequus* „gleich" und *potens* „mächtig, kräftig, vermögend, könnend". Bezeichnet in einem >Feld (theoretische) Linien, die Punkte gleicher >Intensität verbinden.

Arbeitswellenlänge

Länge einer >elektromagnetischen Welle, mit der zwischen Sender und Empfänger >Informationen übertragen werden. Sofern z. B. bei >Stoffstrahlungen >Banden vorliegen, ist es mit >breitbandig arbeitenden Empfängern möglich, unterschiedliche Arbeitswellenlängen zu benutzen.

Aufladung / Aufladungspunkt

Energieaufnahme an bestimmten Punkten, Zonen, Gegenständen o.ä. in bestimmten >Wellenlängenbereichen. Im Gegensatz zur >Abladung vergrößert sich hier innerhalb einer bestimmten Einwirkdauer der messbare >Reaktionsabstand.

Hinweis: Aufladung, wie sie in der >Grifflängentechnik definiert wird, ist genau gegensätzlich zu der Definition der Aufladung, wie sie von Wittmann[1] und Curry[2] beschrieben wird!

1 Obering, Siegfried Wittmann, dt., Radiaesthesieforschungen

2 Dr. med. Manfred Curry, dt., Radiaesthesieforschungen

Aufnahmepunkt

Bezeichnet bei >Reaktionsabstandsmessungen den Punkt, an dem mit Erreichen der ersten >Reaktion des >radiaesthetischen >Indikators die Aufnahme der >Strahlung des zu untersuchenden >Feldes erfolgt. Ähnlich wie bei >Intensitätsbestimmungen unterbleibt die sonst übliche sofortige Entspannung nach Reaktion des Indikators.

Augenstrahl

Als Augenstrahl[1] wird eine Verbindungslinie bezeichnet, die sich zwischen >Radiaesthet und zu untersuchendem Objekt bei >Resonanzverhalten aufbaut. Der Radiaesthet ist dabei der Empfänger, das Objekt der Sender, der Strahl gilt als fokussierte Richtverbindung (vgl. >Kopfstrahl nach A. Mermet[2]). Laut Harvalik[3] ist es möglich, durch Abdecken einer Stelle zwischen den Augenbrauen mit einem Stück Aluminiumfolie (5 x 2,5 cm) die Rutenfähigkeit zu beeinträchtigen. Die mit diesem Plättchen versehenen Radiaestheten konnten keine künstlich erzeugten Felder (verwendet wurden Mikrowellensender im 5 cm Band) mehr orten, wenn sie diesen frontal ausgesetzt waren. Da in diesem Bereich auch der Empfangspunkt des Augenstrahls vermutet wird, ist davon auszugehen, dass dieser durch das beschriebene Experiment unterbrochen wurde.

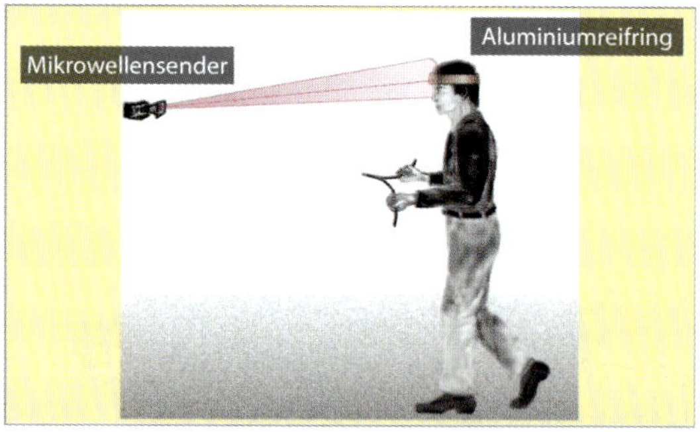

Abdeckung des Wahrnehmungszentrums am „Dritten Auge" – Versuchsanordnung nach Harvalik

Eine Theorie zur Übertragung von >radiaesthetischen Signalen, die auf die >Rute als >Antenne für >hochfrequente >Wellen treffen, lautet, dass über den Augenstrahl die Resonanzerscheinung Rute/Strahlungsfeld beobachtet und so verlustfrei zum Gehirn weitergeleietet wird. Im Gehirn soll dann der Hypothalamus (Teil des Zwischenhirns) mit diesem Punkt in Verbindung stehen.

1 weitergehend beschrieben in Lüdeling, I. M.: „Steine, Bäume, Menschenträume", Freiburg 1997

2 Mermet, A.: „Der Pendel als wissenschaftliches Instrument" (Reprint), Heimberg 1988

3 Dr. Zaboj Harvalik, USA, Physiker, beschrieben in Bird, Chr.: „Handbuch der Wünschelrute", Augsburg, 1987

Auguren

In den etruskischen Weisheitslehren (>Mantiken) ausgebildete Priester. Zu deren wichtigsten Aufgaben gehörte es, unter Anwendung der geheimen Auguraldisziplinen, das *templum* (den Beobachtungsraum) zu „umgrenzen", während aus besonderen Himmelszeichen geweissagt wurde. Auch wirkten sie bei der Errichtung von Tempeln und Plätzen (u.a. Stadtgründungen) mit (*inauguratio*). Sie benutzten „als Zeichen ihrer Würde" den >*Lituus*.

Aura

Feinstoffliches >Strahlungsfeld um Körper und Lebewesen. Die Beschaffenheit ist vermutlich von verschiedenen Zuständen abhängig, die diese >Strahlungen erzeugen bzw. anregen. Die Strahlungsfelder sind in unterschiedlichen >Wellenlängenbereichen mit der H3-Antenne detektierbar.

Auraschichten

Die >Aura des Menschen im Besonderen und von Lebewesen im Allgemeinen besteht aus mehreren Hüllen, die von jeder Betrachtungsebene aus unterschiedlich wahrgenommen werden. Die Ausdehnung, Farbton und Luminiszenz (Leuchtkraft) dieser Schichten ist abhängig von der geistigen Entwicklungsstufe und von dem seelichen Zustand des Inhabers.

Die räumliche Ausdehnung der einzelnen Auraschichten ist mit der >Reaktionsabstandsmesstechnik nachvollziehbar, die mit der >Stellvertreter-Methode kombiniert werden kann.

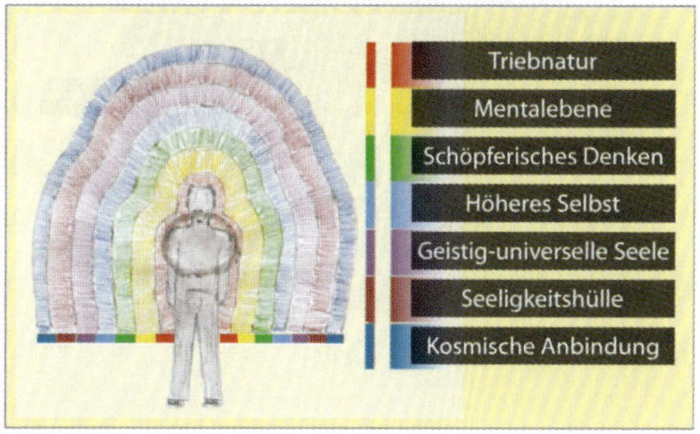

Die menschliche Aura[1]

Arbeitsblätter 7, 8 und 9

1 Mutung durch Verfasser, Bezeichnungen frei nach G. Weigl, F. Wenzel: „Die entschleierte Aura", Forstinning 1983

S. Auramessung

A. Aufgabenstellung:
Die Ausdehnung einer Schicht der Aura einer Versuchsperson soll dreidimensional erfasst werden.

B. Hilfsmittel:
>H3-Antenne (Andere Rutenarten sind weniger geeignet), >Peilspitze, >Markierungshölzchen, Zollstock, Bandmaß oder ein anderes Entfernungsmessgerät und eine genügend große und freie Fläche.

C. Ausgangslage:
Die Versuchsperson wird in der Mitte der freigeräumten Fläche aufgestellt. Für den weiteren Versuchsablauf bleibt sie in ruhiger und bequemer Haltung genau an der vorgegebenen Stelle stehen. Ihre Standposition wird durch Hölzchen markiert.

Die äußere >Feldgrenzlinie der Auraschicht soll in mehreren Ebenen komplett in ihrem Verlauf in mehreren waagerechten Ebenen und den zwei senkrechten Achsen abgebildet werden.

Detektierung einer Auraschicht

D. Arbeitsweise:
Die Untersuchung erfolgt durch >Reaktionsabstandsmessung, zunächst in Höhe einer (virtuellen) Ebene, die auf dem Niveau der Begehungshöhe liegt (ca. 1,10 m, Abb. 1) unter Festlegung des H3-Wertes der >Arbeitswellenlänge der betreffenden Auraschicht.

Die jeweiligen >Reaktionspunkte werden senkrecht auf den Boden projiziert, richtungsbezogen eingemessen und dokumentiert.

E. Waagerechte Arbeitsebenen:
Dieser Vorgang wird dann in weiteren parallelen Ebenen wiederholt (Abb. 2). Hierzu stellt man sich in der gewünschten Ebene eine liegende „virtuelle Glasscheibe" vor, auf der mit unten eingesteckter Peilspitze die Feldgrenzlinie fixiert wird. Genau wie im ersten Arbeitsschritt erhält man den dokumentierfähigen Verlauf dieser Linie durch senkrechte Projektion und Markierung auf dem Boden.

Der >Aufnahmepunkt bleibt jeweils der Solarplexusbereich. Dort wird zunächst eine Reaktion erzielt, die dann unter Beibehaltung der Spannung auf Höhe der Ebene sternförmig zum >Rapportpunkt an der Feldgrenzlinie zu führen ist.

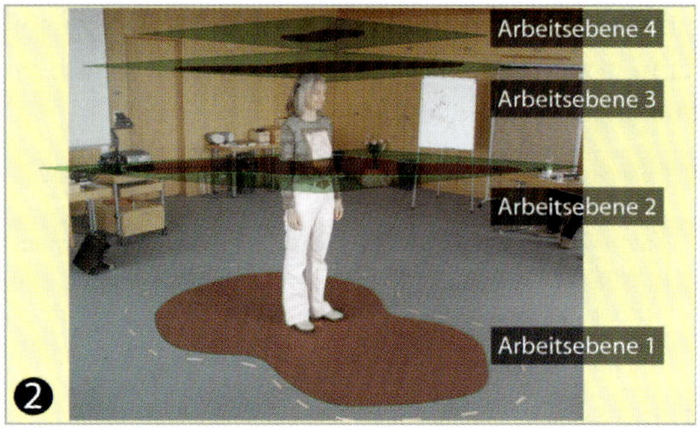

F. Senkrechte Ebenen:
Die Feldgrenzlinien der einzelnen Höhenschichten verlaufen nicht unbedingt parallel. Aus- und Einbuchtungen können sehr bedeutsam werden und sind sorgfältig aufzunehmen.

Dazu wird der Vorgang nach gleicher Technik in den senkrechten Ebenen wiederholt. Lediglich die Peilspitze wird auf die Spitze der H3-Antenne – waagerecht weisend – umgesteckt.

Da hier die Projektionsmöglichkeit auf den Boden entfällt, muss mit Hilfe einer dritten Person die Position des jeweilegen Rapportpunktes (maßgeblich ist die Peilspitze) beobachtet und z. B. auf die senkrechte Körperachse des Probanden eingemessen werden.

G. Ergebnis:
Die Linienverläufe der waagerechten Ebenen werden jetzt mit jeweils unterschiedlicher Farbe in das Arbeitsblatt 8 eingetragen. Die Ergebnisse aus den senkrech-

ten Ebenen werden in Arbeitsblatt 7 dargestellt. So kann die Auraschicht leicht konstruiert werden. Für weitergehende Farbanalysen der einzelnen Schichten eignet sich Arbeitsblatt 9. Dies wird in der weiterführenden Arbeitsanweisung (s. u.) beschrieben.

H. Hinweise:
Arbeiten in Strahlungsfeldern generell, Auraschichten insbesondere, unterliegen stark wechselnden Randbedingungen. So können kleine Änderungen der geistigen Einstellung des Probanden, Bewegungen von dritten Personen in der untersuchten Schicht und nicht zuletzt der Untersucher selber den Verlauf der Feldgrenzen beeinflussen. Insoweit lassen diese Untersuchungen stets nur im groben Rahmen Aussagen über die Ausdehnung der Auraschicht zu.

Stellvertreter-Methode

Außenbegehung

Sollen bei >radiaesthetischen Untersuchungen von Häusern und sonstigen Anlagen aussagefähige Befunde ermittelt werden, ist eine Außenbegehung unumgänglich. Nur durch sorgfältige Umgebungsbegutachtung können >geologische >Strahlungseinflüsse und von außen wirkende technische >Felder erkannt und von innenliegenden Strahlungsursachen unterschieden werden.

G. Außenbegehung

A. Aufgabenstellung:
Durch Begutachtung des Umfeldes eines Gebäudes sollen wirklichkeitsgetreue Aussagen über von außen (bzw. von unten) dauerhaft einwirkende Strahlungsfelder getroffen werden.

B. Hilfsmittel:
>H3-Rute oder >H3-Antenne, >Markierungshölzchen.

C. Ausgangslage:
Mit Hilfe von Plänen, geologischen und hydrologischen Karten wird eine möglichst genaue Übersicht über die örtlichen Gegebenheiten erreicht.

Hierzu sind hilfreich:

- geologische Karten und ihre Beiblätter (enthalten Informationen über die Bodenbeschaffenheit und ihre hauptsächlichen Anomalien, z. B. Hauptstreichrichtungen von >Verwerfungen, >Lagerstätten, >Dolinen, Bergbauschächten usw.
- hydrologische Karten (wasserführende Schichten, >Salz- und >Thermalwasservorkommen)
- Lagepläne, Katasterpläne (Gebäude, Grundstücksgrenzen), Grundkarten 1 : 5.000 – evtl. auch als Luftbildkarte (Umfeldbeobachtung).

D. Vorbereitung:
1. Eingrenzung des Grundstücks und des Gebäudes:
   Zur Dokumentation und als Grundlage für eine >mentale Abfrage sind Grundstück und Gebäude genau einzugrenzen. Es muss geklärt werden, wo die jeweiligen Grundstücksgrenzen (oder die Untersuchungsgrenzen) verlaufen und wo (bei Reihenhäusern usw.) die Gebäude abgeteilt sind (Katasterplan mit Örtlichkeit abgleichen).
2. Visuelle Beobachtung der Umgebung:
   Die Gebäudeumgebung ist gründlich auf auffällige Wuchsanomalien bei Bäumen, Sträuchern usw., Fehlstellen im Bewuchs, vermehrtes Auftreten bestimmter >Zeigerpflanzen, sowie in der Nachbarschaft auf >Antennenanlagen und andere Störfaktoren (abgestellte Fahrzeuge, Wäschespinnen, Mülltonnen, Pflanz- und Rankhilfen, Metallgeländer usw.) zu untersuchen.

3. >Mentale Abfrage, >Eckabfrage
   Diese Abfrage am Ort strukturiert die Begehung und liefert – wenn bekannt – die zu verwendenden >Arbeitswellenlängen / >Grifflängen. Vorhandene Ankopplungsmöglichkeiten sind die von den Außenecken des Gebäudes abgestrahlten Informationen (vgl. >Gebäudeabstrahlung)

E. Begehung:
Die Ergebnisse der Abfrage werden in der Örtlichkeit zunächst mit der H3-Rute durch >Feldbegehung aufgesucht. Die Begehungslinien verlaufen parallel in genügendem Abstand zum Objekt (wenn möglich mindestens 2 m).

Hinweise zu

1. >geologischen Einflüssen (>Wasserader, >Verwerfung, >Gang, >Erdfall):
   Zur Lokalisierung von geologischen Störungen werden (wenn bekannt) kurze Grifflängen benutzt. Die Feldbegehung erfolgt nach den Vorgaben der programmierten Mentaltechnik (>Mentaltechnik, programmierte).
2. >technomantischen Einflüssen:
   >Technomantische Zonen, die dauerhaft einwirken können, gehen von stationären Gegenständen aus. Oft sind geologische Einflüsse Ursache für die Erzeugung dieser >Reflexionserscheinungen (>Störfaktoren, primäre / sekundäre).

F. Detailbestimmung:
Die gefundenen Zonen werden auf ihre >Qualität, >Einfallsrichtung, >Intensität und >Polarisation bestimmt. Bei Bedarf kann auch das spezifische Wellenlängenspektrum durch >Grifflängenziehung bestimmt werden.

G. Besonderheiten:
Ein geübter Rutengänger sucht auch die etwas weitere Umgebung (ca. 200 m Radius) nach den wichtigsten geologische Störungen ab, um zeitweilig einwirkende Felder (z. B. Reflexionen an Fahrzeugen, Mülltonnen u. ä.) einbeziehen zu können. Zusätzlich sollte kontrolliert werden, ob das Grundstück im Einflussbereich technischer Felder liegt (z. B. Funk- und Sendeanlagen, Richtfunkstrecken, >Radaranlagen).

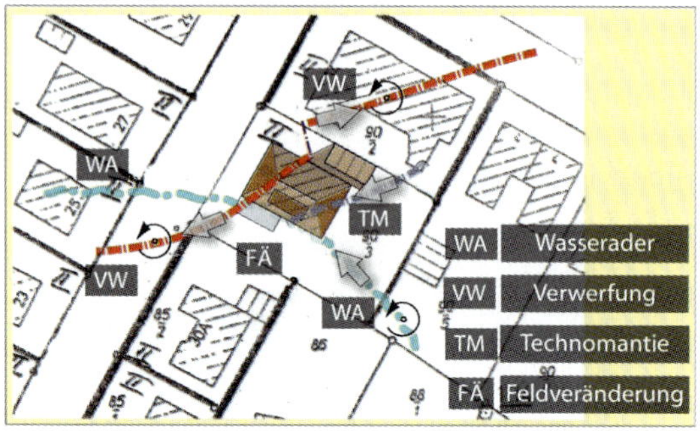

Beispiel der zeichnerischen Dokumentation einer Außenbegehung

H. Ergebnis:
Die gemuteten Zonen werden unter Angabe ihrer Einfallsrichtung, Intensität, Qualität, Polarisation und eventuell mit ihren Besonderheiten aus dem Wellenlängenspektrum in den Lageplan des untersuchten Gebäudes eingetragen.

➔ **Hausuntersuchung**

außerordentlicher Strahl

Beim Eintritt von >elektromagnetischen Wellen (deutlich bei sichtbarem Licht) in doppelbrechende Substanzen spalten sich die >Strahlen in zwei polarisierte Komponenten auf: den >ordentlichen und den außerordentlichen Strahl (>Doppelbrechung). Durch den >Brechungseffekt werden die Strahlen aus der >Einfallsrichtung abgelenkt. Wird dabei der ordentliche Strahl stärker als der außerordentliche gebrochen, wird das Material als negativ doppelbrechend bezeichnet, im anderen Fall ist es positiv doppelbrechend.

Bandbreite

Bezeichnet in der Hochfrequenztechnik den Durchlassbereich zwischen oberer und unterer Grenzfrequenz. Empfänger mit großer Bandbreite decken einen breiten Frequenzbereich ab.

Wenn in der >Radiaesthesie Untersuchungen durchgeführt werden, bei denen große Bandbreiten gefragt sind (z. B. gesamtes Spektrum von Störzonen), werden >mentale Techniken eingesetzt. Bei Untersuchungen, die trennscharfes Arbeiten erfordern (>Körperscans), eignen sich selektive >reale Arbeitstechniken (>Grifflängentechnik und Einsatz der >H3-Antenne).

Bande

Das >elektromagnetische >Emissionsspektrum von >Stoffstrahlungen zeigt bei trennscharfer Untersuchung eine Vielzahl von Spektrallinien. Diese Linien häufen sich in bestimmten Bereichen zu scheinbar kontinuierlichen Emissionsbändern, Bande genannt.

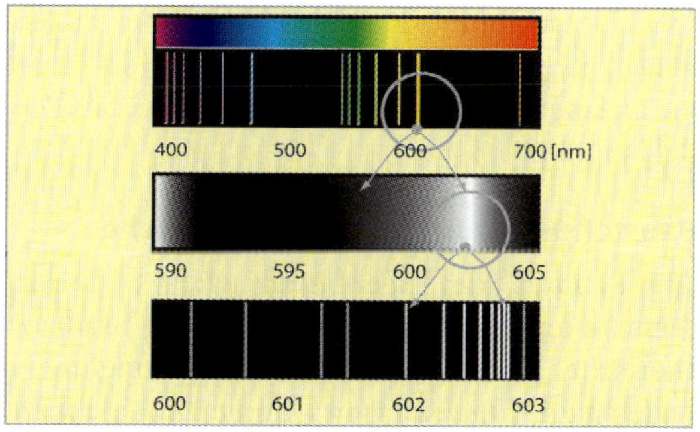

Emissionslinien in einem Strahlungsspektrum und Feinauflösung einer Bande

In der >Radiaesthesie treten verschiedene Stoffstrahlungen ebenfalls mehrfach „bandartig" im >Empfangsbereich auf. Dieses kann z. B. bei >Körperscans zu leicht divergierenden Ergebnissen führen. Aus diesem Grund sollten bei vermuteten >Resonanzbereitschaften stets die unmittelbar benachbarten H3-Einstellwerte mit überprüft werden.

Bauhüttengeheimnisse

In den Bauhütten waren im Mittelalter die führenden Bauhandwerker (Steinmetze) organisiert, die im Besitz des damals als geheim eingestuften Konstruktionswissens waren. Aus alten Traditionen galten bestimmte Maßbeziehungen in der Baukunst als heilig und wurden von den Bauhütten (besonders in den Dombauhütten) benutzt, um besonders ästhetische, durch verborgene Zahlensymbolik proportionierte Räume und Gebäude zu schaffen. Von den Bauhütten ist überliefert, dass sie sich von den in Zünften organisierten normalen Handwerkern unterschieden. Auf der einen Seite gab es den gemeinen Steinmetz, dessen Aufgabe es war, den rohen Stein zu kubischen Mauersteinen zu behauen und ihn in die vorgegebenen Mauerfluchten zu versetzen. Mitglied einer Bauhütte war jedoch der als freier Künstler arbeitende Steinmetz, der den freistehenden (hervortretenden) Stein, die Fenstereinfassungen, Pfeiler, Wandvorlagen, Rippenbögen und Kapitelle bearbeiten durfte. Der Vorsteher einer Bauhütte war der Hütten- oder Werkmeister, der Grundriss und Proportionen des Bauwerkes festlegte und der die Kunst der richtigen Gründung beherrschte.

Die Spuren der Bauhütten lassen sich heute >radiaesthetisch nachweisen. Durch >Eckabstrahlung, >konvexes und >konkaves Abstrahlungsverhalten der von den freien Maurern der Bauhütten bearbeiteten Bauteile wurden in alten

(Kirchen-)Bauten wichtige >Strahlungszonen erzeugt, die die Raumschwingung nach bestimmten Vorgaben beeinflussten. Die freien Steinmetze kannten aber offensichtlich auch das Geheimnis bestimmter >Grifflängen.

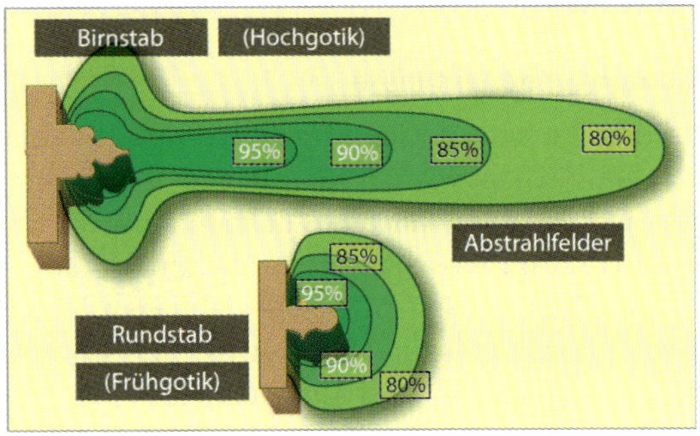

Abstrahlverhalten gotischer Rippenprofile

So konnte der Verfasser im westfälischen Raum nachweisen, dass in verschiedenen Kirchen auf Bischofsdarstellungen Maße hinterlegt sind, die sich als Grifflängen übertragen lassen. Diese wiederum sind einsetzbar bei der Suche nach zentral bedeutsamen, >geologisch vorhandenen >Störzonen, auf denen die Bauwerke stehen.

Grabplatte (Mitte 18. Jh.) – Kreuzkirche Stromberg

Die hinterlegten Grifflängen befinden sich auf Bischofsstäben verschiedener Darstellungen als Maß zwischen dem breiten Mittelfinger des Bischofs und einem Wulst unterhalb der Krümme. So ergibt sich beispielsweise

- in der Kreuzkirche in Oelde-Stromberg auf einer dort angezeigten Grabplatte das Maß von 33 cm (Wasserader, Hauptzone, drei natürliche und zwei künstliche Wasserläufe sind vorhanden)
- in der Kirche Cosmas und Damian in Wadersloh-Liesborn zweimal das Maß 22 cm (Hauptzone „tiefes Wasser“, steht auf einer tiefen Wasserader, die im benachbarten Bad Waldliesborn erbohrt ist)
- in zwei weiteren Fällen das Maß 13 cm (bestimmende Grifflänge für >Planetenlinie „Merkur“, die jeweils dort gefunden wurde).

In anderen Regionen wurden zum Teil die Maße anders hinterlegt (vermutlich je nach örtlicher Tradition), in England zum Teil in erheblich längeren Einheiten, die vermuten lassen, dass hier abgestimmte >Pendel benutzt wurden, die lange Fadenlängen aufwiesen (Wurden dort etwa die an langen Fäden hängenden Senklote als Pendel benutzt?).

Baustoffuntersuchung, radiaesthetische

Im Rahmen der >geobiologischen >Hausuntersuchung bzw. Bauberatung ist eine >radiaesthetische Baustoffuntersuchung zunehmend bedeutsam. Die einerseits immer noch zunehmende Synthetisierung der Baustoffe mit ihrer (im Verhältnis zum evolutionären Anpassungsvermögen des Menschen) rasend schnellen Verbreitung „neuartiger“ chemischer Verbindungen und andererseits die vielleicht daraus entstehenden allergischen Reaktionen auf die herkömmlichen Naturbaustoffe zwingen zu einer subjektiven Baustoffbewertung, wie sie durch die >Radiaesthesie möglich ist.

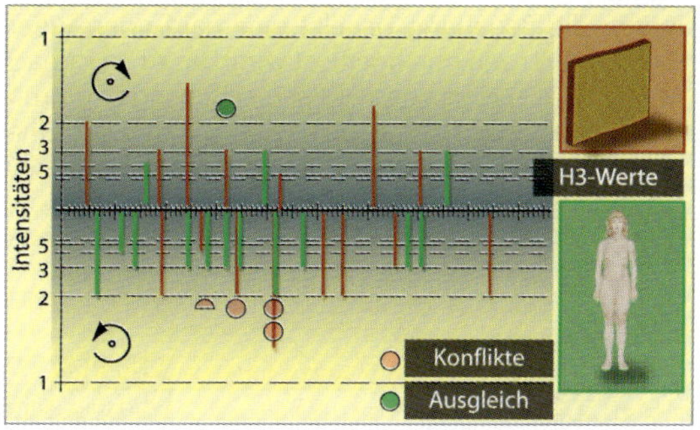

Radiaesthetische Spektralanalyse eines Baustoffes verglichen mit dem Resonanzpotential eines Probanden

Schwerpunkt bei der Baustoffuntersuchung ist das Ermitteln abgestrahlter >Wellenlängen durch die Technik der >Grifflängenziehung (>Spektralanalyse). Hierdurch wird die >Resonanzfähigkeit zwischen Baustoff und Bewohner erkannt. Weiterhin sollte untersucht werden, inwieweit sich der Einbau der Stoffe auf das Verhalten von >geologischen, >technomantischen u. ä. Einstrahlungen auswirkt. Es ist dabei zu untersuchen, ob der Baustoff >dämpfend oder verstärkend wirkt, ob er Änderungen in der >Polarisation bewirkt oder ob er sogar Strahlungen >invertieren kann.

Da gerade bei der radiaesthetischen Bewertung der Baustoffe eine Vielzahl von Einflussfaktoren sowohl bei Rohstoffgewinnung, Herstellung, Transport und Einbau als auch bedingt durch Form, Platzierung usw. eine Rolle spielen, muss vor einer generellen Übertragung der Untersuchungsergebnisse gewarnt werden. Die >mentale Programmierung bei radiaesthetischen Baustoffuntersuchungen sollte deshalb unter der Leitlinie stehen: „Wie wirkt der Baustoff auf den >Probanden?“

Arbeitsblatt 2

Begehungshöhe

Ein >radiaesthetischer >Indikator wird in der Begehungshöhe über dem Boden gehalten. Diese spielt bei der Beurteilung radiaesthetisch auffindbarer >Zonen eine wichtige Rolle. Im Gelände, bei ersten Feldbegehungen von >Spektroidensystemen, wie sie über >Wasseradern, >Verwerfungen usw. auftreten, wird die Rute in ca. 1,10 m Höhe gehalten. Die >Reaktionen, die während der Begehung festgestellt werden, müssen anschließend in mehreren Ebenen überprüft werden. Durch Kontrolltestungen in unterschiedlichen Begehungshöhen wird die vertikale Ausdehnung des >Feldes ermittelt.

Begehungslinie

Das Ergebnis >radiaesthetischer Untersuchungen wird zum großen Teil von der Begehungslinie geprägt. Die optimale Begehung wird rechtwinklig zur gesuchten >Zone vorgenommen.

Bei >Außenbegehungen von Wohnhäusern sollte die Begehungslinie stets in einem möglichst großen Abstand (3 – 5 m) von den Gebäudeflächen erfolgen, um der Bildung von >stehenden Feldern zwischen >Rutengänger und Gebäudewand vorzubeugen.

Begehungstechnik

Die >Radiaesthesie kennt verschiedene Begehungstechniken bei der Bestimmung von >Strahlungsfeldern. Basis aller Techniken ist die Wahl der richtigen >Begehungslinie, die in den Untersuchungsprotokollen angegeben werden sollte. Die Grobdetektierung erfolgt im >Geradeausschritt, die Feinbestimmung im >Seitschrittverfahren.

G. Begehungstechnik

A. Aufgabenstellung:
Strahlungsfelder sicher detektieren.

B. Hilfsmittel:
>H3-Rute oder H3-Antenne, >Markierungshölzchen, Bandmaß, Zollstock.

C. Ausgangslage:
Als Folge einer >mentalen Abfrage soll in einem Areal (z. B. bebautes Grundstück) ein unbekanntes Strahlungsfeld näher lokalisiert und bestimmt werden. Es ist nicht bekannt, ob das Feld eine bandartige oder eher eine flächenhafte Ausdehnung besitzt.

D. Bestimmung der eigenen Position:
Zu Beginn der Untersuchung ist zu klären, ob der eigene momentane Standpunkt für die weitere Untersuchung geeignet ist. Da immer nur das Passieren von >Feldgrenzlinien zu >Rutenreaktionen führt, ist die Erkenntnis wichtig, ob gerade ein Feld begangen oder ob es verlassen wird. Deshalb wird eine >mentale Abfrage durchgeführt mit der Frage: „Befinde ich mich bereits in dem Feld?“ Wenn ja, wird zunächst ein anderer Standort außerhalb gesucht.

E. Lokalisation des Feldes:
Durch >Peiltechnik wird das Areal auf stehende Felder abgesucht. Da es sich um ein unbekanntes Feld handelt, ist nach programmierter Mentaltechnik (>M., programmierte) vorzugehen. Das mentale Programm wäre: „Zeige ein Strahlungsfeld, das sich innerhalb dieses Areals befindet!“

Wird ein stehendes Feld durch Kreuzpeilung erkannt, liegt ein zentriertes Feld vor (weiter mit G) andernfalls ein bandartiges (weiter mit F).

F. Begehung bandartiger Felder:
Im >Geradeausschritt erfolgt die Aufnahme von Reaktionspunkten innerhalb des Areals. Dabei sind die Begehungslinien so zu wählen, dass das Gelände flächendeckend untersucht wird. Bei Siedlungsgrundstücken wird eine hinreichende Sicherheit erreicht, indem die Begehung parallel innerhalb oder außerhalb der Grenzen durchgeführt wird. Das Areal ist nach Möglichkeit in einem geschlossenen Begang zu umrunden. Wenn dies am Grundstück selber – z. B. wegen einer geschlossenen Bebauung – nicht möglich ist, sollte die Umrundung in einem größeren Bereich stattfinden (Häuserblock).

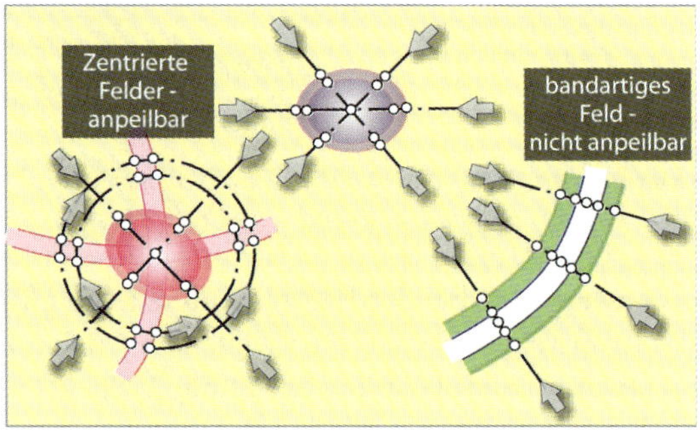

verschiedene Feldstrukturen erfordern unterschiedliche Begehungen

Stellen, an denen Reaktionen auftreten, werden weiterverfolgt mit >Seitschrittverfahren, >Schichtebenen und >Schrägstrahlung und dann weiter mit > Spektroide oder mit >technomantische Zone.

G. Begehung zentrierter Felder:
Das zentrierte Feld ist bereits durch Peilung zumindest ungefähr lokalisiert. Somit kann eine Begehung mehrfach – sternförmig auf den angepeilten mittleren Bereich zu – durchgeführt werden.

Bei diesen Begehungen erfolgen Reaktionen an den >Feldgrenzlinien, die genauer untersucht werden können mit >Seitschrittverfahren, >Schichtebenen und >Schrägstrahlung. Zu beachten ist, dass durch die >Intensitätsbestimmung an Feldgrenzlinien nur die jeweilige Zu- oder Abnahme der Feldstärke ermittelt wird, die tatsächlich viel höhere Gesamtintensität des Feldes dadurch aber unentdeckt bleibt.

H Detailbestimmung:

Die gefundenen Zonen werden auf >Qualität, >Einfallsrichtung, >Intensität, >Polarisation bestimmt. Weitergehend wird das spezifische Wellenlängenspektrum durch >Grifflängenziehung betrachtet.

I. Ergebnis:

Anhand der Feldstruktur und den spezifischen Wellenlängen kann in der Regel das unbekannte Feld bekannten Phänomenen zugeordnet werden. Hier wären hauptsächlich zu anzuführen:

a) als bandartige Strukturen
   >Wasseradern, >Verwerfungen, >Höhlen/Gänge, >Klüfte, >technomantische oder >geomantische Zonen, >geomorphologische Zonen

b) als zentrierte Strukturen
   >Erdfälle/Dome, >kosmotellurische Schlote, >Feldveränderungen oder >Kreuzungen

Sicher gibt es darüber hinaus eine Vielzahl von weiteren Phänomenen. Deren Aufzählung würde den Rahmen dieses Buches sprengen und bleibt Fachkursen vorbehalten.

Bergkristall

Edelstein aus Quarz (SiO_2), der in alpinen >Klüften und hydrothermalen >Gängen gefunden wird. Er eignet sich – bedingt durch seine kristalline Struktur – besonders zur Speicherung von >Informationen. Die steinspezifischen >Strahlungen treten meist >rechts- oder linksdrehend polarisiert auf. Die Spitze und die gegenüber liegende Wurzel können zusätzlich mit dem >Yin-Yang-Schalter unterschieden werden; die Spitze reagiert auf „Yang", die Wurzel auf „Yin".

bestimmende Grifflänge

Siehe >Grifflänge, bestimmende, vgl. >Kennfrequenz, >Arbeitswellenlänge, >Bande.

Beta-Strahlung

Beta-Strahlung (β-Strahlung) ist eine radioaktive >Strahlung von Elektronen und Positronen, die durch Kernumwandlung entsteht. Diese tritt wie die >Alpha- und Neutronen-Strahlung nur dann auf, wenn Radionuklide zerfallen. In der >Radiaesthesie sind Beta-Strahlungen nur >mental oder indirekt über bestimmte Begleitwellenlängen nachweisbar. Sie treten in der Regel über einigen >geologischen Störungen erhöht auf.

Beugung

Trifft eine >Welle auf eine dichte Ebene, in der eine kleine Öffnung ist, so breitet sich der hindurchgelangende Strahl hinter dieser fächerartig aus. Bei der Beugung des weißen Lichtes als optische Erscheinung wird die größte >Wellenlänge (rot) am stärksten abgelenkt.

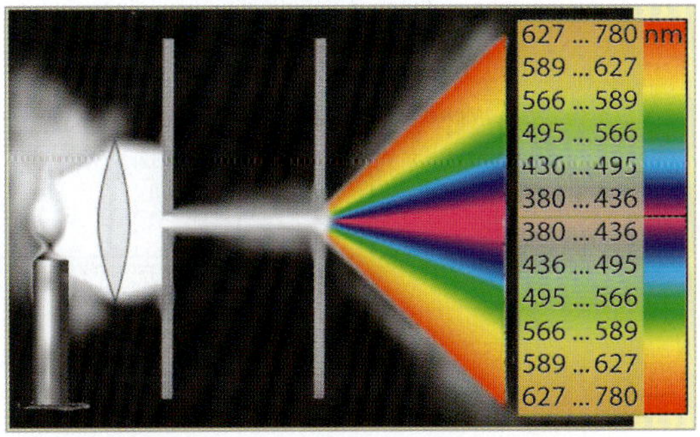

Beugung des Lichtes am Spalt – Überzeichnete Systemdarstellung mit Angabe der Lichtwellenlängen

Der Winkel zwischen der ursprünglichen und der neuen Richtung wird als Beugungswinkel bezeichnet. Die Energie des zu beugenden Strahles nimmt mit zunehmendem Beugungswinkel ab.

In der >Radiaesthesie ist die Beugung am Spalt mit einer >Spektroidenbildung zu vergleichen, wie sie über >Wasseradern, >Höhlen und >Lagerstätten auftritt.

Biokybernetik

Aus griech. *bios* „Leben“ und *kybernetike* „Steuermannskunst“, bezeichnet einen Wissenschaftszweig, der die Gesetzmäßigkeiten biologischer Regelungs- und Steuerungsvorgänge erforscht, verknüpft und anwendet.

biologische Fenster

Siehe >Fenster, biologische.

Biometer

Mit Biometer wird in der >Radiaesthesie eine Messskala bezeichnet, die von dem französischen Weinprüfer A. Bovis und dem Ing. Simoneton entwickelt wurde. Ursprünglich zur Bestimmung der Weinfarbe (=Lichtwellenlänge) gedacht, wurde die Einheit in Ångström (=0,1 nm oder 0,000 000 000 1 Meter) angegeben. Hatte die Weinprobe den Wert 6 500 Å erreicht oder

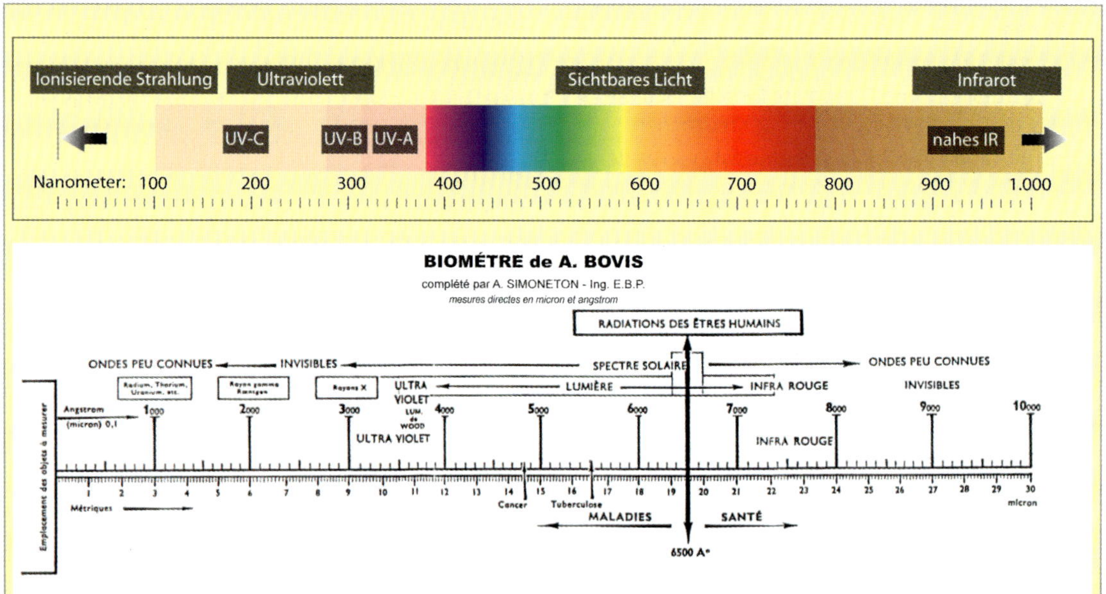

Original der Biometertafel nach Bovis (unten, verkleinert) und physikalische Entsprechung (oben)

überschritten, wurde sie als besonders bekömmlich eingestuft. Der Biometer wird als >Pendeltafel benutzt. Der Pendler koppelt sich an den Stoff an, versetzt das >Pendel in eine Schwingung, die diagonal zu der Skala erfolgt, und fährt dann langsam die Tafel ab, bis der >Rapportpunkt erreicht ist (vgl. >Reaktionsabstandsmessung). Dieser Wert ist dann der gesuchte Biometer-Wert. Später wurde diese Technik zur Qualitätsbestimmung von Lebensmitteln, Stoffen und Plätzen[1] übertragen, wobei zu klären ist, ob es sich noch um >mental festgestellte Wellenlängen handelt oder ob eine Reaktionsabstandsmessung durchgeführt wird. Wenn zur Bestimmung von besonders guten Plätzen die Messskala nicht ausreichend ist, beginnt der Pendler nach dem ersten Durchlauf erneut von vorn und ermittelt so bereits Werte über 10 000 Å bzw. 10 000 Boviseinheiten.

Würde man der Wellenlängentheorie folgen, würden hohe Bovis-Werte (= Werte für besonders gute oder heilige Plätze) in den Bereich der extremen >Infrarot-Strahlung oder sogar in den >Mikrowellenbereich vorstoßen. Hier zeigt sich ein gewisser Widerspruch zu den Erkenntnissen der >Grifflängentechnik. Sieht man die Anwendung der Bovistafel jedoch als eine mental zu benutzende Vergleichsmöglichkeit an, kann sie bei einheitlicher >Kalibrierung nachvollziehbare Aussagen liefern. Leider gibt es in Europa eine Reihe unterschiedlich ausgebildeter Gruppen, die Bovistafeln verwenden und somit eine Anzahl unterschiedlicher Kalibrierungen. Aus diesem Grunde sind allgemeine Angaben von Boviseinheiten nur eingeschränkt verwendbar.

1 weiterführend in Merz, Blanche: „Orte der Kraft", Chardonne 1989

biophysikalisch

Aus griech. *bios* „Leben" und *physike* ursprünglich als „Lehre von der Natur" – heute abgewandelt als „Wissenschaft von der Struktur und der Bewegung der unbelebten Materie" verstanden -, bezeichnet die Lehre von dem Wechselspiel physikalischer Vorgänge mit biologischen Systemen.

Bioresonanz

Aus griech. *bios* „Leben" und lat. *resonare* „widerhallen, zurückschallen", bezeichnet in der Medizin Therapiemethoden, die vorhandene Fehlschwingungen des Körpers mit genau gegenläufigen regulieren.

Bischofsstab

Siehe >Krummstab.

Blind Spring

Aus dem Englischen entlehnter Begriff, der leider nicht eindeutig definiert ist. Blind Spring bezeichnet ursprünglich ein >Strahlungsfeld, das eine verdeckte, verborgene, unsichtbare, blinde Quelle (>Quelle, blinde) erzeugt. In der englischen Literatur wird angegeben[1], dass Blind Springs entweder als Wasseraderkreuzungen genau unter *standing stones* (Merle, 1933; Diot, 1935) oder als (bei z. B. schrägstehenden Steinen) mit einigem Abstand umrundende Wasserführungen auftreten.

Underwood[2] interpretiert den Begriff genauer:

> „Blind Spring und Primärspiralen sind innig miteinander verbunden; sie sollten gleichzeitig (gleichwertig) betrachtet werden. Blind Springs sind Zentren, auf denen Primärlinien (>*water-lines*, >*track-lines* oder >*aquastats*) zusammen-

laufen (*converge*) und von denen aus sie wieder auseinanderlaufen (*emerge*). Blind Springs bewirken, dass die zusammenlaufenden Linien einen weiteren Weg in spiraliger Form nehmen; diese Spirale wird Primärspirale genannt. Sie schließen die Quelle (*spring*) ein und enden bei ihr nach zahlreichen Windungen. Die Blind Spring war das esoterische Zentrum (so wörtlich) der alten Religion und ist das eigentlich wirkende (*actual*) Zentrum ihrer Denkmäler heute."

PURNER[3] gibt an, dass es sich dabei um ringförmige Reaktionszonen handelt, welche als Uferzonen und Ankündigungsstreifen „blinder Quellen" gedeutet werden und die durch eine bestimmte Art artesischer Wasserführung – also durch eine unter Druck stehende unterirdische „Wassersäule" – entstehen sollten.

Nach Untersuchungsergebnissen von LÖRKE[4] in der Kirche St. Florian bei Greimelberg, Bayern 1991, wurde während Ausgrabungsarbeiten nachgewiesen, dass der in der Kirche gemutete Blind Spring von drei kleineren Steinen erzeugt wurde, die im Fußboden in einem Kreis von ca. 30 cm Durchmesser aufgestellt waren. Der B. S. verschwand nach Entfernen der Steine. Nach lagerichtiger Rekonstruktion der Steinsetzung entstand das vorher als Blind Spring gemutete Strahlungsfeld erneut.

Bei einer Untersuchung wurde am Rande einer eiszeitlichen Moräne beobachtet, dass sich durch so gesetzte Steine eine echte Wasserader ausgebildet hatte. Möglicherweise durch Änderung der Oberflächenspannungen erklärbar, kommt es dort zu einer physikalischen Anhebung des Grundwasserstandes.

Weitgehender beschrieben wird dieses Phänomen unter dem Begriff >Steine, gepolte.

1 Hinweise, Zitate und Übersetzungen von B. RÖKEN, Hamburg,
2 UNDERWOOD, GUY: „The Pattern of the Past"
3 PURNER, JÖRG: „Radiästhesie, Ein Weg zum Licht"
4 LÖRKE, HEINZ, dt., Radiaesthesieforschungen;

Blitzeinschlagstellen

In der >Grifflängentechnik werden an Blitzeinschlagstellen >Felder gefunden, die mit den >H3-Werten H3 = 8,20 ... 8,35 anpeilbar sind (vgl. >Peilung). Es ist noch unbewiesen, ob >Zonen, die diese >Wellenlängen abstrahlen, das Blitzgeschehen anziehen oder ihr Vorhandensein eher darauf hindeutet, dass es sich hier um ehemalige Einschlagstellen handelt.

Interessant ist, dass Abbildungen der Antike, die „Blitzgottheiten" darstellen, immer diese Grifflängen abstrahlen. Ist dabei H3 = 8,35 CR (>kapazitiv >rechtsdrehend), wurde die Abbildung von einem begnadeten Meister geschaffen und zeigt einen geistig sehr hochstehenden Heiligen (Heilige), der seine inneren geistig-spirituellen Kräfte voll entfaltet hat.

In alten >Kirchen sind häufig die ursprünglichen Standorte der Kanzeln ebenfalls mit H3 = 8,20 und 8,35 IR anpeilbar. Von diesen Stellen berichten Redner häufig, dass sie sich spontan inspiriert fühlten und mitreißende Reden halten konnten. Der Volksmund hat hierfür offenbar die Analogie „Geistesblitz" o. ä. geprägt.

Bohrpunkt

Bezeichnet die Stelle in der >Wassersuche, wo auf der Erdoberfläche eine Bohrung angesetzt wird. In der Regel wird ein erfahrener Rutengänger den Punkt zum Ansatz einer senkrechten Bohrung auf der >Mittelachse der >Spektroide angeben. Unter schwierigen >geologischen Bedingungen (wenn z. B. Fehlschichtungen das Bohrgestänge abdriften lassen, bzw. schräge Schichtungen, die die Strahlungen verziehen) kann es erforderlich sein, den Punkt entsprechend von der gemuteten Mittelachse abzusetzen.

Bovismeter

Siehe >Biometer.

Brechung

Bezeichnet in der Wellenphysik die Richtungsänderung von >Wellen bzw. Strahlen beim Durchgang von Grenzflächen zwischen Medien mit verschiedenen Ausbreitungsgeschwindigkeiten. Die Abhängigkeit der Brechung >(Brechungsindex) von der >Wellenlänge heißt Dispersion; sie ermöglicht die Erzeugung von >Spektroiden mit einem Prisma. Bei der Brechung werden – im Gegensatz zur >Beugung – die Wellen mit der kleinsten Länge (λ) am stärksten abgelenkt.

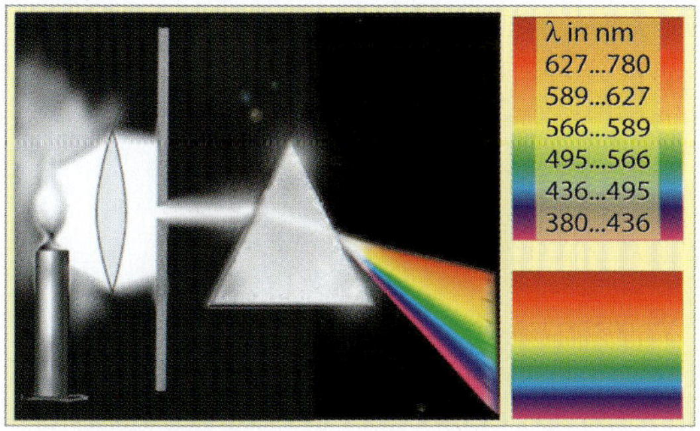

Brechung von Licht am Prisma (Angabe der Wellenlänge λ in Nanometer [nm])

In der >Radiaesthesie wird diese Spektroidenbildung in ähnlicher Form über >Verwerfungen beobachtet.

Brechungsindex (n)

Auch Brechzahl genannt, ist eine dimensionslose physikalische Größe für das Verhältnis der unterschiedlichen Ausbreitungsgeschwindigkeiten einer Welle beim Durchgang in zwei Medien, an deren Grenzflächen ein Strahl gebrochen wird (z. B. bei Rotfilterlicht aus Luft in Wasser bei 20°C ist n = 1,33). Der Brechungsindex ist von den unterschiedlichen Strahlungsdichten der Medien, der >Wellenlänge und der Temperatur abhängig.

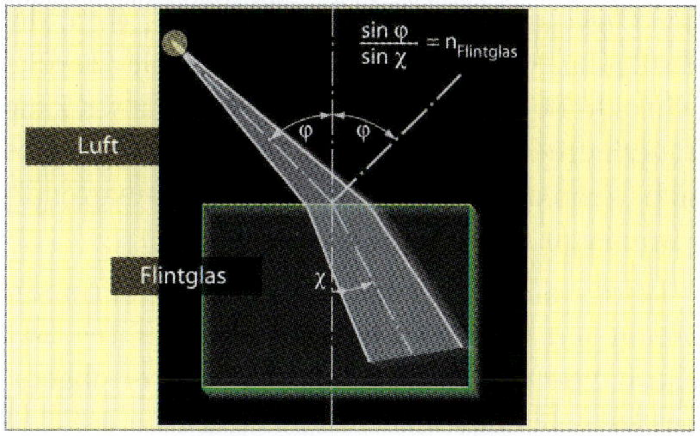

Brechung eines Lichtbündels beim Übergang von Luft in Flintglas

In die >Radiaesthesie geht der Brechungsindex unmittelbar ein, wenn aus den Breiten der >Spektroiden auf die Tiefe der >geologischen Störung geschlossen werden soll. Bei bekannten Bodenverhältnissen und bekanntem Brechungsindex des anstehenden Gesteins lässt sich aus der Breite der >Hauptzone einer >Wasserader die Tiefe errechnen (>Tiefenbestimmung).

Bruchzone

Siehe >Verwerfungen.

Brunnen, heilige

Heilige Brunnen enthalten in der Regel >rechtsdrehendes, ausgezeichnetes >Wasser (heiliges) mit heilenden Eigenschaften. Man unterscheidet dabei Fassungen natürlicher Quellen, bei denen rechtsdrehendes Wasser eintritt und Brunnenanlagen, bei denen z. B. besondere Putze oder Mauerwerkstechniken das Wasser erst im Inneren positivieren.

Weisen die rechtsdrehenden Wässer überwiegend >kapazitive Eigenschaften auf, werden die Heilwirkungen noch verstärkt. Sie sind dann in der Lage, andere Wässer zu „impfen", d. h. die Zufügung eines Tropfens verwandelt bereits >linksdrehendes in rechtsdrehendes Wasser. Eine dauerhafte Haltbarkeit dieser Positivierung ergibt sich, wenn das Wasser H3 = 4,35 CR („anhaftend", >Intensität mindestens 3) abstrahlt.

Leider muss aufgrund der heutigen Verunreinigung mit Pflanzenschutzmitteln, Nitraten usw. häufig von der Verwendung der Wässer abgeraten werden.

Ein Maß für die Qualität der Rechtspolarisation ist die Kochfestigkeit auf einem Elektroherd (mit Ceranfeld). Nach >Schneider sollen sehr gute, kapazitiv rechtsdrehende Wässer ihre Eigenschaft noch behalten, nachdem sie viermal aufgekocht wurden.

Heilwässer, die lt. Volksmund (soweit zuverlässig verbürgt) bei bestimmten Krankheiten helfen sollen oder früher geholfen haben, können durch >Grifflängenziehung untersucht werden. Oft stellt sich heraus, dass darin >Wellenlängen rechtsdrehend vorkommen, die entweder in linksdrehender Form bei den angezeigten Krankheiten als kennzeichnend gefunden worden sind oder die bestimmte geistige Eigenschaften fördern. So kommt z. B. in der Antonius dem Einsiedler geweihten Quelle bei Neuenheerse im Erzgebirge H3 = 27,55 CR in nennenswerter >Intensität vor, die die körperlichen und geistigen Vitalkräfte auf besondere Art und Weise unterstützt.

CAP-Kompensator

Gerät zur >Feldveränderung von >geologischen Störungen. Der CAP-Kompensator[1] geht auf eine Entwicklung von Carl Arnold Piacenza in den 20er Jahren zurück. Nach einem Bericht von >Schneider[2] soll Piacenza bei Ausgrabungsarbeiten auf einen ähnlich konstruierten historischen Vorgängertyp gestoßen sein.

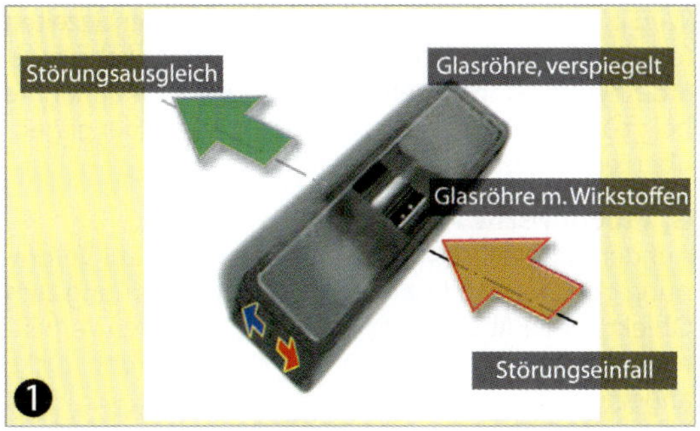

CAP-Kompensator

In einem hohlen Zementstein, wasserfest abgedeckt mit einer Glasplatte, befinden sich zwei gasdichte Glasröhren, von denen die hintere – in Einbaurichtung gesehen – halbseitig nach innen reflektierend bedampft ist. In der vorderen Glasröhre befindet sich ein Gemisch von Spezialwirkstoffen. Diese werden durch die >radiaesthetisch auffindbaren >Wellenlängen einer >Störzone zu einer Eigenschwingung angeregt und bewirken durch die Konstruktion eine >Interferenz (Phasenverschiebung) in Verbindung mit einer >Umpolarisierung, die auf die Grundschwingung ausgleichend wirkt.

Der CAP-Kompensator wirkt sehr breitbandig (Abdeckung einer großen >Bandbreite des Wellenlängenspektrums), muss aber sehr präzise auf die Mittelachse der Störzone gesetzt und dort vergraben bzw. eingemauert werden. Auch muss er so weit vom zu entstörenden (Haus-) Objekt eingebaut werden, dass nicht durch eventuell von oben einfallende >Reflexionen die >Entstörwirkung eingeschränkt werden kann. Das Eingraben ist erforderlich, damit die seitlich entstehende Ableitstrahlung (aus den Achsen der Glasröhren) durch Reflexion an der Oberfläche des Bodens wieder in das Erdreich zurückgeworfen wird. Der CAP-Kompensator ist nach Kenntnis des Verfassers das derzeit einzige Gerät, mit dem radiaesthetisch nachweisbare geologische Störzonen bei ordnungsgemäßem Einbau hinreichend vollständig, nahezu nebenwirkungsfrei und dauerhaft ausgeglichen werden können. Er wirkt allerdings nicht wie ein „universeller“ Interferenzsender in einem großen Umkreis, sondern nur begrenzt auf die jeweilige Störzone, auf der er eingebaut ist. Die Wirkung kann sich dort auf eine Länge zwischen 100 und 150 m erstrecken.

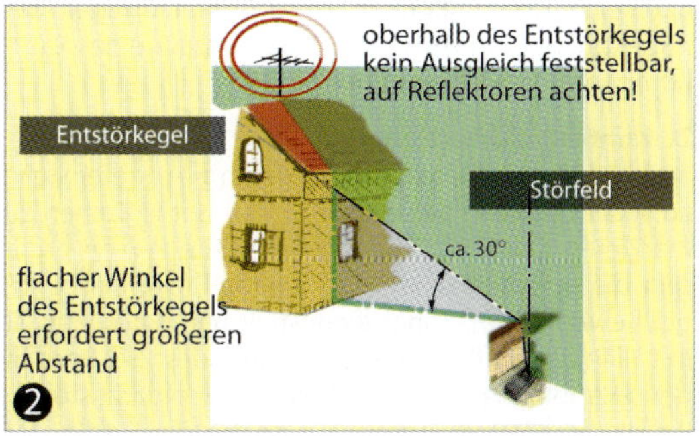

Feldentstörung mit einem CAP-Kompensator

1 Bezugsadresse: Frau Ae. Ott-Piacenza, Burgstallweg 5, D-87439 Kempten/Allgäu.

2 Vortrag zur Feldveränderung in Bronnbach 1988

S. Cap-Kompensator

A. Aufgabenstellung:
Eine geologische Störzone mit einem CAP-Kompensator auf einem Hausgrundstück ausgleichen.

B. Hilfsmittel:
>H3-Antenne (Alle anderen Rutenarten sind weniger geeignet), >Markierungshölzchen, CAP-Kompensator, Spaten, kurze Wasserwaage, kleine Maurerkelle, gegebenenfalls. Arbeitshandschuhe, Knieschoner, Taschenlampe, ca. 10 – 15 Liter trockenen Quarzsand, zwei Mauerziegel, Beton- oder Kalksandsteine zum Abdecken.

C. Ausgangslage:
Eine echte geologische Störzone mit bandartiger Ausdehnung (>Wasserader, >Verwerfung, >Höhle, >Gang oder >Kluft) wirkt auf ein Hausgrundstück ein. Das Vorliegen einer senkrechten Störung (>Kamine, >Dome oder >Erdfälle) kann ausgeschlossen werden. Ebenfalls ist überprüft und ausgeschlossen, dass es sich bei der Störzone um eine >technomantische oder >geomantische Störung handelt. Bei wasserführenden Verwerfungen (>V., wasserführend), >Kieswasseradern in Hanglagen oder wasserführenden >Hohlräumen mit wechselnden >Schüttmengen kann es zu Verschiebungen der >Spektroide kommen, hier ist der Einsatz eines CAP-Kompensators ebenso ungeeignet.

D. Kontrollfeld bestimmen:
Im Objekt ist die Breite der Störzone an geeigneter Stelle zu suchen und an den Außenkanten mit Hölzchen zu markieren. Dies kann durch eine zweite Person erfolgen, die sich mental auf „Zeig mir die Breite der biologische wirksamen Zone" eingestellt hat. Alternativ ist mit Hilfe der Grifflängentechnik zumindest der Bereich der >Hauptzone oder >Multiwellenzone darzustellen. An diesen Markierungen wird später der Erfolg des Einbaues kontrolliert.

E. Mittelachsenbestimmung:
Außerhalb des Objektes ist zunächst die >Mittelachse der >Spektroide der Störzone zu bestimmen (bei Verwerfungen die mittlere Bündelachse).

F. Feststellung der Einfallsrichtung:
Auf der Mittelachse in genügendem Abstand von störenden Gegenständen und Hauswänden ist die >Einfallsrichtung zu bestimmen. Eine Kontrolle ist an der gleichen Zone auf der gegenüberliegenden Seite des Grundstückes vorzunehmen um >Fehlmutungen zu vermeiden.

Der CAP muss – in Strömungs- bzw. Einfallsrichtung gesehen – oberhalb des zu entstörenden Objektes platziert werden.

Wird in küstennahen Gebieten ein Einfluss der Gezeiten festgestellt, kann sich die Fließrichtung umkehren (6-Std. Rhythmus). In diesem Fall ist die gleiche Maßnahme bei geänderter Richtung ein zweites Mal auf der gegenüberliegenden Seite durchzuführen.

G. Provisorische Aufstellung:
Auf der Mittelachse wird der CAP an einem zur Vergrabung geeigneten Platz in genügender Entfernung zum Objekt (Siehe Abb. 3) aufgestellt. Bei beengten Verhältnissen ist ein Ausweichen auf Nachbargrundstücke angezeigt.

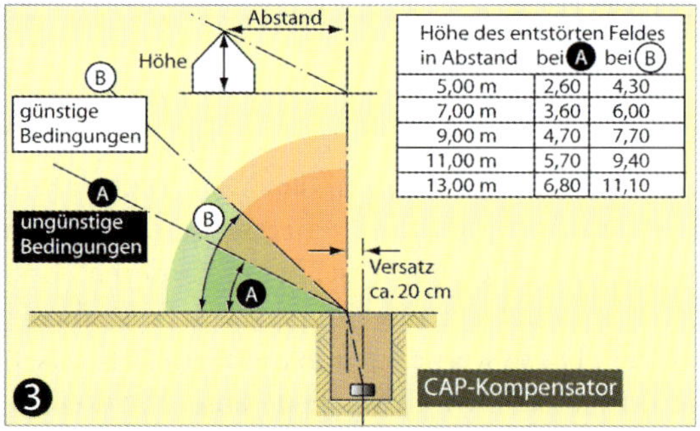

Höhe des entstörten Feldes in Abstand	bei A	bei B
5,00 m	2,60	4,30
7,00 m	3,60	6,00
9,00 m	4,70	7,70
11,00 m	5,70	9,40
13,00 m	6,80	11,10

Notwendige Abstände bei Einbau eines CAP-Kompensators (je nach Bodenbeschaffenheit)

Der Aufstellungsplatz muss später freigehalten werden können von

- von Metallen (z. B. von Zaunpfählen, Pflanzgittern, Antennen und parkenden Autos)
- von Kunststoffen (z. B. Eimer, Wannen, Schläuchen, Planen)

Beim provisorischen Aufstellen kann die aus dem CAP austretende Seitenstrahlung wieder zurückreflektiert werden, wenn sie auf Metalle und Kunststoffflächen trifft.

Aus gleichem Grund sollte der Aufstellungsort nicht oberhalb und in der Nähe von Stützmauern, Winkelstützen oder steilen Böschungen gewählt werden. Hier können die Seitenstrahlen ungehindert austreten und die Ausgleichswirkung wieder einschränken. Ebenfalls sollte geprüft werden, ob der Platz außerhalb des Einflussbereiches einer >Kreuzung liegt.

Zur Vermeidung von störendem Wurzelwerk sollten keine flachwurzelnden Gehölze in der Nähe vorhanden sein.

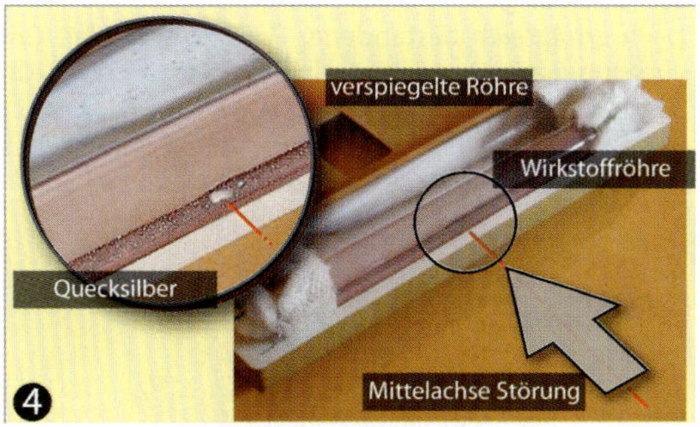

Ausrichtung der Wirkstoffe im CAP über einer Störzone (Darstellung am Holz-„MI-CAP")

Ist der Ort gefunden, wird der CAP nach Herstellervorschrift gut durchgeschüttelt und exakt und rechtwinklig auf der Mittelachse platziert. Durch das Schütteln sind die Wirkstoffe gleichmäßig verteilt. Nachjustiert wird durch leichtes seitliches Klopfen bis einige der rötlich schimmernden Quecksilberkügelchen in der Glasröhre mit den Wirkstoffen in der Mitte des Sichtfensters erscheinen.

H. Kontrolle und Nachjustierung Nr. 1:
Die Wirkung des aufgestellten CAP muss jetzt im Objekt am Kontrollfeld (D) überprüft werden.

Hierbei wird am Kontrollfeld – quer zur Störzone – eine Begehung durchgeführt, die einen Bereich von jeweils 1 - 2 m außerhalb der Markierungen mit einschließt. Im ersten Begehungsdurchgang ist mit dem Einstellwert der Hauptzone (bei Normal-Wasseradern H3 = 9,25 IU) bzw. bei Verwerfungen mit dem Wert H3 = 8,65 IR zu prüfen, ob >Reaktionen erfolgen. Falls mental gearbeitet wird, ist mit gleicher Einstellung wie unter „G" beschrieben, zu prüfen, ob und wie sich die „biologisch wirksame Zone" verändert hat.

Folgende Ergebnisse können beobachtet werden:

1. *Keine Wirkung erkennbar.*
   Grund: CAP liegt nicht auf der zugehörigen Störzone, die Einfallsrichtung wurde nicht korrekt bestimmt oder Gerät wurde falsch herum aufgestellt.
   Abhilfe: Nochmals prüfen und korrigieren!
2. *Rechter oder linker Rand des Kontrollfeldes ist noch erkennbar.*
   Grund: Zone ist richtig erkannt, aber Mittelachse ist noch nicht korrekt getroffen.
   Abhilfe: CAP nach rechts oder links verschieben!
3. *Kontrollfeld ist nicht korrekt ausgeglichen, Reaktionen erscheinen noch in abgeschwächter Form, bei mentalen Kontrollen entsteht der Eindruck von „Gittern".*
   Grund: Seitenstrahlung des CAP wird zurückreflektiert oder der provisorische Standort liegt im Bereich einer Kreuzung.
   Abhilfe: CAP längs der Mittelachse vom Objekt weg verschieben oder auf der Achse einen zweiten geeigneteren Standort suchen.
4. *Zone hat sich komplett verlagert.*
   Grund: Seitenstrahlung des CAP erzeugt durch Reflexion ein neues Feld.
   Abhilfe: CAP entweder längs der Mittelachse verschieben (sichere Lösung) oder eingraben (Risiko!).
5. *Zone ist nicht mehr zu finden.*
   Grund: Der provisorische Aufstellungsort des CAP ist gefunden!

Nach jeder neuen Justierung ist der Erfolg stets am Kontrollfeld zu überprüfen. Wenn die Zone nicht mehr zu finden ist (Nr. 5), wird abschließend mit den wichtigsten H3-Werten der Zone nachkontrolliert, ob eine breitbandige Entstörung erreicht ist.

Die Qualität dieser Überprüfung entscheidet über die

Nachhaltigkeit des Störzonenausgleiches und muss deshalb äußerst kritisch und frei von Suggestion erfolgen. Selbst kleinste Hinweise auf Reststörungen sollten ernst genommen werden und zu weiteren Korrekturen führen.

I. Einbau:
Ist eine vollständige Entstörung der Zone erreicht, kann der Einbau erfolgen. Dazu wird der Aufstellungsort des CAP in seiner Achse und rechtwinklig mittig durch Auslegen von Hölzchen in jeweils ca. 20 cm Abstand markiert. Dann wird um den CAP herum eine Grube ausgestochen, die eine Größe von ca. 30 x 50 cm hat.

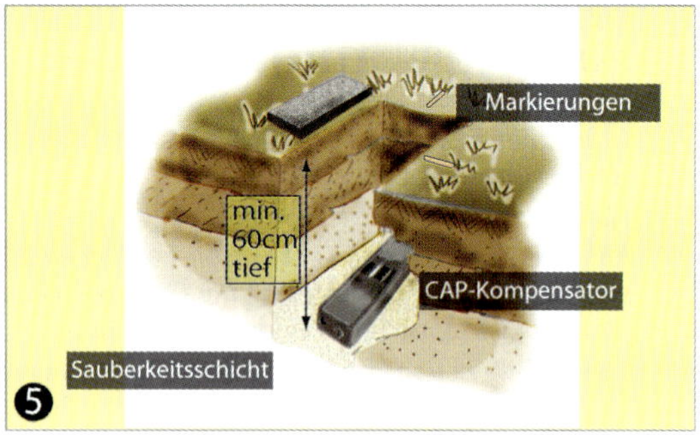

Grube zur Aufnahme des CAP

Nach seitlicher Sicherung des CAP wird diese Grube bis auf 60 cm Tiefe senkrecht ausgehoben. Steine, Wurzeln oder sonstige Bodenverunreinigungen sind zu entfernen. Falls diese Tiefe nicht erreicht werden kann, ist das Gerät durch Beton oder Ummauerung zu schützen.

Ist die Grube ausgeschachtet, wird zunächst in ca. 5 cm Stärke eine sogenannte Sauberkeitsschicht aus trockenem Quarzsand eingebracht, etwas verdichtet und mit der kurzen Wasserwaage waagerecht eben abgezogen. Die Ausleuchtung mit einer Taschenlampe kann helfen, die Libelle der Wasserwaage gut zu erkennen.

Auf diese Ebene wird der CAP gelegt. Vorher müssen dazu erneut die Wirkstoffe – wie unter „G" beschrieben – ausgerichtet werden. Beim Versetzen in die Grube darf das Gerät weder schräg gehalten noch verkantet werden, damit die Wirkstoffe ausgerichtet bleiben.

Mit der Wasserwaage wird auf der oberseitigen Betonkante des CAP geprüft, ob das Gerät waagerecht liegt. Gegebenenfalls muss vorsichtig mit Quarzsand etwas untergestopft werden. Auch hier gilt, dass unbedingt ein Verrutschen der Wirkstoffe vermieden werden muss. Neben der Ausrichtung in der Waagerechten muss das Gerät sowohl mittig auf den Schnittpunkt der Holzmarkierungen als auch genau rechtwinklig zur Mittelachse der Störzone platziert werden.

J. Kontrolle und Justierung Nr. 2:
Wie unter „H" dargestellt erfolgt eine erneute Kontrolle. Falls dabei noch Reaktionen festgestellt werden, ist die Lage des CAP vorsichtig von oben mit dem Spaten zu korrigieren.

L. Verfüllung:
Nach erfolgreich bestandener Prüfung wird der CAP vorsichtig mit Quarzsand eingebettet. Dabei ist der Sand schichtweise mit der Kelle streuend einzubringen und sorgsam gleichmäßig z. B. mit dem Spatenstiel zu verdichten ohne das Gerät zu verschieben.

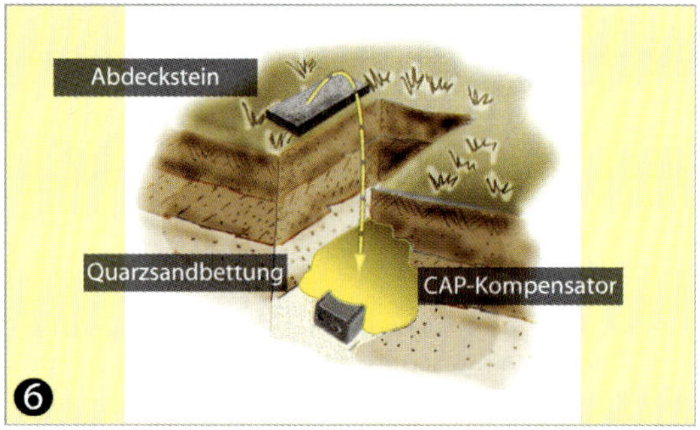

Bettung und Schutz des CAP

Der Quarzsand wird bis in einer Höhe von ungefähr 5 cm über dem Gerät eingebracht und vorsichtig verdichtet.

M. Kontrolle und Justierung Nr. 3:
Jetzt wird nochmals wie unter „H" beschrieben kontrolliert und notfalls vorsichtig mit dem Spaten korrigiert.

N. endgültiger Einbau:
Jetzt erst können die Abdecksteine so auf diese

Sandschicht gelegt werden, dass mechanische Beschädigungen des CAP vermieden werden. Sicherheitshalber erfolgt noch eine weitere Kontrolle nach „J", bevor dann die Grube unter Verdichtung der einzelnen Schichten mit dem Aushubmaterial verfüllt wird. Wie bereits beschrieben, sollten dabei verunreinigende Stoffe nicht wieder eingebaut werden.

O. Nachkontrolle:
Wie bei jeder anderen Maßnahme zur Feldveränderung sollte der erfolgreiche Einbau des CAP nach ca. 6 Wochen erneut kontrolliert werden (>Nachkontrolle). Hierbei kann – bei >Hausuntersuchungen – durch >Körpermessung am >Probanden ermittelt werden, ob und welche Restbelastungen aus der feldveränderten Störzone noch auftreten.

Bei problematischen Einbaulagen (der Aufstellungsort unterliegt z. B. wechselnden Nutzungen oder liegt zu dicht am Objekt), muss dem Probanden geraten werden, die Wirksamkeit des Ausgleichs in regelmäßigen Abständen kontrollieren zu lassen.

P. Dokumentation / Hinweise:
Der vergrabene CAP ist auf zwei möglichst dauerhaft gesicherte Bezugspunkte einzumessen (ideal auf Grenzsteine oder auf Ecken der Hauptgebäude). Diese Maße sollte der Besitzer des Objektes zu seinen Hausakten nehmen und aufbewahren.

Der Bereich rund einen Meter um die Einbaustelle sollte frei von flachwurzelnden Gehölzen, Metallteilen und Kunststoffgegenständen gehalten werden.

Werden Erdarbeiten in diesem kritischen Bereich durchgeführt oder kommt es infolge natürlicher oder künstlicher Einwirkungen zu Veränderungen an der Stelle (Hangrutschungen, Umlagerungen durch Baumfällungen usw.), ist die Wirksamkeit der Feldveränderung erneut zu überprüfen.

Ch'i

Auch *Qi* geschrieben, aus dem Chinesischen übermittelter Begriff, näherungsweise mit „fließende Lebensenergie" übersetzt. In der alten Weisheitslehre >Feng Shui wird mit Ch'i ein Energiestrom bezeichnet, der sich dynamisch verändernd in die Erde, Luft, Landschaften, Siedlungen, Häuser, Räume sowie auch in den menschlichen Körper ergießt. Im Feng Shui wird darauf geachtet, den Ch'i-Fluß sanft und in natürlich schwingenden Bewegungen fließen zu lassen, damit die Lebensräume gut durchpulst werden. Ein ruhig mäandrierender Flusslauf gilt als Vorbild. Wird er kanalisiert, fließt das Wasser zu schnell ab, erhöht sich die Erosion, senkt den Grundwasserstand und führt flussabwärts zu Schäden. Schnelle Fließpassagen führen zu Stauungen oder Überschwemmungen im Unterlauf. Ein Ausgleich fehlt. Fließt das Ch'i zu schnell und zu gerade, wird es im Feng Shui als negatives Sha betrachtet, das den Energiefluß kanalisiert und andernorts Ch'i-Mangel erzeugt.

Kalligraphie des Zeichens Ch'i

In der >Radiaesthesie kann der Ch'i-Fluß nicht direkt über bestimmte >Grifflängen gefunden werden (da es viele Arten des Ch'i gibt), sondern entweder nur >mental oder mit Hilfe eines geeigneten >Testobjektes. Dieses Testobjekt sollte möglichst alle >Schwingungs-Aspekte des Ch'i enthalten. Da den Europäern mit ihren mehr statisch ausgeprägten >Denkmustern der sehr dynamische Denkansatz des Feng Shui nur bedingt (mental) fassbar ist, sollte das chinesische Schriftzeichen Ch'i selbst in verkleinerter Form Verwendung finden. Dazu braucht die vorstehende Kalligraphie nur auf einem Fotokopierer verkleinert werden und – nach außen gerollt – in ein Flachbodenglas (AR-Quarzglas) gebracht werden.

S. Ch'i-Fluss

A. Aufgabenstellung:
Beurteilung der Raumqualität mit Hilfe des Ch'i-Flusses.

B. Hilfsmittel:
>H3-Antenne, Testobjekt Ch'i, >Markierungshölzchen.

C. Ausgangslage 1:
In einem weitgehend leeren Raum befindet sich ein betriebsbereiter Fernseher oder Computer, der jedoch ausgeschaltet ist.

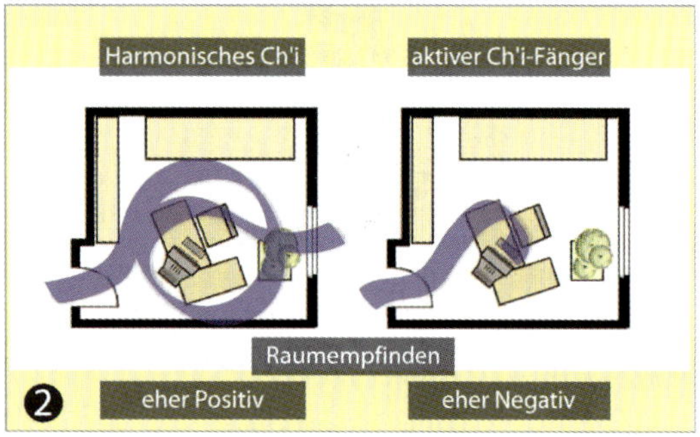

Ch'i-Fluss bei unterschiedlichen Nutzungen, links: Computer aus-, rechts: Computer eingeschaltet

D. Ch'i-Fluss bestimmen:
Mit aufgestecktem Testobjekt Ch'i und dem H3-Wert = 6,40 CR werden mit der H3-Antenne zunächst quer vor der geöffneten Tür des Raumes die Grenzen des Ch'i-Flusses >detektiert und in seiner >Intensität und >Einfallsrichtung bestimmt. In der Regel wird eine Zone bestimmt, die in den Raum hinein strömt und eine Intensität von 3 oder kleiner aufweist. Durch >Seitschritttechnik wird innerhalb des Raumes die Zone weiterverfolgt. Ist der Raum halbwegs geordnet, wird eine sanfte Mäandrierung festgestellt, die markiert wird.

E. Ausgangslage 2:
Der Fernseher (Computer) wird eingeschaltet und zeigt wechselnde bunte Bilder. Wie unter „D" wird jetzt erneut der Ch'i-Fluss überprüft. Meist wird festgestellt, dass der Fluss statt zu mäandrieren auf geradem Weg zu dem Bildschirm verläuft. Die Intensität steigt auf Werte von 2 oder sogar 1 an.

Cluster

Engl. für „Haufen, Gruppe". Wassermoleküle können sich über Wasserstoffbrücken zu Großmolekülen verbinden (das Wasser clustert). Unter diesen Bedingungen verhält sich Wasser wie eine hochmolekulare Flüssigkeit. Die Wassercluster strahlen bei Anregung schwache >elektromagnetische Wellen ab. Über den Clustereffekt konnte erklärt werden, dass Wasser in der Lage ist, elektromagnetische >Schwingungsinformationen zu speichern. Bei fließendem Wasser wird eine Clusterbildung hauptsächlich bei >laminaren Strömungen beobachtet. >Turbulente Strömungen können Cluster wieder zerschlagen.

Eindrucksvoll konnte Masaru[1] Mikro-Cluster in tiefgefrorenen Wasserproben mikroskopisch sichtbar machen.

1 Masaru, Emoto: „The Message of Water", Japan 1999

Dämpfung

Bezeichnet in der Elektrotechnik den Leistungsverlust als Verhältnis der eingespeisten Eingangsleistung zur abgegebenen Ausgangsleistung.

$$a = 10 \log (P_E / P_A) \quad (1)$$

a = *Dämpfungsmaß als* ***log****arithmisches Verhältnis in Dezibel, dB*
P_E = *Eingangsleistung*
p_A = *Ausgangsleistung*

Beispiele	a	b	c
Eingangsleistung	64 W	64 W	64 W
Ausgangsleistung	32 W	16 W	8 W
Dämpfung	3,01 dB	6,02 dB	9,03 dB

In der >Radiaesthesie wird die Dämpfung gezielt eingesetzt, um bei zu intensiven Strahlungsstärken noch die Emittenten aufspüren zu können. Historisch belegt ist z. B. bei der untertägigen Suche im Bergbau nach der Fortsetzung von >Erzgängen der Einsatz der Brandrute (>*virgula lucens*). Dabei wurde auf der Rutenspitze ein wachsummantelter Docht angebracht, in den bewusst die Schwingungsinformation der zu suchenden Erzader als Metallpulver eingearbeitet wurde. Durch Anzünden des Dochtes entsteht ein Gegenfeld, das mit dem zu suchenden >Feld >interferiert und gleichzeitig die Reizschwelle des Rutengängers anhebt. Der Rutengänger wird dadurch unempfindlicher und kann sich nun auf die stärkeren Signale konzentrieren, die den Weg zur gesuchten Zone weisen (vgl. >Abschwächer).

Denkmuster

Vorgeprägte Denkmuster spielen in der >Radiaesthesie bei der Untersuchung vorhandener >Strahlungen eine große Rolle. Während die Stärke eines Strahlungsfeldes zum Rand hin langsam abnimmt, treffen >Rutengänger dort anscheinend auf >Reaktionslinien, die bereits deutliche >Intensitäten aufweisen. Die daraus abgeleitete Erkenntnis, dass solch ein >Feld nur aus einzelnen Linien besteht, sich dazwischen ein sogenannter feldfreier Raum befindet, ist bereits ein Denkmuster. Dies findet z. B. wieder in dem Modell der Wasseraderspektroide. Die (physikalische) Wirklichkeit sieht anders aus. Gleichwohl hilft dieses Muster bei einer genauen radiaesthetischen Auswertung, z. B. bei der genauen Angabe von Bohrpunkten bei der Wassersuche.

Verschiedentlich wird behauptet, dass die Beschreibung der >Gitternetze das Resultat vorhandener Denkmuster ist, die dem mitteleuropäischen geradlinigen Denken entsprechen. Vergleicht man die Ergebnisse mit dener der englischen Rutengänger, wird man feststellen, dass dort mäandrierende Strukturen traditionell vorherrschen.

Wenn sich Forschende in der Radiaesthesie aufgeschlossen gegenüber anderen Techniken und Denkweisen zeigen, kommen sie zu oft zu neuen Erkenntnissen, je mehr sie sich in vorgeprägten Strukturen bewegen, desto mehr bleiben sie in diesen Systemen verhaftet. „Guruanbetung“ und Dogmatismus sind, wie in allen anderen Bereichen auch, der wahren Forschung abträglich.

Für den Ergebnisaustausch und die Reproduzierbarkeit ist jedoch eine gewisse >Kalibrierung erforderlich. Diese kann von erfahrenen Rutengängern vorgenommen werden, sofern bei den radiaesthetischen Impulsen keine andere definierbare technische Kalibriermöglichkeit besteht.

A. Denkmuster

A. Aufgabenstellung:
Erkennen, welche willkürlichen Muster sich in einem Feld beliebiger „Angebotspunkte" zeichnen lassen.

B. Hilfsmittel:
keine.

C. Ausgangslage:
Abb. 1 steht für eine Umgebung mit undifferenzierten Energien. Ein Rutengänger, der versucht, alle Reaktionspunkte in diesem Feld aufzuspüren, bestimmt dieses Muster.

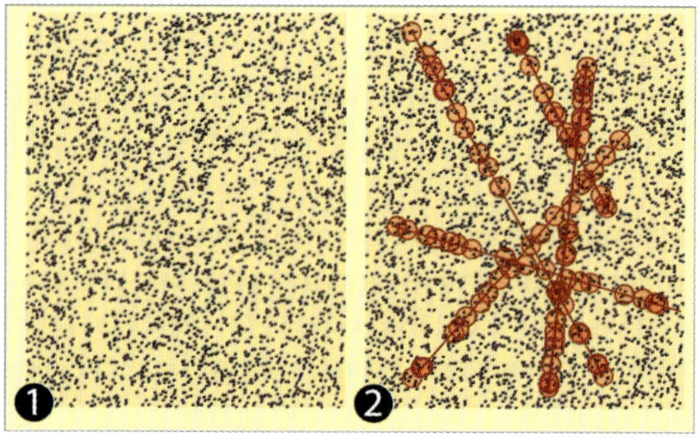

Zufallsmuster und Reaktionspunkte auf willkürlich gezeichneten geraden Linien

D. Suche nach geraden Linien:
Würde sich der Rutengänger durch mentale Filterung auf gerade Liniensysteme konzentrieren, kann daraus ein Muster nach Abb. 2 entstehen.

E. Suche nach Gittersystemen:
In Abb. 3 wurde willkürlich ein quadratisches Gittersystem eingezeichnet, wie es in der Literatur verschiedentlich beschrieben wird. Auch hier würde ein Rutengänger mit entsprechender Filterung genügend Reaktionspunkte finden, die sich in ein solches Netzwerk einpassen lassen.

F. Detektieren von sich schlängelnden Linien
Ebenso wurden die Linien in Abb. 4 willkürlich konstruiert und nachträglich mit Reaktionspunkten versehen. Ein Rutengänger, der sich auf Mäander, Schlangenlinien oder ähnliches einstellt, kann solche Muster feststellen.

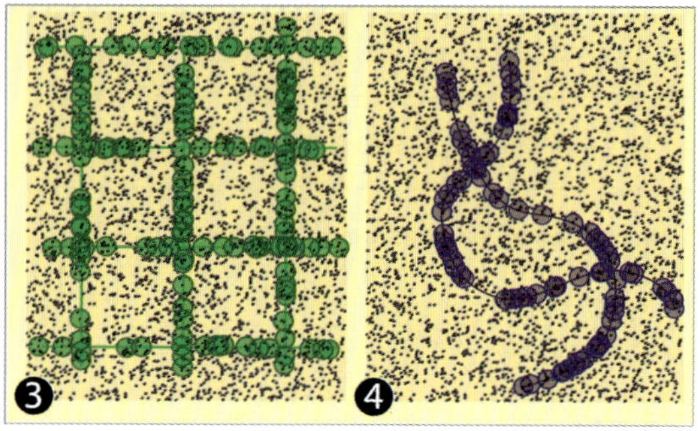

Zufallsmuster und Reaktionspunkte auf willkürlich gesetztem Gitter und Schlangenlinien (Nach einer Idee von Tom Graves in: Energy Dowsing, Muddling with the Meta-Pattern, Erscheinung unbekannt)

G: Fazit:
Unter Abb. 1 wurde eine Strahlungssituation dargestellt, die sich an keiner Stelle deutlich von der überall vorhandenen >Hintergrundstrahlung (>Grundrauschen) abhebt. Eine Suche nach Phänomenen, die sich auf eine gezielt hervorgerufene Übersensibilisierung stützt, schießt oft über das Ziel hinaus. So entstehen immer wieder aufs Neue Strukturen, die nicht aus der Wirklichkeit abgeleitet werden, sondern aus der Denkstruktur der Rutengänger.

Übersteigerte >Konditionierung blockiert die freie Forschung. Ergebnisoffene Neugier öffnet den Blick für die wirklichen Verhältnisse.

Detektierung

Von lat. *detegere*, „aufdecken, enthüllen", beschreibt in der Elektrotechnik den Vorgang, niederfrequente Signale aus modulierten hochfrequenten >Schwingungen herauszuholen.

In der >Radiaesthesie wird der Begriff in der >Grifflängentechnik bei absichtsloser Suche eingesetzt. Erst wenn bei der >Feldbegehung eine Reaktion an einer >Feldlinie erreicht wird, die eine präzise darauf eingestellte >Antenne mit genau dieser Einstellung anregt, spricht man von erfolgreicher Detektierung.

Diagonalgitter

CURRY[1] beschreibt ein sogenanntes „schachbrettartiges Netzsystem" von >Reaktionszonen oder Reizstreifen, dessen Linien diagonal zum >Globalgitter (Nordsüd/Ostwest verlaufend) auftritt und von diesem deutlich zu unterscheiden ist. Es wird nach seinem Entdecker CURRY-Gitter (CURRY-Netz), Diagonal- oder 2. Gitter genannt. Die Kreuzungspunkte des >Gitters werden entweder als „aufladend" oder als „abladend" beschrieben und mit einer Ausdehnung von 10 x 10 bis 20 x 20 cm angegeben.

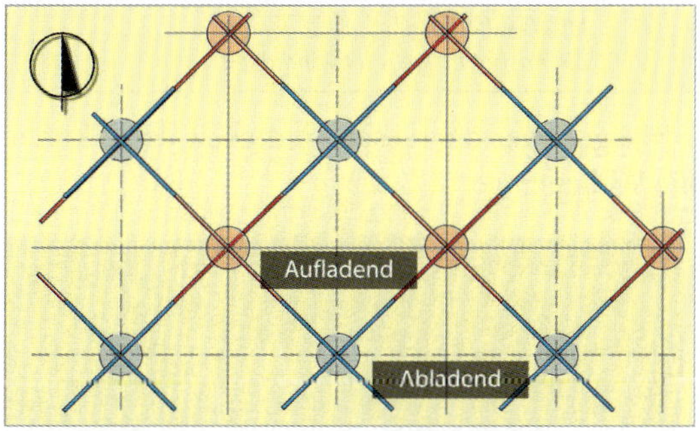

Diagonalgitter nach WITTMANN und CURRY

CURRY beschreibt an den aufladenden Kreuzungen einen nach unten gerichteten Energiestrom. Dieser soll an den abladenden Stellen nach oben gerichtet sein. In der >Grifflängentechnik wird dagegen die >Polarisation der >Strahlungen bewertet, >linksdrehende gelten als abladend, >rechtsdrehende als aufladend.

Es wird angegeben, dass das Gitter mit genauer Regelmäßigkeit in gleichen Abständen auftritt und weltweit vorhanden sein soll. Verschiedentlich wird jedoch beschrieben, dass Abweichungen über geologischen Anomalien auftreten können.

Bei der Beobachtung von Gittersystemen gilt generell, dass die >Feldbegehungen von >Rutengängern meist aus vorgeprägten >Denkmustern heraus durchgeführt werden. Da CURRY in Zusammenarbeit mit WITTMANN[2] entdeckte, dass das Diagonalgitter auch Verbindungslinien aufweist, die genau Nordsüd/Ostwest verlaufen, scheinen gewisse Analogien gegeben, wie sie der Verfasser bei Feldbegehungen an Kugelstrahlern beobachtet hat.

Betrachtet man die Veröffentlichungen zu dem Diagonalgitter und den anderen Gittersystemen, fällt eine Vielzahl von widersprechenden Angaben auf. Verschiedentlich wird berichtet, dass das Diagonalgitter mit dem >Globalgitter verkoppelt sei[3, 4]. Beide Systeme sollen auf die Einflüsse des Erdmagnetismus zurückzuführen sein[5].

Eine bemerkenswerte Erkenntnis zur Natur des Diagonalgitters und Globalgitters geht auf HARVALIK[6] zurück. Er entdeckte in einem von West nach Ost auf gleichem Breitengrad fliegenden Flugzeug 1976, dass die einzelnen Linien der Gitter exakt wie am Erdboden zu >detektieren waren. Und das, obwohl sich das Flugzeug mit über 950 km/h bewegte. Er vermutet seitdem, dass das Gitter einen rein >anthropomorphen Charakter hat. Unterstützend stellt er Veränderungen fest, wenn er die zu testenden Rutengänger mit einem veränderbaren Magnetfeld ausrüstet. Je nach Stärke des erzeugten Feldes verändern sich die Abstände der Gitterlinien.

Ähnliche Beobachtungen hat der Verfasser 1996 in einer Gruppenarbeit, unabhängig von den Untersuchungen HARVALIKS, während einer Schiffsreise gemacht. Die in einem Zwischendeck ausgelegten Gitterlinien bleiben auch während der Fahrt stabil, erst bei Wechsel der Fahrtrichtung ändern sich die Linien in gleichem Maße, wie ein Kompass die veränderte Position zur Nordrichtung anzeigt.

1 Dr. med. MANFRED CURRY, dt., Radiaesthesieforschungen
2 Obering. SIEGFRIED WITTMANN, dt., Radiaesthesieforschungen
3 GRÜNDER, A.: Bericht zur Forschung an Gittersystemen, Tagungsbeitrag zum 3. Symposion des Bronnbacher Kreises, 1992
4 METTLER, M.: „Netzgitter-Handbuch," Zürich 1990
5 PADLIGUR, R.: „Beständig ist nur der Wandel", Zeitschrift Hagia Chora Nr. 18, 2004
6 Dr. ZABOJ HARVALIK, nach BIRD, C.: „Handbuch der Wünschelrute", Augsburg 1987

Dielektrizitätszahl (ε)

In der Physik gebräuchliche Verhältniszahl, die die elektrische Polarisierung eines Stoffes im elektrischen >Feld bezeichnet. Die Dielektrizitätszahl gibt an, um wieviel die Kapazität eines Stoffes größer ist als die der Luft. Stoffbezogen ist sie abhängig von der >Frequenz und der >Einfallsrichtung der >elektromagnetischen Wellen (vgl. >Permeabilität). Vereinfacht und praxisgerecht geht man davon aus, dass sich >elektromagnetische Wellen im Vakuum und in Luft mit Lichtgeschwindigkeit ausbreiten. Treten die Wellen nun in ein dichteres Medium ein, werden sie auf niedrigere Ausbreitungsgeschwindigkeiten abgebremst. Das Verhältnis dieses Unterschiedes erfolgt abhängig von der relativen Dielektrizitätszahl nach der Formel

$$\varepsilon = c^2 / v^2 \qquad (2)$$

wobei
- ε *die Dielektrizitätszahl*
- *c* *die Lichtgeschwindigkeit (300 000 km/s)*
- *v* *die Ausbreitungsgeschwindigkeit*

Da c^2 eine feste Größe ist (90 000 Mio.km/s), ist ε direkt umgekehrt proportional dem Quadrat der Wellenausbreitungsgeschwindigkeit im Medium; je geringer diese ist, desto größer wird ε. Da die Frequenz der Welle stets konstant bleibt, ergibt sich aus der Beziehung –

$$\lambda = v / f \qquad (3)$$

wobei
- λ *die Wellenlänge*
- *f* *die Frequenz*
- *v* *die Ausbreitungsgeschwindigkeit*

– je geringer die Geschwindigkeit desto kürzer die Wellenlänge.

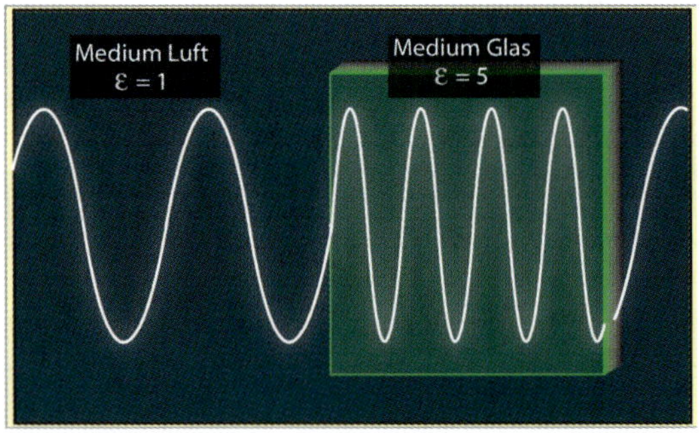

Verkürzung einer Welle beim Eintritt in ein dichteres Medium

Doline

Von slowenisch *Dolina*, „Trichterloch, Tal", bezeichnet eine >geologische Anomalie, auch >Erdfall genannt.

In Karstgebieten sind Dolinen als trichter- oder muldenartige Vertiefungen mit rundem oder elliptischem Umriss zu erkennen. Im Extrem können sie bis 1,5 km Durchmesser aufweisen und bis 300 m in die Tiefe reichen. Sie sind durch Einzelsignatur in geologischen Karten dargestellt.

Aus geologischer Sicht werden zwei Arten unterschieden:

1. Die Einsturzdoline entsteht durch Einstürzen des Deckgesteins in einen durch Auslaugung entstandenen Hohlraum.
2. Bei der Lösungsdoline dringt die Hohlraumbildung durch Lösung der Deckgesteine an die Oberfläche.

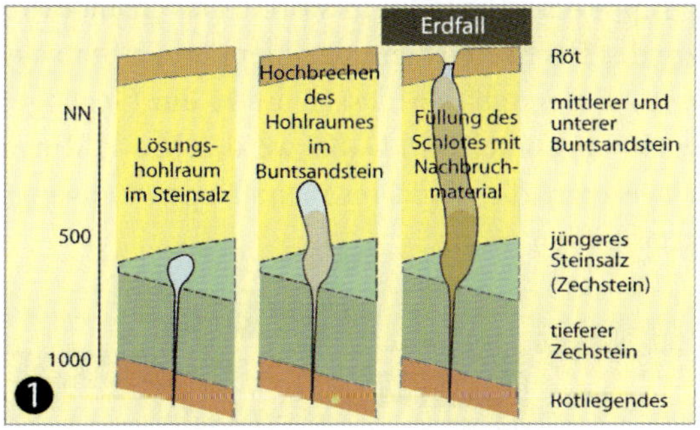

Entstehung einer Doline – frei nach R. Herrmann, geologische Karte C4318 Paderborn, Krefeld 1985

>Radiaesthetisch lassen sich Dolinen als zentrierte >Felder durch >Peilen und sternförmige >Begehung >detektieren. >Klüfte (Risse), >Höhlen, >Gänge oder >Verwerfungen treten häufig im nahen Umfeld der Dolinen auf. Nicht ausgeschlossen ist, dass sich daraus im Untergrund ein zusammenhängendes System ergibt.

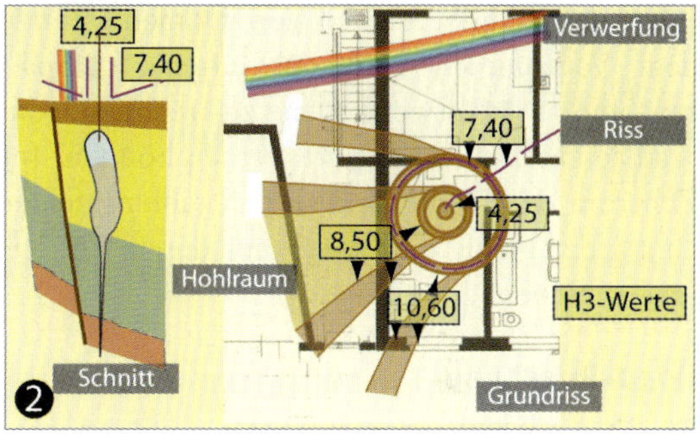

gemutete Zonen über einer entstehenden Doline – hier ein senkrechter Kamin am Endpunkt einer Karsthöhle

Dolinen, die sich noch in der Entstehungsphase befinden, lassen sich mit den untenstehenden >H3-Werten bestimmen. Wie bei allen >geologischen Störungen auch, bilden die einzelnen >Reaktionslinien an der Austrittsebene >Schrägstrahlungen, die wie bei einer symmetrischen >Spektroide vom Zentrum weg ausgerichtet sind.

H3-Werte Dolinen

Risse / Klüfte	7,40 ()*
Hohlraum, Mitte	4,25 ()*
– Schwerpunktzone	8,50 ()*
– Hauptzone	10,60 ()*

** Qualität und Polarisation variabel (meist induktiv und linksdrehend)*

Dome

>Geologische Anomalie in Form einer sattelartigen kreisförmigen bis elliptischen Aufwölbung,

meist auf vulkanische Einflüsse zurückzuführen (geol. Fachausdruck: Brachyantiklinale, z. T. auch Kuppelsattel oder Kurzsattel genannt).

An den Randbereichen von Domen ist mit dem Vorkommen von >Klüften, >Spalten und >Verwerfungen zu rechnen, die >radiaesthetisch aufgespürt werden können. Im Zentrum der Dome sind die >Strahlungsfelder eher gleichmäßig und somit nur durch >Peilung zu finden.

Doppelbrechung

Die Doppelbrechung wurde 1669 von Bartholinus[1] entdeckt, als er ein Lichtbündel senkrecht auf eine Scheibe aus durchsichtigem isländischen Kalkspat richtete. Dabei spaltet sich der Lichtstrahl in zwei Teilstrahlen auf, den >ordentlichen (oS) und den >außerordentlichen Strahl (aoS).

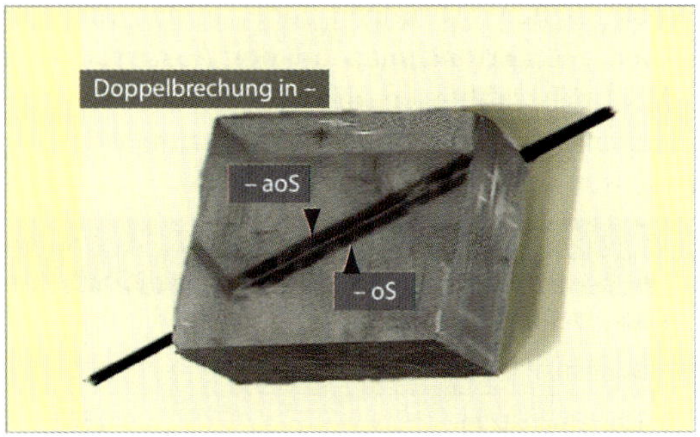

Doppelbrechung am Kalkspat-Rhomboeder

Der „oS" durchstößt die Kristallplatte ohne Ablenkung in gerader Richtung, während der „aoS" trotz senkrechten Auftreffens eine Brechung erfährt und den Kristall mit einem Parallelversatz wieder verlässt.

In der >Radiaesthesie wird das Phänomen der Doppelbrechung als Modell für das Auftreten der >Schrägstrahlung an geologischen Strahlungsfeldern herangezogen. Dies ist angesichts der ungeordneten Lagerungen in der Erdoberfläche umstritten.

1 Erasmus Bartholinus, 1625 – 1698, Dän. Mathematiker, Mediziner und Jurist, erste wiss. Arbeiten zur Kristallphysik

Drachenlinien

Im chinesischen >Feng Shui bildhaft übertragene Beschreibung für >Strahlungsfelder, die vermutlich >geomorphologische Ursachen haben.

Drehrute

Drehruten[1], auch Schwingstäbe genannt, gehören wie das >Pendel in der >Radiaesthesie zu der Gruppe der Einhandindikatoren. Das Grundprinzip der Drehrute ist ein flexibler dünner Stab aus z. B. Federstahl, an dessen Ende ein Gegengewicht angebracht ist. Dabei werden häufig Ringe eingesetzt, die einen resonanzfähigen Schwingkreis bilden.

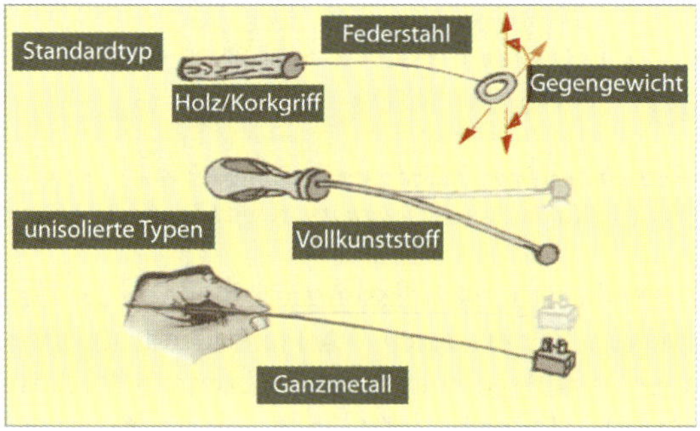

verschiedene Drehrutentypen

Der Radiaesthet setzt – genauso wie beim Pendeln – den empfangenen Impuls mittels seiner unter Spannung stehenden Finger- oder Handmuskeln in eine Bewegung um, die das Gegengewicht der Drehrute in Schwingung versetzt. Ähnlich wie das Pendel werden Drehruten in der Regel >mental eingesetzt. Da für sie die Gesetzmäßigkeiten der Antennenphysik gelten, sind verfälschende Wechselwirkungen möglich.

1 In der 3. Auflage wurde der Begriff „Biotensor" benutzt. Da hierfür mittlerweile durch eine Fa. Oberbach Wortmarkenschutz beantragt und eingetragen wurde, ist dem Verfasser die Verwendung als Oberbegriff untersagt.

Druckwasser

In der >Grifflängentechnik wurde in einigen Fällen beobachtet, dass (tatsächlich vorhandene) >Wasseradern mit den üblich in der Literatur angegebenen >Grifflängen nicht aufgefunden werden konnten. Zu diesen Sondertypen werden unterirdische Wasserläufe gerechnet, die unter artesischem Druck stehen.

Bohrung in eine artesische Quelle

Druckwasser entsteht, wenn Grundwasser unterhalb einer wasserundurchlässigen Deckschicht durch entferntere hochliegende Wasservorkommen oder andere Phänomene (Gasblasen o. ä.) unter Druck gesetzt wird. Wird eine Bohrung durch die undurchlässige Schicht getrieben, steigt das Wasser empor, bei starken Druckverhältnissen tritt es manchmal frei aus der Erde heraus. Da dies in dem französischen Departement Artois häufiger beobachtet wurde, spricht man von „artesischem Wasser".

Der hydrostatische Druck führt zu einer Oberflächenspannung des Wassers und dadurch möglicherweise zu der beobachteten Veränderung der abgestrahlten >Wellenlängen. Diese Veränderung lässt Rückschlüsse auf die Druckverhältnisse zu. Generell gilt, je stärker der artesische Druck, desto mehr verlängern sich die abgestrahlten Wellenlängen (= entsprechend >Grifflängen, bzw. die >H3-Antennenwerte).

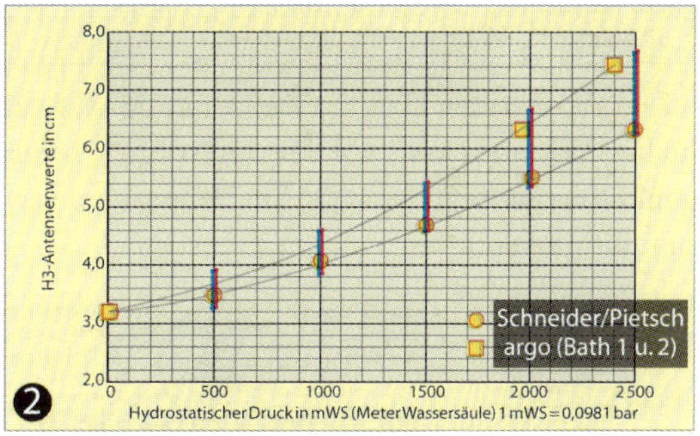

Diagramm zur Ermittlung der Verschiebung der Wellenlängen der Mittelachse einer Wasserader unter hydrostatischem Druck

Eine vom Verfasser nach Angaben von >SCHNEIDER[1] ermittelte Formel zur Darstellung der Beziehung von hydrostatischem Druck und Verschiebung des H3-Antennenwertes H3 = 3,1 zu H3 = $3{,}1_{(Druck)}$ lautet:

$$H3_{3,1\,(Druck)} = 3,1 + p^{4/3} / 400 \qquad (4)$$

wobei:
H3 Einstellwert auf der H3-Antenne in cm
p hydrostatischer Druck in bar (1 bar = ca. 10 mWs)

Druckwasser

abgeleitete H3-Werte	**3,10**	**7,80**	**9,25**
bei 5 bar / 50 mWs	3,10	7,80	9,30
bei 10 bar / 100 mWs	3,15	7,90	9,45
bei 20 bar / 200 mWs	3,25	8,10	9,70
bei 50 bar / 500 mWs	3,55	8,90	10,65
bei 100 bar / 1 000 mWs	4,25	10,65	12,75
bei 150 bar / 1 500 mWs	5,10	12,75	15,30
bei 200 bar / 2 000	6,00	15,10	18,10

Die abgeleiteten Werte für 3,10; 7,80 und 9,25 sind angenäherte Mittelwerte

Die abgeleiteten $H3_{(Druck)}$-Werte für die Wassersuche sind mit jeweils 2,5 (H3 = 7,80 für Schwerpunktzone) und 3 (H3 = 9,25 für Hauptzone) usw. zu multiplizieren.

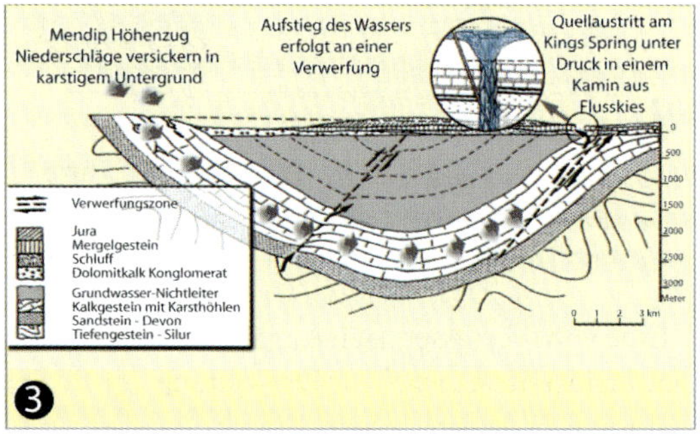

Entstehung einer artesischen Quelle am Beispiel des Kings Spring in Bath (GB)

Vergleichsmessungen im Rahmen einer Forschungsarbeit in Bath (GB) an bekannten Druckverhältnissen ergaben Werte, die deutlich oberhalb der von SCHNEIDER/PIETSCH angegebenen Kurve liegen. Hier wurde exemplarisch ermittelt:

1. p = 185 bar $H3_{(3,1\,Druck)}$= 6,30
(Bath, Sportscentre Borehole bei T = 20°C, aufsteigend aus ca. 1.900m Tiefe)
2. p = 235 bar $H3_{(3,1\,Druck)}$ = 7,40
(Bath, Kings Spring bei T = 43°C, aufsteigend aus ca. 2.400m Tiefe)

Der Verfasser ist dankbar für die Zusendung entsprechender (Blind-)Versuchsreihen, die diese Ergebnisse ergänzen.

1 W. PIETSCH, Wassersuche mit der Grifflängentechnik, Wetter – Boden – Mensch 2/97

Eckabfrage

Bezeichnet in der >Radiaesthesie eine >mentale Abfragetechnik, die sich auf die in der >Eckabstrahlung enthaltenen >Informationsgehalte konzentriert.

G. Eckabfrage

A. Aufgabenstellung:
Aus der Abstrahlung eines Gebäudes erkennen, welche Strahlungssysteme einwirken.

B. Hilfsmittel:
>H3-Antenne, Messing- und Glaspendel.

C. Ausgangslage:
An einem aus Mauerwerk errichteten Gebäude wird eine Außenecke gewählt, um deren >Abstrahlung zu überprüfen. Dazu ist zu untersuchen, ob die Außenwände nicht durch Dehnungs- oder Setzungsfugen unterbrochen sind. Ebenfalls zu eingeschränkten Ergebnissen führen Wandaufbauten, die mit zeitgenössischen Wärmedämmverbundsystemen ausgestattet sind.

D. Arbeitsposition:
An die ausgewählte Außenecke wird in üblicher Begehungshöhe die Vorderspitze der H3-Antenne so angelegt, dass die Platine waagerecht in der Verlängerung der Winkelhalbierenden gehalten wird.

E. Grifflängenziehung:
Jetzt wird nach den Regeln der >Grifflängenziehung ermittelt, aus welchen Wellenlängen, >Qualitäten und >Polarisationen sich die untersuchte Eckabstrahlung zusammensetzt.

F. Auswertung:
Unter Hinzuziehung der H3-Wertesammlung wird das Ergebnis ausgewertet. Sollten in der Eckabstrahlung mehrfach z. B. Werte vorkommen, die Wasseraderstrahlung zuzuordnen sind, ist anzunehmen, dass mindestens ein solches Strahlungssystem auf das Haus einwirkt. Auf ähnliche Zuordnungsmöglichkeiten werden zunächst die anderen Werte überprüft.

G. Weitere Untersuchungsmöglichkeiten:
Im Prinzip kann mit jedem einzelnen der ermittelteten H3-Werte eine >Außenbegehung durchgeführt werden. Um den Untersuchungsaufwand einzugrenzen, kann durch programmierte >Mentaltechnik (Stufe „E", Einprogrammieren der Zielankopplung) bestimmt werden, welche H3-Werte für Strahlungsfelder stehen, die von außen einwirken und welche für die von innen wirkenden.

Eckabstrahlung

Regt eine >radiaesthetische >Information einen Gegenstand an, kann sie an dessen Ecken und Kanten unter Verwendung der betreffenden >Grifflänge aufgefunden werden. Bei kleineren Gegenständen, z. B. bei Kristallen, benutzt man dazu als Vorsatz für die >H3-Antenne oder >Grifflängenrute ein >Peilstäbchen. Bei der >Hausuntersuchung wird das Phänomen der Eckabstrahlung an allen innen- und außenliegenden Ecken und Kanten beobachtet.

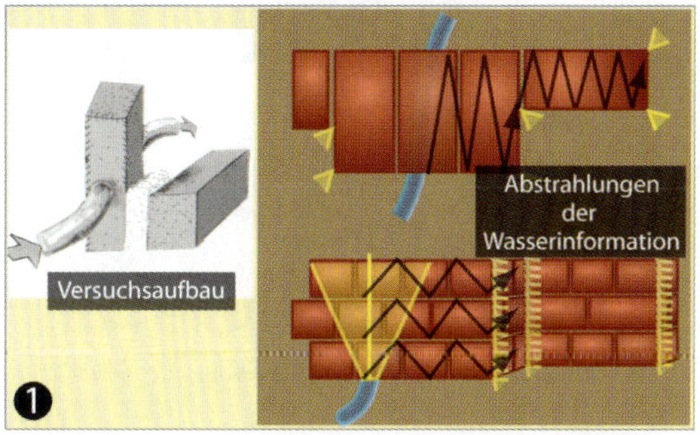

Eckabstrahlung im Mauerwerk in ungestörten Verhältnissen

In gemauerten Wänden breiten sich, vermutlich über den >Lichtleitereffekt, alle Informationen aus und strahlen an Zimmerecken, Fenster- und Türlaibungen, an Deckenstürzen und Wandvorlagen in Richtung der Winkelhalbierenden ab. Die radiaesthetische Aufnahme der Eckabstrahlung eignet sich deshalb als Basis einer >mentalen Abfrage (>Eckabfrage).

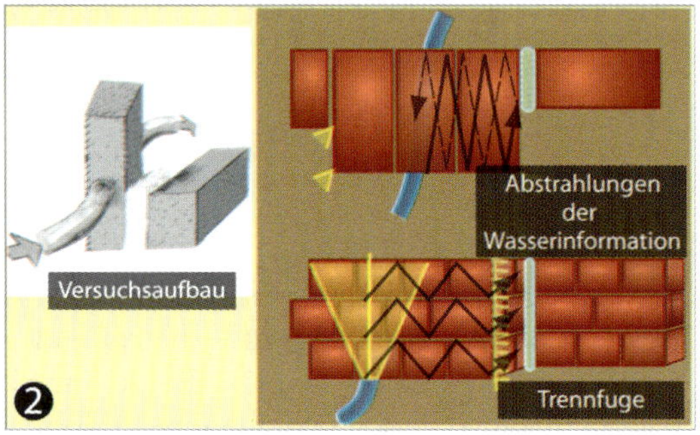

Eckabstrahlung im Mauerwerk durch Trennfuge aus Polystyrolhartschaum unterbrochen

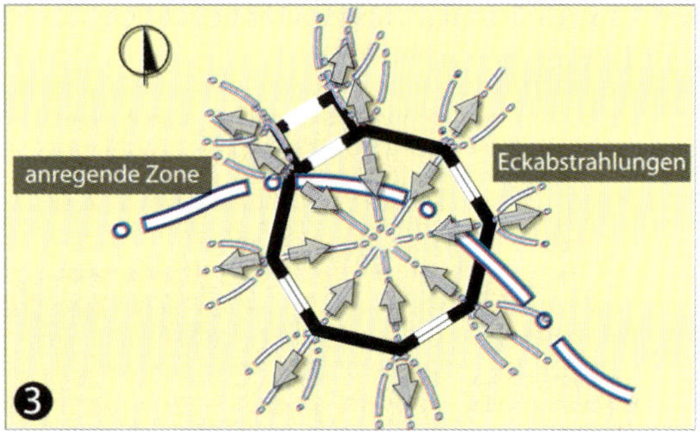

Durch Eckabstrahlung verdeckte geologische Zone

Ein unerwünschter Nebeneffekt ist, dass Eckabstrahlungen eigene Strahlungssysteme bilden. Diese werden oft mit den ursächlich anregenden Zonen verwechselt (Abb. 3). Die Untersuchung auf >Schrägstrahlung hilft hier, Eckabstrahlungen von >geologischen Störungen zu unerscheiden.

Ecksteine

In der >Bauhüttentradition und deren historischen Vorbildern spielte die richtige Verwendung von Ecksteinen eine große Rolle bei der Ausgestaltung von >Schwingungsfeldern in Gebäuden. Der „richtige" Eckstein ist ein >gepolter Stein mit aufmodulierten >Informationen und wurde unter bzw. in Fundamenthöhe (oder im Sockelbereich) eines Gebäudes (oder einzelnen Raumes) jeweils in eine Ecke eingesetzt und zwar so, dass er die aufstehenden Wände >radiaesthetisch nachweisbar beeinflusst. Wenn an jeder Ecke solche Steine gleicher Provinienz entsprechend ihrer Polung lagerichtig eingesetzt sind, tritt im ganzen Raum ein >Feld auf, das sich innerhalb nur in Form von >Gitternetzlinien und >Eckabstrahlungen, durch >mentalen Abfragen oder durch Peilung (>Peiltechnik) finden lässt. Dieses Feld ist mehr oder weniger gleichmäßig im Raum vorhanden und wird flächig von den Wänden abgestrahlt. Zimmer- und Laibungsecken, Wandvorlagen usw. verstärken dieses Feld in Teilbereichen.

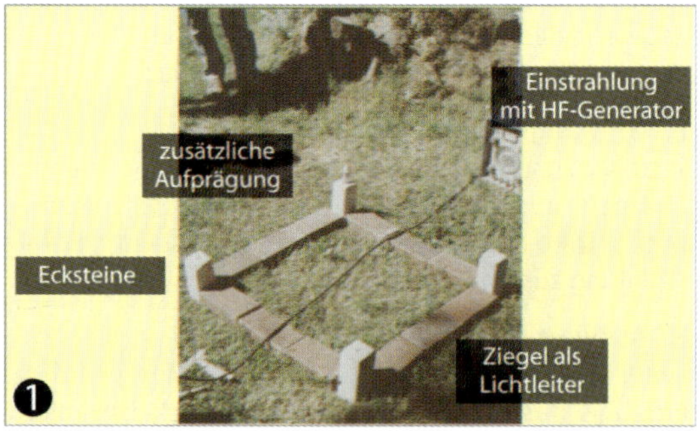

Versuch mit Ecksteinen in einem künstlichen Feld

In Seitenkapellen alter >Kirchen, die anderen als den Hauptkirchenpatronen geweiht sind, erzeugen Ecksteine die Schwingungsfelder, die den Namensgebern der Kapellen entsprechen. Mit den >Testobjekten für die Auffindung von >Planetenlinien lassen sich diese Schwingungsfelder innerhalb der Kapellen anpeilen (>Peiltechnik). So strahlt z. B. eine Seitenkapelle, die der hl. Maria geweiht ist, die >Feldinformation der Planetenlinie Mond ab, ohne dass direkt dort im näheren Umfeld diese Linie als >geologische Störung nachweisbar wäre und so das Gebäude anregen könnte.

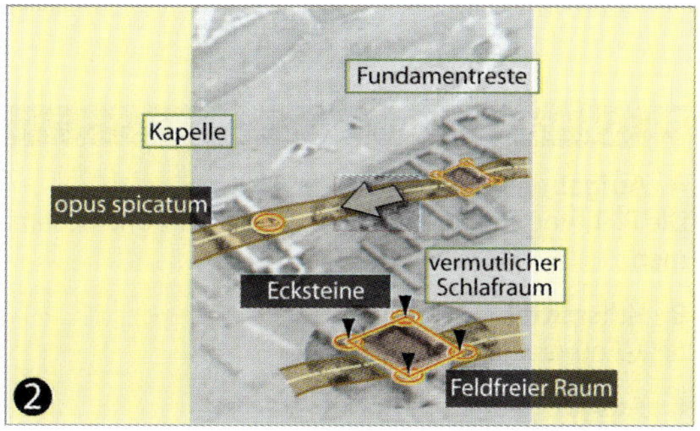

Feldveränderung durch gepolte Steine, ermittelt an frühmittelalterlichen Fundamentresten in Tintagel, GB, über einer Höhle

Am Beispiel von Gebäuderesten in Tintagel (GB) konnte der Verfasser nachweisen, dass mit gezielter Ecksteinsetzung über einer >geologischen Störung ein „feldfreier" Raum geschaffen wurde. Das dort im Grunde wirkende Strahlungsfeld einer Höhle wird durch die Ecksteine auseinandergezogen und in das Mauerwerk hineingelenkt.

Eidetik

Von griech. *eidos* „das Sehen, Schauen; Form, Bild". Beschreibt die Fähigkeit, früher Gesehenes (bzw. anders Erfahrenes) als anschauliches Bild wieder vor sich zu sehen; Lehre von gespeicherten Anschauungsbildern zur Orientierung in allen Lebenslagen.

Da in der >Radiaesthesie stark mit gespeicherten Anschauungsbildern gearbeitet wird (vgl. >Kalibrieren), die auch in Form von >Schwingungen bestehen können, treten eidetische Effekte häufig bewusst oder auch unbewusst auf. Insbesondere bei der Beantwortung der Frage, ob bestimmte Strahlungseinflüsse auf andere positiv oder negativ wirken, können diese Effekte zu >Fehlmutungen führen („was ich früher einmal als schlecht erfahren habe, kann jetzt für ihn, den anderen, auch nicht gut sein", vgl. >Denkmuster).

eidetische Reflexe

Übersteigerte Reaktionen auf ein >Feld, dessen Eigenschaften an eine Situation erinnern, die sich als besonders bedeutsam eingeprägt hat (vgl. >Eidetik).

Eigenfeld

Bezeichnet in der >Radiaesthesie das >Abstrahlungsfeld eines >Rutengängers, das mit dem Feld einer gesuchten >Strahlung in >Resonanz gerät. Das Eigenfeld kann sich unter Einsatz von >Mentalismus, infolge eines >eidetischen Reflexes oder eines anderen >psychodynamischen Prozesses extrem verändern, was zu einer Übersteigerung der Resonanzbereitschaft führt.

Umgekehrt kann das Eigenfeld, wenn es sich aus einer Belastung des Rutengängers ergibt, zu einer Dämpfung der gesuchten Strahlung und damit zu >Fadingeffekten führen.

Eigenresonanz

Stoffe besitzen aufgrund ihrer arteigenen Struktur im Molekülaufbau (bzw. in ihren atomaren Teilchen) eine innere >Energie, die durch Anregung von außen freigesetzt werden kann. Für diese Anregung ist ein Signal notwendig, das eine der >Resonanzwellenlängen des Stoffes trifft. Heute wird dieser Vorgang bei LASER- und >MASER-Techniken angewendet. In Verbindung mit >Hohlraumresonatoren kann sich das Ursprungssignal durch die durch Anregung entstehende Eigenschwingung mehrfach verstärken.

Eigenstrahlung

Die Eigenstrahlung bezeichnet die Summe der arteigenen >Strahlungen, die ein Körper aussendet, ohne dass er eine Anregung durch von außen einfallende Strahlungen erfährt (vgl. >Störfaktoren, primäre). Die Eigenstrahlung kann sich aus der >Stoffstrahlung, der >Formenstrahlung oder aus >aufgeprägten Informationen ergeben.

Einfallsrichtung

Richtung, aus der die Strahlung einfällt. Sie ist bei einer unterirdischen >Wasserader identisch mit der >Fließrichtung des Wassers.

Die Einfallsrichtung wird in der >Radiaesthesie in der Regel durch >Intensitätsbestimmung mittels der >Eintauchmethode festgestellt. In Blickrichtung gegen den Strahlungseinfall ist die Intensität höher als in Einfallsrichtung gemessen. Der Körper des Radiaestheten schirmt im zweiten Falle die Strahlung ab. Dadurch wird – bedingt durch den Schrägeinfall der Strahlung – eine niedrigere Intensität ermittelt.

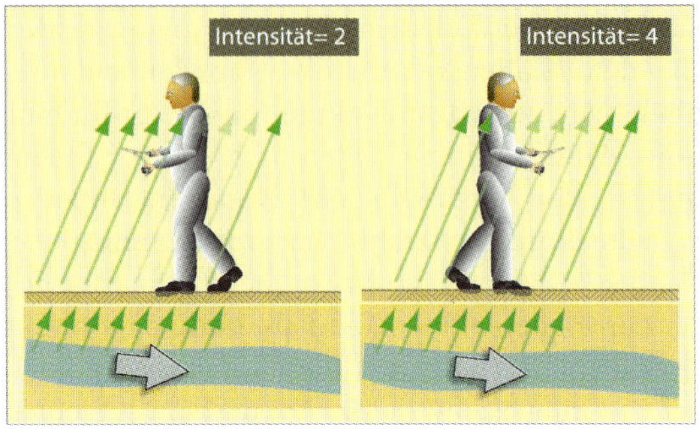

Bestimmung der Einfallsrichtung durch wechselnde Positionierung zur Zone

G. Einfallsrichtung

A. Aufgabenstellung:
Die Richtung des Strahlungseinfalls einer Zone bestimmen.

B. Hilfsmittel:
>H3-Antenne oder >H3-Rute.

C. Ausgangslage:
Mittels >Seitschrittverfahren wurde eine >Reaktionszone in ihrem Verlauf feiner bestimmt, die jetzt näher untersucht werden soll.

D. 1. Intensitätsbestimmung:
Rechtwinklig zu dem Verlauf der Zone wird jetzt eine erste >Intensitätsbestimmung durch >Eintauchmethode vorgenommen.

Beispielsweise Intensität I = 2.

E. 2. Intensitätsbestimmung:
Nach Abschluss der 1. Bestimmung wird entspannt. Der Rutengänger dreht sich auf der gleichen Stelle um 180° und bestimmt in dieser Position genau nach gleichem Schema erneut die Intensität.

Beispielsweise I = 4.

F. Ergebnis:
Die Strahlung fällt aus der Richtung ein, der sich der Rutengänger zuwendet, während er den höheren Inten-

sitätswert ermittelt (Höher bedeutet: schnellere Vollladung durch wenigere Eintauchvorgänge und daher ergibt sich eine niedrigere Zahl).

Im Beispiel fällt die Strahlung aus Richtung I = 2 ein. In Richtung I = 4 schirmt der Körper des Rutengängers die als >Antenne wirkende Rute ab und deshalb kann die Strahlung nur aus Richtung I = 2 kommen.

Eintauchmethode

Die Eintauchmethode dient zur Bestimmung der >Intensität von Strahlungen. Normalerweise ist es in der Radiaesthesie Vorschrift, nach jeder Rutenreaktion kurz zu entspannen und sich so auf eine neue Reaktion vorzubereiten. Bei der >Intensitätsbestimmung wird diese Anweisung bewusst übergangen. Durch mehrmaliges Eintauchen lädt sich der Rutengänger in mehreren Schritten bis zur Null-Reaktion auf.

G. Eintauchmethode

A. Aufgabenstellung:
Die Intensität einer >Reaktionszone bestimmen.

B. Hilfsmittel:
>H3-Antenne oder >H3-Rute.

C. Ausgangslage:
Mittels >Seitschrittverfahren wurde der Verlauf einer Reaktionszone bereits exakt bestimmt. Die Position des Rutengängers und der benutzte Einstellwert (Grifflänge) werden beibehalten.

D. Arbeitsweise:
In Seitschrittposition (siehe Abb. 1) wird bei möglichst gerade gehaltenem Oberkörper nur durch Bewegung in den Knien aus der Zone herausgeschwenkt und die Rute /Antenne dort erstmalig gespannt. Dann wird mit gespannter Rute langsam wieder in die Zone hineingeschwenkt. Der Eintauchvorgang beginnt.

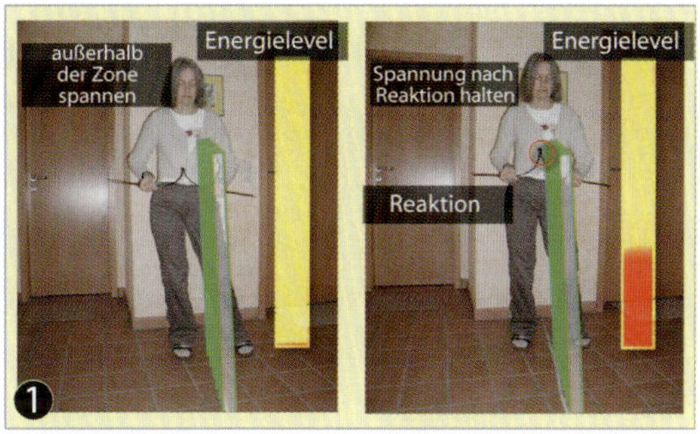

Eintauchen zur Intensitätsbestimmung

Dabei darf sich der Oberkörper nicht verdrehen und die Rute nicht verzogen werden.

Anders als beim Erreichen einer normalen Rutenreaktion, nach der ein sofortiges Entspannen vorgeschrieben ist, wird nach der jetzt erfolgten Reaktion die Spannung gehalten. Die Rute wird in die Grundhaltung zurückgedrückt und mit gerader Oberkörperhaltung – allein durch Bewegung aus der Hüfte – wieder aus der Zone herausbewegt. Die Rute dabei nicht entspannen!

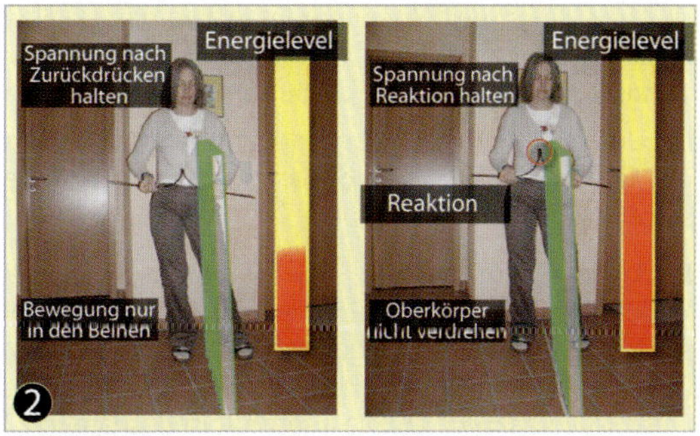

Jetzt erfolgt der Vorgang des Eintauchens von Neuem (siehe Abb. 2).

Wird erneut eine Reaktion erzielt, ist das Eintauchen zu wiederholen (Abb. 3). Dabei füllt sich mit jeder erzielten Reaktion der „Energielevel" des Rutengängers stufenweise mit dem Potenzial der untersuchten Reaktionszone auf.

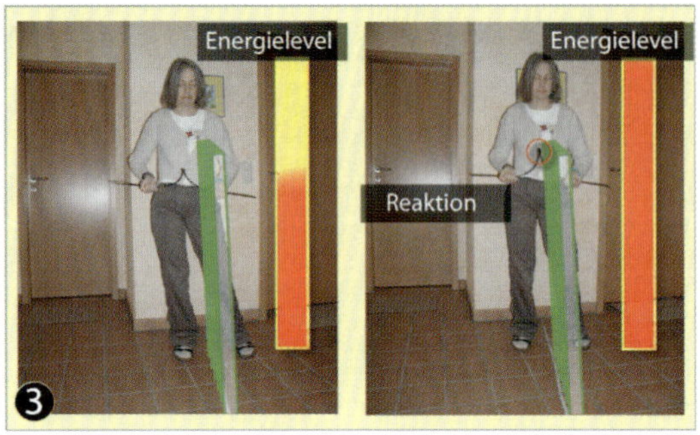

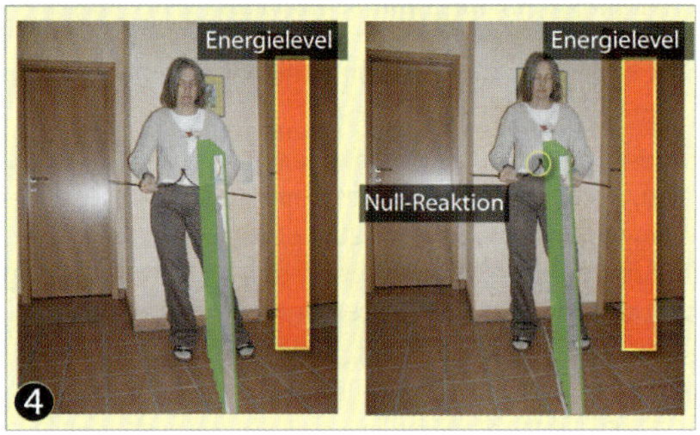

Wenn bei einem der folgenden Eintauchvorgänge keine Reaktion mehr erzielt wird (Null-Reaktion), ist die Aufladungskapazität des Rutengängers erschöpft (Abb. 4).

Die Untersuchung ist jetzt beendet und nach Lockerung des Rutengriffs leert sich die angesammelte Energie sofort wieder.

E. Auswertung:

In dem in den Abbildungen 1 – 4 gezeigten Beispiel sind 3 Eintauchvorgänge beschrieben, bei denen eine Reaktion erzielt wurde. Der vierte Vorgang schloss mit einer „Null-Reaktion" ab. Die Intensität ist deshalb mit „I = 3" anzugeben. Geübte Rutengänger werden in einigen Fällen schon bei der letzten Reaktion vor der „Null-Reaktion" eine etwas schwächere Reaktion verspüren. In diesen Fällen liegt in der Regel ein Zwischenergebnis vor (z. B. I = 3 – 4).

Erfolgt die „Null-Reaktion" gleich beim zweiten Mal, ist die Intensität mit 1 oder größer (I ≥ 1) anzugeben. Dies ist näher zu bestimmen nach Arbeitsanweisung

Intensitätsbestimmung

Elektromagnetische Wellen

Siehe >Wellen, elektromagnetische.

Emittent

Von lat. *emittere*, „abschicken, aussenden". Bezeichnet ein Objekt, das >Strahlungen aussendet.

Empfangscharakteristik

Eigenschaft einer >Antenne, in Abhängigkeit von ihrer Bauart, eine >Strahlung zu empfangen (vgl. >Sendecharakteristik).

Energie

Von griech. *energeia* „Tätigkeit, Wirksamkeit, Wirkung, Kraft". Bezeichnet die Fähigkeit eines Körpers oder physikalischen Systems, Arbeit zu leisten. Energie im physikalischen Sinn ist gespeicherte Arbeit.

Energien erzeugen allerdings nicht nur physikalische, sondern auch biologische und geistige >Felder.

Energiebauch, – knoten

a) Im stehenden Feldsystem >(stehende Welle) auftretende rhythmische Energieverdichtung und -verdünnung im Abstand einer halben >Wellenlänge.

b) Radial abgestrahlte Energieverdichtung in einer vertikal stehenden Säule, die bei einem >Kreuzungssystem durch Überlagerung entsteht.

Energiekörper

Feinstoffliche Umgebung von materiellen und lebenden Gegenständen. Siehe auch >Aura.

Entstörung

Seit altersher durchgeführter Versuch, die negativen Wirkungen unsichtbarer Ausstrahlungen zu positivieren, z. B. mit >*opus spicatum* oder zu eliminieren, z.B. durch Anpflanzen von Bäumen sowie Aufstellen von Entstörungsgeräten (vgl. >Feldveränderung).

Entstörungsgeräte

Verschiedenartige Vorrichtungen können bei geeigneter Anbringung auf einer >Störzone den Rutenausschlag zum Verschwinden bringen. Doch das allein belegt keineswegs deren Zuverlässigkeit. Entstörungsgeräte müssen auf ihre biologischen Wirkungen und auf ihre Nebenwirkungen langfristig und weiträumig untersucht werden.

Universell einsetzbare Geräte werden in der Regel vorsichtig beurteilt. Es zieht sich wie ein roter Faden durch die lange Geschichte der Entstörtechnik, dass die Vorrichtungen zur >Feldveränderung oder >Umpolarisierung gezielt auf den Störungen entweder eingemauert oder außerhalb der zu entstörenden Anlagen vergraben sind.

Frei aufgestellte Geräte verdrängen oder überlagern die Störungen. Dabei wird oft beobachtet, dass einzelne Zonen zwar nicht mehr durch >Feldbegehungen lokalisierbar sind, durch >Peilung jedoch zu erkennen ist, dass sie ein größeres Umfeld in hoher Feldstärke bestrahlen. Dieser Bereich deckt sich meist mit dem Wirkungsradius, den die Hersteller angeben. Die hohe Feldstärke soll durch >Interferenz die Ursprungsstrahlung ausgleichen, bewirkt aber auch, dass sich die Rutengänger bereits bei jedem Spannen der Rute komplett aufladen und so die ursprünglich vorhandenen Zonen nicht mehr >detektieren können (vgl. >Eintauchmethode).

Historische Vorrichtungen zur Entstörung

S. Entstörgeräte

A. Hinweise zur Verwendung:

Der Hausuntersucher sollte nur langjährig erprobte Vorrichtungen oder Geräte einsetzen. Erst durch viele und lange Beobachtungen ist gesichert, dass die Vorrichtung umfassend, nebenwirkungsarm, störungsfest und langandauernd ihre Funktion erfüllen.

Jede noch so erfolgreich beworbene Vorrichtung muss sich nach diesen Kriterien in einer Vielzahl von Fällen bewährt haben. Risiken, Nebenwirkungen und sonstige Anwendungseinschränkungen der Vorrichtungen müssen gut dokumentiert und bekannt sein. Labor- und Einzelerprobungen genügen nicht; in der Praxis gibt es eine Unmenge von – sich täglich verändernden – Sonderfällen, deren Erscheinungen mit der ausgewählten Vorrichtung in Wechselwirkung treten können.

B. Hinweise zur Prüfung:

Entstörvorrichtungen, die durch Überlagerungsfelder wirken, bilden zentrierte Felder, die aus gesicherter Entfernung heraus anpeilbar sind (>Peiltechnik, >Begehungstechnik).

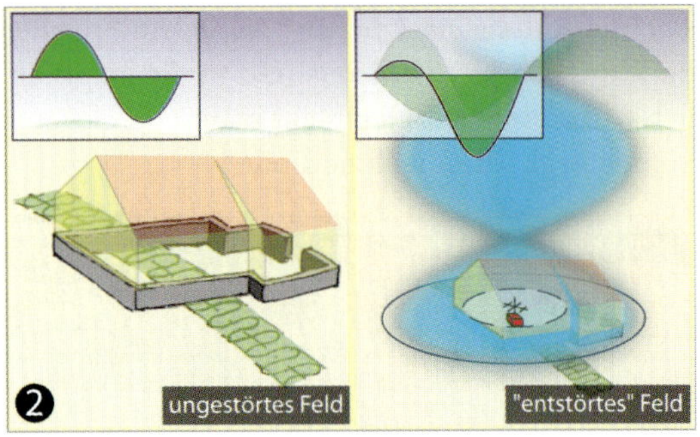

Entstörung durch Überlagerung

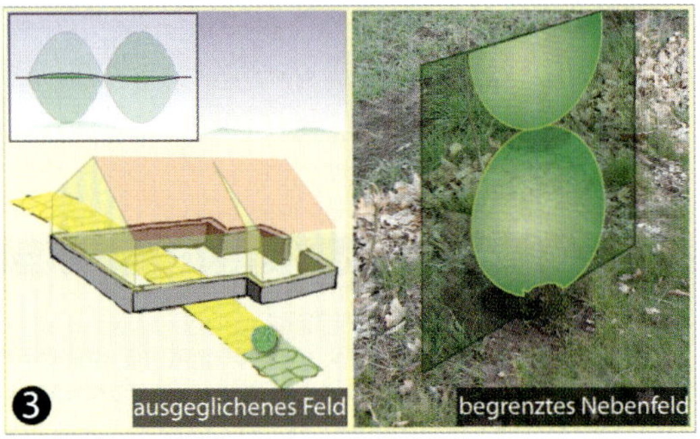

Entstörung durch lokalen Feldausgleich einer gezielt eingesetzten, kleinzuhaltenden Buchsbaumpflanze

Lokal wirkende Vorrichtungen lassen sich in der Regel nur dann durch Peilung aufspüren, wenn das Nebenfeld in größerem Umfang in die Umgebung abgestrahlt wird.

Erdfall

>Geologische Störung, siehe unter >Doline.

S. Erdfall

A. Aufgabenstellung:
Erdfälle sicher >detektieren.

B. Hilfsmittel:
H3-Antenne, >Peilspitze, >Markierungshölzchen (Alle anderen Rutenarten sind weniger geeignet)

C. Hinweise:
Erdfälle bilden zentrierte >Felder, die durch >Peilen und sternförmige >Begehungstechnik detektiert werden können. >Radiaesthetisches Merkmal ist eine ringartige Struktur (mit nach außen gerichteter >Schrägstrahlung), die mit H3 = 7,40 ermittelt werden kann (Siehe weiter unter >Doline).

Erdstrahlen

Erdstrahlen sind im allgemeinen Sprachgebrauch die von >Rutengängern gemuteten Ausstrahlungen aus der Erde, zum Teil von >Wasseradern, >Verwerfungen u. ä. Dieser Begriff ist sehr unklar definiert; so werden darunter auch >Strahlungen verstanden, deren >geologische Ursprünge eindeutig ausgeschlossen werden können, wie z. B. die >Gitternetze, z. T. >technische Störungen usw. In der >Grifflängentechnik wird dieser Begriff nicht benutzt, da dort angestrebt wird, die Ursache für die jeweilig angetroffene Strahlung zu finden, z. B. auch aus anderen Richtungen als aus dem Erdreich.

Erzgänge

Unterirdische Erzgänge können wie >Wasseradern >geobiologische Wirkungen erzeugen. Siehe auch >Lagerstätten, >Gang.

Fading

Mit engl. *fading* „Schwund" werden >Feldstärke-Schwankungen bezeichnet, die bei der Ausbreitung >elektromagnetischer Wellen zeitweilig auftreten können. Ursachen hierfür können atmosphärische Störungen und >Interferenzen im Ausbreitungsraum sein.

In der >Radiaesthesie kann das Fading zu >Fehlmutungen führen. Ursache sind allerdings nicht nur atmosphärische Störungen (z. B. vor Gewittern), sondern es kommt auch die zeitliche Indisponiertheit des >Rutengängers selbst hinzu.

B. Fading-Hinweise

Radiaesthetische Untersuchungen werden ungenau oder fehlerhaft

a) Umgebungsfaktoren
- in Vorgewitterverhältnissen / bei Gewittern
- vor Erdbeben
- bei starker Sonnenfleckentätigkeit
- bei überlagernden technischen Feldern
- bei morphogenetischen Feldern, die von Dritten erzeugt werden

b) persönliche Faktoren des Rutengängers
- nach langen Autofahrten (mind. eine Stunde Erholungszeit einplanen)
- nach dem Essen (leichte Kost belastet weniger)
- bei Flüssigkeitsmangel (gutes Wasser trinken fördert die Rutenfähigkeit)
- bei persönlichen Erschöpfungszuständen
- bei eigenen Krankheiten
- in oder nach persönlichen Stresssituationen
- wenn im eigenen Schlafbereich Störeinflüsse wirken (Dies führt zu Fading bei einzelnen Wellenlängen und meist auch zum Unvermögen, eigene Belastungen zu erkennen)
- durch zeitweilige Wunschvorstellungen (>mentale Erlaubnis beachten)
- durch mangelhafte Konzentration (Es gilt allgemein: Nur wer mit Leib und Seele bei der Sache ist, liefert gute Arbeit)

S. Fadingtest

A. Aufgabenstellung:
Vor einer radiaesthetischen Untersuchung abklären, ob persönliche Beeinträchtigungen der Rutenfähigkeit bestehen.

B. Hilfsmittel:
>H3-Antenne, Peilspitze, >Nosodenhalter, Testobjektträger (Filtrierpapier), Arbeitsblatt 5 oder 6 „Stellvertreter" in Kopie.

C. Ausgangslage:
Nach Testung des Programms > "mentale Erlaubnis" bestehen Unsicherheiten bei der Beantwortung der Frage „Kann ich", bzw. es besteht Grund zur Annahme, dass die eigene Rutenfähigkeit geschwächt ist.

D. Arbeitsweise:
Die Arbeitsanweisung > Map-dowsing wird sinngemäß angewendet.

Auf einem Arbeitstisch wird eine Kopie des Arbeitsblattes „Stellvertreter (M oder W)" quer ausgelegt. Alternativ kann eine dauerhafte Ausfertigung auf einer Holzplatte eingerichtet werden.

Etwas Sputum (Speichel) der zu testenden Person auf einen Streifen Filtrierpapier geben und diesen eingerollt auf dem oben auf die H3-Antenne aufgesetztem Testobjekthalter stecken. Die Peilspitze unten in den Handgriff der H3-Antenne stecken.

Dann wird die Antenne auf den Wert H3 = 12,60 CR (Rutenfähigkeit) eingestellt, an der Vertikalachse etwas unterhalb des Nullpunktes gespannt und langsam genau auf dieser Achse in Richtung Kopfabbildung geführt (siehe Abb. 1).

Mit voller Konzentration und angekoppelt an das Testobjekt wird die Größe des Strahlungsfeldes „Rutenfähigkeit" der Person maßstabsgetreu auf die Skalierung des Arbeitsblattes übertragen. Die Feldgrenzen der Strahlung zeigen proportional auf dem Arbeitsblatt wie weit sich das Feld tatsächlich ausdehnt.

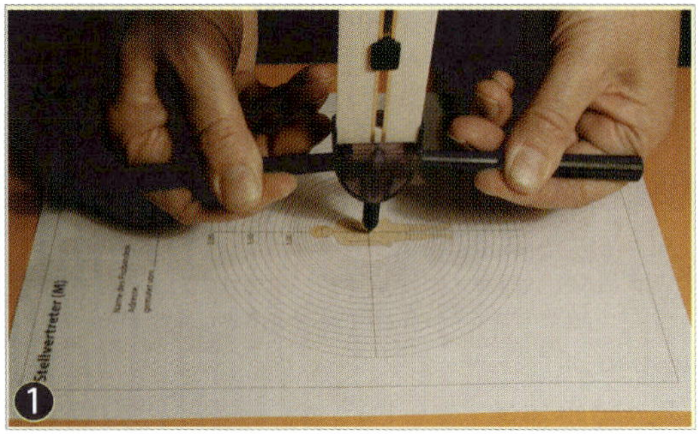

Arbeitshaltung am Arbeitsblatt „Stellvertreter“

Das Erreichen der Feldgrenze wird als >Rapportpunkt wahrgenommen. Die Spannung der Antennenhaltung lässt merklich nach (Entspannungsreaktion).

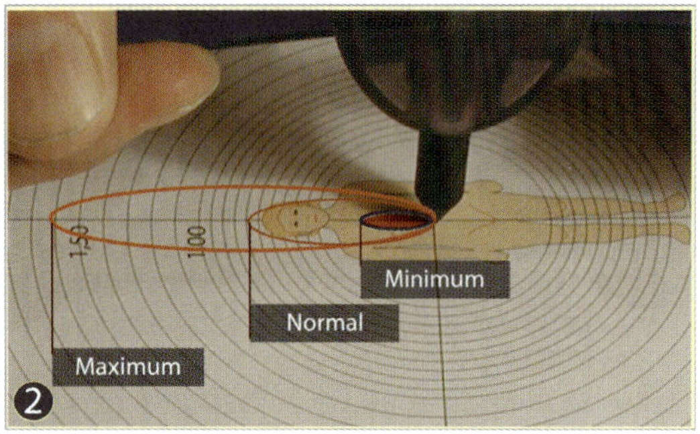

Ergebnisse des Fadingtestes

E. Ergebnisse:
Gute Rutenfähigkeit liegt vor, wenn das Strahlungsfeld „Rutenfähigkeit“ über den Kopf der Person hinausreicht. Normale, brauchbare Rutenfähigkeit ist ab einer Höhe über dem Brustbein gegeben, eine kleinere Feldausdehnung lässt in der Regel keine sichere Rutenarbeit zu.

F. Hinweis:
Durch dreimaliges leichtes Klopfen mit der Faust auf das Sternum kann die Thymusdrüse aktiviert werden. Nach Wiederholung des Testes wird häufig beobachtet, dass die „Rutenfähigkeit“ sich gesteigert hat.

Fehlmutungen

Für fehlerhafte >Mutungen sind eine Vielzahl von Ursachen verantwortlich. Basis >radiaesthetischer Untersuchungen sind einzelne Rutenreaktionen, die fehlerhaft sein können (vgl. >Fading). Hierbei werden drei Hauptursachen unterschieden:

a) durch den >Rutengänger bedingt
Hierunter zählen z. B. persönliche >Trefferquote, Streßsituationen, falsche mentale Programmierung (>Denkmuster), Wunschvorstellungen, mangelhafte Konzentration, eigene Strahlungsbelastungen, zeitweilige Indisponiertheit, Durst

b) durch unangepaßte >Indikatoren bedingt
z. B. fehlerhafte >Anpassung des Indikators an die Signale, falsche Rute, falsche Rutenhaltung

c) im Bereich einwirkender Signale auftretend
z. B. zeitweilig (pulsierend) auftretende Felder, zeitweilige >Interferenzen, gezielte und „zufällige“ >Feldveränderungen, mental beeinflusste Felder

Damit nicht einzelne fehlerhafte Rutenreaktionen das Mutungsergebnis insgesamt in Frage stellen, ist die Einhaltung von genauen Arbeitsplänen erforderlich (Checkliste). Sie sollen durch Gegentestungen ausschließen, dass sich einzelne fehlerhafte Rutenreaktionen zu Fehlmutungen summieren. So sind z. B. bei der Angabe von >Bohrpunkten bei der Wassersuche genaue Regeln zu beachten. Dazu ist auf einer Länge von mindestens 500 m der gesamte Verlauf der >Wasserader zu bestimmen und an mindestens sechs bis acht verschiedenen Stellen sorgfältig Untersuchungen an der gesamten >Spektroide durchzuführen. Zur Bestimmung der Tiefe und der >Schüttung hat sich der Rutengänger vorher an bekannten Objekten mit gleichen Boden- und Wasserverhältnissen zu >kalibrieren. Erst nachdem diese Untersuchungen, die zudem noch an verschiedenen Tagen im Blindversuch nachgeprüft werden müssen, mit durchweg „lehrbuchartigen" Ergebnissen abgeschlossen sind, kann zu einer Bohrung an einem angegebenen Punkt geraten werden.

Feld

Hier im Sinne von Kraftfeld gebraucht; begrenztes Gebiet oder Raum, in dem jeder Punkt einer Größe zugeordnet ist. In der Physik besteht eine Größe aus einem Zahlenwert und einer Maßeinheit (z. B. 10 kg, 230 V).

Die >Radiaesthesie verwendet vorwiegend nur den Begriff (Stör-) >Zone, statt physikalisch korrekter von (>Strahlungs-) Feld zu sprechen. Die Ausstrahlung eines >Quarzweckers wird beispielsweise für jede >Wellenlänge unterschiedlich wahrgenommen. Diese werden als Felder dargestellt, die nach außen gerichtet immer mehr an >Intensität abnehmen (Abb. 1).

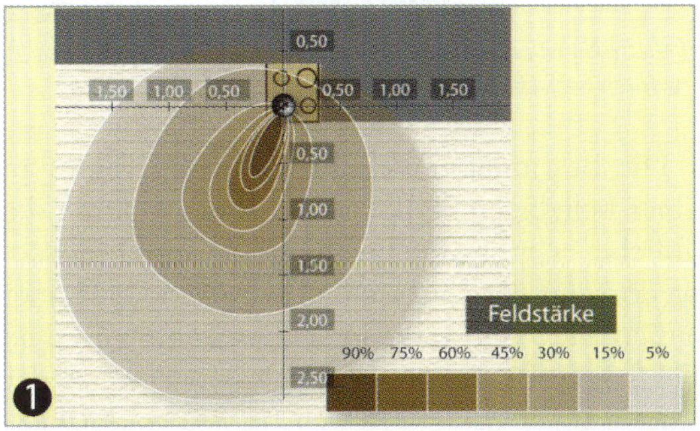

Abstrahlungsfeld einer Cerankochplatte als Annäherung an die physikalische Wirklichkeit

>Rutengänger erreichen in der Regel nur >Reaktionen an Feldgrenzlinien, die innerhalb eines Feldes Punkte gleicher Intensitäten verbinden und sprechen dann von (begrenzten) >Reaktionszonen.

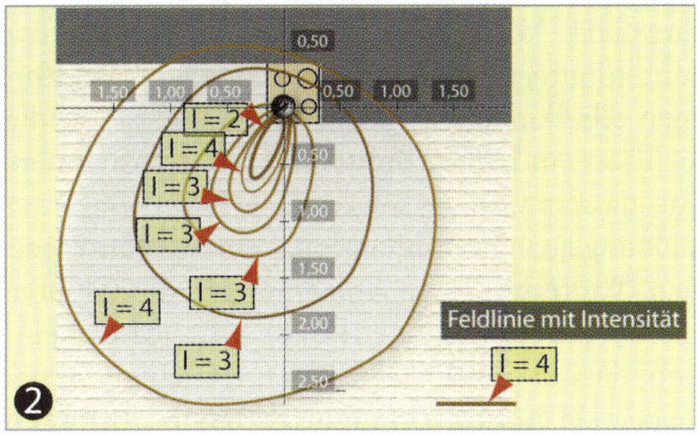

Das gleiche Abstrahlungsfeld als radiaesthetisches Mutungsergebnis

Es kann dabei leicht der Eindruck entstehen, der Bereich zwischen den Feldgrenzlinien sei unbelastet. Vorsicht ist deshalb bei >geologischen Störungen (>Wasseradern usw.), insbesondere bei größeren Ausdehnungen der >Spektroiden im Bereich der Hauptzonen geboten. Der Rutengänger unterliegt einem systematischen Fehler, den er ausgleichen muss. Unter Zuhilfenahme eines >Pendels oder >Drehrute kann in diesen Fällen die Intensitätsverteilung eines Feldes besser erkannt werden. Der Begriff „Feld" schließt also die zusammenhängenden Reaktionslinien ein und erfasst gleichzeitig auch die Zwischenräume. Unabhängig von der >Mess- oder >Mutungsmethode wäre es deshalb zur Beschreibung der tatsächlichen Verhältnisse zutreffender, von einem Feld, anstatt von einzelnen (zusammenhängenden) Zonen zu sprechen.

Feldbegehung

Zur Untersuchung eines >radiaesthetisch nachweisbaren >Feldes sind spezielle Begehungstechniken erforderlich. Voraussetzung dafür ist eine ungefähre Vorstellung, wie das Feld beschaffen sein könnte. Grundsätzlich kommen als Feldformen alle vorstellbaren Gebilde in Betracht, die sich stets in Länge, Breite und Höhe ausdehnen. Aus diesem Grunde muss eine genaue Felduntersuchung auch dreidimensional durchgeführt werden. Weiterhin ist in Anlehnung an die Gesetze der Feldausbreitung der Physik sehr wahrscheinlich, dass die >Feldintensitäten von einem innen gelegenen hohen Potential zu einem diffus im Äußeren gelegenen niedrigen Potential abnehmen. Zu beachten ist, dass bei klassischer Begehung der >Rutengänger stets mit einer erhaltenen oder ausbleibenden >Reaktion (Ja/Nein-Verhalten) auf das Vorhandensein eines Feldes reagiert. Diffus ansteigende >Intensitäten kann er nicht wirklichkeitsgetreu darstellen.

In einem Feld mit >elektromagnetischen Energien verlaufen die >Strahlungen (auch unregelmäßig) sternförmig vom „Hoch" zum „Tief". Sie nehmen dabei in ihrer Stärke ab und werden >Feldlinien genannt. Bei einem kugelförmig aufgebauten Feld werden bei der ersten ringförmigen Begehung um den Emittenten immer diese ausgesandten Strahlungen wahrgenommen. Bei einer relativ unempfindlichen Einstellung werden dort in der Regel zwei >Zonen gefunden, die sich im Mittelpunkt kreuzen. Bei empfindlicheren Einstellungen nimmt man dazwischen jeweils weitere Zonen wahr, die immer sternförmig symmetrisch verlaufen.

Die zweite Begehung kann sternförmig auf den (vorher angepeilten) Emittenten erfolgen. Bei dieser Technik nimmt man (auch unregelmäßige) ringförmige Zonen wahr, die in gewissen (ebenfalls unregelmäßigen) Abständen auftreten, >Äquipotenziallinien genannt. Diese Linien verbinden Punkte im Feld, die jeweils die gleiche Intensität aufweisen. Der Abstand ist auch hier stets eine Frage der Empfindlichkeit der Einstellung. Untersucht man dann das Feld in mehreren Schichtebenen (unterschiedlichen >Begehungshöhen), können die >Äquipotenziallinien bei der sternförmigen Begehung kugelförmig verlaufen oder auch >Energiebäuche bzw. -knoten zeigen.

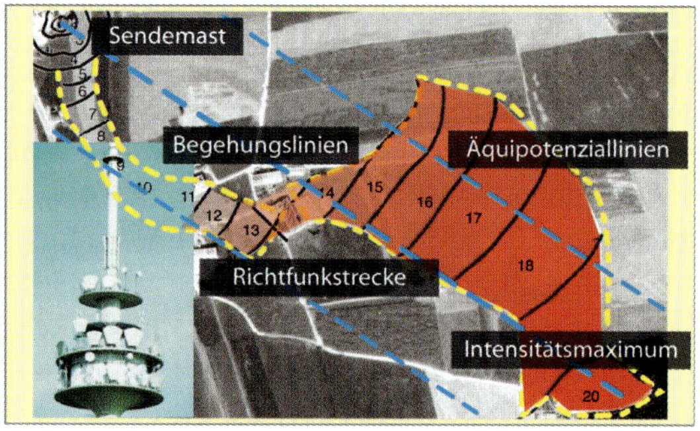

Feldstärkenverteilung im Bereich einer Richtfunkstrecke, radiaesthetisch ermittelt

Die Bestimmung der Intensität des Feldes an einer beliebigen Stelle lässt sich nicht durch die übliche >Intensitätsbestimmung durchführen, da dort nur der Unterschied zwischen Feldstärke außen und >Feldstärke innen bestimmt wird. Die Feldstärke ist nur exakt bestimmbar, wenn der Rutengänger das ganze Feld in seinen Ausdehnungen erfasst. Er muss dabei von außen in das Feld hineingehen und die einzelnen >Äquipotenziallinien festlegen und die Intensitäten aufsummieren. Alternativ kann er an einem bestimmten Punkt z. B. die Intensität durch >mentale

Abfrage bestimmen: „Wie hoch ist die Intensität gegenüber einem Bereich außerhalb dieses Feldes (absolute Feldstärke)?"

Der Verfasser hat durch sternförmige Begehung eines technisch erzeugten Feldes 8 – 9 mal Äquipotenziallinien gekreuzt, die nach klassischer Methode eine Intensität zwischen 4 und 5 aufwiesen. Durch mentale Abfrage wurde geklärt, dass er sich bis dahin in einem Bereich zunehmender Feldstärken befunden hat. Nach Durchqueren der 9. Äquipotenziallinie ergab dann die mentale Frage nach der absoluten Feldstärke einen Wert von 0,05 – 0,06!! (Zunächst durch >Eintauchmethode als deutlich stärker als 1 ermittelt, dann mental die Bruchteile abgeschätzt).

B. Feldbegehung

A. Aufgabenstellung:
Den Zusammenhang zwischen gemuteten Feldstrukturen und der Art der Feldbegehung erkennen.

B. Hilfsmittel:
2 H3-Antennen, 1 Yin-Yang-Schalter, flache Markierungshölzchen, Teelicht mit Glaseinfassung.

C. Ausgangslage:
Ein radiaesthetischer Rundstrahler erzeugt ein kugelartiges Strahlungsfeld, dessen Intensität mit abnehmender Entfernung vom Strahler abnimmt.

Auf einem Tisch in der Mitte eines genügend großen Freiraumes (ideal 10 x 10 m) wird die erste H3-Antenne ausgelegt. Sie ist auf einen frei definierten Wert eingestellt, der möglichst selten im Raum vorkommt. Der Qualitätenschalter wird auf „I", der Polarisationsschalter auf „R" eingestellt, der Yin-Yang-Schalter auf Stellung „Yang" in das Handstück eingesetzt. Beidseits des variablen Schiebers werden Markierungshölzchen quer auf die Platine gelegt, so dass genau über dem Schieber das gläserne Teelicht Platz findet und nicht wackeln kann (Siehe Abb. 1). Das Teelicht wird angezündet.

Bei dem Versuch ist darauf zu achten, dass die Kerze nicht auf den Boden des Teelichtes durchbrennt, da sonst der variable Schieber beschädigt werden könnte.

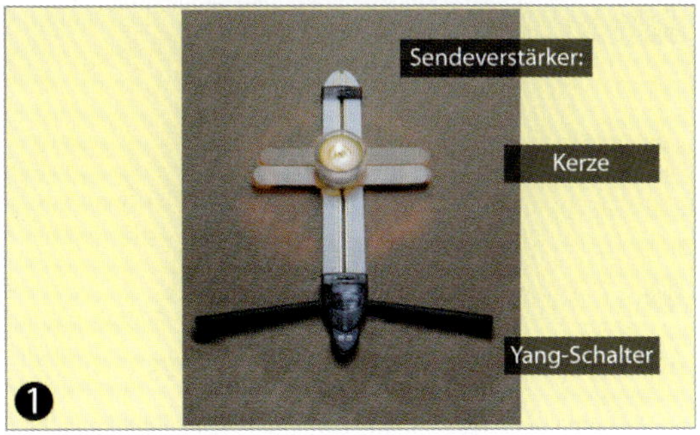

Beispiel: Erzeugung eines radiaesthetischen Rundstrahlers

Rein physikalisch betrachtet müsste sich jetzt ein Feld aufbauen, das sich in Tischhöhe wie in Abb. 2 zeigt

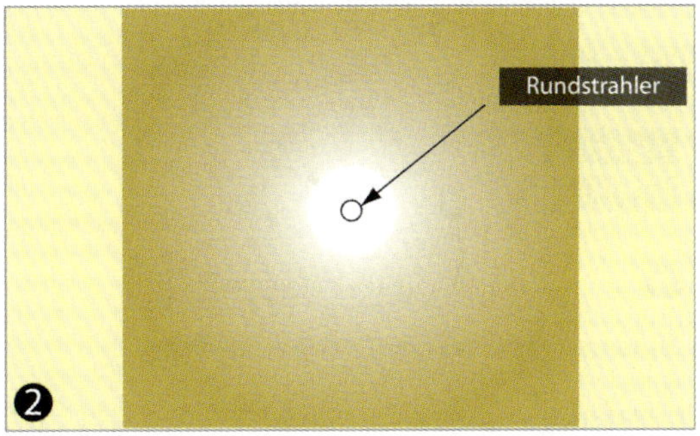

Physikalische Verteilung der Feldstärke des Rundstrahlers, abnehmende Helligkeit entspr. abnehmender Intensität

Beispiel: 1. H3-Antenne eingestellt auf den Wert 6,40 IR.

D. Feldbegehung 1:
Nach ca. 10 Minuten Brenndauer wird aus jeweils ca. 3 – 5 m Entfernung, gerade auf das brennenden Teelicht zu, eine sternförmige Begehung vorgenommen. Hierzu wird mit der zweiten H3-Antenne mit gleicher Einstellung im > Geradeausschritt gearbeitet.

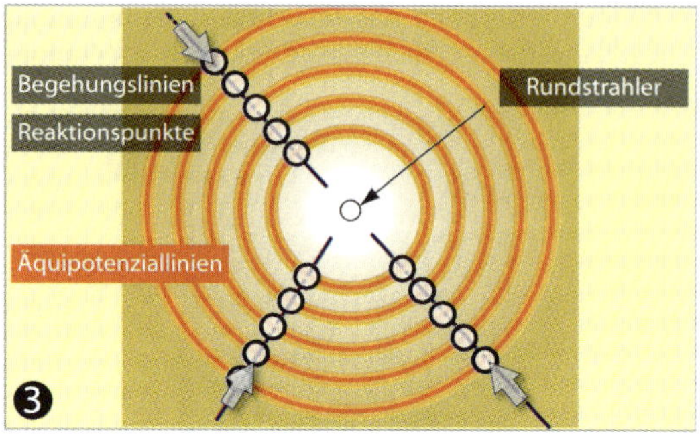

Mutungsergebnis bei sternförmiger Begehung

Beispiel: Die 2. H3-Antenne wird auf 6,40 IR eingestellt. Es werden bei 5 m Begehungsstrecke fünf Reaktionszonen ermittelt, die kreisförmig um die Kerze herum verlaufen.

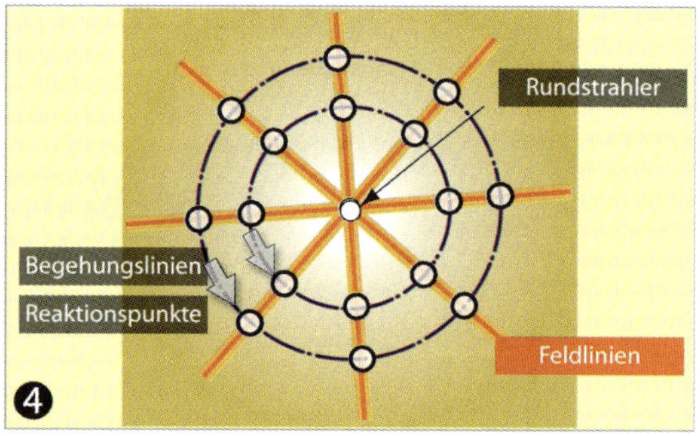

Mutungsergebnis bei kreisförmiger Begehung

E. Feldbegehung 2:
Im Anschluss an „D" folgen mit gleicher Einstellung Begehungen im Kreis um die Kerze herum, die in einem Abstand von 2 und 4 m vorgenommen werden. Die Begehung erfolgt ebenfalls im Geradeausschritt.

Beispiel: Mit der 2. H3-Antenne und Einstellung 6,40 IR werden zunächst 4 Reaktionszonen ermittelt, die nahezu im rechten Winkel zueinander stehen; bei etwas sensiblerer Einstellung können in den Zwischensegmenten ebenfalls zusätzliche Zonen detektiert werden.

F. Auswertung:
Die unterschiedlichen Begehungen zeigen deutlich, dass die Detektierung eines Feldes von der Begehungstechnik abhängt. Bei Begehung 1 werden Linien gleicher >Feldstärke gefunden (>Äquipotenziallinien), bei Begehung 2 rechtwinklig dazu verlaufende >Feldlinien. Es zeigt sich weiterhin, dass der Rutengänger auf langsam zunehmende Feldstärken nur „sprunghaft" in Abständen reagiert.

Bei richtiger Interpretierung ist es angebracht, an Feldern, die sich um einen >Emittenden herum ausbreiten (kugelförmige oder säulenartige Strukturen, die nicht durch >Kreuzungen gebildet sind), sternförmige Begehungen durchzuführen. Geht man kreisförmig um den Strahler herum, entsteht die Gefahr, sie fälschlich als Kreuzungspunkt zu definieren. Dies ist z. B. bei Schlafplatzuntersuchungen der Fall, die meist auf begrenztem Raum durchgeführt werden. Hier deuten Rutengänger oft die >holografischen Einprägungen von Krankheitssymptomen in den Schlafräumen als Kreuzungen von Gitternetzen o. ä. Tatsächlich kann allein ein holografischer Eindruck ein kugelförmiges Feld erzeugen, ohne dass eine langfristige äußere Einwirkung vorliegt.

Felder, morphische

Siehe >morphische Felder

Felder, psychodynamische

Aus griech. *psyche* „Seele, Gemüt", *dynamikós* „mächtig, kräftig, stark", bezeichnet >Strahlungsfelder, die sich aufgrund von Beziehungen zu >psychodynamischen Störfaktoren ergeben (vgl. >Störbeziehungen).

Feldinformation

>Felder können neben den sie aufbauenden physikalischen Kräften oder >Energien auch >Informationen enthalten, die >radiaesthetisch nachgewiesen werden können. Sie wirken sich auf den gesamten Bereich des Feldes aus, unabhängig von der am jeweiligen Untersuchungspunkt ermittelten >Feldstärke.

In der >Geomantie wird beobachtet, dass sich Feldinformationen auch über große Bereiche (Landschaften, Städte usw.) ausbreiten können. Zusammen mit künstlich angelegten >Feldstrukturen (vgl. z. B. >Steine, gepolte) lassen sich durch entsprechende Techniken >Feldinformationen aufprägen (>modulieren) und so den „Geist des Ortes" erzeugen.

Feldlinien

Bezeichnet Linien, die innerhalb eines >Feldes Punkte gleicher Wirkrichtung (Richtung, in der sich die >Strahlung ausbreitet) verbinden.

Feldstärke

In einem physikalischen >Feld wird Feldstärke definiert als die Stärke der Kraft, die an einem bestimmten Punkt des Feldes wirkt. Punkte gleicher Feldstärke lassen sich durch >Äquipotenziallinien verbinden – ähnlich den Höhenschichtlinien auf einer Landkarte.

In der >Radiaesthesie lassen sich die tatsächlichen Feldstärken mit Hilfe der >Intensitätsbestimmung nur sehr schwer ermitteln, da bei dieser Methode stets nur der Unterschied zwischen dem Bereich etwas weiter außen und dem etwas weiter innen gefunden werden kann. Die auf diese Weise ermittelte Intensität entspricht keinesfalls den tatsächlichen Verhältnissen, sondern sie wäre nur eine Hilfsgröße bei der Ermittlung der Zu- oder Abnahme der Feldstärke.

Feldstruktur

Aufbau und Anordnung von >Feldlinien (verbinden Punkte gleicher Wirkrichtung) und >Äquipotenziallinien (verbinden Punkte gleicher >Feldstärke) innerhalb eines >Feldes. Die Feldstrukturen können durch >Interferenzen, >Kohärenzen und unterschiedliche Ausbreitungsbedingungen beeinflusst werden.

Feldveränderung

Veränderung der >Intensität eines hochfrequenten elektromagnetischen >Störfeldes durch abgestimmte vorschriftsmäßig platzierte >Resonatoren oder >Abschirmungen (siehe auch >Entstörung).

G. Feldveränderung

A. Aufgabenstellung:
Eine geologische Störzone mit einem Buchsbaum ausgleichen.

B. Hilfsmittel:
>H3-Antenne, Akustiksensor, Markierungshölzchen, kleines Exemplar eines Buchsbaumes (ca. 10-20 cm Pflanzenhöhe, bevorzugte Sorte Buxus sempervirens suffruticosa), Spaten.

C. Ausgangslage:
Eine echte geologische Störzone mit bandartiger Ausdehnung (>Wasserader, >Verwerfung, >Höhle, >Gang oder >Kluft) wirkt auf ein Hausgrundstück ein. Das Vorliegen einer zentrierten Störung (>Dom oder >Erdfall) kann ausgeschlossen werden. Ebenfalls wird ausgeschlossen, dass es sich bei der Störzone um eine >technomantische oder >geomantische Störung handelt.

Bei wasserführenden Verwerfungen (>V., wasserführend), >Kieswasseradern in Hanglagen oder wasserführenden >Hohlräumen mit wechselnden >Schüttmengen kann es zu Verschiebungen der >Spektroide kommen, hier ist der Buchsbaum nicht geeignet.

D. Kontrollfeld bestimmen:
Im Objekt ist die Breite der Störzone an geeigneter Stelle zu suchen und an den Außenkanten mit Hölzchen zu markieren. Dies kann durch eine zweite Person erfolgen, die sich mental auf „Zeig mir die Breite der biolo-

gisch wirksamen Zone" eingestellt hat. Alternativ ist mit Hilfe der Grifflängentechnik zumindest der Bereich der >Hauptzone oder >Multiwellenzone darzustellen. An diesen Markierungen wird später der Erfolg des Einbaues kontrolliert.

Beispiel:
In dem untenstehenden Haus sollen zwei detektierte Wasseradern neutralisiert werden, die anscheinend eine Kreuzung bilden. Der atypische Verlauf der Ader B lässt eine Verdrängung aus der „wahren" Lage vermuten (Ermittlung durch >Rückschritttest, Ursache vermutlich die Antenne, die Kaminabdeckung oder die Solarkollektoren auf dem Dach). Die Ader A ist teilweise überlagert von einer anderen Strahlungszone (hier ein Strontianitgang).

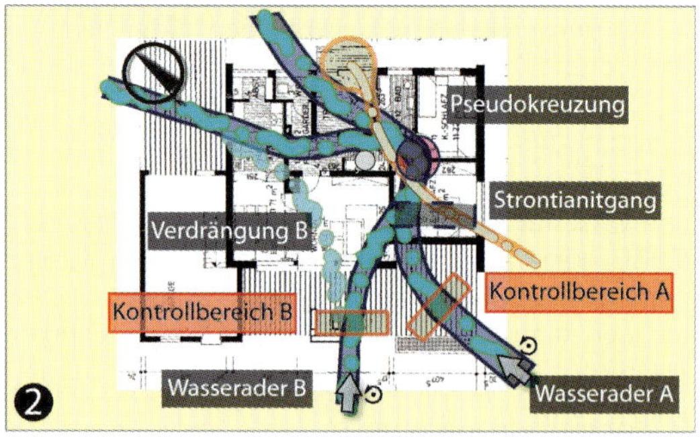

Die Kontrollfelder werden außerhalb dieser kritischen Zonen möglichst in der Nähe der Eintrittsstellen an den Außenwänden eingerichtet. Sie werden so angelegt, dass eine störungsfreie Begehung möglich ist.

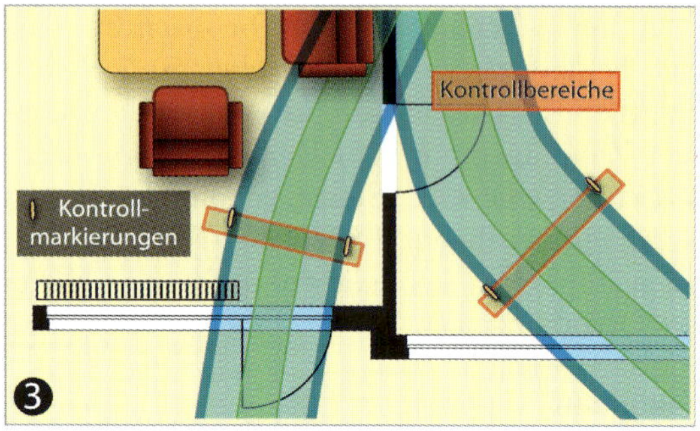

E. Feststellung der Einfallsrichtung:
Auf der Mittelachse in genügendem Abstand von störenden Gegenständen und Hauswänden ist die >Einfallsrichtung zu bestimmen. Eine Kontrolle ist an derselben Zone auf der gegenüberliegenden Seite des Grundstückes vorzunehmen, um >Fehlmutungen zu vermeiden.

Der Buchsbaum muss – in Strömungs- bzw. Einfallsrichtung gesehen – oberhalb des zu entstörenden Objektes platziert werden.

F. Mittelachsenbestimmung:
An einer geeigneten Stelle – mindestens 2 m vom Objekt entfernt – ist zunächst auf 1 – 2 m Länge der Verlauf der >Mittelachse in der >Spektroide der Störzone zu bestimmen (Bei Verwerfungen die mittlere Bündelachse).

G. Provisorische Aufstellung:
Exakt auf der Mittelachse wird nun der Aufstellpunkt gesucht, an dem der Buchsbaum die größtmögliche Wirkung entfalten kann. Hierzu wird der Verlauf der Mittelachse mit H3 = 9,70 IR Ak möglichst in Bodennähe abgetastet. Mittig auf dem Reaktionspunkt wird der Buchsbaum provisorisch platziert. Die Platzierung auf der optimierten Position ist notwendig, um einerseits die Feldveränderung resistenter gegen spätere Störeinflüsse zu machen, andererseits sichern diese Strahlungsqualitäten gute Voraussetzungen zum Gedeihen des Buchsbaumes.

Im Beispiel (Abb. 4) wird die Mittelachse einer Wasserader durch >Begehung „1" detektiert. Durch halbkreisförmige

Begehungen „2" und „3" folgt die Bestimmung des weiteren Verlaufes (Genaue Positionen werden jeweils im Seitschrittverfahren festgelegt). Auf der so ermittelten Achse folgt die Schlussbegehung „4" mit H3 = 9,70 IR Ak, unterstützt mit der mentalen Einstellung „Buchsbaum, wo willst Du hin?"

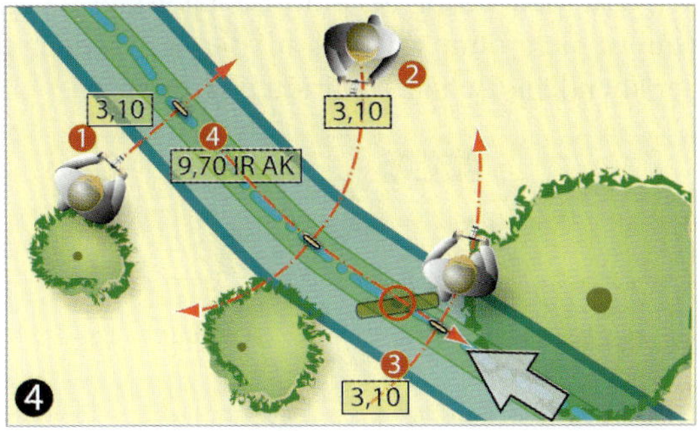

H. 1. Kontrolle:

Im Haus wird innerhalb des festgelegten Kontrollfeldes die Neutralisierungswirkung überprüft. Um die kritische Einstellung zu wahren, sollte dies am besten durch einen zweiten Rutengänger geschehen. Die Prüfung erfolgt jeweils mit H3 = 9,25 „I" und „C" und der zusätzlichen Programmierung „Zeige alle störenden Resteinflüsse der Ader".

Durch Verschieben des Buchsbaumes (meist geringfügig im Zentimeterbereich) wird die Position solange optimiert, bis eine vollständige Neutralisierung erreicht ist. Sollte sich jedoch keine Neutralisierungswirkung zeigen, wurde der Aderverlauf nicht korrekt ermittelt bzw. die Einfallsrichtung fehlerhaft bestimmt. Die Arbeitsschritte ab „E" sind dann zu wiederholen.

Im Beispiel zeigt sich, dass die Mittelachse der Ader (Abb. 5.1) noch nicht getroffen wurde. Reaktionen traten noch am rechten Rand auf. Der Buchsbaum muss nach rechts verschoben werden. Wenn sich das Ergebnis wie Abb. 5.2 zeigt, wurde die Pflanze bereits zu weit verschoben und muss etwas zurückgenommen werden. Abb. 5.3 zeigt unklare bzw. unterbrochene Neutralisierungsbereiche (häufig mit H3 = 9,25 C). Diese deuten daraufhin, dass zwar die Mittelachse in Querrichtung getroffen wurde, nicht jedoch die optimale Position in Längsrichtung. Der Buchsbaum muss dann solange in Längsrichtung verschoben werden, bis die optimale Neutralisierung erreicht ist. Erst wenn sämtliche Störeinflüsse der Ader komplett neutralisiert sind, ist der empfehlenswerte Pflanzplatz gefunden.

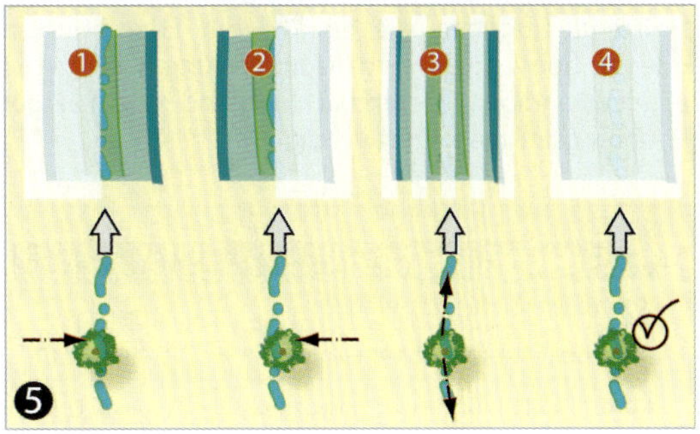

I. endgültige Platzierung:

An der ermittelten Stelle wird der Buchsbaum eingepflanzt und sorgfältig angegossen.

J. 2. Kontrolle:

Wie unter „H" beschrieben erfolgt die Nachkontrolle. Zusätzlich wird das Ergebnis mit den Einstellwerten H3 = 6,90 „I" und „C" überprüft. Auch hierbei darf sich nicht die geringste Reaktion zeigen. Hilfsweise stellt ein mental arbeitender Rutengänger die Frage: „Ist die Ader neutralisiert?" und als Steigerung: „Ist die Ader störfest neutralisiert?"

K. Schutz der Pflanze / Nachkontrollen:

Wie bei jeder anderen Empfehlung bzw. jedem anderen Sanierungsvorschlag auch, muss die Dauerhaftigkeit der Maßnahme bewirkt werden. Hierzu zählen genaue Hinweise, wie die Pflanze zu schützen und zu pflegen ist. Wichtig ist vor allem, sie von benachbartem Bewuchs frei zu halten, dass in unmittelbarer Nähe keine Gerätschaften oder Unrat gelagert werden und dass sie eine gesunde Blattfarbe behält. Wenn sich die Blätter der Pflanze in größerem Umfang braun verfärben, ist sie auszutauschen.

Mittels > Körpermessung muss der Erfolg der Maßnahme nach Ablauf von mindestens sechs Wochen kontrolliert werden.

L. Allgemeine Hinweise:
Das beschriebene Vorgehen stellt nur den derzeitigen Stand der Forschung dar. Aufgrund der immer neuen >technomantischen Störeinflüsse können sich künftig Umstände ergeben, die zu anderen Erkenntnissen oder zu notwendigen Ergänzungen führen. Hierzu ist eine beständige Weiterentwicklung und regelmäßiger Erfahrungsaustausch notwendig.

Feldveränderung	
Kontrollwert 1 für Wasseradern	9,25 I / C*
Kontrollwert 1 für Höhlen, Gänge	8,50 I / C*
Kontrollwert 1 für Verwerfungen	8,65 I / C*
Kontrollwert 2 für sämtliche Zonen	6,90 I / C*
Optimaler Platz für den Buchsbaum	9,70 IR Ak

** Qualitäten sind in der Regel induktiv, in Ausnahmen kapazitiv*

Feng Shui

Unter Feng Shui wird in China die Kunst verstanden, unsere Umgebung in Harmonie mit uns selbst zu bringen. Die Schriftzeichen *Feng* bedeuten „der Wind, den man nicht greifen kann" und *Shui* „das Wasser, das man nicht fassen kann".

Grundlage der Feng Shui Praxis ist die Betrachtung des >Ch'i. Das sanfte, mäandrierende Fließen dieser Energie ist die Voraussetzung für ein gesundes, glückliches Leben. Ein pfeilgerader Energiefluss beschleunigt extrem und wird deshalb als ungünstig angesehen. Starke Beschleunigungen rufen als Ausgleich nämlich wieder Stauungen hervor. Hier spiegelt sich die asiatische Philosophie mit dem Prinzip des >Yin – Yang wider; d. h. dass das Yin schon den Keim des gegensätzlichen Yang in sich trägt und umgekehrt. Das gesamte Kräftespiel ist nicht statisch, sondern wird als dynamischer Prozess verstanden. Ebenfalls dynamisch verläuft das Wechselspiel der fünf Elemente, die besser als die Wandlungszustände Feuer, Erde, Metall, Wasser und Holz bezeichnet werden. Die Bedeutung der fünf Elemente des Feng Shui ist nicht ohne weiteres auf die vier Elemente der abendländischen Tradition übertragbar.

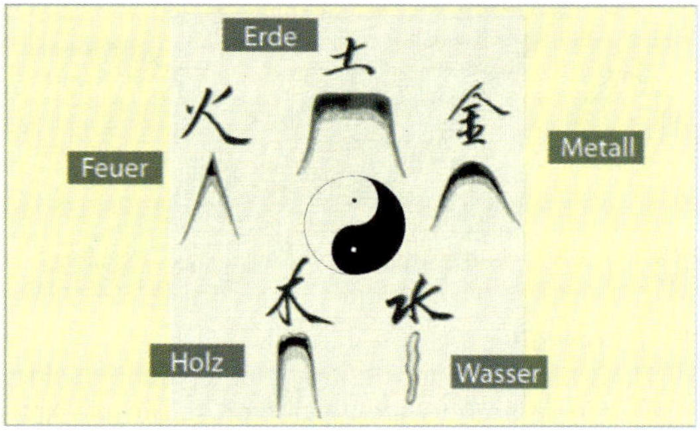

Symbolik der fünf Elemente

Fenster, biologische

(Intensitäts-) Bereich der Wirksamkeit von Reizen auf biologische Systeme.

Um bei biologischen Systemen (Menschen u. Lebewesen allgemein) >Resonanzen auszulösen, bedarf es einer Anregung durch einen Resonanzerzeuger. Dieser erzeugt eine >Schwingung, die auf das biologische System einwirkt. Wenn das Erregungssignal genau auf die >Resonanzfrequenz des >Resonators abgestimmt ist, genügt eine kleine Leistung, um deutliche >Reaktionen auszulösen. Wenn nicht, muss das Erregungssignal erheblich verstärkt werden, um überhaupt erkennbare Wirkungen auszulösen.

Biologische Systeme reagieren beispielsweise auf >elektromagnetische Wellen thermisch (= wärmebezogen), wenn diese hohe Leistungsdichten aufweisen (z. B. Mikrowellenherd, Mobilfunkgeräte). Diese Reaktion ist an eine bestimmte >Feldstärke (Reizdosis) gebunden, wobei einige Körperteile empfindlicher als andere sind und auch unterschiedlich auf verschiedene Frequenzen reagieren. Hierbei gilt: Je niedriger die >Feldstärke, desto geringer die Reaktion (Reizantwort)

athermisch (= nicht wärmebezogen). Diese Reaktion ist stark abhängig von dem >Informations-Gehalt (Reizinhalt) und der Reizdosis. Hierbei gilt: Die Reaktion ergibt sich aus der Kombination von Reizdosis und Reizinhalt, wobei bei zu hohen Dosisleistungen der Reizinhalt nicht mehr übermittelt wird und die Reaktionen deshalb ausbleiben.

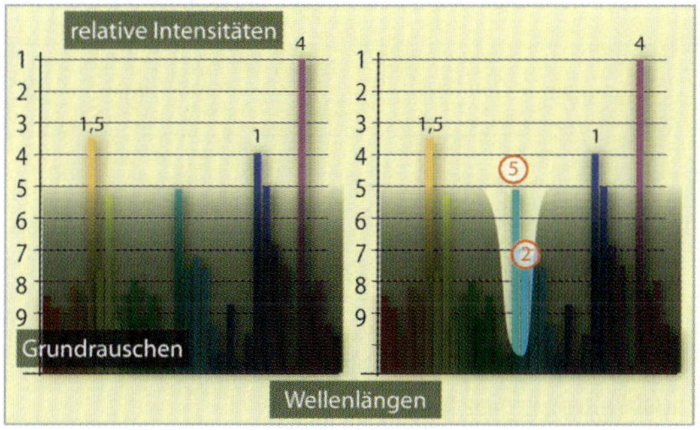

System biologischer Fenster, links Dämpfung der Signale durch Grundrauschen (ein intaktes Immunsystem), rechts überproportionaler Einfluss schwacher Signale an einem biologischen Fenster

Als Beispiel mag eine Alltäglichkeit dienen: Trotz eines hohen Geräuschpegels in einer belebten Gaststätte nimmt „Heiner" deutlich wahr, wenn jemand den Namen „Heiner" auch mit niedrigerer Lautstärke ausspricht. Das Schwingungsmuster „Heiner" ist im Rauschen gut erkennbar. In diesem Fall ist das biologische Fenster „nach unten" sehr weit offen.

Fernfeld

Um eine Sendeantenne (Erreger) herum baut sich ein >elektromagnetisches Fernfeld auf, das ab einem Abstand von ca. 3 – 90 mal der >Wellenlänge vom Erreger beginnt. Charakteristisch für das Fernfeld ist, dass die elektrische und die magnetische Komponente in einem festen Verhältnis zu einander stehen (vgl. >Nahfeld).

Fernmutung

Im Gegensatz zur >Peilung in der >Radiaesthesie wird die >Mutung in die Ferne auch für den nicht direkt wahrnehmbaren Raum angewendet. Der Aktionsradius reicht ohne Begrenzung über den Horizont hinaus. Eine Fernmutung ist stets eine Spezialanwendung >mentaler Arbeitstechniken, die durch Hilfsmittel (Verwendung von >Grifflängen, >Testobjekten, >Nosoden) verbessert werden kann. Wird die Fernmutung an Plänen oder Karten durchgeführt, spricht man von >Map-dowsing.

Fernscannen

>Radiaesthetische Technik, mit der an einem unzugänglichen aber anpeilbaren Objekt das >Abstrahlungsspektrum ermittelt wird (vgl. >Peiltechnik, >Grifflängenziehung).

Fließrichtung

Bewegungsrichtung des Flusses von >Wasseradern oder anderer Systeme, die fließende Medien enthalten. Die Fließrichtung kann >radiaesthetisch durch Vergleich richtungsweisender >Intensitätsbestimmungen ermittelt werden.

Die von der Wasserader emittierten Strahlungen treten in Fließrichtung schräg geneigt aus. Somit kann die Richtung (>Einfallsrichtung) des Strahlungseinfalls abgeleitet werden. Fließ- und Einfallsrichtung sind gleichlaufend.

Formenstrahlung

Formen erzeugen aufgrund ihrer Beschaffenheit bestimmte Strahlenstrukturen. In der Kirchenbaukunst wurden früher Bauteile wie Säulen, Kapitelle, Vorlagen, Friese usw. eingesetzt, um (in der Regel) positive Strahlungszonen zu schaffen (vgl. >Bauhüttengeheimnisse). Symbole in alten Wappen hatten die Aufgabe, bestimmte >Informationen (Botschaften) zu übermitteln.

Erfühlen der Formenstrahlung einer modernen Nachbildung der Tudorrose in Winchester, GB

Formresonanz

Eine Form, sei sie massiv oder ein Hohlkörper, hat aufgrund ihrer inneren oder äußeren Beschaffenheit eine spezifische Formresonanz. Bei Auftreffen bestimmter >Wellenlängen kann die Form in >Resonanz geraten und die anregende >Schwingung verstärken. In der Akustik können diese Phänomene gut mit Hilfe von Klangkörpern und Instrumentensaiten nachvollzogen werden. Resonanzeffekte treten nicht nur dann auf, wenn die anregende Schwingung in der Grundwellenlänge wirkt, sondern auch bei Halben, Vierteln oder Achteln der Wellenlänge (Oktavteilungen).

Frequenz (*f*)

Von lat. *frequentia* „zahlreiches Vorhandensein, Häufigkeit", bezeichnet in der Physik die Anzahl der Schwingungen pro Zeiteinheit. Die Schwingungsanzahl pro Sekunde von Pendelkörpern, Schall- und >elektromagnetischen Wellen werden als Frequenz in der Einheit Hertz (Hz) = 1/s angegeben. Die Frequenz ist bei harmonischen Wellen mit der >Wellenlänge verkoppelt.

$$f = v / \lambda \qquad (5)$$

wobei
f die Frequenz,
v die Geschwindigkeit,
λ die Wellenlänge ist.

Für Mikrowellen, die sich in Lichtgeschwindigkeit ausbreiten, ergibt sich

$$f = 30 / \lambda \qquad (6)$$

wobei
f die Frequenz in [GHz =GigaHertz],
λ die Wellenlänge in [cm] ist.

Da in der Radiaesthesie in der Regel kein direkter Zugang zu der Frequenz erreicht wird, die tatsächliche Ausbreitungsgeschwindigkeit der ermittelten Strahlungen unbekannt ist sowie der Charakter der Strahlungen normalerweise über abgestimmte Antennen (Grifflängen, H3-Einstellungen usw.) erfolgt, werden zur Beschreibung verschiedener Strahlungen Wellenlängen herangezogen.

Fresnelzone

Bei der Ausbreitung von >elektromagnetischen Wellen in einer Richtfunkstrecke zwischen zwei Sende-/Empfangsanlagen treten um den theoretischen Richtstrahl im Querschnitt kreisförmige, im Längsschnitt ellipsoide Zonen auf, in denen unterschiedliche >Interferenzen auftreten. Die Ausdehnung der Fresnelzonen[1] ist abhängig von der Sendefrequenz und der Länge der Funkstrecke. Bringt man in die Fresnelzonen von Richtfunkstrecken scharfkantige Hindernisse ein, wird der Richtstrahl erst dann nennenswert gedämpft, wenn diese die innerste Zone erreichen.

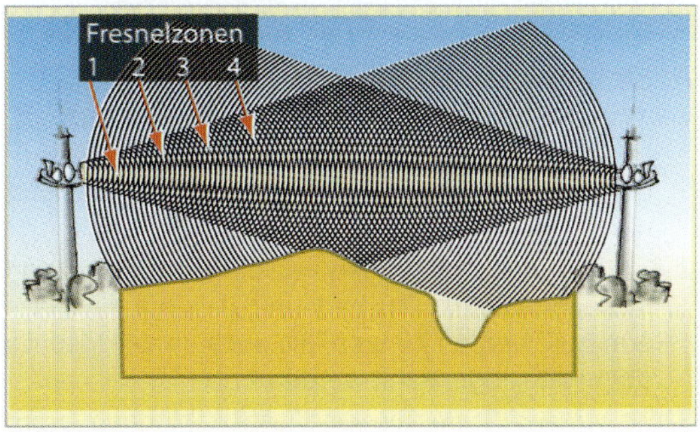

Entstehung von Fresnelzonen

Das Prinzip der Fresnelzonen kann in der >Radiaesthesie möglicherweise zur Erklärung der Phänomene von >Technomantien herangezogen werden. Gerade wegen dieser Analogie ist nachvollziehbar, warum sich Technomantien nicht mit den klassischen >Feldveränderungstechniken beeinflussen lassen, bei denen nur die >Mittelachsen benutzt werden.

1 Fresnel, Augustin-Jean, 1788 – 1827, frz. Physiker

Frontstrahl

Siehe >Augenstrahl.

Füllfaktor (F_v; Verfüllungsgrad)

Der Füllfaktor ist ein Beiwert, den >Schneider in seiner Formel zur Fließmengenbestimmung von >Wasseradern verwendet. Bei bekannter Adertiefe und Breite der >Hauptzonenkanten wird dieser Beiwert eingesetzt, um überschläglich die zu erwartende Fördermenge von Wasseradern anzugeben. Der Füllfaktor ist ein Erfahrungswert, der die unterschiedlichen Charakteristiken von Wasseradern berücksichtigt.

S. Füllfaktoren

Die Überschlagsformel nach Schneider[1] setzt zur Schüttmengenbestimmung an:

$$S = (10 + d_L) * B_K / (F_V * T) \quad (7)$$

Wobei als
S = Schüttmenge in [l/sec]
d_L = Dicke eventuell vorhandener Lehmschichten [m]
B_K = Breite der Hauptzonenkanten (Mittelwert) in [cm]
F_V = Füllfaktor [dimensionslos]
T = Tiefe der Wasserader in [m]
einzusetzen ist.

Die Anwendung dieser Formel führt nach Erfahrung des Verfassers bei Wasseradern in Sand und Kies zu einer deutlichen Unterschätzung der Schüttmenge. Es wird deshalb empfohlen, sich an den Fördermengen bekannter Brunnen oder Quellanlagen zu kalibrieren.

Füllfaktoren für reines, drucklos fließendes Wasser in	
glatten Tonrohren	0,4 .. 0,6
Betonrohren	0,6 .. 1,2
offenen Spalten im Festgestein	1,2 .. 1,6
mit Kies gefüllten Spalten im Festgestein	1,6 .. 2,0
Grobkiesadern	2,0 .. 2,5
Kieswasseradern mit Feinkiesanteilen	2,5 .. 3,5
Sandwasseradern	3,5 .. 5,0

Werte aus Schneider, Reinhard: Leitfaden und Lehrkurs der Ruten- und Pendelkunst, Teil II

Fußsohlenscan

Radiaesthetische Beobachtungen zeigen, dass sich der mittlere Bereich der Fußsohlen genau wie die >Medulla oblongata eignet, um eine >Körpermessung durchzuführen. Im Gegensatz zum Körperscan an der Medulla oblongata, der langfristige Einflüsse zeigt, treten aus den Fußsohlen nur >Strahlungen aus, die momentan auf den Körper des >Probanden einwirken und auf die er resonanzbereit ist.

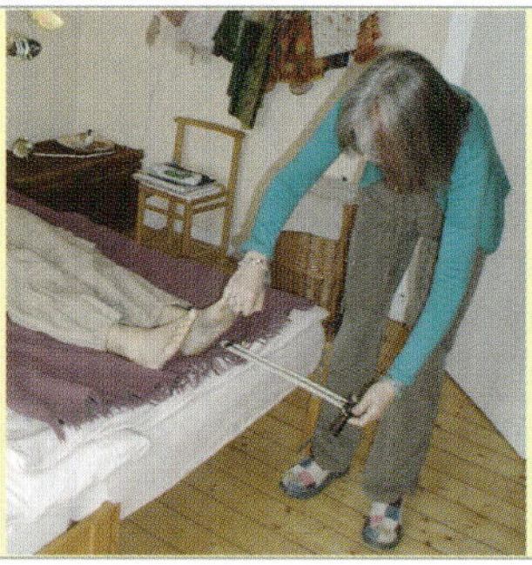

Fußsohlenscan als Abschluss einer Schlafplatzsanierung

Diese Arbeitsmethode wird eingesetzt, um zielgerichtet die individuell belastenden Störeinflüsse neu ausgewählter Schlafplätze aufzuspüren, oder bei >Hausuntersuchungen, um Restbelastungen im Anschluss von Sanierungen zu erkennen. Die Technik dieser Scan-Methode gleicht der Körpermessung. Die >H3-Antenne wird dabei lediglich in Höhe der Sohlenmitte gehalten. Bei der Überprüfung von H3-Wert, >Intensität und >Polarisation wird die Antenne ebenso in ca. 20 cm Abstand in Höhe des >Schiebers an den Fußsohlen vorbeigeführt.

Tests haben gezeigt, dass unmittelbar nach Exposition des Probanden das >Strahlungsfeld an den Sohlen >detektiert werden kann. Wird der Strahlungseinfluss beseitigt, erlischt die Abstrahlung nahezu zeitgleich.

Die Medulla oblongata reagiert langsam, die Fußsohle schnell auf die Strahlungsfelder.

S. Fußsohlenscan

A. Hinweise:

Beim Fußsohlenscan gelten folgende Bedingungen:

1. Die Strahlungen wirken momentan auf den Probanden ein, d.h. dass bei einer Schlafplatzuntersuchung noch Belastungen vorliegen
2. Es treten nur Strahlungen aus, auf die der Proband resonant reagiert. Das bedeutet, dass nur die Werte ermittelt werden können, die auch an der Medulla oblongata abgestrahlt werden.
3. Die >Intensität der einzelnen Abstrahlungen ergibt sich aus der momentan einwirkenden Feldstärke; sie überschreitet aber in der Regel nicht den an der Medulla oblongata ermittelten Wert.

Beispiel:

Intensität des einwirkenden Strahlungsfeldes:	*2*
Intensität der Abstrahlung lt. Körperscan:	*3*
Intensität an der Fußsohle ermittelt:	*3*

Gamma-Strahlung

Auch γ-Strahlung, bezeichnet eine extrem kurzwellige >elektromagnetische >Strahlung, die durch Vorgänge innerhalb des Atomkerns, z. B. beim Zerfall radioaktiver Elemente entsteht. Diese Strahlung findet sich im >Wellenlängenbereich zwischen 10^{-9} und 10^{-14} cm. Sie unterscheidet sich von der Röntgenstrahlung nur dadurch, dass die Gammastrahlung innerhalb des Atomkerns, die Röntgenstrahlung dagegen in der außenliegenden Atomhülle erzeugt wird.

>Radiaesthetisch lässt sich die γ-Strahlung wegen ihrer Kurzwelligkeit nicht direkt über >Grifflängen abbilden. Hier kommen deshalb nur folgende indirekte Verfahren zum Einsatz wie

- >mentale >Mutungsmethoden (>Mentaltechnik, programmierbare)
- Mutungen mit geeigneten >Testobjekten (z. B. aus standardisierten Testsätzen[1]
- hilfsweise Mutungen der wahrscheinlich auftretenden >Mikrowellenbegleitstrahlung.

Die Angabe von (errechneten) >bestimmenden Grifflängen zur Ermittlung von γ-Strahlungen ist physikalisch nicht nachvollziehbar. Gleichwohl werden diese Werte für die Ermittlung der Strahlung mit Erfolg eingesetzt (vgl. >morphische Felder).

γ (Gamma)-Strahlung	
Gamma Strahlung allgemein	8,10 K
Polonium, Gamma-Strahlung	2,60 .. 2,70 K
Tritium, Gamma-Strahlung	15,30 K
Polarisation variabel	

1 Lieferadresse z. B. Staufen Pharma, D-73033 Göppingen

Gang

In der Geologie bezeichnet man als Gang die aus Mineralien oder Gesteinen bestehende Füllung einer >Spalte (>Riss), die sich in einem anderen, älteren Gestein gebildet hat. >Radiaesthetisch sind Gänge mit >Grifflängen – ähnlich wie sie bei >Höhlen vorkommen – auffindbar, wobei sich zusätzlich weitere Grifflängen aus der Art des Steinmaterials – des Ganggesteins – ergeben (vgl. >Erzgänge, >Quarzgänge).

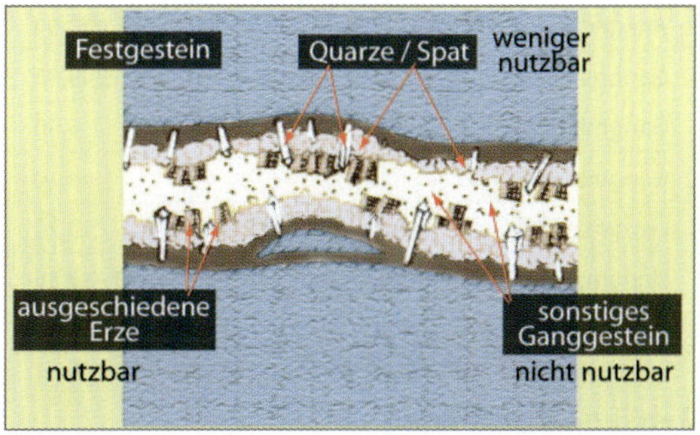

Beispielskizze eines Ganges

S. Gang

A. Hinweise:

Gänge bilden >Spektroidensysteme, die vom Grundaufbau denen von >Wasseradern ähneln. Deshalb können die dort aufgeführten Begehungstechniken übertragen werden.

Da Gänge selten auf Tiefe und Fündigkeit hin überprüft werden, liegen derzeit noch keine zuverlässigen Erkenntnisse über Tiefenfaktoren, Breiten und Ergiebigkeiten vor. In der Spektroide erscheinen nach bisherigem Stand der Forschung die Anzeigewerte für in den Gängen vorhandene Quarze, Erze und Ganggesteinen innerhalb der Schwerpunktzone.

Im Gegensatz zu den Wasseradern treten bei Gangsystemen Schwerpunkt- und Hauptzonenkanten nicht auf.

Die Gangmaterialien bilden jedoch sogenannte Kantenbreiten aus – hieraus können Hinweise auf die Mächtigkeit der Vorkommen gewonnen werden.

Für die Detektierung sind folgende H3-Werte einzusetzen:

Gang	
Höhle / Gangsystem – Mittelachse	4,25
Schwerpunktzone	8,50 / 12,70
Hauptzone	10,60
Ankündigungen	10,60
Gangmaterial Blei	3,65 / 9,15
Gangmaterial Eisenerz	5,50
Gangmaterial Gold	4,10
Gangmaterial Quarz (identische Lage)	4,25 / 12,70
Gangmaterial Strontianit (ident. Lage)	8,40 / 12,35
Qualität und Polarisation variabel	

Gebäudeabstrahlung

An den Außenecken werden in der Verlängerung der Winkelhalbierenden Strahlungsinformationen der auf den Baukörper einwirkenden Einflüsse abgestrahlt (vgl. >Eckabstrahlung). Bei einer >mentalen Vorabfrage bei >Außenbegehungen kann man sich an dieses Phänomen ankoppeln und so zu besseren Ergebnissen gelangen (vgl. >Bauhüttengeheimnisse und >Lichtleiter).

Geobiologie

Aus griech. *ge*, „Erde, Land" *bíos* „Leben" und *lógos* „Wort, Wissenschaft", zusammen als Lehre von den Einflüssen der Erde auf die belebte Natur benutzt. In der Praxis fallen darunter die >radiaesthetisch erfahrbaren Einflüsse aus den Fachgebieten Biologie, Biochemie, Geologie, Hydrologie, Medizin, Psychologie usw., mit denen die Wechselwirkungen zwischen Umgebungsbedingungen und Leben untersucht und dargestellt werden.

geologische Störungen

In der >Radiaesthesie werden zur Unterscheidung zu anderen Ursachen die Störzonen mit geologischen Bezügen unter „geologische Störungen" zusammengefasst. In der Regel sind dies >Wasseradern, >Verwerfungen, >Risse, >Höhlen, >Lagerstätten, >Erzgänge usw. Besonders bei >mentalen Abfragen ist darauf zu achten, dass eine Abgrenzung zu erdgebundenen künstlichen Störungen besteht. Dies können sowohl Rohre, künstliche Hohlräume und Leitungen als auch >geomantische Zonen sein.

Geomantie

Aus griech. *ge*, „Erde, Land" und *manteia*, „Weissagung, Wahrsagung (in einem Zustand der Verzückung/Ekstase)", bezeichnet die Erforschung, Veränderung, Ausnutzung und das Erfahren der mittels >radiaesthetischer Werkzeuge (>Rute, >Pendel, >Lituus) aufgefundenen >Reaktionszonen, mit dem Ziel, z. B. gute Orte, >Kultstätten usw. zu erkennen bzw. zu schaffen. Die Geomantie wurde im Mittelalter zu den sieben heiligen Wissenschaften gezählt. Siehe auch >Mantik.

geomantische Zonen

Aus >Geomantie und >Zone, beschreibt Systeme von >Reaktionszonen, die in Verbindung mit >Kultorten u. ä. aufgefunden werden, und die normalerweise keine geologischen Bezüge haben. Geomantische Zonen sind in der

Regel künstlich erzeugte bzw. unter Ausnutzung natürlicher Gegebenheiten künstlich veränderte linienförmige Zonen.

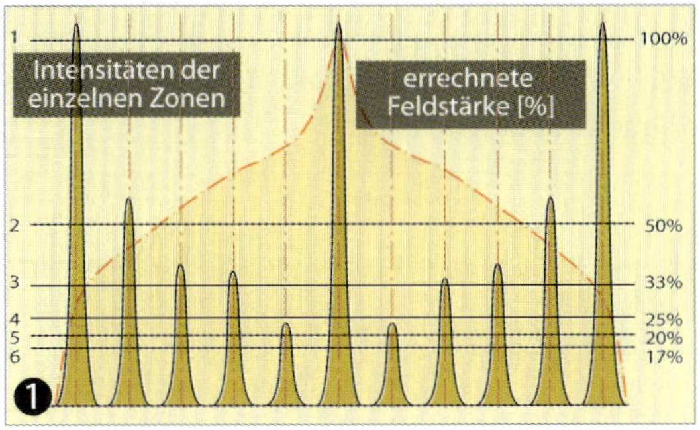

Systemaufbau einer geomantischen Zone im Querschnitt

Früher wurden alte Wege und Straßen (heilige Wege), wichtige Grenzlinien u. ä. mittels „Marken" (Wegemarken, Grenzmarken = Markierungen) als Wende- oder Kreuzungspunkte >radiaesthetisch gekennzeichnet. An diesen Stellen werden >stehende Felder beobachtet, die mit gleichartigen benachbarten Feldern korrespondieren und darüber geomantische Zonen bilden.

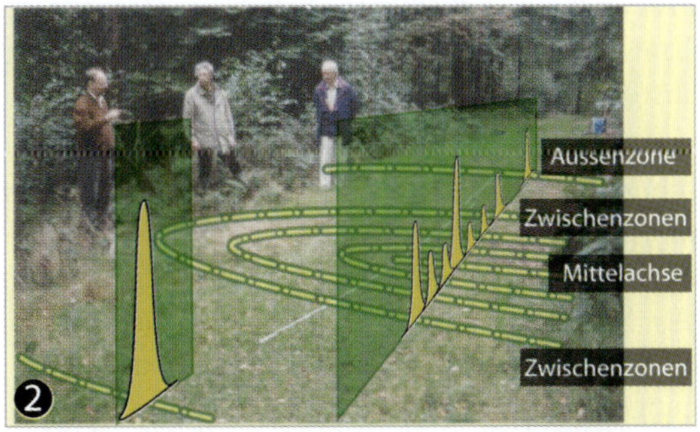

Strahlungssituation am Ursprung einer geomantischen Zone mit Darstellung der gemuteten Intensitäten

Wenn geomantische Zonen überörtlich bzw. überregional ganze Systeme bilden, die oftmals sogar schon auf gewöhnlichen Karten (Messtischblättern) nachvollziehbar sind und wenn man bestimmte heilige Orte in geraden Linien verbinden kann, spricht man von >Leylines.

Verschiedentlich wird die Ansicht vertreten, dass geomantische Zonen auch auf natürliche Art und Weise auf Anhöhen, Bergspornen usw. entstehen können. Tatsächlich können durch bestimmte geologische Vorgänge (z. B. Felsabbruchkanten und Erosion dieses Steinmaterials) Zonen erzeugt werden, die den hier beschriebenen geomantischen Zonen ähneln.

S. geomantische Zone

A. Aufgabenstellung:
Ein noch unbekanntes Strahlungsfeld als geomantische Zone detektieren.

B. Hilfsmittel:
>H3-Rute oder >H3-Antenne, >Testobjektröhrchen mit Halter, >Markierungshölzchen, Bandmaß.

C. Ausgangslage:
Eine Reaktionslinie wurde in der >Einfallsrichtung und in >Intensität bestimmt. Nach Prüfung der >Schichtebenen und der >Schrägstrahlung ist klar, dass die Felder nahezu senkrechte Begrenzungen aufweisen und dass Schrägstrahlungen ausgeschlossen sind.

D. Felddetektierung:
Rechtwinklig zur >Reaktionslinie wird eine >Feldbegehung im >Geradeausschritt durchgeführt. Dazu wird die H3-Antenne mit Einstellwert 9,30 IU benutzt. Unterstützend kann ein auf der ersten Reaktionslinie gewonnenes >Testobjekt benutzt werden.

Auf der festgelegten Begehungslinie werden in bestimmten regelmäßigen Abständen linienartige Zonen detektiert, die zur ersten Linie parallel laufen müssen und gleiche Einfallsrichtung aufweisen müssen. Weiterhin werden die >Intensitäten dieser Zonen bestimmt. Diese Zonen treten in Abständen von ca. einem bis zu mehreren Metern auf. Bei überörtlichen Systemen (Leylines) wurden Abstände von bis zu 30 Metern beobachtet. Die Breiten dieser Zonen bewegen sich zwischen ca. 25 cm und 1,5 m.

E. Ergebnis:
Eine geomantische Zone liegt dann vor, wenn die Begehung in voller Breite des Feldes Folgendes ergibt:

a) es liegt eine ungerade Anzahl von parallelen Reaktionszonen mit gleicher Einfallsrichtung vor
b) die beiden äußeren und die mittlere Linien weisen die höchsten Intensitäten auf
c) die Intensitäten der Zwischenlinien nehmen zur Mitte des Systems hin betrachtet ab (pagodenartiger Aufbau, vgl. Abb. 2).

Die Bedingung unter „c" grenzt somit zur leicht zu verwechselnden technomantischen Zone ab, bei der die Intensität der Zwischenlinien von außen nach innen hin stetig zunimmt (satteldachartiger Aufbau).

F. Weitergehende Untersuchung:
Wird die geomantische Zone in ihrem Längsverlauf untersucht (>Zonenverfolgung), kann beobachtet werden, dass die Intensität der einzelnen Linien leicht zu- oder abnimmt. Im letzteren Fall wird man zu einem Bereich gelangen, wo sich die Einfallsrichtung nicht mehr exakt bestimmen lässt. Einige Meter weiter scheint sich der Einfall der Strahlungen umzukehren. Wird in dieser Richtung weiter ermittelt, kann beobachtet werden, wie die Strahlungsintensität kontinuierlich ansteigt , bis die Zone schließlich ein >stehendes Feld erreicht. Hier endet die mittlere Linie und die äußeren und Zwischenlinien verlaufen annähernd kreisförmig wie Feldlinien um einen magnetischen Pol um dieses stehende Feld herum.

Bei alten Straßen oder Grenzen kann an solchen Punkten beobachtet werden, dass sich von diesem Feld neue ähnliche Strukturen – eventuell verbunden mit einem Richtungswechsel – fortsetzen.

geomorphologische Felder

Aus griech. *ge* „Erde, Land" und *morphe* „Gestalt, Form, Erscheinung", bezeichnet in der >Radiaesthesie >Strahlungsfelder, die an markanten Geländestrukturen beobachtet werden. In der chinesischen Tradition werden diese Erscheinungen als >Drachenlinien benannt.

❶ *Geomorphologische Felder auf den Graten einer Bergkette der Corbières, Südfrankreich (Ch. de Queribus)*

In dem abgebildeten Beispiel ist die Situation geomorphologischer Felder dargestellt. Der mittlere Bereich dieser Strahlungsfelder verläuft nahezu deckungsgleich mit dem Kamm der Bergkette, bzw. über einen markanten quer dazu orientierten Grat. Das Felsgestein steht in von Süd nach Nord ansteigenden Schichtungen aus Kalkstein an.

Bedingt durch die Schichtung, die >dielektrischen Eigenschaften des Kalkgesteins und der morphologischen Formung kommt es wahrscheinlich auf dem Kamm zu einer Anomalie in der Struktur des natürlichen elektrostatischen >Feldes. Diese kann – je nach klimatischen Bedingungen – gewissen Schwankungen unterliegen.

Durch >radiaesthetische Untersuchung in der horizontalen >Begehungshöhe lassen sich die

>Feldlinien >detektieren. Diese zeigen sich trichterförmig, mit symmetrisch nach außen zunehmenden Neigungswinkeln: in der Mitte steil aufgerichtet, zu den Rändern hin stärker gebogen.

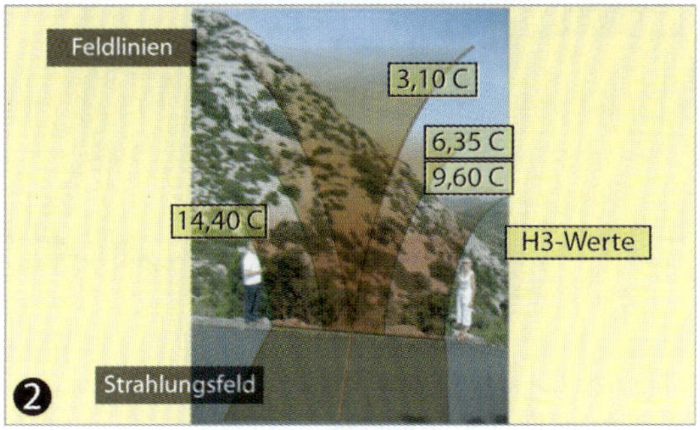

Schnitt durch ein geomorphologisches Feld mit Angabe der H3-Werte (Hier rechtsdrehend und mit Yang-Qualität)

Die in der chinesischen Tradition als Drachenlinien bezeichneten geomorphologischen Felder weisen nach gegenwärtigem Erkenntnisstand >rechtsdrehend >kapazitive Eigenschaften auf. Die zusätzlich beobachtete Yang-Qualität (vgl. >Yin-Yang-Schalter) deutet daraufhin, dass die >Energien zu einem Gegenpotenzial verlaufen, der Yin-Qualität aufweist (Flusstal).

Geopathie

Aus griech. *ge* „Erde, Land“ und *pathos* „Leiden, Schmerz“ beschreibt die pathogene (krankheitserregende) Wirkung von ursprünglich erdgebundenen >Strahlungszonen.

In der >Radiaesthesie wird allgemein nicht präzise zwischen >tellurischen (z. B. >geologische Störungen) und nicht tellurischen Strahlungen unterschieden (z. B. kosmische und technische Strahlungen). Es hat sich deshalb eingebürgert, die krankmachenden Wirkungen aller radiaesthetisch nachweisbaren >Zonen als „geopathogen“ zu bezeichnen.

Geopathietest

Beschreibt erfahrungsheilkundliche Nachweisverfahren, mit deren Hilfe geopathische Belastungen am Patienten festgestellt werden können. Als geopathische Belastungen werden überwiegend chronische Auswirkungen von >Strahlungsfeldern angesehen, die über längere Zeit meist über den Schlafbereich einwirken. Der Geopathietest kann mit Hilfe der Elektroakupunktur oder der >Radiaesthesie durchgeführt werden.

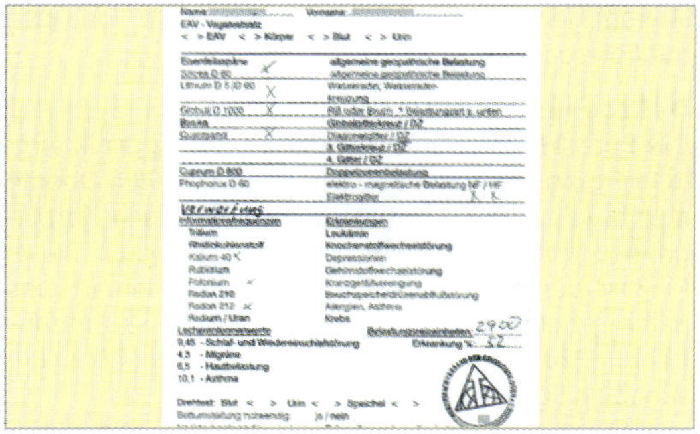
allgemeine geopathische Belastung
4. Gitter / DZ
elektro - magnetische Belastung NF / HF
Leukämie
Depressionen
Allergien, Asthma
Krebs
4,3 - Migräne
10,1 - Asthma

Auszug aus einem Geopathietest, der in der Elektroakupunktur gebräuchliche Ersatzindikatoren benutzt

Geradeaus-Schritt

Mit Geradeaus-Schritt bezeichnet man in der >Radiaesthesie eine >Begehungstechnik, die für normale >Feldbegehungen angewandt wird. Die Begehung erfolgt mit gespannter Rutenhaltung geradeaus, d. h. Schrittrichtung und Rutenspitze weisen in die gleiche Richtung.

Diese Arbeitstechnik dient nur dem groben Aufspüren der >Zonen. Die genauere Einmessung der >detektierten >Reaktionspunkte wird anschließend durch Anwendung der >Seitschritt-Technik erreicht.

G. Geradeaus-Schritt

A. Aufgabenstellung:
Mit vorgegebener >Grifflänge und festgelegter >Begehungslinie >Reaktionspunkte grob vorermitteln.

B. Hilfsmittel:
>H3-Rute oder >H3-Antenne, >Markierungshölzchen, Bandmaß.

C. Ausgangslage:
Auf einer zu untersuchenden Fläche wird auf der festgelegten Begehungslinie das Bandmaß ausgerollt und stramm gezogen. Die Maßeinheiten sollten von oben gut ablesbar sein.

D. Begehung:
Die Rute (H3-Antenne) weist bei dieser Technik stets in Richtung der Begehung. Mit abgewinkelten Oberarmen wird die Rute gespannt und – je nach Körpergröße – in ca. 1,10 m Höhe vom Boden gehalten. Dieses Maß ist identisch mit der Empfangsebene. Bauart- und haltungsbedingt liegt diese Ebene bei der H3-Antenne ca. 10 – 20 cm höher (maßgeblich ist die Höhe des variablen Schiebers).

Die Begehung erfolgt unter voller Konzentration auf die gewählte Grifflänge (bzw. den eingestellten H3-Antennenwert) und mit bedächtigen Schritten. Dabei visiert der Rutengänger die Rutenspitze (bzw. den Schieber der H3-Antenne) an und spürt in sich hinein, ob bestimmte Empfindungsänderungen erkennbar sind. Bei Eintauchen in ein Feld, das eine Resonanz mit der Rute (Antenne) erzeugt, wird in der Regel eine wahrnehmbare Körperreaktion verspürt, die sich zunächst individuell unterschiedlich äußert. Der geübte Rutengänger setzt diese Körperreaktionen bereits in Muskelkontraktionen in den Unterarmen um, so dass ein Rutenausschlag sichtbar wird. Wenn sich die Rute zu bewegen beginnt, verlangsamt man seine Begehung und hält bei erzieltem vollen Ausschlag an und entspannt sofort die Rute.

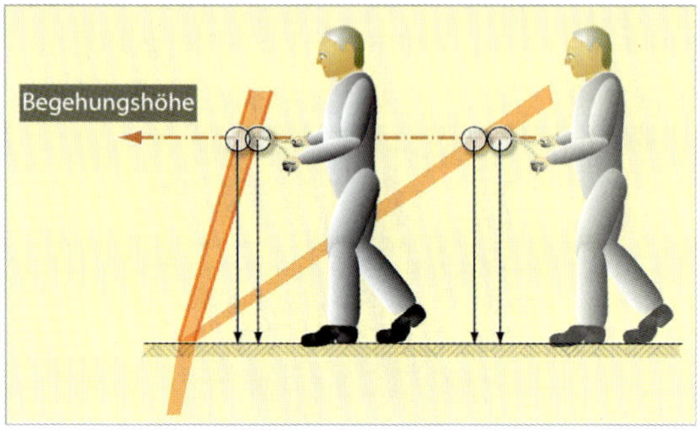

Mögliche Lageabweichung von Rutenreaktionen zu den Austrittsstellen der Strahlung

E. Markierung:
Die Stelle des vollen Rutenausschlages wird senkrecht auf dem Boden entweder mit einem Hölzchen markiert oder die entsprechende Einheit auf dem Bandmaß abgelesen.

F. Hinweise, Besonderheiten:
Sind die Rutenreaktionen nur zögerlich wahrnehmbar, nähert man sich dem Feld nicht rechtwinklig, sondern geht entweder in der Horizontalen schräg hinein oder detektiert eine vertikal gerichtete Schrägstrahlung. Schon beim ersten Auftreten dieser Wahrnehmungen muss der Griff kurz gelockert und die Rute erneut gespannt werden. Wird jetzt in dem Bereich eine klare Reaktion verspürt, ist diese Stelle zu markieren.

Bedingt durch unterschiedliche Begehungshöhen kann die Lage der markierten Reaktionspunkte insbesondere bei vertikalen Schrägstrahlungen abweichen. Dies wird in weitergehenden Arbeitsschritten wieder korrigiert.

→ **Seitschrittverfahren**

→ **Schichtebenen**

Gitternetze

Gebräuchliche Benennung für >radiaesthetische Phänomene, die besser als >Gitter- bzw. >Netzsysteme bezeichnet werden. Die Verwendung dieses Begriffes unterstellt, dass die benannten, lokal gefundenen gitterförmigen Strahlungsstrukturen, ein global vorhandenes, mehr oder weniger regelmäßiges Netzwerk bilden.

Gittersysteme

Auch Netzsysteme genannt, in der >Radiaesthesie für festgelegte ebene oder räumliche, regelmäßige >Feldstrukturen, die auf der Erdoberfläche vorgefunden werden. In der Regel werden kreuzweise verlaufende Feldlinien (Polstrahlen?) beschrieben, die in ungefähr gleichen Abständen verlaufen. Sie hängen von der Arbeits- und Begehungstechnik, dem Werkzeug und der Denkweise des Rutengängers ab.

In Kreisen der Radiaesthesie werden drei System besonders hervorgehoben: das >Globalgitter nach Hartmann[1], das >Diagonalgitter nach Curry[2] und das Blitzgitter nach >Schneider (vgl. >Blitzeinschlagstellen).

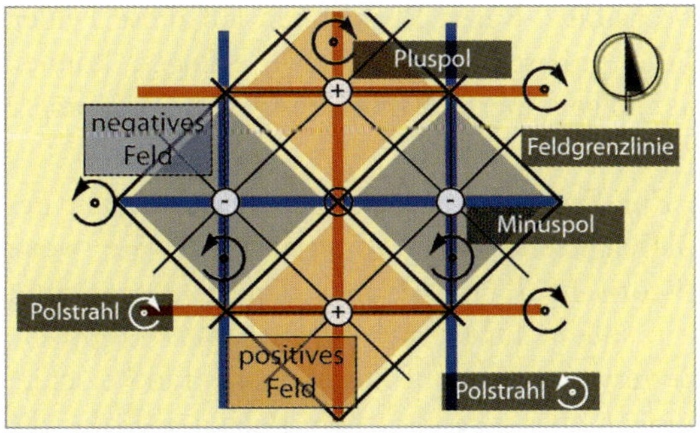

Polare Felder nach Wittmann / Schneider

Weitere andersartige Systeme werden angegeben: z. B. sollen die >auf- und >abladenden Punkte (Polpunkte nach Wittmann[3]) durch Vernetzung ein Gitternetz zu bilden; die römische Limitation (Vermessung) soll sich angeblich nach Großgitternetzen mit ca. 710 m Maschenweite gerichtet haben.

Die Existenz von Gitternetzstrukturen in der beschriebenen Form ist umstritten. Es wird beobachtet, dass bei der >Feldbegehung aufgrund einprogrammierter >Denkmuster eine mentale Auswahl derjenigen >Reaktionspunkte erfolgt, aus denen sich die regelmäßigen Strukturen konstruieren lassen. Auch werden die biologischen Auswirkungen oft übertrieben und sind wahrscheinlich nur den Fällen erheblich, in denen die Netzstrukturen durch zusätzliche (z.B. technische) Anregung höhere >Intensitäten erreichen. Die in der Radiaesthesie häufig hervorgehobene Ausrichtung historische Kultbauten nach bestimmten Gitternetzen lässt außer Acht, dass der radiaesthetische Befund in der Regel nicht zwischen ursprünglich vorhandener und durch das Bauwerk selbst erzeugter Strahlungen unterscheidet. Der Verfasser konnte in vielen Fällen belegen, dass durch Materialauswahl, sogenannte >Zeugengegenstände unter den Fundamenten oder durch bestimmte Bauformen Gitternetzstrukturen als sekundäre Effekte entstanden.

Rutengänger, die sich bewusst von vorgeprägten Denkweisen befreien konnten, beschreiben bei der Suche nach Netzstrukturen, dass zwar hin und wieder gewisse Regelmäßigkeiten angetroffen wurden, meistens aber sowohl örtlich als auch zeitlich starke Schwankungen bei den gitterbildenden Zonen auftraten.

Gittersysteme

Bezeichnung	Ausrichtung	H3-Wert
1. Gitter (Globalgitter nach HARTMANN)	längs und rechtwinklig zur Nord-Südachse	6,10 12,20
2. Gitter (Diagonalgitter nach CURRY)	diagonal zur Nord-Süd-Achse	6,90 13,90
3. Gitter (Blitzgitter nach SCHNEIDER)	unregelmäßig	8,20 8,30

Die H3-Werte können sowohl induktiv als auch kapazitiv auftreten. Polarisation ist meist wechselnd.

1 Dr. med. ERNST HARTMANN, dt., Radiaesthesieforscher, Gründer des Forschungskreises f. Geobiologie e.V. Waldkatzenbach

2 Dr. med. MANFRED CURRY, dt. Radiaesthesieforschungen

3 Obering. SIEGFRIED WITTMANN, dt. Radiaesthesieforschungen

Globalgitter

HARTMANN[1] beschreibt in seinen Arbeiten eine rechteckige >Strahlungsstruktur, die biologische Wirkungen haben soll. Diese Strahlungen treten regelmäßig in Reizstreifen oder >Reaktionszonen auf, die im Abstand von 2 – 2,50 m in Nordsüd- bzw. Ostwest-Richtung verlaufen. Zusätzlich werden in größeren Abständen „Doppelzonen", „Großgitter" u. ä. angegeben. METTLER[2] gibt an, dass sich die Abstände in Nordsüd-Richtung selten verändern, in Ostwest-Richtung zum Teil zwischen 2 und 3 m variieren.

Das Globalgitter soll auf den Erdmagnetismus reagieren und sich zum Teil bei dessen Veränderungen räumlich und zeitlich verschieben. PREIß[3] gibt dazu an, dass sich die Maschenweiten des Gitters zu den Polen hin verringern.

In der >Grifflängentechnik werden zur Festlegung des Globalgitters die >H3-Werte = 6,10 und 12,20 benutzt. Wie beim >Diagonalgitter wechselt sich jeweils eine >rechtsdrehende >Zone mit einer >linksdrehenden ab. Auf den >Kreuzungspunkten jeweils gleichpolarisierter Zonen werden >stehende Felder gemutet, die durch >Reaktionsabstandsmessungen in ihrer >Intensität bestimmbar sind.

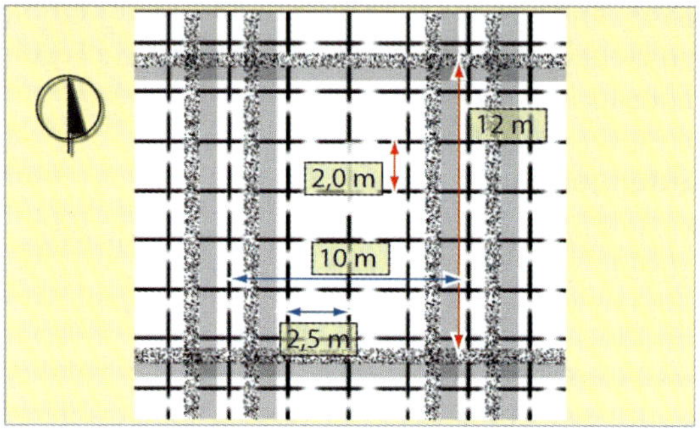

Globalgitter und Grobgitter nach HARTMANN und METTLER

Bei der Betrachtung von >Gittersystemen gilt generell, dass die >Feldbegehungen der >Rutengänger mit gewissen Vorprägungen durchgeführt werden. In der >Radiaesthesie beschriebene Rechteck-Strukturen sind meist Folge von >Reaktionen innerhalb von >Feldern mit mehr oder weniger gleichmäßig verteilter >Strahlungsintensität. >Ruten-Reaktionen auf diese Felder, die in präziser Regelmäßigkeit erfolgen, können als Folge einer >Kalibrierung auf vorgeprägte >Denkmuster sein.

Zur Frage der langfristigen Beständigkeit des Globalgitters, die ja Voraussetzung wäre, wenn historische Bauten früher danach ausgerichtet sein sollen, äußert sich R. PADLIGUR[4] skeptisch. Er verweist dazu auf die permanenten Verschiebungen der magnetischen Pole der Erde, die damit gravierende Auswirkungen auf die Lage der Magnetfeldlinien und damit auf das Globalgitter haben.

1 Dr. med. Ernst Hartmann, dt., Radiaesthesieforscher, Gründer des Forschungskreises f. Geobiologie e.V. Waldkatzenbach

2 Matthias Mettler „Netzgitter-Handbuch", Zürich 1990

3 Dr. Horst F. Preiß, dt., Radiaesthesieforschungen

4 Reiner Padligur, dt. Radiaesthesieforschungen

goldene Grifflänge

Siehe >Grifflänge, goldene.

Grenzlinie

Bezeichnet in der >Radiaesthesie eine am äußeren Rand eines >Feldes oder einer >Zone detektierte >Reaktionslinie.

Grifflänge

Mit Grifflänge bezeichnet man den Abstand von einer genau festgelegten Stelle an der Spitze eines >radiaesthetischen Werkzeuges (>Rute, >Pendel o. ä.) bis zu der Stelle, an der es nach Vorschrift gehalten wird. Nach >Schneider, der die Rute als >Antenne versteht, stellt sie eine optimale Anpassung an die >Wellenlänge der zu suchenden >Strahlung dar.

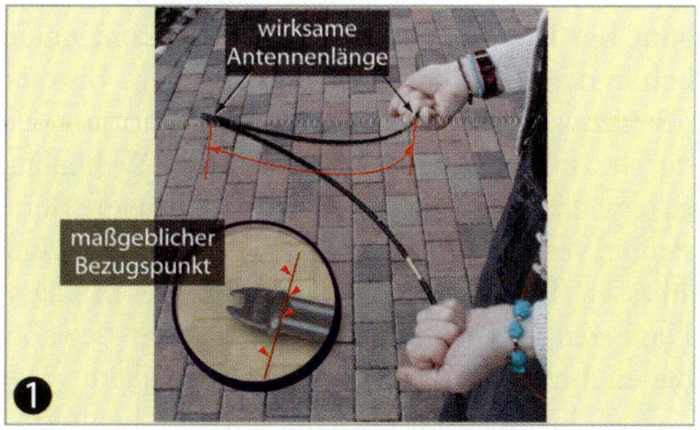

Grifflänge und Bezugspunkt auf der H3-Rute

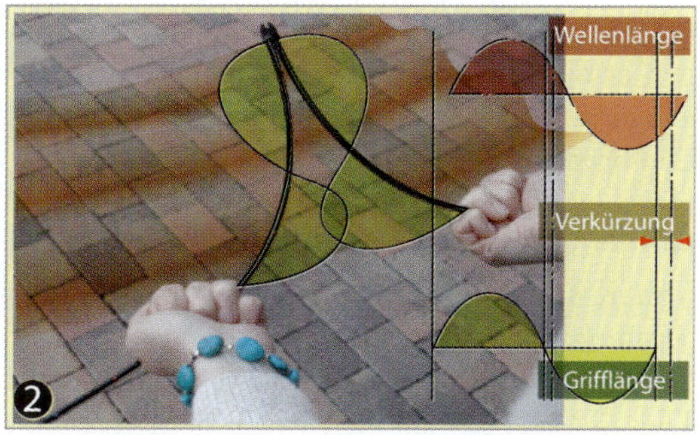

Beziehung zwischen Wellenlänge und Grifflänge

Die Grifflänge ist stets um den >Verkürzungsfaktor kleiner als die empfangene Wellenlänge, sie entspricht der wirksamen >Antennenlänge.

Grifflänge, bestimmende (kennzeichnende)

Bezeichnet die >Grifflängen, mit denen ein >radiaesthetischer >Indikator optimal auf die kennzeichnenden >Wellenlängen einer >Strahlung abgestimmt wird.

Alle Körper, Stoffe, >Zonen senden jederzeit eine Vielzahl von Wellenlängen aus, die durch >Grifflängenziehung ermittelt werden können. Dabei werden z. B. bei der Untersuchung eines homöopathischen Präparates, das sich in einem Glas mit Deckel befindet, korrekterweise auch Wellenlängen festgestellt, die sich nicht auf das Präparat, sondern auf das Glas usw. beziehen. Bei der Konzentration auf die für das Präparat bestimmenden Grifflängen muss der >Radiaesthet die störenden Faktoren >mental unterdrücken.

Die Ermittlung von bestimmenden Grifflängen ist von Bedeutung, damit in den verschiedenen Anwendungsgebieten der Radiaesthesie sich eine gewisse Reproduzierbarkeit ergibt. Deshalb können die echten und abgesicherten bestimmenden

Grifflängen nur nach vielen Reihenuntersuchungen ermittelt werden, die von mehreren Rutengängern möglichst unabhängig voneinander durchgeführt werden.

Grifflänge, goldene

Von KALTEISS[1] eingeführte, individuell auf den >Rutengänger angepasste >Grifflänge, die als Standard für >mentale Abfragen benutzt wird. Dieses Maß, das auf den freien Schenkel einer >Rute übertragen wird, spiegelt die Länge des Ober- und Unterarms wider. Es bildet so ein Empfangssystem, das auf die Persönlichkeit des Rutengängers abgestimmt ist.

Arbeitsblatt 10

1 EWALD KALTEISS, dt., Hochfrequenz- und Radiaesthesieforschungen

Grifflängentabelle

Einstellwerte für die >H3-Antenne oder Grifflängen für die Kunststoffruten werden in Tabellen zusammengefasst und den jeweiligen Bedeutungen gegenübergestellt. Diese Listen sind alphabetisch nach den Zuordnungen und numerisch nach Grifflängen geordnet. Sie enthalten Werte, die z. B. nach medizinischen, biologischen, mineralogischen – aber auch nach geistigen, seelischen und >geomantischen Kriterien ausgewählt sind. Leider ist es bei der Vielzahl von Werten nicht verlässlich, ob diese zuverlässig und vorurteilslos überprüft wurden. Die Zuordnungen werden deshalb als Hinweise behandelt, die stets durch Gegenkontrollen abzusichern sind.

Für die H3-Antenne sind ausführliche Werte-Tabellen verschiedener Autoren[1,2] erhältlich.

1 LÜDELING, I. und H.: H3-Einstellwerte argo2012

2 MAUTHE, RUDOLF: Einstellwerte für Lecher- und H3-Antenne

Grifflängentechnik

Von >SCHNEIDER entwickelte >radiaesthetische Arbeitstechnik auf Basis der >Wellenlängenphysik. Die Rute bzw. das Pendel wird als >Antenne verstanden, bei der mit einer Rutenlänge (=Grifflänge) gearbeitet wird, die auf die zu suchende Wellenlänge abgestimmt ist. Die Grifflängentechnik ist im Prinzip von jedem erlernbar. Die reine Anwendung dieser Technik wird deshalb als >reale Arbeitsweise bezeichnet. Besondere >mentale Fähigkeiten als Vorbedingung sind für die Arbeit mit Grifflängenruten nicht erforderlich. Diese stellen sich jedoch oftmals mit zunehmender Routine ein und erhöhen in der Regel die Zuverlässigkeit der Grifflängentechnik.

Grifflängenziehung

In der >Radiaesthesie werden die verschiedenen >Wellenlängen, die eine >Zone, ein Stoff oder ein Körper aussendet, mit einer speziellen >Abstimmtechnik ermittelt. Diese gliedert sich in >reale und >mentale Arbeitsformen.

Die klassische, reale Form ist das Abstimmen mittels >Pendel oder >Kunststoffrute. Hier wird z. B. eine >Rute in gespannter Form durch Bewegung der Daumenfalten langsam und kontinuierlich in der >Grifflänge soweit verlängert, bis eine >Reaktion auftritt. Diese Länge wird notiert und durch Umrechnung auf die zugehörige Wellenlänge bzw. den zugehörigen >H3-Wert bezogen. Beim Pendel verlängert man langsam den Pendelfaden, stets in Bereitschaft, Reaktionen zu erzielen. Dass sich diese Techniken nur bedingt bewährt haben, beruht vermutlich auf zwei Risiken:

1. die Arbeitstechnik einschließlich der benutzten Indikatoren liefern nur erste Orientierungsda-

ten, die sich auf der H3-Antenne nur breitbandig eingrenzen lassen (Toleranz ± 3 – 5 mm).

2. die angegebenen >Verkürzungsfaktoren sind ebenfalls nur Anhaltswerte.

Bei der halbmentalen Methode des Grifflängenziehens (>scannen) werden direkt mit dem Pendel auf der Platine der Antenne die Knoten der empfangenen >Wellenlängen gesucht und als H3-Werte abgelesen. Diese Ermittlung setzt eine präzise Einstimmung auf den Pendelvorgang voraus, da sich insbesondere durch die auftretende Parallaxe zwischen Pendelspitze und Platinenskala Ableseungenauigkeiten ergeben können.

H. Koch[1] hat dazu eine mechanische Vorrichtung entwickelt, mit der sich dieser Scan-Vorgang ablesesicher durchführen lässt (Abb. 6).

Die >mentale Arbeitstechnik fragt die verschiedenen H3-Werte geistig in Sprüngen ab.

1 Harm Koch, dt. Radiaesthesieforschungen

G. Grifflängenziehung

A. Aufgabenstellung:
Ermittlung der von einem >Zielobjekt abgestrahlten Wellenlängen.

B. Hilfsmittel:
>H3-Antenne, Haltegestell, >Pendel aus Messing und Glas, Formular Protokoll H3-Wertescan, >Grifflängentabelle, Zielobjekt.

C. Ausgangslage:
Die Platine der H3-Antenne wird auf das Haltegestell gesteckt und das Zielobjekt in passender Höhe mit dem ausgewählten Ankopplungspunkt vor der Antennenspitze aufgebaut (Abb. 1). Der >Qualitätenschalter wird auf die gewünschte Position gebracht („I" oder „C"), der >Schieber der Antenne wird ganz an das untere Ende geschoben, der >Polarisationsschalter auf „U" eingestellt.

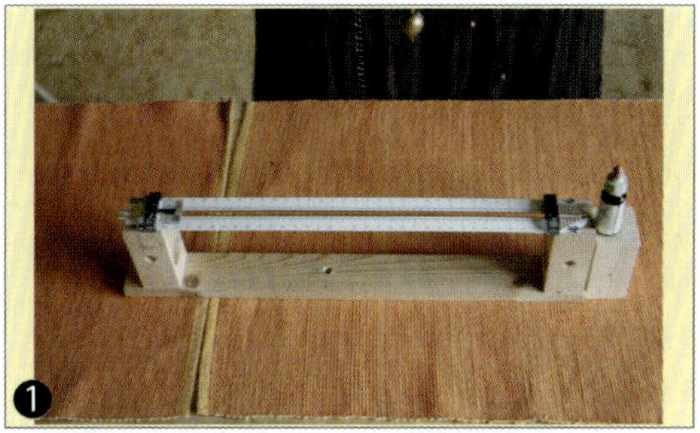

1

H3-Antenne mit Haltegestell und Zielobjekt

Die Antenne nimmt die Gesamtstrahlung des zu untersuchenden Objektes auf und es bilden sich einzelne >stehende Wellen mit fixierten Bäuchen und Knoten aus. Die Knotenlage entspricht den H3-Werten.

D. Scanvorgang:
Mit dem Pendel (Messingpendel für induktive, Glaspendel für kapazitive Untersuchung) wird jetzt unmittelbar über der Platine suchend abgefahren. Begonnen wird unmittelbar angrenzend an dem Qualitätenschalter (Abb. 2).

2

Der Pendelvorgang selber erfolgt in Längsrichtung der Platine entlang der Leiterbahnen. Dabei wird das Pendel schräg (diagonal) zur Bewegungsrichtung angeworfen. Die mentale Vereinbarung für die Pendeluntersuchung lautet: diagonal = „Knoten suchend"; rechtwinklig = „findend, anzeigend". Weitergehend wird vereinbart, dass nur die Wellenknoten gesucht werden, die direkt vom eigentlichen Zielobjekt abgestrahlt werden, nicht jedoch z. B. von dem Material der Flasche, dem Etikettkleber usw.

Die Diagonalbewegung des Pendels wird bei voller Konzentration auf die gesuchten Knoten der stehenden Wellen beibehalten, während es langsam und gleichmäßig über die Leiterbahnen geführt wird .

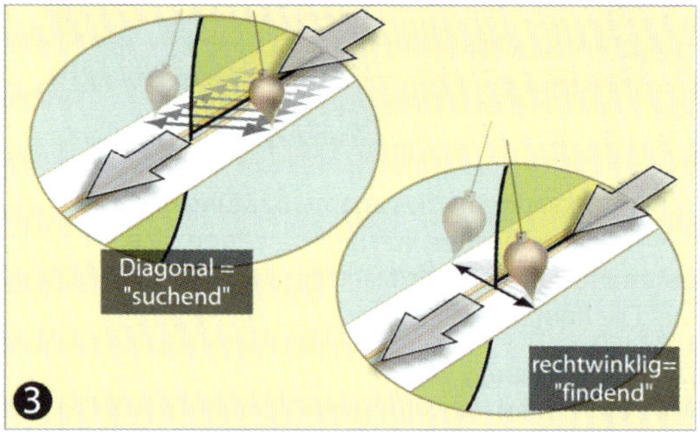

Ist einer der gesuchten Knoten erreicht, muss das Pendel sich vereinbarungsgemäß in rechtwinklige Bewegung einschwingen (Abb. 3). Der Einschwingvorgang des Pendels wird sorgfältig beobachtet, solange bis feststeht, an welchem Wert der Skala sich der gesuchte Knoten befindet. In dieser Technik Geübte lesen den gesuchten Wert sogar auf halbe Millimeter genau ab.

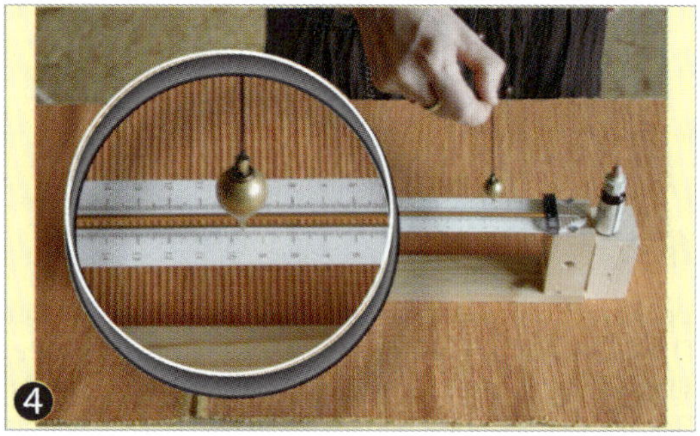

In der Regel tritt beim Ablesen eine gewisse Parallaxe auf, d. h. dass der >Radiaesthet die Pendelspitze aus einem bestimmten Winkel heraus beobachtet. Hierdurch kann es zu Mißdeutungen kommen. Diese können in der Regel durch Präzisierung der mentalen Vereinbarung ausgeglichen werden. Die Präzisierung würde beispielsweise lauten: „Zeige mir mit der Pendelspitze die genaue Lage des Knotens an". Eventuell ist bei der Feinabstimmung darauf das Pendel noch wenige Millimeter zurückzunehmen, solange bis eine eindeutige rechtwinklige Schwingung eintritt (Abb. 4).

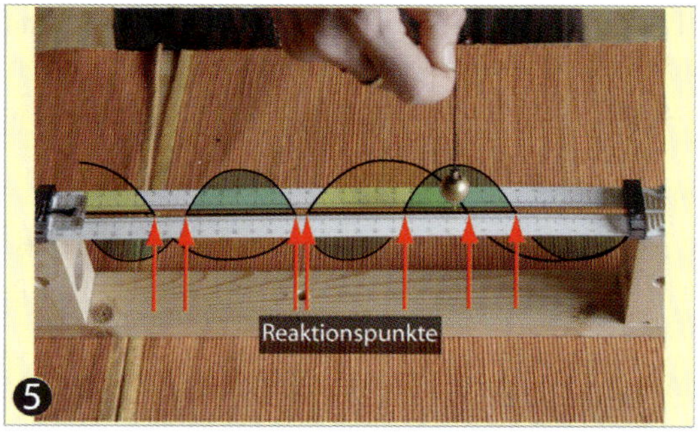

Nach eindeutiger Ermittlung des Skalenwertes des Wellenknotens wird der Scanvorgang fortgesetzt. Dabei ist zu beachten, dass sich durch Überlagerung mehrerer Wellen schon unmittelbar anschließend der nächste Knoten einer weiteren Welle zeigen kann. Abb. 5 zeigt die möglichen Knoten von nur zwei eingestrahlten Wellen, tatsächlich lassen sich stets ein Vielfaches davon bei den Scanvorgängen ermitteln.

Die ermittelten Skalenwerte werden in das Formular als H3-Werte eingetragen.

Hinweis:

Um einen Gesamtstatus der Abstrahlungen zu erhalten, sollten Scan-Durchläufe mit den unterschiedlichen Einstellungen des Qualitätenschalters durchgeführt werden. Folgende Möglichkeiten ergeben sich

1. Qualitätenschalter auf	*„I"*
2. – wie vor auf	*„S"*
3. – wie vor auf	*„C"*
4. Yin-Yang-Schalter in Stellung	*„I YIN"*
5. – wie vor auf	*„S YIN"*
6. – wie vor auf	*„C YIN"*

7. – wie vor auf „I YANG“
8. – wie vor auf „S YANG“
9. – wie vor auf „C YANG“
10. Infrarotsensor auf „I Is“
11. – wie vor auf „S Is“
12. – wie vor auf „C Is“
13. Akustiksensor auf „I Ak“
14. – wie vor auf „S Ak“
15. – wie vor auf „C Ak“.

Bei Verwendung der großen Platine der H3 vom Typ M1 ergeben sich pro Durchlauf (einschließlich halbe Millimeter) 614 einstellbare Werte. Berücksichtigt man jetzt noch die unterschiedlichen Polarisationen („U“, „L“ und „R“) ergeben sich 27.630 verschiedene Einstellwerte.

E. Verifizierung:

Die ermittelten Werte müssen in jedem Fall überprüft werden. Dazu wird die H3-Antenne aus der Haltevorrichtung genommen und die Platine in den Handgriff eingesteckt. Das Zielobjekt wird dann so auf eine Unterlage gelegt, dass eine bequeme Testung über dem ursprünglich gewählten Ankopplungspunkt möglich ist. Dabei wird die H3-Antenne stets in gleicher Höhe über das Zielobjekt bzw. daran vorbei geführt.

Im ersten Fall, wenn das Zielobjekt mit dem Ankopplungspunkt nach oben auf einer Unterlage liegt, wird mit der Antenne in einem Abstand von ca. 5 – 10 cm über dem Objekt gearbeitet. Am unteren Ende des Handgriffes (Einsteckóffnung) wird dann die Strahlung aufgenommen.

Im zweiten Fall handelt es sich um vertikale Abstrahlungen, die dann in ca. 20 cm Abstand untersucht werden. Dabei wird die Antenne so gehalten, dass sich der Schieber stets in Höhe des Abstrahlungsfeldes befindet.

Jetzt kann mit jedem ermittelten H3-Wert über die >Intensitätsbestimmung eine Feinabstimmung durchgeführt werden. Dazu wird der variable Schieber der Antenne zunächst auf den ermittelten Wert eingestellt. Der Qualitätenschalter wird auf die notierte Stellung und der Polarisationsschalter auf „U“ gesetzt.

Entsprechend der >Eintauchmethode werden nun die Eintauchvorgänge gezählt.

Dann folgt eine Überprüfung mit einem H3-Wert, der um 0,5 mm nach unten reduziert wurde. Liegt dessen >Intensitätszahl auf geringerem Niveau (z. B. statt I = 2 nun I = 3), dann ist das Maximum in Richtung des ursprünglichen Wertes zu suchen; zeigt sie ein höheres Niveau, müssen die Kontrollermittlungen so lange fortgesetzt werden, bis eine Absenkung der Intensitätszahlen erkennbar ist.

Analog wird die Prüfung auf der Skala nach oben fortgesetzt. Der Wert mit der höchsten ermittelten Intensität gilt und wird im Formular vermerkt.

Beispiel:
Durch erste Prüfung ermittelt: H3 = 4,50 mit I = 4
Kontrolle 1: H3 = 4,55 mit I = 5
ergibt eine Verringerung, deshalb folgt
Kontrolle 2: H3 = 4,45 mit I = 3
ergibt eine Erhöhung, deshalb folgt
Kontrolle 3: H3 = 4,40 mit I = 2
ergibt eine weitere Erhöhung, deshalb folgt
Kontrolle 4: H3 = 4,35 mit I = 3
ergibt wieder eine Verringerung, somit braucht nicht weiter gesucht zu werden.
Ergebnis:
Der gesuchte Werte ist H3 = 4,40 mit I = 2.

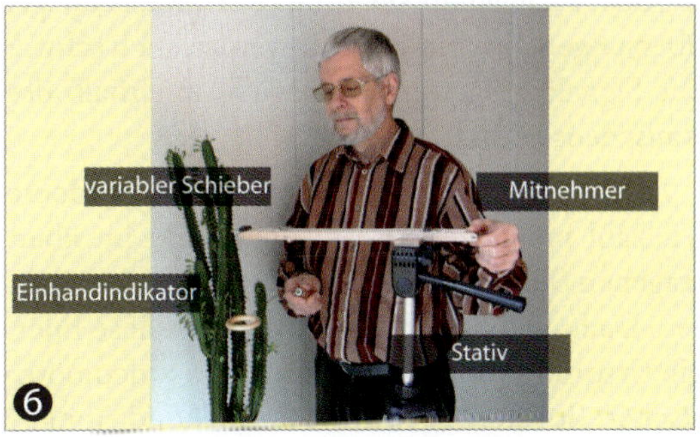

Ablesevorrichtung für H3-Scans nach KOCH

F. Weitergehende Untersuchung:

Jetzt folgt in gleicher Arbeitshaltung die Bestimmung der >Polarisationen (Beachte dortige Ausführungen). Die Ergebnisse werden pro H3-Wert zeilengleich als festgestellter Intensitätswert eingetragen.

Alternativ zur der beschriebenen Pendeltechnik kommt

zunehmend die Direktablesung mit Hilfe der auf einem Stativ befestigten Vorrichtung nach Koch zum Einsatz. Hier wird mechanisch der variable Schieber über einen Mitnehmer bewegt. Der Indikator reagiert dann auf den jeweils erreichten Resonanzpunkt.

Grundrauschen

Der Begriff des Rauschens kommt ursprünglich aus der Akustik und bezeichnet einen Zustand, in dem alle akustischen >Frequenzen mit gleicher >Amplitude zu hören sind (weißes Rauschen).

Da jeder Stoff allein schon aufgrund seiner Wärmestrahlung regellos und breitbandig Strahlungsenergie aussendet, entsteht im Kosmos eine >elektromagnetische Strahlung, die dem Rauschen der Akustik ähnelt. Der Leistungspegel dieses Rauschens schwankt tages- und jahreszeitlich und ist abhängig von dem betrachteten Frequenzbereich. Früher konnten nur >Signale, empfangen werden, wenn deren >Feldstärke den Rauschpegel übersteigen. Seit einiger Zeit werden auch schwache Signale ausgewertet, die sich innerhalb des Rauschens verbergen.

In der >Radiaesthesie wird die ungeordnete Vielzahl möglicher >Reaktionspunkte im übertragenen Sinne als Folge des Rauschens betrachtet. Dadurch besteht die Gefahr, dass diese Energie Ursprung von >Detektionen rein >ideomotorischer Strukturen wird. Nur unkonditioniert gewonnene, reproduzierbare Ruteneffekte lassen auf real vorhandene Felder schließen.

H3-Antenne

>Abstimmbarer >radiaesthetischer >Indikator, der auf dem Wirkprinzip der >Lecherleitung aufbaut. Im Gegensatz zu der >Lecherantenne® nach >SCHNEIDER ähnelt das Herzstück der H3-Antenne dem Original des Parallelleitungssystems nach E. LECHER[1]. Er benutzte in Luft geführte parallel gespannte Drähte, um die Längen der eingespeisten >elektromagnetischen Wellen zu messen. Auf der Hauptplatine der H3-Antenne ist ein Luftschlitz eingefräst, an dessen Kanten und Seitenwangen die vergoldeten Parallelleiter ausgebildet sind.

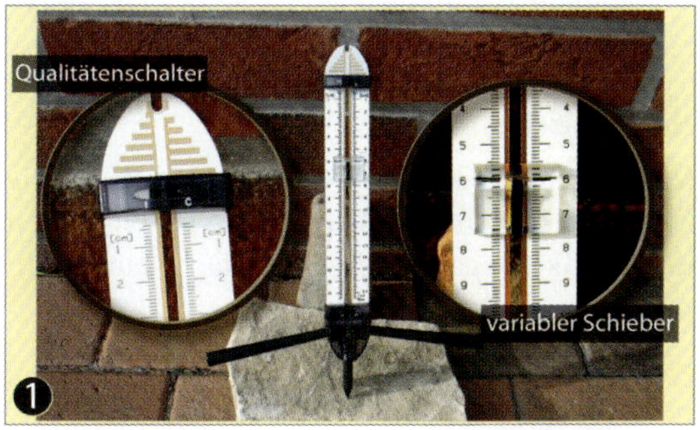

H3-Antenne (Starterset) mit eingesetzter Peilspitze

Die Parallelleiter werden am oberen Ende mit dem >Qualitätenschalter in Stellung „I" galvanisch leitend und in Stellung „C" kapazitiv überbrückend abgeschlossen. Ein variabler Schieber schließt die Leiterbahnen an den gewünschten Einstellwerten (cm-Skala) kurz. Bei Einspeisung von elektromagnetischen Wellen in dieses System kommt es zur Ausbildung von >stehenden Wellen, die Spannungsbäuche (Energiemaxima) und Spannungsknoten (Energieminima) ausbilden. Da die Position der Bäuche und Knoten im System fixiert bleibt, kann über die exakte Positionierung des variablen Schiebers in einem Knoten auf die Länge der eingespeisten Welle geschlossen werden.

In Stellung „I" bilden sich die Knoten stets annähernd bei einem ganzzahligen Vielfachen der halben Wellenlänge aus. In Stellung „C" treten die Knoten in gleichem Abstand, jedoch um ein Viertel der Wellenlänge verschoben auf.

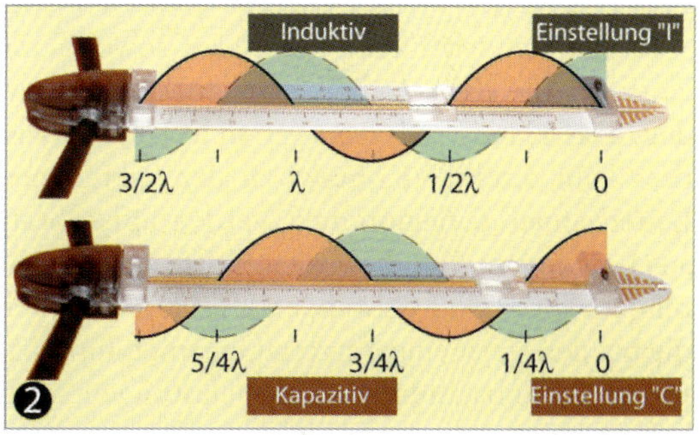

Feldverteilung bei unterschiedlicher Stellung des Qualitätenschalters

R. SCHNEIDER gab für seine Lecherantenne® an, dass sich – bedingt durch das Platinenmaterial zwischen den Leiterbahnen – die Lauflänge der Welle um den Faktor 2 zusammenstaucht. Das hätte zur Folge, dass die von ihm angegebenen LA-Einstellwerte für die H3-Antenne verdoppelt werden müssten. Die Praxis zeigte stattdessen, dass sich die Original-Lecherwerte direkt 1 : 1 in Zentimetern auf die H3-Antenne übertragen liessen. Vermutlich sind die tatsächlichen Längen der Wellen um ein ganzzahliges Vielfaches kleiner als von SCHNEIDER angenommen.

Problematisch ist jedoch, dass eine Reihe von Lecherwerten veröffentlicht sind, die offenbar nicht mit dem von Schneider favorisierten Viertelwellenlängensystem kompatibel sind. Diese Werte lassen sich nur experimentell auf die H3-Antenne übertragen.

Die Unterscheidung von >Polarisationen der Strahlungen erfolgt mit Hilfe des eingebauten Schalters am unteren Ende der Platine. Hier sind drei Wahlstellungen möglich: „U" = Unipolar oder auch ungefiltert, „L" für >linksdrehende Polarisation und „R" für >rechtsdrehende Polarisation.

In den Handgriff kann bei Bedarf sowohl eine lange Platine als auch die kleine eingesteckt werden. Das Handstück zeichnet sich dadurch aus, dass kein direkter Kontakt zu den metallenen Leiterbahnen aufgenommen werden muss. Statt aus leitfähigem Metall werden Griffe aus halbleitendem Kunststoff verwendet. Hierdurch werden die bei den sonst eingesetzten Ganzmetallindikatoren zu beobachtenden Herzbelastungen deutlich reduziert.

Zur Feindetektierung wird vertikal eine >Peilspitze in den Handgriff eingesteckt. Sie lässt sich ebenfalls horizontal auf der Platinenspitze für Fernpeilungen verwenden. Dort kann man sie mit einem Doppelnosodenhalter (steckbare Aufnahmevorrichtung für Testobjekte) kombinieren.

Eine Reihe von Zusatzaggregaten können in die untere Öffnung des Handstückes eingesetzt werden und sind galvanisch leitend in den Parallelleiterschwingkreis integriert. Zur Zeit sind ein >Yin-Yang-Schalter, ein >Infrarot- und ein >Akustiksensor erhältlich. In Vorbereitung ist ferner ein Abschwächer sowie die Erweiterung der Einstellmöglichkeiten des Qualitätenschalters auf die Stellung „S" (=*semiconducting*, halbleitend).

1 Ernst Lecher, 1856 – 1926, österr. Physiker

Halbleiterschieber

Bei der >Lecherantenne® werden zur Ermittlung der >induktiven und >kapazitiven Qualitäten von >Wellenlängen unterschiedliche Schieber eingesetzt. Der Halbleiterschieber, bei dem die kurzschließende Verbindung aus halbleitendem Material besteht, hebt die Unterschiede auf. Auf diese Weise werden >radiaesthetische >Reaktionen sowohl auf induktive als auch auf kapazitive Anteile einer >Zone erzielt. Eine Unterscheidung der Qualitäten ist mit diesem Schieber nicht möglich.

Für die >H3-Antenne wird in Kürze die entsprechende Wahlmöglichkeit „S" in den >Qualitätenschalter integriert.

Harmonische

Von griech. *harmonia* „Ebenmaß, Einklang, Wohlklang, richtiges Verhältnis" bezeichnet in der Physik alle ganzzahligen Vielfache einer >Frequenz.

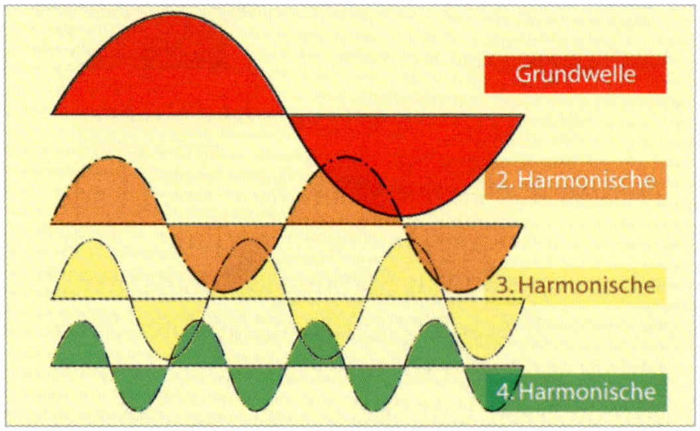

Wellenlängen der ersten vier Harmonischen

Die erste Harmonische ist die Grundfrequenz selbst, die zweite die Verdoppelung der Grundfrequenz, die dritte die Verdreifachung usw. Eine

Vervielfachung der Frequenz hat zur Folge, dass sich die >Wellenlänge entsprechend verkleinert.

Hauptzone

Innerer Bereich der >Spektroide eines >Strahlungsfeldes über Anomalien im Untergrund, die künstlichen oder natürlichen Ursprungs sein können. Unter künstlichen Anomalien werden Erdkabel, Kanalrohre usw. verstanden, unter natürlichen sämtliche geologischen Unregelmäßigkeiten im Schichtaufbau.

Die Breite der Hauptzone bestimmt sich aus der Breite der Anomalie und zusätzlich deren Tiefenlage, wobei die zwischen Oberfläche und Anomalie befindlichen Bodenschichten unterschiedliche Faktoren bestimmen, welche die Hauptzone breit oder schmaler erscheinen lassen. Lehm z. B. zieht das Strahlungsfeld zusammen, trockener Sand dagegen lässt die Zone bei gleicher Tiefe breiter erscheinen.

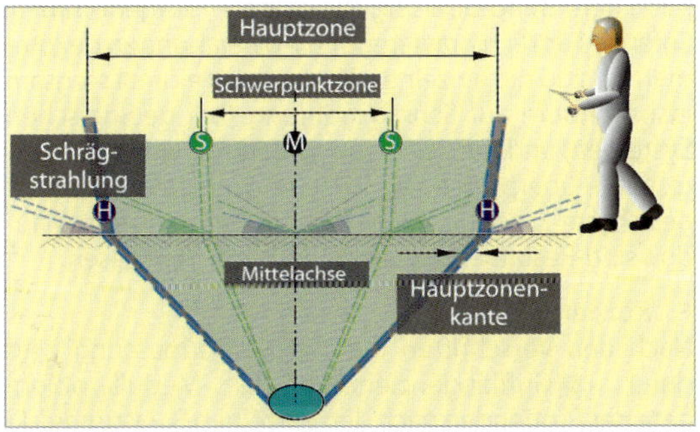

Hauptzone einer Wasserader (vertikaler Maßstab stark verkleinert)

Die Hauptzone schließt die >Schwerpunktzone ein. Bei einer >Wasserader wird sie von den Hauptzonenkanten begrenzt, aus deren Breite geübte Wassersucher Rückschlüsse auf die Ergiebigkeit der Wasserführung (>Schüttung) ziehen.

Innerhalb der Hauptzone zeigen sich sämtliche >Wellenlängen mit nennenswerten >Intensitäten, die im gesamten Spektroidensystem enthalten sind. Sofern diese ihrerseits mit >Kantenbreiten detektierbar sind, kann man durch Vergleichsuntersuchungen an bekannten Verhältnissen Rückschlüsse auf geologisch vorhandene Stoffe und deren Reichhaltigkeit ziehen. Weisen die Reaktionslinien der Strahlungen keine Kantenbreiten auf, handelt es sich nur um reine, immaterielle >Informationsstrahlungen.

Bedingt durch die in den Hauptzonen vorhandenen Nebenstrahlungen werden sie in ganzer Breite in der >Radiaesthesie als biologisch wirksam angesehen. Eine Ausnahme besteht bei Systemen, deren Ursprung sehr tief im Untergrund zu finden ist (ab ungefähr 150 m). Hier bilden sich innerhalb der Hauptzone Untergruppierungen aus, an denen sich die biologischen Wirkungen festmachen.

Hausuntersuchung

Eine Haus- und Schlafplatzuntersuchung ist wesentlicher Bestandteil einer >radiaesthetischen Umfeldsanierung. Sie kann insbesondere bei vorliegenden chronischen Krankheiten zum Ausschluss von latent vorhandenen äußeren Ursachen und zur Aufspürung individueller >psychodynamischer Verflechtungen angezeigt sein.

Radiaesthetische Umfeldsanierungen sollten stets von messtechnischen Untersuchungen begleitet werden. Hier sind insbesondere die Messungen zur elektromagnetischen Verträglichkeit (Elektrosmog) zu nennen. Diese Messungen gehen jedoch hier über das rein radiaesthetische Interesse hinaus und sind nicht Gegenstand dieser Ausführungen. Es wird deshalb dringend auf ergänzende Literatur und elektro- und baubiologische Fachausbildungen verwiesen[1].

1 beispielhaft sei hier angeführt: Schauer, Virnich: Baubiologische Elektrotechnik, Heidelberg 2005 und Veröffentlichungen des Institutes für Baubiologie, Neubeuern

S. Hausuntersuchung

A. Aufgabenstellung:
Eine radiaesthetische Hausuntersuchung in Ergänzung messtechnischer Analysen zur Vorbereitung einer Umfeldsanierung durchführen.

B. Hilfsmittel:
>H3-Antenne mit großer und kleiner Platine incl. aller Zusatzaggregate, Glas- und Messingpendel, H3-Rute, Abschirmfolie, H3-Werteliste, >Markierungshölzchen, Protokoll H3-Wertescan, Kompass, Meterstäbe, Bandmaß, topografische, geologische und hydrologische Karten des Untersuchungsgebietes nebst Beiblätter, wenn verfügbar.

C. Ausgangslage:
Auf Empfehlung meldet sich ein Proband, dessen Haus- und Schlafplatz untersucht werden soll. Informationen über bestimmte Krankheiten oder sonstige Besorgnisse werden zunächst nicht gegeben.

Nachdem der Proband über die rechtlichen Grenzen einer radiaesthetischen Arbeit aufgeklärt wurde, sendet er zunächst Fotos, Lageplan und Grundrisse von seinem Anwesen zu sowie auch Ganzkörper- und Nacken-Fotografien von seiner Person.

D. Vorermittlung:
Anhand der übersandten Unterlagen, der verfügbaren Karten und Zusatzinformationen wird zunächst ermittelt, welche geologischen Verhältnisse im Grundsatz zu erwarten sind. Dabei liefern insbesondere die Beiblätter zu den geologischen und hydrologischen Karten Hinweise auf besondere Anomalien, die in dem Gebiet vorkommen können. Aus den topografischen Unterlagen können zum Teil die morphologischen Gegebenheiten abgeleitet werde, zum Teil sind aber auch Sendemasten verzeichnet, die unter Umständen flächig oder als lokale Richtfunkanlagen auf das Umfeld wirken.

Anhand der Fotos sind insbesondere die lokal vorhandenen Umgebungsfaktoren wie z. B. Straßensituation, Parkplätze, Metallrankhilfen, Antennenanlagen aber auch erkennbare Wuchsanomalien aufzunehmen.

Entsprechend eingestimmt wird zunächst ein unverbindliches >Map-dowsing auf Kopien des Lageplanes und der Grundrisse durchgeführt. Die Ergebnisse werden notiert, aber zunächst nur für spätere Vergleiche verwahrt.

E. Außenbegehung:
Nach Aufsuchen der Liegenschaft des Probanden muss zunächst geprüft werden, ob der eigene Kraftwagen ordnungsgemäß und nicht zusätzlich störend für das Untersuchungsobjekt abgestellt wurde. Es empfiehlt sich, ihn in sicherer Entfernung vom Haus im Straßenraum abzustellen.

Nachdem der Proband über den Ablauf der Untersuchung informiert ist, wird die >Außenbegehung durchgeführt. Nach Abschluss dieser Begehung und der Dokumentation der Ergebnisse wird ein Vergleich mit den Map-dowsing-Resultaten vorgenommen. Sofern es dort zu gravierenden Abweichungen gekommen ist, sind die einzelnen Zonen noch einmal sorgsam insbesondere auf Schrägstrahlung (bei geologischen Systemen) und durch Anwendung des >Rückschritttestes zu überprüfen. Gültig ist am Ende immer nur das gesicherte Ergebnis. Keinesfalls sollte man dem Map-dowsing-Resultat zu große Bedeutung beimessen.

F. Körpermessung:
Nach den Vorschriften der >Körpermessung wird durch >Grifflängenziehen an der >Medulla oblongata des Probanden nach den einzelnen Belastungsfaktoren gesucht. Dabei ist noch einmal darauf hinzuweisen, dass mit dieser Untersuchung keinerlei Diagnosen des Gesundheitszustandes verbunden sind. Es werde vielmehr nach belastend empfundenen Stressoren gesucht, die Hemmnis für die Schaffung eines harmonischen Wohnumfeldes darstellen können. Die Umfeldsanierung ist deshalb keine Leistung im heilkundlichen

Sinne, sondern hat nur allgemein wohltuenden, innenarchitektonisch gestaltenden Charakter.

G. Störersuche:
Mit den ermittelten H3-Werten wird anschließend der Schlafplatz untersucht. Dabei ist jeder einzelne Wert lagerichtig in der Bettstelle zu ermitteln und mit Hölzchen zu markieren. Durch die Bestimmung der >Einfallsrichtung, durch >Peiltechnik und die Technik der >Zonenverfolgung wird versucht, den Emittenten dieses Strahlungsfeldes mit dem H3-Wert aufzuspüren.

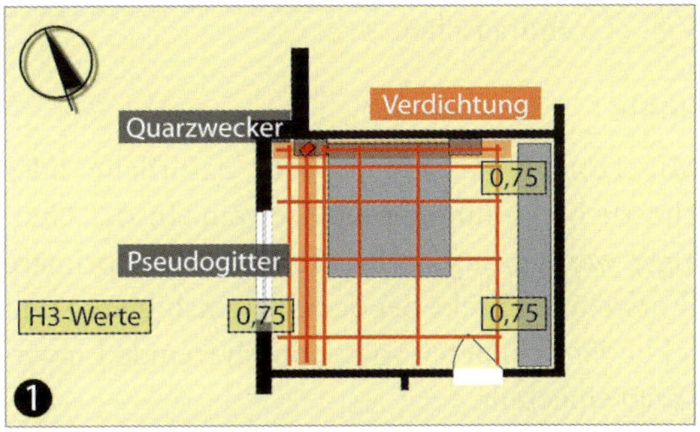

Typisches Abstrahlfeld eines Batterieweckers

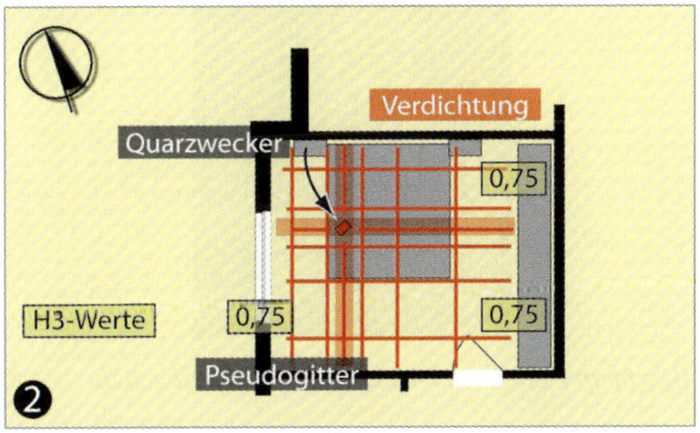

Verschiebung des Abstrahlfeldes durch Umsetzen des Emittenten

Ist ein Gegenstand ausgemacht, wird er wenn möglich um ca. 1 m seitlich verschoben. Nun erfolgt die Gegenkontrolle im Bettplatz. Hat sich das dortige Störfeld verändert, ist wahrscheinlich der Störer gefunden (Zumindest aber ein >Sekundärstörer, der bewirkt, dass die Strahlung in das Bett hineingelenkt wird).

H. Sanierungen:
Die sinnvollste Sanierungsmaßnahme ist zunächst die vollständige Beseitigung der Störer. Da radiaesthetisch ermittelte Störfaktoren immer etwas mit Resonanz und Resonanzbereitschaft zu tun haben, gehört zu einer nachhaltigen Sanierung die Klärung des >psychodynamischen Resonanzpotentials der Störer. Der psychodynamisch arbeitende Radiaesthet wird sich also nicht darauf beschränken, den Störer zu entfernen, sondern hinterfragt, ob und warum gerade dieser Gegenstand belastend wirkt. Häufig liefern durch die Störgegenstände verkörperte symbolartige Bezüge wertvolle Hinweise für eine weitergehende Behandlung durch fachkundige Psychotherapeuten.

Auch in den Fällen, wo sich keine psychodynamischen Verkopplungen zeigen, werden die Störfaktoren soweit wie möglich beseitigt. Wirken Gegenstände in den Schlafplatz hinein, von denen sich der Proband nicht trennen kann, können sie meist durch Verbringen an einen anderen Platz sicher aufbewahrt werden. In vielen Fällen hat sich bewährt, sie höher unterzubringen, als die Schlafebene liegt. Dinge, die z. B. auf Schränken oder auf dem Dachboden aufbewahrt werden, wirken selten in ein tiefer aufgestelltes Bett hinein (Ausnahme: psychodynamische Beziehungen). Nur sollte vermieden werden, die Dinge in der darüberliegenden Etage direkt wieder in einem Bereich senkrecht über dem Bett aufzustellen.

H3-Werte der aufgefundenen Störfaktoren können auch deutliche Hinweise auf andere Grundbelastungen (>Störfaktoren, primäre) liefern. Dann besteht auch nach dem Entfernen dieser Gegenstände ein hohes Risiko, dass erneut andere Dinge in dem primären Strahlungsfeld resonant reagieren und dann den Schlafplatz erneut belasten (>Störbeziehungen).

Es ist in solchen Fällen wünschenswert (aber leider nicht immer möglich), das primäre Strahlungsfeld wirkungsvoll zu neutralisieren – auch wenn es nur indirekt in den Schlafplatz hineinwirkt (>Feldveränderung).

I. Elektrobiologie:
Wie bereits ausgeführt, kann auf die messtechnischen Aspekte elektrobiologischer Untersuchungen hier nicht eingegangen werden. Trotzdem sind sie unverzichtbarer Bestandteil einer sorgfältigen Schlafplatzsanierung.

Ein nach der psychodynamischen Radiaesthesie arbeitender Hausuntersucher wird diesen Part erst im Anschluss an seine radiaesthetischen Ermittlungen durchführen. Warum? Das elektrische Umfeld stellt einen wichtigen Allgemeinanreger dar (primärer Störfaktor). Dieser regt üblicherweise einige Gegenstände des Wohnumfeldes zur Abstrahlung von belastenden Einflüssen an, die sich bereits als H3-Werte der Körpermessung gezeigt haben. Würde man die messtechnischen Untersuchungen an den Beginn der Hausuntersuchung stellen, steigt das Risiko, wichtige Belastungsfaktoren und deren psychodynamisches Potential nicht zu erkennen.

Ein zweiter Grund ist, dass die Arbeit messtechnischer Gerätschaften auch ohne besonderen Einsatz eigener Energiepotenziale durchgeführt werden kann.

K. Beratung:
In der psychodynamischen Radiaesthesie kommt dem aufklärenden vertrauensvollen Hintergrundgespräch hohe Bedeutung zu. Würde der durchschnittliche Zeitaufwand zu kalkulieren sein, nimmt die Beratung deutlich mehr als 50% der Untersuchungsdauer in Anspruch. Das Beratungsgespräch dient zur Verdeutlichung der Zusammenhänge. Es stellt die Mitverantwortung jedes Probanden für die von ihm geschaffene Umgebung in den Vordergrund und eröffnet damit die Möglichkeit zur nachhaltigen Selbsthilfe. Wenn Probanden nicht zufrieden mit den Leistungen der Hausuntersucher sind, liegt es nicht unbedingt an deren Rutenfähigkeiten sondern eher an der zu geringen und nicht bedürfnisgerechten Kommunikation.

Dass überdies keinesfalls bewusst oder unbewusst Ängste (Erdstrahlen als Krankmacher) geschürt werden sollen, versteht sich von selbst.

M. Dokumentation:
In Form einer ausführliche Dokumentation bekommt der Proband zum Abschluss eine Unterlage an die Hand, mit der er die wichtigsten Zusammenhänge und gegebenen Empfehlungen noch einmal nachempfinden kann. Diese Unterlage sollten unbedingt Angaben enthalten über das untersuchte Objekt, über die Untersuchungsmethode und die benutzten Gerätschaften, wer, was, wann und wo untersucht hat und wie Befunde und Sanierungsvorschläge lauten. Auch sollte darin aus rechtlicher Sicht noch einmal deutlich gemacht sein, in welchem rechtlichen Rahmen sich die Hausuntersuchung bewegt.

Hintergrundstrahlung

Vgl. >Grundrauschen

Höhle

Mit Höhlen bezeichnet man natürliche oder künstliche Hohlräume im Gestein. In der Geologie werden natürliche Hohlräume in primäre (Entstehung direkt bei der Gesteinsbildung) und sekundäre Höhlen (- später durch fremde Einwirkung) eingeteilt.

© Roger Schuster

Begehbarer Hohlraum einer Höhle im Kalkgestein

Primäre und künstliche Hohlräume haben in der Regel nur geringe Ausmaße, die sekundären (z. B. Karsthöhlen) bilden dagegen oft weitverzweigte Systeme.

>Radiaesthetisch sind Höhlen durch ihr >spektroidenförmiges >Strahlungssystem erkennbar. Aufgrund der Ähnlichkeit im Abstrahlverhalten mit >Gängen besteht hier Verwechslungsgefahr.

Höhle	
Höhle / Gangsystem – Mittelachse	4,25
– Schwerpunktzone	8,50 / 12,70
– Hauptzone	10,60
– Ankündigungen	10,60
– Wasserführung (Mitte des Gerinnes))	3,10
– - Schwerpunktzone (Ufer des Gerinnes)	7,80 / 10,80
– - Hauptzone (Einfluss der Tiefenlage)	9,25 / 15,45
Qualität und Polarisation variabel	

Hohlräume, künstliche

Bei Grundstücks- und >Hausuntersuchungen stellen die künstlichen Hohlräume einen >Störfaktor dar, der häufig mit >geologischen Störungen verwechselt wird. Ein künstlicher Hohlraum ist auf gleiche Weise zu >muten wie eine natürliche >Höhle oder ein >Gang. >Grifflängen und >Spektroide sind nahezu identisch. Allerdings würde bei einer korrekten >mentalen Abfrage mit: „Liegen geologische Störungen vor?" logischerweise keine >Reaktion erfolgen. Erst die ergänzende Frage: „Liegen erdgebundene künstliche Störungen vor?" kann das gewünschte Resultat liefern.

Unter künstlichen Hohlräumen werden Beton-, Steinzeug- und Kunststoffrohre, abgedeckte Brunnen, Tanks, Bunker, Keller, bergbauliche Anlagen, Kavernen, Kasematten, Gräber u. ä. gezählt. Auch können Hohlräume künstlich entstehen, wenn bei Aufschüttungen oder Verfüllungen Schutt oder Gesteinsbrocken verwendet werden und eine ordnungsgemäße Verdichtung unterbleibt.

Hohlräume, die rundum mit Metall ummantelt sind (Stahltanks, Gussrohre, Fernheizleitungen), sind nicht mit den Grifflängen für Höhle/Gang zu orten, da die betreffenden >Wellenlängen durch die >Abschirmung des Metalls nicht austreten.

Hohlraumresonator

Hohlräume mit gut leitenden Innenflächen stellen >Resonatoren dar, in denen sich >stehende Wellen ausbilden können. Dosen, Eimer, Töpfe usw. können von entsprechenden >Wellenlängen angeregt werden, wenn diese mit ihren Abmessungen und Formen in >Resonanz geraten.

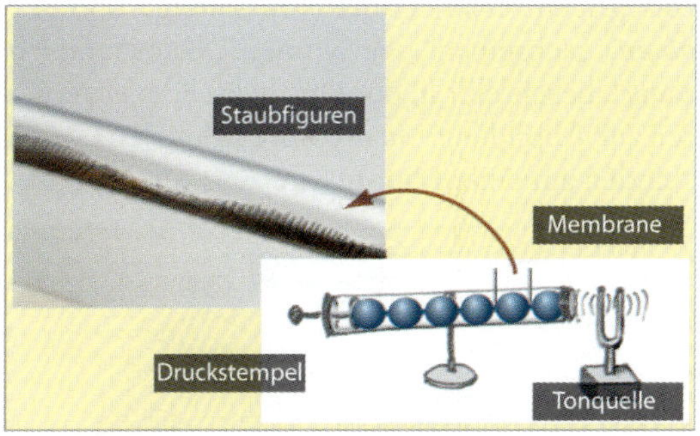

Kundtsches' Rohr als Hohlraumresonator

Ein an einem Ende geschlossenes Rohr bildet einen abstimmbaren Hohlraumresonator, wenn in das andere Ende ein dicht schließender Druckstempel eingeführt wird und der Innenraum die Ausdehnung von einem Mehrfachen der halben Länge einer eingespeisten Schallwelle aufweist. Abstimmbare Hohlraumresonatoren dienen in der Mikrowellentechnik zur Bestimmung der >Frequenz von >elektromagnetischen Wellen.

>Radiaesthetisch sind Hohlraumresonatoren bedeutsam, da die stehenden Wellen im Inneren von Hohlkörpern auch in der Umgebung >Strahlungsfelder erzeugen. Wenn Hohlraumresonatoren durch z. B. >geologische Störungen angeregt werden (bei wellenlängengenauer >Abstimmung), kann es zu einer Zunahme der >Intensität der Ausgangsstörung kommen, bzw. es können sich in ungünstigen Fällen neue Zonen bilden, welche die ursprüngliche überlagern und überproportional verstärken (vgl >Kreuzungssystem).

1 August A.E. Kundt, dt. Physiker, *1839 †1894

Holographie

Aus griech. *holos*, „ganz, vollständig" und *graphein*, „schreiben", zusammen „Ganzaufzeichnung", beschreibt in der Optik ein Spezialverfahren zur Abbildung von dreidimensionalen Gegenständen auf einer Photoplatte.

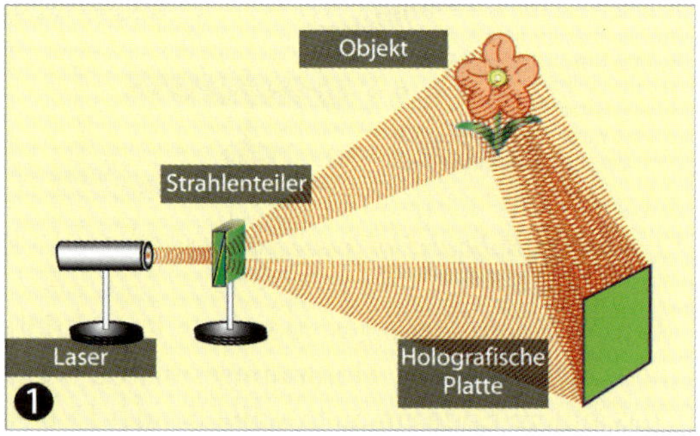

Herstellung eines Hologramms (Bildaufnahme)

Die Belichtung der Platte erfolgt einerseits direkt, andererseits über Spiegelung der normalerweise unsichtbaren Seiten der Gegenstände. Auf dem dann angefertigten Umkehrbild – dem Hologramm – sind die >Interferenz-Muster gespeichert, die bei erneuter Durchleuchtung mit Licht von ähnlicher >Wellenlänge ermöglichen, dass die ursprünglichen Gegenstände optisch rekonstruiert werden können.

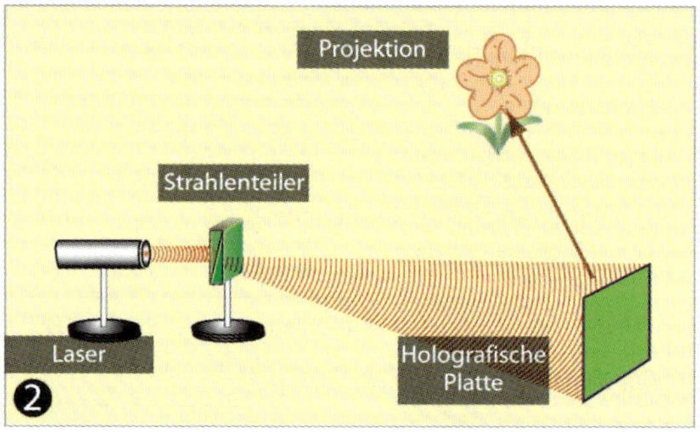

Dreidimensionale Reproduktion des Objektes

In der >Radiaesthesie wird der Begriff übertragen angewendet, wenn bei Handschriften, Photos, Grundrissplänen, Karten usw. nicht sichtbare >Informationen abgefragt werden. Siehe auch unter >Fernmutung, >Map-dowsing, >mentale Abfragen, >Psychometrie.

Ein weiteres holographisches Phänomen wird ebenfalls radiaesthetisch detektiert: Die Einprägung von >Schwingungsinformationen von malignen Tumoren, wie sie bei degenerativen Krankheiten auftreten. Tumore erzeugen häufig ein eigenständiges Strahlungsfeld, das sich sowohl in die Bettstelle selber als auch in die rechtwinklig zueinander stehenden Raumwände einprägen kann. Rutengänger sind dann selbst bei leergeräumten Schlafzimmern in der Lage, dieses Strahlungsfeld holographisch zu rekonstruieren.

Es wirkt beeindruckend, wenn Rutengänger ohne Vorwissen zielgerichtet den sogenannten Krebspunkt finden, der sich mit der Stelle eines früher dort vorhandenen malignen Tumors deckt. Nur, wird mit diesem Befund auch schon ein Beweis geliefert, dass das detektierte Strahlungsfeld Ursache für die vormalige Erkrankung ist?

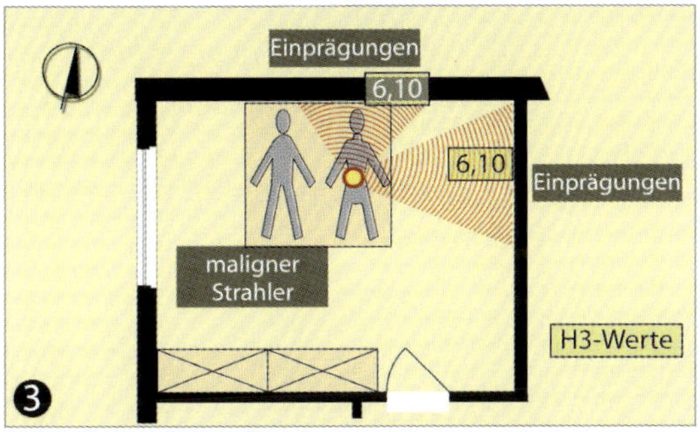

Einprägung von körpereigenen Strahlungen

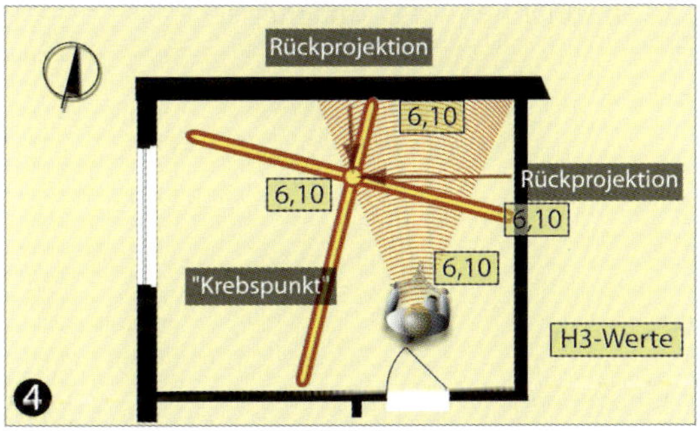

Rückprojektion des Strahlungsfeldes auch nach längerer Abwesenheit und Ausräumung des Mobiliars möglich

Ein seriöser >Radiaesthet wird sich deshalb stets zurückhalten, wenn es darum geht, Krankheiten als Folge des reinen Einflusses von Strahlungsfeldern zu konstatieren.

Homöopathie

Aus griech. *homoios* „gleichartig" und *pathos* „Leiden, Schmerz" als Begriff in der Naturheilkunde gebraucht für eine Heilweise, bei der mit kleinsten Dosen (>Schwingungsinformationen) Mittel bei Kranken angewendet werden, die beim Gesunden in höherer Dosierung ähnliche Krankheitserscheinungen hervorrufen würden. Der Begründer Samuel Hahnemann hatte 1790 einen Selbstversuch mit Chinarinde durchgeführt und dabei das Ähnlichkeitsprinzip der Homöopathie „*Similia similibus curentur*" entdeckt. Zwischen 1820 und 1830 entwickelte Hahnemann das >Potenzieren.

In der >Radiaesthesie können homöopathische Arzneimittel direkt als >Testobjekte insbesondere für schwer erkennbare großflächig wirkende >Feldinformationen eingesetzt werden, wie sie z. B. bei alten >geomantisch intakten >Strahlungsfeldern mittelalterlicher Stadtgründungen vorhanden sind. Es gibt Hinweise darauf, dass den Bewohnern solcher Siedlungen gleiche oder ähnliche Grundkonstitutionsmittel verabreicht werden, mit denen als Testobjekt die Siedlung auch anzupeilen ist (>Peiltechnik).

Hornstrahler

Hornstrahler sind Spezialantennen, die in der Hochfrequenztechnik bzw. als Speziallautsprecher in der Akustik eingesetzt werden. Die trichterförmige Ausbildung der Austrittsöffnung ermöglicht einen besonders guten Übergang aus dem einspeisenden (Hohl-) Leiter in den freien Ausbreitungsraum.

In der >Geomantie bzw. klassischen Architektur erinnern häufig die Eingänge romanischer bzw. gotischer Kirchen oder anderer bedeutender

Bauten an Hornantennen. KALTEISS[1] beschreibt eine auffallende Ähnlichkeit der hintereinander gereihten, nach innen immer kleiner werdenden Portalbögen mit sogenannten Rillenhornstrahlern, wie sie heute gern für >Mikrowellen in >Frequenzbereichen zwischen 1 und 130 GHz eingesetzt werden.

Hornantennen der Mikrowellentechnik, mit rückwärtigem Flansch zum Anschluss an Hohlleiter

1 EWALD KALTEISS, dt., Hochfrequenz- und Radiaesthesieforschungen

ideomotorisch

Aus griech. *ideos* „eigen, privat, eigentümlich" und lat. *movere*, „bewegen, antreiben", beschreibt spontane Bewegungen biologischer Systeme, die aus innerem Antrieb heraus gesteuert werden. In der >Radiaesthesie werden damit >Fehlmutungen bezeichnet, die infolge von „Wunschdenken" heraus erfolgen.

Impedanz

Von lat. *impedire* „behindern, hemmen, zurückhalten", bezeichnet in der Elektrotechnik den Scheinwiderstand, der bei Wechselströmen auftritt. Er bildet sich aus dem Wirkwiderstand (der elektrische Widerstand der Bauteile) und dem Wechselstromwiderstand (wenn Wechselstrom in Spulen und in Kondensatoren Widerstände aufbaut). Die Impedanz ist entscheidend von der >Frequenz des Wechselstromes abhängig.

Bei >Antennen ist eine optimale >Anpassung nur gegeben, wenn am Einspeisepunkt Strom und Spannung der >elektromagnetischen Wellen in gleicher Phasenlage anliegen. Eine Hochfrequenzantenne muss deshalb einerseits geometrisch an die zu empfangende >Wellenlänge angepasst sein, andererseits an ihrem Fußpunkt für die jeweilige Wellenlänge die richtige Impedanzanpassung aufweisen.

In der >Radiaesthesie ist die Impedanz im übertragenen Sinn von Bedeutung. Während >Grifflänge und Rutenspreizwinkel der Antennengeometrie entsprechen, obliegt das radiaesthetische Gegenstück zur Impedanz dem >Rutengänger. Die richtige „Impedanz" wird in der Regel erreicht, wenn sich der Rutengänger >mental auf die diejenigen >Strahlungen einstellt, die mit der verwendeten Grifflänge resonant sind.

Indikator

Von lat. *indicere*, „ansagen, ankündigen, anzeigen", bezeichnet in der >Radiaesthesie das Instrument, mit dem auf bestimmten >Zonen angetroffene Strahlenverhältnisse angezeigt werden. Im Normalfall bedient sich der Radiaesthet eines äußeren Indikators in Form einer >Rute, eines >Pendels, >Drehrute o. ä. Wenn besondere Fähigkeiten vorliegen, können auch verschiedene Körperteile als Indikator dienen. Dafür werden systematisch bestimmte Muskel- oder sonstigen Körperreaktionen bei entsprechenden Strahlungsverhältnissen trainiert (vgl. >kalibrieren). Bei >Strahlungen gleicher Art treten die einprogrammierten Körperreaktionen auf und zeigen die Zonen ohne andere Hilfsmittel an (innerer Indikator).

Induktive Eigenschaften

Von lat. *inducere* „hineinführen, hineinleiten", bezeichnen die magnetischen Eigenschaften einer hochfrequenten >Welle.

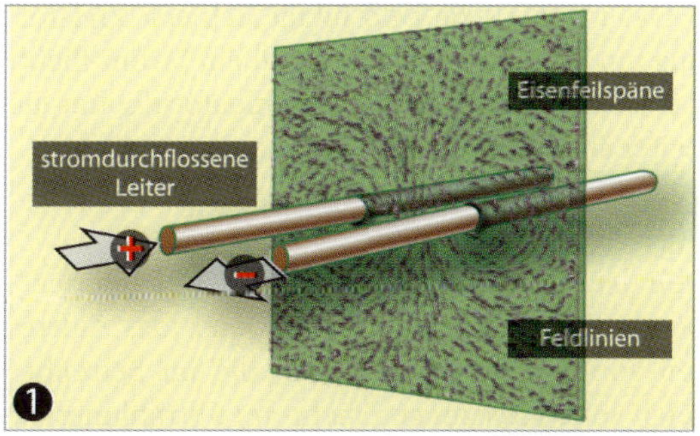

Eisenfeilspäne richten sich an dem Verlauf magnetischer Feldlinien von stromdurchflossenen Leitern aus

In einer geschlossenen >Lecherleitung können sie durch eine induktive Messbrücke, die die beiden parallellaufenden Leiterbahnen kurzschließt, nachgewiesen werden.

Die >H3-Antenne bildet mit dem >Qualitätenschalter in Stellung „I“ ein geschlossenes Parallelleiter-System, in dem sich >stehende Wellen aufbauen. Die Antenne wird dann für genau diejenigen Wellen resonanzbereit, die an der Position des variablen Schiebers ihre >Knoten ausbilden (vgl. >kapazitive Eigenschaften).

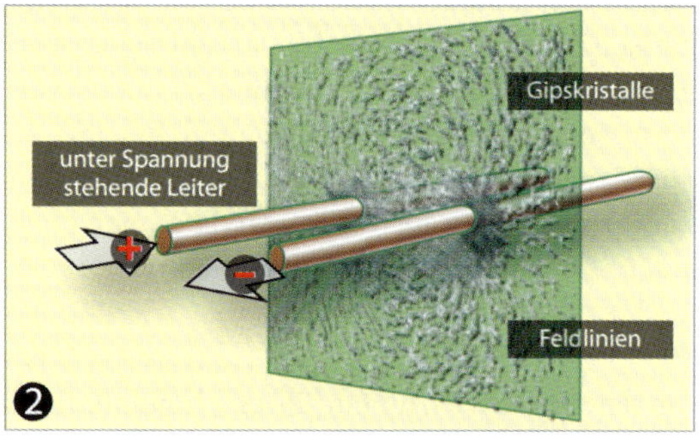

Gipskristalle zeigen die Linien des elektrischen Feldes an

Das magnetische Feld bildet sich erst kreisförmig um Leiterbahnen aus, wenn ein Strom fließt; das elektrische bildet sich strahlenförmig um die Leiter aus, wenn bereits eine Spannung anliegt.

induzierte Kreuzungen

Von lat. *inducere* „hineinführen, hineinleiten“, beschreibt nach SCHWEITZER/KRAFT[1] das Auftreten von >stehenden Feldern, die im Seitenbereich von >Kreuzungen mehrerer >Strahlungsfelder durch >Interferenz erzeugt werden. Die sich auf diese Weise bildenden >stehenden Felder stellen kein klassisches Kreuzungssystem dar (wenn sich mindestens zwei linienförmige Strahlungszonen überqueren). Die zu- und abgehenden Zonen, die durch >Begehung zu lokalisieren wären, fehlen ganz. Deshalb werden diese Systeme durch Anwenden der >Peiltechnik detektiert.

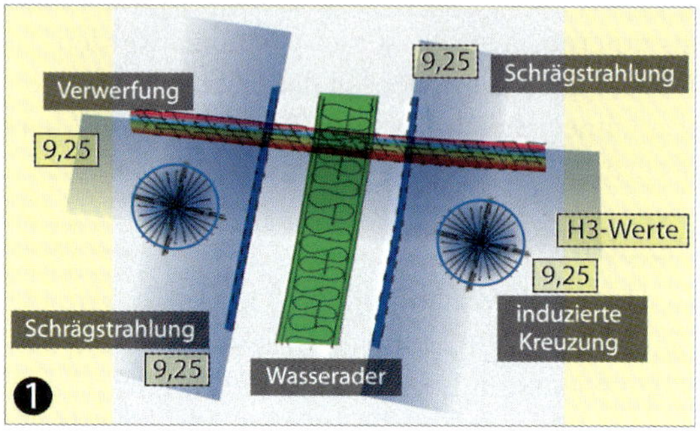

Kreuzungssystem von Verwerfung und Wasserader mit induzierten Kreuzungen, hier mit H3 = 9,25 zu finden

Das Modell der induzierten Kreuzungen kann in einigen Fällen als Erklärung des von BIRCKNER[2] beschriebenen Phänomens der >kosmo-tellurischen Schlote herangezogen werden.

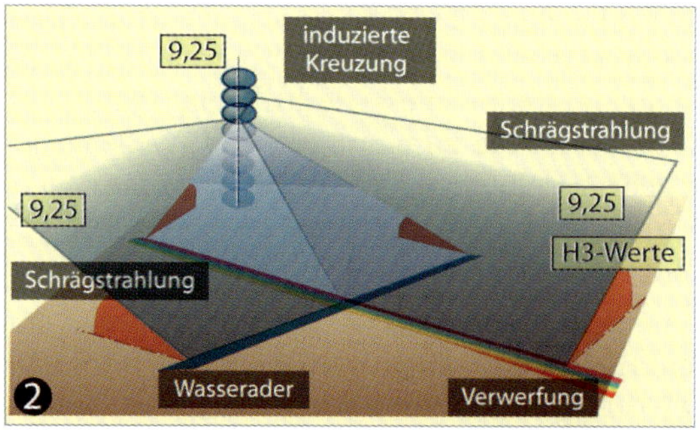

Entstehung von induzierten Kreuzungen im Überschneidungsbereich von Schrägstrahlungen

1 PAUL SCHWEITZER, MARGOT KRAFT, dt., Radiaesthesieforschungen und Autoren von „Grundlagen der Geopathie“

2 JOSEPH BIRCKNER, fr., Radiaesthesieforschungen

Information

Aus lat. *in*, „in, hinein" und *formare*, „bilden, formen", zusammen *informatio*, „Bildung, Belehrung, Unterricht", heute als „Nachricht, Mitteilung".

Die moderne Forschung hat wiederentdeckt, dass der Mensch Reize (und deren medizinische Auswirkungen) erfährt, die nicht nur durch (messbare Kraft-) >Felder oder andere materielle Faktoren hervorgerufen werden, sondern dass auch der Informationsgehalt entscheidend die Auswirkungen des Reizeinflusses prägt.

informationstragend

(>Elektromagnetische) Wellen bilden den Träger von >Informationen (vgl. >Modulation).

Auch in der >Radiaesthesie sind die Informationen von größerer Bedeutung als die tragenden >Wellenlängen selbst. Der Verfasser konnte z. B. nach >Feldveränderungsmaßnahmen, bei denen es erfolgreich gelang, die einwirkenden Trägerwellen durch (destruktive) >Interferenz für Teilbereiche zu löschen, beobachten, dass der örtlich eingeprägte Informationsgehalt noch aktiv vorhanden war (vgl. >Holographie) und als „neue" >Störbeziehung weiterhin biologische Wirkungen hervorrief.

Infrarotsensor

Zusatzaggregat zur >H3-Antenne, das durch Einstecken in die untere Öffnung des Handstückes die Empfindlichkeit im Bereich der >Infrarotstrahlung wesentlich erhöht. Kernstück dieses Zubehörs ist ein Sensor, der seine größte Empfindlichkeit im Bereich des nahen Infrarotes aufweist (spektraler Bereich von 770 – 1.200 nm).

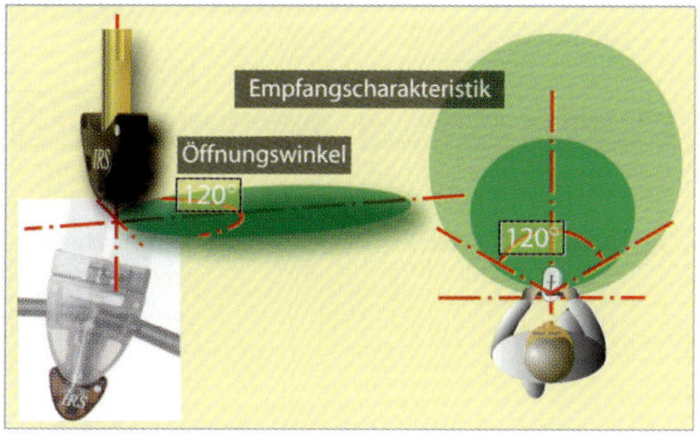

Empfangsfeld auf der Rückseite des Sensors – Öffnungswinkel symmetrisch zur Mitte insgesamt 120°

Infrarotstrahlung

Die Infrarotstrahlung ist Teil der optischen Strahlung in einem >Wellenlängenbereich zwischen 1 mm – angrenzend an den Mikrowellenbereich – und 780 nm (= 0,000 78 mm), dem Beginn des sichtbaren Lichtes (rot). Bedingt durch zunehmenden Einsatz in der Technik sollte die Infrarotstrahlung bei >Hausuntersuchungen und Schlafplatzsanierungen wesentlich mehr beachtet werden. Im häuslichen Bereich arbeiten hauptsächlich Fernbedienungen für Elektrogeräte, Garagentorantriebe und Alarmanlagen (einige Bewegungsmelder) mit der Infrarottechnik. Der Verfasser konnte bereits in vielen Fällen nachweisen, dass die von diesen Geräten, einschließlich den Fernbedienungshandstücken, ausgehende Störstrahlung durch massive Wände und Decken hindurch gelangte und aufgespürt werden konnte. Abhilfe schaffte in der Regel das Ausschalten des Empfangsgerätes (Netzstecker ziehen, sogenanntes Stand-by abschalten) und zusätzlich das Entfernen der Batterien aus den Handstücken.

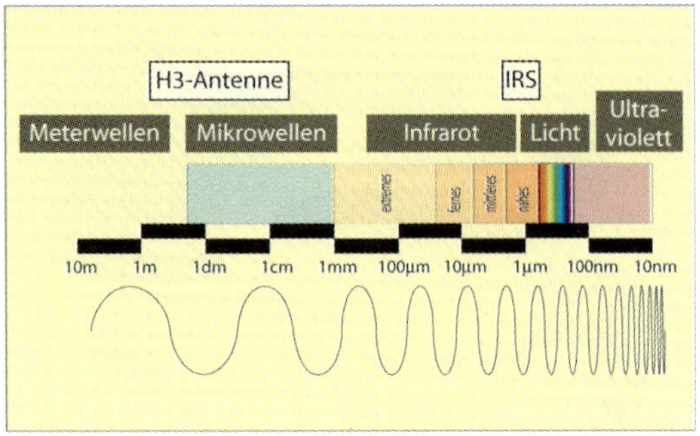

Infrarotstrahlung im elektromagnetischen Spektrum

S. Infrarotstrahlung

A. Aufgabenstellung:
Versuchsweise Darstellung einer >Störzone / >Störbeziehung, die durch technisches Infrarot gebildet wird.

B. Hilfsmittel:
>H3-Antenne, >Infrarotsensor, Markierungshölzchen, Meterstäbe, CD-Player Fa. „P", zugehörige Fernbedienung Fa.„P", Fernbedienung Fa.„A", alle in funktionsfähigem Zustand, >Proband.

C. Versuchsaufbau:
Der CD-Spieler wird auf einem Tisch positioniert, der mit mindestens 1 m Abstand von den Wänden frei im Raum steht. Davor in einem Abstand von 2 – 3 m liegen die zwei Fernbedienungen auf einem zweiten Tisch in gleicher Höhe. In ca. 1 m Abstand von der Achse sitzt der Proband. Alle Geräte sind betriebsbereit.

D. Vorbereitung:
Mit der H3-Antenne (Einstellwert 8,00 IU Ir= technisches Infrarot, allgemein) und eingestecktem Infrarotsensor wird – sternförmig auf die Geräte zu – untersucht, ob Strahlungsfelder entstehen und wie sie dimensioniert sind. In dem Beispiel finden sich rund um die beiden Fernbedienungen und in etwas geringerer Ausdehnung am CD-Spieler entsprechende Strahlungsfelder (Abb. 1).

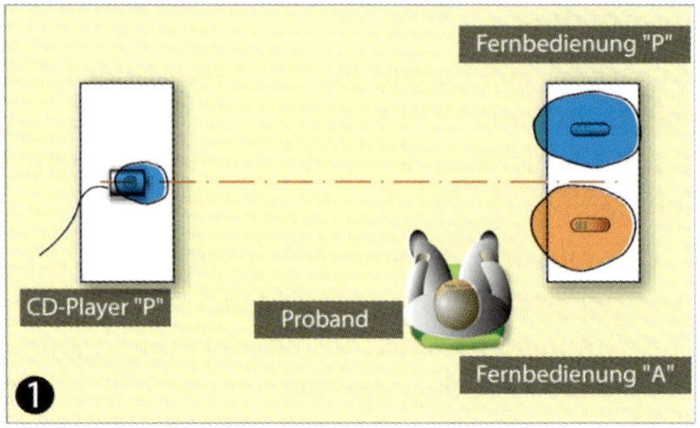

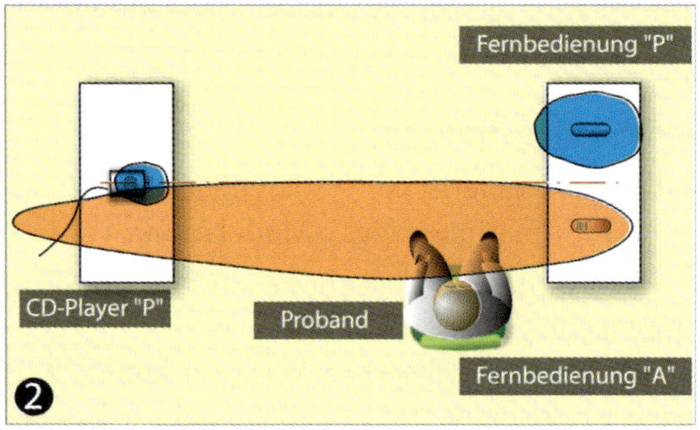

E. Versuch 1:
Die Fernbedienung „A" wird versuchsweise betätigt. Unmittelbar anschließend erfolgt die Detektierung des Feldes. In dem Versuch wird festgestellt, dass sich das Feld keulenartig in Senderichtung ausdehnt, sich weder von Proband noch von der umliegenden Situation beeinflussen lässt (Abb. 2).

F. Versuch 2:
Jetzt wird die Fernbedienung „P" in Stellung „Power" bedient. Der CD-Spieler wechselt von Stand-by in einen Betriebszustand.

Die Versuchsteilnehmer stellen fest, dass sich das Feld ebenfalls keulenartig ausbreitet, aber in wesentlich größerem Umfang und gezielt von Sender zum Empfänger (Abb. 3).

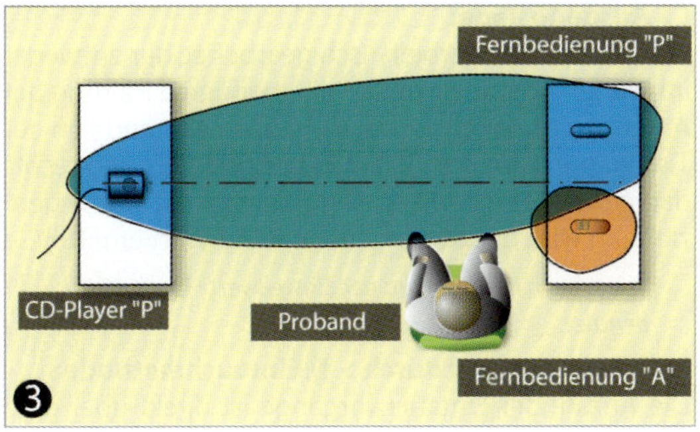

G. Versuch 3:

Über die Fernbedienung „P" wird der CD-Spieler ausgeschaltet. Das Feld verkleinert sich, bleibt aber über einige Zeit (ca. 5 – 10 Minuten) stabil (Abb. 4).

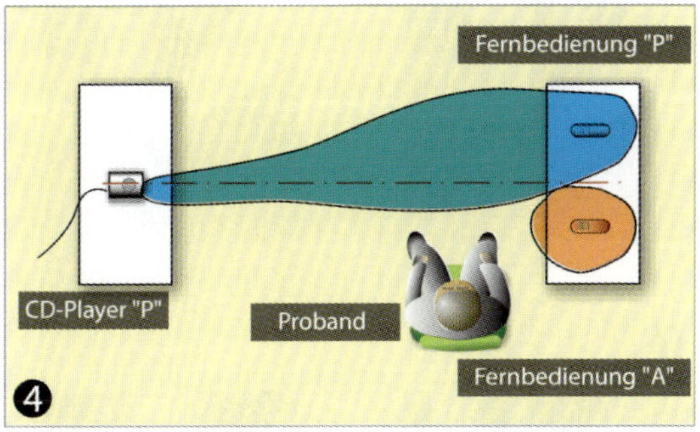

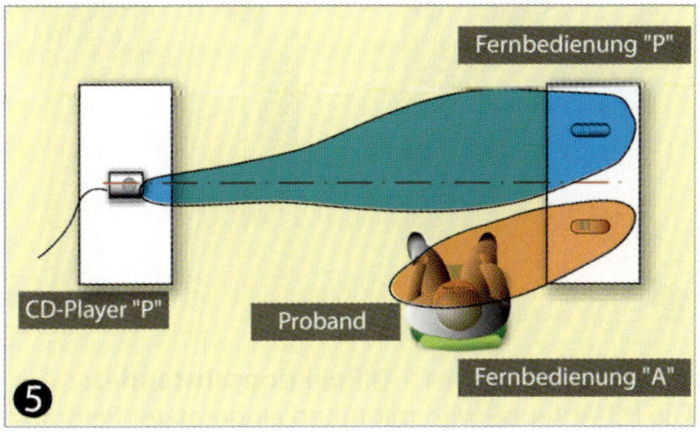

H. Versuch 4:

Über die Fernbedienung „A" wird der Proband kurz direkt bestrahlt. Direkt nach dieser Aktion wird an dessen >Medulla oblongata eine Abstrahlung mit H3 = 8,00 IU Ir beobachtet (Abb. 5).

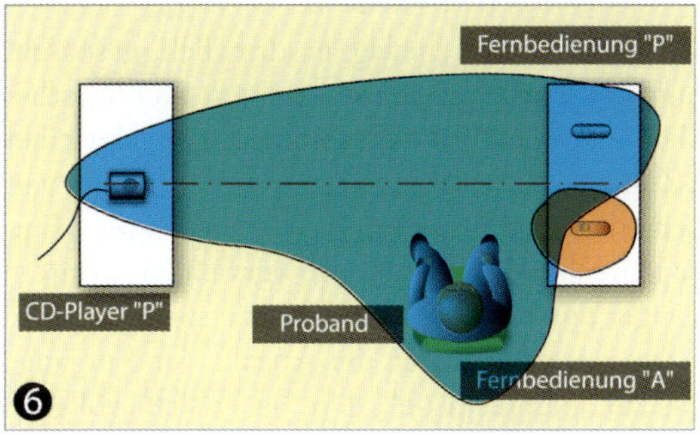

I. Versuch 5:

Über die Fernbedienung „P" wird der CD-Spieler erneut eingeschaltet. Die Detektierung zeigt ein ähnliches Feld wie unter Versuch 2 beschrieben. In der Nähe und um den Probanden herum wird eine deutliche Ausbeulung des Feldes ermittelt (Abb. 6). An der Medulla oblongata ergibt sich weiterhin der bekannte H3-Wert.

J. Fazit:

Die Detektierung des Feldes, das durch technisches Infrarot der Fernbedienungen gebildet wird, führt zu einem greifbaren Ergebnis. Bemerkenswert ist, dass diese Felder für einige Zeit über die eigentliche technisch wirksame Impulsdauer stabil bleiben. Ist der Empfänger eingeschaltet, stabilisiert sich auch ohne zwischenzeitliche Betätigung des Senders das Feld. Technische Geräte, die ja normalerweise auf unterschiedlichen Wellenlängen senden, beeinflussen sich nicht. Jedoch gerät der Proband, auch wenn er nur mit andersartiger Infrarotstrahlung direkt bestrahlt wurde, in sehr starkem Maße in Resonanz und erhöht die Stabilität der ermittelten Felder.

Infraschall

Von lat. *inferus*, „der Untere", bezeichnet in der Physik Schallwellen, die unterhalb der Hörschwelle von etwa 16 Hz liegen.

Intensitätsbestimmung

Von lat. *intensus* „heftig, eindringlich, gespannt, aufmerksam", bezeichnet in der >Radiaesthesie die Stärke eines >Strahlungsfeldes oder einer >Zone. Die Strahlungsintensität kann auf verschiedene Art bestimmt werden. Wird die >Eintauchtechnik im >Untergriff verwendet (>Rutengänger taucht ohne jeweils neu zu spannen in die >Zone ein und zählt die Anzahl der Vorgänge bis zur „Nullreaktion", d. h. bis er sich „vollgeladen" hat und keine Reaktion mehr erfolgt), dann bedeutet das Ergebnis 1 eine sehr hohe und z. B. 9 eine niedrige Intensität.

Es ist zu beachten, dass der Rutengänger nur Differenzwerte zwischen dem Bereich des Spannens und der zu bestimmenden Zone ermittelt. Spannt er die >Rute bereits in einem vorbelasteten >Feld, lädt er sich dabei mit der vorhandenen >Feldstärke auf und wird die fragliche Zone nur mit einer um diesen Eingangswert verminderten Intensität bewerten. Eine weitere Methode der Intensitätsbestimmung ist die >Reaktionsabstandsmessung.

G. Intensitätsbestimmung

A. Aufgabenstellung:
Übung zur Erfahrung des Unterschiedes zwischen relativer und absoluter Intensität.

B. Hilfsmittel:
>H3-Antenne mit Peilspitze, >Testobjekt, Meterstab, Markierungshölzchen.

C. Ausgangslage:
Es wird an einem Arbeitstisch gearbeitet, der entweder im Stehen oder in Sitzhöhe eine bequeme Haltung der Antenne ermöglicht. In ca. 10 – 15 cm Abstand von der Tischkante wird das Testobjekt positioniert und rechts daran der Meterstab angelegt. Durch >Grifflängenziehung wird der zu verwendende H3-Wert ermittelt.

In unserem Beispiel wird der Einstellwert H3 = 3,10 IU benutzt.

D. 1. Bestimmung durch >Eintauchmethode:
Die Anzahl der Eintauchvorgänge ist direkt über dem Testobjekt bis zur „Null-Reaktion" zu ermitteln. Dabei wird die H3-Antenne in ca. 10 cm Abstand vom Testobjekt gespannt und in ca. 5 cm Höhe jeweils über das Röhrchen bis zur >Reaktion geführt (Abb. 1)

Es ergibt sich im Beispiel eine Intensität von I = 3.

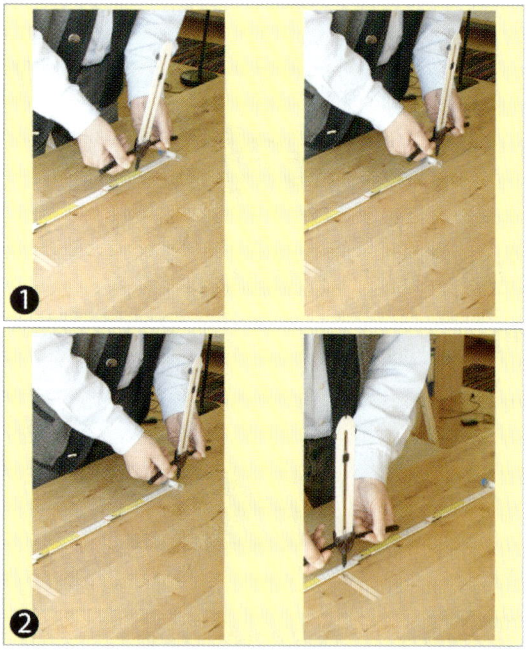

E. Bestimmung des >Reaktionsabstandes:
Die H3-Antenne wird mit unten eingesetzter Peilspitze

links neben dem Testobjekt gespannt. Dann wird die Antenne unter Halten der Spannung langsam über das Objekt hinweg entlang der Skala des Meterstabes geführt, bis eine Entlastung verspürt wird. Der erste >Rapportpunkt ist erreicht (Abb. 2).

Am Meterstab wird im Beispiel ein Reaktionsabstand von 46 cm abgelesen.

F. 2. Bestimmung durch Eintauchmethode:
Der Rapportpunkt weist eine Reaktionslinie auf, an der eine Intensitätsbestimmung wie unter „D" beschrieben vorgenommen wird (Abb. 3).

Es wird im Beispiel eine Intensität von I = 4 ermittelt.

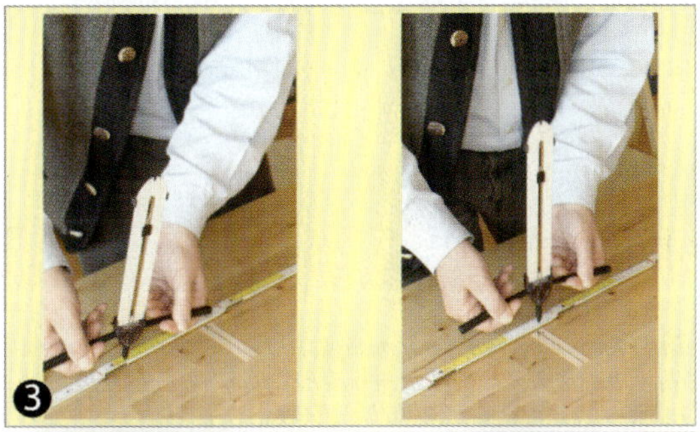

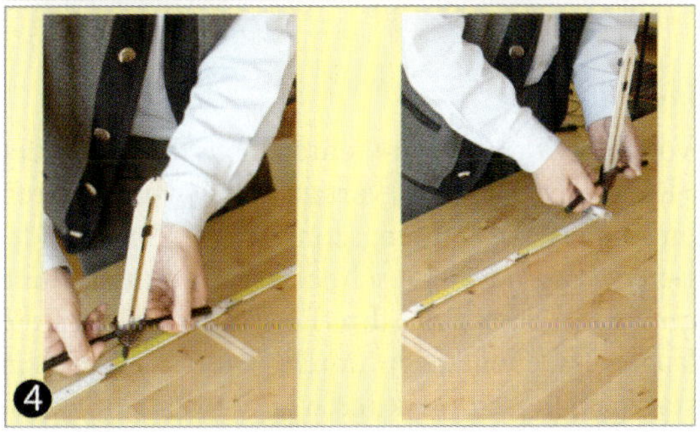

G. 3. Bestimmung durch Eintauchmethode:
Die Intensitätsbestimmung am Testobjekt wird nach Vorschrift „D" wiederholt, jedoch wird abweichend nicht in 10 cm Abstand gespannt, sondern stets deutlich hinter dem unter „E" ermittelten Rapportpunktes. Dabei werden beim Eintauchen nur Reaktionen über dem Testobjekt zugelassen und eventuell auftretende Reaktionen am Rapportpunkt unterdrückt (Abb. 4).

Abweichend vom Ergebnis „D" wird im Beispiel eine Intensität von I = 2 ermittelt.

H. Bewertung:
Die zwischen „D" und „G" beobachtete Zunahme der Intensität hat grundlegende Bedeutung. Durch die Eintauchmethode wird stets nur die Zu- oder Abnahme der Feldstärke an einer Reaktionszone ermittelt, also die relative Stärke. Die absolute Intensität des Strahlungsfeldes bleibt verborgen.

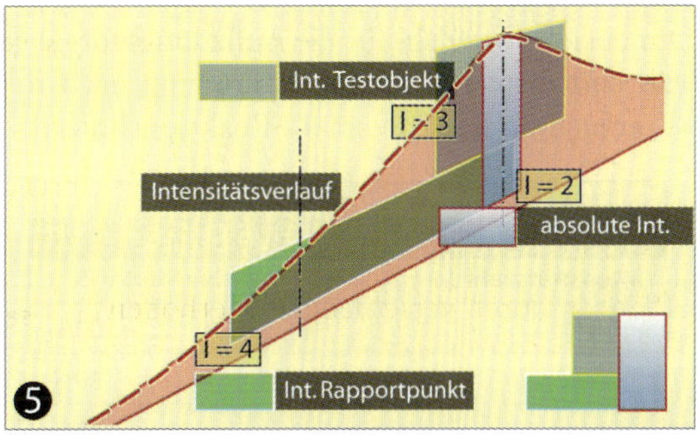

Wie sich aus Abb. 5 ergibt, wurde durch den Arbeitsschritt „G" die Intensität von zwei Zonen gleichzeitig ermittelt. Die Gesamtintensität entspricht der Summe der Bestimmung aus „D" und „F".

Unter Verwendung der zugehörigen relativen Stärken laut Tabelle unter „Intensitätszahl" ergibt sich für

Intensitätszahl 3	=	*33 % relative Stärke*
Intensitätszahl 4	=	*25 % relative Stärke*
somit Gesamt	=	*58 % relative Stärke*

Ermittelt wurde als Gesamtergebnis eine >Intensitätszahl von 2 = 50 % relative Stärke.

Dieser Wert entspricht nahezu dem errechneten Gesamtergebnis. Eine größere Genauigkeit ist in der Regel nicht zu erzielen, da relative Stärken, die kleiner als 10 – 15 % sind, nicht mehr sicher wahrgenommen werden.

Intensitätsverteilung

Von lat. *intensus* „heftig, eindringlich, gespannt, aufmerksam", bezeichnet in der >Radiaesthesie die Verteilung der Stärke der >Strahlungen innerhalb eines >Feldes. Die >Intensitätsbestimmung von >radiaesthetisch nachweisbaren Strahlungen liefert häufig keine wahre Aussage über die tatsächlich vorhandene Stärke des Feldes. Aus differenzierter Untersuchung der gesamten vorliegenden >Feldstruktur (siehe >Feldbegehung) kann die Intensitätsverteilung beurteilt werden.

Intensitätszahl

Dimensionslose Zahl für die Aufladungsvorgänge während der >Intensitätsbestimmung nach der >Eintauchmethode an einer >Reaktionslinie.

Intensitätszahl und relative Stärke

Intensitätszahl (n)	relative Stärke (S_{rel})
1	100 %
2	50 %
3	33 %
4	25 %
5	20 %
6	17 %
7	14 %
10	10 %

Ermittelt nach der Formel

$$S_{rel} = 100 / n \ [\%] \qquad (8)$$

Um bei der Ermittlung von absoluten >Feldstärken auf verlässliche Werte zu kommen, sind die >Intensitäten der einzelnen >Reaktionslinien eines Feldes zu addieren. Hierzu sind die Intensitätszahlen nur umständlich zu verwenden, da sie nur die Kehrwerte einer >radiaesthetisch definierten Intensität darstellen. Leichter handhabbar ist eine Summenbildung aus den in der Tabelle zugeordneten Werten für die relative Stärke.

Interferenz

Aus lat. *inter*, „dazwischen" und *ferre*, „tragen", bezeichnet einen Zustand der Überlagerung und Beeinflussung. Wenn sich >elektromagnetische Wellen überlagern, können dadurch Auslöschungen (destruktive Interferenz), Verstärkungen (konstruktive Interferenz, vgl. >Kohärenz) oder >Schwebungen entstehen.

Interferenz zweier Wellenzüge, links im Abstand eines ungeradzahligen Vielfachen der halben Wellenlänge, rechts in einem geradzahligen Vielfachen

Invertierung

Von lat. *invertere* „umkehren", beschreibt in der >Radiaesthesie eine Vertauschung von inneren und äußeren >Strahlungszonen einer >Spektroide. Bei >Wasseradern tauscht die >Schwerpunktzone mit der >Hauptzone ihre Position, d. h. dass die langen >Wellenlängen durch Invertierung innen statt außen und die kurzen außen statt innen zu finden sind. Durch eine Invertierung ändert sich auch die Qualität der Strahlung. Hatte diese vorher >induktive Eigenschaften, liegen anschließend >kapazitive vor.

Eine Invertierung kann z. B. durch den Einbau eines >Multiwellen-Steines bewirkt werden, der exakt von der >Mittelachse einer >Verwerfung gewonnen wurde (vgl. >Feldveränderung). Durch eine gleiche Vorrichtung wird sie wieder aufgehoben (>Re-Invertierung).

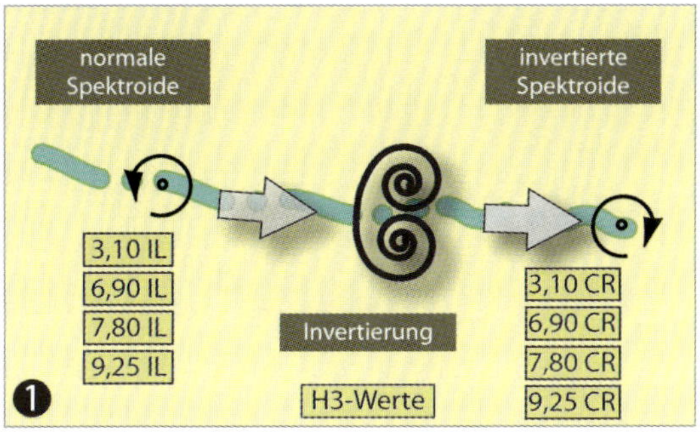

H3-Werte, vor und hinter einer Wasserader-Invertierung ermittelt, die Strahlung wechselt in der Regel vom Induktiven ins Kapazitive

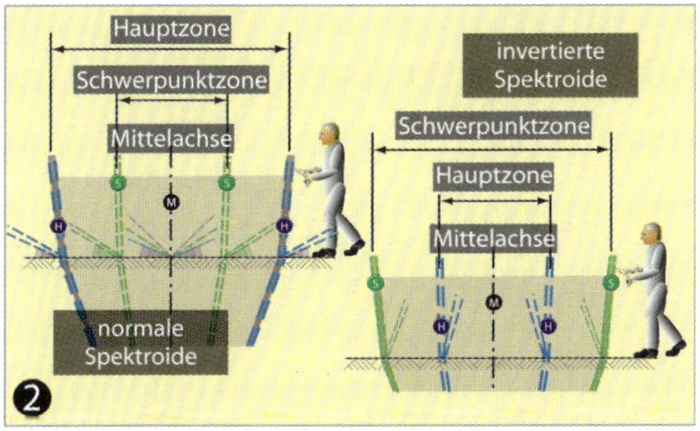

Veränderung der Spektroide durch Invertierung, Haupt- und Schwerpunktzone sind lagevertauscht, die vorher nach außen weisende Schrägstrahlung ist nach innen gebündelt

Eine durch Invertierung feldveränderte Wasserader wird als „invers“ bezeichnet. Dadurch, dass sich sowohl sämtliche Strahlungszonen als auch die >Schrägstrahlungen konzentriert auf den mittleren Bereich bündeln, haben inverse Spektroiden besondere >geobiologische Wirkungen.

Multiwellenstein auf der axial durch die Ruine der Abtei von Glastonbury verlaufenden Wasserader

Strahlungsfeld der Invertierung durch den Multiwellenstein (Schnitt durch das stehende Feld)

In alten Wallfahrtskirchen kann manchmal beobachtet werden, dass inverse Strahlungssysteme (>rechtsdrehend polarisiert) im Bereich des Zentralheiligtums ein >Kreuzungssystem bilden. Die dort auftretende massive Bündelung der kapazitiven Strahlungen regt besonders Geist und Seele an und hinterlässt durch „Anhaften“ eine nachhaltige Wirkung.

Invertierungen können auch durch nicht beabsichtigte >Feldveränderungen hervorgerufen werden. Verläuft z. B. eine Wasserader quer in einem bestimmten Winkel durch eine angeschlossene Leuchtstoffröhre, kann es zu einer vollständigen oder teilweisen Invertierung kommen.

IRS

Abkürzung von >Infrarotsensor, einem Zusatzaggregat zur H3-Antenne.

kalibrieren

Abgeleitet von arab. *qualib* „Schusterleisten, Form, Modell“, bezeichnet in der >Radiaesthesie die geistige Eichung der Vorstellungskraft anhand realer Gegebenheiten.

Wenn bei Ausübung der >Radiaesthesie Anspruch auf eine >wellenlängengenaue >Abstimmung gelegt wird (>Grifflängentechnik), ist eine Kalibrierung von großer Bedeutung. Jeder >Indikator, der Antennenfunktion übernimmt, hat bestimmte material- und bauartbedingte Eigenschaften, auf die sich der >Rutengänger einstellen muss. Durch diesen Einstell- oder Eichungsvorgang passt sich der Rutengänger an normierte „Messbedingungen“ an, genauso wie empfindliche physikalische Messgeräte immer wieder anhand von Normgrößen abgeglichen werden müssen.

Ein weiterer Aspekt des Kalibrierens dient der >mentalen Einstellung auf bestimmte >Strahlungsphänomene. Haben >Rutengänger während ihrer Ausbildung Gelegenheit, eingehend an echten >Wasseradern zu arbeiten, werden sie diese Strahlungsfelder später leichter von täuschend ähnlichen Feldern, wie z. B. >Reflexionen unterscheiden. Die geistige Eichung kann sich sowohl auf >geologischen Formationen beziehen als auch an >Schüttmengen und Wassertiefen vorgenommen werden.

B. Kalibrierung (Näherungsmethode)

A. Aufgabenstellung:
Eichung des Rutengängers auf wellenlängengenaues Arbeiten.

B. Hilfsmittel:
>H3-Antenne (andere Rutenarten sind weniger geeignet), Peilstab und Testvorlage der Abb. 1.

C. Ausgangslage:
Abbildung 1 zeigt eine schwarze Linie mit 5,4 cm Länge. Durch die kontrastreiche Schwärzung kommt es zu einem schwachen Abstrahlungseffekt, der konstant und wellenlängengenau reproduziert werden kann.

D. Arbeitsposition:
Auf einem Arbeitstisch wird die Testvorlage in Abbildung 1 so in bequemer Arbeitsposition ausgelegt, dass der im Bild schräg verlaufende Strich rechtwinklig zum Rutengänger zeigt. Durch Beschwerungen wird das Handbuch an den Ecken gegen Verrutschen und Aufwölben gesichert.

Zur weiteren Arbeit setzt man sich aufrecht davor an den Tisch und stellt beide Füße parallel auf den Boden.

Die H3-Antenne wird mit unten eingestecktem Peilstab so dicht über der Abbildung gehalten, dass noch eine saubere Reaktion erzielbar ist. Die Unterarme / Hände sollen den Tisch und die Vorlage nicht berühren.

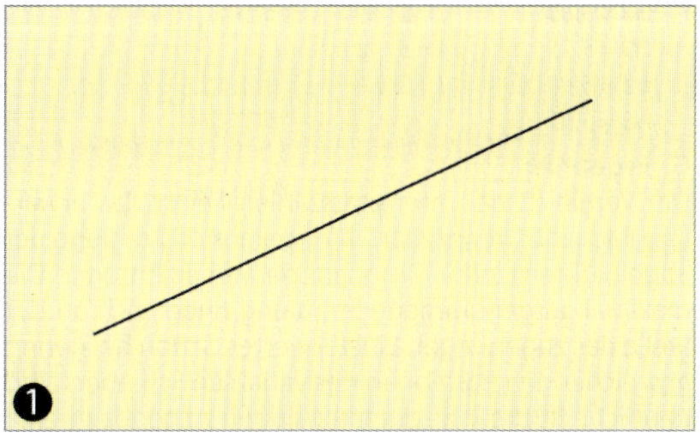

Testvorlage zur näherungsweisen Kalibrierung

E. Detektierung:
Die abgebildete Linie von 5,4 cm erzeugt eine >Formenstrahlung von H3 = 5,85 cm. Dieser Wert wird induktiv eingestellt (Qualitätenschalter in Stellung „I“, Polarisationsschalter in Stellung „U“, schwarze Markierung des variablen Schiebers mittig zwischen 5,8 und 5,9 cm)

Der angegebene H3-Einstellwert errechnet sich nach der Formel:

$$H3 = L * 1{,}08 \qquad (9)$$

L = Strichlänge (= mechanisch wirksame >Antennenlänge)
1,08 = 1/ >Verkürzungsfaktor (hier = 0,926)

Die Antenne wird in ca. 10 cm seitlichem Abstand gespannt und über die Linie geführt. Sofern kein hemmender Einfluss vorliegt, wird über der Linie eine Reaktion erzielt. Durch Anwendung der >Eintauchmethode wird die >Intensität bestimmt. Der ermittelte Wert kann je nach Umgebungsstrahlung differieren.

Im Beispiel wurde ermittelt:
H3 = 5,85 I = 2

F. Gegenproben:
Der Versuch wird nun mit veränderten Einstellwerten mehrfach wiederholt.

Im Beispiel ergeben sich folgende Werte:
H3 = 5,80 I = 3
H3 = 5,75 I = 5
H3 = 5,90 I = 3
H3 = 5,95 ./.

G. Ergebnis:
Der Vergleich der Intensitätszahlen liefert das erwartete Bild einer trennscharf mit der Formenstrahlung der abgebildeten Linie in Resonanz geratenen Antenne. Die maximal aufgenommene Strahlung findet sich an der Stelle des zugehörigen Einstellwertes. Schon bei gering abweichenden Positionen des variablen Schiebers sind deutliche Rückgänge der Intensitäten zu beobachten.

H. Kalibrierung:
Wird dieser Versuch mehrfach wiederholt, stimmt sich der Rutengänger bewusst auf die Charakteristik der H3-Antenne ein. Wenn dieser Vorgang in das Unterbewusstsein eingeprägt ist, war diese Kalibrierung erfolgreich.

S. Kalibrierung (Spezialmethode)

A. Aufgabenstellung:
Eichung des Rutengängers auf wellenlängengenaue Ermittlung >elektromagnetischer >Wellen.

B. Hilfsmittel:
>H3-Antenne (Alle anderen Rutenarten sind weniger geeignet), Hochfrequenzgenerator oder anderer Hochfrequenzsender, der im Dauerstrich (ungepulst) im Bereich zwischen 1 – 2 GHz ein schwaches Signal sendet, geeignete HF-Stabantenne sowie gegebenenfalls ein Frequenzzähler.

C. Ausgangslage:
Der HF-Generator ist entsprechend der Betriebsanleitung eingeschaltet und die HF-Stabantenne ist in waagerechter Form montiert. Das Kalibrierungssignal ist eingestellt und – sofern der Generator nicht kalibriert ist – mit einem Frequenzzähler überprüft.

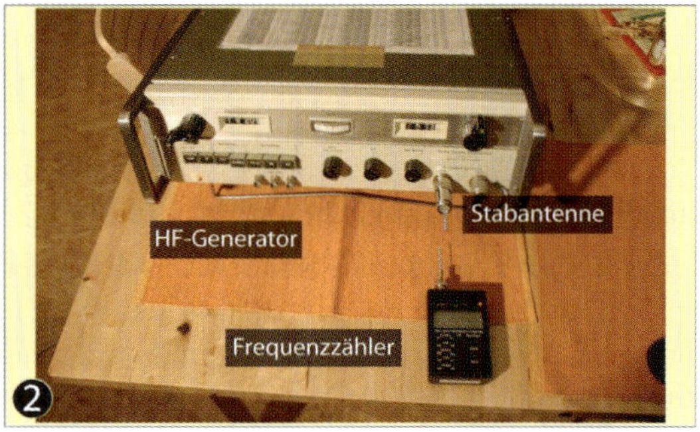

HF-Generator mit eingesetzter Stabantenne und die Abstrahlung anzeigender Frequenzzähler

Die Abstrahlung der Stabantenne erfolgt „tellerartig" rechtwinklig um die Antenne herum. Dieses Strahlungsfeld wird jedoch nur etwas diffus wahrgenommen und eignet sich deshalb nicht zur radiaesthetischen Kalibrierung. Meist kann eine weitere Abstrahlung in gleicher Frequenz in linearer Verlängerung der Stabantenne nachgewiesen werden (vgl. >Skalarwellen). Diese Strahlung ist hinreichend trennscharf und kann zur Kalibrierung verwendet werden.

D. Arbeitsposition:
In ca. 2 m Abstand von dem HF-Generator wird an der linearen Abstrahlung gearbeitet. Diese Zone wird zunächst an der beschriebenen Stelle (rohrartig in relativ exakter Verlängerung der Stabantenne) vermu-

tet. An dieser Position werden alle Arbeitsschritte im >Seitschrittverfahren vorgenommen. Der variable Schieber der Antenne wird dabei auf Höhe der Mitte dieser rohrartigen Strahlung gehalten.

E. Detektierung:
Der zu verwendende H3-Wert errechnet sich nach folgender Formel:

$$H3 = c/2 * f \qquad (10)$$

wobei
c = Lichtgeschwindigkeit (300.000 km/s)
f = Frequenz der generierten elektromagnetischen Welle
H3= Einstellwert auf der H3-Antenne in Position „I" = induktiv
Gekürzt und unter Verwendung der Frequenz in GHz wird eingesetzt:

$$H3\,[cm] = 15 / f\,[GHz] \qquad (11)$$

Im Beispiel wird am HF-Generator eine Frequenz von 1,92 GHz eingestellt. Dies ergibt einen H3-Wert von 7,80 cm, dessen Intensität nach der Eintauchmethode mit I = 2 ermittelt wurde.

F. weitere Schritte:
Die weiteren Schritte erfolgen wie unter „F. – G." der vorstehenden Näherungsmethode beschrieben.

Kantenbreite

In der >Grifflängentechnik wird bei der Beurteilung von (>Strahlungs-)>Spektroiden über >Wasseradern beobachtet, dass die Begrenzung von >Haupt- und >Schwerpunktzonen nicht exakt linienförmig ist, sondern eine gewisse Breite hat. Unter der Voraussetzung, dass die Spektroidenuntersuchung an einem von Feldveränderungen unbeeinflussten Ort (durch >Rückschritttest überprüfen!) durchgeführt wird, kann aus der Breite dieser Haupt- bzw. Schwerpunktzonenkanten bei bekannter Tiefe die >Schüttung der Ader ermittelt werden.

Weisen Kantenbreiten von echten Wasseradern keine Ausdehnung auf, ist zumindest zur Untersuchungszeit keine oder nur eine sehr geringe Wassführung vorhanden.

Wasseradern in Tiefen bis 50 m weisen in der Regel Kantenbreiten zwischen 5 – 30 cm auf, während bei Spektroiden von tiefen Wasseradern (>Thermalwasser, >Druckwasser, >solehaltiges Wasser) Kantenbreiten bis zu einigen Metern auftreten.

Kantenstrahlung

Siehe >Eckabstrahlung

kapazitive Eigenschaften

Von lat. *capacitas* „Fassungsfähigkeit", bezeichnen die elektrischen Anteile einer hochfrequenten elektromagnetischen >Welle.

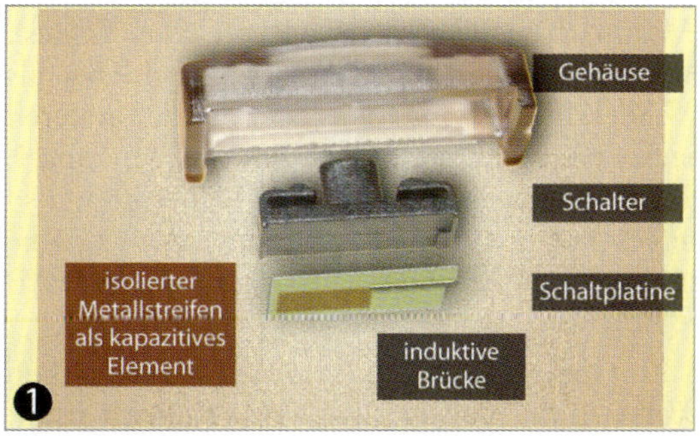

Der Qualitätenschalter der H3-Antenne

Diese Anteile können mit dem kapazitiven Element des Qualitätenschalters der >H3-Antenne nachgewiesen werden. Es verbindet die parallelen Leiterbahnen der Antenne, allerdings nur indirekt wie ein Kondensator. Kernstück ist ein Metallstreifen, der sich im elektrischen Feld auflädt, sonst aber durch eine Isolierschicht von den Parallelleitern getrennt ist.

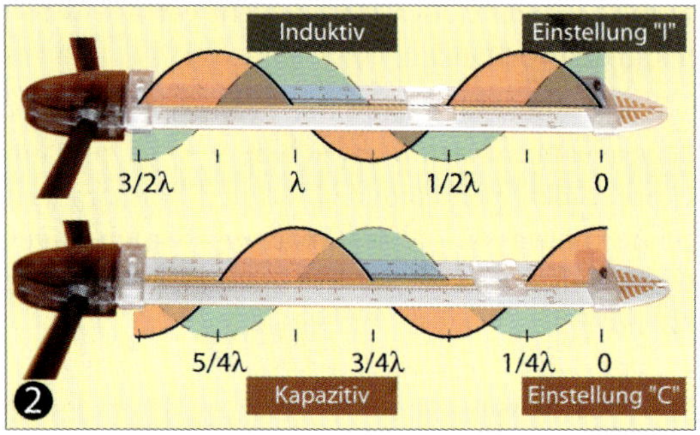

Feldverteilung auf der H3-Antenne

Diese Vorrichtung bewirkt eine Verschiebung der >stehende Welle auf der Lecherleitung um 1/4 der Wellenlänge. Das bedeutet, dass der Schieber anstatt bei 1/2 der Welle nun bei 1/4 oder 3/4 der eingespeisten >Wellenlänge positioniert wird (Minima bzw. Knoten des elektrischen Feldes). Auf der >Lecherantenne® ist der Schieber als Wendeschieber ausgebildet, der auf der anderen Seite eine induktive Brücke besitzt. Bei kapazitiven Messungen muss dieser Schieber immer so aufgeschoben werden, dass die kapazitive Brücke zur Spitze der Antenne zeigt, da sonst die induktive Brücke auf der Unterseite störend wirkt.

Im Gegensatz zu reinen elektromagnetischen Wellen können in der >Radiaesthesie auch Strahlungen beobachtet werden, die rein kapazitiven Charakter aufweisen. Zum Teil sind diese Strahlungen an elektrostatischen Aufladungen nachvollziehbar.

Besondere Bedeutung erlangen die rein kapazitiven Eigenschaften dadurch, dass sie eher den geistig-seelischen Beziehungen zuzuordnen sind. Die induktiven Eigenschaften wirken dagegen mehr auf der materiellen Ebene.

Kennfrequenz

Siehe >Grifflänge, bestimmende.

Kieswasserader

Kieswasseradern bilden sich in Grundwasserleitern (Aquifere) des Quartärs (jüngstes Erdzeitalter, ab 1 Mio. Jahren), deren Kennzeichen das Auftreten von Porengrundwasser ist. Die Grundwasserleiter des Vorquartärs sind gekennzeichnet von Klüften, Spalten und sonstigen Hohlräumen, in denen Wasser fließen kann. Porengrundwasser tritt in allen Locker-Sedimenten auf (Sand, Kies, Schotter), die wasserdurchlässig sind. Typische Vorkommen sind Flussterrassen und Urstromtäler. Kieswasseradern bilden eine >radiaesthetische Besonderheit, da sie nicht wie herkömmliche >Wasseradern in einem (entstandenen bzw. freigespülten) unterirdischen „Bett", sondern ursprünglich als schneller fließender „Stromfaden" innerhalb einer wasserführenden Schicht verlaufen. Es gibt Berichte, dass sich um diesen Stromfaden herum verschiedentlich Ringe aus Schluff oder Lehm bilden (Aderkern mit Rändern).

Aufgrund des großen Porenanteils des Kieses (oder auch Schotters) können bei entsprechendem Gefälle in diesen Adern die >turbulenten Strömungsanteile deutlich überwiegen.

Bei der >mentalen Abfrage: „Liegt eine geologische Störung vor?" kann es zum Übersehen von Kieswasseradern kommen, da der Untergrund tatsächlich ohne erkennbare Störungen aufgebaut ist. Gleichwohl stellen Kieswasseradern aufgrund ihrer übergroßen Fließmenge (und Fließgeschwindigkeit) einen Störfaktor dar, dem gravierende >geopathische Wirkungen nachgesagt werden, zumal die dort auftretenden Strahlungen hohe Intensitäten aufweisen können.

Auffälliges Merkmal der Kieswasseradern ist die im Verhältnis zur >Hauptzone breite Ausdehnung der >Schwerpunktzone.

H3-Werte Kieswasseradern	
Mittelachse	3,10; 5,85*
Ränder des Aderkerns	4,30 ... 4,60*
Schwerpunktzone	7,80; 10,80*
Hauptzone	9,25; 15,45*

** Polarisation links- oder rechtsdrehend, Werte können sowohl induktive als auch kapazitive Eigenschaften aufweisen (Angaben nach R. Schneider).*

Kirchen, alte

Alte Kirchen, Klosteranlagen, Kapellen, Einsiedeleien u. ä. sind in der Regel auf >geomantisch untersuchten Plätzen errichtet worden, an denen sich oft bereits vorchristliche >Kultstätten befunden hatten. Besondere >Zonen befinden sich unmittelbar vor dem Hochaltar – früher der Platz der Priester -, in der Mittelachse des Kirchenschiffes, in den Seitenschiffen und Kanzeln. In Wallfahrtskirchen finden sich sehr häufig zusätzlich besonders gute Plätze unter oder vor dem überlieferten Standort der verehrten Heiligenfigur. Es ist zu beobachten, dass Kirchen, die vor Beginn des 19. Jahrhunderts gebaut wurden, in der Regel auf >rechtsdrehenden Zonen errichtet wurden, meist auf >Wasseradern. Die beim Gründungsritus erfolgte Auswahl der Patronatsheiligen erfolgte in genauester Kenntnis der >Geomantie des Ortes und der dort verlaufenden >Planetenlinien. Standen an den Plätzen nur >linksdrehende Zonen zur Verfügung, wurden sie mittels >Feldveränderung umpolarisiert.

Kluft

In der Geologie werden mit Klüften feine Gesteinsfugen bezeichnet, die durch Druck der Erdkruste, durch Zug, Erschütterungen (Erdbeben, Einstürze) sowie beim Abkühlen magmatischer Gesteine entstehen. Sie können sowohl in der Senkrechten, in der Waagerechten als auch in allen Zwischenlagen auftreten. Das Festgestein beidseits der Kluft liegt noch eng beieinander, manche Klüfte zeigen an der Oberfläche einen kaum sichtbaren Haarriss. Öffnet sich eine Kluft, (klaffende Kluft) wird sie zur >Spalte.

Klüftiges Plänerkalkgestein

Klüfte können wasserführend sein. In der >Radiaesthesie spricht man dann von Kluftwasseradern. Geschlossene Klüfte weisen nur geringe >Schüttungen auf, offene (klaffende) Klüfte dagegen können größere Wassermengen enthalten. Weiterführende Angaben unter >Risse.

Kohärenz

Von lat. *cohaerens*, „zusammenhängend", bezeichnet in der Physik einen Schwingungszustand, bei dem mehrere >Wellen in >Frequenz und >Polarisation übereinstimmen und ihre Phasenlage zueinander nicht ändern (Maxima und Minima der Wellen liegen an gleicher Stelle), sich also im Gleichklang befinden. Die Kohärenz von Wellen führt – im Gegensatz zur destruktiven >Interferenz – zu einer Verstärkung der Schwingung (zur Erhöhung der >Amplitude).

Konditionierung

Von lat. *condicio* „Übereinkunft, Stellung, Beschaffenheit, Zustand, Bedingung", beschreibt in der >Radiaesthesie eine >mentale Grundhaltung, die durch bestimmte >Denk- und Lehrmuster vorgeprägt ist.

konkaves Abstrahlverhalten

Von lat. *concavus* „hohl, rings oder rund gehöhlt" zu konkav „nach innen gewölbt". Konkaves Reflexionsverhalten tritt in der Optik beim Hohlspiegel auf, der das Spiegelbild stets verkleinert. Es bündelt die einfallenden Strahlen und verstärkt sie somit. Eine konkav geformte Linse hingegen zerstreut hindurchgehende Strahlungen (vgl. >konvexes Abstrahlungsverhalten).

Strahlungen der >Radiaesthesie verhalten sich ähnlich wie in der Optik, wenn sie an konkav geformten Gegenständen reflektiert werden oder sie durchqueren.

konvexes Abstrahlungsverhalten

Von lat. *convexus* „nach oben gewölbt, nach außen gekrümmt". Das >Abstrahlverhalten von konvex geformten Flächen ist nach außen gerichtet. Ein leicht konvex ausgebildeter Spiegel vergrößert, ein stark konvexer löst das Spiegelbild auf.

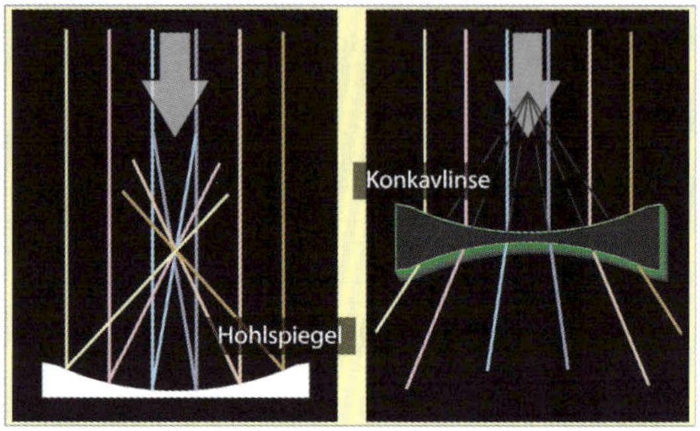

Hohlspiegel als konkaver Reflektor und Konkavlinse als Zerstreuungslinse

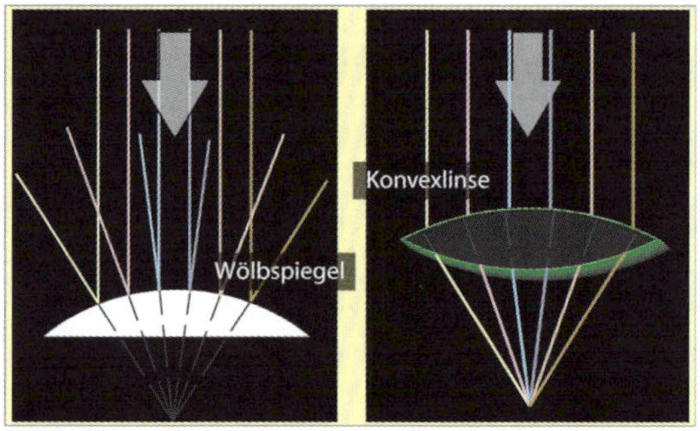

Wölbspiegel als konvexer Reflektor und Konvexlinse als Sammellinse

Ähnlich verhält sich das Abstrahlverhalten von Bauteilen, die aufgrund des >Lichtleitereffektes durch auftreffende >Informationen und Strahlungen angeregt sind. Runde Wandvorlagen verteilen dabei die Strahlungen auf weite >Felder und verringern somit die >Intensität (vgl. >konkaves Abstrahlungsverhalten).

Kopfstrahl

Von MERMET[1] benutzter Begriff, der die Verbindungslinie zwischen >Radiaesthet und zu suchendem Objekt beschreibt. Der Radiaesthet, der sich mit >realer oder >mentaler Arbeitstechnik in >Resonanz zu dem Objekt befinden muss, ist dabei der Empfänger der ausgesendeten >Strahlungen (vgl. >Augenstrahl).

1 Abbé ALEXIS MERMET, franz. Pendelforscher, † 1937

Körpermessung

In der >Geobiologie ist die Körpermessung ein unverzichtbares Element einer >Hausuntersuchung. Bei dieser Messung werden an der Person, deren Schlafplatz untersucht werden soll, diejenigen >Grifflängen durch verschiedene Methoden ermittelt, die sie längerfristig (meistens während der nächtlichen Regulationsphase) eingespeichert hat. Anhand der gefundenen Werte, die auf >Polarisation und >Intensität überprüft werden müssen, wird dann der Schlafbereich untersucht, wobei die einzelnen ermittelten Grifflängen den verschiedenen Störungen zugeordnet werden.

Körpermessungen dürfen von Personen, die lt. Gesetz nicht zur Ausübung von Heilberufen berechtigt sind, keinesfalls zum Zwecke medizinischer Diagnosen durchführt werden, sondern nur zur Ermittlung einwirkender >Störfaktoren, die ein harmonisches Umfeld beeinträchtigen. Hier muss sich der Rutengänger eindeutig abgrenzen und rechtlich absichern. Er sollte deshalb vor der Durchführung der Messungen seinen Auftraggeber schriftlich über Ziele und Zweck der Untersuchung aufklären und eine gegengezeichnete Durchschrift zu seinen Akten nehmen. In dieser Erklärung ist ausdrücklich darauf hinzuweisen, dass alle >radiaesthetischen Maßnahmen nur einer allgemeinen Wohnumfeldverbesserung dienen und in diesem Rahmen rein vorbeugenden Charakter haben, sie keine medizinischen Diagnosen darstellen, keine ärztlichen Behandlungen ersetzen und darüberhinaus in der offiziellen Wissenschaft umstritten sind.

S. Körpermessung

A. Aufgabenstellung:
Subjektive Belastungsfaktoren aus dem häuslichen Umfeld umfassend detektieren, die seit einem längeren Zeitraum in den Schlafplatz hineinwirken.

B. Hilfsmittel:
>H3-Antenne, – vorzugsweise mit Platine „M" (Alle anderen Rutenarten sind weniger geeignet), Zusatzsensoren, H3-Scan-Formular.

C. Ausgangslage:
Zur Vorbereitung der Untersuchung ist ein Platz auszuwählen, der möglichst wenige Störeinflüsse aufweist. Dies kann durch die >Peiltechnik erfolgen unter Verwendung der mentalen Programmierung auf „Zeige den optimalen Platz für die beabsichtigte Untersuchung (H3-Wert 6,40 CR)" .

Der zu untersuchende >Proband setzt sich an der ausgewählten Stelle aufrecht auf einen bequemen Holzstuhl. Er muss dann stärker belastende Faktoren, wie Halsketten, Armbanduhr, Metallgürtel, Haarspangen, Ohrringe usw. ablegen.

D. Scan an der >Medulla oblongata:
Die optimale Stelle zur gebündelten Abtastung eingespeicherter Störeinflüsse ist die Medulla oblongata, das verlängerte Mark zwischen Wirbelsäule und Schädelknochen. Hier treten die eingespeicherten Belastungsfaktoren gebündelt in Form des individuellen >Wellenbildes aus (Abb. 1).

Etwas unterhalb wird das vordere Ende der H3-Antenne angelegt. Dabei kann es auf den gegebenenfalls vorhandenen Hemdkragen aufgelegt werden (Abb. 2).

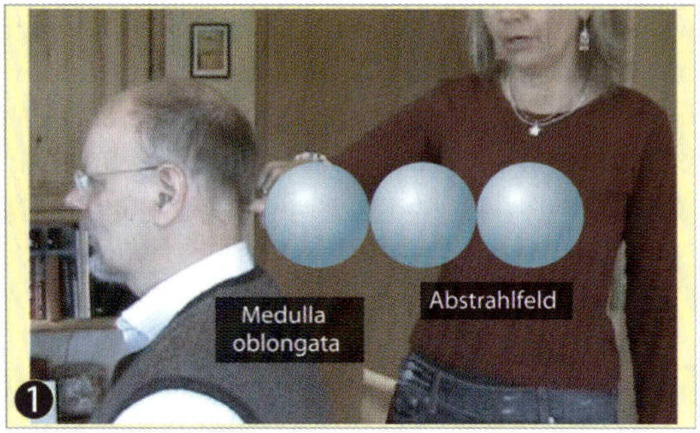

Ansatz der Körpermessung an der Medulla oblongata

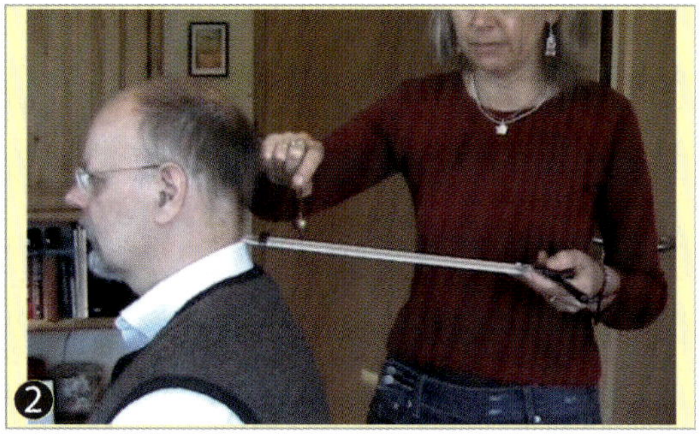

Nach Vorschrift der >Grifflängenziehung werden die abgestrahlten H3-Werte gescannt. Die Verifizierung der ermittelten Werte wird in 20 cm Abstand vom Probanden vorgenommen. Der variable Schieber der Antenne befindet sich stets auf mittlerer Höhe des Abstrahlfeldes. Eine vollständige Körpermessung wird in den Standardeinstellungen sowie mit allen Zusatzsensoren vorgenommen (Abb. 3).

Die verifizierten H3-Werte werden auf >Intensität und >Polarisation bestimmt. Liegt die Polarisation zweifelsfrei fest, wird die Intensitätszahl in der entsprechenden Spalte des H3-Scan-Formulars eingetragen (Abb. 4).

E. Bewertung:
Bei >Hausuntersuchungen werden H3-Werte entsprechend ihrer Polarisation und >Intensitätszahl bewertet. Hierbei werden die jeweiligen relativen Stärken verglichen. So werden Einflüsse mit mehr als 30% relativer Stärke als sanierungsbedürftig angesehen, >inverse Resonanzen dagegen ab Intensitätszahlen von 9.

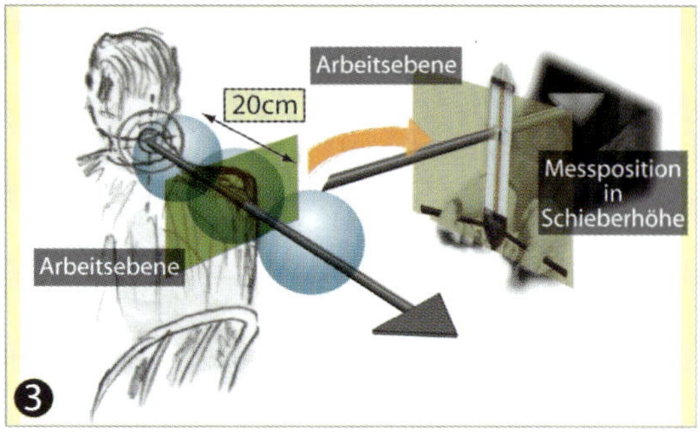

H3-Wert	Qualitäten: induktiv	Qualitäten: kapazitiv	Qualitäten: Yin/Yang	Intensitäten: links	Intensitäten: rechts	Intensitäten: unipolar	relative Stärke	Untersuchte(r) N.N. von: am: Zuordnung Resonanzbeziehung Bemerkungen
0,75	x			3			33%	
1,55	x			11			*	*inverse Resonanz (Maximalwert 14)
2,40	x			4			25%	
3,80	x				3		33%	
7,80	x			2			50%	
9,25	x			3			33%	
10,80	x		Yi	3			33%	
3,10		x		2			50%	
6,00		x		2			50%	
23,50		x			4		25%	
7,70	IR					2	50%	
5,35	AK			4			25%	
8,70		AK			2		50%	

4

Störersuche

kosmo-tellurische Schlote

Aus griech. *kósmos* „Weltall, Weltordnung", lat. *tellus* „Erde" und mhd. *Schlot* „Schornstein", bezeichnet nach BIRCKNER[1] von ihm so postulierte >Strahlungsfelder. Kosmo-tellurische Schlote treten nach BIRCKNER paarweise auf in einem Abstand von 0,8 – 1,5 m. Er beschreibt offensichtlich damit >stehende Felder, von denen das eine als >rechtszirkular, das andere als >linkszirkular polarisiert anzusehen ist. Sie weisen Durchmesser zwischen 0,30 und 1,20 m auf, selten mehr. Weiterhin beobachtet er, dass diese Felder nach jeweils 12 „Pendelumdrehungen" beginnen, ihre Drehrichtung umzukehren. Eine Abschirmmöglichkeit ist bisher nicht entdeckt, die Felder durchqueren jedes bisher getestete Material ohne nennenswerte >Dämpfung.

In mehreren Fachbeiträgen beschreibt BIRCKNER eine äußerst signifikante >geobiologische Wirkung dieser Schlote. Er schlägt vor, deren Einfluss durch Wechsel der Daueraufenthaltsplätze (Bettumstellung) auszuweichen.

Nach Interpretation des Verfassers kommt es bei dem beschriebenen Wechsel von Pendelrotationen innerhalb dieser Felder zu einer Umkehr der >Polaritäten, da offenbar gleichzeitig die Zirkularpolarisationen beibehalten werden. Dies würde bedeuten, dass sich diese Felder zwischen zwei Polen mit wechselnder Flussrichtung hin- und herbewegen. Solcherart Felder werden üblicherweise unter Einsatz des >Yin-Yang-Schalters mit der H3-Antenne detektiert. Eine von BIRCKNER vermutete rein tellurische Herkunft wäre auf Grund der beschriebenen Wechselwirkung schwer denkbar, eher müsste an einen Austauschkanal zwischen einem in der Luft und Erde befindlichen Energiepotenzial gedacht werden.

Kosmo-tellurische Schlote treten nach allgemeinen Beobachtungen nur in bestimmten Gebieten gehäuft auf. Hier sind weitere flächendeckende Forschungen nach standardisierten Vorgaben notwendig, bei denen die nahen und fernen Randbedingungen geprüft werden müssen.

1 JOSEF BIRCKNER, franz. Radiaesthesieforschungen

Kreuzungen, induzierte

Siehe >induzierte Kreuzungen.

Kreuzungspunkt

Wenn sich zwei oder mehr >Zonen gleichartiger >Wellenlängen und >Polarisation kreuzen, entsteht senkrecht über diesem Bereich ein >stehendes Feld. Wenn die Zonen >zirkularpolarisiert sind, bildet sich in der Vertikalen ein Drehfeld, das abwechselnd aus >Energiebäuchen und >Energieknoten besteht.

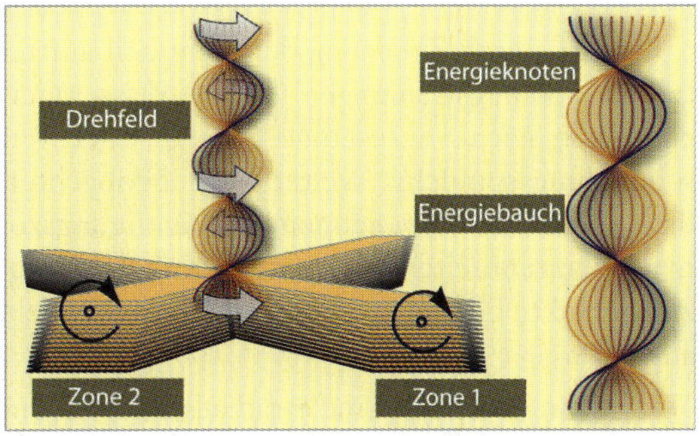

Stehendes Feld an einer Kreuzung

Kreuzungssystem

Bilden zwei oder mehr >Strahlungssysteme (meist >geologischen Ursprungs) eine Kreuzung, entsteht nicht nur ein einfaches >stehendes Feld wie bei einem >Kreuzungspunkt, sondern ein komplexes System.

Kreuzen sich >Wasseradern bleibt das Kreuzungssystem auch nach erfolgreicher >Entstörung der Zuleitungszonen erhalten. Lediglich der Durchmesser der Hauptspindel verringert sich in geringem Umfang.

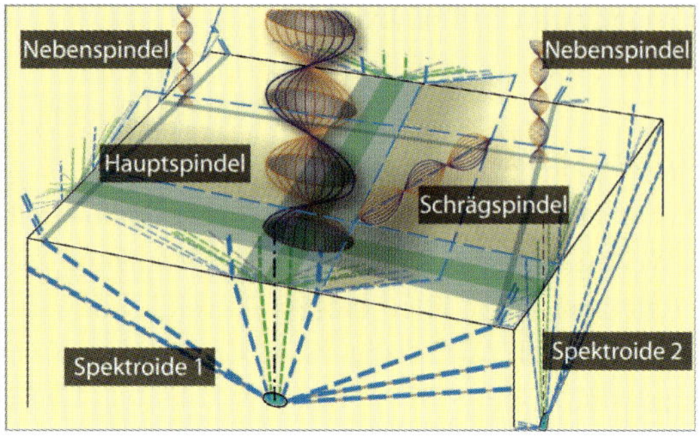

Wasseraderkreuzung mit auszugsweiser Darstellung der auftretenden Einzelsysteme

Bedingt durch Kreuzung der mehrfach auftretenden >Schrägstrahlungen (siehe >Wasserader) entstehen nach >SCHNEIDER Schräg- oder Verschneidungsspindeln. Weiter wird beobachtet, dass sämtliche Nebenzonen (Ankündigungszonen, >Kantenbreiten usw.) natürlich auch >Kreuzungspunkte bilden, an denen ebenfalls Spindeln auftreten.

Kreuzungssysteme sind >radiaesthetisch nur mit der >Peiltechnik oder mit einer auf deren Zentrum ausgerichteten sternförmigen >Begehungstechnik aufzufinden. Der genaue Mittelpunkt des Systems befindet sich an der Kreuzung der >Mittelachsen. Ist das Zentrum lokalisiert, kann die Ausdehnung des Kreuzungssystems jeweils von der Mitte aus analog der >Reaktionsabstandsmessung ermittelt werden.

Kristallschwingung

Kristalle bestehen aus Strukturen, die sich regelmäßig wiederholen. Die einzelnen Atome können sich nicht frei bewegen, sondern bilden Elementarzellen, deren Kantenlängen als Gitterkonstante bezeichnet wird. Aufgrund bestimmter thermischer Eigenschaften geraten diese Zellen gegeneinander in Schwingung, die sich als >stehende Welle zeigt und optische oder akustische Eigenschaften aufweist (vgl. >Phononen).

Krummstab

Auch Bischofsstab genannt. Altes, aus dem >Lituus entwickeltes >radiaesthetisches Instrument, das die Bischöfe als Zeichen ihrer Würde benutzen. Die überlieferten Frühformen des Krummstabes zeigen als Krümme noch eine einfache, schlichte Spirale, mit der sich – ähnlich wie beim Lituus – die >Rechts – bzw. >Linksdrehung von bestimmten >Zonen nachweisen lässt.

In Kirchen finden sich gebietsweise alte Grabplatten von Bischofsbestattungen oder Wandmalereien mit Krummstabdarstellungen, die offenbar zur Übermittlung von >Grifflängen benutzt wurden. Dem Verfasser sind Fälle bekannt, an denen Krummstäbe zwei auffällige Knotenmarkierungen aufweisen, die z. B. im Abstand von 22 cm[1] oder 13 cm[1;2] angebracht sind. Mit diesen Werten als >Grifflängen können wichtige >Strahlungszonen innerhalb der Kirche aufgefunden werden.

Bei Umrechnung auf >H3-Werte muss der gewonnene Grifflängenwert mit einem spezifischen >Verkürzungsfaktor verkleinert werden. Dieser muss notfalls >mental abgeschätzt werden.

1 Beispiel: Cosmas und Damian in Liesborn, zwei Darstellungen liefern jeweils 22 cm, eine Darstellung liefert 13 cm; kennzeichnende Zonen sind zum einen Tiefes Wasser (GL = 22 cm) und eine Planetenline Merkur (GL = 13 cm) Patrozinium deutet auf Merkurbeziehung hin (Heiler)

2 Beispiel: ehem. Augustiner-Klosteranlage Gut Böddeken bei Paderborn, Darstellung am Torhaus des Hl. Meinolf liefert 13 cm, in der Anlage wurde ebenfalls eine Planetenlinie Merkur gefunden

Kubengitter

Von Benker[1] postuliertes Raumgitter mit einer würfelförmig angeordneten Strahlungsstruktur. Die beschriebenen Kuben sollen eine Ausdehnung von ca. 10 x 10 x 10 m aufweisen und sich in ⊕Kuben und ⊖Kuben einteilen. Den ⊕ Kuben wird ein anregendes >Strahlungsfeld zugeschrieben, den ⊖Kuben ein beruhigendes. An den Begrenzungen der Kuben werden wandartige Kubusstrahlungen gefunden. Den einzelnen Kubenbegrenzungen werden >geobiologische Wirkungen nachgesagt.

Ortsfest auftretende regelmäßige Strukturen konnten bisher nur kleinräumig nachgewiesen werden. Die >Detektion von Kubengittern scheint somit eher auf lokale Phänomene hinzudeuten (vgl. >Technomantie).

1 Anton Benker, 1895 – 1983, dt., Radiaesthesieforschungen

Kultstätten, prähistorische

In West- und Mitteleuropa gibt es eine Reihe verschiedener Zeugnisse megalithischer Kulturen. Menhire (aufrecht stehende Steine), Dolmen (tischförmige Steinsetzungen, Hünengräber), Steinsetzungen usw. markieren Plätze, an denen in der Steinzeit Kulte praktiziert wurden.

>Radiaesthetisch lassen sich auch auf den prähistorischen Kultstätten in der Regel >Planetenlinien, >umpolarisierte (positivierte) >geologische Störungen und oft auch >geomantische Zonen nachweisen. Bongart[1] weist nach, dass durch Anordnung von gepolten Steinen darüberhinaus bestimmte Zonen erzeugt werden, die von weither angepeilt werden können (vgl. >Peiltechnik). Ergänzend finden neuerdings Forschungen von Pirchl[2] Beachtung, der in Vorarlberg nachweist, dass die dortigen Megalithkulturen durch unterhalb des Mutterbodens verlegte linienhafte Steinreihen >Strahlungsfelder erzeugen.

Steinreihen (Adern) wie sie G. Pirchl entdeckt hat

Alte Kultplätze können manchmal in hohem Maße >linksdrehend >kapazitiv abstrahlen. Dies kann zu anhaltend unangenehmen Belastungen führen. Kultstätten sollten deshalb vor örtlicher Untersuchung aus genügender Entfernung angepeilt werden (>Peiltechnik).

H3-Werte Kultstätten-Anpeilung	
prähistorische Kultstätte (1. allgemein)	19,80 IR
prähistorische Kultstätte (2. allgemein)	9,30 CR
eventuell bedenkliche Einflüsse	8,35 CL
- wie vor	8,70 CL

Die als „allgemein" angegebenen Werte müssen stets zusammen und mit Intensitätszahlen von mindestens „3" nachzuweisen sein.

1 Ferdinand Bongart, dt., Radiaesthesieforschungen, Autor von „Kultstätten, was sie uns verraten".

2 Gerhard Pirchl, Schweiz, Autor von „Das Geheimnis der Adernsterne"

Kunststoffe

In der >Geobiologie können Kunststoffe eine besondere Rolle spielen. Insbesondere regelmäßig geformte, aus Polyvinylchlorid (PVC), Polyäthylen (PE), Polypropylen (PP) und anderen Kunststoffen hergestellte Gegenstände wie Papierkörbe, Ablageboxen, Aufbewahrungs-Container, Eimer, Kleiderbügel, Brillengläser, Folien, Plastikbeutel usw., können unbeabsichtigt die Strahlenstrukturen von z. B. >Wasseradern stark verändern bzw. neue Strahlenstrukturen erheblicher >Intensität erzeugen. Auch sind bei >Schlafplatzuntersuchungen bestimmte Textilien aus Kunstfasern als >Störfaktoren erkennbar.

Der Verfasser hat in vielen Fällen beobachten können, wie letztlich erst konsequentes Beseitigen dieser Gegenstände aus dem Wohn- (Schlaf-) Umfeld zu spontanen Besserungen einiger chronischer Leidenszustände geführt hat. Rheumatische Schmerzen, Verspannungen, Gelenkschmerzen sowie asthmatische Beschwerden wurden in diesem Zusammenhang beobachtet. Allerdings scheint bei gesundheitlichen Reaktionen auch eine innere >Resonanzbereitschaft vorzuliegen, die die Ausstrahlungen der Kunststoffe aufnimmt und >Störfeldbeziehungen herstellt, aus denen dann radiaesthetisch nachweisbare Störzonen entstehen. Spezielle Ausleitungstherapien, wie sie einige Alternativmediziner praktizieren, können hier dauerhaftere Abhilfe schaffen.

In der klassischen >Radiaesthesie werden die störenden Einflüsse von Kunststoffen häufig viel zu gering eingeschätzt. PUCHINGER[1] konnte in vielen Fällen nachweisen, dass Kunststofffolien in „wilden" Müllkippen breite Störzonen mit verheerenden Wirkungen auf Natur und Menschen erzeugen, wenn die Folien durch andere >Strahlungen angeregt und nicht mit Erde abgedeckt waren. Diese Störzonen gleichen den >technomantischen Zonen und weisen stets eine ungerade Anzahl von einzelnen >Reaktionslinien auf.

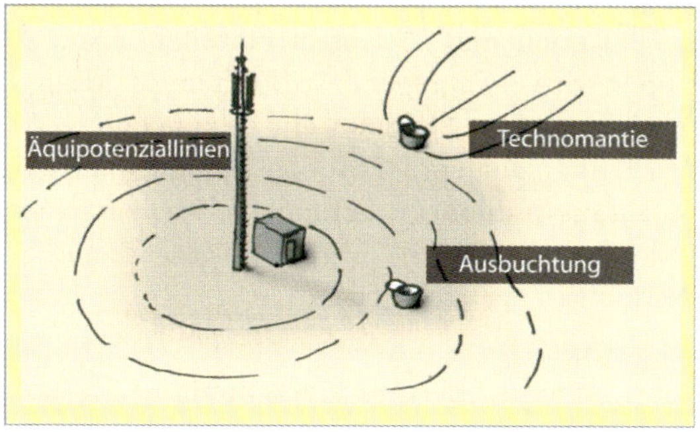

Feldveränderungen durch Kunststoffe unter Anregung

Durch Beseitigen der Folien oder der anderen erzeugenden Gegenstände lösen sich diese Zonen auf. Lt. PUCHINGER sollen Kunststoffgegenstände intensiver abstrahlen, je höher der Grad von Recyclingmaterial an den Basisrohstoffen ist.

1 FRANZ PUCHINGER, österr., Radiaesthesieforschungen

Kunststoffrute

In der >Grifflängentechnik werden häufig standardisierte Kunststoffruten eingesetzt. Diese eignen sich aufgrund ihrer hohen Flexibilität und ihres gleichmäßigen Durchmessers gut für reproduzierbare Mutungsmethoden (>muten). Sofern Kunststoffruten aus an der Spitze gebogenen Stäben hergestellt sind, liegt eine >Polarität (Yin, Yang) vor, die die Mutungsergebnisse beeinflussen kann. Die Enden der Rutenschenkel sind daher zu markieren, damit die Rute polgerecht gehalten werden kann (vgl. >Rutenpolung).

Labyrinthe

Von griech. *labyrinthos* „Bauwerk mit vielen verschlungenen Gängen und Höfen". Alte Labyrinthe, die zum Begehen geeignet sind – z. B. Stein-, Hecken-, Fliesen- oder in Rasen geschnittene Labyrinthe – sind >radiaesthetisch nachweisbar, selbst dann, wenn ihre sichtbaren Strukturen zerstört wurden. In heutiger Zeit sind nur noch sehr wenige im Original erhalten. Das Mizmaze auf dem St. Catherine's Hill bei Winchester und das Bodenlabyrinth in der Kathedrale von Chartres sind Beispiele für alte *in situ* erhaltene Anlagen. Der Verfasser hat in einer Vielzahl von Fällen nachweisen können, dass sich sehr häufig in oder in der Nähe von alten Kultanlagen Strahlungsstrukturen befinden, die auf frühere Labyrinthe hindeuten.

Felslabyrinthe vermutlich aus der Bronzezeit, als >Feldveränderung eingesetzt

Labyrinthe sind in vielen Varianten überliefert. Das traditionelle „heilige" der gotischen Baumeister zeichnet sich dadurch aus, dass der ins Innere führende gewundene Weg zunächst nach links und die letzte Biegung vor der Mitte nach rechts schwenkt.

Lagerstätten

In der Geologie sind verschiedene Lagerstätten bekannt. >Radiaesthetisch aufspürbare Lagerstätten treten entweder in Form von schmaleren >Zonen oder in größeren Flächen mit begrenzenden Außenkanten auf. Ein hin und wieder auftretendes Begleitmerkmal von schmalen Zonen (>Erzadern) ist eine radioaktive Strahlung (>Radioaktivität), die mit entsprechenden >Testobjekten nachgewiesen werden kann. Das Vorkommen von bestimmten Erzen wird in unberührter Natur häufig von bestimmten >Zeigerpflanzen oder typischem Wuchsverhalten begleitet.

Rechtsdrehend abstrahlende Lagerstätte unter der Mittelachse des Sazellums an den Externsteinen, Horn-Bad Meinberg

Lagerstätten werden >radiaesthetisch mit unterschiedlichen >Grifflängen aufgespürt, die davon abhängen, welche Gesteine dort vorhanden sind. Aus diesem Grund ist es zweckmäßig, die >Zonen zunächst mental zu lokalisieren und dann eine genauere Bestimmung mit der >Testobjektmethode oder durch >Grifflängenziehung durchzuführen.

Lambda (λ)

Griechischer Buchstabe, bezeichnet in der Physik die >Wellenlänge.

laminare Strömung

Von lat. *lamina* „Platte, Blatt, Scheibe aus Holz oder Metall, Schicht“, bezeichnet in der Hydraulik einen Fließzustand, bei dem sich die Flüssigkeitsteilchen wohlgeordnet in nebeneinander vorbeigleitenden Schichten bewegen, ohne sich zu mischen. Bei laminarer Strömung ist Wasser in der Lage >Cluster zu bilden und zu erhalten und damit auch >Informationen zu speichern.

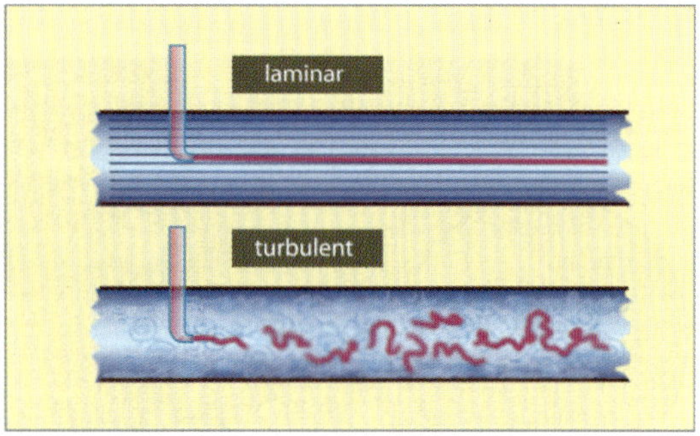

Strömungsverhältnisse

„Gutes“ Wasser kann daher ruhig laminar fließen, während die Cluster des „schlechten“ Wassers besser durch >turbulente Strömung zerschlagen werden sollten. Der laminare Strömungszustand tritt nur bei sehr geringen Fließgeschwindigkeiten auf, z. B. in der Mitte von Gewässern im Flachland.

Lecherantenne®

Von R. >Schneider entwickeltes >radiaesthetisch abstimmbares Antennensystem, das auf dem Wirkprinzip der >Lecherleitung aufbaut. Die klassische >Lecherleitung mit parallel frei in der Luft laufenden Leiterbahnen liefert bei >induktiv wirkenden Brücken ein Resonanzoptimum bei $n\lambda/2^1$ der hochfrequenten >Wellen. Durch den spezifischen >Verkürzungsfaktor des Platinenmaterials der Lecherantenne ergibt sich stattdessen nach Angaben von Schneider exakt $n\lambda/4$ (näheres unter >Dielektrizitätszahl).

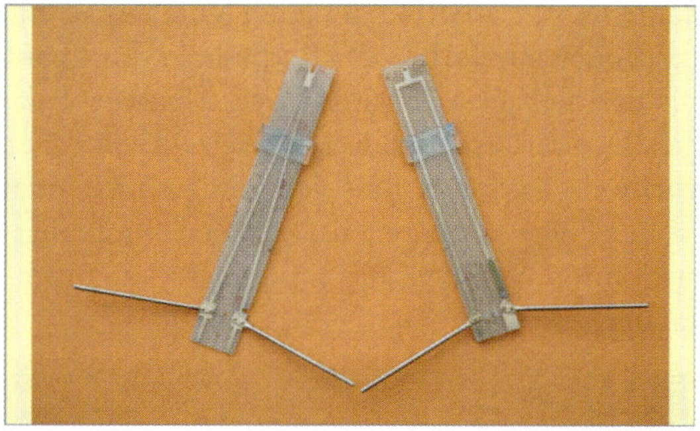

Lecherantennen® nach R. Schneider, Typen B2 und B1

Präzise Ergebnisse bei Lecherleitungen setzten voraus, dass der Abstand der Leiterbahnen im Verhältnis zur empfangenen Wellenlänge klein sein muss. Bei den Lecherantennen neueren Typs (B2 und folgende) sind deshalb die Leiterbahnen im vorderen Teil spitzwinklig aufeinander zulaufend angeordnet. Hierdurch soll erreicht werden, dass die Wellenlängen, die mit kleineren Einstellwerten als LA= 1,2 ermittelt werden, noch hinreichend genau empfangen werden können.

Mit Hilfe eines >Magnetstäbchens oder eines >Polarisationsringes kann die >Polarisation der gemuteten Wellen bestimmt werden.

Echte elektromagnetische Wellen breiten sich auf der Lecherantenne physikalisch nicht nur zweidimensional zwischen den Leiterbahnen in der Platinenebene, sondern zusätzlich auch räumlich in der Umgebung aus. Aus diesem Grund konnte die bisher postulierte Verkürzung der Wellen um den Faktor 0,5 für diese >Strahlungsart nicht nachgewiesen werden. Hier erreicht die >H3-Antenne eher die Genauigkeit einer Luftlecherleitung, ohne die Bequemlichkeit der Lecherantenne aufzugeben. Allerdings ist es zum Nachweis von elektromagnetischen Wellen auch hier notwendig, sich an technischen Sendern zu >kalibrieren (> Kalibrierung).

1 Die Ausbildung von Knoten der >Stehwellen liegt bei der Hälfte der Wellenlänge bzw. einem Mehrfachen (n) davon.

® Der Begriff Lecherantenne ist markenrechtlich geschützt (Inhaber Rechtsnachfolger R. Schneider)

Lecherleitung

Parallel-Leitungssystem, das schon von Hertz[1] benutzt wurde und zu Ehren von Lecher[2] benannt worden ist. Hertz gelang es erstmalig, die Längen >elektromagnetischer Wellen mit diesem Leitersystem nachzuweisen.

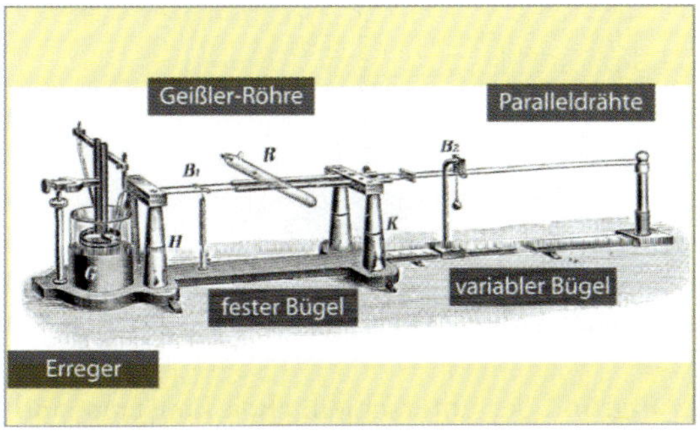

Historischer Aufbau einer Lecherleitung[3]

Mittels Messbügel wird die Lecherleitung als >Resonator zur Ausmessung von >Wellenlängen benutzt. Bei der >Resonanz werden durch >Reflexion getrennt stehende Maxima des elektrischen und magnetischen >Feldes erzeugt, die mit >kapazitiven (Leiterbrücke ist mittels dünner Isolierschicht von den Hauptleiterbahnen getrennt) bzw. mit >induktiven Messschieber (Leiterbrücke hat elektrisch leitenden Kontakt) abgegriffen werden können.

Das System der Lecherleitung wurde vermutlich von Dobler[4] erstmalig in die >Radiaesthesie eingeführt und später von >Schneider in praktikablerer Form der >Lecherantenne® eingesetzt.

1 Heinrich Hertz, 1857 – 1894, dt. Physiker

2 Ernst Lecher, 1856 – 1926, österr. Physiker

3 Abbildung eines Versuchsaufbaues nach Drude, entnommen aus Graetz: Die Elektrizität, Stuttgart 1919

4 Dr. Paul E. Dobler, Autor von „Physikalischer und photographischer Nachweis der Erdstrahlen; Lösung des Problems der Wünschelrute" Feuchtwangen 1934

A. Lecherleitung

A. Aufgabenstellung:
Versuchsbeschreibung zur Erzeugung von stehenden Wellen auf einer Lecherleitung.

B. Hilfsmittel:
Mikrowellensender mit ausreichender Sendeleistung (Achtung, gesetzliche Vorschriften beachten!), Parallelleitersystem, Glühbirne (5 V, 20 mA), 2 Teleskopantennen, 2 Kurzschlussbrücken (z. B. Metallstifte), Metermaß

C. Versuchsaufbau:
Auf einer Holzleiste werden im Abstand von ca. 1,5 cm zwei genau gleich lange, 1 m lange, versilberte Drähte parallel gespannt und befestigt. An einem Ende wird an beiden Drahtenden jeweils eine Antenne angebracht, die die Strahlung aufnehmen soll. Am Beginn zwischen den beiden Drähten wird die Glühbirne eingelötet. Als Erreger dient ein schwacher Mikrowellensender, hier im Beispiel auf eine Frequenz von 450 MHz eingestellt.

D. Versuch 1:
Wird der eingeschaltete Sender mit seiner Sendeantenne möglichst nahe parallel der Empfangsantennen gehalten, beginnt die Birne zu leuchten. Werden mit dem 1. Bügel bei 50 cm die Leiterbahnen kurzgeschlossen, bleibt die volle Leuchtstärke erhalten. Wird nun der 2. Bügel bei 40 cm quer auf die Leiterbahnen gelegt, verringert sich die Leuchtkraft der Glühbirne erheblich (Alle Maße als Abstand von dem Einspeisepunkt an der Glühbirnenseite aus gemessen).

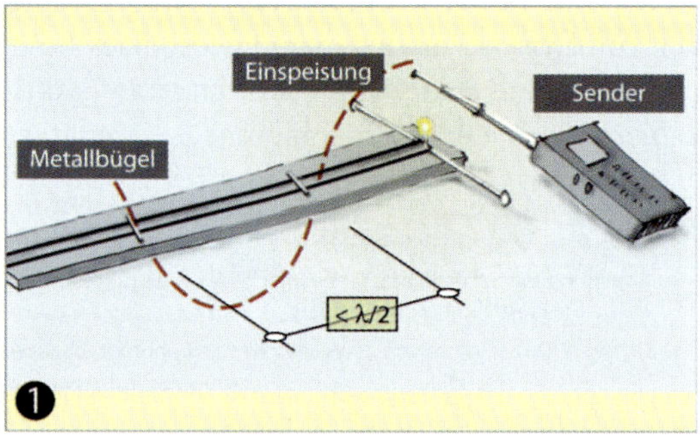

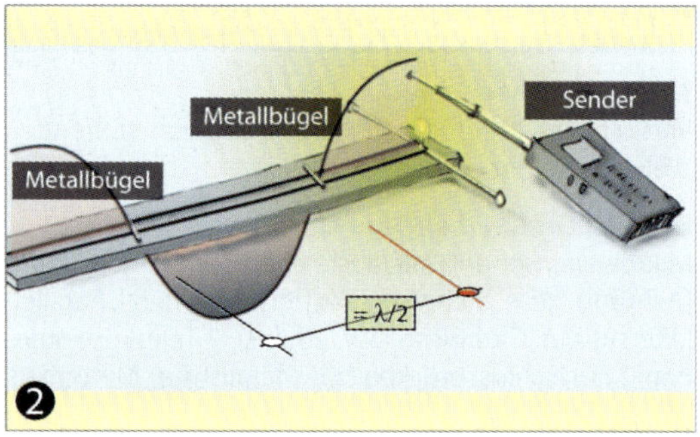

E. Versuch 2:
Jetzt wird der 2. Bügel langsam in Richtung Glühbirne verschoben. Errreicht er einen Abstand zum Einspeisepunkt von 16,5 cm, leuchtet die Birne am hellsten auf. Wird der Bügel noch näher an die Lampe geführt, verringert sich die Leuchtstärke. Der Abstand zwischen beiden Bügeln, der zur maximalen Leuchtstärke führt, beträgt genau 33,5 cm.

D. Fazit:
Bei der Frequenz des Senders von 450 MHz beträgt die Länge der abgestrahlten elektromagnetischen Welle 66,7 cm (300 km/sec / 450 MHz). Der gemessene Abstand zwischen den beiden Bügeln bei maximaler Leuchtstärke beträgt 33,5 cm, also ziemlich genau die Hälfte der Wellenlänge. Die beiden Versuche liefern den Beweis, dass nur die bei λ/2 kurzgeschlossene Lecherleitung optimal resonant reagiert.

Lecherrute®

Im deutschen Sprachraum werden >Ruten als Lecherruten bezeichnet, wenn sie sich nach dem Prinzip der von R. >Schneider entwickelten >Lecherantenne® auf die >Wellenlängen von >Strahlungsfeldern >abstimmen lassen. In Anlehnung an das von Lecher[1] eingeführte Parallelleiterprinzip (>Lecherleitung), werden die Abstimmeinheiten dieser Antennen meist als Luftleiter ausgeführt.

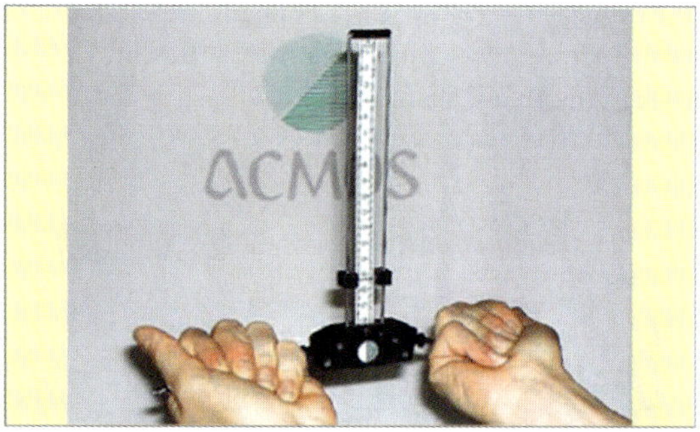

Antenne d'Lecher der Firma acmos, Frankreich[2]

Aufgrund der unterschiedlichen Bauarten sind die von den jeweiligen Herstellern angegebenen Einstellwerte nur selten mit anderen Fabrikaten vergleichbar. Für den Nachweis >elektromagnetischer Wellen sollte deshalb eine >Kalibrierung unter genau definierten Bedingungen an geeigneten Hochfrequenzgeneratoren erfolgen.

1 Ernst Lecher, 1856 – 1926, österr. Physiker

2 weitere Informationen unter www.acmos-sbj.com (französisch)

® Der Begriff Lecherrute ist markenrechtlich geschützt (Inhaber Rechtsnachfolger R. Schneider)

Leisengabel

Ist eine Rute aus Glasröhren mit Holzschutz. Die V-förmig gebogenen Röhren enthielten verschiedene Elementproben. Diese Rute wurde zu Beginn des vergangenen Jahrhunderts von Leisen[1] entwickelt und stellt eine Vorläuferform bzw. eine Variante der >Testobjekt-/ >Nosodentechnik dar. Mit diesen Elementruten konnte Leisen per >Reaktionsabstandsmessung an >Probanden ermitteln, ob ein Mangel oder ein Überschuss an den eingesetzten Elementen vorlag.

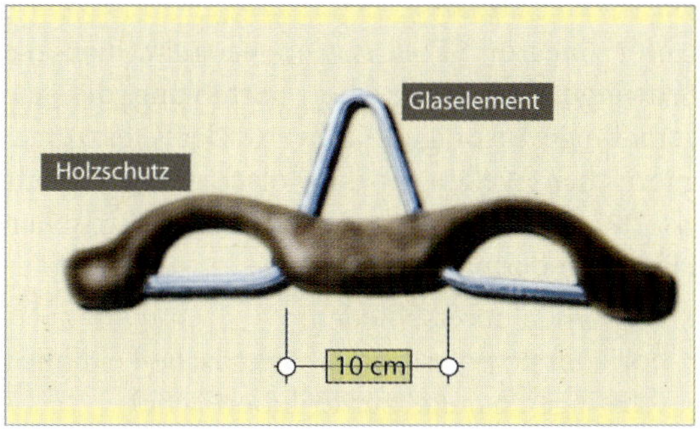

Leisengabel – Glasrute mit verschiedenen Elementen gefüllt

Aus dieser Untersuchungstechnik, mit der Leisen >Körpermessungen an seinen Patienten durchführte, entwickelten sich die verschiedenen Formen der Elektroakupunktur.

1 Matthias Leisen, 1879 – 1940, dt. Naturheilkunde- und Radiaesthesieforschungen

Leyline

Mit Leyline bezeichnet man überörtliche >geomantische Zonen, die über zum Teil weite Entfernungen bestimmte heilige Orte in gerader Linie miteinander verbinden. In Großbritannien wurden Leylines entdeckt, die sich über Hunderte von Kilometern erstrecken und sich sogar auf genauen Karten nachweisen lassen. In Österreich verbindet eine >radiaesthetisch nachweisbare Leyline einen markanten Punkt unterhalb des Großglockners mit den Seeklöstern Millstatt, Ossiach, Maria Wörth, Viktring und den markanten Berg Mirnock mit dem „kleinen Obir" im Süden Kärntens.

Die Breite dieser Leylines beträgt oft mehrere hundert Meter, teilweise sind die einzelnen geomantischen Zonen in mehreren Gruppen gebündelt.

Lichtleitereffekt

Wenn eine >radiaesthetische >Strahlung einen Gegenstand anregt, tritt die Strahlung in ihn ein und erzeugt eine >Resonanz. Handelt es sich bei dem Gegenstand z. B. um einen Mauerziegel, strahlt dieser die durch Anregung erzeugte Schwingung in alle Richtungen ab, an den Ecken und Kanten verstärkt (>Eckabstrahlung).

Wenn die Strahlungen aus den Flächen des Ziegels heraustreten, kommt es zu einer >Brechung an der Oberfläche beim Eintritt in ein anderes Medium (Ziegel zu Luft), mit der Folge, dass genügend flach auftreffende Strahlen wieder zurückreflektiert werden. Dieser Effekt erklärt, dass sich >elektromagnetische Wellen (Licht) in Glasleitern nahezu verlustlos ausbreiten, da sie nicht seitlich aus den Leitern austreten. Erst an den zur Ausbreitungsrichtung rechtwinkligen Stellen können sie den Glasleiter verlassen.

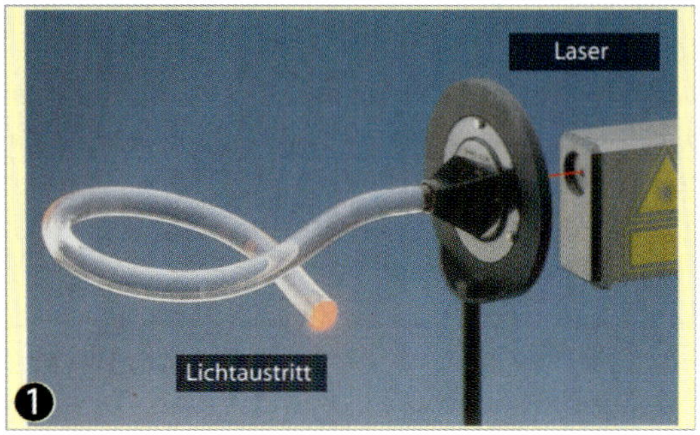

Plexiglasstab als Lichtleiter für hochmonochromatisches Laserlicht (hier 632,8 nm)

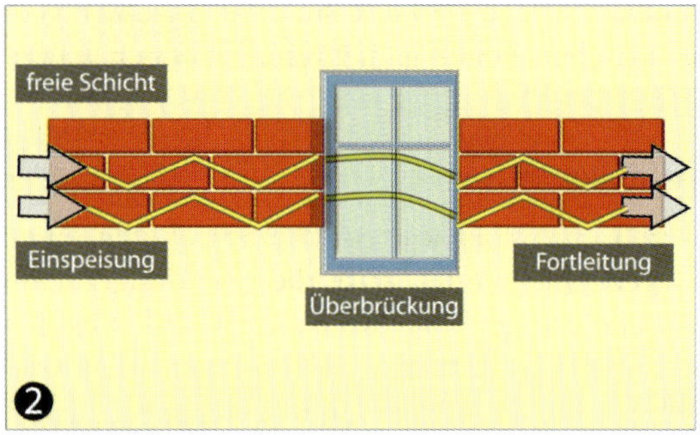

Lichtleitereffekt in gemauerten Wänden

Wenn eine Strahlung jetzt ein gemauertes Haus aus Ziegeln anregt, leiten die einzelnen Schichten die Strahlung jeweils in der Horizontalen in alle Teile der Außen- und Innenmauern. Tür- und Fensteröffnungen werden dabei überbrückt. Bisher wurde nicht beobachtet, dass die Strahlungen sich auch vertikal ausbreiten. Trenn- und Dehnungsfugen, wenn sie mit Polystyrol-Hartschaum (Styropor) gefüllt sind, können die Ausbreitung der Strahlungen allerdings beeinträchtigen bzw. ganz unterbrechen.

Auch in der Natur wird der Lichtleitereffekt beobachtet. Das Myzel bzw. die Hyphen (Pilzfäden) und Hyphensysteme aller Pilzarten ähneln in ihrem Aufbau technischen Lichtleitern. Angaben von LÜDERITZ[1] zufolge, sind diese Systeme grundsätzlich in der Lage, die auf sie auftreffenden Strahlungen zu übertragen. Über die wie >Antennen >konvex geformten sichtbaren Teile des Pilzkörpers strahlen sie dann die eingespeisten Strahlungen großflächig wieder in die Umgebung ab. Der Lichtleitereffekt bei Pilzen ist häufig eine Ursache für >Fehlmutungen in „freier Natur".

1 MATTHIAS LÜDERITZ, dt., Geologe, Biologe, Radiaesthesieforschungen, in einem Vortragsmanuskript zur 1. Tagung „Bodenschutz in Schleswig-Holstein" der FH Kiel in Österrönfeld

lineare Polarisation

Unter linearer >Polarisation versteht man die Schwingungsrichtung einer >Strahlung, die eine geradlinige Ausprägung aufweist. Bei >elektromagnetischen Wellen ist die Polarisationsrichtung als die Schwingungsrichtung der elektrischen Feldlinien definiert.

Es werden unterschieden:
- horizontale Polarisation (elektrische Feldlinien schwingen parallel zur Erdoberfläche)
- vertikale Polarisation (elektrische Feldlinien schwingen rechtwinklig zur Erdoberfläche)
- Schräg-Polarisationen (Zwischenformen).

linksdrehend

Gegenteil von >rechtsdrehend. Bezeichnet eine >Polarisationsrichtung und steht in der >Geobiologie erfahrungswissenschaftlich für hemmend, beruhigend und bei stärkeren

>Intensitäten für degenerierend. Folgt man der >Mikrowellentheorie nach >SCHNEIDER, so finden wir linksdrehend polarisierte Strahlung bei einer >Zirkularpolarisation vor, deren Drehrichtung gegen den Uhrzeigersinn beobachtet wird, wenn die Strahlung auf den Beobachter zukommt. Diese Definitionsweise ist in der Optik und in der >Radiaesthesie eingeführt. Die Definition von Drehrichtungen ist in der Ebene einfach: Ein Punkt auf einer Kreisbahn bewegt sich im Uhrzeigersinn = Rechtsdrehung, gegen ihn = Linksdrehung. Im dreidimensionalen Raum unter Einschluss der Zeit (Bewegungsrichtungen) entsteht aus der Kreisbahn ein Schraubengewinde, bei dem es darauf ankommt, in welche Richtung sich ein Punkt bewegt.

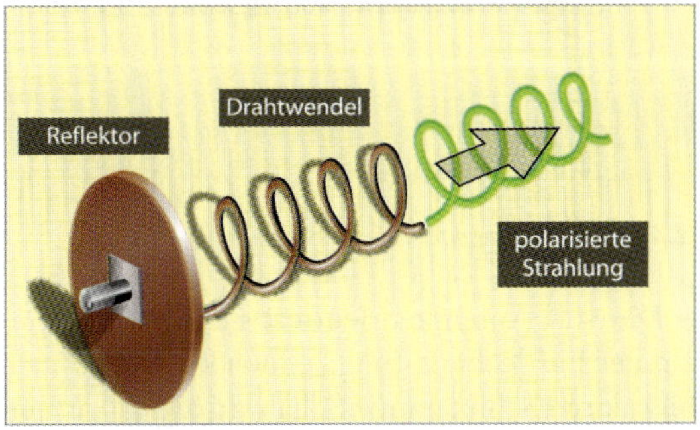

Helical-Antenne hier mit 4 Windungen, in technischem Sinne linksdrehend polarisiert

Linksdrehende Strahlung im radiaesthetischen Sinne (Definition vom Empfänger aus) kann von einer schraubenförmigen Wendel erzeugt werden, die im mechanischen Sinn rechtsherum gewickelt ist. In der Mechanik werden Richtungen von Schraubengewinden danach definiert, wie sie sich drehen, wenn sie sich vom Betrachter entfernen. Eine Rechtsgewindeschraube bewegt sich in einem Gewindegang – im Uhrzeigersinn gedreht – vom Betrachter fort. Dieser Betrachtungsweise entspricht auch die Bezeichnung der Polarisation in der Hochfrequenztechnik, da hier vom Sender aus definiert wird. Die Zirkularpolarisation ist in Radiaesthesie und Hochfrequenzphysik gegensätzlich definiert (vgl. Abbildungen zu >Polarisation). Der Charakter der Strahlung bleibt jedoch derselbe, gleichgültig ob empfangen oder gesendet wird.

linkszirkular ⟲

Form der >zirkularen >Polarisation (vgl. >linksdrehend).

Lituus

Der Lituus ist ein Stab aus dünnem Bronzeblech mit einer Flachspirale am Kopfende. Er diente etruskischen und römischen >Auguren zur Bestimmung von >Reaktionslinien.

Verschiedene Litui, links aus einem römischen Grab bei Brigetio (Szöny, Ungarn), rechts etruskische Grabbeigabe aus Caere (Etrurien, Italien)

Je nach Haltung (Flachspirale zeigt zur einfallenden Strahlung hin oder entgegengesetzt) konnte eine Unterscheidung in der >Polarisation festgestellt werden (vgl. >Krummstab). Versuche zeigen bei >Begehung zum Feld hin mit der Lituusspirale nach vorn weisend eine linkszirkulare Polarisation, mit der Spirale zum >Rutengänger weisend eine >rechtsdrehende.

Longitude

Von lat. *longitudo* „Länge", bezeichnet die Längenausdehnung einer >Welle. Bei Longitudinalwellen schwingen die Teilchen in Ausbreitungsrichtung der Welle, die sich dann aus periodisch wiederkehrenden Verdünnungen und Verdichtungen zusammensetzt.

Longitudinalwellen

Bei diesen >Wellen verläuft die Schwingungsrichtung parallel zur Ausbreitungsrichtung. Die >Schwingung wird deshalb als Folge einer Verdichtung und Verdünnung wahrgenommen (Schallwellen, Materiewellen).

Luftlecherleitung

Heinrich Hertz[1] benutzte für die Ermittlung der Länge von >elektromagnetischen Wellen ein Paralleldrahtleitersystem, das frei in Luft gespannt war. Diese Vorrichtung gewährleistete eine unverkürzte Ausbreitung der Wellen.

Auf parallel geführten Drähten kommt es zu einer Ausbildung von >stehenden Wellen, die immer an den gleichen Stellen Spannungsbäuche (Maxima) und Spannungsknoten (Minima) aufweisen. Die Abstände zwischen den Knoten dieser Wellen auf der >Lecherleitung ergeben stets die Hälfte der Wellenlänge.

Werden in diesen Aufbau Fremdmaterialien hineingebracht, verlangsamt sich dadurch die Ausbreitungsgeschwindigkeit und verkürzt somit die >Wellenlänge der elektromagnetischen >Strahlung.

W. Busscher[2] hat eine radiaesthetisch benutzbare Luftlecherantenne entwickelt mit dem bewussten Verzicht auf sämtliche störende Ergänzungen. Sie erfüllt die physikalischen Anforderungen, weist aber keine Skalierung entlang der Leiterbahnen auf, so dass sie sich nicht zum >Scannen eignet.

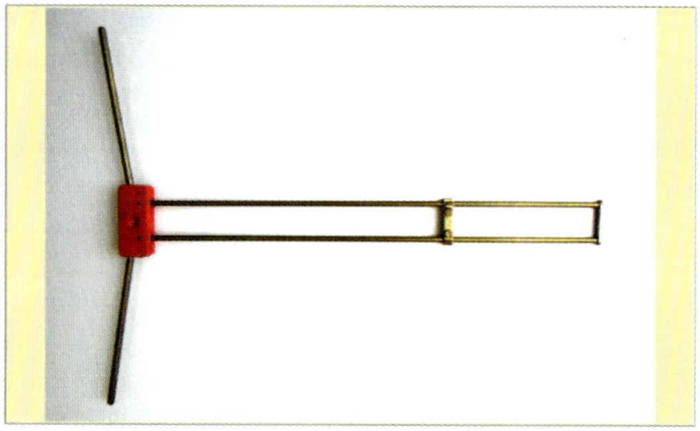

Luftlecherleitung nach W. Busscher

Die >H3-Antenne orientiert sich an dem Prinzip der Luftlecherleitung, jedoch kommt es auch hier durch Schieber und Schaltermaterial zu Einschränkungen im Ausbreitungsraum, so dass mit Verkürzungen zu rechnen ist.

1 Heinrich Hertz, 1857 – 1894, dt. Physiker

2 Willem Busscher, dt. Radiaesthesieforschungen, div. Veröffentlichungen zur Luftlecherleitung in Wetter-Boden-Mensch, Waldbrunn-Wk.

Magnetopathie, (Heil-)

Aus griech. *magnetis* „Magnetstein, Stein aus Magnesia" und *pathos* „Leiden, Schmerz". „Unter Heil-Magnetopathie oder Heilmagnetismus wird", zitiert nach SCHRÖDTER[1], „die Übertragung von Lebenskraft (lat. *vis vitalis*) von einer Person, die davon überquillt, auf eine andere, die deren ermangelt", verstanden. Zu beobachten ist, dass schmerzende Körperpartien meist >linksdrehende >Wellenlängen abstrahlen (vgl. >Körpermessung), die >radiaesthetisch mit durch >Grifflängenziehung bestimmbar sind. Ein geübter Heilmagnetiseur kann in solchen Fällen durch Magnetisierung zur Linderung der Schmerzen beitragen. Verschiedentlich werden bei diesen Behandlungen ergänzend die vorgefundenen Wellenlängen >umpolarisiert wieder an die Patienten zurückübertragen.

1 WILLY SCHRÖDTER in „Heilmagnetismus – Quellen der Gesundheit"

Magnetstäbchen

Zum Einsetzen in verschiedene hohle Handgriffe von >Ruten, aber auch in Pendelkörper. Es dient vor allem bei der >Lecherantenne® zur >Polarisationsbestimmung. Das leicht geknickte Magnetstäbchen hat zur Unterscheidung einen kurzen und einen langen Schenkel. Es ist in Längsrichtung durchmagnetisiert. Bei richtiger >Polung zieht der kurze Schenkel den nach Süden weisenden Pol einer Kompassnadel an. Da sich die Magnetisierung leicht verändern kann, ist die Polung des Magnetstäbchens regelmäßig zu überprüfen.

Die >H3-Antenne verwendet anstelle des Magnetstäbchens den >Polarisationsschalter. Hiermit werden unterschiedlich gepolte Magneten direkt auf die Leiterbahnen gebracht und so wesentlich bequemer die Polarisationen unterschieden. Eine Entmagnetisierung tritt bei nomaler Benutzung nicht auf.

Mantik

Von griech. *manteia*, „Weissagung, Wahrsagung". Die Erforschung und Auslegung göttlichen Willens aus bestimmten Zeichen. Die Mantik wurde von den etruskischen >Auguren zu einer Wissenschaft entwickelt, die in einem Zustand der Ekstase ausgeführt wurde, wobei drei besondere Disziplinen noch überliefert sind: Die Eingeweideschau (*haruspicina*) gab den Willen der Götter aus den Eingeweiden von Opfertieren kund, ebenso die Ausdeutung des Verlaufes von Blitz und Donner (*ars fulguratoria*) und die Auslegung des Vogelfluges (*auspicium*). Wie schon diese Mantiken zeigen, besteht ein enger Zusammenhang zur >Radiaesthesie, die im Mittelalter eher als >Geomantie bezeichnet und von Robert Fludd[1] zu den sieben heiligen Wissenschaften gezählt wurde.

Geomantie in die heiligen Wissenschaften eingeordnet[1]

1 ROBERT FLUDD, 1574 – 1637, engl. Rosenkreuzer in „De technica microcosmi historia" 1618

Map-dowsing

Aus dem Englischen eingeführter Begriff, zu übersetzen mit „aus bzw. über Karten muten". Map-dowsing ist eine als >mental einzustufende >radiaesthetische Technik, mit deren Hilfe über möglichst genauen Kartenmaterialien größere Landschaftsräume untersucht werden können.

Eine spezielle Sonderform ist die Mutung über Haus- und Wohnungsgrundrissen als Vorbereitung von Hausuntersuchungen, bzw. Kultplätzen bei >geomantischen Detektionen.

S. Map-dowsing

A. Aufgabenstellung:
Untersuchung des Umfeldes eines Wohngebäudes oder anderer Liegenschaft als erste Vorbereitung einer gründlicheren Ortsbegehung.

B. Hilfsmittel:
>H3-Antenne mit Peilspitze, eventuell Nosodenhalter, Lageplan bzw. Hausgrundriss mit Nordpfeil als Kopien, Markierungsstift, Fotos des Objektes aus unterschiedlichen Blickrichtungen, eventuell geologische Karten nebst Beiblatt

C. Ausgangslage:
Map-dowsing lebt von dem guten Umsetzungsvermögen (Vorstellungskraft) von kartografischen Unterlagen in die Wirklichkeit. Somit ist eine genaue Einfindung in das Objekt unerlässlich. Durch sorgfältiges Studieren von Aufnahmen, die das Zielobjekt aus möglichst vielen Blickrichtungen zeigen, kann die Zeichnung „belebt" werden. Gebäudedetails werden mit dem Grundriss verglichen und dadurch die Vorstellungskraft gestärkt.

Zur Kontaktaufnahme mit dem Untergrund können Informationen aus der geologischen Karte und deren Beiblatt hilfreich sein.

D. Arbeitsposition
Auf einem Arbeitstisch wird eine Kopie des Lageplans / Grundrisses in bequemer Arbeitsposition mit dem Nordpfeil nach oben ausgebreitet und gegen Verrutschen gesichert. Es ist zweckmäßig, aufrecht zu sitzen und beide Füße parallel auf den Boden stellen.

Die H3-Antenne wird mit unten eingestecktem Peilstäbchen so gehalten, dass der zu untersuchende Bereich ohne Mühe und sensibel zu überstreichen und abzutasten ist.

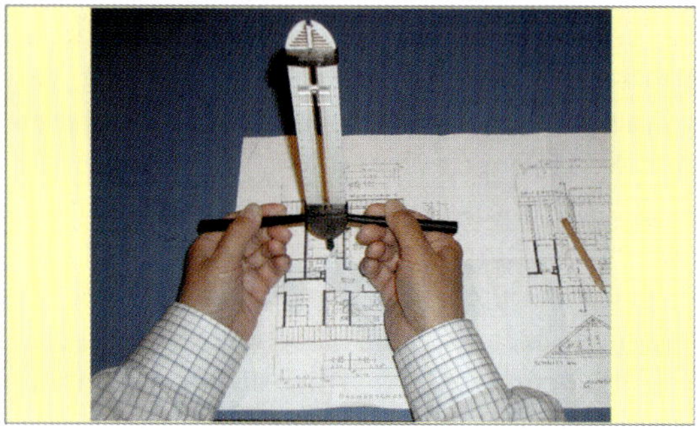

Arbeitshaltung beim Map-dowsing

E. Verschaffung eines Überblicks:
Wie bei einer >Hausuntersuchung oder >Grundstücksuntersuchung ist es notwendig, sich zunächst einen Überblick zu verschaffen. Dazu wird der Untersuchungsbereich exakt eingegrenzt (Landschaftsteil, Grundstücksfläche, Grundriss oder Zimmer) und die >mentale Abfrage nach den dort vorhandenen >Strahlungsfeldern gestellt.

F. Feldabtastung – Einstellungen:
Die Abtastung der einzelnen Strahlungsfelder erfolgt mit den dafür bekannten >Arbeitseinstellungen. Falls diese nicht bekannt sind, kann hilfsweise H3 = 6,40 CR (Orakel) benutzt werden. Sind konkret zuzuordnende Felder zu suchen (z. B. der Verlauf einer bekannten >Wasserader, >Planetenlinie usw.), ist zusätzlich die Verwendung von >Testobjekten hilfreich.

G. Feldabtastung – Verfahren:
Mit der auf den jeweiligen Wert eingestellten H3-Antenne wird die unter „E" festgelegte Begrenzung komplett abgetastet. Dabei wird die Antenne so geführt, dass die Spitze des Peilstäbchens möglichst dicht über die Blattoberfläche streicht. Die Abtastung

erfolgt mit höchster Konzentration auf die zu suchende Feldstruktur (>Mentaltechnik, programmierte) bei gleichzeitiger Imagination der auf dem Plan abgebildeten Wirklichkeit. Bei jeder einzelnen Antennenreaktion wird der betreffende Punkt direkt auf dem Plan markiert. Ähnlich wie unter >Feldbegehung beschrieben, werden die einzelnen >Feldgrenzlinien durch kleine Kreisbewegungen in ihrem Verlauf weiterverfolgt und nachmarkiert.

H. Ergebnis:
Das Mutungsergebnis an einem Plan stellt immer nur einen ersten Vorbericht dar, der naturgemäß mit großer Fehlerquote behaftet ist. Er sollte stets durch kritische Vorortuntersuchungen abgesichert werden.

Maser/Masereffekt

Der Begriff Maser ist eine Abkürzung aus engl: „*Microwave Amplification by Stimulated Emission of Radiation*" also Verstärkung von >Mikrowellen durch stimulierte Strahlungsemissionen. Der Masereffekt lässt sich am „kosmischen Maser" besonders gut erklären: 1965 entdeckten Radioastronomen im Orionnebel ein besonders starkes Signal in einer >Frequenz von 1665 MHz = 18,02 cm >Wellenlänge. Die beobachtete Strahlung stammte aus einer interstellaren Wolke von OH-Molekülen (Hydroxyl-Molekülen). Infolge von >Resonanzeffekten in dem Molekülgas hatte sich eine durchlaufende Strahlung erheblich verstärkt, anstatt wie erwartet, sich beim Durchgang der Gaswolke abzuschwächen. Weicht die Frequenz der die Gaswolke stimulierenden Strahlung um nur wenige Megahertz von der beobachteten ab, würde der Verstärkungseffekt nicht eintreten, da dann die entsprechende Resonanzwellenlänge der Gaswolke nicht getroffen würde. Maser werden in der Technik in einigen Fällen zur Hochfrequenzverstärkung eingesetzt, da sie besonders „rauscharm" sind, also Verstärkungen mit nur sehr wenigen Störsignalen ermöglichen.

Die Art dieser Effekte könnte als Erklärung von bestimmten Erscheinungen in der >Radiaesthesie herangezogen werden, bei denen bestimmte Wellenlängen zum Beispiel auf >Kunststoffe treffen und diese zur verstärkten Eigenstrahlung anregen.

Medulla oblongata

In der Medizin gebrauchter Fachausdruck für das verlängerte Mark des Menschen. Das verlängerte Mark bezeichnet den an das Rückenmark anschließenden Hirnabschnitt. Es ist das Bindeglied zwischen Rückenmark und Gehirn und enthält gleichzeitig die Stelle, wo sich die Nervenverbindungen von der rechten Körperhälfte zur linken Gehirnhälfte mit den umgekehrten Verbindungen kreuzen (Pyramidenkreuzung).

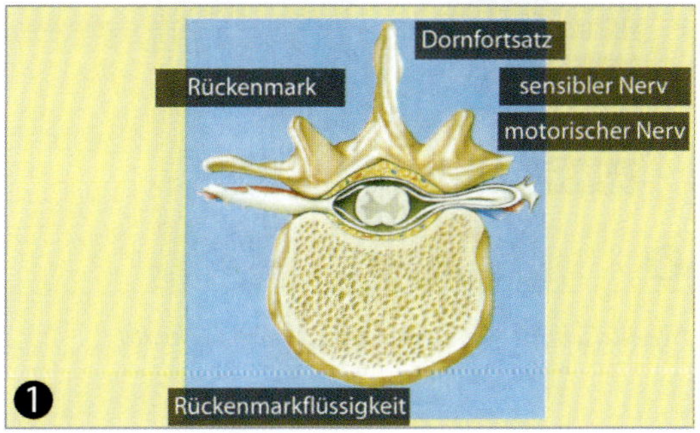

Die Wirbelsäule als Lichtleiter

Möglicherweise durch den >Lichtleitereffekt transportieren Nervenbahnen die eingespeisten >Strahlungen bzw. >Informationen. An der Medulla oblongata treten diese (durch die Kreuzung bedingt?) auch rechtwinklig nach hinten aus dem Körper heraus. An dieser Stelle im Nacken, etwas unterhalb des Schädelansatzes, können deshalb die meisten im Körper eingespeicherten >Wellenlängen nachgewiesen werden (vgl. >Körpermessung, >Grifflängenziehung).

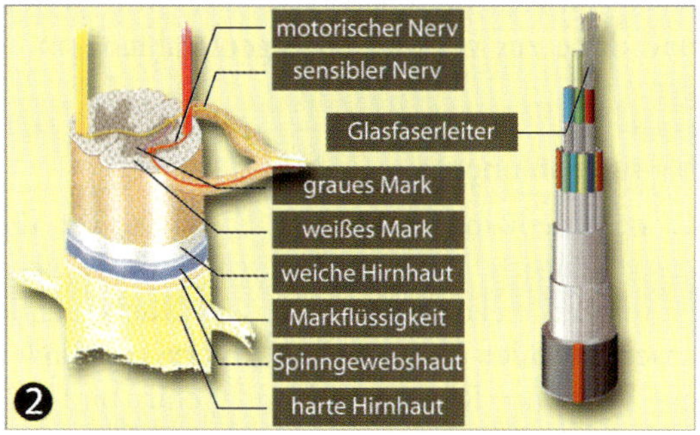

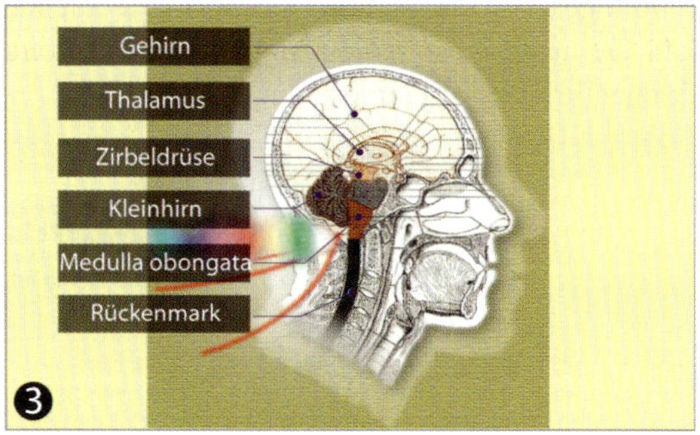

Schädelschnitt mit Lage der Medulla oblongata

mentale Abfrage

Wenn ein Objekt (z. B. ein Hausgrundstück oder eine Kirche) mit der >Grifflängentechnik untersucht werden soll, muss der Untersuchungsbereich festliegen. In der Regel ist vorher nicht bekannt, welche >geologischen Anomalien und sonstigen Strahlungseinflüsse auf diesen Platz wirken. Aus diesem Grunde empfiehlt es sich, vor der Untersuchung eine mentale Abfrage durchzuführen (>Mentalismus). Der Radiaesthet bedient sich dabei zweckmäßigerweise einer Checkliste in Form einer oder mehrerer >Pendeltafeln. Anhand dieser Tafeln werden dann die einzelnen Einflussfaktoren mental abgefragt. Liegt ein Ergebnis vor, wird dann mit den jeweiligen >bestimmenden Grifflängen nach der >programmierbaren Mentaltechnik weiter untersucht und die einzelnen >Zonen aufgesucht (vgl. >Außenbegehung, >Hausuntersuchung).

B. mentale Abfrage

A. Aufgabenstellung:
Zielgerichtete Analyse eines Strahlungsfeldes auf verschiedene Einflussfaktoren.

B. Hilfsmittel:
>H3-Antenne mit >Peilspitze (Alle anderen Rutenarten sind weniger geeignet), eventuell Wachs, saubere Papierstreifen und Testobjekthalter, Pendeltafel

C. Ausgangslage:
Aus den in der Abstrahlung einer Gebäudeecke enthaltenen Informationen soll ermittelt werden, welche Faktoren das Strahlungsmilieu des Hauses beeinflussen (>Eckabfrage).

Die vorbereitende Abfrage nach der >mentalen Erlaubnis wurde mit positivem Ergebnis durchgeführt.

D. Visierung des Strahlungsfeldes:
Das abzufragende Strahlungsfeld der Gebäudeecke ist einige Zeit konzentriert anzuvisieren und muss sich innerlich einprägen. Zur Verstärkung kann mit Hilfe von Wachs und Papierstreifen an der Ecke ein Schwingungsträger abgenommen werden (>Testobjekte).

E. Arbeitsposition:
Zunächst wird die Pendeltafel auf einer Unterlage (Arbeitstisch) in bequemer Arbeitsposition ausgelegt und gegen Verrutschen gesichert. Es ist zweckmäßig, sich davor aufrecht hinzusetzen und beide Füße parallel

auf den Boden stellen. Die Höhe der Unterlage lässt ein bequemes Arbeiten mit abgewinkelten Armen zu.

F. Arbeitseinstellung:
Die mentale Einstellung für die Abfrage ist: „Welche äußeren Einflüsse wirken auf das Gebäude." Unter Konzentration auf das Strahlungsfeld mit dieser Fragestellung werden alle weiteren Schritte durchgeführt. Die H3-Antenne mit unten eingesteckter Peilspitze wird auf den Wert für mentales Arbeiten eingestellt: H3 = 6,40 CR (Orakelkraft).

Es wird folgende >mentale Vereinbarung getroffen: Eine Antennenreaktion bedeutet: „Ja, liegt vor." Fehlende Reaktion bedeutet: „Nein, nicht vorhanden."

G. Arbeitsweise:
Unter voller Konzentration auf das Strahlungsfeld und die vorgegebene Fragestellung, sowie mit gutem Vorstellungsvermögen der Bedeutung der einzelnen Positionen der Pendeltafel werden die Begriffe der ersten Spalte langsam von oben nach unten abgetastet. Die Begriffe, an denen Antennenreaktionen auftreten, werden markiert.

In einem weiteren Schritt können nun in den markierten Zeilen nähere Aussagen zu der Qualität der einzelnen gewonnen werden.

H. Ergebnis:
Ein Beispiel für eine Eckabfrage ist:

a) eine Wasserader, normal/invertiert – wasserführend, überwiegend linkszirkular, technisch angeregt, induktive Eigenschaften

   (die Zone kann mit der Standardeinstellung H3 = 3,10 l bzw. GL = 11 cm aufgesucht werden)

b) ein aktiver technischer Strahler – überwiegend linear polarisiert, direkt wirkend, zeitweilige Einwirkung, induktive und kapazitive Eigenschaften

   (hier wird eine weitere Detektierung mit H3 = 5,50 l bzw. GL = 19,5 cm vorgeschlagen)

I. Hinweis:
Jeder Einsatz von mentalen Abfragen ist von der persönlichen >Trefferquote abhängig, die je nach Befindlichkeit und Aufgabenstellung schwanken kann. Selbst geübte „Mentalisten" erreichen nur sehr selten Trefferquoten, auf die man sich sicher verlassen kann. So sind die Aussagen dieser Abfragen stets mit Vorsicht zu genießen und stets kritisch und ergebnisoffen in der Örtlichkeit zu überprüfen.

---

mentale Erlaubnis, dreifache

Vor >mentalen Abfragen, insbesondere wenn sie in die Privatsphäre von anderen Personen eingreifen, sollte stets um die Erteilung einer Erlaubnis gebeten werden. Ross und Wright[1] schlagen dabei ein vorgeschaltetes Frageprogramm vor und nur bei entsprechend positiven Antworten sollte eine weitere Untersuchung durchgeführt werden.

1 Edward Terry Ross und Richard Wright, USA, führende Mitglieder der American Society of Dowsers, Autoren von „The Diving Mind"

B. mentale Erlaubnis

A. Aufgabenstellung:
Vorbereitung auf die mentale Arbeit mit >Rute, >Pendel oder sonstigen >Indikatoren. Durch eine >mentale Abfrage klären, ob eine Arbeit in dem vorliegenden Fall überhaupt durchführbar ist.

B. Hilfsmittel:
>H3-Antenne, Rute, Pendel, >Drehrute oder sonstiger radiaesthetischer Indikator.

C. Ausgangslage:
Es wird folgende >mentale Vereinbarung getroffen: Eine Reaktion des Indikators bedeutet: „Ja!" Fehlende Reaktion bedeutet: „Nein!" Bei Pendel oder Drehrute wird für „Ja" eine Rotation im Uhrzeigersinn vereinbart, für „Nein" gilt die entgegengesetze Rotation.

D. Die Fragen:
Die folgenden Abfragen sollten in voller Konzentration auf die eigenen Fähigkeiten, die momentane Befindlichkeit und die Aufgabe mit all ihren Aspekten durchgeführt werden. Die geistige Einstellung dabei ist ein erwartungsloses „Leermachen". Nachdem jede Frage geistig formuliert ist, wird der Indikator eingesetzt.

Die H3-Antenne ist dabei auf H3 = 6,40 CR einzustellen, die H3-Rute, Pendel oder Drehrute mit der jeweils bewährten Einstellung bzw. Fadenlänge für mentales Arbeiten.

Frage 1 – *„Darf ich?"*

- Das heißt, bin ich überhaupt zu dieser Untersuchung, zu dieser Erforschung befugt?

  Der gute Wille allein reicht nicht und nur halbherziges Engagement kann für die Bewältigung der radiaesthetischen Aufgabe unzureichend sein.

Frage 2 – *„Kann ich?"*

- kann ich überhaupt eine klare Anwort bekommen, aus der zuverlässig das richtige Ergebnis abgeleitet werden kann?

  Meisterschaft in einem Spezialgebiet des Rutengehens bedeutet nicht gleich auch eine Meisterschaft in einem anderen Gebiet, egal wie ehrgeizig ich in diesem auch sein mag.

Frage 3 – *„Soll ich?"*

- ist es die richtige Zeit und bin ich derjenige, der diese Aufgabe lösen kann?

  Es könnte sein, dass gerade diese spezielle radiaesthetische Untersuchung mir in diesem Moment oder generell nicht liegt (bzw. mich überfordern würde) und dass meine guten Absichten unbeabsichtigt Schaden verursachen könnten.

E. Ergebnis:

Nur wenn alle Fragen durch eindeutige Indikatorreaktionen mit „Ja" beantwortet sind, sollte man weiter an der Aufgabenstellung arbeiten. Liegen nur undeutliche oder sogar negative Reaktionen vor, kann nur dringend empfohlen werden, sich nicht auf die Aufgabe einzulassen.

mentale Vereinbarung

Eine wichtige Voraussetzung für >mentale >Radiaesthesie ist die Festsetzung, wie der >Indikator reagieren soll, wenn das gewünschte Ziel erreicht wird bzw. nicht erreicht wird. Ziel kann entweder das Erreichen einer >Strahlungszone, eines >Rapportpunktes oder die Beantwortung einer Fragestellung sein. Ist der radiaesthetische Indikator ein schwingfähiges Gebilde (>Pendel, >Drehrute), kann die Vereinbarung darin bestehen, dass die unterschiedlichen Bewegungsrichtungen die Antworten anzeigen. Hier wäre beispielsweise zu vereinbaren: Im Uhrzeigersinn kreisend = positive Energie „Ja", gegen den Uhrzeigersinn = negative Energie „Nein", linear = neutral „sowohl als auch bzw. nichts". Es sind aber auch gegensätzliche Vereinbarungen möglich.

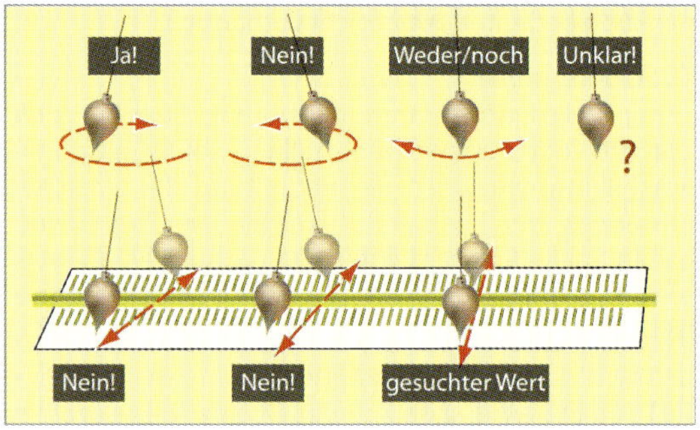

Arten mentaler Vereinbarung

Die >H3-Rute bzw. >H3-Antenne kann ebenfalls im Ja/Nein-Modus eingesetzt werden. Es gilt: Reaktion vorhanden = „Ja", Reaktion bleibt aus = „Nein", Reaktion ist unklar = „sowohl als auch".

Bei mentalen Abfragen wird so gut wie in jedem Fall eine Antwort des Indikators erreicht. Die Frage ist nur, ob sie richtig ist und wie sie gedeutet werden kann. Um hier Fehlermöglichkeiten zu senken, ist stets vor jeder Untersuchung ausdrücklich diese mentale Vereinbarung zu treffen.

Mentalismus

Abgeleitet von lat. *mentalis*, „geistig, in Gedanken, in der Vorstellung vorhanden", >radiaesthetische >Mutungsmethode, die allein auf geistigen Vereinbarungen beruht. Nur wenn wirklichkeitsgetreue Vorstellungen von den Zielobjekten – z. B. einer >Wasserader – als Grundlage für das mentale Aufspüren benutzt werden und die Vorstellungskraft (Imagination) stark genug ist, kann der Mentalismus zu sehr guten Ergebnissen führen. Für das mentale Arbeiten werden entsprechend hohe Fähigkeiten benötigt, so dass diese Art des Rutengehens entweder nur einem kleinen Kreis „fühliger" Menschen vorbehalten bleibt oder denjenigen, die sich über lange Zeit mit >realen Mutungstechniken >kalibriert haben.

Mit einer Sonderform des Mentalismus, der programmierten Mentaltechnik (>M., programmierbare) lässt sich die Vorstellung von den Zielobjekten klar und strukturiert durchführen und mit der >Grifflängentechnik kombinieren.

Mentaltechnik, programmierbare

Von >Schneider eingeführte verbesserte und präzisierte >Mutungsanweisung, in der die Vorteile des >Mentalismus mit der Präzision der >Grifflängentechnik in der Weise verbunden werden, dass sich der >Rutengänger mental auf die zu suchende Sache einstellt (vgl. >Kalibrieren) und dabei die zugehörigen >Grifflängen benutzt. Dadurch wird eine zielgerichtete Suche erleichtert, die unerwünschte Störungen ausfiltert (vgl. >Denkmuster).

Das Einsatzfeld dieser Technik ist dann gegeben, wenn klar definierte Objekte gesucht werden. Bei einer allgemeinen Suche nach Strahlungsfeldern führt ein vorzeitiges Ausfiltern nur zu einer >Konditionierung, die eine unvoreingenommene Untersuchung verhindert.

S. Mentaltechnik, Programmierung

A. Aufgabenstellung:
Verbesserung der „realen Felddetektierung", wenn zielgerichtet bekannte Felder gesucht bzw. untersucht werden. Durch eine innige Kontaktaufnahme mit dem Zielobjekt eine Ausfilterung von störenden Einflüssen erreichen. Hier am Beispiel einer Suche nach einer Wasserader.

B. Hilfsmittel:
>H3-Antenne, >H3-Rute oder anderer Indikator, der für die Grifflängentechnik einsetzbar ist.

C. Ausgangslage:
Gesucht wird auf einem Areal eine Wasserader, die in angemessener Tiefenlage mit ausreichender Schüttmenge geeignetes Trinkwasser liefert.

Bei der Zielsuche werden durch die Programmierung eine Reihe von Arbeitsschritten der realen Technik ersetzt. So ist es erforderlich, dass bereits mehrfach die Aufgabenstellung „Suche nach einer Wasserader mit Trinkwasser" erfolgreich nach der >Grifflängenmethode gelöst wurde (> Wasserader).

D. Definieren des Zieles:
Der Zugang zum Ziel erfolgt in der Radiaesthesie am sichersten über real vorhandene Strahlungsfelder. Somit ist die Ankopplung an etwas Bekanntes möglich und das ist in diesem Fall

1. die klassische Spektroide einer Normal-Wasserader mit ihren >Schrägstrahlen (>ordentlichen Strahlen), die
2. eine insgesamt übersichtliche Breite aufweist (Breite der Hauptzone zwischen 2 und 5 m), bei der
3. die >Kantenbreiten auf eine ausreichende Wasserführung hindeuten und bei der
4. die >Begleitwellenlängen nur mit geringen >Kantenbreiten auftreten, das auf geringe Vorkommen von Fremdstoffen hinweist, so dass eine Aufbereitung als Trinkwasser noch vertretbar ist (z. B. gelöstes Eisen mit H3 = 5,50 IR in einer Kantenbreite von weniger als 1 cm).

E. Einprogrammieren der Zielankopplung:
Das beschriebene Ziel wird jetzt geistig einprogram-

miert. Dazu reicht es, wenn sich der >Rutengänger an eine Reihe von ähnlichen Erfahrungen erinnert und sich auf diese konzentrieren kann. Für die Wasseradersuche koppelt sich der Rutengänger an seine Erfahrungen zu den Punkten 1 – 4 der Checkliste unter „D" an.

Das mentale Programm lautet daher:

„Ich lasse nur Reaktionen zu, die direkt in einem Feld erreicht werden, das den Bedingungen (Punkte 1 – 4) voll und ganz entspricht!"

F. Arbeitstechnik:
Mit dieser geistigen Programmierung wird jetzt die >Feldbegehung durchgeführt. Dazu wird H3 = 3,10 l auf der H3-Antenne bzw. GL-Wert = 11 cm auf der H3-Rute verwendet. In einer symmetrischen Spektroide (>Spektroide) sind sämtliche Informationen in der >Mittelachse enthalten, so dass es zunächst genügt, sich mit der beschriebenen Vorbereitung und Einstellung auf diesen Bereich zu konzentrieren.

G. Ergebnis:
Die auf diese Weise im Areal gefundene Reaktionslinie könnte die genannten Bedingungen erfüllen. Dies ist jetzt kritisch und ergebnisoffen zu überprüfen, so als würde eine Feldbegehung ohne Programmierung stattfinden. Die Prüfkriterien leiten sich aus der Checkliste unter „D" ab.

H. Wichtiger Hinweis:
Die mentale Programmierung liefert nur schnelle Hinweise auf gesuchte Ziele. Obwohl durch die strukturierte Ankopplung gegenüber klassischer Mentaltechnik optimiert, ist die Treffsicherheit in dem betrachteten Einzelfall zunächst unbekannt. Deshalb ist vor endgültigen Aussagen eine gründliche Überprüfung der vorgefundenen Situation auf radiaesthetisch realer Weise unverzichtbar!

Durch mentale Programmierung verringert sich der Aufwand der Suche, jedoch steigen die Anforderungen zur Überprüfung!

messen

Aus der indogermanischen Wurzel *me* = „abstecken, messen" gebildeter Begriff. Bei Messungen im physikalischen Sinne werden zu messende Größen mit bekannten definierten Einheiten verglichen, z. B. die Länge eines Holzbrettes mit der Länge eines Metermaßes als direkte oder die Temperatur über die Ausdehnung des Quecksilbers als indirekte Messmethode. Zur Reproduzierbarkeit von Messungen bedarf es eines geeichten Maßstabes oder geeichter Messinstrumente. In der >Radiaesthesie kann bei >realer Arbeitsweise und Anwendung der >Grifflängentechnik davon ausgegangen werden, dass hier die Anforderungen des Messens erfüllt werden, vorausgesetzt, der Radiaesthet hat sich auf sein benutztes Werkzeug eingestellt, sich >kalibriert (geeicht), da er erst im Zusammenspiel mit seinem >Indikator ein sensibles Messinstrument darstellt.

Mikroenergien

Aus griech. *mikros* „klein" und *energeia* „Tätigkeit, Wirksamkeit, Wirkung, Kraft", bezeichnet >Energieformen, die sich am Rande bzw. unterhalb von physikalischen Nachweisgrenzen befinden. Da der Mensch in manchen Bereichen auf diese Mikroenergien reagiert, eignet er sich zum Aufspüren dieser >Felder, wenn er z. B. Methoden der >Radiaesthesie benutzt.

Mikrowellen

Mikrowellen sind elektromagnetische Strahlungen, die den >Wellenlängenbereich von Dezimeter- bis Millimeterwellen umfassen. Der sich daraus ergebende Frequenzbereich liegt zwischen 300 MHz (Megahertz) und 300 GHz (Gigahertz). Siehe auch >Infrarotstrahlung. >Radiaesthetisch sind sie mit abstimmbaren >Resonanzantennen, wie >H3-Rute, >H3-Antenne und abstimmbaren >Pendeln und >Drehruten auffindbar.

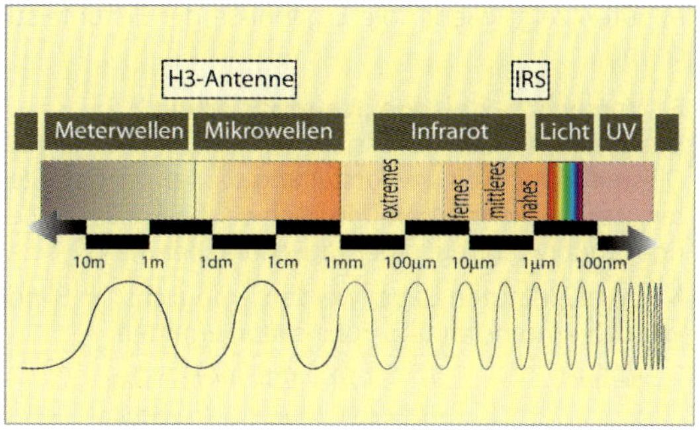

Mikrowellen im Spektrum elektromagnetischer Wellen

Mittelachse

Als Mittelachse wird in der >Grifflängentechnik der Bereich einer >Spektroide bezeichnet, die in der – im Idealfall exakten – Mitte des Strahlensystems liegt. Bei Spektroiden, die analog dem >Beugungsgesetz (>Wasseradern u.ä.) entstehen, bildet diese Achse gleichzeitig eine Symmetrieachse.

Radiaesthetisch bestimmbar ist die Mittelachse bei allen >geologischen Störungen als die Linie (in der Regel äußerst schmal), in der alle >Wellenlängen einschließlich der aufgeprägten >Informationen gleichzeitig vorkommen, die in der gesamten >Zone vorhanden sind.

Die exakte Bestimmung der Mittelachse ist notwendig zur Durchführung von >Feldveränderungsmaßnahmen, z. B. bei Verwendung des >CAP-Kompensators. Weiterhin können nur von dieser Achse umfassend wirksame >Testobjekte gewonnen werden.

Modulation

Von lat. *modulus* „Maß, Takt, Tonart, Melodie", Aufprägung von >Informationen (Schwingungssignalen) auf eine (hochfrequente) >Trägerschwingung.

morphische Felder

Von griech. *morphe* „Gestalt, Form, Erscheinung", von Sheldrake[1] eingeführter Begriff, der >Felder beschreibt, die Strukturen und Aktivitätsmuster morphischer Einheiten aufbauen. Als morphische Einheiten werden alle physikalisch und geistig/sozialen Gebilde angesehen, von Atomen, Molekülen, Gesteinen, Pflanzen, Tieren, sozialen Gruppen bis hin zu Ökosystemen, Planeten und Galaxien.

Eine Untergruppe stellen morphogenetische Felder dar, die die Entstehung von biologischen Formen organisieren.

Nach Sheldrake sind diese Felder nichtphysikalischer Natur und bilden sich aus (geschaffenen) >Informationen (Wortsinn von *informare* = in Form bringen). Resonanzfähige Formen und Strukturen können sich an diese Felder >ankoppeln.

In der >Radiaesthesie können Felder, die durch Gedankenkräfte erzeugt wurden, tatsächlich gemutet werden. Ist beispielsweise jemand fest davon überzeugt, dass unter seinem Schlafplatz eine >Wasserader verläuft, wird dadurch bereits ein morphisches Feld erzeugt, das unter Umständen >Rutengänger mit einer echten unterirdischen Wasserführung verwechseln. Die auf diese Weise „geschaffene" Wasserader erzeugt das gleiche >Strahlungsfeld wie eine echte. Ist das morphische Feld stark genug, führt sogar der >Rückschritttest zu keinem brauchbaren Prüfungsergebnis. Hier hilft dem Rutengänger entweder nur eine entsprechende >mentale Abfrage (bin ich frei von Fremdbeeinflussung?) oder eine Auflösung des Feldes durch Händeklatschen.

Ähnlich sind >Gedankenmuster und persönliche Vorbehalte des >Radiaestheten einzustufen. Da Mutungsergebnisse in der Radiaesthesie stets Ausdruck subjektiver Erfahrung einer unsichtbaren Wirklichkeit sind, können sich durch >eidetische Reflexe o. ä. >Fehlmutungen ergeben.

1 Rupert Sheldrake, brit. Biophysiker

S. morphische Felder

A. Aufgabenstellung:
Versuch zu Auswirkungen von geistigen Beeinflussungen auf die Intensitäten einer Wasserader.

B. Hilfsmittel:
>H3-Antenne oder >H3-Rute, >Markierungshölzchen, zweite Person, die in der Lage ist, ein morphisches Feld zu erzeugen.

C. Ausgangslage:
Erfolgreiche Detektierung der >Spektroide einer Wasserader. Lage der einzelnen Reaktionslinien mit >Intensität und >Polarisation sind bestimmt und durch Markierungshölzchen markiert.

Beispiel: *H3 = 3,10 IL / 3*
H3 = 6,90 IR / 4
H3 = 11,10 CL = nicht nachweisbar

D. Versuch 1 – geistige „Dämonisierung":
Die zweite Person stellt sich in der Nähe der Wasseraderspektroide auf und fokussiert die Mittelachse. Dabei stellt sie sich äußerst konzentriert vor, dass die Strahlung der Ader in höchstem Maße „krebsauslösend" ist.

Nach ca. 2 Minuten Dauer wird – möglichst im Blindversuch – die Intensität und Polarisation ermittelt.

Beispiel: *H3 = 3,10 IL /* **1**
*H3 = 6,90 I***L** */* **1**
H3 = 11,10 CL / 1

Das auf diese Weise geschaffene Feld wird durch lautes Händeklatschen aufgelöst. Die Kontrolle nach 1/2 Minuten zeigt wieder die Ergebnisse der Erstuntersuchung.

E. Versuch 2 – geistige „Neutralisierung":
Die zweite Person fokussiert erneut die Mittelachse. Diesmal jedoch mit der Vorstellung, dass an der gemuteten Stelle keinerlei Strahlung nachweisbar ist. Das bisherige Ergebnis soll auf einer Täuschung beruhen.

Nach ca. 2 Minuten Dauer werden – möglichst im Blindversuch – Intensität und Polarisation ermittelt.

Beispiel: *H3 = 3,10 = nicht nachweisbar*
H3 = 6,90 = nicht nachweisbar
H3 = 11,10 CL / 2

Das versuchsweise geschaffene Feld wird wieder durch lautes Händeklatschen aufgelöst. Die Kontrolle zeigt wieder nach ca. 1/2 Minute die Ergebnisse der Erstuntersuchung.

F. Erkenntnis:
Die Versuche zeigen, wie Radiaestheten auf Gedankenkräfte von anderen reagieren. Die Kontrolle mit dem H3-Wert für morphische Anhaftungen kann einen ersten Hinweis geben, ob solche Beeinflussungen vorliegen. Kräftiges Händeklatschen kann diese Felder zumindest zeitweise auflösen.

H3-Werte morphisches Feld

morphisches Feld (allgemein)	5,50 C*
morphische Anhaftungen	11,10 CL
morphische Anhaftungen auflösen	11,10 CR

** Polarisation links- oder rechtsdrehend*

morphogenetische Felder

Siehe >morphische Felder

Multiwellenstein

Stein oder Gesteinsbrocken, dessen >Strahlung eine große >Bandbreite des >Wellenlängenspektrums umfasst. In der Regel werden Multiwellensteine entweder von der >Mittelachse einer >Verwerfung gewonnen oder sie erhalten ihre Eigenschaft aus bestimmten Sekundäreffekten (z. B. wie bei manchen Tuffgesteinen).

Multiwellenzone

In der Radiaesthesie schmalbegrenzte >Zonen, in denen eine Vielzahl verschiedener >Wellen vorkommen (>Spektroiden in der Regel nach >Wellenlängen geordnet).

a) echte (vollständige) Multiwellenzonen
An >geologischen >Verwerfungen finden sich echte, schmal begrenzte Multiwellenzonen, in denen das vollständige Spektrum der mit der >H3-Antenne nachzuweisenden Wellenlängen vorkommt.

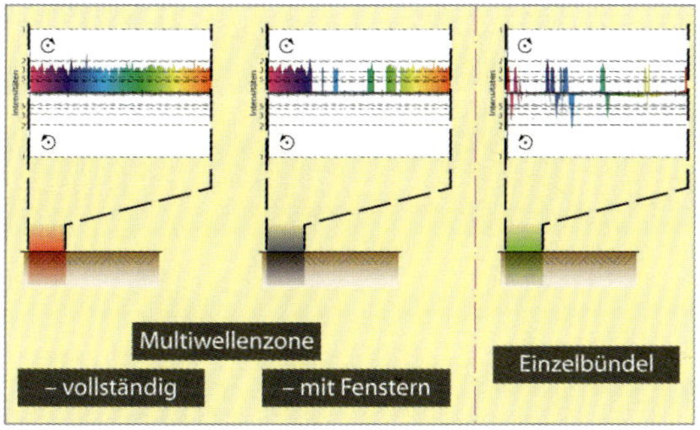

Multiwellenzonen

b) unechte Multiwellenzonen (mit Fenstern)
Bei einigen >Gittersystemen kommen ebenfalls Multiwellenzonen vor (z. B. zwischen den >auf- und >abladenden Punkten). Diese sind jedoch als unechte Multiwellenzonen zu bezeichnen, da sie sich zwar aus einer Vielzahl von Wellenlängen zusammensetzen, das gesamte Wellenlängenspektrum aber einige Lücken aufweist (siehe Abb. unter „Multiwellenzone mit Fenstern"). Bei der unechten Multiwellenzone überwiegt der Anteil der aneinandergereiht vorkommenden Wellenlängen deutlich gegenüber dem Anteil der Fenster.

c) gebündelt auftretende Wellen und Wellenlängengruppen (Einzelbündel)
Eine Zone, bei der zwar mehrere Bündelungen von Wellenlängen vorkommen, wird nur dann als Multiwellenzone bezeichnet, wenn der Anteil der Bündelung im Spektrum größer ist als der unbesetzte Teil.

In der >Geobiologie stellen Multiwellenzonen mit hohen >Intensitäten einen ernstzunehmenden >Störfaktor dar, da sie einen breiten Wellenlängenbereich abdecken und über >Resonanzwirkung eine Vielzahl von sekundären Störungen erzeugen können.

S. Multiwellenzone

A. Aufgabenstellung:
Ein unbekanntes Strahlungsfeld auf Multiwelleneigenschaft prüfen.

B. Hilfsmittel:
>H3-Antenne (Alle anderen Rutenarten sind weniger geeignet).

C. Ausgangslage:
Die mit einem vorgegebenen H3-Wert ermittelte >Reaktionslinie wurde in Verlauf, >Einfallsrichtung und >Intensität bestimmt. Die Testung auf >Schrägstrahlung verlief negativ, somit kann bereits eine >Verwerfung als Erzeuger des Feldes ausgeschlossen werden.

D. Felddetektierung:
Mit H3 = 6,40 CR (Orakelkraft) wird mit programmierter Mentaltechnik (>M, programmierbare) in einem Bereich bis zu 2 m links und rechts neben der bereits ermittelten Reaktionslinie überprüft, ob die Linie Teil einer breiteren >Zone ist (Programm: „Zeige die Breite

der Zone, die die bekannte Reaktionslinie beinhaltet").

Ist die Zone breiter als die erste Reaktionslinie, ist zu vermuten, dass dort noch weitere Wellen des Spektrums wirken.

E. Mittelachse bestimmen:

Ebenfalls mit mentaler Einstellung (H3 = 6,40 CR) wird jetzt die Mittelachse bestimmt (Programm: „Zeige mir die energetische Mitte dieser Zone, an der sämtliche Wellen des Strahlungsspektrums gebündelt auftreten"). Hierbei wäre zu beachten, dass der nach Wellenlängen aufgefächerte Strahlungsbereich sich nicht unbedingt in der Waagerechten zeigen muss, sondern beispielsweise auch in der Vertikalen. Deshalb darf die Suche nach der Mittelachse sich nicht auf eine virtuell vorhandene Arbeitsebene beschränken, sondern die Zonenbreite muss räumlich abgetastet werden.

F. Grifflängenziehen:

Ist die Mittelachse detektiert, wird dort durch >Grifflängenziehung das >Wellenlängenspektrum ermittelt. Eine Multiwellenzone kennzeichnet, dass die Werte auf der H3-Antenne nicht einzeln trennscharf, sondern nur als Bereiche ermittelt werden können.

G. Überprüfung:

Mit den gefundenen Werten wird deren Lageverteilung innerhalb der Zone untersucht. Bei einer Multiwellenzone verteilen sich die Wellen ihrer Länge nach geordnet von einer Seite zur anderen – ähnlich wie das Spektrum des Regenbogens. Die kürzeste Wellenlänge befindet sich auf der einen Seite der Zone, mit steigender Länge verschiebt sich dann die jeweilige Lageposition zur gegenüberliegenden Seite.

H. Ergebnis:

Führt die Untersuchung nach „E" und „G" zu einem positiven Ergebnis, liegt eine Multiwellenzone vor. Sofern deren mittlere Intensität einen Wert von „3" erreicht oder stärker auftritt, wäre bei Hausuntersuchungen Vorsicht geboten. Es muss dann unbedingt untersucht werden, ob der Einfluss dauerhaft besteht. Durch >Zonenverfolgung ist die Strahlungsursache zu ermitteln und zu eliminieren.

muten

Von mhd. *muoten* „seinen Sinn auf etwas richten, begehren", bergmännisch für „Erlaubnis auf Ausbeutung bitten", heute im Sinne von „vermuten" gebraucht, mit >radiaesthetischen Werkzeugen (>Pendel, >Rute, >Lecherantenne®, >H3-Antenne usw.) etwas Verborgenes feststellen und auffinden, z. B. >Wasser oder >Erz. Muten wird in der eigentlichen Wortbedeutung richtig gebraucht, wenn der Radiaesthet >mental oder programmiert mental (>Mentaltechnik, programmierbare) arbeitet.

Nachkontrolle

Bei jeder Maßnahme zur >radiaesthetischen Wohnumfeldverbesserung ist es notwendig, den Erfolg zu einem späteren Zeitpunkt zu kontrollieren. Dabei sollte unbedingt eine >Körpermessung erfolgen. Die dabei erkannten Restbelastungen werden sorgfältig notiert und die dazugehörigen Ursachen saniert. In der Regel zeigt sich, dass einerseits alte bereits sanierte Störungen erneut wirken oder neue – beziehungsweise bei der ersten Untersuchung übersehene – >Störfaktoren wirksam sind. Die Nachuntersuchung sollte sich deshalb an folgenden Fragen orientieren:

- war die erste Sanierung / Beratung erfolgreich, funktioniert die unter Umständen eingebaute Vorrichtung zur Feldveränderung einwandfrei?
- wurde das Bewohnerverhalten geändert / den neuen Gegebenheiten angepasst?
- wurden bei der ersten Untersuchung Störungen nicht geortet, die entweder zu anderen Tages- oder Nachtzeiten einwirken oder die mehrere Ursachen haben?
- haben sich neue >Störbeziehungen manifestiert?

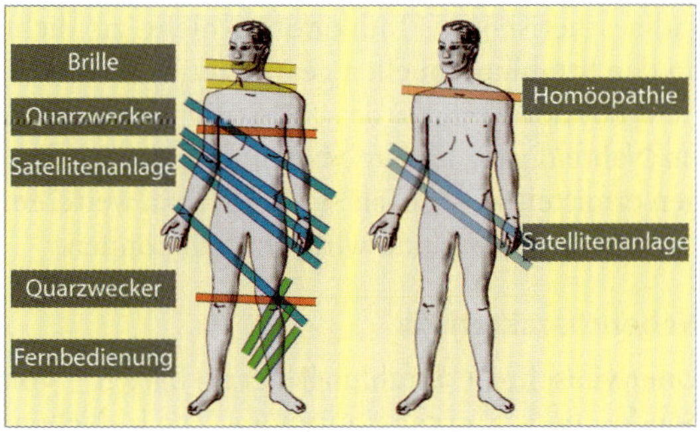

Störeinflüsse vor und sechs Wochen nach einer Sanierung

Nachuntersuchungen sollten frühestens sechs Wochen nach der ersten Untersuchung erfolgen. Dabei sollte im Einzelfall abgewogen werden zwischen

- längeren Fristen im Normalfall mit dem Vorteil, dass alte Gewohnheiten besser korrigiert werden können und eventuell neue >Störbeziehungen erkannt und angesprochen werden können und
- kurzen Fristen im akuten Fall aus dem Grunde, dass Sanierungsvorschläge kurzfristig auf Effektivität hin überprüft werden können.

Eine abschließende Empfehlung kann hier nicht gegeben werden, da es natürlich auch – gerade was Störungen angeht, die nicht sofort beseitigt werden können (z. B. Elektroinstallationen, bauliche Veränderungen usw.) – auf die Einsicht und Zuverlässigkeit der Bewohner ankommt. Die Richtschnur für die Länge der Fristen sollte jedoch sein: zwischen sechs Wochen und einem halben Jahr.

Ohne eine Nachuntersuchung ist der Erfolg der >Hausuntersuchung in jedem Falle in Frage gestellt. Wünscht der Auftraggeber aus verschiedenen Gründen auf eine Nachuntersuchung zu verzichten, sollte unbedingt darauf hingewiesen werden, dass eine erfolgreiche Untersuchung immer der Nachkontrolle als zweiter Stufe bedarf. Ohne die Durchführung einer gewissenhaften Nachuntersuchung ist die Qualität der Wohnumfeldverbesserung in Frage zu stellen.

S. Nachkontrolle

A. Aufgabenstellung:
Kontrolle des Erfolges von Hausuntersuchungen und Umfeldsanierungen.

B. Hilfsmittel:
>H3-Antenne mit komplettem Zubehör, Markierungshölzchen, Glas- und Messingpendel, H3-Wertelisten, Arbeitsblatt Nr. 1, Protokoll H3-Wertescan, Protokolle der früheren Untersuchung(en).

C. Ausgangslage:
Eine >Hausuntersuchung wurde durchgeführt, die empfohlenen Sanierungen wurden umgesetzt und seit mindestens 6 Wochen wird der sanierte Schlafplatz ununterbrochen von dem >Probanden benutzt.

D. Körpermessung:
Die Basis der Nachkontrolle ist die >Körpermessung. Diese wird ohne vorherige Kenntnisnahme der alten Protokolle durchgeführt.

Werden bei dieser Untersuchung Belastungen festgestellt, die Intensitäten bei

- linksdrehender Strahlung zwischen 1 – 4
- rechtsdrehender Strahlung von 1 – 3
- unipolarer Strahlung von 1 – 3

erreichen, ist Handlungsbedarf für eine erneute >Schlafplatzuntersuchung gegeben.

Die geistige Einstellung sollte im Interesse des Probanden äußerst kritisch sein. Der Hausuntersucher muss in der Lage sein, seine bisherigen Leistungen vollständig in Frage zu stellen.

E. Schlafplatzuntersuchung:
Auf jeden Fall sollte der Schlafplatz noch einmal besichtigt werden. Auch ohne Befund sind die umgesetzten Sanierungen zu begutachten.

Bei Befund ist wie schon bei der Hausuntersuchung eine komplette Untersuchung des Schlafplatzes mit jedem H3-Wert durchzuführen, zu sanieren und der Erfolg durch einen >Fußsohlenscan geprüft. Erst wenn bei dieser Kontrolle keine Reaktionen erfolgen, sind die erneut einwirkenden Faktoren erkannt und saniert.

F. Dokumentation:
Die Ergebnisse der Untersuchung sind in Kurzform zu dokumentieren und aufzubewahren, um bei späteren Einsätzen Grundlagen zur Verfügung zu haben. Falls die Untersuchung auf Empfehlung eines Mediziners erfolgt, sollte dieser eine Ausfertigung bekommen.

G. Ausblick:
Falls eine größere Anzahl von Störeinflüssen mit auffälligen Intensitäten bearbeitet werden muss (Anhaltspunkt mehr als 10), ist eine weitere Nachkontrolle erforderlich. Dabei ist zu beurteilen, ob es sich bei den erneuten Einflüssen um beim ersten Mal „übersehene" handelt oder ob die Probanden möglicherweise aktiv neue „geschaffen" haben. In dem zweiten Fall ist eine gründlichere Beratung notwendig, eventuell mit einer besseren Demonstration der Zusammenhänge.

Nahfeld

Im Nahbereich von Erregern (>Antennen oder anderen >Strahlungsquellen) beeinflussen beim Aussenden von >elektromagnetischen Wellen häufig >Interferenzen das >Strahlungsfeld. Diese Interferenzen werden verursacht durch Vorgänge beim Ablösen der Wellen von ihrem Erreger. Es ist deshalb schwierig, diese >Felder messtechnisch einwandfrei zu bestimmen, zumal sich auch zwischen Messgerät und Erreger >stehende Wellen aufbauen können, die den Messvorgang stören. Das Nahfeld geht im Abstand von ca. 3 bis 90 mal der >Wellenlänge in das >Fernfeld über (je nach Charakteristik der Sendeantenne).

Bei >radiaesthetischen Untersuchungen sollte stets darauf geachtet werden, dass mit den radiaesthetischen >Indikatoren nicht zu dicht an den Strahlungsquellen gearbeitet wird. Besonders bei der Technik des >Abstimmens können im Nahfeld ganz andere >bestimmende Grifflängen ermittelt werden, als sie letztlich in weiterem Abstand auftreten und wirksam sein können.

Nebencharakteristik

Unerwünschte Strahlungseigenschaften von Sende- und Empfangsantennen, auch Nebenkeule oder Nebenzipfel genannt, die den

Richteffekt beeinträchtigen. In der >Radiaesthesie sind genaue Kenntnisse der Sende- bzw. Empfangscharakteristiken der verwendeten >Indikatoren erforderlich, wenn die Eigenschaften und die Lage der ermittelten Strahlungen richtig angegeben werden soll.

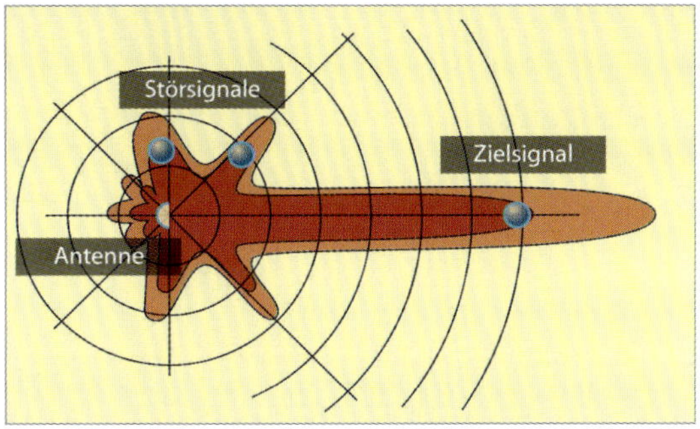

Nebencharakteristik einer Empfangsantenne – die Störsignale werden mit ähnlicher Intensität empfangen, wie das Zielsignal

Nebenwellen

In der Funktechnik als störende bauartbedingte Begleiterscheinungen bezeichnet, die möglichst unterdrückt werden sollten.

In der >Radiaesthesie werden als Nebenwellen diejenigen >Wellenlängen bezeichnet, die als Begleitschwingung zusammen mit der Eigenstrahlung des Zielobjektes auftreten. Z. B. wird beim Gebrauch von >Testobjekten oder >Nosoden auch die Eigenschwingung des Quarzglases, des Kunststoffstöpsels sowie des Etiketts und der Beschriftung auftreten. Bei der Ermittlung der >bestimmenden Grifflängen der in den Röhrchen enthaltenen Stoffsubstanzen und Informationsträger sowie bei deren Verwendung als Testobjekt während >Feldbegehungen, müssen diese Nebenwellen unterdrückt werden. Dies geschieht durch mentale Filterung bei der radiaesthetischen Arbeit bei der Anwendung der >programmierbaren Mentaltechnik.

Nosode

Von griech. *nosos*, „Krankheit", in der Naturheilkunde gebrauchte Arzneimittel, die aus Produkten erkrankter Organe hergestellt werden und in höheren >Potenzen zur Behandlung des gleichartigen Leidens benutzt werden. In der Pharmazie sind eine große Auswahl standardisierter Nosoden in verschiedenen Potenzreihen handelsüblich, die in Apotheken erhältlich sind.

In der >Radiaesthesie werden Nosoden als >Testobjekte eingesetzt. Sie sollten nur zusammen mit den zugehörigen >Resonanzwellen = >Grifflängen benutzt werden.

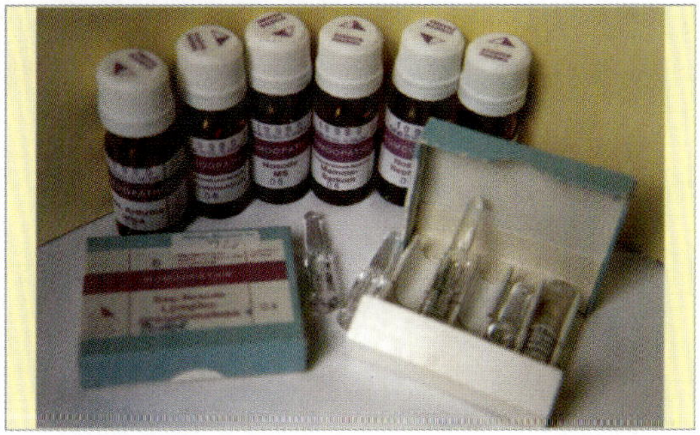

Handelsübliche Nosoden

Es ist empfehlenswert, den Einsatz von Nosoden nur auf besondere Fälle zu beschränken, in denen ein ausdrückliches wissenschaftliches Interesse besteht. Er ist zwar von sehr großer Zielgenauigkeit, belastet den Rutengänger gesundheitlich aber aufs äußerste. Darüberhinaus kann der Einsatz von bestimmten Nosoden bei >Hausuntersuchungen zu Rückfragen seitens der Auftraggeber führen, deren Beantwortung leicht mit medizinischen Diagnosen verwechselt werden kann. Hierbei wird dann womöglich schnell gegen die Gesetze zur Ausübung der Heilkunde verstoßen.

Nosodenhalter

Zubehör für die >H3-Antenne bzw. >H3-Rute aus leitendem Kunststoffmaterial, in das >Testobjekte (vorzugsweise in Quarzglasröhrchen mit 9 mm Durchmesser) eingesetzt werden. Der Nosodenhalter wird in eine Nut an der Platinenspitze gesteckt und bietet die Möglichkeit, zwei Testobjekte gleichzeitig aufzunehmen. Zusätzlich können an der Spitze des Halters sowohl weitere Halter als auch eine >Peilspitze aufgesteckt werden.

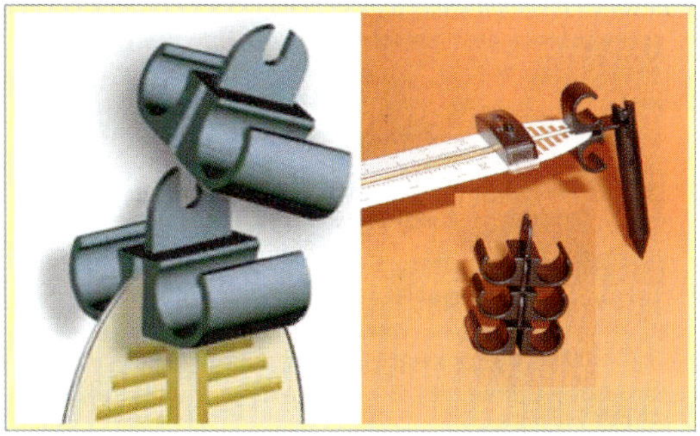

Steckbarer Nosodenhalter für die H3-Antenne bzw. H3-Rute

Oberwellen

Oberwellen sind ganzzahlige Vielfache einer Grundschwingung. Wenn die vorhandene sinus- und gleichförmige >Schwingung (vgl. >Harmonische) eine >Frequenz von z. B. 1.000 MHz aufweist, ist die 1. Oberwelle 2.000 MHz, die 2. Oberwelle 3.000 MHz usw. Die >Wellenlängen werden entsprechend kürzer. Bei einer Ausbreitungsgeschwindigkeit von 300.000 km/sec für >elektromagnetische Wellen ergibt sich untenstehende Beziehung.

A. Oberwellen

A. Aufgabenstellung:
Darstellung und Gegenüberstellung von Frequenzen, Wellenlängen und H3-Werten verschiedener Oberwellen.

Zusammenstellung

Oberwelle	Frequenz	Wellenlänge	H3-Wert
Grundschwingung	1 GHz	30 cm	15,00
1. Oberschwingung	2 GHz	15 cm	7,50
2. Oberschwingung	3 GHz	10 cm	5,00
3. Oberschwingung	4 GHz	7,5 cm	3,75
4. Oberschwingung	5 GHz	6,0 cm	3,00
5. Oberschwingung	6 GHz	5,0 cm	2,50

GHz = Gigahertz, entspricht 1.000 MHz

Od

Von Ludwig Freiherr von Reichenbach[1] verwendeter Begriff für eine bestimmte Ausstrahlung von Menschen, tierischen und pflanzlichen Wesen und strahlenden anorganischen Stoffen, wie Kristalle oder Magnete. Od manifestiert sich in elektrischen, magnetischen und chemischen Prozessen und kann von Sensitiven bei völliger Dunkelheit als rötlicher oder bläulicher Schein wahrgenommen werden. Reichenbach bezeichnete Od als „Träger der Lebenskraft“.

Während das Od-Licht nur bei völliger Dunkelheit von den Sensitiven farblich wahrgenommen wurde, beschreibt er die farblosen Ausstrahlungen beispielsweise der Fingerspitzen als „Lohestrahlung“.

>Radiaesthetisch wird das Od als eine besondere Strahlkraft bezeichnet, die im Menschen und in der Natur gespeichert ist. Beim Menschen bildet das Od-Licht ein Strahlungsumfeld, das in der Regel eine geringere Reichweite besitzt, als die bekannten >Auraschichten.

1 Baron Freiherr von Reichenbach, Carl Ludwig (1788 – 1869), dt. Chemiker und Industrieller, befasste sich in zahlreichen Versuchen mit Sensitiven mit der Erforschung des Od und der damit verbundenen Lohestrahlung

Od-Emanationen

Ausstrahlungen der >Od-Kraft, auch als Od-Licht bezeichnet.

Odspeicher

Stoffe oder Gegenstände, die geeignet sind, >Strahlungen mit bestimmten >Informationsgehalten dauerhaft zu speichern.

Opus

Lat.: „Werk, Bauwerk, Bauweise, Arbeitstechnik“, bezeichnet römische Arbeitstechniken, bei denen offenbar >radiaesthetische Phänomene berücksichtigt wurden, z. B.

- *opus spicatum* = versetzte Steine im Fischgrätmuster (eigentlich Ährenmuster vgl. lat. *spica*,

„Ähre“) in der Senkrechten zur >Feldveränderung,

Opus spicatum zur Feldveränderung einer Wasserader in Bury St. Edmunds, GB

- *opus signinum* = Wasserputz, der bewirkt, dass Wasser >rechtsdrehend wird.

ordentlicher Strahl

In der Optik ist das physikalische Phänomen der >Doppelbrechung bekannt, bei dem sich Licht, wenn es rechtwinklig zur sogenannten optischen Achse z. B. einen Kalkspatkristall durchsetzt, in zwei getrennte Bündel aufspaltet. Würde man den Kristall wieder rechtwinklig dazu aufstellen, würde eins von beiden Lichtbündeln verschwinden. Das übriggebliebene Lichtbündel nennt man den ordentlichen Strahl, das verschwundene den >außerordentlichen Strahl. Bei vorliegender Doppelbrechung sind beide Strahlen entgegengesetzt >polarisiert. In der >Radiaesthesie – insbesondere in der >Geobiologie – spielt der ordentliche Strahl bei der Suche nach >geologischen Störungen und bei >Umpolarisierungen eine Rolle. Der ordentliche Strahl steigt bei >Wasseradern mit Normal->spektroiden relativ flach an und hat oftmals eine erheblich höhere >Intensität als der die wahre Lage der Ader anzeigende außerordentliche Strahl. Wenn nun der Rutengänger seine Rute in dieser >Zone spannt, kann es vorkommen, dass er sich bereits dort volllädt und keine weiteren Ergebnisse mehr erzielen kann. Sofern >Feldveränderungen durch Umpolarisierung vorgenommen werden sollen, ist zu beachten, dass die ordentlichen Strahlen z. B. einer Wasserader, die vorher >rechtsdrehend waren, durch diese Maßnahme >linksdrehend werden. Berücksichtigt man, dass die ordentlichen Strahlen normalerweise eine wesentlich höhere Intensität haben, stellt sich ganz entscheidend die Frage nach den Folgen dieser Maßnahme.

Orgonstrahlung

Von Wilhelm Reich[1] eingeführter Begriff bisher noch nicht ausreichend erfasster >radiaesthetischer Bedeutung (vgl >Ch‘i, >Od, >Skalarwellen).

1 Reich, Wilhelm, 1897 – 1957, österr. Psychoanalytiker und Orgonforscher

Ortswechselreaktion

Vorübergehende Reaktionsverschlimmerung bei Personen, die von einem gestörten auf einen anderen Schlafplatz verlegt werden. Diese Reaktionsverschlimmerung kann entweder dadurch ausgelöst werden, dass am neuen Schlafplatz verschiedene andere >Wellenlängen einwirken, sich aufgrund >biokybernetischer Wechselprozesse die alten Störeinwirkungen erneut aufbauen oder beide Möglichkeiten zusammen wirken (vgl. >Störbeziehungen).

Peilstäbchen

Peilstäbchen sind als Zubehör für >Grifflängenruten, >H3-Rute und >H3-Antenne erhältlich. Sie werden entweder auf spezielle Haltevorrichtungen gesteckt oder direkt an diese >Indikatoren geschraubt. Sie dienen einerseits der Verbesserung der >Empfangscharakteristiken der Ruten und Antennen, andererseits sind sie gleichzeitig optische Hilfsmittel, die die Zielgenauigkeit von >Peilungen unterstützen.

Peiltechnik

Eine Lokalisationstechnik, mit deren Hilfe man in der >Radiaesthesie mittels >Indikatoren Fern- und Lokalisationsmessungen durchführen kann. Man bedient sich dabei einer Methode, deren Einsatz aus der Funktechnik bekannt ist.

Die klassische Peiltechnik beschränkt sich auf die Lokalisierung von >stehenden Feldern, wie sie beispielsweise über >Kreuzungssystemen zu beobachten sind.

Eine zunehmend an Bedeutung gewinnende Art der Peiltechnik ist das >Fernscannen. Hierbei wird unter Anwendung der >programmierten Mentaltechnik, unterstützt durch die optische Fokussierung über das aufgesetzte >Peilstäbchen das Zielobjekt anvisiert und aus der Ferne abgetastet. Ähnlich wie beim >Map-dowsing werden die Reaktionsimpulse nicht direkt über die Antenne empfangen, sondern nur indirekt über die geistige Fokussierung auf die Oberfläche des visierten Zielbereiches.

G. Peiltechnik

A. Aufgabenstellung:
Erste Lokalisierung eines stehenden Feldes innerhalb eines begrenzten Areals oder eines Raumes zur Vorbereitung näherer Untersuchung.

B. Hilfsmittel:
>H3-Antenne (alternativ H3-Rute), >Peilstäbchen.

C. Ausgangslage:
In einem abgegrenzten Bereich verlaufen mehrere Störzonen mit gleicher Wellenlänge, die an einer unbekannten Stelle ein stehendes Feld bilden. Die Wellenlängen sind bekannt oder unbekannt.

D. Vorbereitung:
Ein stehendes Feld mit kreisförmiger Ausdehnung ist bei geraden Begehungslinien in einem Raster nicht nur zufällig oder allenfalls indirekt als Kreuzungspunkt mehrerer Zonen zu finden. Hier ist eine flächendeckende Untersuchung des Areals notwendig: Die Peilung.

Um das Areal vollständig abzudecken, wird diese Peilung möglichst von einer Ecke am Rande des Areals aus vorgenommen. Soll die genaue Lage des Feldes ermittelt werden, ist eine weitere Peilung von einem zweiten abgesetzten Standpunkt aus durchzuführen (Kreuzpeilung).

1

2

E. Arbeitshaltung:
Die Peilung wird in aufrechter Arbeitshaltung vorgenommen. Die Antenne / Rute wird mit oben aufgestecktem Peilstäbchen so gehalten, dass über das Stäbchen das Areal ins Visier genommen werden kann (Abb. 1 u. 2). Die Arme sind angehoben und leicht angewinkelt.

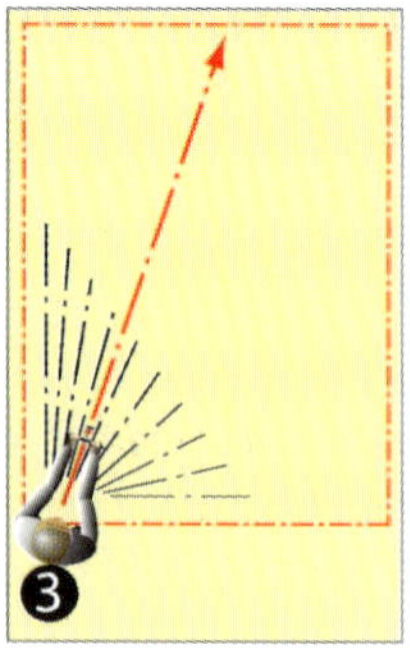

F. Arbeitsweise:
Mit gespannter Antenne / Rute wird von der gewählten Arbeitsposition (Abb. 3) aus durch langsame Körperdrehung (Abb. 4) das Areal überstrichen. Die Drehung des Körpers erfolgt dabei durch kleine Schrittbewegungen im Stand bei gerade gehaltenem Oberkörper. Die Peilung überstreicht dabei eine Ebene (Visierebene) innerhalb des Areals. Diese Ebene ist mit höchster Konzentration radiaesthetisch fokussierend abzutasten (Abb. 5). Während bei einem Raum sich klar die Grenzen dieser Ebene durch die Wände ergeben, muss bei freiem Gelände notfalls die Begrenzung als >mentale Vereinbarung festgelegt werden. Meist wird man sich an Hecken, Zäunen, Quergebäuden oder ähnlichem orientieren können.

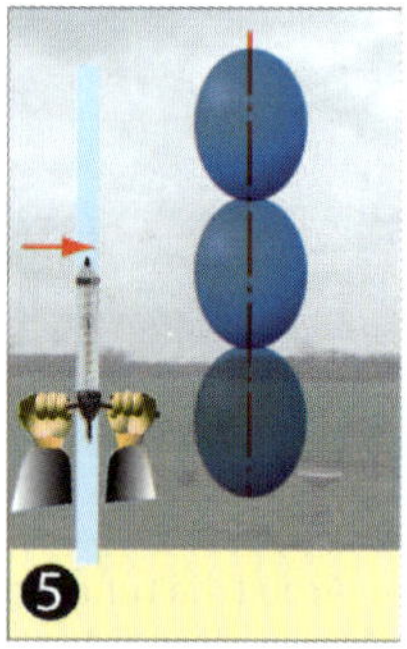

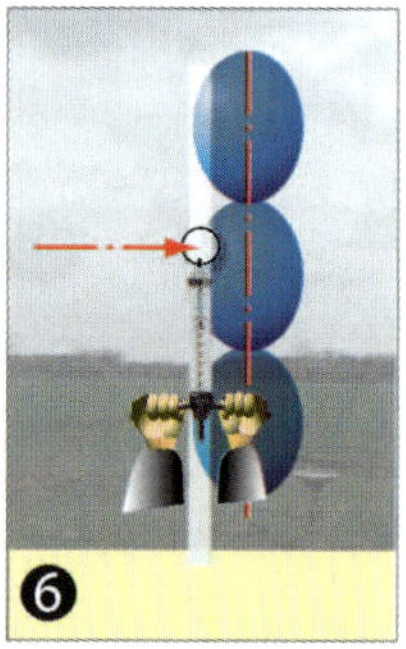

G. Reaktionspunkt:
Wenn der Rand eines stehenden Feldes erreicht ist, wird bei korrekter Arbeitstechnik eine Reaktion erzielt (Abb. 6). Nach der üblichen sofortigen Entspannung wird die Richtung dieses Reaktionspunktes mit Hölzchen markiert. Dann erfolgt die Abtastung der gegenüberliegenden Feldgrenze , indem vom gleichen Standpunkt aus in Gegenrichtung erneut gepeilt wird (Abb. 7). Auch die Reaktionsrichtung dieser ergänzenden Peilung wird markiert. Die Mitte der beiden markierten Visierlinien ergibt mit hinreichender Genauigkeit die Richtung, in der vom Standpunkt aus der Mittelpunkt des Feldes zu finden ist.

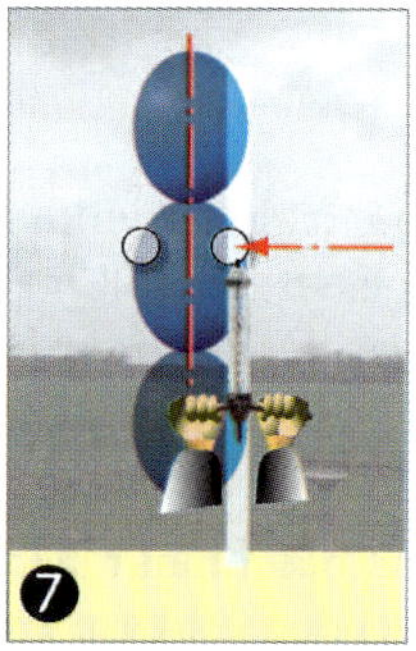

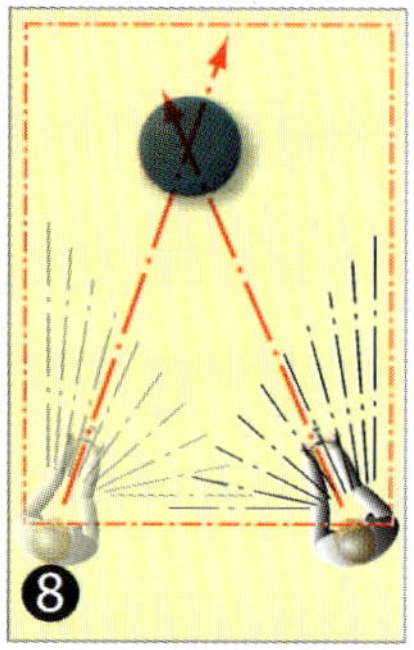

H. Genaue Lokalisation (Kreuzpeilung):
Zur genauen Bestimmung erfolgt jetzt von einem zweiten deutlich abgesetzten Standpunkt aus (entweder von der benachbarten Ecke des Areals oder bei größeren freien Flächen möglichst in 10 m Abstand). Hier wird genau wie unter E – G beschrieben verfahren.

I. Ergebnis:
Im Schnittpunkt der mittleren Visierrichtungen beider Arbeitspositionen ist der Mittelpunkt des angepeilten Feldes im Areal zu finden (Abb. 8).

→ **Polarisation**

→ **Reaktionsabstand**

Peilung

Bezeichnet die Bestimmung von Richtungen, Entfernungen oder (Wasser-) Tiefen durch Visieren (Richtungspeilung, Kreuzpeilung).

Pendel

Pendel werden in der >Radiaesthesie meist in >mentaler Arbeitstechnik benutzt. Aus früheren Zeiten gibt es jedoch Hinweise, sie auch >real einzusetzen. Im Mittelalter wurden Pendel beispielsweise als Fündtekugeln bezeichnet.

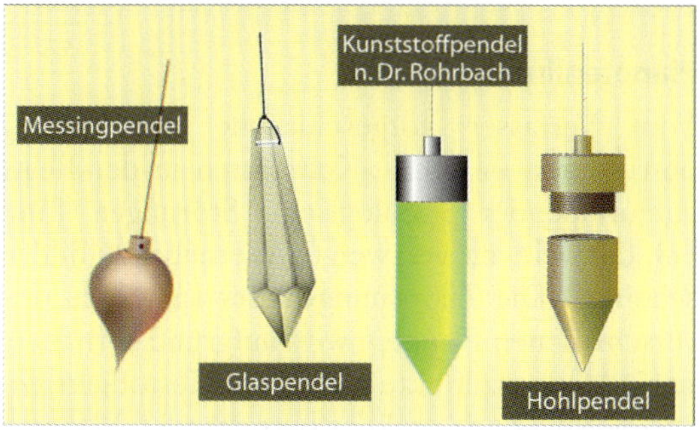

Verschiedene Pendel der Radiaesthesie

In einem Hohlraum konnte der Pendler diejenigen Stoffe einfüllen, die er suchen wollte. Durch den dadurch auftretenden >Resonanzeffekt tritt eine Verstärkung der zu empfangenden Strahlungen ein, und der Suchende kann sich somit besser auf sein Ziel einstellen. Durch den Pendelkörper hängt ein Pendel im Ruhezustand immer vertikal zur Erdoberfläche. Es kann mit bestimmten >Wellenlängen, die mit der wirksamen Fadenlänge in >Resonanz stehen, angeregt werden. Pendel gehören zur Gruppe der Einhandindikatoren.

Pendeltafel

Hilfsmittel hauptsächlich bei >mentalen >radiaesthetischen Arbeitstechniken. Sie sollen eine gewisse Ordnung bei vorbereitenden Abfragen gewährleisten und können in Form einer Checkliste eingesetzt werden. Mittels skalierter Pendeltafeln können die Güte und die Stärke der Ausstrahlungen von Plätzen, Stoffen usw. bestimmt werden (>Reaktionsabstandsmessung, >Biometermessung).

Permeabilität (μ)

Von lat. *permeare* „durchgehen, durchdringen", Kennzahl, die den Grad der Magnetisierung (Magnetisierbarkeit) eines Stoffes im magnetischen >Feld beschreibt.

Permittivität

Von lat. *permitto* „erlauben, zulassen". Bezeichnet in der Physik die physikalische Größe der Durchlässigkeit von Materie für elektrische Felder, auch >Dielektrizitätszahl genannt.

Phononen

Von griech. *phone* „Laut, Ton, Stimme", bezeichnet in der Physik Schall- oder Energiequanten in Gasen, Flüssigkeiten oder Festkörpern. Die Ausbreitung in letzteren wird auch Gitterschwingung genannt (vgl. >Kristallschwingung). Phononen, die aufgrund von thermischen Schwingungen in Festkörpern entstehen, erreichen >Frequenzen im Gigahertzbereich.

>Radiaesthetisch können die Phononen mit dem >Akustiksensor nachgewiesen werden.

Piezoelektrizität/Piezoeffekt

Von griech. *piezein* „drücken, pressen". >Es sind zwei Phänomene zu beobachten:

a) An den Oberflächen einiger Kristalle (Quarz, Turmalin u. ä.) tritt eine messbare elektrische Spannung auf, wenn sie mechanisch deformiert werden (gestaucht oder gedehnt).

>Radiaesthetisch können diese Effekte durch die dabei auftretende hochfrequente Begleitstrahlung nachgewiesen werden. Dabei reichen manchmal kleinste mechanische Beeinflussungen aus (z. B. durch Schall), und die dadurch auftretende Piezoelektrizität kann >Informationen in die Oberflächen einprägen, die noch später mittels >Grifflängenziehung nachweisbar sind. Viele Piezokristalle befinden sich in kleinster Form in Natursteinen und Mörtel- bzw. Betonzuschlagsstoffen. Durch entsprechende Druck- und andere mechanische Belastungen können sie nachweisbare Strahlungen aussenden.

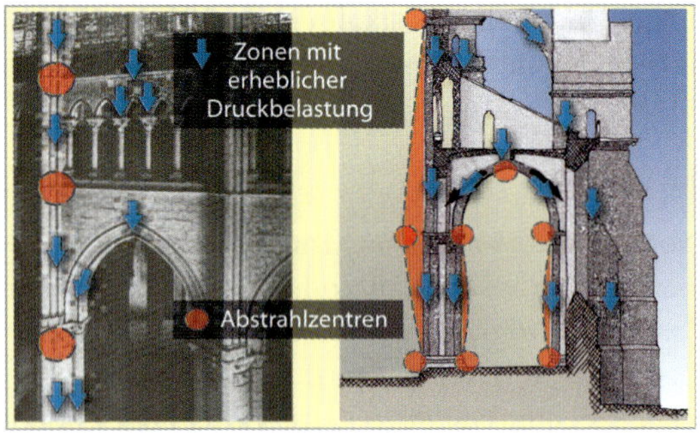

Piezoelektrizität als mögliche Ursache von Abstrahlungen von Gebäudeteilen einer gotischen Kathedrale

b) Eine Umkehrung des Piezoeffektes tritt auf, wenn Wechselspannung an einen Piezokristall gelegt wird und er dadurch in eine mechanische Schwingung gerät. In vielen elektronischen Bauteilen sind derartige Schwingquarze eingesetzt, die z. B. Schwingungen im Ultraschallbereich abgeben können. Uhrenquarze (>Quarzuhren), erzeugen eine sehr konstante >Resonanzschwingung. Auch bei diesem Effekt reicht das Vorhandensein kleinster Spannungen aus, um Piezokristalle in Eigenschwingung zu versetzen, die radiaesthetisch nachweisbar sind. Aus diesem Grunde erfolgt bei >Hausuntersuchungen immer die Empfehlung, zumindest nachts, von allen elektronischen Geräten den Netzstecker zu ziehen, damit nicht schwächste Spannungen die Piezokristalle zu >Resonanzschwingungen anregen können.

Planetenlinien

Vom Verfasser vorgeschlagene Bezeichnung bestimmter, in alten >Kultstätten in der Regel aufzufindender >geologischer Störungen (Linien), die weltweit verzweigte Adernetze zu bilden scheinen. Die Zuordnung dieser Linien zu den verschiedenen Planeten wird aufgrund vorhandener >Resonanzeffekte zwischen >Testobjekt der jeweiligen >Zone und des betreffenden Planeten selbst (ersatzweise an guten Photographien) vorgenommen.

Vergleichende Reihenuntersuchungen ergeben verschiedene Beziehungen zwischen den Schutzpatronen bzw. Qualitäten der heiligen Plätze und den jeweilig zonenresonanten Planeten. Bisher bekannt sind:

- Sonne: männliche Patrozinien, typisch St. Michael, St. Georg. Zuerst als Michaelslinie von Hamish Miller beschrieben
- Merkur: männliche Patrozinien, häufig christliche Ärzte, Beispiele: Königspalast in Sintra, Men-An-Tol – Lochstein in Cornwall, prähistorischer Tunnel in Tintagel Castle in Cornwall (GB)
- Venus: weibliche Patrozinien, Beispiele: Maria-Magdalena geweihte Kirchen, Dolmen Roche-aux-Fees in der Bretagne
- Mond: St. Maria Patrozinium. Ebenfalls von Miller beschrieben

- Erde: männliche Patrozinien, Beispiel: Cyriakuskirche in Berghausen, Westfalen
- Mars: männliche Patrozinien, Beispiel: St. Leonhard geweihte Kirchen
- Jupiter: männliche Patrozinien, häufig St. Petrus, Beispiel:. Kathedrale von Winchester (GB) und in der Anlage von Stonehenge

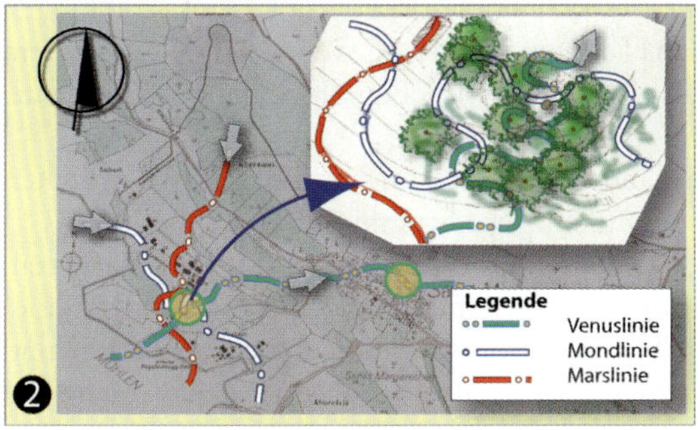

Planetenlinien an dem als vermutliches Höhlenheiligtum anzusehenden Kultplatz in Noreia, Steiermark

- Saturn: männliche Patrozinien, Beispiel: St. Antonius dem Einsiedler geweihtes Quellheiligtum bei Neuenheerse (Ostwestfalen)
- Uranus: Patrozinien nicht eindeutig zuzuordnen, Beispiel: antikes Passheiligtum am Hochtor (Großglockner Hochalpenstrasse)
- Neptun: Patrozinien nicht eindeutig zuzuordnen, Beispiele: alte Wasserheiligtümer in Verbindung mit „Teufelslegenden“, Bischofskapelle im Dom von Gurk, Steiermark
- Pluto: männl. Patrozinien, Beispiele: St. Vinzenz-Patrozinien
- Chiron: Patrozinien nicht zuzuordnen
- Sirius: St. Jakobus Patrozinien, begleitet den Jakobsweg nach Santiago de la Compostela

H3-Werte Planetenlinien

Planetar. Zuordnung	Yin/Yang	H3-Werte	
Sonne	YANG	11,70 I	23,50 C
Merkur*	./.	3,40 I	
Venus*	YIN	4,25 C	10,60 C
Mond	YIN	4,25 I	10,50 I
Erde*	./.	3,90 I	7,10 C
Mars*	YANG	4,05 C	7,40 I
Jupiter*	YANG	11,50 C	19,70 C
Saturn*	YANG	7,40 I	27,55 C
Uranus*	./.	5,70 I	16,75 C
Neptun*	YANG	6,75 I	9,75 I
Pluto*	YANG	6,30 I	10,80 I
Chiron*	YIN	6,45 I	13,50 C
Sirius**	./.	2,40 ()	7,10 ()

** Werte sind meist linksdrehend, an Kultplätzen meist umpolarisiert*
*** Jahreszeitlich u. rhythmisch wechselnde Qualität*

Arbeitsblatt 5

Polarisation

Von griech. *polos* „Drehpunkt, Erd-, Himmelsachse“ bzw. *pelein* „sich bewegen“, heute gebraucht als bevorzugte >Schwingungsrichtung. Beschreibt Phänomene bei der Ausbreitung >elektromagnetischer Wellen. Die Polarisation bezeichnet in der Elektrotechnik die Schwingungsrichtung der elektrischen Feldlinien. Diese wird geprägt von der Bauart der Sendeantenne (Antennenpolarisation). Um eine optimale Übertragung der elektromagnetischen Wellen vom Sender zum Empfänger zu gewährleisten, müssen beide Einheiten gleich polarisiert sein. Eine vertikale Antenne strahlt vertikal polarisierte elektrische Felder ab, die wiederum am besten von vertikal polarisierten Empfangsantennen aufgenommen werden (Abb. 1).

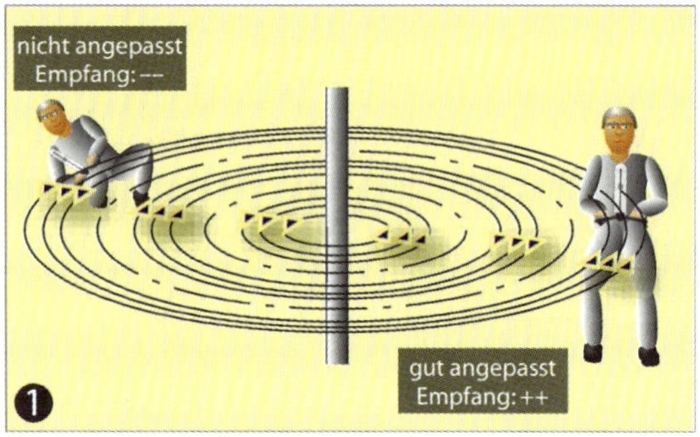

Unterschiedlicher Empfang bei vertikaler Polarisation des Senders

a) Lineare Polarisation entsteht bei Ausstrahlung von stabförmigen >Antennen (vertikale oder horizontale Polarisation)

b) Zirkulare Polarisation bzw. elliptische Polarisation wird einerseits durch Schrauben- oder Spiralantennen (Rechts-, Linksschraube) oder durch Kristalldoppelbrechung, auch bei biologischen Molekülen (rechtsdrehende, linksdrehende Milchsäure) erzeugt.

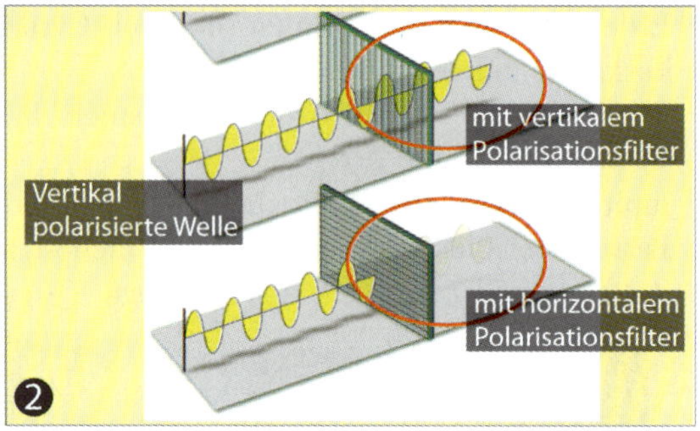

Verhalten von linear polarisierten Wellen an einem Polarisationsfilter

Mit Hilfe von Polarisationsfiltern können unterschiedliche Polarisationen unterschieden werden (Abb. 2).

In der Radiaesthesie spielen die Polarisationen eine besondere Rolle. Zwar ist es unklar, inwieweit es sich bei den dort ermittelten Strahlungen um elektromagnetische Wellen handelt, trotzdem werden im wesentlichen die folgenden Polarisationsarten beschrieben:

a) Lineare Polarisationen, die im Wesentlichen auf technische Strahler hindeuten

b) >rechts- bzw. >linksdrehende Polarisationen, die überwiegend aus der belebten oder unbelebten Natur stammen, bzw. Produkten und Materialien zuzuordnen sind, auf welche die >Probanden resonant reagieren. Rechtsdrehende Strahlungen gelten als anregend, linksdrehende als beruhigend. Erreichen die Strahlungen eine gewisse Stärke, werden ihnen bei längerer Expositionsdauer gesundheitliche Folgen zugeschrieben (rechtsdrehend = hyperaktivierend, linksdrehend = degenerierend)

Die Bezeichnungen für die verschiedenen Polarisationen in der Radiaesthesie stehen im Gegensatz zu denen der Funktechnik. Hier werden – im mechanischen Sinn – mit rechtsgewendelten schraubenförmigen Antennen erzeugte bzw. aufgefangene Strahlungen als „>rechtszirkular" bezeichnet (>linkszirkular analog). Diese Strahlungen würden jedoch in der Radiaesthesie als linksdrehend bezeichnet werden. Diese unterschiedlichen Bezeichnungen rühren allein vom Standpunkt der Betrachtung her (Abb. 3).

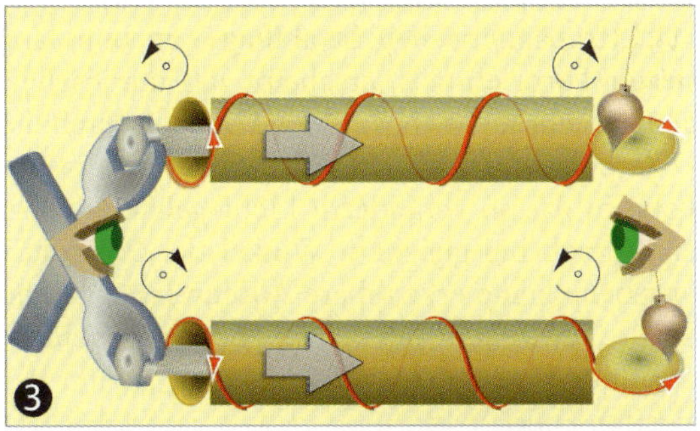

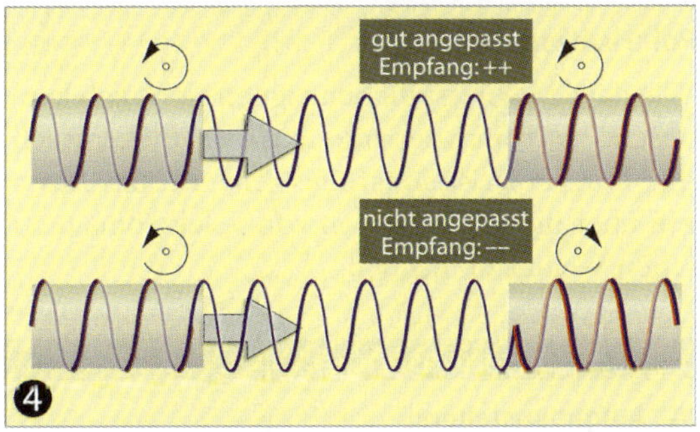

3. Zirkularpolarisation: Definition der Drehrichtung in Technik und Radiaesthesie – 4. Anpassung von gewendelten Sende- und Empfangsantennen

Der Funktechniker handelt aktiv und definiert immer von dem Ort der Erzeugung aus (Er schaut seinem Wert hinterher), der Radiaesthet nimmt passiv wahr (Er sieht die Strahlung auf sich zukommen). Interessant ist, dass die Optik die Drehrichtungen gleichlautend wie die Radiaesthesie bezeichnet. Rechtsdrehende Milchsäure wird auch von Radiaestheten als rechtsdrehend erkannt.

Bei der Zirkularpolarisation gilt ebenso wie bei der linearen Polarisation, dass Sende- und Empfangsantennen gleichgerichtet sein müssen. Sind sie entgegengesetzt gewendelt, können die Signale nicht oder nur schlecht empfangen werden (Abb. 4).

Polarisationsbestimmung

Zur Bestimmung der >Polarisation dient in der >Radiaesthesie bei der >H3-Antenne der >Polarisationsschalter. Er ersetzt das bei der >Lecherantenne® nach R. >Schneider verwendete >Magnetstäbchen. Bei H3-Ruten und herkömmlichen Grifflängenruten werden dafür auch geprüfte >Polarisationsringe verwendet. Über vergleichende >Intensitätsbestimmungen findet man heraus, welche Form der Polarisierung die empfangene Strahlung aufweist.

G. Polarisationsbestimmung

A. Aufgabenstellung:
Die Polarisation der >Wellenlänge einer >Strahlung bestimmen.

B. Hilfsmittel:
>H3-Antenne, alternativ >H3-Rute mit >Polarisationsring (weitergehend siehe >Polarisationsringe).

C. Ausgangslage:
Erfolgreiche Untersuchung einer Reaktionslinie, Durchführung eines H3-Wertescans (>Grifflängenziehung), >Intensität wurde mit dem sicher ermittelten Einstellwert (*alternativ >Grifflänge*) bestimmt.

D. Prüfung auf Rechtsdrehung:
Die Intensitätsbestimmung wird wiederholt, jedoch mit Stellung des Qualitätenschalters auf „R" für rechtsdrehende Polarisation.

Alternativ wird auf den linken Ast der H3-Rute der Polarisationsring geschoben, so dass seine weiße Seite zur Spitze hin zeigt.

Erzielt man eine Reaktion, wird die Intensität bestimmt, keine Reaktion bedeutet, dass keine rechtsdrehenden Anteile mit dem gesuchten Einstellwert erkennbar sind.

E. Prüfung auf Linksdrehung:
Nach gleichem Schema wird die Gegenkontrolle durchgeführt. Der Polarisationsschalter wird dabei auf „L" für linksdrehende Polarisation eingestellt.

Alternativ zeigt jetzt der Polarisationsring mit der gelben Seite zur Rutenspitze.

F. Auswertung:
Die nachstehende Tabelle gibt Übersicht, welche Bedingungen bei verschiedenen Polarisationen erfüllt sein müssen:

Auswertung

Ergebnis der Polarisationsbestimmung	Intensitätsergebnis		
	unipolar	links	rechts
rechtsdrehend	3	0	3
linksdrehend	3	3	0
unipolar	3	0	0
Rechtsanteile (elliptisch)	3	0	4
Linksanteile (elliptisch)	3	4	0
rechts und linksdrehend*	3	3	3
rechts u. schwach links*	3	4	3
Ermittlungsfehler	3	2	0

** Diesem Ergebnis liegen zwei unterschiedliche Strahlungen zugrunde, die sich überlagern.*

Polarisationsfolie

Mit Hilfe der im Fotofachhandel erhältlichen Polarisationsfolie ist es möglich, die >Polarisation einer >Strahlung zu bestimmen. Die (teiltransparente) Folie lässt nur Strahlungen passieren, die eine bestimmte >Schwingungsrichtung (Polarisation) aufweisen. Durch Drehen der Folie wird differenziert eine >Abschwächung der Strahlung erreicht, sofern sie bereits eine Polarisation besitzt. Wenn natürliches Licht – als Form einer >elektromagnetischen Strahlung – in unpolarisierter Form einfällt, erscheint das durchscheinende Licht nicht abgemildert, ist aber durch die Folie polarisiert. Der Beweis: Wenn eine zweite Folie in das so veränderte Licht gehalten wird, ergibt sich bei gleichem Winkel der Polarisationsebene keine erkennbare Abschwächung, eine leichte Verdrehung der beiden Folien gegeneinander führt jetzt zu einer Verdunkelung hinter der zweiten Folie.

Polarisationsring

Wie das >Magnetstäbchen eignen sich auch keramische Ferromagnetringe aus der Elektrotechnik, kurz Polarisationsringe genannt, um Aussagen über die >Polarisation von >elektromagnetischen Wellen zu machen.

B. Polarisationsringe

A. Aufgabenstellung:
Ferrokeramische Ringe zur Polarisationsbestimmung einsetzen.

B. Hilfsmittel:
>H3-Rute mit >Polarisationsring.

C. Ausgangslage
Die >Intensität einer Reaktionszone ist spezifisch für eine >Grifflänge bestimmt.

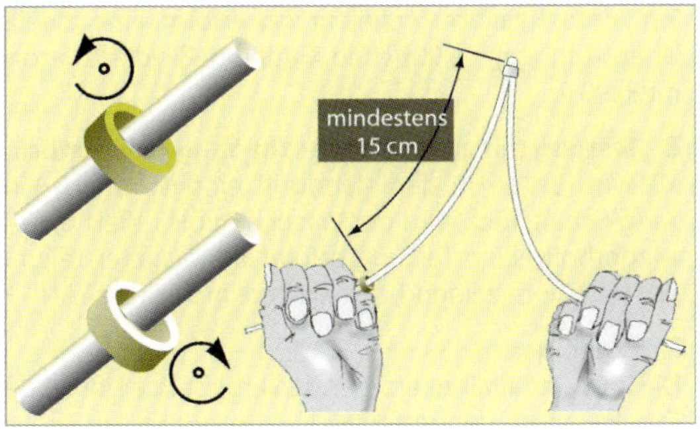

Gebrauch des Polarisationsringes

D. Arbeitstechnik

Der ferrokeramische Ring wird ergänzend zur Grifflänge ausschließlich auf dem linken Rutenschenkel eingesetzt und zwar nur dann, wenn eine Bestimmung der Polarisation erfolgen soll.

In Arbeitsstellung liegt der Ring unmittelbar vor der linken Hand. Zu beachten ist, dass zwischen Ring und Rutenspitze mindestens 15 cm Abstand verbleiben, sonst ist die Gefahr von >Fehlmutungen zu groß (>Fading).

E. Prüfung auf Rechtsdrehung:

Wird geprüft, ob Rechtszirkularpolarisation vorliegt, wird der Ring so auf den linken Schenkel geschoben, dass die weiße Seite zur Rutenspitze zeigt. Dann wird die Intensitätsbestimmung wiederholt und notiert.

F. Prüfung auf Linksdrehung:

Soll Linkszirkularpolarisation getestet werden, muss die gelbe Seite zur Rutenspitze weisen. Wie oben wird mit dieser Einstellung die Intensität erneut bestimmt.

G. Ergebnis:

Die Intensitäten werden mit dem Ausgangswert verglichen und nach dem Schema unter >Polarisationsbestimmung ausgewertet.

H. Merkhilfe:

Recht***s*** = wei***ß*** / ***L***inks = ge***l***b

Polarisationsschalter

Schalter zur Bestimmung der >Polarisation auf der >H3-Antenne, ersetzt das früher bei der >Lecherantenne® verwendete >Magnetstäbchen. Der Polarisationsschalter verwendet zwei kleine Barium-Flex-Magnete, die gegensätzlich gepolt in Schaltstellung die Leiterbahnen auf der Platine der H3-Antenne für den Durchlass rechts- oder linksdrehender Wellen sperren. In Stellung „U“ haben die Magnete keinen Kontakt und üben keine Sperrwirkung aus.

Polarität

Von griech. *polos* „Drehpunkt, Erd-, Himmelsachse“. Beschreibt die Gegensätzlichkeit, das Vorhandensein zweier gegensätzlicher Pole, d. h. zweier Punkte (Bereiche) mit unterschiedlichen Anziehungskräften (Ladungen), die miteinander in Beziehung stehen. Das Prinzip der Polarität findet sich in dynamischer Form (d. h. bewegendes Wechselverhältnis) in der chinesischen Philosophie vom >Yin und Yang wieder.

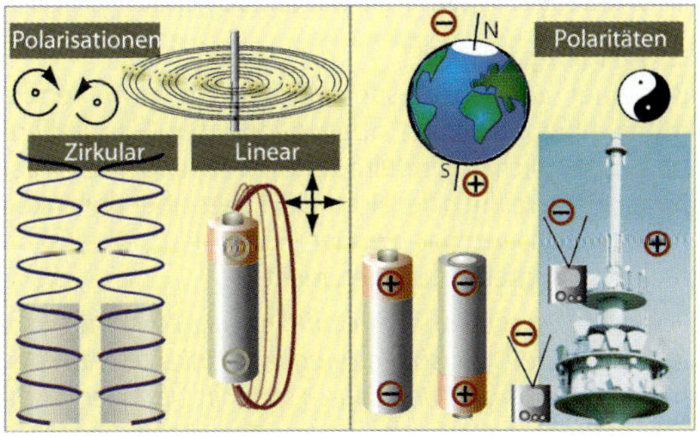

Beispiele von Polarisationen und Polaritäten

Während Polarität das Vorhandensein von Start- und Zielpunkt (Sender und Empfänger) beschreibt, bezeichnet hierzu abgrenzend >Polarisation die Schwingungsrichtung der zwischen diesen Polen u. U. verlaufenden >Strahlung. Ein Stabmagnet z. B. besitzt einen Nord- und einen Südpol, an denen die Magnetfeldlinien jeweils gebündelt aus dem Stab heraustreten. Die >radiaesthetische Prüfung senkrecht über diesen Polen mit einem >Pendel ergibt jeweils gegensätzliche Rotationsbewegungen. Die Polarisation der Feldlinien bleibt jedoch im gesamten Verlauf der Feldlinien gleich (in der Regel linear polarisiert).

Die Polarität wird in der >Radiaesthesie mit den unterschiedlichen >Rutenpolungen oder mit der >Lecherantenne mit aufgestecktem >Yin-Yang-Schieber ermittelt.

S. Polarität

A. Aufgabenstellung:
Versuch, die Polarität der Handinnenflächen zu bestimmen, um beispielhaft zwischen Polarisation und Polarität zu differenzieren.

B. Hilfsmittel:
>H3-Antenne, >Yin-Yang-Schaltstück, Pendel

C. Ausgangslage:
Bei einer Versuchsperson werden mit dem Pendel mittig über den nach oben geöffneten Handtellern unterschiedliche Pendelrotationen beobachtet. Hier für unseren Versuch der Normalfall, dass über der linken Handinnenfläche das Pendel links rotiert, über dem rechten Handteller dagegen rechts.

Hinweis: Dieses Phänomen trifft für die Mehrzahl aller bisher getesteten Personen zu, egal ob Links- oder Rechtshänder. Allerdings können durch spezielle Übungen, zeitliche Indisponiertheit oder andere Gegebenheiten auch abweichende Ergebnisse erzielt werden.

D. Testung mit der H3-Antenne:
Mit dem H3-Wert 6,90 I wird eine Gegentestung vorgenommen. Nach Feststellung, dass über beiden Handtellern eine Reaktion erzielbar ist, erfolgt eine zweite Überprüfung mit 6,90 IR und routinemäßig die Kontrolle mit 6,90 IL.

E. Testung mit zusätzlichem Yin-Yang-Schaltstück:
Mit von unten in den Handgriff eingestecktem Yin-Yang-Schaltstück wird der Versuch mit H3-Wert 6,90 IL wiederholt. Eine Testung erfolgt mit Schalterstellung YIN nach vorn zeigend, eine weitere in Stellung YANG.

F. Ergebnis:
Die im Normalfall zu erzielenden Ergebnisse sind in der Tabelle zusammengestellt:

Auswertung

Benutzter Indikator	Handteller	
	links	rechts
Pendel	↺	↻
H3-Antenne 6,90 I*	↻	↻
H3-Antenne 6,90 IR mit YIN-YANG-Schalter	YIN	YANG

** Die Polarisation ist nur durch einfache Testung ermittelt.*

G. Bewertung:
Die unterschiedlichen Drehungen des Pendels im Vergleich mit den Ergebnissen der H3-Antenne liegen darin begründet, dass das Pendel stets in Drehrichtung der Strahlung mitschwingt, der Polarisationsschalter die tatsächliche Polarisation richtungsunabhängig zeigt.

Da von dem linken Handteller (klassisch die empfangende Hand), die Strahlung quasi angesaugt wird, kommt sie also von oben. Das Pendel wird demnach bei rechtsdrehender Strahlung mitgeführt und rotiert linksherum. Die H3-Antenne liefert das differenzierende Ergebnis, dass es sich um rechtsdrehende Strahlung handelt. Mit aufgestecktem YIN-Yang-Schalter zusätzlich YIN = empfangend detektiert werden.

Umgekehrt ist die Situation bei der rechten Hand, die traditionell als die gebende (sendende) gilt. Hier tritt rechtsdrehende Strahlung heraus, die das Pendel mitschwingend auch als rechtsrotierend anzeigt.

Polpunkte

Als Polpunkte werden in der >Radiaesthesie Punkte in dem System der polaren >Felder bezeichnet, das WITTMANN[1] veröffentlicht hat. Es werden >aufladende und >abladende Punkte beschrieben (vgl. auf- und abladende Punkte, >Gittersysteme, >Diagonalgitter).

Hinweis: Auf- bzw. Abladung, wie sie in der >Grifflängentechnik definiert wird, ist genau gegensätzlich zu der Definition der Auf- bzw. Abladung, wie sie von WITTMANN beschrieben wird!

1 Obering. SIEGFRIED WITTMANN, dt., Radiaesthesieforschungen

Potenzierung

Von lat. *potens* „mächtig, kräftig, vermögend", bezeichnet in der >Homöopathie ein Verfahren, bei dem Wirkstoffe durch Verdünnung, Mischung und Verschüttelung in ihrer Wirkung verstärkt werden. Ausgehend von der (nach alkoholischem Auszug gewonnenen) Urtinktur wird die Arznei in mehreren Stufen in einem festgelegten Verhältnis (1 : 9 bei Dezimalpotenzen „D1; D2; D3" usw.; 1 : 99 bei Centesimalpotenzen „C1; C2" usw.) mit einer Trägersubstanz verdünnt und verschüttelt. Als Trägersubstanz eignet sich dabei 30% Ethanol. Ein Tropfen Urtinktur wird mit 9 bzw. 99 Tropfen Ethanol vermischt und anschließend mit 10 bis 20 Schüttelschlägen auf einer federnden Unterlage (festes Kissen, Handteller o. ä.) verschüttelt. Aus dieser so gewonnenen ersten Stufe (=D1; C1) wird wieder eine Menge im gleichen Verhältnis mit weiterer Trägersubstanz vermischt und wieder verschüttelt (D2; C2). Nach gängiger Molekulartheorie befindet sich ab einer Potenz von D23 höchstens zufällig noch ein Molekül der ursprünglichen Wirkstoffe in der Tinktur. Die Heilerfolge der Homöopathie treten jedoch nicht als Folge von chemischen Reaktionen auf, sondern die Medikamente regen mittels ihres durch Verschüttelung eingeprägten >Informationsgehaltes den Organismus zur Aktivierung seiner Selbstheilungskräfte an.

>Radiaesthetisch lässt sich die Intensität des eingeprägten Informationsgehaltes leicht mit der Messung des >Reaktionsabstandes nachweisen.

Proband

Von lat. *probandus* „einer, der geprüft oder untersucht werden soll", dt. für Versuchs- oder Testperson, bezeichnet bei >radiaesthetischen Untersuchungen am Ganzkörper die zu untersuchende Person.

psychodynamische Radiaesthesie

Aus griech. *psyche* „Seele, Gemüt", *dynamikós* „mächtig, kräftig, stark", vom Verfasser begründete >radiaesthetische Untersuchungstechnik, die verdeutlicht und anerkennt, dass Mensch und Umfeld sich in einer energetischen Wechselbeziehung befinden. Dies gilt sowohl für den >Radiaestheten als auch für die >Probanden in ihren Lebensumfeldern.

psychodynamische Störfaktoren

Aus griech. *psyche* „Seele, Gemüt", *dynamikós* „mächtig, kräftig, stark", bezeichnet in der >Radiaesthesie Störfaktoren, mit denen der >Proband geistig-seelisch verbunden ist.

psychodynamisches Resonanzpotenzial

Aus griech. *psyche* „Seele, Gemüt", *dynamikós* „mächtig, kräftig, stark", bezeichnet in der >Radiaesthesie ein >Resonanzpotenzial, das sich aufgrund von >Od-Einspeicherungen in einen Gegenstand ergibt. Wird das Feld dieser Einspeicherung mit einem anderen, schwingungsgleichen Feld überlagert, das eine Person aussendet, kommt es zu einem Resonanzeffekt. Die Person spürt bei einem ersten zufälligen Kontakt, dass von diesem Gegenstand eine besondere Anziehungskraft ausgeht.

Bei >Hausuntersuchungen werden Gegenstände mit psychodynamischen Resonanzen als Gegenpol von >Störbeziehungen erkannt. Hier ist zu beobachten, dass diese Gegenstände anscheinend nur deshalb als Störfaktoren angesehen werden, weil zwischen ihnen und der betroffenen Person eine besondere problematisch-geistige Beziehung besteht.

Psychomantie, psychomantische Zonen

Aus griech. *psyche* „Seele, Gemüt" und *manteia*, „Weissagung, Wahrsagung", bezeichnet in der >Radiaesthesie >Felder, die sich infolge geistiger >Störbeziehungen ergeben.

Psychomantische Zonen bilden sich als individuell wahrnehmbare Felder zwischen einer Person (bzw. deren Schlafplatz) und einem Gegenpol aus, der ein >psychodynamisches Resonanzpotenzial aufweist.

Im Gegensatz zu den unter geomantische oder technomantische Zonen beschriebenen Feldern sind psychomantische Zonen eher schlauchartig ausgebildet. Häufig kann beobachtet werden, dass sich psychomantische Zonen durch Flure oder Treppenhäuser winden – ähnlich den Haupt-"wegen" alltäglicher Bewegungsabläufe in den Wohnungen. Seltener (aber nicht unüblich) verlaufen psychomantische Zonen quer durch Wände oder sogar zu Zielpunkten außerhalb der Wohnung oder des Hauses.

Psychometrie

Aus griech. *psyche* „Seele, Gemüt" und *metrein* „messen", beschreibt eine seelische Wahrnehmung (Hellsehen) durch Betasten von Gegenständen. Durch die Technik der Psychometrie können gespeicherte >Informationen holographisch abgerufen werden. Jeder Stoff, jeder Gegenstand speichert mehr oder weniger effektiv die Informationen, die auf ihn eintreffen (vgl. >Holographie). Zum Beispiel spiegeln sich in Antiquitäten oder in alten Bauten oft die Geisteshaltungen der früheren Benutzer wider. Unter Einsatz >mentaler Abfragetechnik ist es möglich, >radiaesthetisch diese gespeicherten Informationen wieder abzurufen. Nach ausgiebiger Übung[1] und genauer >Kalibrierung können auf diese Weise z. B. Aussagen über Alter, Sinn und Zweck von prähistorischen Bauwerken gemacht werden.

---

1 Hierzu weiterführend in: Lüdeling, Ingeborg M.: „Steine Bäume, Menschenträume" Freiburg 1997

Qualitätenschalter

Schalter der >H3-Antenne zur Differenzierung der Strahlungsqualitäten. Die Einstellmöglichkeiten bestehen in „I“ für >induktive, „C“ für >kapazitive Ankopplungen. Künftig wird es noch eine Erweiterung durch Einführung der Mittenstellung „S“ für engl. *semiconducting*, dt. „halbleitend“ geben. Mit dieser Einstellung wird eine verbesserte Ankopplung an „spirituelle“ und „ätherische“ Energien erreicht.

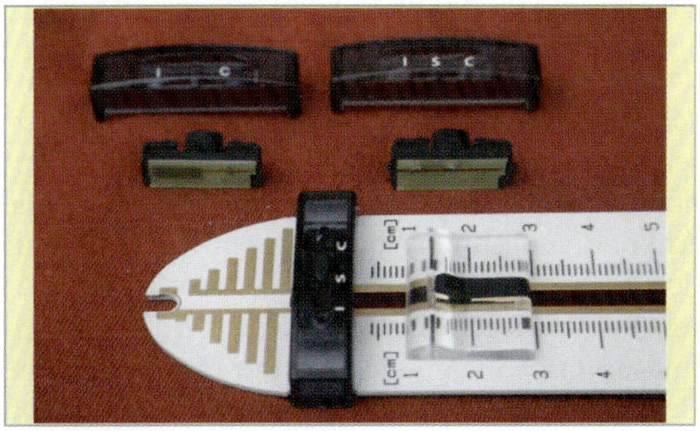

Qualitätschalter, links alte, rechts neue Ausführung

Quarzgang

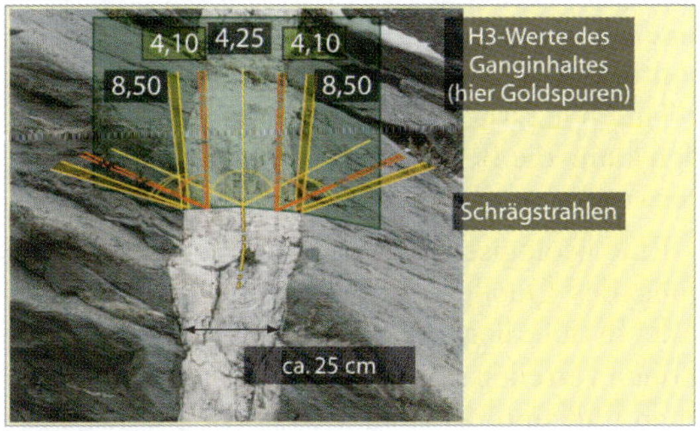

Quarzgang im Festgestein mit kleinen Goldeinschlüssen

Eine Sonderform von geologischen >Gängen (Mineralgängen), die mit Quarz gefüllt sind.

Quarzuhren

Schwingquarze erzeugen >radiaesthetisch erfaßbare hochfrequente >Störfelder (vgl. >Piezoelektrizität). Diese können an Uhren lokalisiert werden, bei denen – aus Gründen der Ganggenauigkeit eingesetzte – Schwingquarze verwendet werden. Bei analog anzeigenden Uhren (Zigeranzeige) wird im Sekundentakt ein vergleichsweise starker Magnetimpuls abgegeben, der sich auf die hochfrequente >Schwingung des Quarzes aufmoduliert (>Modulation). Quarzgesteuerte Batteriewecker (mit Analoganzeige) prägen sich beim Menschen häufig mit H3 = 0,75 IL ein und sind mit diesem Wert anpeilbar (vgl. >Peilung). Bei Quarzuhren mit Netzanschluss treten darüberhinaus noch weitere Störfelder auf (vgl. >Radiowecker, >Richtdiagramm).

Quelle, blinde

In der >Radiaesthesie bezeichnet man mit einer blinden Quelle unterirdisch aufsteigendes Wasser, das nicht an die Oberfläche gelangt. Diese hydrologische Besonderheit setzt voraus, dass eine tieferliegende, wasserführende Schicht von undurchlässigem Gestein wannenförmig abgedeckt ist und das Wasser darunter unter Druck steht. In dieser undurchlässigen Schicht muss sich eine Öffnung befinden, durch die dann das Tiefenwasser unter Druck aufsteigen kann. Dies kann eine >Kluft, >Spalte, >Höhle oder eine Stelle mit porösem Gestein sein. In der Geologie/Hydrologie, spricht man dann von einem artesischen System.

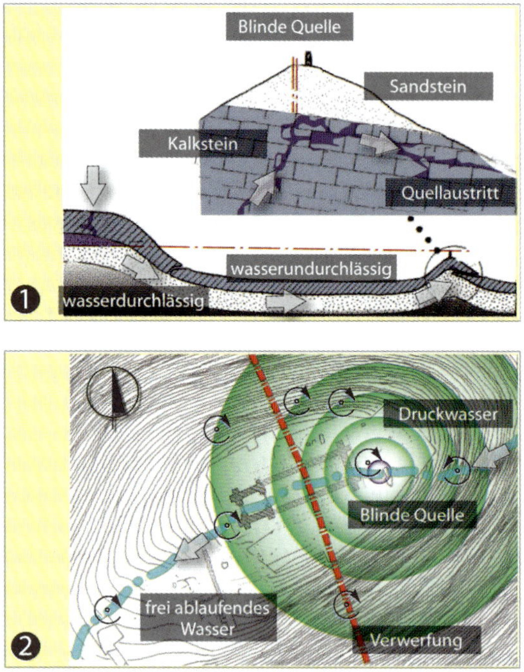

Gemutete Blinde Quelle auf dem Torhill in Glastonbury, Somerset GB, 1. System im Schnitt, 2. Lageplan der Situation auf der Hügelspitze

Die Besonderheit bei einer blinden Quelle ist jedoch, dass das Wasser nicht an die Erdoberfläche gelangt, sondern im Boden in eine zweite, oberhalb der undurchlässigen Schicht liegende, grundwasserleitende Schicht abläuft. In der Regel sind an einer solchen Quelle zwei Wasseradern vorhanden, von denen die tiefere unter Druck stehen muss. Dieser Zulauf ist radiaesthetisch nachweisbar, jedoch treten hier allein – oder als Begleitung – veränderte >Grifflängen auf. Diese sind dann gegenüber den >H3-Werten einer Normalspektroide einer Wasserader in Abhängigkeit vom Wasserdruck erhöht. Hier können die Werte über der Mittelachse der Spektroide anstatt H3 = 3,10 Größenordnungen zwischen H3 = 3,30 bis H3 = 3,80 und mehr erreichen. Die Werte für die >Schwerpunktzone und die >Ankündigungszonen ändern sich dann entsprechend.

Viele auf alten >Kultstätten gemutete blinde Quellen sind Ergebnis eines radiaesthetischen Mißverständnisses. Obwohl auch quellartig aufsteigendes Wasser um sich herum ringförmige >Ankündigungszonen erzeugt, wäre es ein Trugschluss, allein schon deshalb auf das Vorliegen einer aufsteigenden Wasserader bzw. einer blinden Quelle zu schließen. Brunnenanlagen, Wasseraderkreuzungen, auf Wasseradern gesetzte Steinformationen und >gepolte Steine können ebenfalls Felder erzeugen, die ringförmige Ankündigungslinien hervorrufen und die mit den Standardgrifflängen für „Wasser“ (H3 = 9,25 usw.) aufzufinden sind. Für diese Felder hat sich im Zusammenhang mit Kultstätten der englische Begriff >“Blind Spring“ eingebürgert, leider auch für solche, bei denen unterirdisches Wasser auch sicher ausgeschlossen werden kann. Solche Felder sind häufig Ausgangspunkte für >geomantische Zonen oder markieren Stellen, an denen >Umpolarisierungen bewirkt werden. Im Interesse einer ordnungsgemäßen Begriffsdefinition sollte in den Fällen, bei denen einwandfrei eine zulaufende Druckwasserader ausgeschlossen werden kann, die Bezeichnung „blinde Quelle“ nicht verwendet werden.

Eine geologische Besonderheit ist die Umkehrung des Quelleffektes, bei dem Wasser einer Ader in tieferliegende Schichten versickert. Diese Zonen verteilen sich in der Regel auf größere Flächen und sind daher radiaesthetisch schwieriger zu erkennen.

RA.

Abkürzung für >Reaktionsabstand. Bezeichnet in der >Grifflängentechnik das Ergebnis der Messung des Reaktions- (Angaben in Metern) oder Mikroreaktionsabstandes (Angaben in Zentimetern). Um präzise Vergleichsmöglichkeiten zu erlangen, muss mit dieser Maßangabe auch die Nennung der >Arbeitswellenlänge, z. B. als >H3-Antennen-Einstellwert, einschließlich deren >Polarisation erfolgen.

Radar

Abkürzung von engl *Radio Detection And Ranging*, bezeichnet ein besonderes Verfahren der Funkmesstechnik, bei dem >Mikrowellen ausgestrahlt werden, die von einem Zielobjekt wieder reflektiert werden. Aus den Echosignalen können nähere Angaben über das Ziel gewonnen werden. Die Radarstrahlung fällt i. d. R. in kurzen Impulsen ein, die in bestimmten Abständen auftreten.

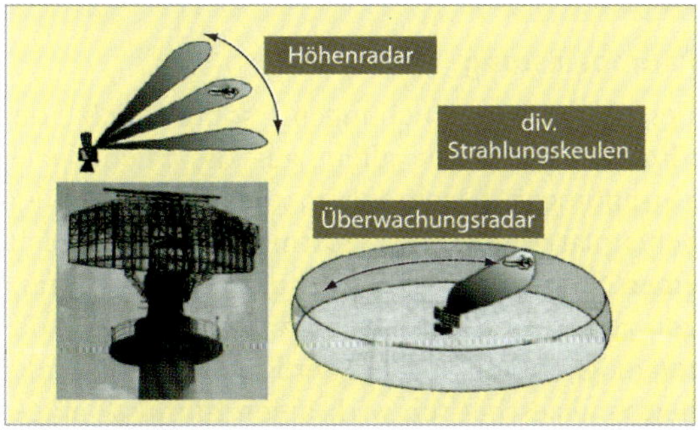

Einflussbereiche von Radar-Anlagen

Diese Abstände werden durch Drehung, bzw. Schwenkung der Radarantenne bewirkt. Moderne Radaranlagen arbeiten im FM-CW-Mode (>Frequenzmodulation im nicht gepulsten Dauerstrich = *continious wave*). Radarstrahlung arbeitet mit größeren Reichweiten und tritt deshalb in relativ hohen >Feldstärken auf (Beim Primärradar sind 1 Megawatt Sendeleistung nicht ungewöhnlich). Im Einzugsbereich von Radaranlagen ist deshalb entsprechende Vorsicht geboten (vor allem in höheren Wohnlagen im Blickfeld der Anlagen).

Radiaesthesie

Aus lat. *radius*, „Stab, Speiche, Strahl" bzw. *radiare* „Strahlen aussenden" und griech. *aisthetikós*, „wahrnehmend", bezeichnet die Lehre von der Strahlenfühligkeit des Menschen, die sich in >Wünschelruten- und anderen >biophysikalischen Effekten ausdrücken kann.

Radioaktivität

Aus lat. *radiare* „Strahlen aussenden" und *activus* „tätig, handelnd", beschreibt die Eigenschaft mancher chemischen Elemente, ohne äußere Energiezufuhr >Strahlung auszusenden und sich dadurch in andere Elemente umzuwandeln. Bei Radioaktivität entstehen >Alphastrahlen, >Betastrahlen oder >Gammastrahlen.

Radiowecker

Radiowecker besitzen eine Vielzahl von elektronischen Bauteilen, die störende Abstrahlungen erzeugen können, z. B. Schwingquarze (vgl. >Piezoelektrizität), Leuchtziffern, Transformatoren usw. Bei >Hausuntersuchungen erfolgt in der Regel der Rat, Radiowecker nicht im Schlafzimmer sowie nicht in den Nachbarräumen aufzustellen und zu betreiben. Diese Geräte können im Betrieb >radiaesthetisch nachweisbare >Störfelder von erheblicher >Intensität und Reichweite aufbauen. Wenn die Geräte zusätzlich noch als

Funkuhr gesteuert werden, sind in dem Abstrahlfeld eine ganze Reihe weitere zum Teil linksdrehende H3-Werte nachzuweisen.

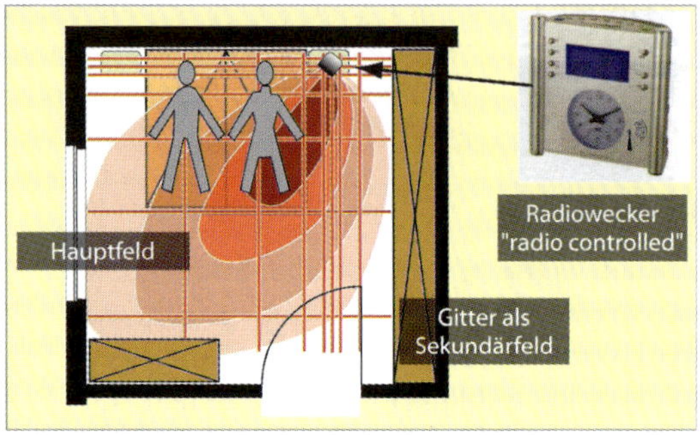

Strahlungsfeld eines funkgesteuerten Radioweckers

Wie alle stärkeren elektrotechnischen Strahlungsquellen in Innenräumen sendet der Radiowecker ein Feld höherer Intensität aus. Zusätzlich wird radiaesthetisch ein wesentlich abgeschwächt auftretendes Sekundärfeld beobachtet, das sich gitternetzartig verbreitet.

Rapportpunkt

Der Rapportpunkt ist der >Reaktionspunkt, an dem das Eintauchen bzw. Verlassen einer >grifflängen-bezogenen Ausstrahlung eines Stoffes, Körpers bzw. >Kreuzungssystems angezeigt wird. Siehe auch >Reaktionsabstandsmessung.

Raumakustik

In der traditionellen Baukunst, die sich durch Anwendung von >Bauhüttengeheimnissen auszeichnet, spielte eine perfekte Raumakustik eine große Rolle.

Wenn ein nach alten harmonikalen Gesetzen errichteter Raum durch bestimmte Schallwellen in >Resonanz gebracht wird, können als Folge von >Eck- bzw. Kantenabstrahlungen sich im Raum >Zonen bilden, die sich mit dem >H3-Antennenwert H3 = 7,40 CR (>Kapazitiv >rechtsdrehend) nachweisen lassen. Die Vibrationen, die diese Strahlung als Begleitphänomen erzeugen, stimulieren auf besondere Weise die sich im Raum aufhaltenden Zuhörer.

Ein Beispiel für hervorragende Raumakustik: Der Kapitelsaal in Wells, Somerset GB

Raumbelastung

Bei >Hausuntersuchungen sollte sich der >Radiaesthet nicht allein auf die Suche nach >Strahlungen beschränken, die direkt auf den Schlafplatz einwirken. Oftmals ist es hilfreich, einen Status über die gesamten Raumbelastungen zu bekommen. In diesen Gesamtstatus sollten möglichst auch die in der Raumluft vorhandenen >radiaesthetisch wirksamen Einflüsse aufgenommen werden.

S. Raumbelastung

A. Aufgabenstellung:
Verborgene Störpotenziale in Innenräumen aufspüren (verborgene Strahler, Ausdünstungen usw.).

B. Hilfsmittel:
>H3-Antenne mit Wertetabelle, Peilstäbchen, Nosodenhalter, Quarzglasröhrchen, batteriebetriebene Gasspürpumpe mit eingesetztem Filtrierpapier, Pinzette, weißes unliniertes Blatt Papier DIN A4 oder größer.

C. Ausgangslage:
Der zu untersuchende Raum ist mindestens 2 Stunden vorher geschlossen zu halten. Falls Erkenntnisse für eine Schlafplatzuntersuchung gewonnen werden sollen, ist er zusätzlich so herzurichten, wie er nachts vorgefunden wird (z. B. Rollläden geschlossen, persönliche Gegenstände wie Schmuck, Brillen Uhren usw. platziert).

D. Luftansaugung:
Die Gasspürpumpe möglichst zentral im Raum installieren. Dafür Türen nur kurz öffnen, den Raum unmittelbar vor der Messung betreten, Ansaugzeit vorwählen (15 min), das Gerät einschalten und den Raum unverzüglich wieder verlassen.

Nach Ablauf der Ansaugzeit das Gerät abstellen und das Filtrierpapier vorsichtig mit der Pinzette entnehmen.

E. Auswertung der Ansaugung:
Das Filtrierpapier an einen neutralen Ort außerhalb des Raumes bringen und vorsichtig in Arbeitshöhe auf ein weißes Blatt Papier legen. Jetzt werden die >Grifflängen bestimmt und ausgewertet.

F. Aufspüren der Störeinflüsse:
Das Filtrierpapier wird mit der Pinzette gerollt und in ein Quarzglasröhrchen gesteckt. Nach Aufstecken zusammen mit dem Nosodenhalter und zusätzlichem Peilstäbchen können jetzt die Ursachen für die ermittelten H3-Werte gesucht werden, siehe >Peiltechnik.

Bei der Ursachensuche ist zu beachten, dass auch Strahlungen im Filtrierpapier fixiert sind, die nur im Luftraum, manchmal direkt unter der Zimmerdecke, schweben. Der Radiaesthet muss deshalb in der Lage sein, in verschiedenen Höhen zu muten. Hier ist die Peilung ein probates Hilfsmittel.

Ist eine Ursache einwandfrei festgestellt, sollte auch hier versucht werden, den Strahlungsherd entweder zu entfernen oder provisorisch abzudecken. Im Anschluss an die Maßnahmen sollte der Erfolg mit einer erneuten Messung überprüft werden.

G. Variante zu D:
Falls keine Gasspürpumpe zur Hand ist, kann hilfsweise auch ein batteriebetriebener Handstaubsauger benutzt werden. Dieser wird nach beschriebener Vorbereitung (C.) für die Dauer von 15 min so von außen an das Schlüsselloch (nicht bei Sicherheitsschlössern möglich) gedrückt, dass das Saugrohr komplett abdichtet und nur Luft aus dem Raum gesaugt wird. Zwischen Schlüsselloch und Ansaugrohr wird vorher das Filtrierpapier gesteckt.

Dieses Verfahren sollte nur hilfsweise eingesetzt werden, da es nicht die genauen Ergebnisse liefert, wie vorher beschrieben.

Raumresonanz

Mit Raumresonanz werden bestimmte Verstärkungseffekte von Schwingungen beschrieben, die sich aufgrund der Geometrie von Innenräumen ergeben. Dabei fällt auf, dass sich in den Winkelhalbierenden von rechten Innen- und Außenecken >Zonen bilden können, die mit >H3 = 7,40 nachweisbar sind. Im Normalfall entstehen bei vier Innenecken zwei linksdrehende und zwei rechtsdrehende Zonen, deren Schnittpunkte >stehende Felder erzeugen. Oft kann beobachtet werden, dass Personen, deren Schlafplätze sich in einem solchen linksdrehenden, stehenden Feld befinden, über häufig unruhige Träume u. ä. klagen. In den meisten Fällen kann hier ohne das Bett zu verstellen Abhilfe geschaffen werden, indem der scharfkantige rechte Winkel im Putz

- durch eine Hohlkehle entschärft wird (früher eine traditionelle Handwerkstechnik)
- durch Möblierung mit runden Kanten verstellt bzw. durch Vorhänge verhängt wird
- durch ein aufrechtes Brett diagonal verdeckt wird.

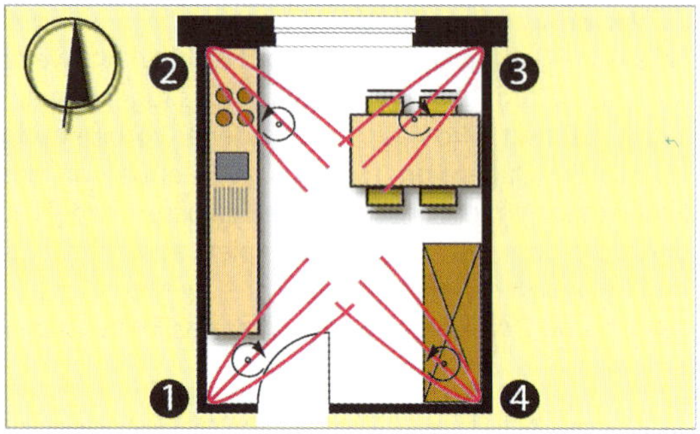

Raumresonanz in einem Versuchsraum in unverändertem Zustand

S. Raumresonanz

A. Aufgabenstellung:
Versuch zur Positivierung der Raumresonanz.

B. Hilfsmittel:
>H3-Antenne, eventuell eine zweite zu Testzwecken, >Bergkristall mit rechtsdrehender Spitzenabstrahlung, rechtsdrehender >Multiwellenstein, Markierungshölzchen.

C. Ausgangslage:
In dem Raum sind in den Winkelhalbierenden die Eckabstrahlungen zu detektieren. Dazu sind die Ecken von Dekorationen freizuhalten.

D. Untersuchung:
Die >Intensität und die >Polarisation ist zu bestimmen. Da die Einrichtungsgegenstände die Eckabstrahlung unterbrechen, ist stets über den Möbeln in Höhe der waagerechten Verlängerung der sichtbaren Ecke (Auch bei Hochschränken) zu untersuchen.

E. Feldveränderungen:
Nachdem die Normalabstrahlung ermittelt wurde, kann versuchsweise mit verschiedenen Feldveränderungen experimentiert werden.

Hier wird im ersten Test der Multiwellenstein auf der Anrichte in Position 2 deponiert.

Im zweiten Test wird der Stein gegen den Bergkristall ausgetauscht, wobei die Spitze in den Raum weist, die Wurzel zur Ecke.

Im dritten Test wird eine H3-Antenne mit dem Einstellwert 7,40 IR in die Ecke 3 hochkant gelehnt.

Im vierten Test wird dazu zusätzlich der Multiwellenstein auf den Boden mittig in den Raum gelegt.

F. Ergebnis:
Die zu erzielenden Ergebnisse sind beispielhaft in der Tabelle zusammengestellt:

Auswertung

Versuch	Qualität der Raumresonanz in Ecke			
	1	2	3	4
Normallage*	IR	IL	IR	IL
Multiwellenstein in 2	CL	IL	CR	IL
Bergkristall in 2	CR	CL	IL	IR
H3-Antenne in 3	CL	CR	CL	CR
+ Multiwellenstein	CR	CR	CR	CL

** Die Polarisation ist nur durch einfache Testung ermittelt.*

Reaktion

Rutenausschlag, Pendeldrehung oder anderes >radiaesthetisches Ereignis (Handreaktion).

Reaktionsabstandsmessung

Von Leisen[1] und Dannert[2] angewandte >Intensitätsabschätzung durch Messung des >stehenden Feldes zwischen z. B. einer Aggregatrute (>Leisengabel) und einer Person. Diese Abschätzung geht davon aus, dass sich die Ausdehnung eines stehenden Feldes proportional zur >Feldstärke verhält. Nach heutiger Erkenntnis werden durch die Reaktionsabstandsmessungen die Verläufe der >Feldlinien bestimmt. Diese geben jedoch nur indirekt Hinweis auf die Intensität einer Strahlung unmittelbar im Emissionspunkt im Zentrum des Feldes.

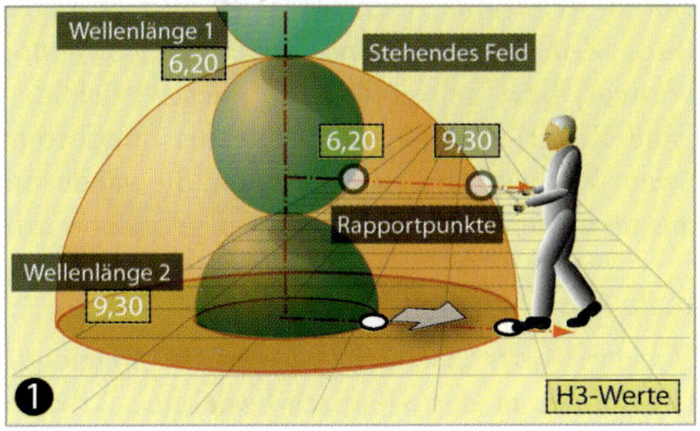

Reaktionsabstandsmessungen an stehenden Feldern: Unterschiedliche Arbeitswellenlängen führen zu unterschiedlichen Ergebnissen

Um Reaktionsabstandsmessungen vergleichbar zu gestalten, werden >Grifflängenruten oder >H3-Antennen benutzt, die auf die Arbeitswellenlänge eingestellt werden können.

Die Reaktionsabstandsmessung ist ein wichtiges Hilfsmittel zur Bestimmung der >stehenden Wellen an >Kreuzungssystemen.

1 Matthias Leisen, 1879 – 1940, dt., Radiaesthesieforschungen

2 Hans Dannert, dt., Radiaesthesieforschungen

G. Reaktionsabstand

A. Aufgabenstellung:
Ausdehnung und Intensitätsverlauf eines Strahlungsfeldes abschätzen durch Detektieren der Feldlinien.

B. Hilfsmittel:
>H3-Antenne, alternativ H3-Rute, Bandmaß, Markierungshölzchen.

C. Ausgangslage:
Durch >Peilung und >Feldbegehung ist der Mittelpunkt eines >stehenden Feldes bestimmt. Durch >Grifflängenziehung ist die >Arbeitswellenlänge für die Untersuchung ausgewählt. Um den Mittelpunkt des Feldes herum ist genügend Platz für die Begehung vorhanden.

Reaktionsabstandsmessung an Personen: Das Abstrahlfeld ist normalerweise unregelmäßig ausgeprägt.

D. Begehungstechnik:
Die Begehung des Feldes erfolgt im >Zurückschreitverfahren, also jeweils von der Mitte des Feldes aus bis zum Erreichen des ersten >Rapportpunktes.

Sollte das Strahlungsfeld einer Person untersucht werden, ist der Aufnahmepunkt stets die Körpermitte auf der Vorderseite etwa in Höhe des Solarplexus.

E. Feldlinienverlauf detektieren:
Um die Feldlinien des Feldes zu ermitteln, ist die Begehung stets vom Mittelpunkt aus sternförmig durchzuführen. Die erste Begehung (Richtung als 1 Uhr bezeichnet) führt zum Rapportpunkt 1. Die zweite Begehung wird in einem Abstand von ca. 30° (bei 2 Uhr) durchgeführt. Die dritte erfolgt dann im Abstand von weiteren 30° (3 Uhr) und so fort.

Für die *Ermittlung der seitlichen oder hinterliegenden Abstrahlung an einer Person behält man trotzdem den Aufnahmepunkt in der Körpermitte vorn bei. Man geht dann nach Aufnahme unter Beibehaltung der Spannung um den >Probanden dicht herum, bis die Richtung der gewünschten Begehung erreicht ist, und setzt dann die Begehung wie beschrieben bis zum Rapportpunkt fort.*

Nach zwölf Begehungen liegen somit 12 Rapportpunktmarkierungen fest. Bei Bedarf kann jetzt mit >Seitschritttechnik eine Feinbestimmung des Feldlinienverlaufes zwischen den markierten Punkten vorgenommen werden.

F. Ergebnis:
Die einzelnen Punkte setzen sich zu der gesuchten Feldlinie zusammen. Bei >Kreuzungen von geologischen Anomalien unter freien Verhältnissen stellt sich die Feldlinie annähernd kreisförmig dar.

Bei Untersuchungen *an Probanden ist zur Frontseite hin eine starke Ausdehnung zu erkennen, an den Seiten deutlich verringert und zur Rückseite hin wieder etwas stärker.*

➡ **Auramessung**

Reaktionslinie

Linie, die mehrere >Reaktionspunkte miteinander verbindet. Diese müssen folgende Bedingungen erfüllen:

Sie müssen

1. mit gleichem H3-Wert zu detektieren sein
2. gleiche >Einfallsrichtung aufweisen
3. demselben >Spektroidensystem zugeordnet werden können.

Auf einer Reaktionslinie können unterschiedliche >Intensitäten und – seltener – durch >Umpolarisierungen – Änderungen in der >Polarisation auftreten. Weiterhin können Reaktionslinien durch >Interferenzüberlagerungen in Abschnitten unterbrochen sein.

Reaktionspunkt

Stelle im dreidimensionalen Raum, an der eine radiaesthetische >Reaktion erzielbar ist.

Reaktionszone

Eingrenzbarer Bereich, in dem >radiaesthetische >Reaktionen erfolgen. In der >Grifflängentechnik gelten Reaktionszonen als Teil einer größeren (Stör-)Zone, sofern eine >Spektroidenbildung vorliegt, bzw. gelten als Teil eines >Störfeldes. Eine Reaktionszone setzt sich aus mindestens zwei >Reaktionslinien zusammen, die wiederum aus mehreren >Reaktionspunkten gebildet wird.

reale Arbeitstechnik

Von lat. *realis* „sachlich, wesentlich" abgeleitet, bezeichnet in der >Radiaesthesie eine Arbeitsweise, in der eine möglichst physikalisch wirksame >Ankopplung eingesetzt wird.

In der >Grifflängentechnik sind verschiedene Arbeitstechniken üblich. Im realen Modus konzentriert man sich lediglich auf die Eigenschaften der Antenne und deren Ankopplungsergebnis. Weitere mentale Vereinbarungen werden nicht getroffen. Lediglich eine geistige Programmierung auf die benutzte Grifflänge oder den Antenneneinstellwert wäre zulässig, unabhängig davon, ob die gesuchten >Reaktionszonen auf fließendes Wasser hindeuten oder andere Eigenschaften aufweisen.

Die reale Arbeitsweise ist ein unverzichtbares Hilfsmittel bei Kontrollen von mental oder programmiert mental (>Mentaltechnik, programmierbare) ermittelten Ergebnissen. Im eigenen Interesse sollte der Rutengänger diese Technik nicht durch unkontrolliertes Umschalten zwischen der mentalen und realen Arbeitsweise verwässern. Aus diesem Grunde wird zur besseren geistigen Einstimmung empfohlen, die mentale Technik nur mit >H3-Wert= 6,00 CR oder bei der H3-Rute und anderen >Grifflängenruten mit der >goldenen Grifflänge anzuwenden.

rechtsdrehend

Bezeichnet in der >Radiaesthesie elliptisch- oder >zirkularpolarisierte >Wellen, die z. B. von schraubenförmig gewendelten >Antennen ausgesandt werden. Schraubenantennen mit (technischem) Linksgewinde erzeugen in diesem Sinne rechtsdrehende >Strahlungen.

Die Definition der Richtung wurde von Pendelforschern festgelegt, die die Pendelbewegung immer von oben beobachteten. Beim Pendeln liegt eine Rechtsdrehung vor, wenn das Pendel (von oben gesehen) im Uhrzeigersinn rotiert. Die Rotation des Pendels entsteht offenbar durch Einschwingen in die Drehrichtung der Strahlung. Tritt diese rechtsdrehend im radiaesthetischen Sinne von unten auf, gerät das Pendel somit in Rechtsrotation. Fällt die Strahlung mit gleicher Drehrichtung von oben ein, dreht das Pendel dagegen linksherum.

Eine richtungsunabhängige Bewertung der >Polarisation ist mit dem >Qualitätenschalter der H3-Antenne oder mit dem auf >Grifflängenruten aufgesteckten >Polarisationsring möglich.

rechtszirkular

Sonderform der >zirkularen >Polarisation (vgl. >rechtsdrehend).

Reflexion

Von lat. *reflectere* „zurückwenden", beschreibt in der Physik und in der >Radiaesthesie die Rückstrahlung bzw. die Umlenkung von >Strahlungen an Gegenständen und Gebäudeteilen. Für das Reflexionsverhalten sind die Oberflächenbeschaffenheit und die Strahlendurchlässigkeit des Reflexionsmaterials von großer Bedeutung. Beim Auftreffen von >Schwingungen auf einen Stoff mit ebener Oberfläche in einem bestimmten Winkel (zwischen dem Lot und einfallendem Strahl) werden die einfallenden Strahlungen im gleichen Winkel (zwischen Lot und reflektiertem Strahl) wieder reflektiert (Einfallswinkel = Ausfallswinkel).

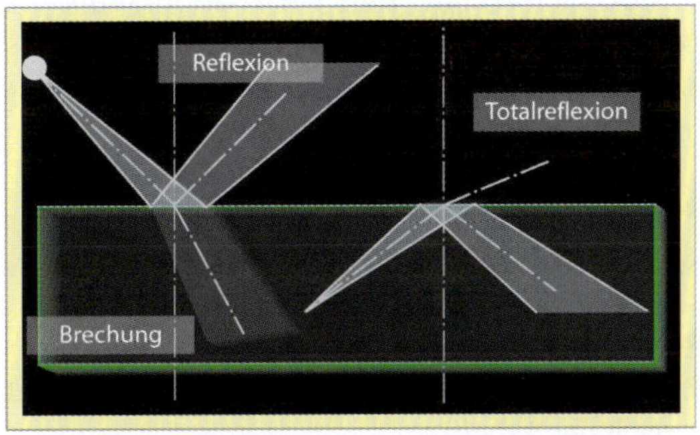

Reflexion und Brechung

Zusätzlich dringen am Ort des Auftreffens die Schwingungen in den Stoff ein und erfahren dort eine >Brechung, das heißt, dass sie – je nach Materialeigenschaft – entweder zum Lot hin oder vom Lot weg gebrochen werden. Beim Blick aus der Schrägen auf eine Wasseroberfläche kann man die Spiegelung des Himmels beobachten und – wenn der Blickwinkel steil genug ist – in das Wasser hineinschauen. Wird der flache Grenzwinkel erreicht, wird die Reflexion total, und der Blick in das Wasser ist verwehrt.

Von besonderer Bedeutung bei Reflexionen in der Radiaesthesie ist die Tatsache, dass sich dadurch >Polarisationen ändern können. Fällt eine >rechtsdrehende Strahlung auf einen Spiegel, wird sie >linksdrehend reflektiert. Dies sollte bei >Hausuntersuchungen dazu führen, dass – zumindest aus reiner Vorsorge – Spiegel und ähnlich reflektierende Oberflächen aus Schlafzimmern entfernt werden, da z. B. aus >H3-Wert= 6,90 IR (Lebenskraft fördernd, eine Wellenlänge, die jeder Mensch mehr oder weniger stark aussendet) durch Reflexion H3 = 6,90 IL (Lebenskraft hemmend) entsteht und auf den Menschen wieder zurückfallen könnte. Eine Polarisationsänderung bei rauen Oberflächen (Wänden) ist allerdings eher eine Ausnahme und zudem von der >Frequenz der Strahlung abhängig.

Reflexionsverhalten

Siehe >Rückstrahlverhalten.

Regeneration

I. Regeneration des Rutengängers während und nach der Arbeit:
Bei >geobiologischen Untersuchungen sollte darauf geachtet werden, dass der Rutengänger sich nicht mit zu vielen >linksdrehenden >Wellenlängen belastet, die bei Messungen über einen längeren Zeitraum aufgenommen werden können. Liegen bereits entsprechende Belastungen vor, können – zumindest bei bestimmten Wellenlängen – ungenaue oder fehlerhafte Mess- bzw. >Mutungsergebnisse die Folge sein. Hier können Strahlungen besonders belastend wirken, die mit den nachstehenden H3-Werten zu detektieren sind. Dabei bestehen subjektive Unterschiede durch eigene Empfindlichkeiten. Während der Untersuchung sollte daher ein >aufladender Punkt z. B. mit H3 = 5,85 IR mit nennenswerter Intensität oder ein kräftig gewachsener Baum gesucht werden, auf bzw. an dem sich – nach ca. 5 Minuten Aufenthalt – eine spürbare Regenerierung ergibt. >Kapazitive Wellenlängen sollten notfalls durch sorgfältige Ganzkörperreinigung unter fließendem Wasser und durch Abreiben mit handelsüblichem Kochsalz „abgestreift" werden. In besonderen Fällen wäre darüberhinaus eine >magnetopathische Behandlung mit Ausleitung angezeigt.

II. Regeneration von Störungen nach der Schlafplatzsanierung:
siehe >Störbeziehungen.

A. Hinweise zur Regeneration

A. Aufgabenstellung:
Vermeidung unnötiger Belastungen bei der Rutenarbeit.

B. Hilfsmittel:
>H3-Antenne / >Lecherantenne®, Ying-Yang-Schalter / -Schieber

C. Ausgangslage:
Nach der Benutzung der angegebenen Hilfsmittel bei der Testung der >Polaritäten ist zu beachten:

D. Warnhinweis:
Bei Benutzung eines Lechersystems kann es, besonders bei kapazitiver Einstellung in Verbindung mit dem Yin-Yang-Schalter bzw. Schieber zu einer verstärkten Belastung des >Radiaestheten kommen. Dabei werden unerwünschte Wellenlängen aufgenommen.

E. Abhilfe:
Sollte der Verdacht bestehen, dass unerwünschte Belastungen aufgenommen worden sind, ist eine Ganzkörperreinigung mit Kochsalz hilfreich. Hierbei wird während eines Duschbades der Ganzkörper mit einer kleinen Menge Salz abgerieben. Anschließend abduschen und das Salz mit der Vorstellung abstreifen, damit zugleich die Anhaftungen zu beseitigen. Diese Art der Reinigung kann auch rein vorsorglich nach einer anstrengenden >Hausuntersuchung durchgeführt werden.

F. Regeneration:
Im Anschluss an diese Reinigung kann man sich noch zusätzlich an einem gut gewachsenen rechtsdrehend abstrahlenden Baum (z. B. Kastanie) aufladen. Hierzu lehnt man sich stehend mit dem Rücken an den Stamm an und „fühlt" in einer kleinen Meditation in den Baum hinein. Nach ca. 5 min. kann beobachtet werden, dass sich der persönliche >Reaktionsabstand deutlich vergrößert.

G. Auswahl belastender Grifflängen:
Als überdurchschnittlich häufig belastend werden folgende H3-Werte angesehen:

1,55 IL / 4,35 CL / 5,30 CL / 5,60 CR / 6,30 CL / 6,66 CL / 8,35 CL / 8,70 CL / 23,50 CL / 27,30 CL.

Reinigung

Werden bei >Hausuntersuchungen verstärkt Hinweise darauf gefunden, dass >Störeinflüsse aufgrund von >morphischen Feldern, >Holografischen Aufprägungen oder >Od-Anhaftungen bestehen, kann es angezeigt sein, das Haus bzw. die Wohnung energetisch zu reinigen.

Die Diagnose und die Anwendung dieser Reinigungstechniken sind sehr gewissenhaft durchzuführen und können nur nach intensivem Studium und ausreichender Übung beherrscht werden. Eine Darstellung würde den Rahmen dieses Buches sprengen (weiterführend in I. M. Lüdeling: „Steine, Bäume, Menschenträume").

Reinvertierung (Re-Invertierung)

Aus lat. *re* „wieder, zurück" und *invertere* „umkehren" , bedeutet die Rückgängigmachung einer >Invertierung. Die Re-Invertierung bei alten >Kultplätzen ist ein Beispiel für das ökologisch richtige Verständnis der klassischen >Geomantie. Eine Positivierung von >Störzonen, wie das Invertieren, ist von außerordentlicher Bedeutung. Hierbei werden die biologischen und geistigen Wirksamkeiten nicht nur durch >Umpolarisation von >linksdrehend auf >rechtsdrehend >feldverändert, sondern es werden zusätzlich noch die vorhandenen >Strahlungs->Spektroiden förmlich nach „innen gestülpt" und so in ihrer Wirkung gebündelt.

Für den Bereich der alten Kultplätze gab es in der Antike die >Auguren, deren Aufgabe es auch war, für die ungestörte positive Schwingung des Platzes zu sorgen. Unerwünschte Maßnahmen, die diese Kraftfelder stören konnten, mussten eliminiert werden. Da diese Aufsicht natürlich nur auf den heiligen Ort beschränkt werden konnte, wurden an der gegenüberliegenden Grenze des *templums* (oder später des Kloster- bzw. Kirchenfriedens) die Positivierungsmaßnahmen wieder mit den gleichen Techniken zurückgenommen, mit denen sie auf der anderen Seite geschaffen wurden.

Bei der Re-Invertierung wurde ebenfalls ein Stein einer >Multiwellenzone vergraben, der die rechtsdrehende inverse Wasserader wieder zu einer linksdrehenden Ader mit normalen Eigenschaften zurückverwandelte. Wenn künstliche Feldveränderungen die Eigenschaften der Wasserader in ihrer ganzen Länge verändern (keine räumliche Grenze der Wirksamkeit), wurden sie früher grundsätzlich wieder durch Vorrichtungen aufgehoben.

Zur Re-Invertierung konnte folgendes beobachtet werden: In einer bayerischen Wallfahrtskirche ist ein Ort der Reinigung, an dem die Gläubigen ihre negativen Informationsaufprägungen „abstreifen" können. Diese linksdrehenden >Schwingungen werden in eine, die Kirche querende, inverse Wasserader geleitet und quasi mit dem Wasserfluss fortgespült. Die inverse Wasserader ist in der Kirche rechtsdrehend und wird einige Meter außerhalb des Gebäudes durch eine Re-Invertierung in eine linksdrehende Wasserader mit normaler Spektroide verwandelt.

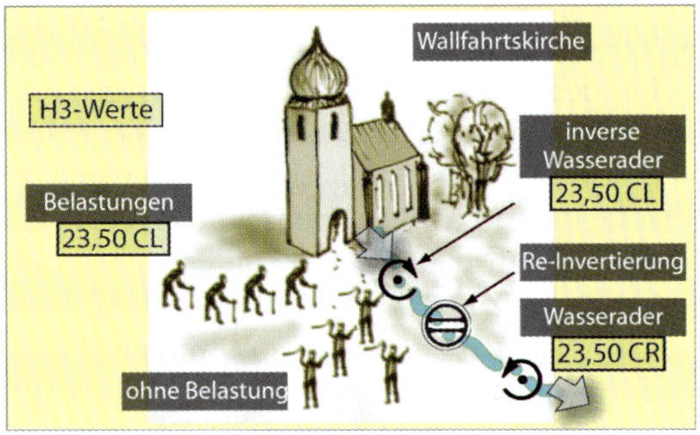

Sinn einer Re-Invertierung einer Strahlungszone an einer Wallfahrtskirche

Wenn nun in der Kirche ein negativer Einfluss abgestreift wird, taucht kurzzeitig später die linksdrehende >Information außerhalb auf. Durch die Re-Invertierung verändert sie sich in rechtsdrehend! Auf diese Weise wird sichergestellt, dass die Heilvorgänge an diesem Ort nicht neues Leid an anderer Stelle hervorrufen.

Resonanz

Von lat. *resonare* „widerhallen, zurückschallen", beschreibt die Anregung der Eigenfrequenz von Körpern oder Systemen durch >Schwingungen mit gleicher oder ähnlicher >Frequenz (Resonanzfrequenz).

Resonanzfähigkeit

Von lat. *resonare* „widerhallen, zurückschallen", beschreibt die Fähigkeit eines Körpers, mit einer anregenden >Schwingung in Gleichklang zu kommen und sie zu verstärken. Wenn die >Eigenresonanz des Stoffes, aus dem der Körper besteht und die >Formresonanz zusammenwirken, kann es zu besonderen Verstärkungen der Grundschwingungen kommen.

Resonatoren

Resonatoren sind Körper oder Systeme mit Eigenfrequenzen, die durch Auftreffen von >Resonanzfrequenzen in Schwingung geraten können. Hierbei spielen regelmäßig geformte Gitterstrukturen (der sichtbaren Form oder des Molekülaufbaues) eine größere Rolle. >Antennen und antennenähnliche Gebilde (Stangen, Stäbe, >Spiralen usw.) stellen ebenfalls Resonatoren dar. Sind Körper innen hohl (Flaschen, Vasen, Eimer usw.), kann die anregende Strahlung durch Überlagerung im Inneren verstärkt werden. Dann spricht man von >Hohlraumresonatoren.

Richtdiagramm

In der Technik wird ein Richtdiagramm als Darstellungshilfe zur Beschreibung von >Abstrahl- und >Empfangscharakteristiken bei >Antennen eingesetzt. Übertragen auf die >Radiaesthesie können Strahlungsfelder, die von Stoffen und biologischen Systemen ausgehen, besser dargestellt werden.

Dabei sollte beachtet werden, dass das untersuchte Objekt lagerichtig in eine – nach Himmelsrichtungen eingemessene – Darstellung aufgenommen wird (vgl. >Feld). Zu einer genauen Bestimmung gehört neben der horizontalen Feldausdehnung auch die Ausbreitung in vertikaler Richtung. Für die Erstellung von Richtdiagrammen in der Radiaesthesie wird die

>Reaktionsabstandsmessung (>RA) benutzt, die in diesem Fall sternförmig in alle Richtungen angewendet wird.

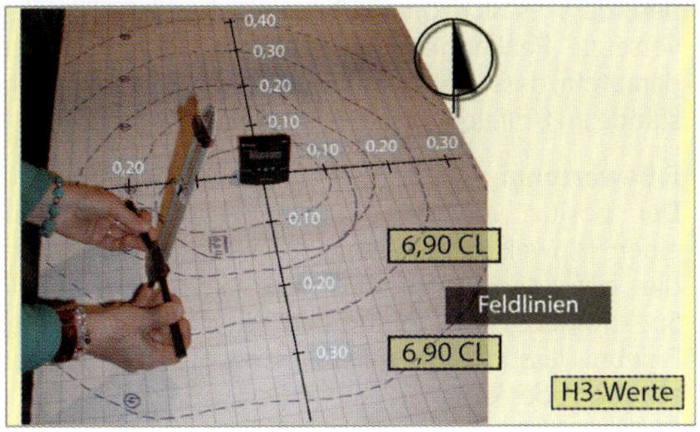

Horizontales Richtdiagramm der Abstrahlung eines Funkweckers – Die Intensität an den einzelnen Feldlinien ist mit jeweils 2 ermittelt

Risse

Unregelmäßigkeiten, Schub- Setzungs-, und Schwinderscheinungen können sowohl im natürlichen Untergrund als auch bei künstlichen Bauten Risse hervorbringen. Die Geologie verwendet dafür den Ausdruck >Kluft, die sich zur Spalte entwickelt, wenn beide Kluftflächen breiter auseinander klaffen.

Risse bzw. Klüfte können bestimmte >radiaesthetische Phänomene hervorrufen.

Über Rissen im Untergrund bildet sich in der Regel eine sehr schmale >Reaktionszone aus, die durch symmetrisch ausgebildete >Schrägstrahlung gekennzeichnet ist. Wenn sich ein Riss zu einer Spalte aufgeweitet hat, tritt anstelle des schmalen Strahlungsfeldes eine >Spektroide auf, wie sie über >Hohlräumen (>Höhle/Gang) zu finden ist.

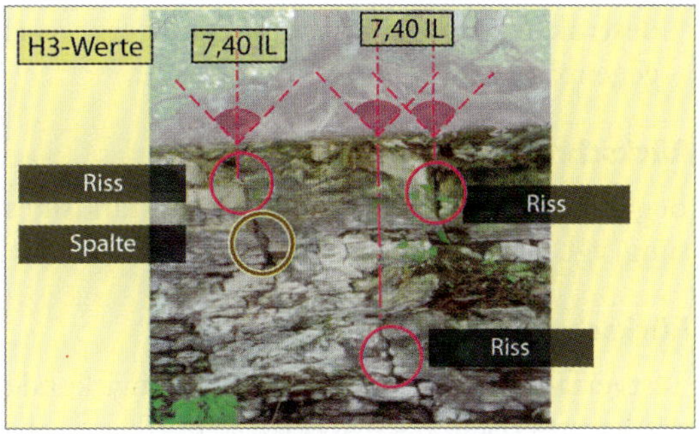

Risse bzw. Klüfte im Plänerkalkstein

An Rissen werden häufig akustische und geruchsaktive Phänomene beobachtet. Bei höheren >Intensitäten sind oftmals biologische Reaktionen zu erwarten.

H3-Werte Risse, Klüfte, Spalten	
Risse / Klüfte	7,40 ()*
Spalten, Mittelachse	4,25 ()*
Spalten, Schwerpunktzone	8,50 ()*
Spalten, Hauptzone	10,60 ()*
* *Qualität und Polarisation variabel (meist induktiv und linksdrehend)*	

Rückkopplung

Unter Rückkopplung wird die Rückführung eines Signals (einer >Schwingung) vom Ausgang eines Verstärkers zu seinem Eingang verstanden. Es werden unterschieden:

- die verstärkende Rückkopplung (Mitkopplung, rückgeführte Schwingung läuft >kohärent, überlagert sich gleichphasig)
- die unterdrückende Rückkopplung (Gegenkopplung, rückgeführte Schwingung läuft

destruktiv >interferent, überlagert sich gegenphasig).

Rückschreittechnik

Begehungsweise bei der >Reaktionsabstandsmessung, vgl. >Zurückschreitverfahren.

Rückschritttest

Testverfahren zur Auffindung langeinwirkender >radiaesthetisch nachweisbarer Einflüsse, insbesondere von >geologischen Störungen, deren Lage genau bestimmt werden soll. Er dient weiterhin dem Auffinden geologischer Störungen, die erfolgreich >feldverändert wurden.

G. Rückschritttest

A. Aufgabenstellung:
Zusätzliche Überprüfung, ob die gefundenen >Reaktionszone geologischen Ursprungs feldverändert ist.

B. Hilfsmittel:
>H3-Antenne, Alternativ: H3-Rute, Markierungshölzchen.

C. Ausgangslage:
Eine Reaktionszone wurde nach >Begehungstechnik im >Seitschrittverfahren erfolgreich und genau detektiert. Bevor weitergehend auf >Schichtebenen, >Schrägstrahlung usw. untersucht wird, soll geklärt werden, ob es sich um eine >Reflexion oder eine andere Art der >Feldveränderung handelt.

D. Untersuchungstechnik:
Auf der bereits benutzten Begehungslinie bleibend, geht man ca. 2 m von den markierten >Reaktionspunkten zur Seite. Nun wird auf der Linie durch langsames Rückschreiten mit empfangsbereiter Antenne / Rute eine weitere Begehung durchgeführt.

E. Ergebnis:
Erfolgen während dieses Rückschreitens Reaktionen, die sich nahezu mit den vorher markierten Stellen decken, liegt ein Hinweis vor, dass es sich bei der gefundene Zone um eine aus dem Boden austretende Strahlung handelt, die sich in unbeeinflusster Position befindet.

Erhält man keine Reaktionen, kann man davon ausgehen, dass es sich um Reflexionen handelt. Deutlich versetzte Reaktionen (um mehr als 30 cm) weisen daraufhin, dass die Ursprungsstrahlung durch Gegenstände im Umfeld abgelenkt wurde.

F. Bewertung:
Der positiv verlaufene Rückschritttest liefert nur einen Hinweis (aber keinen Beweis) darauf, ob sich die gefundene Reaktionszone lagerichtig in ein Spektroidensystem einordnen lässt. Ein negatives Ergebnis lässt darauf schließen, dass die Zone lageverschoben oder komplett eine Reflexion ist.

Rückstrahlverhalten

Durchlaufen >elektromagnetische Wellen ein Medium und treffen dann auf ein anderes Medium, kommt es an der Grenzfläche zur >Reflexion und zu einer >Brechung (Richtungsänderung) des Energieflusses. Je nach Beschaffenheit der Medien, der >Polarisation und der Flussrichtung der Wellen ist der Anteil der Rückstrahlung größer / kleiner als der der gebrochenen >Strahlung, die richtungsändernd in das zweite Medium eintritt.

Normalerweise vollzieht sich die Reflexion nach den Gesetzen der Optik: Einfallswinkel = Ausfallswinkel. Bei flacheren Einfallswinkeln sowie beim Übergang von durchlässigen Materialien in dichtere kommt es zu Totalreflexionen, bei steileren Einfallswinkeln ist der Reflexionsanteil klein. Reflexionen treten nicht nur auf, wenn Strahlungen von Luft auf feste Körper treffen, es sind auch umgekehrte Fälle möglich, z.B. bei Übergängen an Materialien unterschiedlicher Dichte.

>Radiaesthetisch bedeutsam ist das Rückstrahlverhalten bei der >Hausuntersuchung. Die nachstehende Tabelle zeigt beispielhaft, wie Stoffe unterschiedlich auf Strahlungen reagieren.

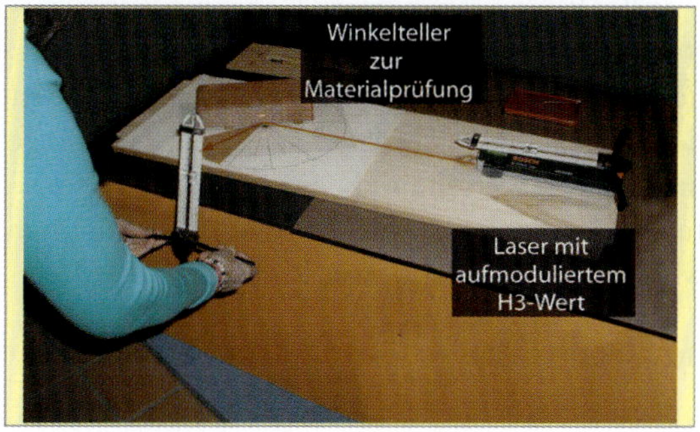

Versuchsaufbau zum Rückstrahlverhalten

S. Rückstrahlverhalten

A. Aufgabenstellung:
Testung des Rückstrahlverhaltens verschiedener Oberflächen von Baustoffen, Möbeln oder ähnliches

B. Hilfsmittel:
2 >H3-Antennen, Peilspitze, Baulaser, Winkelmesser, Versuchstisch und diverse Testmaterialien

C. Ausgangslage:
In einem genügend großen Raum wird die abgebildete Versuchsanordnung installiert. Der Laserstrahl dient als Träger mit aufmodulierten Wellenlängen, die von der darauf platzierten 2. H3-Antenne erzeugt werden.

Die zu untersuchende Materialprobe wird senkrecht gestellt und mit gerader Seite unter 30° mittig auf den Laserstrahl ausgerichtet. Der Aufbau sollte so auf einem Tisch ausgerichtet sein, dass sich in ca. 20 – 30 cm Abstand parallel zum Laserstrahl eine Detektierungsmöglichkeit ergibt, bei der die H3-Antenne in Schieberhöhe durch den Reflexionsstrahl geführt werden kann. Für den Versuch wird die 2. H3-Antenne auf den Einstellwert H3 = 7,40 IR gesetzt.

D. Untersuchung:
Nach Einschalten des Lasers wird die >Intensität mittig zwischen Laser und Testmaterial gemessen. Anschließend wird auf der „Teststrecke" an der Tischkante mit gleichem H3-Wert die Gegenprüfung vorgenommen (Schieberhöhe). Dabei ist von rechts und von links langsam auf die im Ausfallswinkel vermutete Reflexionslinie zuzufahren. Der Abstand zwischen der ersten Reaktion auf der linken Seite und der gleichen auf der rechten Seite ergibt den Streuwinkel.

Anschließend ist die Intensität zu bestimmen und die Polarisation zu überprüfen.

E. Ergebnis:
Das Ergebnis ist beispielhaft für einige untersuchte Materialien in der Tabelle dargestellt:

Auswertung

Einstrahlung mit H3 = 7,40 IR auf	**Reflexionsergebnis**		
	Winkel	Intens.	Polaris.
– Pflasterklinker	60°	4	IR
– Spiegel	0-5°	2	IL
– Fichtenholz, gehobelt	60°	4	IR
– Melaminharzplatte, glatt	20°	3	IL
– Edelstahl	n.E.	2	IL
– Stahlblech, passiviert	35°	3	IL*

** Hier wurde zusätzlich ein geringer Anteil rechtsdrehender Polarisation ermittelt.*

Ruhestellung

Ein präzises >Lechersystem wie die >H3-Antenne stellt einen schwingfähigen >Resonator dar, der auch in Ruhelage >Wellenlängen empfangen und wieder aussenden kann. Zur Vermeidung unerwünschter Störeffekte ist es erforderlich, dass die Antenne stets auf einen neutralen Wert eingestellt ist, wenn keine Messungen vorgenommen werden. Besonders bewährt hat sich H3 = 6,00 IR. In dieser Einstellung strahlt die H3-Antenne zwar noch ab, aber die Auswirkungen dieser Strahlungen werden allgemein als angenehm oder neutral empfunden. Allerdings dürfen in Ruhestellung keine anderen Zubehöraggregate eingesteckt sein.

H3-Werte Ruhestellung	
Grund-Ruhestellung	6,00 IR
alternative Ruhestellung	3,00 CR
auf der Lecherantenne® n. Schneider*	4,50 IR

** Verwendung des induktiven Schiebers und ordnungsgemäß magnetisiertem Magnetstäbchen auf „rechts"*

Rute

Kurzform von >Wünschelrute: „Mittel, einen Wunsch zu erfüllen". Seit dem 13. Jh. bezeugter Begriff für einen zumeist gegabelten >Indikator, der vorzugsweise aus Holz hergestellt wurde und mit dem etwas Verborgenes aufgefunden werden sollte. In der >Grifflängentechnik werden als Ruten hauptsächlich >Kunststoffruten gebraucht, auf denen die gebräuchlichen >Grifflängen markiert sind.

Mit der >H3-Rute wird eine fertig markierte Rute angeboten, die sich bequem durch steckbare Verlängerungen erweitern und nach Einsatz wieder verkürzen lässt.

Rutengänger

In der >Grifflängentechnik wird die >Rute mit einer >Antenne, der >Rutengänger mit einem höchstempfindlichen Empfänger verglichen. Diese Anschauung darf jedoch nicht zu der Annahme verleiten, dass bei Anwendung von >realen Arbeitstechniken jegliche >mentale Programmierung ausgeschlossen sei. Rute und Rutengänger bilden ein komplexes System. Eine abgestimmte Rute (übertragen als >Antenne verstanden) benötigt stets eine auf die zu suchende >Wellenlänge ausgerichtete Konzentriertheit des Rutengängers (übertragen mit dem Abschlusswiderstand, bzw. der >Impedanz gleichzusetzen). Ist der Rutengänger nicht fähig, sich durch Grifflänge und Konzentration an die Wellenlänge anzupassen, kann es genauso zu >Fehlmutungen kommen wie bei mental orientierter Rutentechnik.

Rutenhaltungen

Entscheidend für das Aufsuchen von >Reaktionszonen und zur Bestimmung von deren >Intensitäten ist – neben der Anwendung von >Grifflängen – die Wahl der Rutenhaltung.

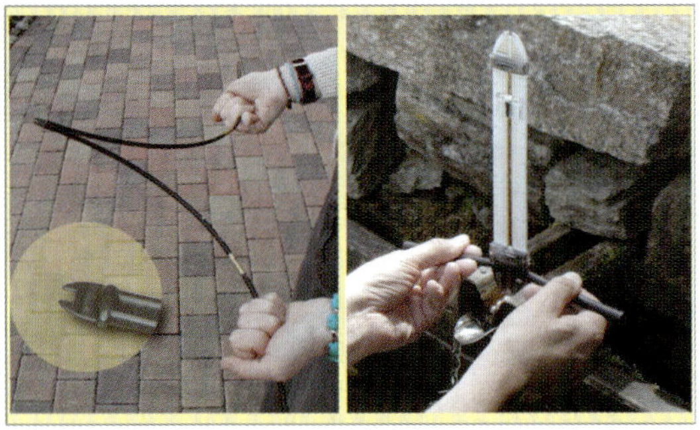

Gebräuchliche Rutenhaltungen in der Grifflängentechnik, links: horizontale Haltung im Untergriff, rechts: vertikale Haltung im Pfötchengriff

Hier werden je nach Handhaltung unterschieden:
- Horizontale Rutenhaltungen (>Untergriff, Obergriff, Pfötchengriff, Rutenendgriff)
- Vertikale Rutenhaltungen.

Bei Anwendung der Grifflängentechnik mit gleicher Einstellung können mit anderen Rutenhaltungen unter Umständen abweichende Ergebnisse erzielt werden. Als normale Haltung ist daher der Untergriff vorgeschrieben. Werden andere Haltungen verwendet, sollte dies im Untersuchungsprotokoll vermerkt werden.

Rutenmarkierung

In der >Grifflängentechnik werden als >kalibrierte >Indikatoren >Kunststoffruten eingesetzt. Diese >Ruten sind ursprünglich in den Abstufungen KR65, KR50, KR35 und KR25 (KR = Kunststoffrute mit Angabe der Schenkellänge in cm) erhältlich. Die H3-Rute, als Weiterentwicklung, fasst alle bisherigen Abstufungen zusammen, weil sie beliebig verlängerbar ist.

Diese Ruten tragen verschiedene Markierungen, an denen sich die >Grifflängen orientieren. Mit Hilfe dieser Grifflängen ist es möglich, sich wesentlich besser auf die >Wellenlänge der zu suchenden >Strahlung einzustellen.

B. Rutenmarkierung

Darstellung wichtiger Grifflängen und Gegenüberstellung mit den zugehörigen H3-Werten:

Zusammenstellung

Grifflängenzuordnung	Farbe	GL.	H3
Wasser, Mitte	blau	11,0	3,10
Blitzspuren, Geisteskraft	orange	14,5	4,05
Verwerfung 1	schwarz	15,5	4,30
Guss /technischer Strahler	weiß	19,5	5,50
Magnetfeld (1.Gitter)	gelb	21,5	6,10
Wasser, tiefes (Hauptzone)	blau	22,0	6,20
Lebenskraft (2. Gitter)	rot	24,5	6,90
Risse, Zerstörung, Klüfte	lila	26,5	7,40
Wasser, Schwerpunkt	grün	27,5	7,80
Blitzspuren, Geisteskraft	orange	29,5	8,20
Höhle, Schwerpunkt	braun	30,5	8,50
Verwerfung 2	schwarz	31,0	8,65
Wasser, Hauptzone	blau	33,0	9,25
Höhle/Gang, Hauptzone	braun	37,5	10,60
Wasser, Schwerpunkt	grün	38,5	10,80
Magnetfeld, (1. Gitter)	gelb	42,5	12,20

Zusätzlich individuelle Markierung der >Goldenen Grifflänge nach E. Kalteiss

Rutenpolung

Herkömmliche Kunststoffruten, die aus einem an der Spitze gebogenen Stab gefertigt werden, weisen unterschiedlich gepolte Schenkelenden auf. Es kommt darauf an, den Stab entsprechend seiner Strangpressrichtung zu verwenden. Das Ende, dass zuerst aus der Strangpresse gezogen wurde, ist als Yang gepolt zu bezeichnen, das entgegengesetzte Ende als Yin.

Bei der Rutenarbeit wird das Yin-Ende in die rechte Hand genommen, das Yang-Ende in die linke. Wird eine solche Rute unbeabsichtigt entgegengesetzt gehalten, kommt es häufig zu frühzeitigen Ermüdungserscheinungen und anderen körperlich spürbaren Belastungen.

Aus diesem Grund ist wichtig, die >Ruten entsprechend zu markieren.

Da die H3-Rute aus einer Spritzform stammt, deren Material an der Spitze eingeführt wird, treten bei ihr diese unterschiedlichen Polungen nicht auf.

B. Rutenpolung

A. Aufgabenstellung:
Ermittlung und Markierung der Rutenpolung bei herkömmlichen Grifflängenruten, die aus einem an der Spitze gebogenen Kunststoffstab gefertigt sind.

B. Hilfsmittel:
>Grifflängenruten, >Pendel, roter und blauer Markierungsstift (Permanentmarker).

C. Ausgangslage:
Da nach klassischer Methode bei Grifflängenruten die Schenkel unterschiedlich markiert werden, sollte die Rutenpolung vorher bei unmarkierter Rute durchgeführt werden.

D. Untersuchung der Polung:
Der eine Schenkel der Rute wird in der linken Hand gehalten. In ca. 5 cm Abstand von dem Schenkelende wird mit der rechten Hand das Pendel gehalten. Es wird so in Schwingung versetzt, dass der Pendelkörper in der Verlängerung des Rutenschenkels schwingt.

Eine spezielle Fragestellung oder Programmierung ist nicht erforderlich, es reicht ein: „Ich bin neugierig, was passiert".

Normalerweise wird nach kurzer Zeit beobachtet, dass das Pendel bei dem einen Rutenende rotiert, bei dem anderen in lineare Schwingung parallel zur Verlängerung des Rutenschenkels gerät.

E. Markierung:
Das Schenkelende, an dem eine Rotation beobachtet wird, bekommt eine blaue Markierung, das Ende mit der linearen eine rote. Blau steht für Yin, Rot für Yang.

F. Ergebnis:
Bei künftiger Rutenarbeit wird das blaue Yin-Ende in die rechte Hand genommen, das rote Yang-Ende in die linke.

Rutenreaktion

Ereignis, das bei Einwirkung von >radiaesthetisch nachweisbaren >Feldern auf den >Rutengänger eintritt. Sie kann sich bei Benutzung von standardisierten >Grifflängenruten und >Rutenhaltungen als deutlicher Ausschlag (i. d. R. nach oben, seltener nach unten) oder mehr in indifferenten Formen darstellen. Die Rutenreaktion ist meist die spontane Folge auf einen Entladungs- oder Aufladungsvorgang, den der Rutengänger in >Strahlungsfeld beim Überschreiten von >Äquipotenziallinien erlebt. Es kann nicht davon ausgegangen werden, dass der Bereich vor dem Reaktionspunkt als feldfrei, der Bereich dahinter feldbelastet einzustufen ist. Oft steigt die >Feldstärke langsam an. Erst beim Überschreiten einer gewissen Toleranzschwelle erhält der Rutengänger dann eine Rutenreaktion innerhalb des >Feldes.

Salzwasseradern

Siehe >solehaltiges Wasser.

Satellitenschüsseln

Die unerwünschten Ausstrahlungen von Satellitenschüsseln, Empfangsantennen für Satellitenfunk, haben sich zum Teil als mögliche Ursache für bestimmte Belastungen gezeigt. Obwohl die Seitenabstrahlung dieser Spezialantennen nur mit erheblichem elektrotechnischen Messaufwand nachweisbar ist, konnte vom Verfasser in vielen Fällen beobachtet werden, dass bestimmte rheumatische Beschwerden fast zeitgleich mit der Errichtung von Satellitenschüsseln (auch in der Nachbarschaft) begannen und manchmal innerhalb kürzester Zeit wieder verschwanden, nachdem – zumindest nachts – der Netzstecker des Receivers gezogen wurde.

Satellitenschüssel – Schnitt durch das Strahlungsfeld in ca. 3 m Abstand

Von diesen Anlagen gehen >radiaesthetisch nachweisbare Störungen aus, die geeignet sind, das Umfeld in einem größeren Bereich zu belasten. Grund hierfür scheint eine vom Empfangsteil (Receiver) ausgehende, über den Feeder (Low-Noise-Box, LNB) in die Schüssel reflektierte Rückstrahlung zu sein. Diese Felder fallen jeweils rasch zusammen, sobald der Receiver durch Ziehen des Netzsteckers sicher vom Stromnetz getrennt wird.

Die bei den Abstrahlungen auftretenden >Primärfelder verstärken als Träger bereits vorhandene Störfelder. Diese >Sekundärfelder können durch >Schrägstrahlungen von >Wasseradern und anderen >geologischen Störungen erzeugt werden.

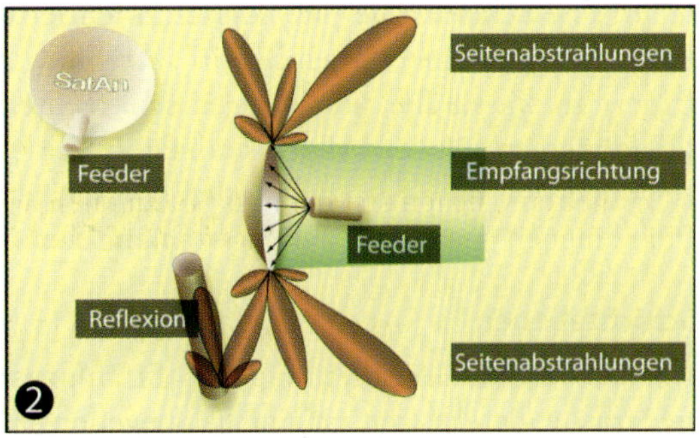

Satellitenschüssel – Schema der Seitenabstrahlungen

H3-Werte Satellitenschüsseln

Eisen / Stahlblech / techn. Strahler	5,50 C()
Stromnetz / Wechselstrom	6,00 I()
Satellitenstrahlung von ca.	21,00 IU*
– bis ca. (Je nach örtl. Verhältnissen)	29,00 CU*

() Polarisation oft linksdrehend
** Polarisation in der Regel unipolar*

Scannen

Engl. für abtasten (abfragen). Bezeichnet in der >Radiaesthesie die gleitende Bestimmung der

>Wellenlängen innerhalb eines >Strahlungsfeldes als >Grifflängen oder >H3-Werte (vgl. >Grifflängenziehung).

Schächte

Von mhd. *schaht* oder *schaft*. Bezeichnet im Bergbau senkrechte Gruben im Gegensatz zu den horizontal verlaufenden Stollen.

In der >Radiaesthesie leider sehr indifferent eingesetzte Bezeichnung für rein obertägige Ursachen wie >abladende Punkte, bzw. >kosmotellurische Schlote. Die physikalisch orientierte Radiaesthesie ordnet diesen Begriff >Strahlungsfeldern zu, wie sie über untertägigen, senkrechten >Hohlräumen zu >detektieren sind. Diese Felder zeichnen sich im Gegensatz zu den obertägigen Phänomenen durch ihre >Schrägstrahlung aus.

Schichtebenen

Um die vertikale Ausbreitung von >Strahlungsfeldern zu >detektieren, ist eine Feldbegehung in mehren Schichtebenen unerlässlich.

Üblicherweise beschränken sich >radiaesthetische Begehungen auf eine >Begehungshöhe von ca. 1,00 – 1,20 m. Bei dieser Art der Feldbegehung bleibt jedoch ungewiss, ob und wie sich die gemuteten >Zonen vertikal ausbreiten. Aus diesem Grund muss der Raum zwischen Begehungshöhe und Boden untersucht werden. Eine präzise Methode dazu ist die >Feldabtastung mit der >H3-Antenne in mehreren Schichtebenen.

G. Schichtebenen

A. Aufgabenstellung:
Vertikalverlauf von Reaktionslinien bestimmen.

B. Hilfsmittel:
>H3-Antenne, >Markierungshölzchen (Alle anderen Rutenarten sind weniger geeignet), >Schichtebenendiagramm.

C. Ausgangslage:
Erfolgreiche Fixierung einer >Reaktionslinie mit einer bereits festliegenden >Grifflänge (>Grifflängenziehung) während einer >Feldbegehung im > Seitschrittverfahren. Der >Reaktionspunkt wurde markiert. Die Begehungslinie und Arbeitsposition (Aufstellung aus dem Seitschrittverfahren) werden beibehalten (Abb. 1). Die >Intensität und die > Einfallsrichtung wurden bestimmt.

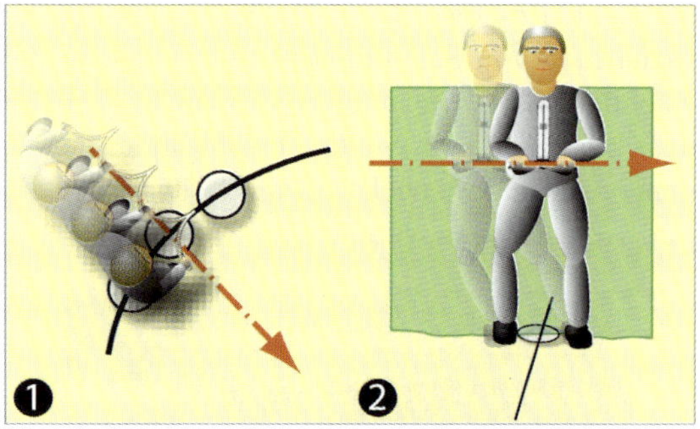

D. Untersuchung der 1. Schichtebene:
Die Aufstellung erfolgt mittig über dem markierten Reaktionspunkt rechtwinklig zur gemuteten >Reaktionslinie mit Blick in Richtung des >Strahlungseinfalls. wie in Abb. 2 dargestellt. Dabei geht man soweit in die Hocke, dass die H3-Antenne (Handgriff) in ca. 90 cm Höhe gehalten wird. Durch Bewegung aus den Beinen und der Hüfte heraus, möglichst ohne die Armhaltung zu verdrehen, wird jetzt in ca. 50 cm Abstand rechts oder links außerhalb die Antenne gespannt. Dann erfolgt ein Zurückschwenken in die Reaktionslinie hinein. Der jetzt erreichte Reaktionspunkt ist mit dem bisher markierten zu vergleichen, Abweichungen werden zusätzlich markiert. Dabei ist sorgfältig darauf zu achten, dass die Visierrichtung über die Antenne zu den ausgelegten Markierungen immer gleich bleibt.

E. Untersuchung der 2. Schichtebene:
Im gleichen Verfahrensgang wird die zweite Ebene untersucht. Hierbei wird die Körperhaltung (Hockstellung) so verändert, dass der Handgriff der Antenne in ca. 60 cm Höhe gehalten wird (Abb. 3).

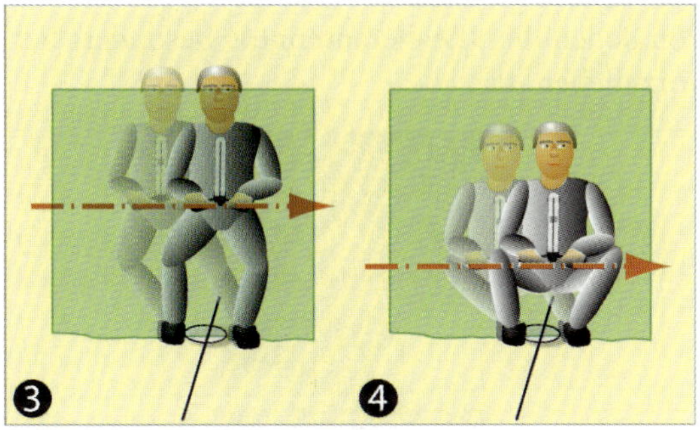

F. Untersuchung der 3. Schichtebene:
Die dritte Ebene wird nach gleichem Muster in 30 cm Höhe untersucht. Da es hier nicht gelingen wird, allein durch Veränderung der Bein- und Hüftposition um ca. 50 cm aus der Reaktionslinie herauszuschwenken, wird man die Mutung in einer zweiten Hockstellung neben der Linie beginnen und dann anschließend, ohne die Antenne neu zu spannen, an der Ursprungsposition beenden (Abb. 4).

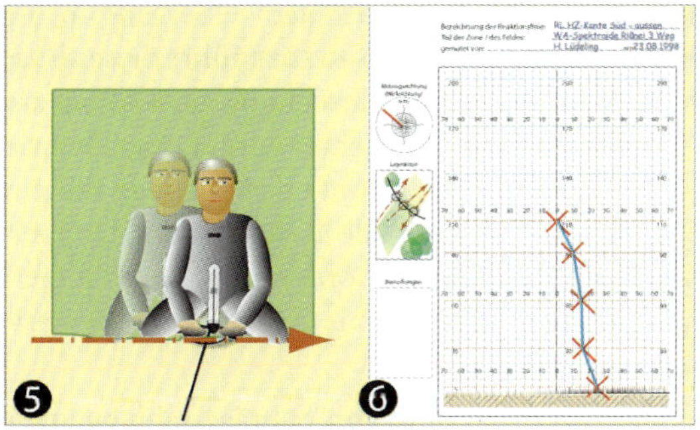

G. Untersuchung der 4. Schichtebene:
Die vierte Ebene befindet sich unmittelbar über dem Boden. Zur Untersuchung muss möglichst eine knieende Haltung eingenommen werden. Nach einiger Übung – wenn trotz Verdrehen des Oberkörpers unbeabsichtigte Antennenreaktionen ausgeschlossen werden können – wäre auch ein Arbeiten mit gebeugtem Oberkörper in Hocksitzlage möglich (Abb. 5). Die Untersuchung erfolgt ansonsten wie unter Punkt E vorgegeben.

H. Ergebnis:
Die markierten Ergebnisse werden einzeln auf die ursprünglich markierte Position eingemessen und in das >Schichtebenendiagramm eingetragen. Durch Verbindung der einzelnen Punkte kann der Verlauf der >Reaktionslinie konstruiert werden (Abb. 6).

I. Besonderheiten / Hinweise:
Wenn während einer Schichtebenenuntersuchung keine Antennenreaktion erzielbar ist, muss der Verlauf der Reaktionslinie in weiteren Zwischenebenen feiner untersucht werden. Es ist beileibe nicht normal, dass Reaktionslinien auch vertikal geradlinig und unterbrechungsfrei verlaufen. Tritt z. B. eine >Zone in Form eines in Begehungshöhe schwebenden Schlauches auf, kann schon in der ersten Schichtebene die Suche nach der Reaktionslinie vergeblich sein.

Zur Bestimmung einer Zone, die sich stets aus mindestens zwei Reaktionslinien zusammensetzt, wird das Schichtebenenverfahren an der zweiten Reaktionslinie eingesetzt, hier jedoch seitenverkehrt – immer von außen in die Zone hinein.

Arbeitsblatt 3

Schrägstrahlung

Schichtebenendiagramm

>Reaktionslinien können in der Vertikalen stark von der Senkrechten abweichen. Diese Abweichungen geben oft wichtige Hinweise darauf, wie sich eine >Zone insgesamt darstellt. Auch bei der >Spektroidenbestimmung von >geologischen Anomalien sind genaue Darstellungen der Vertikalabweichung unerlässlich. Diese Abweichungen

werden in einem Diagramm dokumentiert, das in der Anlage dargestellt ist.

Arbeitsblatt 3

Schirmung

Siehe >Abschirmung.

Schlafplatzuntersuchung

Siehe >Hausuntersuchung. Die Beschränkung einer >radiaesthetischen Untersuchung allein auf den Schlafplatz ohne genaue Umfeldanalyse berücksichtigt die von außen einwirkenden Einflüsse nur ungenügend. So kann allein aus einer Untersuchung des Schlafplatzes nicht unterschieden werden, ob eine >Wasserader dort tatsächlich vorhanden ist oder ob es sich nur um zeitweilig dort einwirkende >Reflexion handelt. Nicht ausgeschlossen ist beispielsweise, dass der >Rutengänger seinen PKW so unglücklich auf einer echten Wasserader geparkt hat, dass dadurch eine Reflexion erzeugt wurde. Leider ist dieses Mißgeschick schon häufig passiert (auch dem Verfasser!). Bei vorschriftsmäßiger >Außenbegehung kann die Situation wieder korrigiert werden.

Hausuntersuchung

Schlote, kosmo-tellurische

Siehe >kosmo-tellurische Schlote

Schneider, Reinhard

*1925 †2001, geb. in Werthenbach/Krs. Siegen, Physiker, seit 1949 eingehende Beschäftigung mit dem Phänomen der >Wünschelrute.

1950 begann er, die >Grifflängentechnik als praktische Anwendung einer theoretischen Interpretation der >Radiaesthesie auf der Basis natürlicher >Mikrowellen zu entwickeln und trug entscheidend dazu bei, dass ein umfassendes Lehrgebäude entwickelt werden konnte.

Auf Schneider geht die Entwicklung verschiedener radiaesthetischer Messantennen zurück, von denen die >Lecherantenne® besonders hervorzuheben ist.

Reinhard Schneider bei der Mutung eines Thermalwasservokommens

Schrägstrahlungen

>Strahlungen, die aus dem Boden austreten, spalten sich in der Regel bei dem Übergang in die Atmosphäre auf. R. >Schneider führt dieses Phänomen auf die >Doppelbrechung zurück, die am isländischen Spat beobachtet wird. Diese Theorie ist umstritten. Gleichwohl erscheinen an diesem Strahlungsphänomen alle Kriterien der Doppelbrechung (Bildung von ordentlichen und außerordentlichen Strahlen mit abweichenden Polarisationen) erfüllt.

Die >Detektierung von Schrägstrahlungen ist ein sehr gutes Hilfsmittel, um >Strahlungsfelder geologischen Ursprungs von Reflexionen oder von anderen oberirdisch einfallenden Feldern zu unterscheiden. Daher ist der Nachweis von Schrägstrahlung Pflicht bei erfolgreicher Wassersuche oder >Feldveränderung.

G. Schrägstrahlung

A. Aufgabenstellung:
Den Winkel von Strahlungsfeldern beim Austritt aus dem Boden bestimmen.

B. Hilfsmittel:
>H3-Antenne (Alle anderen Rutenarten sind weniger geeignet), >Markierungshölzchen, bei Forschungsbedarf ein Winkelmesser, >Schichtebenendiagramm

C. Ausgangslage:
Erfolgreiche Untersuchung einer >Reaktionslinie mit bekannter >Grifflänge bzw. bekanntem H3-Wert im >Seitschritt- und >Schichtebenenverfahren. Der vertikale Verlauf der Reaktionslinie und der Austrittsbereich aus dem Boden sind sicher bestimmt und durch Markierungshölzchen markiert.

D. Imaginieren eines Messhalbkreises:
Die sichere Bestimmung vorhandener Schrägstrahlung gelingt mit der Umfahrung eines imaginären Halbkreises mit der H3-Antenne. Dieser Halbkreis wird dazu exakt über dem Austrittsbereich der zu untersuchenden Reaktionsline gebildet (Abb. 1) und sollte einen Radius zwischen 30 und 50 cm aufweisen. Dieser imaginäre Kreisbogen ist Basis für die anschließende Untersuchung.

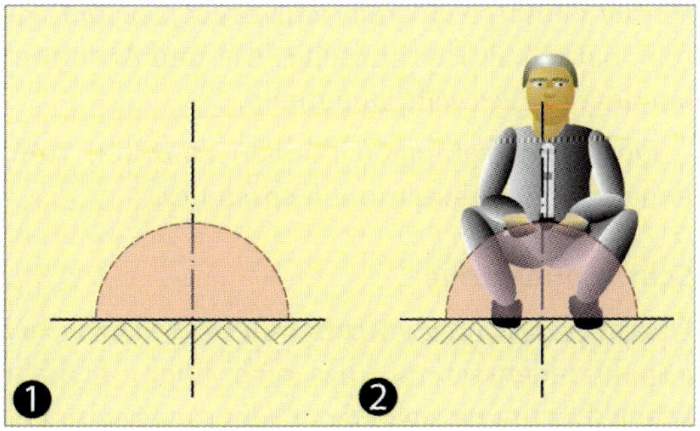

E. Arbeitshaltung / Einstellungen:
In einer knieenden / hockenden Arbeitshaltung wird die H3-Antenne auf dem Scheitel des Halbkreises angesetzt. Der Einstellwert einschließlich der Position des >Qualitätenschalters entspricht den vorherigen Untersuchungen der Reaktionslinie. Der Polarisationsschalter wird auf „U" gesetzt.

F. Kontaktaufnahme:
In Radiushöhe wird jetzt die H3-Antenne neben der Reaktionslinie gespannt und zur Absicherung zu dieser Linie geführt. Nach erfolgter Antennenreaktion ist kurz zu entspannen und die Radialuntersuchung beginnt (Abb. 2).

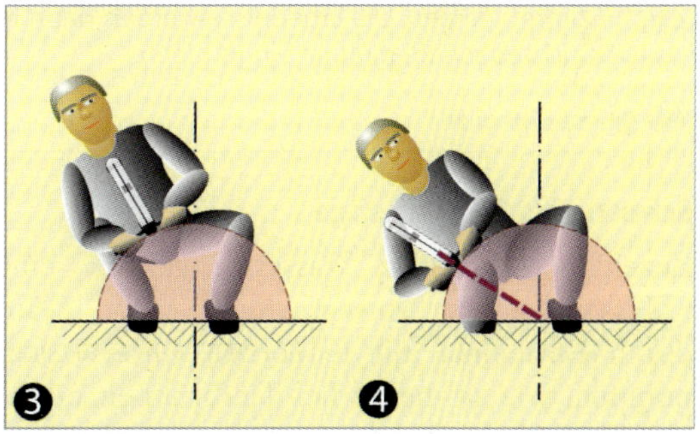

G. Radialuntersuchung rechts:
Die Antenne wird unmittelbar neben der Reaktionslinie erneut gespannt und dann ganz langsam – ohne Verziehen der Armhaltung (Übungssache) – nach rechts radial auf dem Kreisbogen geführt. Der Handgriff läuft unmittelbar auf diesem Bogen und die Achse der Platine zeigt möglichst immer exakt in Richtung des am Boden markiertem Austrittsbereiches (Abb. 3). Bei Erreichen einer schräg verlaufenden Strahlungsebene wird eine Antennenreaktion erzielt (Abb. 4). Mit sorgfältiger Haltung der Antenne wird der Kreisbogen soweit umrundet, bis entweder eine Reaktion erfolgt oder die Antenne am Fußpunkt den Boden berührt.

H. Radialuntersuchung links:
Anschließend wird auf gleiche Weise die Untersuchung von oben radial nach links durchgeführt.

I. Ergebnis:

a) Falls Reaktionen erzielt wurden, ist es wahrscheinlich, dass die Strahlungen aus dem Boden kommen. Dann ist die Reaktionslinie Teil eines größeren >Spektroidensystems, das näher untersucht werden kann.

b) Falls keine Reaktionen erzielt wurden, kann eine Schrägstrahlung ausgeschlossen werden, die Strahlung kommt aller Wahrscheinlichkeit nicht aus dem Boden.

J. Dokumentation:

Die Positionen der Antennenreaktionen können abgeschätzt festgehalten (z. B. Markierungshölzchen im gemuteten Winkel in den Boden stecken) und mit Hilfe eines Winkelmessers für weitere Forschungszwecke bestimmt werden. Die Ergebnisse werden dann in das >Schichtebenendiagramm eingetragen.

Spektroide

Schüttung / Schüttmenge

Bezeichnet diejenige Wassermenge, die eine >Wasserader im Normalzustand führt. Wird durch Entnahme mit modernen Unterwasserpumpen, wie sie heute bei Tiefbrunnen eingesetzt werden, mehr als 2/3 dieser Schüttmenge entnommen, besteht – insbesondere bei sandigen, wasserdurchlässigen Böden – die Gefahr, dass die Struktur der >Wasserader durch zu stark seitlich nachströmendes Grundwasser zerstört wird und die Ader versandet.

Die Errechnung der Schüttmenge kann aus der >Spektroide einer >Wasserader vorgenommen werden. Für die Wassersuche wird dringend empfohlen, sich vorher an bekannten gleichartigen Boden- und Tiefenverhältnissen zu >kalibrieren. Anzeiger für die Wasserschüttung sind die >Kantenbreiten der >Hauptzone und der >Schwerpunktzone. In der Anlage befindet sich ein detailliertes Protokoll einer Schüttmengenüberprüfung vor und während eines Pumpversuches.

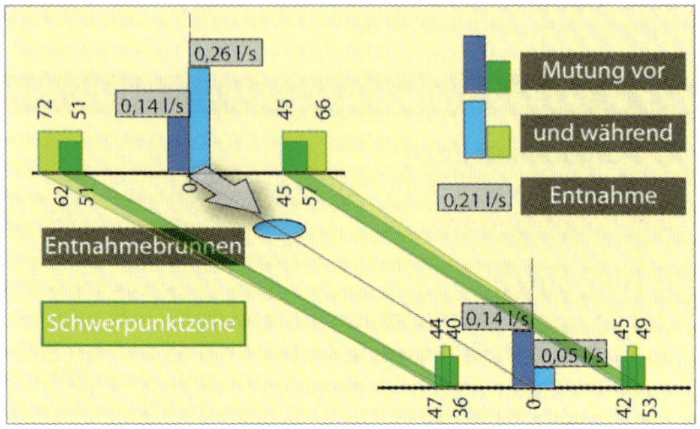

Veränderung der Schwerpunktzonenkanten durch eine definierbar Wasserentnahmemenge – Wasserader im 1. Aquifer (diluvialer Schwemmsand)

Arbeitsblatt 17

Schwebung

Eine Schwebung entsteht, wenn sich zwei >Wellen gleicher >Amplitude überlagern, deren >Frequenzen nur geringfügig voneinander abweichen. Am besten ist eine Schwebung zu beobachten, wenn zwei Saiten eines Instrumentes aufeinander abgestimmt werden. Wenn beide Saiten fast stimmgleich klingen, ist die Schwebung als Resultat der >Interferenz der Schallwellen beider Saiten deutlich als rhythmisches An- und Abschwellen des Schalles wahrzunehmen.

Durch Schwebungen können zum Teil völlig neue Strahlungssituationen entstehen.

Schwerpunktzone

Mittlerer Teil im Zentrum eines symmetrischen >Spektroidensystems, das sich über >geologischen Störungen ausbildet. Näherungsweise entspricht die Breite dieser >Zone der Ausdehnung der Anomalie. Bei >Höhlen können daraus die ungefähren Flächen des Hohlraumes ermittelt werden, bei >Wasseradern daraus die Breite des Wasserflusses mit der größten Fließgeschwindigkeit.

H3-Werte Schwerpunktzone	
Wasserader – Grifflänge 27,5 cm	7,80 ()*
Wasserader – Grifflänge 38,5 cm	10,80 ()*
Höhle / Gang – Grifflänge 30,6 cm	8,50 ()*

() Qualität meist induktiv
** Polarisation häufiger links- als rechtsdrehend*

Schwingung

Mit Schwingung wird ein physikalischer Vorgang bezeichnet, bei dem ein Gebilde (z. B. ein Pendelkörper) zwischen zwei Extrempunkten hin und her pendelt. Überträgt man diese Bewegung auf eine Zeitskala (z. B. wenn man die Bewegung von einer Tintenfeder ausführen ließe, die einen Papierstreifen beschreibt, der sich wiederum gleichmäßig weiterbewegt), entsteht eine wellenförmige Zeichnung. Die einzelne >Welle ist dabei gekennzeichnet von der Höhe der Ausschläge (Differenz zwischen Wellenberg und -tal, >Amplitude) und von der aufgezeichneten >Wellenlänge, die hier die Zeitdauer eines vollständigen Schwingungsvorganges umfasst (Periodendauer).

Da in diesem Fall der Oszillator (das schwingungsfähige Gebilde) durch Reibungsverluste im Laufe der Zeit wieder in seine Ruhelage gerät, nimmt die Bewegung wieder ab und die >Wellen auf der Zeichnung werden kleiner (die Amplitude und die Periodendauer nimmt ab). Hierbei wird von gedämpfter Schwingung gesprochen.

Eine ungedämpfte Schwingung führt dagegen zu einer reinen sinusförmigen Wellenbewegung mit gleichbleibender Amplitude und gleichbleibender Periodendauer.

Sekundärfelder

Als Sekundärfelder werden in der >Radiaesthesie >Strahlungszonen bezeichnet, die sich aus mehreren Ursachen zusammensetzen. Der bei der >Störfeldsuche ermittelte >Emittent eines Sekundärfeldes erzeugt ohne >Anregung durch weitere >Strahlungen nur Felder deutlich geringerer >Intensität.

Typisches Beispiel ist eine >Satellitenschüssel, die von der >Seitenstrahlung einer Wasserader angeregt wird. Als Sekundärfeld wird die resultierende >Abstrahlung des Satellitenreceivers mit der Überlagerung der Wasseraderstrahlung bezeichnet.

Da Sekundärfelder immer mindestens zwei Emittenten aufweisen, wird bei >Feldveränderungsmaßnahmen genau zu bewerten sein, ob der (oder die) Emittent(en) des Primärfeldes, der Emittent des Sekundärfeldes oder alle zusammen ausgeschaltet werden müssen.

Seitenstrahlung

Siehe unter >Schrägstrahlung.

Seitschritt

Das Seitschrittverfahren ist eine >radiaesthetische Begehungstechnik, die sich zur genaueren Lokalisierung von >Reaktionszonen eignet. Angewendet wird es entweder nach Einsatz von grob abschätzenden Methoden >Geradeaus-Schritt, >Rückschreittechnik oder bei >Detektierungen, bei denen unbeabsichtigte >Peilungen ausgeschlossen werden sollen.

G. Seitschrittverfahren

A. Aufgabenstellung:
Im Geradeausschritt gemutete erste Reaktionspunkte genauer zu bestimmen.

B. Hilfsmittel:
>H3-Rute oder >H3-Antenne, >Markierungshölzchen.

C. Ausgangslage:
Erfolgreiche Grob->Detektierung einer >Zone mit einer bereits festliegenden >Grifflänge oder H3-Einstellung während einer >Feldbegehung im >Geradeaus-Schritt. Der >Reaktionspunkt wurde markiert (Abb. 1).

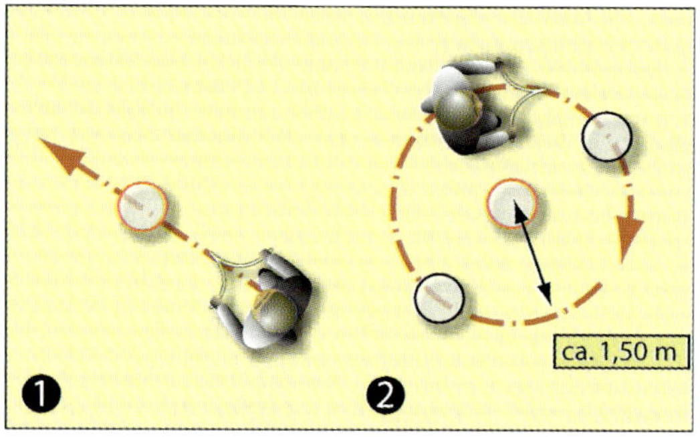

D. Arbeitsposition rechtwinklig zum Zonenverlauf:
Um eine rechtwinklige Aufstellungsposition zu erreichen, muss der Zonenverlauf bekannt sein. Hierzu wird um den ersten Reaktionspunkt herum in ca. 1,50 m Abstand eine kreisförmige Begehung durchgeführt. Bei langsamem und sorgfältigem Geradeausschritt werden dabei normalerweise zwei weitere Reaktionspunkte ermittelt, die markiert werden (Abb. 2).

Die Verbindung der drei ermittelten Punkte ergibt den Verlauf der Reaktionslinie. Rechtwinklig dazu wird die korrigierte Begehungslinie festgelegt (Abb. 3).

E. Genaue Fixierung der Zone in Begehungshöhe:
Auf der korrigierten Begehungslinie folgt nun die Seitschrittbegehung (Abb. 4). Dazu stellt man sich rechtwinklig, ca. 1 m von den Reaktionspunkten entfernt, auf die Linie. Die >Rutenhaltung erfolgt wie gewohnt mit aufrechtem Oberkörper, Oberarme entspannt senkrecht, Unterarme angewinkelt und die Rute nach Vorschrift gehalten. Nun bewegt man sich seitlich auf der Begehungslinie langsam in Richtung des markierten Reaktionspunktes. Die Bewegung erfolgt bei ruhig gehaltenem Oberkörper nur aus den Beinen heraus. im Seitschritt. Dabei fixiert der Blick die Rutenspitze und tastet so in Richtung Reaktionszone den Boden ab (Abb. 5).

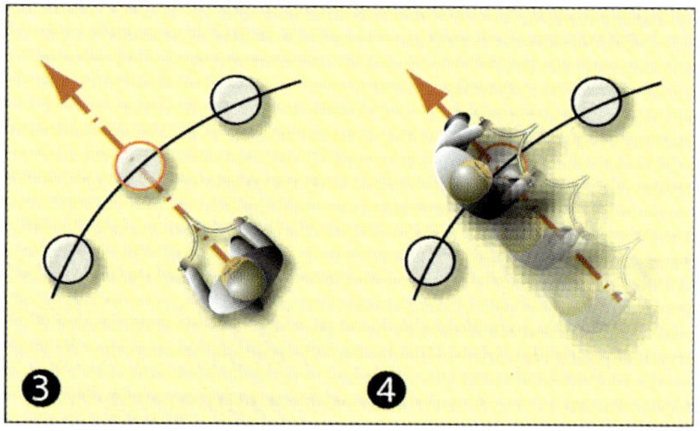

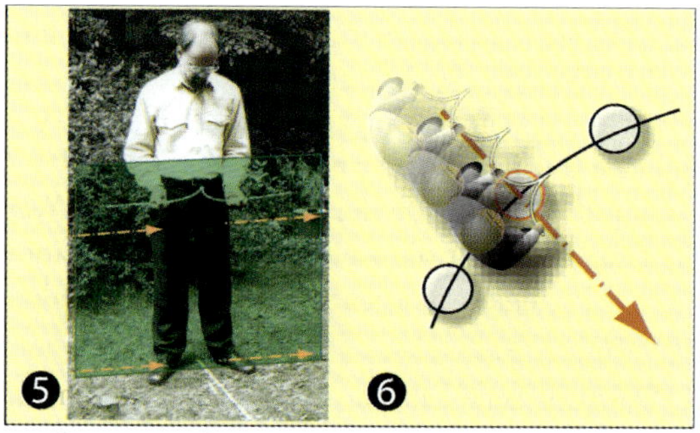

In der Nähe des markierten Reaktionspunktes wird jetzt eine Rutenreaktion erzielt. Das vorher ausgelegte Markierungshölzchen wird genau auf den über die Rutenspitze anvisierten Punkt verschoben. Die

Rute wird ca. 1 m weiter auf der Begehungslinie neu gespannt. Nun erfolgt die Kontrolle in der Gegenrichtung (Abb. 6). Zwischen den beiden Reaktionen dehnt sich in Begehungshöhe die Reaktionszone aus.

➡ Schichtebenen

Sender, technische

1896 konnte G. Marconi[1] den Effekt technisch nutzbar machen, bei dem sich >elektromagnetische Wellen von ihren Leiterbahnen lösen und in den freien Raum wandern. Damit begründete er die drahtlose Telegraphie. Die Länge der Leiter muss dabei auf die zu sendende oder empfangene >Wellenlänge abgestimmt sein (vgl. >Antennenlänge, wirksame). Da in der Elektronik heute mit immer kürzeren Wellenlängen (= höhere >Frequenzen) gearbeitet wird, können auch kurze Leiterbahnen Signale aussenden. In der >Radiaesthesie sind diese Effekte schon seit langem wahrgenommen worden. Im elektrotechnischen Bereich werden sie jedoch wegen der zu geringen Feldstärken erst im Rahmen der neuerdings durchgeführten Untersuchungen der „elektromagnetischen Verträglichkeit" angemessener beachtet.

1 Guglielmo Marconi, 1874 -1937, ital. Ingenieur u. Nobelpreisträger

Skalarwellen

Von dem mathematischen Begriff *Skalar* abgeleitet. Mit *Skalar* wird eine gerichtete, durch reelle Zahlen bestimmte Größe bezeichnet, die auch bei Änderungen der Bezugskoordinaten konstant bleibt.

Skalarwellen, wie sie K. Meyl[1] definiert, unterscheiden sich grundsätzlich von den >transversalen >elektromagnetischen >Wellen. Unter den wertneutralen mathematischen Begriff der Skalarwelle fallen >longitudinale, d. h. in Feldrichtung sich ausbreitende Wellen, wie z. B. Schallwellen, Plasmawellen oder Gravitationswellen. Im Nahfeld jeder Sendeantenne treten derartige longitudinale Wellenanteile auf, was beweist, dass Skalarwellen zusammen mit elektromagnetischen Feldern existieren können. Meyl erklärt diesen Effekt auf der Grundlage der von ihm entwickelten Wirbel-Feld-Theorie. Mit der Ausbreitung von Feldwirbeln – vergleichbar mit den Luftmolekülen beim Schall – werden die Impulse in Form einer Stoßwelle weitergeleitet.

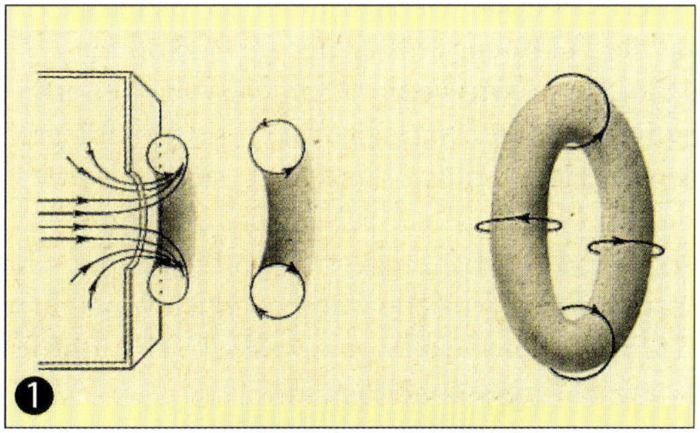

❶

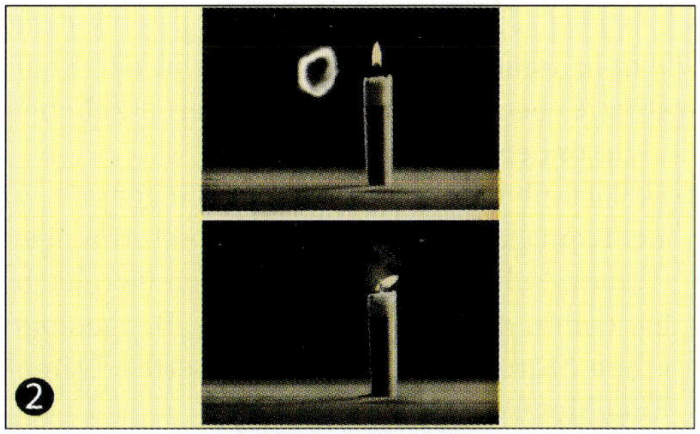

❷

Wirbelringe, wie sie im Experiment aus einer Rauchkammer austreten (1) und in ihrer Wirkung beim Ausblasen einer Kerzenflamme (2)

Nach Angaben von Meyl sind sowohl in der Wellengleichung nach Laplace[2] (um 1800) als auch in der Originalfassung der Feldtheorie nach Maxwell[3] (1864) zwei Komponenten enthalten: Die skalare und die elektromagnetische Welle. Mit den Experimenten von Heinrich Hertz[4] (1888) wurde jedoch nur der transversale Anteil nachgewiesen, weshalb einige Wissenschaftler vorschlugen, den bis dahin unbekannten Anteil der Skalarwellen auf Null zu setzen. Nachdem Hertz diesem Vorgehen zugestimmt hatte, verschwanden die Skalarwellen aus den Lehrbüchern.

Meyl sieht die Herausnahme der Skalarwellen aus der Feldtheorie als Fehler an. So können z. B. Phänomene, wie sie im >Nahfeld von >Sendeantennen auftreten, nur über theoretische Hilfsgrößen erklärt werden. Tatsächlich sind Skalarwellen von Nikola Tesla[5] schon vor 100 Jahren entdeckt und nutzbar eingesetzt worden. Seine sehr kostspieligen Versuche wurden jedoch von keiner Hochschule nachvollzogen, weshalb seine Entdeckung in Vergessenheit geriet.

Viele der von Meyl den Skalarwellen zugeschriebenen Eigenschaften sind vergleichbar mit >Feldphänomenen, die seit langem in der Radiaesthesie beobachtet werden. Hervorzuheben sind besonders, dass

a) Skalarwellen ungehindert – im Gegensatz zu elektromagnetischen Wellen – Abschirmungen (Faraday'scher Käfig) durchdringen (vergleichbar damit, dass Strahlungen von z. B. >geologischen Störungen ohne nennenswerte >Dämpfung Metalle durchdringen)

b) die Wellenübertragung verlustfrei vom Sender zum Empfänger erfolgt; der Empfänger zieht die an ihn adressierte Strahlung förmlich an (vergleichbar mit >psychodynamischen Wechselbeziehungen)

c) Skalarwellen sich im Nahfeld von elektromagnetischen Antennenanlagen (insbesondere bei Fehlanpassungen?) ausbreiten (>Rutengänger detektieren in Abstrahlfeldern von Antennenanlagen >Zonen, die rechtwinklig zu den in der Elektrotechnik bekannten Ausbreitungen der elektromagnetischen Wellen verlaufen).

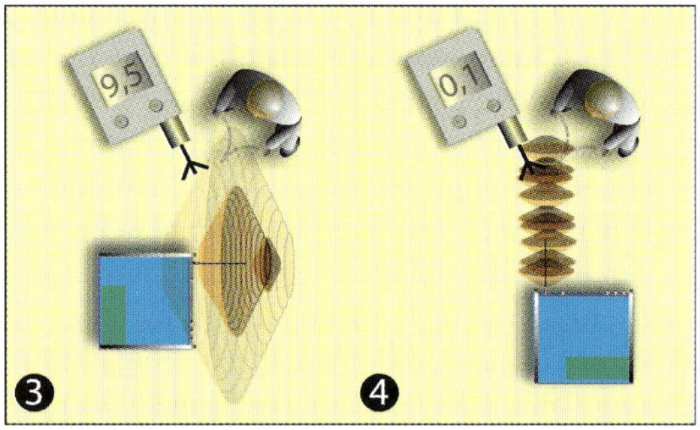

Unterschiedliche Ergebnisse: Messtechnisch tritt das EM-Feld in (3) deutlich hervor, der Rutengänger erkennt es besser in umgekehrter Situation (4) – Dies wird als Hinweis auf Skalarwellen interpretiert.

1 Dr. Ing. Konstantin Meyl, dt. Prof. für Leistungselektronik und alternative Energietechnik, Leiter des 1. Transferzentrums für Skalarwellentechnik, St. Georgen (Siehe Literaturhinweise)

2 Pierre Simon Laplace, 1749-1827, frz. Mathematiker und Astronom

3 James Clerk Maxwell, 1831-1879, engl. Physiker

4 Heinrich Hertz, 1857-1894, dt. Physiker

5 Nikola Tesla, 1856-1943, kroat.-amerik. Physiker

Skin-Effekt

Von engl. *skin* „Haut", beschreibt das Phänomen bei der Leitung >elektromagnetischer Wellen, dass die Ladungsträger mit zunehmender >Frequenz an die Oberfläche des jeweiligen Leiters gedrängt werden. In der >Mikrowellentechnik werden deshalb häufig Rohre als Leiter verwendet, weil das Leiterinnere ohnehin stromfrei bleibt.

In der >Radiaesthesie bietet der Skin-Effekt ein Erklärungsmodell zur Beschreibung der Weiterleitung empfangener >Wellen bei Einsatz von an sich nicht elektrisch leitenden>Kunststoffruten zum als Empfänger fungierenden >Rutengänger (vgl. hierzu jedoch >Augenstrahl).

solehaltiges Wasser

Von mittelhochdeutsch *sol*, *sul* „Salzbrühe", bezeichnet kochsalzhaltiges Wasser. Für Heil- und Kurzwecke werden Wässer ab einem Gehalt von 1,4g/kg gelösten Natriumchlorid (NaCl, Kochsalz) als solehaltig bezeichnet. Bergrechtlich gelten Quellen erst dann als Solequellen, wenn sie einen Gehalt von mindestens 5 g/kg NaCl aufweisen. Solewässer sind selten reine Kochsalzlösungen, sondern enthalten noch andere gelöste Stoffe wie Calcium-, Magnesium und Sulfat-Ionen sowie geringe Spuren von Fluor, Brom und Jod.

>Wasseradern, die solehaltiges Wasser führen, können meistens nicht mit den allgemein üblichen >Grifflängen gefunden werden. Der Grund liegt in einer zu beobachtenden Grifflängenverschiebung, die mit zunehmendem Salzgehalt zunimmt. Es gilt die Beziehung: Je größer der Kochsalzgehalt, desto länger die zu mutende >Wellenlänge.

Steht eine solehaltige Wasserader zusätzlich unter Druck (>Druckwasser) oder handelt es sich um solehaltiges >Thermalwasser, treten neben den verschobenen Grifflängen auch wieder die Werte auf, wie sie für Normalwasser bekannt sind.

Solehaltige Wässer in Westfalen beispielsweise haben in der Regel eine Gesamtmineralisation zwischen 2 und 13 %. Salzgehalte von 18 % und mehr werden allgemein schon als extreme Ausnahmen bezeichnet.

H3-Werte solehaltiges Wasser

NaCl* = 0 %	3,10	7,80	9,25
NaCl = 2,0 %	3,20	7,86	9,30
NaCl = 3,1 %	3,25	7,89	9,32
NaCl = 4,6 %	3,30	7,92	9,36
NaCl = 6,3 %	3,35	7,95	9,40
NaCl = 8,7 %	3,40	7,97	9,43
NaCl =11,8 %	3,45	7,99	9,48
NaCl =17,3 %	3,50	8,01	9,52

** NaCl = Kochsalz, hier zusammen mit Spurenelementen (Meersalzprobe 99,5 % NaCl / Atlantik-Spanien)*

Arbeitsblatt 4

Spalte

In der Geologie wird mit Spalte ein >Hohlraum an einem >Riss bezeichnet.

Wasseraufnehmende Spalte am Ufer eines Bachlaufes

Spalten sind durch tektonische Vorgänge (Auseinanderweichen von Schollen, Erdbeben, Vulkanausbrüche) oder Verwitterung entstandene klaffende Fugen in Gesteinen. Sie sind oft aus >Klüften entstanden und können mit Verwitterungsmaterial, oder mit magmatischen Stoffen gefüllt (Gangspalte) sein.

Da in der Spalte sich mehrere >radiaesthetische Phänomene überlagern, sind eine ganze Reihe von H3-Werten einzusetzen. Basis ist ein >Kluftsystem, als Regel mit >Risse / Zerstörung zu erkennen.

Der Hohlraum (auch wenn er sich wieder durch Verwitterungsmaterial gefüllt haben sollte) ist als System >„Höhle/Gang" zu >muten. Bei Spalten innerhalb >Verwerfungensystemen treten zusätzlich >Multiwellenzonen auf. Sind die Spalten wasserführend, bildet sich zusätzlich eine >Wasseraderspektroide aus.

H3-Werte Spalte	
Risse / Zerstörung (GL 27,0 cm)	7,40
Höhle / Gang, Mittelachse (GL 18 cm)	4,25
– Schwerpunktzone (GL 30,6 cm)	8,50
– Hauptzone (GL 37,5 cm)	10,50
Verwerfungen, Mitte (GL 31,0 cm)	8,65
H3-Werte in der Regel induktiv, äußerst selten kapazitiv Polarisation eher links- als rechtsdrehend	

Spektroide

Von lat. *spectare*, „schauen" abgeleitet, bezeichnet in der >Radiaesthesie räumliche >Strahlungsstrukturen über Anomalien im Untergrund. Dem Begriff der Spektroide liegt die Beobachtung von >SCHNEIDER zugrunde, dass über >geologischen Anomalien längere >Wellenlängen mehr außen, kürzere dagegen eher im Inneren des >Strahlungsfeldes >detektiert werden. Hieraus folgert er, dass sich die >Strahlungen bei ihrem Austritt aus der Erdoberfläche so verhalten, wie Licht-Spektra am Spalt (>Beugung) oder am Prisma (>Brechung).

Eine Beugung erzeugt symmetrisch verteilte Spektroiden, die Brechung unsymmetrische. Symmetrische Spektroiden treten über Wasseradern, >Höhlen, >Erzgängen und >Planetenlinien auf. Sie umfassen >Schwerpunkt-, >Haupt- und beidseitig in der Regel drei >Ankündigungszonen.

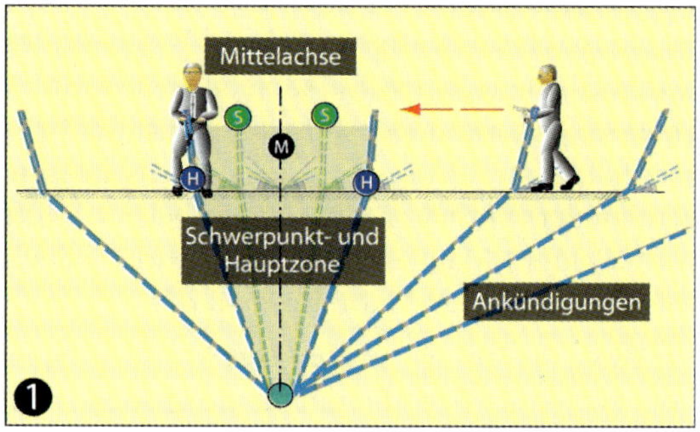

Strahlungsfeld über einer Wasserader als Beispiel einer symmetrischen Spektroide. In vertikaler Richtung zeigen die Strahlungen ungefähr zu der im Boden befindlichen Anomalie (höhenverkürzte Darstellung)

Die >Brechung erzeugt eine einseitige, unsymmetrische Spektroide. Diese tritt in Form von >Multiwellenzonen über geologischen >Verwerfungen auf.

Als Normalspektroiden bezeichnet man >Feldstrukturen, die den „klassischen" optischen >Beugungsgesetzen entsprechen. Im Gegensatz dazu sind aber auch inverse Spektroiden bekannt, bei denen die langen >Wellenlängen nicht außen, sondern nach innen gerichtet, auftreten (vgl. >Invertierung).

Spektroiden spiegeln unterschiedliche Tiefenlagen, Beschaffenheiten und Ausdehnungen wider und lassen Aussagen zu Inhaltsstoffen und (>Schütt-)Mengen zu. Allerdings beeinflussen unterschiedliche Bodenschichtungen und zeitlich schwankende Bodenfeuchten die Spektroidenbeschaffenheit erheblich, so dass präzise Aussagen nur möglich sind, wenn bekannte Strahlungs- und Bodenverhältnisse aus benachbarten Bereichen zeitnah übertragen werden können (vgl. >Schüttung).

G. Spektroide (symmetrisch)

A. Aufgabenstellung:
Ein noch unbekanntes Strahlungsfeld mit symmetrischer Spektroide genauer detektieren.

B. Hilfsmittel:
>H3-Rute und >H3-Antenne, >Markierungshölzchen.

C. Ausgangslage:
>Reaktionslinie wurde im >Seitschrittverfahren, durch >Schichtebenen und >Schrägstrahlung bestimmt.

D. Positionsbestimmung:
Aus dem vertikalen Verlauf der Reaktionslinie sowie der Schrägstrahlung kann abgelesen werden, in welcher Position der Spektroide man sich befindet. Ist die >Reaktionslinie (gegen die Einfallsrichtung gesehen) zum Boden hin nach rechts geneigt (die Schrägstrahlung befindet sich auf der gleichen Seite), wird die >Mittelachse der Spektroide auf der linken Seite zu suchen sein. Im umgekehrten Fall liegt die Mittelachse auf der rechten Seite (Abb. 2) + (Abb. 3).

Falls die Reaktionslinie senkrecht bzw. rechtwinklig aufsteigt und sich beidseits mit gleicher Grifflänge / Einstellwert Schrägstrahlungen ermitteln lassen, ist es wahrscheinlich, dass die Mittelachse schon getroffen ist.

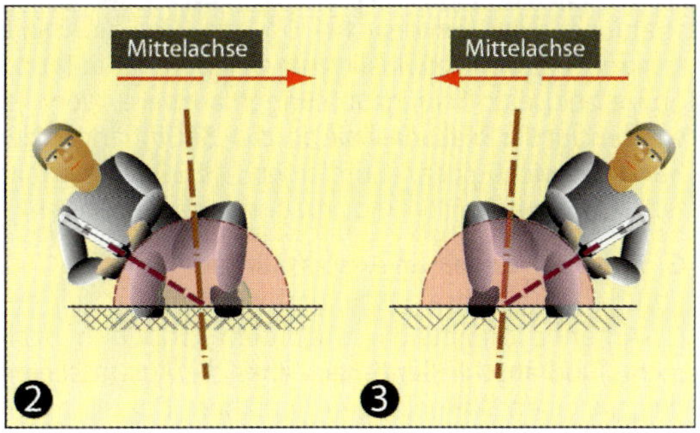

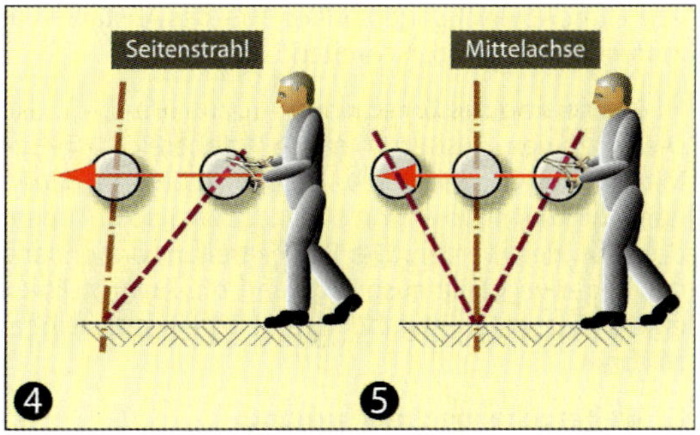

E. Mittelachse bestimmen:
Die zunächst untersuchte Reaktionslinie wird in Richtung Mittelachse verlassen. Unmittelbar außerhalb des Reaktionsbereiches wird die Rute / Antenne mit gleicher Einstellung neu gespannt. Die weitere Begehung erfolgt bei Spektroiden mit kleiner Ausdehnung im >Seitschritt, bei großen Strukturen im >Geradeaus-Schritt, aber immer genau auf der bereits festgelegten >Begehungslinie.

Bei der Begehung werden folgende Fälle beobachtet:

1) Die erste Reaktion ist etwas unklar, nach kurzem Entspannen folgt etwas weiter eine zweite klare Reaktion (Abb. 4): Dann befindet man sich noch seitlich der Mittelachse.

2) Es folgen drei Reaktionen in kürzerem Abstand (Abb. 5): Die Mittelachse ist wahrscheinlich erreicht.

F. Reaktionslinie als Mittelachse detektieren:
Nach Methode >Schichtebenen und >Schrägstrahlung wird untersucht, ob die Reaktionslinie senkrecht (bzw. rechtwinklig zum Gelände) verläuft und ob sie beidseitig Schrägstrahlungen aufweist. Wenn ja, werden auf der Reaktionslinie durch >Grifflängenziehung die wichtigsten >Grifflängen / >H3-Werte ermittelt (>mentale Filterung: >tragende Wellenlängen).

G. Lage der einzelnen Austrittslinien:
Von der Mittelachse ausgehend werden jetzt mit der H3-Antenne unmittelbar über dem Erdboden nach rechts und anschließend nach links die Austrittslinien der einzelnen Wellenlängen detektiert. Dabei sollten sich die einzelnen Linien symmetrisch zur Mittelachse verhalten, Abweichungen sollten 10% des Abstands zur Mittelachse nicht überschreiten.

H. Kartierung des Ergebnisse:
Die einzelnen Austrittslinien im Nahbereich um die Mittelachse (beidseits ca. 2,50 m) können dauerhaft auf Rollenpapier von druckenden Tischrechnern dokumentiert werden. Der Papierstreifen wird entlang der Begehungslinie ausgelegt und die Austrittslinien lagerichtig unter Angabe ihrer Einstellwerte eingezeichnet.

I. Weitergehende Untersuchung:
Abschließend folgt die Bestimmung von >Schwerpunkt-, >Haupt- und >Ankündigungszonen. Bei unbekannten Strahlungsfeldern ist dies eine Aufgabe, die auf Spezialkursen gelehrt wird.

➡ **Spezialkurse**

Spiralen

Spiralen in ihren vielfältigen Formen (logarithmische, schneckenförmige, schraubenförmige usw.) haben >feldverändernde Eigenschaften. Sie werden deshalb häufig in >Entstörgeräten eingesetzt, bzw. als Entstörung gebraucht. Dies gilt für Spiralen aus Draht, wie auch für in Holz geschnitzte oder in Stein gravierte. Bei >Feldveränderungen durch Spiralen können unkontrollierbare >Seitenabstrahlungen entstehen, vor denen gewarnt werden muss.

Feldverändernde Spiralen in Newgrange, Irland

stehende Felder

Als stehende >Felder werden in der >Radiaesthesie senkrecht >stehende Wellen bezeichnet, die durch Überlagerung gleichartiger >Strahlungszonen entstehen. Kreuzen sich zum Beispiel zwei >Wasseradern in unterschiedlichen Tiefen, bilden jeweils die in beiden >Strahlungssystemen vorkommenden >Wellenlängen durch Überlagerung stehende Wellen (vgl. >Kreuzungssysteme). Stehende Felder werden ebenso über wirksamen >Feldveränderungen >detektiert. Die >Intensität stehender Felder ist zuverlässig durch >Reaktionsabstandsmessung bestimmbar.

stehende Wellen

In einer Leitung breiten sich >elektromagnetische >Wellen fortschreitend aus, ähnlich wie Wellen auf dem Meer (Abb. 1+2). Wenn an dem Ende der Leitung kein Verbraucher (oder ohmscher Widerstand) angeschlossen ist, kommt es dort zu einer >Reflexion der Wellen (Abb. 3).

Das bedeutet, dass sich hinlaufende Wellen mit ihren zurücklaufenden „Spiegelbildern" überlagern. Diese Überlagerungen verstärken oder schwächen sich immer an denselben Stellen und bilden so auf der Leitung Bäuche oder Knoten (Abb. 4). Diese schwingen nicht fortschreitend, sondern pulsieren auf der Stelle. Diese Erscheinung wird als „stehende Welle" bezeichnet.

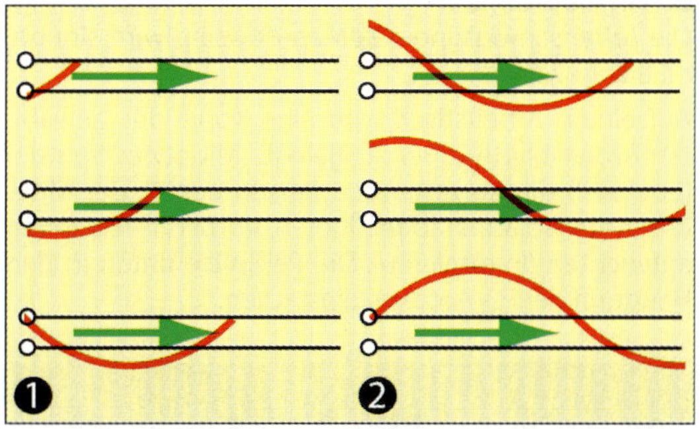

Fortschreitende Wellenausbreitung auf einem an die Wellenlänge angepassten Leiter

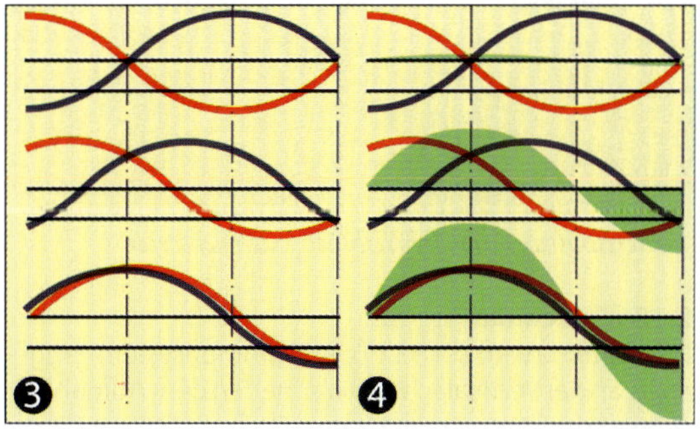

(3) Reflexion der Welle an einem offenen Leitungsende (rot – hinlaufend, blau – rücklaufend) – führt (4) resultierend zu der „stehende Welle" (grün)

In ähnlicher Form verhalten sich elektromagnetische Wellen auch bei am Ende kurzgeschlossenen Leitungen. Die elektromagnetische Welle besteht aus zwei >Feldkomponenten, dem elektrischen und dem induktiven Feldanteil. Beide verhalten sich bei Reflexion ähnlich. Im freien Ausbreitungraum schwingen magnetisches und elektrisches Feld (Strom und Spannung) im Gleichklang. Auf einer Leiterbahn sind sie um 1/4 Wellenlänge zueinander verschoben. Das führt dazu, dass der Strom an den Stellen Knoten (Minimum) bildet, wo die Spannung im Maximum (Bauch) auftritt und umgekehrt.

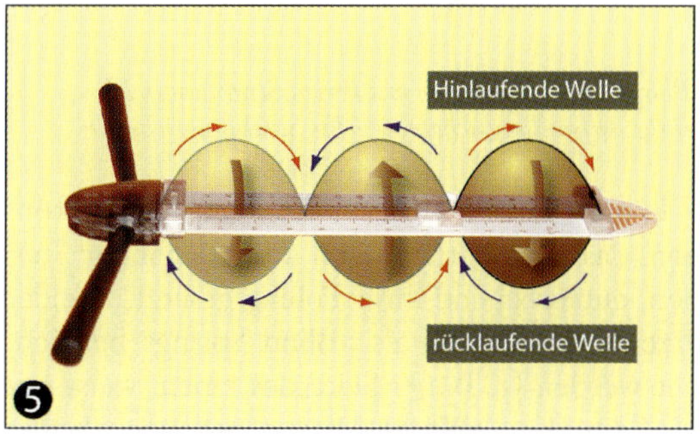

Stehende Welle auf einem Lechersystem (H3-Antenne) bei >induktiver Ankopplung. Durch Pulsieren bilden sich Schwingungsbäuche und Schwingungsknoten aus

An dem offenen Ende einer Leitung bildet die Spannung stets ihr stehendes Maximum aus (Summe aus hinlaufender und reflektierter Welle bildet einen Bauch). Am Ende einer geschlossenen Leitung ist die Summe der Spannung stets Null (es entsteht ein Knoten).

Steine, gepolte

Steine besitzen an ihren gegenüberliegenden Seiten jeweils eine (+) und eine (-) >Polarität. Ein

Ziegelstein weist demnach 3 ⊕ und 3 ⊖gepolte Seiten auf, unabhängig davon, ob sein Grundmaterial >rechtsdrehend oder >linksdrehend abstrahlt.

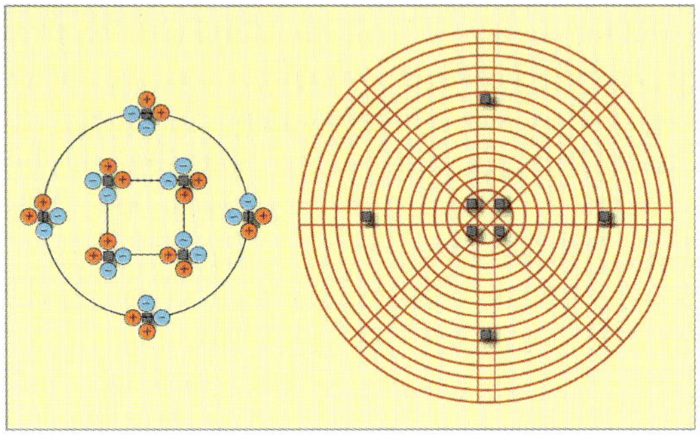

Beispiel gepolter Steine mit ihrem Strahlungsfeld links Aufstellungsschema, rechts Strahlungsschema

Lörke[1] und Bongart[2] haben nachweisen können, dass eine Gruppe von drei oder mehr Steinen, entsprechend ihrer Polung gesetzt, >Felder erzeugt, die häufig als >Blind Springs bezeichnet werden (z. B. ⊕-Seite des einen, weist zur ⊖-Seite des anderen). Diese >stehenden Felder können außerdem Anfangs- und Endpunkte von >Geomantischen Zonen bilden.

1 H. Lörke, dt., Radiaesthesieforschungen

2 F. Bongart, dt., Radiaesthesieforschungen, siehe Literaturverzeichnis

Stellvertretermethode

Diese >radiaesthetische Technik wird – ähnlich wie das >Map-dowsing – angewandt, um nicht oder nur schwer zugängliche >Strahlungsfelder maßstabsgerecht zu >detektieren. Sie bezieht sich auf die Untersuchung von Personen und kann unter Benutzung entsprechender Vorlagen Abstrahlungen in drei Dimensionen abbilden.

S. Stellvertretermethode

A. Aufgabenstellung:
Strahlungsfeld einer Person in vertikaler Ausdehnung detektieren.

B. Hilfsmittel:
H3-Antenne, Peilspitze, Kopie der Arbeitsblätter 5, 6, 7 oder 8, Bleistift.

C. Ausgangslage:
Das Strahlungsfeld „Immunsystem" einer Person soll auf Unregelmäßigkeiten hin untersucht werden.

D. Vorbereitung:
Die Arbeitsanweisung > Map-dowsing wird sinngemäß angewendet.

Auf einem Arbeitstisch wird eine Kopie des gewählten Arbeitsblattes quer ausgelegt. Mit etwas Sputum (Speichel) der zu testenden Person den in der Mitte des Arbeitsblattes abgebildeten Körperumriss innen anfeuchten (Informieren). Die Peilspitze unten in den Handgriff der H3-Antenne einstecken.

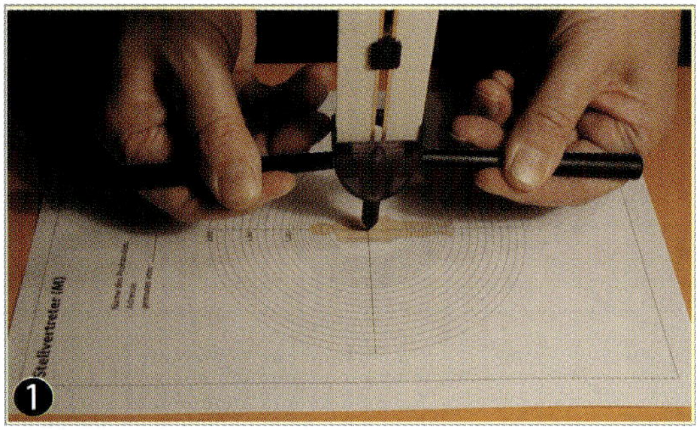

Arbeitshaltung am Arbeitsblatt „Stellvertreter"

E. Basistechnik:
Die Antenne wird auf H3 = 6,90 IR (Immunsystem) eingestellt, an der Vertikalachse etwas neben dem Aufnahmepunkt gespannt und langsam mit der Peilspitze genau darüber geführt (siehe Abb. 1). Nach der dort erreichten Rutenreaktion wird die Spannung gehalten und die Antenne in gerader Richtung weitergeführt. Mit voller

Konzentration und angekoppelt an das Testobjekt wird die Größe des Strahlungsfeldes „Immunsystem" der Person maßstabsgetreu auf die Skalierung des Arbeitsblattes übertragen. Die Feldgrenzen der Strahlung zeigen proportional auf dem Arbeitsblatt wie weit sich das Feld tatsächlich ausdehnt.

Bei Erreichen dieser Feldgrenze wird eine Entlastungsreaktion verspürt (>Rapportpunkt). Dieser Punkt wird als Schnittpunkt der gesuchten >Äquipotenziallinie des „Immunsystems" angesehen und markiert.

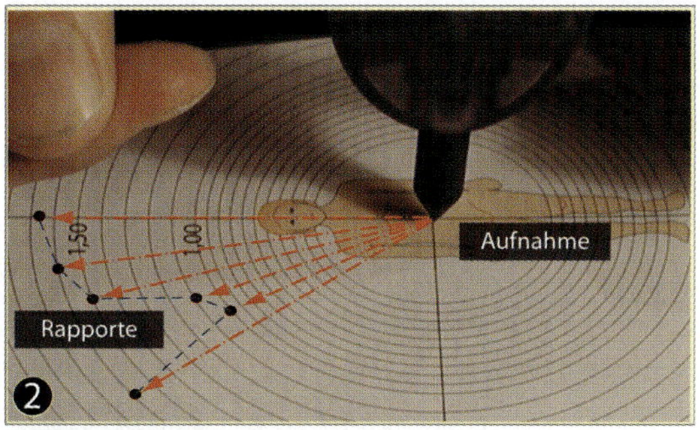

Systematische Ermittlung des Strahlungsfeldes

F. Systematische Feldabtastung:
Unter Anwendung der in „E" dargestellten Technik wird jetzt das Feld in alle Richtungen – jeweils sternförmig von der Mitte aus – ermittelt. Dort wo sich Unregelmäßigkeiten zeigen, muss besonders sorgfältig gearbeitet werden.

E. Ergebnisse:
Im Normalfall hat das Feld „Immunsystem" eine mittlere Ausdehnung von ungefähr 2 m, jeweils als Radius von der Mitte des Aufnahmepunktes gemessen. Ausbuchtungen in der Aufnahme zeigen hierbei Stärken an, Einbuchtungen dagegen den Bereich von Schwächungen.

F. Wichtiger Hinweis:
Achtung: Die Arbeit am Stellvertreter zum Zwecke medizinischer Diagnosen und Therapien ist nach deutscher Rechtsvorschrift nur Heilberufenen (Ärzte oder Heilpraktiker) erlaubt!

Stoffresonanz

>Resonanzerscheinungen können an bestimmten Stoffen auftreten, wenn die stoffeigene Schwingung von gleichartigen oder ähnlichen Fremdschwingungen angeregt wird (vgl. >Masereffekt). Diese Erscheinungen spielen sich vermutlich im molekularen bzw. mikrokristallinen Bereich des Stoffes ab und sind weniger an dessen äußere Form gebunden. Insbesondere bei (künstlichen) Stoffen mit großmolekularem Aufbau (polymere Kunststoffe) können Resonanzerscheinungen zwischen gleichartigen Materialproben beobachtet werden, wenn zumindest eine Probe davon durch äußere Einflüsse angeregt wird.

Wenn zu der Stoffresonanz noch die >Formenresonanz tritt, können sich stärkere Störzonen ausbilden.

Stoffstrahlung

Bestimmte Stoffe, wie Kristalle, (homöopathische) Medikamente, manche Mineralien, Erze und dergleichen verbreiten >Strahlungsfelder, die >radiaesthetisch zu erfassen sind. Überlagert sich ein solches >Feld mit einem dazu in >Resonanzbereitschaft stehenden >Körperfeld, kann es zu der Ausbildung einer >Störbeziehung kommen.

Die >Intensität und Ausbreitung des Feldes einer Stoffstrahlung kann mit der >Reaktionsabstandsmessung bestimmt werden.

➡ **Reaktionsabstand**

Störbeziehungen

Jeder Stoff, jeder Körper, jedes Lebewesen verbreitet ein >Strahlungsfeld verschiedenster >Wellenlängen, die durch >Grifflängenziehung ermittelt werden können. Diese >Felder schwächen sich mit zunehmender Entfernung ab. >Radiaesthetisch lässt sich diese Feldverteilung mit der >Reaktionsabstandsmessung nachweisen, allerdings darf dabei der >Rapportpunkt nicht als äußerste Begrenzung dieses Feldes angesehen werden.

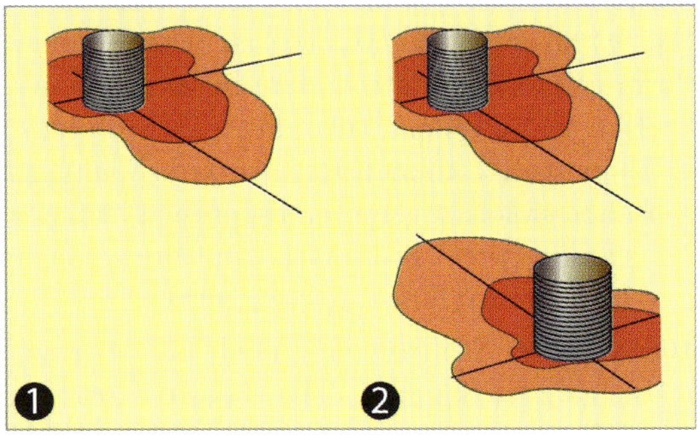

Strahlungsfelder von Gegenständen, wie sie in der Radiaesthesie detektiert werden

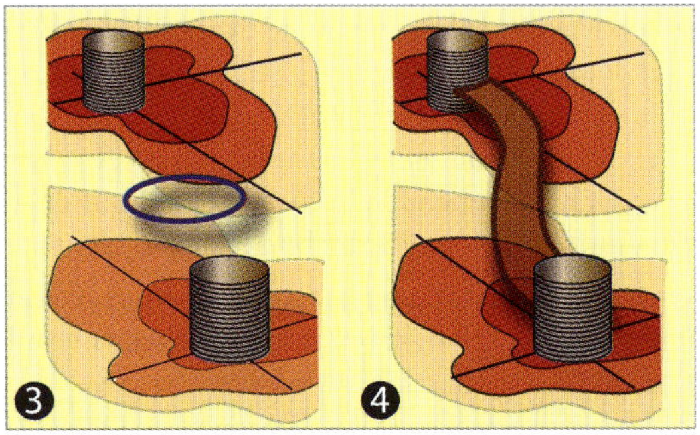

Überlagerungen feinster diffuser Feldbereiche (3) führen zur Ausbildung einer Resonanzbeziehung (4)

Dieser Punkt markiert nur eine bestimmte Grenzlinie, an der die Empfindlichkeitsschwelle des >Rutengängers erreicht ist. Fein und diffus reichen diese Felder wesentlich weiter. Überlagern sich diffuse Bereiche gleichartiger resonanzbereiter Felder, bildet sich eine >Resonanzbeziehung aus, die deutlich mit >Rute oder >H3-Antenne zu >detektieren ist.

Beispielsweise informiert Verpackungsmaterial die Nahrung, chemisch kleinste Dosen können wie homöopathische Mittel wirken. In der Regulationsphase können die inkorporierten Stoffe ein Resonanzpotenzial erzeugen. Diffuse Resonanzfelder überlagern sich mit dem weggeworfenen Material und bilden durch Wechselwirkungen „feste“ Störzonen.

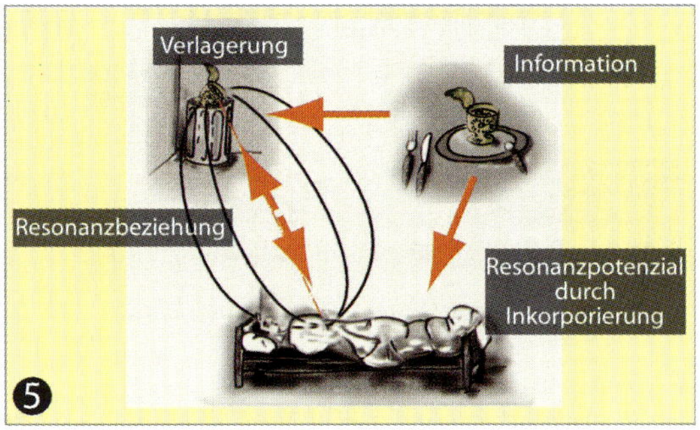

Entstehung von Störbeziehungen

Werden durch den >Körperscan bestimmte >Grifflängen gefunden, mit deren Hilfe sich ein in den Schlafplatz hineinwirkender Gegenstand aufspüren lässt, liegt es nahe, diesen als alleinigen >Emittenten anzusehen. Doch die Praxis zeigt in den meisten Fällen eine Wechselbeziehung: Der Gegenstand stört nur, wenn die Person resonanzbereit ist (z. B. in Abb. 5 das Umweltgewissen).

Wird der Gegenstand in ein weiter entferntes Zimmer gebracht, löst sich zunächst die Störzone im Schlafbereich auf. Nachdem jedoch die Person einige Nächte wieder in demselben Bett verbracht hat, kann sich die Zone zu demselben Gegenstand wieder neu bilden. Die Störbeziehung prägt sich so in die Umgebung ein, dass sie unabhängig davon bestehen bleibt, ob die Person in ihrem Bett liegt oder nicht.

Eine erfolgreiche Schlafplatzsanierung (z. B. durch Entfernen der Gegenstände) sollte daher von einer entsprechenden medizinischen oder psychologischen Therapie begleitet werden, die die inneren bzw. geistigen Ursachen beseitigen. Hier setzen z. B. Alternativmediziner auf die sogenannte Ausleitung der einzelnen Störfaktoren, bzw. auf die seelische Aufbereitung der Spannungsfaktoren.

Störfaktoren, primäre / sekundäre

Als primär werden Störfaktoren bezeichnet, die direkt wirken. Darunter werden alle natürlichen Strahlenstrukturen und technische >Sender, Stoffe mit erheblichen Eigenstrahlungen verstanden.

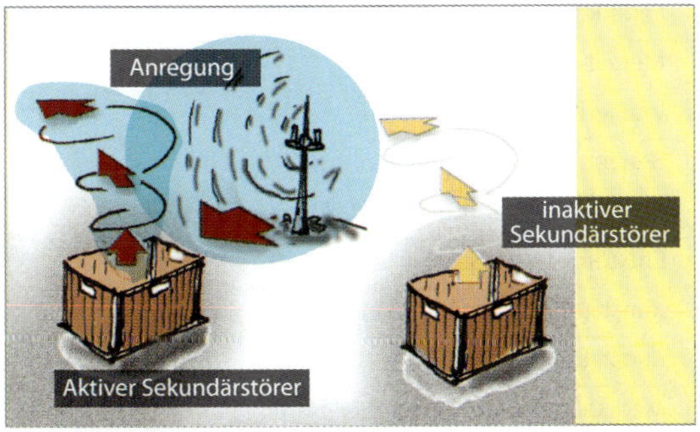

Sekundärer Störfaktor, links aktiv unter Anregung, rechts inaktiv ohne Anregung

Im Gegensatz dazu wären Systeme, die Strahlungen >reflektieren oder durch primäre Strahlungen in >Resonanz geraten (vgl. >Masereffekt) als sekundäre Störfaktoren zu bezeichnen (vgl. >Primärfelder, >Sekundärfelder).

Störfaktoren, radiaesthetisch wirkende

Während einer >Hausuntersuchung werden in der Regel durch >Grifflängenziehung bei der >Körpermessung eine Vielzahl von eingespeicherten >Wellenlängen aufgefunden. Soll daraufhin eine erfolgreiche Sanierung des Schlaf- oder Wohnplatzes erfolgen, gilt es, die einzelnen Strahlungsursachen mittels der Werte dieser Wellenlängen aufzuspüren und dann geeignete Abhilfemaßnahmen zu ergreifen.

In der >psychodynamischen >Radiaesthesie kommt es darauf an, die individuell einwirkenden Störfaktoren aufzusuchen. Häufig kann beobachtet werden, dass ein Störfaktor nur dann zu Belastungen führt, wenn beim Probanden ein darauf ausgerichtetes >Resonanzpotenzial vorhanden ist. Dieses Resonanzpotenzial kann – durch Inkorporationen bedingt – körperlich bedingt sein, allerdings sind auch geistige Ursachen möglich. Während die körperlichen Resonanzpotenziale in der Regel mit >geologischen Ursachen, >Formenstrahlern oder >Stoffstrahlern in Beziehung treten, offenbart sich die geistige Resonanzbereitschaft meist über das >Od, das diesen Störstrahlern anhaftet.

Abhilfe wird in der Regel bei den einzelnen Störfaktoren geschaffen durch

- >Feldveränderung von geologischen Störungen bzw. Beseitigen deren >Sekundärstrahlern
- Beseitigen von Formen- oder Stoffstrahlern und Ausleiten der vorhandenen eigenen Resonanzpotenzialien (durch Fachmediziner)
- Beseitigen oder notfalls Reinigen der odbehafteten Strahler und Aufbereiten des psychologi-

schen Hintergrundes (durch geeignete Psychotherapeuten).

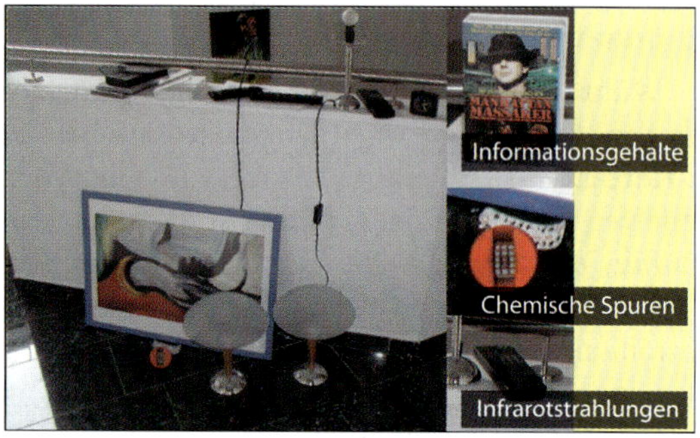

Beispiel für Störfaktoren, während einer Hausuntersuchung gesammelt

Begleitend zu diesen Maßnahmen empfiehlt sich eine wöchentliche Reinigung des Bettplatzes (Matratze, Bettzeug) durch Ausklopfen oder Aufschütteln, am besten in frischer Luft und bei Sonneneinstrahlung.

H3-Werte künstlicher Störfaktoren	
Technische Störer (Eisen)	5,50 *
Stromangeregte Störer (Elektrogeräte)	6,00 *
Mikrowellenofen	12,25 *
Schnurlostelefon DECT	6,00 *
Telefonanlagen im ISDN-Standard	**
Energiesparlampen	5,85 *
Stromleitungen unter Last	6,00 *
Nachtspeicherheizungen (Strombel.)	6.00 *
Schwingquarz in Uhren	0,75 *
Funkuhr (radiocontrolled) (Auswahl)	9,30 *
Radiowecker (Netzbetrieben) (Ausw.)	13,90 *
Antennenverstärker	**
Receiver (Satellitenanlage)	**
Fernseher	**
Zimmerantennen	**
Videokassetten (Informationsgehalt)	**
CD-Player	**
Infrarotbedienungen	***
Infrarotempfänger	***
Computer	**
Drahtloszubehör (Bluetooth)	**
Funkthermostate (868 MHz)	17,30 IU
Gefahrenmelder (868 MHz)	17,30 IU
Alarmanlagen, funkgesteuert	**
Lampen aus Messing	6,00 *
Lampenschirme aus Kunststoff	**
Messinggegenstände (massive)	**
Magnete (in Lautsprechern u.a.)	**
Heizkissen	6,00 *
Stellmotore von Lattenrosten	6,00 *
Federkernmatratze (punktgeschweißt)	**
Metallbettrahmen	**
Wasserbetten (Thermostate)	**
Bettzeug aus „toten" Organismen	**
Abschirmmatten, pulsierende Magnetfelder	**
Entstörgeräte, freiaufgestellte	**
Kunststoffgegenstände /-möbel	**
Kunststofffolien	**
Medikamente (auch Naturheilmittel)	**
Antibabypillen	6,90 L
Spiralen	**
Parfüme	**
Schmuck, Modeschmuck	**
Edelsteine, Halbedelsteine	**

Brille, Kunststoffgläser, getönt, entspiegelt	9,60 CL
Kleideretiketten, Kunststoffknöpfe	**
Disharmonische Bilder (geist.ige Einflüsse)	7,40 CL
Spiegel	**
Schleiflackierungen	**
Metall- / Glas- / Paillettenkugeln	**
Erbstücke, Antiquitäten	**
Berufliche Gegenstände im Schlafzimmer	**
Geschenke „ungeliebte"	**
Heimtrainer, Personenwaagen	**
Polystyrolhartschaum (Isolierung)	6,65 *
Polyurethanisolierungen	**
Metallfolien (an Wärmedämmungen)	**
Fußbodenheizungen (Kunststoffrohre)	**
Kunststofffenster	17,40 CL
Fenster mit unharmon. Sprossenteilung	**
Synthetische Tapeten / -Kleister	**
Wandfarben mit problem. Inhaltsstoffen	**
Synthetikteppiche / -kleber	**
Synthetikgardinen	**
Gardinenstangenenden, Antennenform	**
Bodenabläufe, Pumpensümpfe	8,50 *

** H3-Werte eher induktiv als kapazitiv, Polarisation eher links- als rechtsdrehend*
*** Je nach Form, Material, Inhalt bzw. Einstellung variierend*
**** wie vor, jedoch zusätzlich mit dem Infrarotsensor zu ermitteln*

Strahlung

Von mhd. *stral*, früher für „Pfeil" gebraucht, bezeichnet in der Physik die räumliche Ausbreitung von >Energie oder Materieteilchen. Ursprünglich hatte man angenommen, dass sich Licht geradlinig ausbreitet (Lichtstrahl) und zu einer Bündelung innerhalb von scharfen Grenzen führt. Bei genauerer Betrachtung gilt diese Beobachtung jedoch nur, wenn die >Wellenlänge des Lichtes klein gegenüber den Abmessungen der Versuchsanordnung ist. Für die >Beugung am Spalt gilt beispielsweise bei gleichbleibender Lichtwellenlänge: je größer die Spaltöffnung, desto ausgeprägter ist die Richtwirkung.

Der von der Strahlung berührte Raum (Bereich, in dem die Strahlung wirkt) wird als >Feld bezeichnet. In diesem verlaufen parallel zur Ausbreitungsrichtung der Strahlung >Feldlinien, die in der Regel >radiaesthetisch ermittelt werden, sofern eine Begehung quer zu ihnen vorgenommen wird (>Feldbegehung).

Strahlungsfeld

Ein Strahlungsfeld ist ein begrenztes Gebiet oder ein Raum, in dem eine >Strahlung erkennbar wirkt (vgl. >Feld). In diesem Bereich treten >Feldlinien und >Äquipotenziallinien auf.

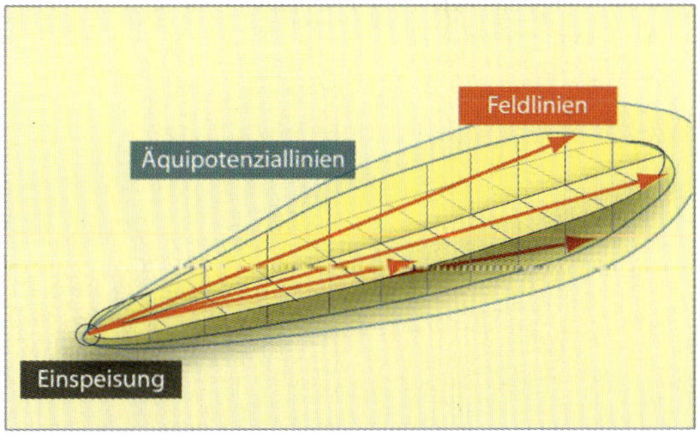

Abstrahlungsfeld einer V-Antenne (ohne Nebenkeulen)

In der Regel ist ein Strahlungsfeld nicht trennscharf von dem strahlungsfreien benachbarten Raum abgegrenzt, sondern weist eine hohe >Feldstärke in der Nähe der Strahlungsquelle auf, die mit zunehmender Entfernung abnimmt. Bei einem physikalischen Kugelstrahler nimmt die >Intensität mit dem Quadrat der Entfernung ab. Allerdings existiert so ein Kugelstrahler nur in der Theorie. >Antennen, die als Strahlungsemittenten wirken, besitzen eine spezielle Charakteristik, die von ihrer mechanischen Beschaffenheit und der abgestrahlten >Wellenlänge abhängig ist.

Technomantie

Aus griech. *technikos* „kunstvoll, kunstgerecht" und *manteia* „Weissagung (in einem Zustand der Verzückung/Ekstase)", von KALTEISS[1] eingeführt, beschreibt in Anlehnung zur >Geomantie das Erfahren der künstlichen Veränderung der natürlichen Strahlungsumgebung (vgl. >technomantische Zone, >technomantische Störung).

1 EWALD KALTEISS, dt., Hochfrequenz- und Radiaesthesieforschungen

technomantische Störung

Technomantische Störungen sind – im Gegensatz zu >geologischen Störungen – häufig nicht fixiert und können zeitlichen und räumlichen Veränderungen unterliegen (vgl. >Technomantie, >technomantische Zone). Bei einer ausschließlich auf den Schlafbereich reduzierten >Hausuntersuchung ohne sorgfältige >Außenbegehung und >Körpermessung ist der nur zeitweilig einwirkende Charakter der >Störfelder nicht zu erkennen. Bereits der PKW des Hausuntersuchers, der „zufällig" auf einer >Wasserader geparkt wird, kann eine entsprechende Störung erzeugen. Wenn sie dauerhaft einwirken, können die technomantische Störfelder ähnliche biologische Wirkungen hervorrufen, wie >Strahlungen natürlichen Ursprungs. Um die Einwirkdauer hinreichend zu beurteilen, ist eine Körpermessung bei dem Probanden unerlässlich. Werden hier >Intensitäten von 3 oder starker ermittelt, ist der Verursacher der Störung zu suchen und zu beseitigen.

Da sich die Strahlungsfelder von geologischen Störungen unter Witterungseinfluß verändern können (Änderung der Winkel der >Schrägstrahlung), können technomantische Störungen zeitweilig auch im Zusammenhang mit Klimawechsel auftreten.

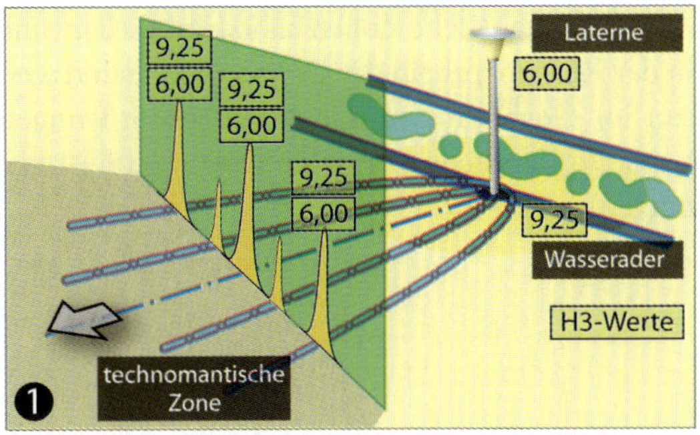

H3-Werte einer Technomantie aus konkreter Anregung einer Strassenlaterne durch die Hauptzonenkante einer Wasserader

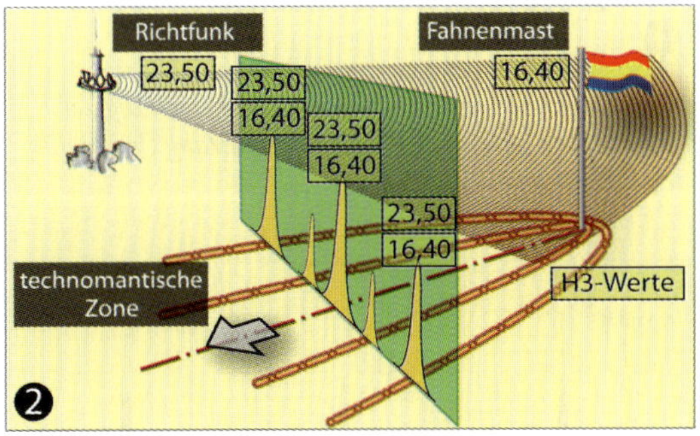

H3-Werte einer Technomantie aus diffuser Anregung eines Fahnenmastes durch eine Richtfunkstrecke

technomantische Zone

Von KALTEISS[1] eingefuhrter Begriff, der >Reaktionszonen beschreibt, die durch (unabsichtliche) künstliche Veränderung vorhandener >Strahlungszonen erzeugt werden. Technomantische Zonen sind in der Regel sekundäre >Störfaktoren und entstehen überwiegend durch Anregung der scheinbaren Strahlungsemittenten oder durch >Reflexion der primären Strahlungen.

Technomantische Zonen haben ihren Ursprung in der Regel oberhalb der Erdoberfläche und weisen im Gegensatz zu >geologischen Störungen keine >ordentlichen Strahlen (vgl. >Schrägstrahlungen) auf.

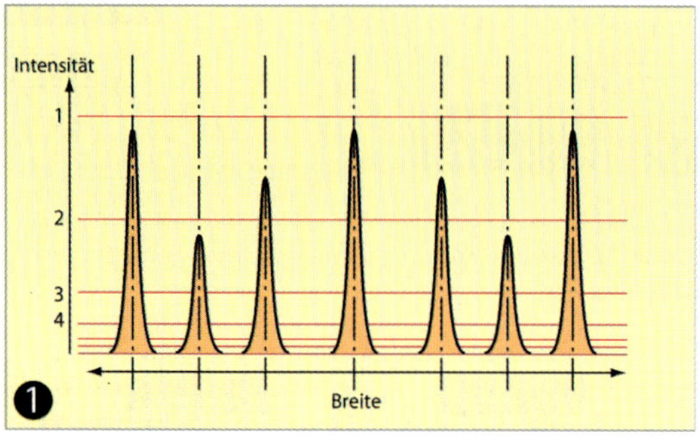

Reaktionszonen einer Technomantie – Verteilung der Intensitäten quer zur Ausbreitungsrichtung (beispielhafte Darstellung)

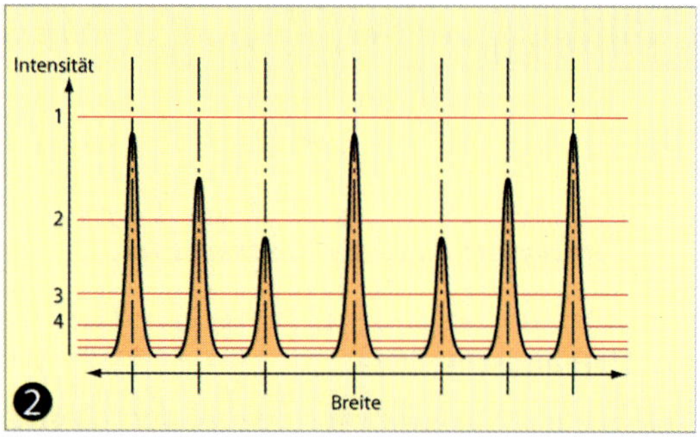

Reaktionszonen einer Geomantie im Vergleich (beispielhafte Darstellung)

Technomantische Zonen ähneln in ihrem Aufbau den >geomantischen Zonen, sie sind ebenfalls linienförmig und bestehen aus einer normalerweise ungeraden Anzahl als Strahlungswände empfundenen >Reaktionszonen. Die innere Zone (Symmetriezentrum) weist neben den beiden außen liegenden die höchste >Intensität auf. Die Intensitätsverteilung der einzelnen Zwischenzonen erfolgt von innen nach außen abnehmend (wie ein Satteldach), bei geomantischen Zonen dagegen zunehmend (wie ein Pagodendach).

Bei entsprechender Stellung des Anregungsgegenstandes können sich technomantische Zonen auch horizontal oder schräg ausbilden. In diesen Fällen wäre das Schaubild der Reaktionszonen parallel mit dem Anregungsgegenstand auszurichten.

Die tatsächliche >Feldausbildung der Technomantien entspricht wahrscheinlich nicht den Mutungsergebnissen, da zwischen den Reaktionszonen kein feldfreier Raum auftritt.

Unregelmäßig geformte Körper strahlen wesentlich kompliziertere Technomatien aus. Die Behandlung dieser Strahlungsfelder ist weiterführenden Fachausbildungen vorbehalten.

1 Ewald Kalteiss, dt., Hochfrequenz- und Radiaesthesieforschungen

H3-Werte Technomantien

Hinweis-Einstellung, allgemein	6,80 IU
angeregtes Eisen- / Stahlobjekt	5,50 ()*
angeregtes Elektrogerät	6,00 ()*

() Qualität meist induktiv
** Polarisation unipolar, links- und rechtsdrehend mögl.*

S. technomantische Zone

A. Aufgabenstellung:
Ein noch unbekanntes Strahlungsfeld als technomantische Zone identifizieren.

B. Hilfsmittel:
>H3-Rute oder >H3-Antenne, >Markierungshölzchen.

C. Ausgangslage:
Eine >Reaktionslinie wurde in der >Einfallsrichtung und in > Intensität bestimmt. Nach Überprüfung der >Schichtebenen und auf >Schrägstrahlung können >ordentliche Strahlen ausgeschlossen werden. Testung mit H3 = 6,80 IU ist positiv.

D. Felddetektierung:
Rechtwinklig zu der Reaktionslinie wird eine >Feldbegehung im >Geradeausschritt durchgeführt. Die Begehung erfolgt mit H3-Antenne mit dem Einstellwert H3 = 6,80 IU. Zusätzlich kann ein auf der ersten Reaktionslinie gewonnenes >Testobjekt eingesetzt werden.

Auf der festgelegten Begehungslinie werden die anderen zu dem System gehörenden Reaktionslinien zur ersten Linie gesucht, die parallel verlaufen müssen. Sie werden in ihrer Einfallsrichtung und Intensität bestimmt.

E. Ergebnis:
Eine technomantische Zone liegt vor, wenn die Begehung in einer Breite bis zu 50 m folgendes ergibt:

a) eine ungerade Anzahl von Reaktionslinien, die die jeweils gleiche Einfallsrichtung aufweisen und in etwa parallel verlaufen
b) die äußeren Linien und die mittlere Linie haben die höchsten Intensitäten
c) die Zwischenlinien nehmen in ihren Intensitäten zur Mitte hin zu.

F. Weitergehende Untersuchung:
Ausgehend von der mittleren Reaktionslinie wird der Ursprung der technomantischen Zone ermittelt. Direkt am Ursprung kann versuchsweise oder dauerhaft auf die als >Störfeld bezeichnete Zone eingewirkt werden.

Peiltechnik

Zonenverfolgung

Feldveränderung

tellurisch

Von lat. *tellus*, „Erde, auf die Erde bezogen". Mit tellurischen Strömen bezeichnete man früher >radiaesthetisch messbare linienförmige Störungen, die aus der Erde herausstrahlen.

Témoin

Franz. „Zeuge, Zeugnis, Beweis", bezeichnet in der >Radiaesthesie >Testobjekte.

Testobjekt

Ein Testobjekt ist ein >Informationsträger (Mineral, Element, Medizin, Pflanzenteil o. ä.) zur Unterstützung des Aufspürens gleichartiger Objekte. Das Testobjekt befindet sich z. B. in kleinen Glasröhrchen[1], die auf die Spitze der >H3-Antenne, der >H3-Rute oder an einem Pendel befestigt werden. Nach dem >Resonanzprinzip erzielt man mit Testobjekten eindeutigere Ergebnisse (>Nosoden).

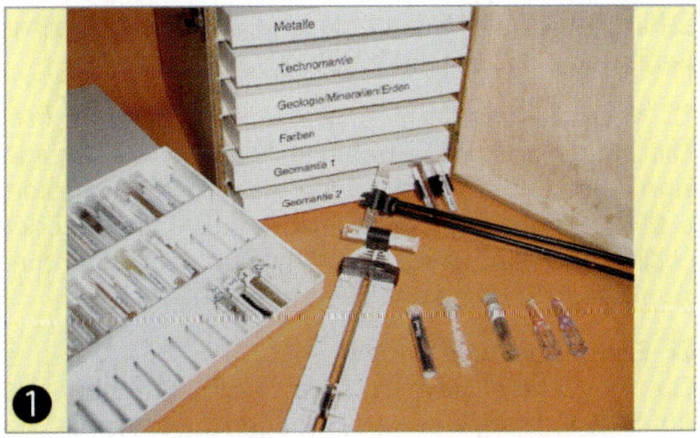

Testobjekte – Aufbewahrung und Verwendung

Testobjekte wirken auf zwei unterschiedliche Arten:

1. durch ihre >Eigenstrahlung direkt auf die >Reaktion auf ein resonanzgleiches >Strahlungsfeld (Minerale, Elemente, Ursubstanzen)
2. durch sogenannte >Verladung auf die geistige Ankopplung an ein resonanzbereites Zielobjekt (Schwingungsträger, Homöopatika, Nosoden).

Während die erste Gruppe der Testobjekte eher der >realen Arbeitstechnik zugeordnet werden kann, ist die zweite Gruppe ohne eine >mentale Ankopplung nicht nutzbar.

1 Als Testobjekte sind nur Glasröhrchen geeignet, die ausreichend infrarote- und ultraviolette Strahlung durchlassen, z. B. die aus AR-Glas® bestehen (AR-Glas® ist eingetragenes Warenzeichen der Fa. Schott-Rohrglas GmbH – www.schott.com)

S. Testobjekte

A. Aufgabenstellung:
Gewinnung von Testobjekten zur vollständigen Untersuchung einer >Zone geologischen, geomantischen oder technomantischen Ursprungs.

B. Hilfsmittel:
>H3-Antenne, >Markierungshölzchen, Testobjektröhrchen aus AR-Glas® mit 9mm Durchmesser, Verschlußstopfen, Beschriftungsetiketten und Aufbewahrungsschachtel, für die Variantenlösung eine Bienenwachskerze und ein Blatt sauberes Papier.

C. Ausgangslage:
Die >Mittellinie des >Strahlungsfeldes wurde in Lage und Verlauf bestimmt (Siehe dazu >Spektroide, >Verwerfung, >geomantische Zone oder >technomantische Zone). Am künftigen Entnahmepunkt kann Bodenmaterial entnommen werden.

D. Entnahmestelle finden:
Da möglichst keine fremden >Informationen das künftige Testobjektes verunreinigen sollen, muss die beste Entnahmestelle in Längsrichtung der Mittelachse gesucht werden. Dazu wird gegen die >Einfallsrichtung mit H3= 6,40 CR (>mentale Abfrage) exakt auf der Mittelachse mit der >Zielvorgabe: „frei von Fremdeinflüssen" gesucht. In der Regel wird so nach wenigen Metern eine freie Stelle detektiert. Unmittelbar über der Entnahmestelle am Boden wird noch einmal die genaue Lage der Mittelachse überprüft und in Längsrichtung der Entnahmepunkt feinbestimmt.

E. Teströhrchen füllen:
An dem Entnahmepunkt wird zunächst die Bodenschicht etwas von den „Tageseinflüssen" befreit. Mit einem Markierungshölzchen durchbohrt man dazu die Oberfläche ca. 2-3 cm tief. Dann wird – wenn der Boden genügend weich ist – das Röhrchen mit seiner Öffnung direkt hineingebohrt und so nach genügender Füllung (halbvoll genügt) wieder herausgezogen. Mit einem Zweig oder kleinem Holzstück wird die überstehende Erde abgestreift und der gewonnene Boden etwas in das Röhrchen gedrückt. Das gewonnene Material sollte dabei möglichst nicht berührt werden. Dann kann das Röhrchen verschlossen und beschriftet werden.

F. Variante bei festen Untergründen:
Befindet sich der Entnahmepunkt auf festem Untergrund (Fels, Pflaster, Bodenfliesen oder Holzparkett), wird zur Gewinnung des Testmaterials Bienenwachs benutzt. Hierzu wird von einer brennenden Bienenwachskerze behutsam eine etwas erbsengroße Menge Wachsmaterial auf ein am Entnahmepunkt ausgelegtes Papier getropft (Abb. 2 + 3).

Wenn es nach einigen Minuten erkaltet ist, kann man es in das Röhrchen füllen. Dabei sollte das Wachs möglichst nicht berührt werden (Abb. 4 + 5).

Während der Abkühlungsphase speichert das Wachs die >Schwingung ein, die am Entnahmepunkt einwirkt.

G. Aufbewahrung

Testobjekte sind in speziellen Schachteln mit Unterteilungen aufzubewahren. Sie sind gut gegen Sonneneinstrahlung zu schützen und sollten bei dauerhafter Lagerung an einem neutralen Platz aufbewahrt werden.

Thermalwasser

Von griech. *thermos* „warm, heiß", bezeichnet in der Hydrologie unterirdisches Wasser mit Temperaturen von mehr als 20°C.

Ähnlich wie bei >Druckwasser und bei >solehaltigem Wasser kommt es über >Wasseradern mit höheren Wassertemperaturen zu einer Veränderung der in der Literatur angegebenen >Grifflängen. Wenn Wasser lediglich höhere Temperaturen aufweist, nicht jedoch unter Druck steht oder solehaltig ist, kann es nur mit Einsatz veränderter Grifflängen detektiert werden. Tritt bei Thermalwasser zusätzlich Druck bzw. höhere Mineralisierung auf, spaltet sich die Standardgrifflänge H3 = 3,10 in den Basiswert und in mehrere variable Verschiebungswerte auf, die jeweils von Temperatur, Druck oder Mineralisation abhängen.

H3-Werte Thermalwasser

Temperatur	H3-Werte		
0 – 18 °C	3,10	7,80	9,25
ca. 22°C	3,15	7,88	9,40
ca. 25°C	3,20	8,00	9,60
ca. 27°C	3,30	8,25	9,90
ca. 30°C	3,50	8,75	10,50
ca. 42°C	4,00	10,00	12,00
ca. 55°C	5,00	12,50	15,00
ca. 75°C	6,00	15,00	18,00

Die angegebenen Temperaturen sind Mittelwerte, die einer größeren Schwankungsbreite unterliegen.

Thermoskanneneffekt

Bei >Hausuntersuchungen wird beobachtet, dass die heute üblichen mehrschichtigen Wandaufbauten die >Strahlungsfelder anders beeinflussen, als die früher üblichen einschichtigen.

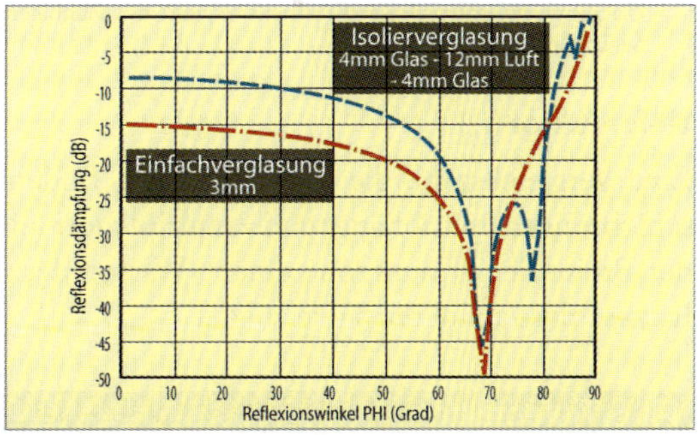

Reflexionsdämpfungen im Vergleich – Die Doppelverglasung reflektiert deutlich stärker als die Einfachverglasung[1]

Strahlungsfelder, die sich unter ungestörten Verhältnissen eher in alle Richtungen radial vom

Ursprung her ausbreiten, werden von glatten und harten Oberflächen und mehrschichtigen Wandaufbauten stärker in den Innenraum zurückreflektiert. Dieses Verhalten gleicht dem Prinzip einer Thermoskanne, deren Schichtaufbau die Wärmestrahlungen reflektiert.

Auf diese Weise erscheint erklärbar, warum sich bei den heutigen Bauweisen die hausgemachten >Störfelder stärker hervorheben als von außen einstrahlende.

Nach Beobachtungen des Verfassers verstärken glatte Betonwände (Kellerwände), Doppelverglasungen, Fassaden mit Vollwärmeschutz (Trägergewebe, z.T. gegen „Elektrosmog“ armiert), Metallfolien der Dachisolierung und ähnliche die >Rückstrahlung. Weiche, porige, rauhe und unebene Bauteile dämpfen das >Reflexionsverhalten.

1 Abbildung nach Lebherz et al.: Beurteilung des Reflexions- und Schirmungsverhaltens von Baustoffen, aus: Bauphysik 6/1990. Das Diagramm bezieht sich auf die Arbeitsfrequenz des Flughafen-Sekundärradars von 1.033 MHz

Tiefenfaktor (f_D)

Eine Vergleichszahl, die von Gesteinen, Bodenschichtungen usw. abhängt und – multipliziert mit der Breite der >Hauptzone einer >Wasserader – Rückschluss auf deren Tiefe zulässt.

S. Tiefenfaktoren

A. Hilfsformel nach R. Schneider:

Für einfache Schichtaufbauten zwischen der anzugebenden >Wasserader und der Erdoberfläche und schmalen unterirdischen Wasserläufen können die angegebenen Tiefenfaktoren als grobe Schätzung eingesetzt werden in:

$$T = B_H * f_D \qquad (11)$$

wobei

T die Tiefe der zu suchenden Wasserader
B_H die mittlere Breite der Hauptzone
f_D der Tiefenfaktor ist.
Die mittlere Breite der Hauptzone bemisst sich jeweils von der Mitte der rechten Hauptzonen-Kantenbreite bis zur Mitte der linken.

verschiedene Werte für f_D	
Sand (feucht)	3 – 5
Kies (feucht)	4 – 5
Sand (trocken)	6 – 9
Buntsandstein	8 – 10
Granit	10 – 12
Lehm (feucht)	13 – 16
Ton (feucht)	18 – 22
Zur ersten Abschätzung wird der Mittelwert eingesetzt.	

B. Beispiel:

Buntsandstein, gemutete Hauptzonenbreite 1,65 m
*T = 1,65 m * 9 = 14,85 m*
-> erwartete Tiefe der Ader liegt bei ca. 15 m.

C. Hinweise:

Die Verwendung dieser Formel ist bei mehrschichtigem Bodenaufbau problematisch. Hier hilft nur eine Kalibrierung an bekannten gleichen Bodenverhältnissen oder weitergehende >radiaesthetische Spezialverfahren. Aufgrund neuerer Forschungen ist die Formel erst bei Wassertiefen von mehr als 7 m einsetzbar.

In der Regel zuverlässig, aber aufwendig, ist die Tiefenbestimmung über die Ermittlung der dritten Ankündigungen mit H3 = 15,45. Die Tiefe ist dabei gleich der gemittelten Distanzen dieser Zonen, jeweils von der Mitte aus gemessen.

Track lines

>Radiaesthetisch auffindbare Linien, von UNDERWOOD[1] beschrieben. Er benutzt dazu eine spezielle „Geodetic rod" (vgl. unter >Aquastats) und definiert Track lines als positiv. Dazu wird diese Spezialrute mit festem Griff in die rechte Hand genommen und mit der linken auf dem anderen Ende leicht austariert.

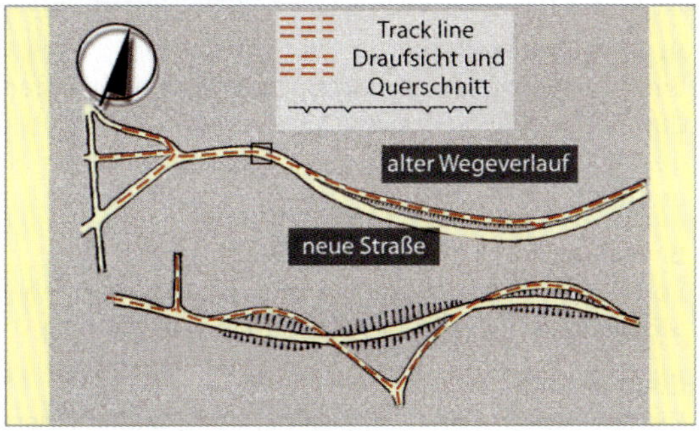

Track lines, wie sie UNDERWOOD an Straßen in Südengland beschreibt

Track lines werden häufig an Kultplätzen und an alten Wegen gefunden. Sie könnten vom Aufbau her ihre Entsprechung in der >Grifflängentechnik in den >geomantischen Zonen haben, wenn sie nicht lt. UNDERWOOD so stark gewunden, im Zickzack oder in anderen unregelmäßigen Bahnen verliefen. Hier stellt sich allerdings die Frage, ob nicht auch die unterschiedlichen >Denkmuster sowohl in der einen als auch in der anderen Richtung die Wirklichkeiten zu einseitig interpretieren.

Gerade der Verlauf der Track lines scheint große Ähnlichkeit mit dem >Ch'i-Fluß im >Feng Shui aufzuweisen. In diesem Fall wäre zu prüfen, ob die Linien ortsfest auftreten oder ob sie (wie im Feng Shui die Regel) sich verändern.

1 GUY UNDERWOOD, engl, Radiaesthesieforschungen, Autor von „Pattern of the past"

H3-Werte Track lines	
Hinweis-Einstellung, allgemein	9,30 CR
Kombiniert mit	6,90 IR
Bei der Detektierung ist das Testobjekt Ch'i mit einzusetzen.	

Trägerschwingung

Bei der Übertragung von Signalen über >elektromagnetische >Schwingungen werden lange >Wellen auf kürzere Wellen aufgeprägt (>Modulation).

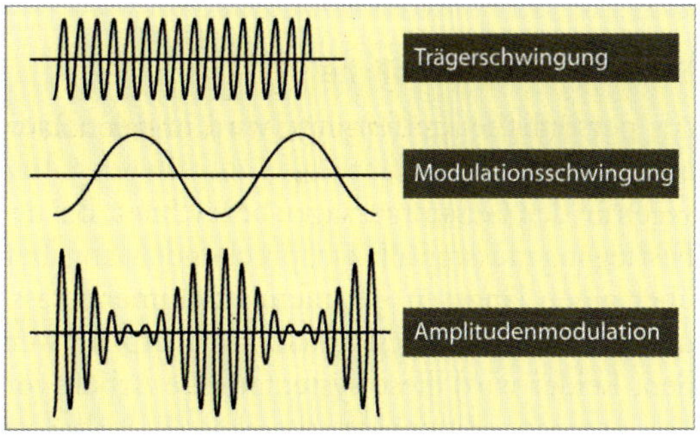

Trägerschwingung als Basis einer längeren sinusförmigen Modulationswelle als einfaches Schaumodell

In der >Radiaesthesie werden >Strahlungsfelder stets mit einem Gemisch aus einer Vielzahl von Wellenlängen detektiert. Hier ist es oftmals schwierig, die Trägerschwingungen herauszufiltern. Bei >Wasseradern werden die Trägerschwingungen mit H3 = 3,10 ermittelt. Die anderen begleitenden Wellenlängen sind vermutlich als Modulationen anzusehen. Gelingt es, die Trägerschwingung zu eliminieren, hat die modulierte Welle keinen Träger mehr und erlischt.

Im Gegensatz zu den >Informationsaufprägungen der Modulation ist bei dem resultierenden >Wellenbild des >Körperscans von Überlagerungen unterschiedlicher Wellen auszugehen. Hier stehen die einzelnen Wellen gleichberechtigt nebeneinander und müssten bei einer Elimination einzeln behandelt werden.

Transversalwellen

Von lat. *transversus* „quergehend, schräg", bezeichnet >Wellen, die quer (senkrecht) zur Ausbreitungsrichtung schwingen. Als Beispiel wären die >elektromagnetische Wellen oder die Wellen auf der Wasseroberfläche anzusehen.

Trefferquote, persönliche

Als persönliche Trefferquote wird in der >Radiaesthesie der Prozentanteil von zutreffenden Aussagen an den Gesamtaussagen bezeichnet. Bei der Festlegung müssten alle entsprechenden Angaben über einen längeren Zeitraum zusammengefasst und auf ihren Wahrheitsgehalt hin überprüft werden. Leider wird diese systematische Arbeit von nur wenigen >Rutengängern geleistet. Insbesondere bei >mentalen Abfragen sollte einkalkuliert werden, dass zwar Antworten leicht und genau zu erhalten sind, der Wahrheitsgehalt normalerweise selten überprüft wird, bzw. sich selten überprüfen lässt. Es empfiehlt sich daher, die eigene persönliche Trefferquote selbst zu ermitteln. Für den allgemein mentalen Bereich (Abfrage ohne direkten Bezug zu den vorhandenen >Strahlungen) kann z. B. der Spielkartentest angewendet werden. Die Trefferquote hängt einerseits von den persönlichen Fähigkeiten ab (individuelle Grundvoraussetzungen, jahres- oder tageszeitliche Schwankungen, momentane Vorbelastungen), andererseits von den gegebenen Einstimmungsmöglichkeiten, dem Schwierigkeitsgrad und den anwendungsgerechten Arbeitstechniken und -geräten.

A. Trefferquote

A. Aufgabenstellung:
Ermittlung und Steigerung der persönlichen Trefferquote, aus einem Satz von 32 Spielkarten sind von 4 gezogenen Karten die Anzahl der Kreuz-Farben zu ermitteln.

B. Hilfsmittel:
Spielkartensatz mit 32 Karten, >radiaesthetischer >Indikator, Schreibheft als Tagebuch

C. Auswahl:
Die Spielkarten sind gründlich gemischt und in einem Stapel verdeckt abgelegt. Daraus werden 4 beliebige Karten gezogen und für jedermann verdeckt der Reihe nach abgelegt.

D. Abfrage:
Mit Hilfe des Indikators erfolgt die Ermittlung jeder einzelnen Spielkartenfarbe. Über jeder Karte ist abzufragen nach „Hat die Karte die Farbe Kreuz". Danach folgt die Frage nach Pik usw. Die Reaktion des Indikators wird dabei festgelegt mit Reaktion = ja, keine Reaktion = nein. Das Ergebnis wird notiert.

Beispiel:
gemutet: 1. Karte Kreuz, 2. Pik, 3. Pik, 4. Karo

E. Auswertung:
Jetzt wird aufgedeckt und verglichen. Dabei ergeben sich folgende Zufallswahrscheinlichkeiten:

4 Farben richtig =	6,25 %
3 Farben richtig =	8,33 %
2 Farben richtig =	12,50 %
1 Farbe richtig =	25,00 %

Beispiel:

gemutet: *1. Karte Kreuz, 2. Pik, 3. Pik, 4. Karo*
aufgedeckt: *1. Karte Herz, 2 Pik, 3.Karo, 4. Karo*
Ergebnis: *2 Treffer bei 4 Fragen*

F. Wiederholung:
Um eine von zufälligen Ergebnissen befreite Aussage zu bekommen, sollte die Spielkartenmutung unter den unter A bis E beschiebenen Bedingungen 10 Mal wiederholt werden. Dabei ist anschließend die Gesamtanzahl der Treffer mit der Gesamtanzahl der Fragestellungen ins Verhältnis zu setzen. Der so ermittelte Prozentwert gilt als persönliche Trefferquote.

Beispiel:
Ergebnis 1. Test: *2 Treffer bei 4 Fragen*
Ergebnis 2. Test: *1 Treffer bei 4 Fragen*
..usw.
Gesamtergebnis: *16 Treffer bei 40 Fragen*
ergibt eine Trefferquote von 0,4 = 40 %.

G. persönliche Trefferquote:
Da sich eine zufallsbereinigte Verteilung des Verhältnisses von Treffern zu Fragen erst nach einer großen Anzahl von Versuchen zeigt, sollte dieser Versuch 10 Tage fortgesetzt werden. Dabei sind alle Werte in einem Tagebuch zu notieren. Es ergibt sich somit eine Summe von 400 Fragen. Die Anzahl der Trefferquoten werden dabei erheblich schwanken. Die Gesamtzahl der Treffer ist dabei durch die Gesamtzahl der Fragen zu teilen. Dabei ist jedes Ergebnis, das über 20 % liegt, schon als außerhalb der Zufallsnorm anzusehen. 30 % deuten schon auf sehr gute Fähigkeiten hin.

H. Wertung:
Lassen Sie sich nicht entmutigen! Selbst sonst hervorragend arbeitende Rutengänger waren froh, beim ersten Mal überhaupt signifikant erhöhte Quoten zu erreichen. Dieser Test führt dazu, die eigenen mentalen Fähigkeiten realistisch einzuschätzen. Trefferquoten, von 90 % und mehr, wie manche „erfahrene" Rutengänger zu erzielen vorgeben, sind unter den Bedingungen dieses Testes absolut unrealistisch.

I. Steigerung der Trefferquote:
Es ist schon interessant, dass durch verbesserte Konzentration, freimachen von Erwartungshaltungen und nach Befreiung von anderem Alltagsstress sich eine allmählich bemerkbar machende Steigerung der Trefferquote ergeben kann. Allerdings sollte im Interesse einer Objektivierbarkeit dabei von Zeit zu Zeit der Spielkartensatz ausgetauscht und gelegentlich die Auswahl der Karten von einer zweiten Person vorgenommen werden.

Turbulente Strömung

Von lat. *turbo* „Wirbel", bezeichnet in der Hydraulik einen Fließzustand, bei dem die einzelnen Flüssigkeitsteilchen ständig durcheinander gewirbelt werden. Neben der eigentlich nach vorne gerichteten Fließbewegung treten Quer- und Rückwärtsbewegungen auf, die sich teilweise überlagern. In der >Radiaesthesie ist von Bedeutung, dass eine stark turbulente Strömung die >Clusterbildung teilweise zerstören kann (vgl. >laminare Strömung).

Turbulente Strömungsverhältnisse in einem durchlässigen Grundwasserleiter bei gleichmäßiger Korngrößenverteilung[1]

In Grundwasserleitern aus homogenem, feinkörnigem Material lässt sich in der Regel laminare Strömung nachweisen. Die >Wasseradern transportieren >Informationen über längere Strecken, allerdings übernehmen kleine Turbulenzen in den Feinporen eine gewisse „reinigende" Funktion. Nimmt der Porenanteil dagegen bei groben Kiesen zu und treten zusätzlich durch Schichtgefälle größere Fließgeschwindigkeiten auf, geht die Strömung in den turbulenten Zustand über (vgl. >Kieswasserader).

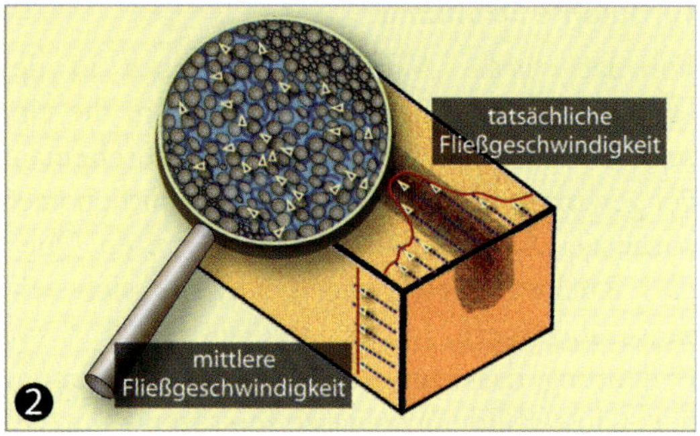

Turbulente Strömungsverhältnisse in einem durchlässigen Grundwasserleiter bei ungleichmäßiger Korngrößenverteilung, wie sie innerhalb einer Wasserführung regelmäßig beobachtet wird.

1 Nach Vorlage von Langguth/Vogt in „Hydogeologische Methoden"

Ultraschall

Schallwellen, die oberhalb der Hörschwelle in einem >Frequenzbereich zwischen 20 kHz und 1 GHz eingeordnet werden. Ultraschall breitet sich wie Schall generell in Gasen und Flüssigkeiten als >Longitudinalwellen aus.

>Radiaesthetisch kann Ultraschall mit der H3-Antenne und eingesetztem >Akustiksensor nachgewiesen werden.

Umpolarisation ⊕

Bezeichnet eine Änderung der >Polarisation, die durch bestimmte natürliche Gegebenheiten, künstliche Vorrichtungen oder vorübergehende Einwirkungen hervorgerufen werden kann. In der >Geomantie wird diese Form der >Feldveränderung benutzt, um z. B. >geologische Störzonen zu positivieren. Bei Strahlenbündelungen, wie sie in >spektroidenförmigen Systemen auftreten, können durch Umpolarisation sowohl einzelne, mehrere, als auch alle auftretenden >Wellenlängen verändert werden.

a) Die Umpolarisation von geologischen >Störzonen kann durch gezieltes Platzieren (bei dauerhaftem Einsatz unbedingt vergraben!) von >Spiralen, Steinsetzungen oder durch Pflanzen bestimmter Gewächse vorgenommen werden. Diese müssen mit den Wellenlängen der umzupolarisierenden >Zonen in >Resonanz stehen.
   Die >ordentlichen Strahlen, die dort durch >Doppelbrechung an der Austrittsfläche der Strahlen entstehen, werden in der Regel ebenfalls umpolarisiert. Da sie im Normalfall bei >linksdrehenden >Zonen >rechtsdrehend sind, können hier unerwünschte Nebenwirkungen auftreten. Typisches Beispiel sind >Kirchen, in deren Längsachse eine umpolarisierte ursprünglich linksdrehende >Wasserader verläuft. Sie gelten sehr häufig als fußkalt, bzw. man spürt in den Knien (wenn man in der Nähe des Mittelganges sitzt) oder in den Unterschenkeln (wenn man in der Nähe der Außenwände sitzt) ein mehr oder weniger starkes Kältegefühl. Dies rührt von dem nunmehr auf linksdrehend umpolarisierten ordentlichen Strahl her, der z. B. von der Mittelachse der Wasserader flach geneigt zu den Außenwänden hin ansteigt. Die in der >Mittelachse auftretenden >Wellenlängen sind mit H3 = 1,55 und H3 = 3,10 nachzuweisen. Sind diese Werte linksdrehend, erzeugen sie „kalte Füße“, bzw. ein Kältegefühl an den Körperstellen, auf die diese Strahlung trifft.

Umpolarisierung einer Wasserader, die einen mittelalterlichen Brunnen speist

b) Die Umpolarisation von >Stoffstrahlungen kann durch mechanische Einwirkungen hervorgerufen werden. Milchzucker, der in der Regel handelsüblich in linksdrehender Form vorliegt, kann in einem Mörser umpolarisiert werden, indem er mit einem Stößel gegen den Uhrzeigersinn (also linksherum) in kreisförmigen Bewegungen gemahlen wird. Ähnliche Wirkungen ruft das in alter Handwerkskunst gebräuchliche Ritual des „letzten Schliffes" hervor. HENSCH[1] beobachtete, dass die Innenseiten von Holzfenstern rechtsdrehende Eigenschaften bekommen, wenn die gleichförmige Streichrichtung des „letzten Schliffes" von unten nach oben und von rechts nach links (Richtungsangabe bezogen auf die Innenseite des eingebauten Fensters) verläuft. Beim letzten Schliff muss jedoch stets geradlinig gearbeitet und der Schleifblock darf nicht zurückgezogen werden. Verstärkende Wirkung dürfte sich nach Ansicht des Verfassers ergeben, wenn die Zwischenschliffe nach dem jeweiligen Auftragen von guten Naturharzimprägnierölen ebenfalls in dieser Technik ausgeführt werden.

c) Die Umpolarisierung von Wasser (vgl. >Wasser, heiliges) ist ebenfalls möglich, die Anleitung dazu würde jedoch den Rahmen dieses Buches überschreiten.

Umpolarisierungen zur Verbesserung von Schlaf- und Wohnplätzen sollten wegen der kurz- und langfristig auftretenden Nebenwirkungen nur äußerst vorsichtig eingesetzt werden. Zum einen können rechtsdrehende Strahlungen mit höherer Intensität unerwünschte biologische Auswirkungen haben, zum anderen ist zu beachten, dass die bei der Doppelbrechung entstehenden ordentlichen Strahlen, die in der >Normalspektroide von geologischen Störungen bereits die entgegengesetzte Polarisation besitzen, sich ebenfalls umpolarisieren. In diesen Fällen werden die ehemals positiven (= rechtsdrehenden) ordentlichen Strahlen mit ihrer meist hohen >Intensität linksdrehend. Die Folgen könnten verheerend sein.

1 Prof. EIKE GEORG HENSCH, Biophysikalisches Forschungsinstitut, Neue Straße 20, 31582 Nienburg

Untergriff

Die gebräuchlichste >Rutenhaltung in der >Grifflängentechnik ist der sogenannte Untergriff. Die Rute wird so gehalten, dass die jeweilige Grifflängenmarkierung zwischen kleinem und Ringfinger liegt und gerade noch sichtbar bleibt. Beide Rutenschenkel müssen die gleiche Länge haben und die freien Enden dürfen keine nennenswerten Nebenbogen bilden (vgl. >Grifflänge). Die Rutenspitze sollte in einem Winkel von ca. 15° nach oben weisen.

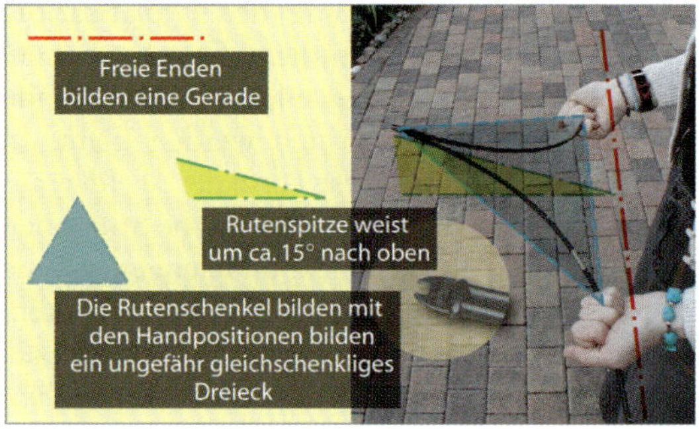

Haltung einer H3-Rute im Untergriff

Die Anwendung des Untergriffs hat gegenüber der früher gebräuchlichen Methode, die Rutenschenkel von oben zu greifen, den Vorteil, nicht so energetisch-gesundheitlich zu belasten.

Vereinbarung, mentale

Siehe >mentale Vereinbarung

Verkürzungsfaktor (V_k)

Beschreibt den Unterschied zwischen der mechanischen und der elektrischen Länge einer >Antenne. Bei einer unendlich dünnen Antenne läge der optimale Empfangsgewinn (>Antennengewinn) bei einer Länge, die der zu empfangenden >Wellenlänge (>Lambda λ) gleichgesetzt werden kann.

Bei den verwendeten >Kunststoffruten ist ein durch Material und Dicke bestimmter Umrechnungsfaktor maßgeblich, mit dessen Hilfe von der Wellenlänge auf die >Grifflänge geschlossen werden kann. Die Grifflänge ist stets kleiner als die gemessene Wellenlänge. Der Verkürzungsfaktor wird in der Technik als Prozentwert angegeben, mit dem die betreffende Wellenlänge multipliziert werden muss. In der nebenstehenden Umrechnungstafel wurde in Umrechnungsformeln in der Kopfleiste mit den Kehrwerten der Verkürzungsfaktoren für die einzelnen Grifflängenruten dividiert.

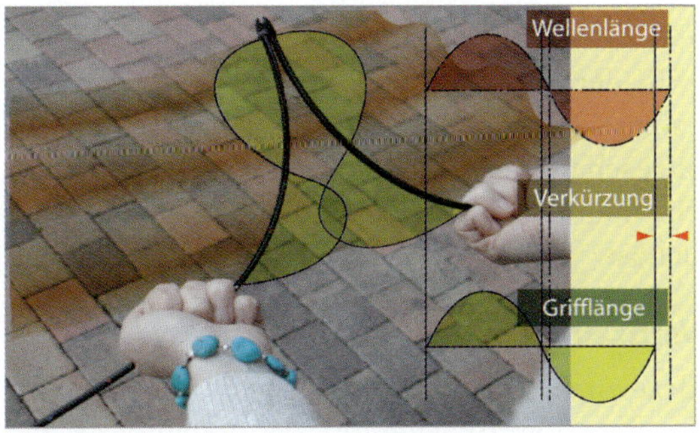

Der Verkürzungsfaktor in der Grifflängentechnik

Eine Ausnahme gilt für schleifenförmige Antennen und Ruten. Hier wird ein Verlängerungsfaktor eingesetzt, für den nach Angabe von KALTEISS[1] gilt:

$$\lambda * 1{,}025$$

Verkürzungsfaktoren für 1/2 λ

Rutentyp	V_k	$1/V_k$
KR25 (ø 3mm)	90,1 %	1,110
KR35 (ø 4 mm)	88,9 %	1,125
KR50 / 65 / H3-Rute	88,1 %	1,135
Lecherantenne	50,0 %	2,000
H3-Antenne	100 %	1,000

Lecherantenne und H3-Antenne werden jeweils auf die ganzzahligen Vielfachen von λ/2 eingestellt

Verkürzungsfaktoren (Beispiele)

WL (λ) (cm)	H3-Wert (cm)	Grifflänge H3-Rute (cm)
5,0	(1,3) 2,50 / 5,00	4,4
10,0	(2,5) 5,00 / 10,0	8,8
12,3	(3,1) 6,15 / 12,3	11,0
20,0	(5,0) 10,0 / 20,0	17,6
30,0	(7,5) 15,0 / 30,0	26,4
40,0	(10,0) 20,0 / 40,0	35,2

1 EWALD KALTEISS, dt., Hochfrequenz- und Radiaesthesieforschungen

verladen / Verladung

PIERRE TRESSEL[1] beschreibt, dass ein >Testobjekt (>*Témoine*) vor dem Gebrauch stets zu verladen ist. Während das Testobjekt im materiellen Sinne eine Stoffprobe oder ähnliches sein kann, ist die Verladung dagegen das geistige Spiegelbild in der Vorstellung des >Radiaestheten. Somit wird deutlich, dass nicht das Testobjekt alleine wirkt, sondern nur, wenn es gelingt, ein präzises Abbild davon mental zu benutzen.

1 Pierre Tressel: La pratique de la radiésthesie, dt. Die praktische Pendelforschung, Reprint 1988, CH-Heimberg

Vermessungslinie, historische

Aus der Antike ist bekannt, dass bei planmäßigen Stadtgründungen ein spezielles Gründungsritual durchgeführt wurde. In diesem Ritual spielt die Limitation (Grenzvermessung) eine wichtige Rolle.

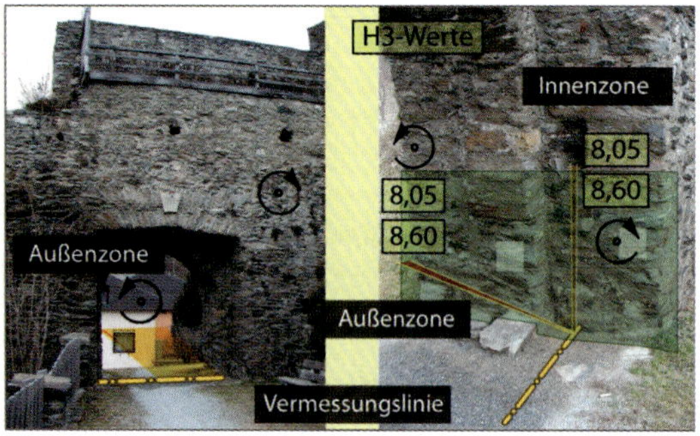

Vermessungslinie an einem mittelalterlichen Stadttor (Gieshübltor in Murau/Steiermark)

Von Cato[1] wird dieser Vorgang detailliert beschrieben:

„... an einem durch günstige Vorzeichen bestimmten Tag spannt der in eine Toga gehüllte Gründer rechts einen weißen Stier und links eine weiße Kuh vor den Pflug. Dessen Schar muss aus reinem Kupfer sein. Dann zieht er, die Kuh an der Innenseite führend, eine Furche und hält die Pflugschar dabei schräg, so dass die Schollen innen aufgeworfen werden. Die auf diese Weise gehäufte Erde bedeutet die Stadtmauer, die Furche den Graben. An den für die Tore bestimmten Stellen wird der Pflug hoch gehoben. Denn diese sind profan, während die Mauer heilig ist, ebenso wie der von der Furche umgrenzte Raum, das Stadttemplum ...“

Wie Humpert und Schenk[2] nachgewiesen haben, sind ein Großteil der heutigen Städte Gründungen des Mittelalters, denen eine planmäßige Vermessung von Stadtmauern, Hauptstraßen, Baufluchten usw. zugrunde liegt.

Für beide Siedlungsformen gilt, dass sich die Vermessungslinien heute noch >radiaesthetisch nachweisen lassen.

1 Marcus Porcius Cato, (234-149 v. Chr.) römischer Politiker und Schriftsteller, Zitat entnommen aus Franz Heigl: Die symbolische Stadt, DBZ 1/94

2 Klaus Humpert, Martin Schenk: Entdeckung der mittelalterlichen Stadtplanung, Stuttgart 2001

Vertikalantenne

In der Elektrotechnik bezeichnet man als Vertikalantenne eine Vorrichtung, die >elektromagnetische Wellen abstrahlt oder empfängt und deren elektrische Feldlinien sich senkrecht zur Erdoberfläche ausbilden. Markantes Beispiel für eine Vertikalantenne ist ein senkrecht stehender Funkmast oder die aufgerichtete Stabantenne eines Transistorradios.

In der >Radiaesthesie kann ein >Pendel mit seinem senkrechten Faden als Vertikalantenne angesehen werden, wenn man unterstellt, dass ein Empfang von Signalen über den Faden möglich ist.

Vertikalrute

Bezeichnet die >radiaesthetische Entsprechung zu einer >Vertikalantenne der Technik. Da der (vertikal ausgerichtete) Körper des >Radiaestheten als offenes biologisches System ebenfalls wirksam in das Empfangssystem Rute/Rutengänger eingebunden ist, ist es nicht zwingend notwendig, vertikal polarisierte >Strahlungen mit speziellen Vertikalruten aufzuspüren. Die Geschichte der Radiaesthesie zeigt jedoch, dass diese Ruten – vor allem im Altertum – umfangreicher eingesetzt wurden. Als Vertikalruten sind besonders die früher gebräuchlichen Stäbe einsetzbar (vgl. >Lituus).

Verwerfung

Mit Verwerfung wird in der >Radiaesthesie eine >geologische Störung bezeichnet, die an der Oberfläche – ähnlich wie eine >Wasserader – ein Spektroidensystem erzeugt.

Dies sind Verschiebungen benachbarter Schichten innerhalb der Erdkruste längs einer Bewegungsfläche. Die Verschiebung kann in alle Richtungen erfolgen.

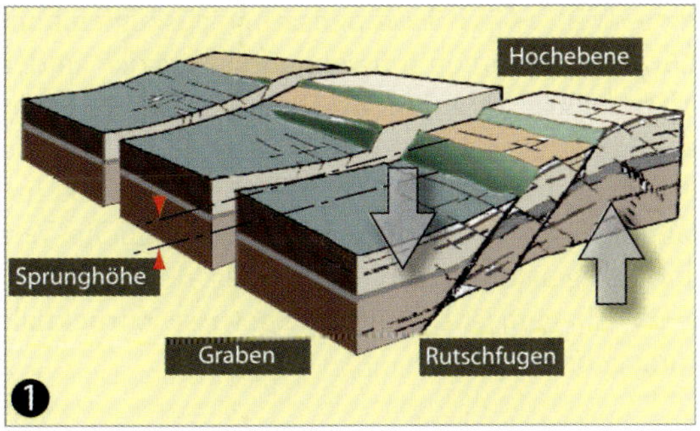

Entwicklungsstadien einer Verwerfung (Rand eines Grabenbruches)

Die >Spektroide einer radiaesthetischen >Reaktionszone, die an verschiedenen Stellen über einer Verwerfung gebildet wird, ist im Gegensatz zu einer Wasserader nur einseitig, also mit der Lichtbrechung an einem Glasprisma zu vergleichen.

Der biologisch wirksame Bereich befindet sich innerhalb einer >Zone, in der alle >Wellenlängen des radiaesthetischen Messbereichs in auf- bzw. absteigender Reihenfolge vorkommen (>Multiwellenzone).

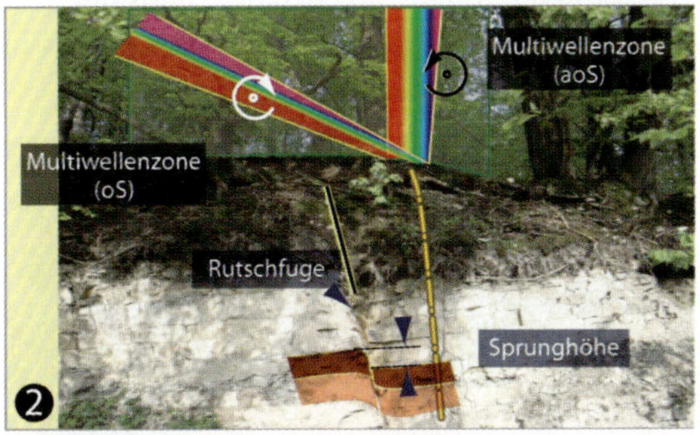

Multiwellenzonen an einer Verwerfung

Wie bei anderen geologischen Störungen auch entsteht bei Austritt der Wellen an der Oberfläche eine zusätzliche >Schrägstrahlung (vgl. Wasserader). Wie bei der >Doppelbrechung entstehen dabei die flachgeneigten >ordentlichen Strahlen (oS) und die fast senkrecht stehenden >außerordentlichen Strahlen (aoS). In der Mitte der Spektroide, die die aoS bilden, befindet sich – aufzufinden mit H3 = 8,65 – ebenfalls eine „>Mittelachse“, in der alle Wellenlängen der Multiwellenzone gebündelt vorkommen.

Die genaue Untersuchung der außerordentlichen Strahlen einer Multiwellenzone zeigt eine Spektralverteilung der einzelnen Wellenlängen, die in der Regel den ganzen Untersuchungsbereich mehr oder weniger gleichmäßig ausfüllt.

Die Mittelachse gliedert sich allerdings in drei Bündelachsen auf, deren Lage mit H3 = 8,65 zu lokalisieren ist. Nur die mittlere der drei Achsen (Hauptachse „H") bündelt noch einmal zusätzlich zur Spektralverteilung alle Wellenlängen der Zone. Die Nebenachse 1 (N1) bündelt nur die kürzeren, die Nebenachse 2 (N2) nur die längeren. Diese Achsen liegen unter ungestörten Verhältnissen dicht beieinander und bündeln die beschriebenen Strahlungsbereiche jeweils in extrem geringer Breite.

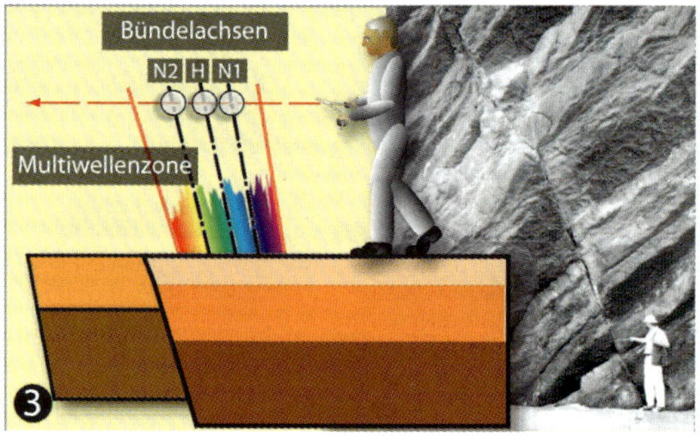

System einer Multiwellenzone einer Verwerfung – hier nur die außerordentlichen Strahlen abgebildet

Echte Verwerfungen – z. B. Bruchzonen – bilden ein radiaesthetisch nur schwer genau zu lokalisierendes System, da jede Rutschfuge oft von einer ganzen Reihe von Neben- oder Vorbruchzonen begleitet wird. In der Regel hat jedoch die Multiwellenzone über der Hauptbruchzone die höchste >Intensität.

Die gemuteten Verwerfungs-Multiwellenzonen können leicht mit Strahlenstrukturen verwechselt werden, die technischen Ursprungs sind oder die von bestimmten >Gitternetzsystemen gebildet werden. Erstes Unterscheidungsmerkmal ist hier die Ausbildung von ordentlichen Strahlen, die normalerweise nur bei geologischen Störungen auftreten.

H3-Werte Verwerfungen

Bündelachsen allgemein	8,65 ()*
Bündelachse N1 konzentriert WL von	0,50 ()*
– bis	12,95 ()*
Hauptachse H konzentriert WL von	0,50 ()*
– bis	>30,50 ()*
Bündelachse N2 konzentriert WL von	4,30 ()*
– bis	>30,50 ()*

** Werte können sowohl induktiv als auch kapazitiv, bzw. rechts- als auch linksdrehend vorkommen.*

In der >Geobiologie ist es in jedem Fall angezeigt, echten Verwerfungen auszuweichen, trotzdem aber die Multiwellenzonen – zur Vermeidung von Reflexionen, Seitenabstrahlungen usw. – durch geeignete >Feldveränderungsmaßnahmen (vgl. >CAP-Kompensator) auszugleichen. Diese Maßnahmen müssen jedoch präzise an der Mittelachse (Hauptachse) der Multiwellenzone angesetzt werden, wenn optimale Ergebnisse erzielt werden sollen. Da allerdings noch keine langfristigen Beobachtungen über mögliche Veränderungen der >Einfallsrichtung der Strahlungen vorliegen, ist hierbei eine gewisse Zurückhaltung geboten.

S. Verwerfung

A. Aufgabenstellung:
Ein noch unbekanntes Strahlungsfeld als Verwerfung identifizieren.

B. Hilfsmittel:
>H3-Rute oder >H3-Antenne, >Markierungshölzchen,

eventuell Papierstreifen zur Detailbestimmung, Fixativ in einer Spraydose.

C. Ausgangslage:
Eine >Reaktionslinie wurde in der > Einfallsrichtung und in > Intensität bestimmt. Nach Überprüfung der > Schichtebenen und auf > Schrägstrahlung treten >ordentliche Strahlen auf.

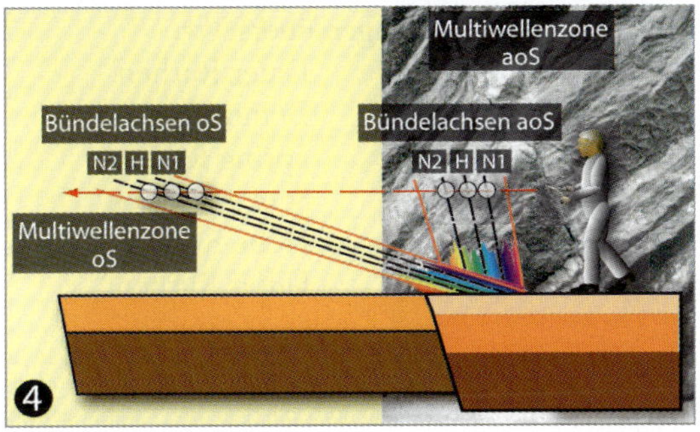

Reaktionslinien an einer Verwerfung mit H3 = 8,65

D. Felddetektierung:
Rechtwinklig zu der Reaktionslinie wird eine > Feldbegehung im > Geradeausschritt durchgeführt. Die Begehung erfolgt mit der H3-Antenne und dem Einstellwert H3 = 8,65 IU. Zusätzlich kann ein auf der ersten Reaktionslinie gewonnenes > Testobjekt eingesetzt werden.

Auf der festgelegten Begehungslinie werden die anderen zu dem System gehörenden Reaktionslinien gesucht und auf Parallelität mit der ersten Linie, Einfallsrichtung und Intensität bestimmt.

E. Zwischenergebnis:
Eine Verwerfung könnte vorliegen, wenn die Begehung eines Areals bis ca. 10 m beidseits der ersten Reaktionslinie folgendes ergibt:

> *Mit H3 = 8,65 IU werden zwei Reaktionsbereiche in einem Abstand von 1-5 m gefunden, die sich nach Feinbestimmung in jeweils drei kurz beieinander liegenden Reaktionslinien aufgliedern (Bündelachsen). Ein Reaktionsbereich fällt nahezu vertikal, der andere deutlich geneigt ein.*

F. Weitergehende Untersuchung:
Die Bündelachsen N1, H und N2 werden jetzt am Boden markiert. Dann kann die gesamte Spektroide bestimmt werden. Auf einem parallel zur Begehungslinie ausgerollten Papierstreifen werden die einzelnen Bündelachsen markiert und deren Einfallsrichtung und Intensität notiert. Dann wird der Papierstreifen mit Fixativ eingesprüht und während der Trocknungsdauer nicht in seiner Lage verändert (Streifen vor Verwehungen schützen). Das Fixativ speichert während der Trocknung die genaue Lage der einzelnen Strahlungen dauerhaft ein.

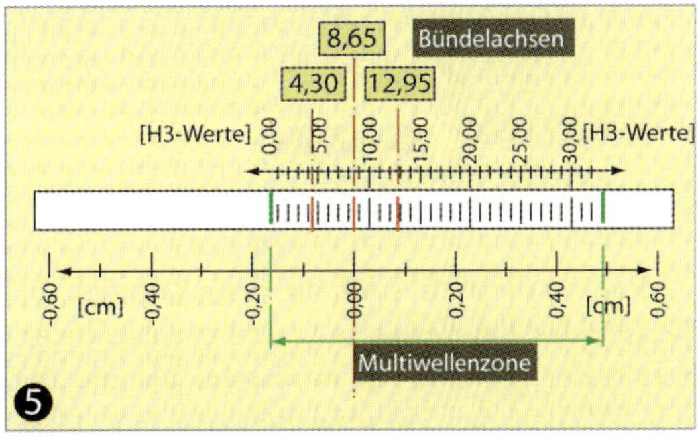

Reaktionslinien einer Multiwellenzone, ermittelt durch Papierstreifentest

Zur weiteren Feinanalyse kann der Papierstreifen bequem auf einem Tisch ausgewertet werden. Dazu wird die H3-Antenne mit unten eingesetzter Peilspitze benutzt. Die Arbeitshaltung ist unter > Map dowsing beschrieben.

Unmittelbar über dem Streifen wird zunächst mit kurzer Einstellung (z. B. H3 = 0,50) auf dem Papierstreifen der äußere Rand, die erste Bündelachse sowie die Hauptachse gesucht. Mit H3 = 0,60 bekommt man dann etwas innerhalb neben dem äußeren Rand genau auf der ersten Bündelachse und genau auf der Hauptachse Reaktionen. So kann man mit veränderten Einstellwerten verfahren.

➡ **Feldveränderung**

Verwerfung, wasserführende

Sonderform einer >Verwerfung, in deren Rutschfuge sich eine offene >Spalte ausgebildet hat, in der Wasser fließt (>Wasserader).

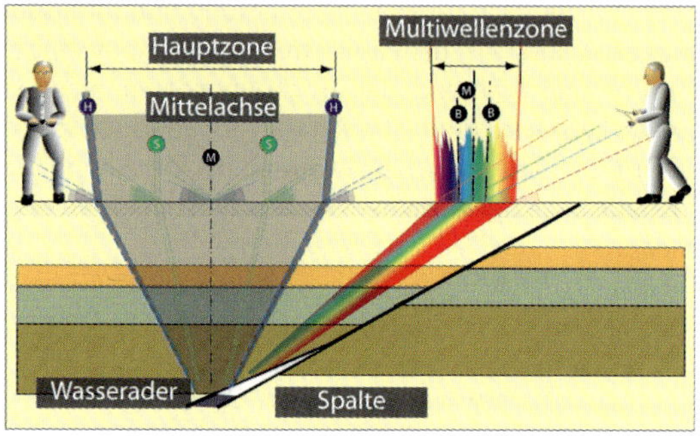

wassserführende Verwerfung, schematisch

>Radiaesthetisch sind die >Spektroiden der Wasserader, der Verwerfung und eventuell sogar der Spalte getrennt zu ermitteln. Da die kurzen >Wellen der >Multiwellenzone am stärksten gebrochen werden (System der >Brechung), befinden sich im Regelfall die Spektroiden der Wasserader und der Spalte auf der Seite der Multiwellenzone, an der die kurzen >Wellenlängen auftreten. Die Spektroiden von Wasserader und Spalte sowie der Verwerfung können sich zum Teil überlagern.

Werden an wasserführenden Verwerfungen >Feldveränderungsmaßnahmen durchgeführt, ist die Strahlung der Wasserader einschließlich der Spalte und die der Verwerfung separat zu behandeln. Dabei ist zu beachten, dass sich – infolge des schräg gestellten Hohlraumes der Spalte – die Wasseraderstrahlung bei steigendem Wasserstand in Richtung der Multiwellenzone verlagert (vgl. >Wasseraderverschiebung).

Virgula

Lat. für „Rute“, im Mittelalter gebräuchlicher Begriff für verschiedene Arten von >Wünschelruten.

Im Testament von VALENTINIUS[1] sind bereits sechs Rutenbezeichnungen angegeben, davon fünf als *virgula* und hier mit den mittelhochdeutschen Bezeichnungen übersetzt:

Lucente virgula	Feuer Ruthen
Virgula candente	Brandt Ruthen
Salia virgula	Spring Ruthen
Fucilla	Schlag Ruthen
Virgula Trepidante	Hebe Ruthen
Virgula Candente	Unter Ruthen

1 BASILIUS VALENTINIUS, Benediktinermönch und Alchimist, sp. 14 Jh. angeblich Entdecker des Antimons, zitiert aus BIRD – „Handbuch der Wünschelrute“

V-Rute

Als V->Ruten, Y-Ruten oder Gabelruten werden die klassischen, ursprünglich aus aufgetrennten oder natürlich gegabelten Zweigen hergestellten, >Wünschelruten bezeichnet, die dann durch Spannung in die Form eines „V“ bzw. „Y“ gebracht werden.

In der >Grifflängentechnik werden standardisierte V-Ruten verwendet, die meist aus Kunststoff, seltener aus (magnetisiertem) Stahldraht bestehen (vgl. >Kunststoffruten).

Wärmefeld

Jeder stoffliche Körper strahlt – relativ zum absoluten Temperaturnullpunkt 0°K ([Grad Kelvin] = -273°C [Grad Celsius]) – Wärme ab. Da die mittleren Temperaturen im Bereich von 293°K (=20°C) liegen, sendet jegliche Materie Wärmestrahlung aus. Diese hat ihr Strahlungsmaximum im >Infrarot-Bereich. Es gilt dabei die Beziehung: Je heißer der Strahlungskörper, desto mehr verschiebt sich das Strahlungsmaximum in kürzere Wellenlängenbereiche. So verteilt sich die Gesamtstrahlungsleitung der ca. 6.000°K heißen Sonne außerhalb der Atmosphäre zu 42% auf Infrarotstrahlung, 49% auf das sichtbare Licht und 9% auf ultraviolette Strahlung. Die Wärmestrahlung des Menschen (ca. 310°K) findet sich im wesentlichen zwischen 1.300 nm und 13.000 nm mit einem Maximum bei ca. 1.800 nm[1].

Die Wärmestrahlung nimmt, wie jede andere Strahlung auch, mit zunehmender Entfernung von ihrem Ursprung ab. Somit kann man von einem >Feld sprechen, das diese Strahlung bildet. Dies wird als Wärmefeld bezeichnet.

>Radiaesthetisch kann die Ausdehnung des Wärmefeldes mit Hilfe des >Infrarotsensors ermittelt werden. Hier ist bemerkenswert, dass das menschliche Wärmefeld bei normalen Umgebungsverhältnissen eine Ausdehnung parallel zum Boden in >Begehungshöhe eine Ausdehnung von 1-1,50 m Radius hat. Wird jetzt eine gepulste >Mikrowellenstrahlung (durch Telefonieren mit einem D-Netz Handy) in dem Kopfbereich angelegt, ist schnell eine Zunahme auf 7-9 m zu beobachten[2].

1 nach N. Leitgeb: Strahlen, Wellen, Felder, Stuttgart 1990

2 Untersuchungsreihen des Verfassers 2003 / 2004

H3-Werte Wärmefeld	
menschliches Wärmefeld	9,90 IU Is
Strahlfeld von Infrarotfernbedienungen	8,50 IU Is

Einstellung Induktiv, Unipolar und aufgestecktem Infrarotsensor. Bisher wurden hierbei noch keine rechts-, bzw. linksdrehende Strahlungen entdeckt.

Reaktionsabstand

Wasser, heiliges

Als heilig wird Wasser allgemein angesehen, das aus heiligen Brunnen stammt (siehe >Brunnen, heilige). Mit Hilfe der >Grifflängenziehung stellt sich meistens heraus, dass darin bestimmte >Wellenlängen >rechtsdrehend vorkommen, die positive Einflüsse auf den Menschen haben können oder die bestimmte geistige Eigenschaften fördern. Von besonderem Wert sind Wässer, die darüberhinaus >kapazitive Eigenschaften haben.

Wasserader

Wasser in unterirdischen kanalförmigen Gebilden sendet >Strahlungen aus, die schwachen >Mikrowellen ähneln. >Schneider geht davon aus, dass sich die Strahlungen mit zunehmender >Wellenlänge auch zunehmend aufspreizen und so, dem optischen Gesetz der >Beugung am Spalt folgend, auf der Erdoberfläche eine >Spektroide bilden.

Die Lage und die Breite der einzelnen >Zonen der Spektroide ist von der Tiefe, der Bodenschichtung und -beschaffenheit und der Art der wasserführenden Zone abhängig. Bei tiefen Wasseradern kann sich die Breite des gesamten Spektroidensystems auf mehrere hundert Meter ausdehnen.

Bau einer künstlichen Wasserader mit einem Aderkern aus Grobsand, Seitenbereiche aus wasserundurchlässigem Ton

Die Haupt-, vor allem aber die Schwerpunktzone, kann u. U. besondere biologische Wirkungen hervorrufen. Hier kommen alle Wellenlängen vor, die in dem Spektroidensystem nachweisbar sind. Über der Schwerpunktzone ist häufig mit Hilfe von Testobjekten eine erhöhte >α-Strahlung nachweisbar.

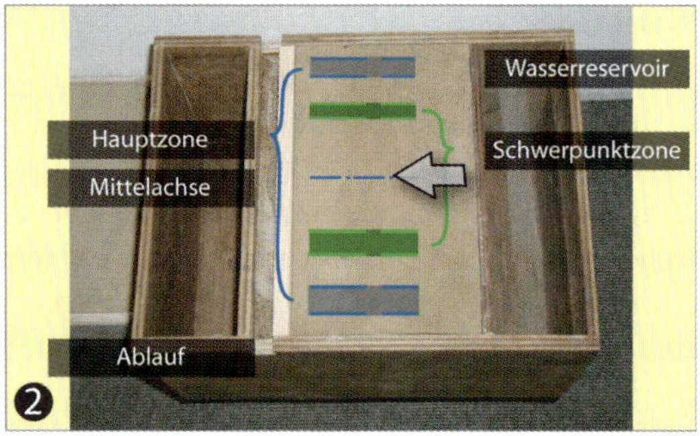

Strahlungssituation an einer künstlichen Wasserader mit Wasserführung, Haupt- und Schwerpunktzonen haben ausgebildete >Kantenbreiten

Die Grifflängentechnik unterstellt, dass die aus der Erde austretenden Strahlen einer Wasserader nach dem Prinzip der Fraunhofer'schen >Beugung am Spalt geordnet sind. In der Mitte sind die kürzeren, nach außen hin die längeren Wellenlängen vorhanden.

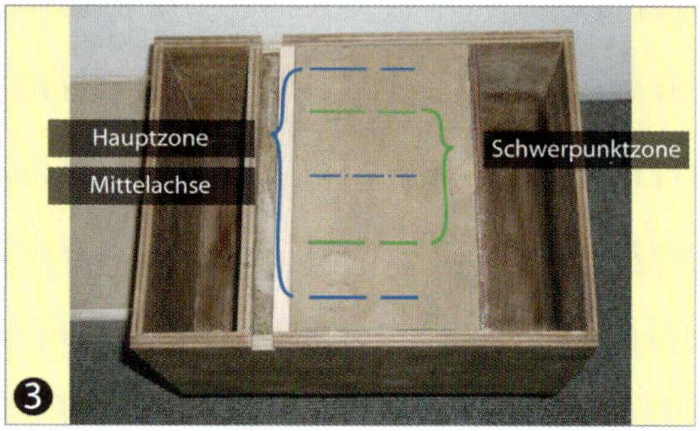

Strahlungssituation an einer künstlichen Wasserader, jedoch ohne Wasserführung, die >Kantenbreiten fehlen

Beim Austreten aus der Erde kommt es – ähnlich der >Doppelbrechung – zur Bildung einer zusätzlichen >Schrägstrahlung. Der dabei entstehende >außerordentliche Strahl (aoS) tritt fast senkrecht, der >ordentliche Strahl (oS) flach geneigt aus dem Erdboden aus.

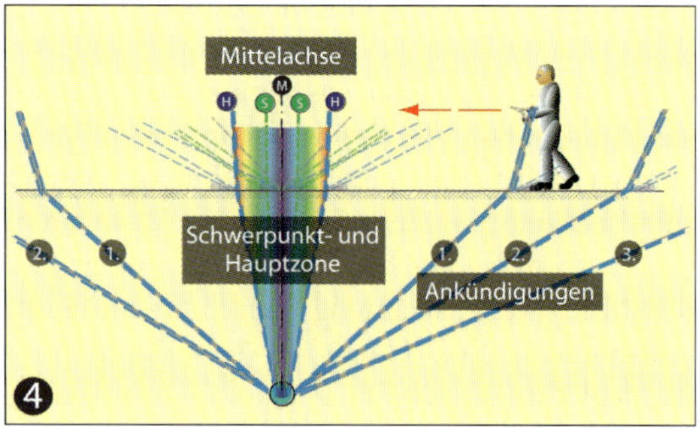

Spektroide einer Wasserader mit Schwerpunkt-, Hauptzone und Ankündigungen einschließlich ordentlichen Strahlen

Die >Polarisation des ordentlichen Strahles verhält sich in der Regel zum außerordentlichen Strahl gegensätzlich, das heißt z. B. wenn der ordentliche Strahl als >linksdrehend detektiert wird, wäre der außerordentliche >rechtsdrehend und umgekehrt. Der ordentliche Strahl ist oft erheblich stärker als der außerordentliche.

Durch bestimmte natürliche oder künstliche >Feldveränderungen kann eine inverse Spektroide entstehen. Das heißt, in der Mitte sind die Strahlen mit der längeren Wellenlänge und nach außen hin die Strahlen mit der kürzeren Wellenlänge angeordnet. Auch die Doppelbrechung ist bei diesem System invers, d. h. der außerordentliche Strahl tritt normal aus, während der ordentliche Strahl nach innen geneigt ist. Die sonst beobachtete Umkehr der Polarisation wird aufgehoben.

Kreuzen sich zwei Wasseradern verschiedener Tiefen, entstehen sogenannte >stehende Felder, die eine bis zu 40.000-fach höhere Strahlungsintensität einer normalen Wasserader aufweisen können. Diese >Kreuzungssysteme sind oftmals auch nach erfolgreicher >Feldveränderung der einzelnen Wasseradern als Ganzes noch nachweisbar. Auch verstärkt sich hierbei der Anteil der α-Strahlung, die in der Regel nicht direkt mit >radiaesthetischen Methoden nachweisbar ist. Bei >Hausuntersuchungen ist es deshalb immer geboten, echten Wasserader-Kreuzungen auszuweichen. Kreuzungen von echten Wasseradern bleiben nach erfolgreicher >Entstörung (>CAP-Kompensator) der zulaufenden Adern bestehen (auch als Störpotential!). Die wesentlich häufiger auftretenden Kreuzungen von Wasseradern mit ihren >Reflexionen (>Technomantien), erlöschen im Gegensatz dazu nach sorgfältiger Feldveränderung vollständig.

H3-Werte Wasserader

Mittelachse (bündelt alle Werte)	3,10 ()*
Schwerpunktzone	7,80 ()*
– und zusätzlich	10,80 ()*
Hauptzone	9,25 ()*
– und zusätzlich	15,45 ()*
1. Ankündigung	9,25 ()*
2. Ankündigung	9,25 ()*
– und zusätzlich	15,45 ()*
3. Ankündigung	15,45 ()*

** Werte können sowohl induktiv als auch kapazitiv, sowie rechts- oder linksdrehend vorkommen. Sie gelten nur für Normalwasser. Solehaltiges, Thermal- und Druckwasser tritt mit geänderten Werten auf.*

S. Wasserader

A. Aufgabenstellung:
Ein noch unbekanntes Strahlungsfeld als (Normal-) Wasserader identifizieren.

B. Hilfsmittel:
>H3-Rute oder >H3-Antenne, >Markierungshölzchen, eventuell Papierstreifen zur Detailbestimmung, Fixativ in einer Spraydose.

C. Ausgangslage:
Eine >Reaktionslinie wurde in der >Einfallsrichtung und in >Intensität bestimmt. Nach Überprüfung der >Schichtebenen und auf >Schrägstrahlung treten einseitig >ordentliche Strahlen auf.

D. Felddetektierung:
Rechtwinklig zu der Reaktionslinie wird eine >Feldbegehung im >Geradeausschritt durchgeführt. Die Begehung erfolgt mit der H3-Antenne und dem Einstellwert H3 = 3,10 IU. Mit dieser Einstellung wird, genau wie in >Spektroide (symmetrisch) unter „D – G" beschrieben, zunächst die Mittelachse, dann von innen nach außen die Schwerpunkt- und Haupt-

zone der Spektroide detektiert. Zusätzlich kann dabei ein auf der Mittellinie gewonnenes >Testobjekt eingesetzt werden.

E. Weitergehende Untersuchung:
Um Schüttmenge, Tiefe und Inhaltsstoffe der Wasserader näher zu bestimmen, muss der Bereich der Schwerpunkt- und Hauptzone detaillierter untersucht werden.

Auf einem parallel zur Begehungslinie über die gesamte Hauptzone ausgerollten Papierstreifen werden die Mittellachse markiert und deren Einfallsrichtung und Intensität notiert. Dann wird der Papierstreifen mit Fixativ eingesprüht und während der Trocknungsdauer nicht in seiner Lage verändert (Streifen vor Verwehungen schützen). Das Fixativ speichert während der Trocknung die genaue Lage der einzelnen Strahlungen dauerhaft.

Zur weiteren Feinanalyse kann der Papierstreifen bequem auf einem Tisch ausgewertet werden. Dazu wird die H3-Antenne mit unten eingesetzter Peilspitze benutzt. Die Arbeitshaltung ist unter >Map dowsing beschrieben.

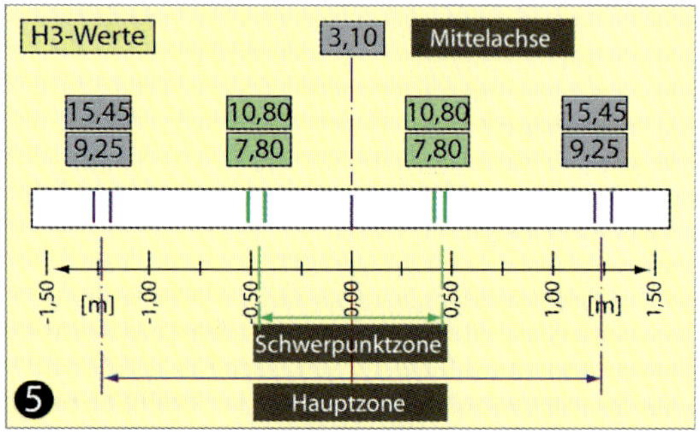

Schwerpunkt- und Hauptzone einer Wasserader, auf einem Papierstreifen dokumentiert

Unmittelbar über dem Streifen wird zunächst mit den Einstellungen „Schwerpunktzone" nach rechts und links von der Mittelachse ausgesucht. Bei Wasserführung erhält man vier Reaktionslinien (zwei auf der rechten Seite, zwei auf der linken). Dabei wird die Antenne zunächst gespannt von rechts über die Mittelachse geführt. Dort erhält man eine Reaktion. Nach kurzer Entspannung erfolgt die Weiterführung über den Papierstreifen nach links, bis die erste Reaktion auf der Linie erfolgt. Diese Stelle wird markiert und die Antenne dann weitergeführt bis nach einigen Zentimetern Abstand eine zweite Reaktion erfolgt: der äußere Rand der linken Schwerpunktkante.

Nach gleichem Muster verfährt man nun mit der rechten Schwerpunktkante und den beiden Hauptzonenkanten.

Beispiel lt. Abbildung 5:
Schwerpunktzone rechter Rand 40 / 49 cm
- linker Rand 42 / 52 cm
ergibt somit eine Breite der Schwerpunktzone B_S
(40 + 49)/2 + (42 + 52)/2 = 91,5 cm
Hauptzone rechter Rand 120 / 129 cm
- linker Rand 120 / 128 cm
ergibt somit eine Breite der Hauptzone B_H
(120 + 129)/2 + (120 + 128)/2 = 248,5 cm

F. Tiefenbestimmung (Grobschätzung):
Jetzt kann aus der Formel unter >Tiefenfaktoren näherungsweise die Tiefe errechnet werden, wobei die Bodenbeschaffenheit und deren Feuchtegehalt hinreichend bekannt sein muss. Für B_H wird die mittlere Gesamtbreite der Hauptzone eingesetzt.

Beispiel lt. Abbildung 5:
Bodenverhältnisse: homogener Sand (feucht) mit f_D *3 – 5*
Nach $T = B_H \times f_D$ *ergibt sich*
a) 248,5 * 3 = 7,45 m
b) 248,5 * 5 = 12,43 m
also eine ermittelte Tiefenlage zwischen 7 und 12,5 m.

G. Schüttmengenbestimmung:
Aus der durchschnittlichen Breite der Schwerpunkt- und Hauptzonenkanten ergeben sich Hinweise auf die Menge der Wasserführung. Eine zuverlässige Schüttmengenbestimmung ist nur nach >Kalibrierung an einem Brunnen in gleichem Boden und mit bekannten Verhältnissen möglich. Beispiel in

➡ **Arbeitsblatt 17**

H. Inhaltsstoffe:
Durch die Untersuchung des Papierstreifens lassen

sich auch Aussagen über die Inhaltsstoffe und deren Konzentration gewinnen.

Durch >Grifflängenziehung am>Testobjekt, das von der Mittelachse gewonnen wurde, lässt sich ein Gesamtstatus ermitteln. Darin müssten sich bereits die Strahlungen sowohl der einzelnen Inhaltsstoffe als auch die vorhandenen Informationsaufprägungen widerspiegeln. Wenn dagegen nur gezielt nach einem Stoff (z. B. Eisen) gesucht werden soll, werden die lt. >Grifflängentabelle vorgegebenen Werte verwendet.

Mit den ermittelten oder vorgegebenen Werten werden die Strahlungen nach gleicher Methode, wie unter „E" beschrieben, auf dem Papierstreifen detektiert und dokumentiert. Dabei wird in der Regel folgende Systematik beobachtet:

1. Sämtliche H3-Werte, die in der Mittelachse nachweisbar sind, treten innerhalb Schwerpunkt- oder Hauptzone nahezu symmetrisch angeordnet wieder auf.
2. Die Lage entspricht ungefähr dem System der Beugung am Spalt, d. h., kurze Einstellwerte reagieren nahe der Mittelachse, längere entsprechend weiter von ihr entfernt.
3. Wenn sich mit einem bestimmten Einstellwert eine Kantenbreite nachweisen lässt (analog zur Bestimmung der Schwerpunktzone), handelt es sich um eine Emanation eines im Wasser gelösten Stoffes. Wenn sich keine Kantenbreite ergibt, handelt es sich um eine (nicht stofflich verursachte) Informationsaufprägung.

Eine zuverlässige Mengenbestimmung ist nur nach >Kalibrierung an einem Brunnenwasser in gleichem Boden und mit bekannten Verhältnissen möglich. Beispiel ebenfalls in

Arbeitsblatt 16 und 17

Wasseraderverschiebung

Im Normalfall wird davon ausgegangen, dass eine geologisch bedingte Strahlungsanomalie einen fixierten Ursprung aufweist. Dies gilt für >Wasseradern nur in eingeschränktem Umfang. Wenn Wasser innerhalb gleichförmiger Bodenverhältnisse (z. B. Sandschichten) fließt, bilden sich die >Strahlungsfelder der Adern nur dort, wo es zu Erhöhungen der Fließgeschwindigkeit kommt (>turbulente Strömung). Hat der Aderkörper jedoch eine in der vertikalen versetzte Form, kann sich bei steigenden Füllständen eine Verschiebung der Strahlung auftreten. Dies ist in der Regel bei Spaltenwasser der Fall, das innerhalb von >Verwerfungen auftritt.

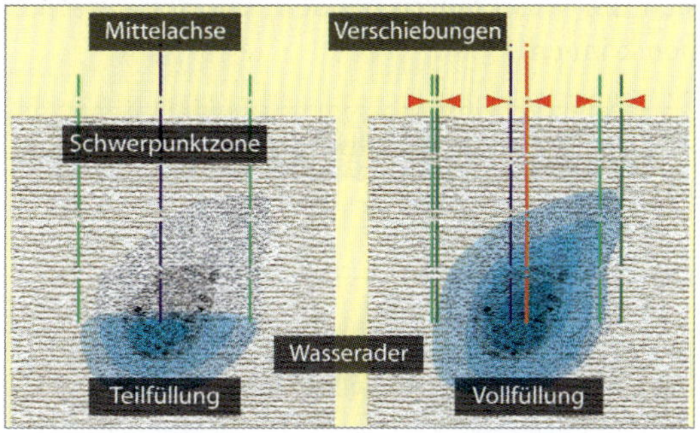

Verschiebung des Strahlungsfeldes einer Wasserader bei unterschiedlichen Wasserständen

Eine andere Form der Verschiebung entsteht durch z. B. künstliche Veränderung der Umgebungssituation. Bei oberflächennahen Adern in Böden und Lockergesteinen können Sprengungen, Abgrabungen, Kanalbauarbeiten sowie Brunnenbohrungen zu regelrechten Lageveränderungen führen. Seltener sind Lageveränderungen durch rein natürliche Entwicklungen (Aderdurchbrüche in benachbarte Schichten u.ä.).

Wasseraderverschiebungen haben Auswirkungen auf >Feldveränderungen. In verschiebungsgefährdeten Verhältnissen werden deshalb traditionell breiter angelegte Vorrichtungen verwendet, z. B. das >Opus spicatum.

Es empfiehlt sich somit, die Wirksamkeit von feldverändernden Maßnahmen über einen längeren Zeitraum zu prüfen. Ein erster (vorsichtiger) Hinweis auf mögliche Wasseraderverschiebungen gibt die Kontrolle an der Mittelachse mit den Werten der Tabelle. Dabei kann der H3-Wert = 3,40 für die Extrempositionen der Mittelachse stehen. Das Vorkommen von Hinweiswert 2 und 3 erhöht jeweils die Wahrscheinlichkeit, dass es sich um Wasseradern handelt, die sich verschieben können.

H3-Werte Wasseraderverschiebung	
Mittelachsenlage min und max	3,40 ()*
Hinweiswert 2	5,90 ()*
Hinweiswert 3	9,75 ()*

** Werte können sowohl induktiv als auch kapazitiv, sowie rechts- oder auch linksdrehend vorkommen.*

Wasserinformation

Wasser ist aufgrund seiner Fähigkeiten, >Cluster zu bilden, hervorragend in der Lage, >Informationen aufzunehmen und zu speichern. Diese aufgenommenen oder aufgeprägten Informationen sind >radiaesthetisch als begleitende >Wellenlängen nachweisbar. Versuche haben ergeben, dass >laminar abfließendes Wasser (im >Wasseradern bildendenden Grundwasser der Regelfall) Informationen über weite Strecken tragen kann.

Eine Informationsaufprägung kann auch dadurch entstehen, dass ein Reinigungsmittel auf eine Wasserader gestellt wird. Mittels geeigneter >Testobjekte kann die Aufprägung des Reinigungsmittels noch nach einigen 100 m nachgewiesen werden.

In der >Geomantie spielt die Aufprägung von Informationen auf Wasseradern ebenfalls eine bedeutende Rolle. Das Patrozinium von >Kirchen oder anderen heiligen Plätzen (geweihten Quellen) wird in der Regel von Strahlungseinflüssen der >Planetenlinien bestimmt. Hier genügte es wohl den früheren Erbauern der Heiligtümer, dass die Wasseradern in der Lage sind, die Schwingungsinformationen der im Verlauf oberhalb kreuzender Linien mitzuführen. Durch den >Lichtleitereffekt wird die Strahlung in ihrer gesamten Bandbreite in das Heiligtum übertragen.

Prägung der vollständigen Schwingung einer Planetenlinie auf eine kreuzende Wasserader

Water lines

>Radiaesthetisch auffindbare Linien, von UNDERWOOD[1] beschrieben. Mit einer speziellen *Geodetic rod* (vgl. unter >*Aquastats*) seien diese Linien auffindbar und werden als negativ beschrieben (die *Geodetic rod* wird dabei fest mit der linken Hand gegriffen, während die rechte nur einen leichten Gegendruck ausüben soll). Die Breite der >Zone einer Water line ist unterschiedlich. Bei der >Begehung rechtwinklig zur Zone werden bei schmaler Breite 3, bei breiteren Water lines 3 x 3 >Reaktionszonen ermittelt.

Water lines, die zu einem Menhir laufen und an den Ursprüngen Spiralen bilden

Nach Beobachtungen des Verfassers sind Water lines nicht identisch mit den in der >Grifflängentechnik beschriebenen >Wasseradern, treten jedoch häufig mit diesen in Wechselbeziehung und können sich auch mit diesen überlagern.

1 Guy Underwood, engl, Radiaesthesieforschungen, Autor von „Pattern of the past"

Welle

Die räumliche und zeitliche Ausbreitung eines >Schwingungszustandes in einem Medium. Schwingungen quer zur Ausbreitungsrichtung ergeben Quer- oder Transversal-Wellen, längs dazu Längs- oder Longitudinal-Wellen. Zu ersteren werden Wasser-, Seil- und >elektromagnetische Wellen gezählt, zu letzteren Stoß-, Schall- und kreisförmige Wasserwellen. Der Abstand zweier benachbarter phasengleicher Punkte im Raum heißt >Wellenlänge, die Anzahl der Schwingungen pro Sekunde an einem Ort der Welle >Frequenz. Wellen können sich überlagern, ohne sich gegenseitig zu stören. Es entstehen dann >Interferenzen.

Welle, elektromagnetische

Elektromagnetische Wellen werden u. a. von Rundfunk, Fernsehsendern, Radargeräten, Mikrowellenherden, Röntgenröhren und radioaktiven Präparaten ausgesandt. Getragen werden sie von elektrischen und magnetischen Feldern. Sie sind deshalb nicht an Materie gebunden. Das elektrische und magnetische Feld steht rechtwinklig aufeinander. Beide dehnen sich jeweils quer zur Ausbreitungsrichtung aus. Im Normalfall schwingen sie phasengleich, das heißt, dass sich die Maxima und Minima dieser Felder am gleichen Ort und zur gleichen Zeit befinden.

Welle, stehende

Siehe >stehende Welle.

Wellenausbreitung

>Wellen, die von >Schwingungen gebildet werden, breiten sich im Freien ungehindert kreisförmig um den Erreger aus. Wenn die Wellenausbreitung auf Gegenstände trifft, kommt es zu >Reflexionen, bei denen sich die ankommenden Wellen mit den reflektierten überlagern. Auch beim Zusammentreffen mit anderen Wellen kommt es zu Überlagerungen. Hierbei treten >Interferenzen auf, die

- konstruktiv sind (Wellen gleicher >Amplitude und gleicher Phasenlage überlagern sich und verstärken sich somit)
- destruktiv sind (Wellen gleicher Amplitude und um 1/2 der Wellenlänge verschobener Phasenlage überlagern sich und löschen sich somit aus)
- resultierende Schwingungen bilden (Wellen ungleicher Amplituden überlagern sich, allgemeiner Fall).

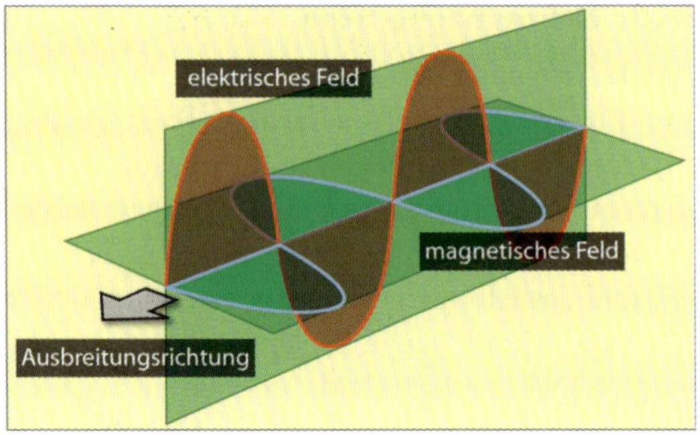

Ausbreitung elektromagnetischer Wellen

Treffen Wellen aufeinander, die zwar gleiche Amplituden, aber nur geringe Wellenlängenunterschiede aufweisen, entsteht bei der Überlagerung eine >Schwebung.

Wellenbild, individuelles

Jeder Strahlungskörper (>Wärmefeld) sendet eine Vielzahl von unterschiedlichen >Wellen aus, die sich in ihrer Summe zu einem resultierenden Wellenbild zusammensetzen. Zur Beurteilung deren Feldverhaltens ist es wichtig zu erkennen, aus welchen harmonischen Einzelwellen sich dieses Bild zusammensetzt.

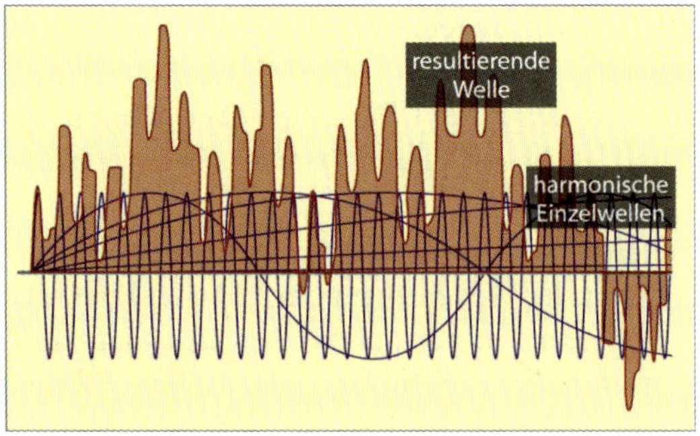

Wellenbild aus sieben harmonischen Einzelwellen

Die Mathematik benutzt dafür die Fourier-Analyse, mit der – bei komplizierteren Formen aufwändig – die Vielzahl der Einzelwellen ermittelt wird, mit denen sich das resultierende Wellenbild konstruieren lässt. Dieses Verfahren lässt auch zu, dass eine bestimmte Struktur das Produkt jeweils unterschiedlicher Einzelwellen in geänderten Kombinationen ist (ähnlich der einfachen Mathematik, wo z. B. 15 aus 5 x 3 oder aus 13 + 2 gebildet werden kann).

In der >Radiaesthesie kann das Wellenbild wieder mit Hilfe der >Körpermessung (>Grifflängenziehung) in eine Vielzahl von harmonischen Einzelwellen zerlegt werden. Die dadurch ermittelten >H3-Werte ermöglichen bei >Hausuntersuchungen, individuell wirkende Störfaktoren aufzuspüren und zu eliminieren.

Wellenlänge (>Lambda λ)

Bei einem periodischen Ausbreitungsvorgang (von elektromagnetischen >Wellen, Schallwellen) stehen Wellenlängen, Schwingungsfrequenz und Ausbreitungsgeschwindigkeit in Beziehung:

$$v = f * \lambda \qquad (12)$$

wobei

v die Geschwindigkeit,
f die Frequenz,
λ die Wellenlänge ist.

Die Wellenlänge ist die Entfernung oder der Abstand zweier benachbarter Wellenberge oder -täler einer Welle.

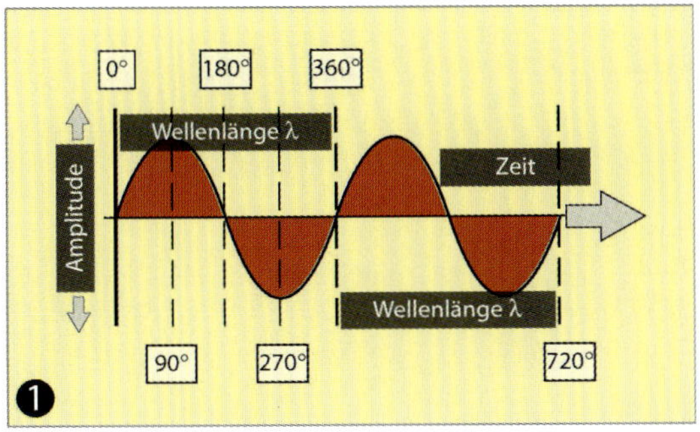

Länge einer Längswelle

Da in der >Radiaesthesie der Zugang zu den >Strahlungsfeldern nur über die Wellenlängen erfolgt, wäre ein Rückschluss auf die dazugehörige Frequenz nur dann möglich, wenn auch die Ausbreitungsgeschwindigkeit der Wellen bekannt ist. Bei >elektromagnetischen Wellen in Luft beträgt die Ausbreitungsgeschwindigkeit 300 000 km/s (Lichtgeschwindigkeit), beim Schall in Luft (0°C) dagegen nur 331 m/s.

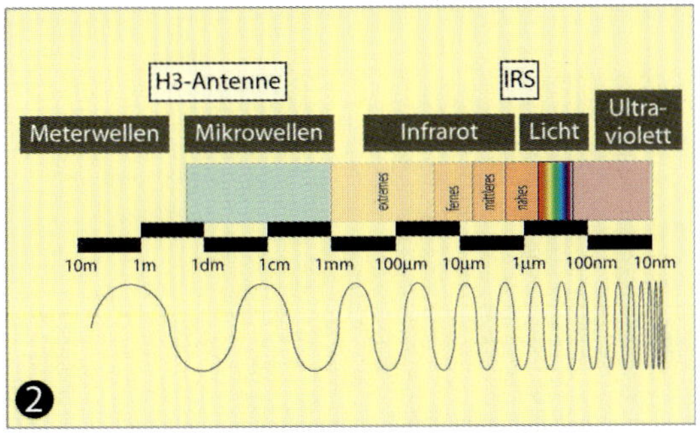

Spektrum elektromagnetischer Wellen (Teilbereich)

Eine über die >H3-Antenne ermittelte Wellenlänge von 10 cm (H3 = 5,00) würde bei v von
- 300 000 km/s eine Frequenz von 3 GHz
  (= 3 000 000 000 Hz),
- 331 m/s jedoch von nur 3,31 kHz
  (= 3 310 Hz)

ergeben.

Winkelrute (L-Rute)

Winkelruten sind meist aus Stahldraht rechtwinklig gebogene L-förmige >Ruten mit einem langen und einem kurzen Schenkel und werden in der Regel paarweise mit beiden Händen benutzt. Jeweils die kurzen ca. 10 – 20 cm langen Schenkel werden senkrecht in den Händen gehalten, die langen Schenkel zeigen in Ruhelage waagerecht nach vorn. Kreuzt der >Rutengänger eine >Reaktionszone, schwenken beim Ansprechen die waagerechten Schenkel nach innen übereinander, beidseitig nach außen oder folgen parallel der Einfallsrichtung der Strahlung.

In der >Grifflängentechnik werden Winkelruten seltener eingesetzt, da mit ihnen nur sehr eingeschränkt eine >Abstimmung auf die zu suchende >Wellenlänge erfolgen kann. Gleichwohl stellen Winkelruten abgestimmte >Antennen dar, die ganz besondere >Empfangscharakteristiken aufweisen. Für die üblicherweise verwendeten Drahtdurchmesser (Schweißdraht) ergibt sich ein >Verkürzungsfaktor zwischen 0,881 – 0,901. Somit können näherungsweise für die Suche nach >Wasseradern als waagerechte Schenkellängen die dort angegebenen >Grifflängen verwendet werden (z. B. zwei Rutenpaare mit 27,5 cm und 33 cm Schenkellänge).

Eine praktikablere Möglichkeit, Winkelruten abzustimmen, ist durch die Verwendung von Teleskopantennen als waagerechte Schenkel gegeben. Diese sind im einschlägigen Handel in unterschiedlichen Qualitäten erhältlich.

Wirbel / Wirbelfeld

Siehe unter >Skalarwellen

Wünschelrute

Von mhd. *wünschelruote*, „Mittel, einen Wunsch zu erfüllen". Seit dem 13. Jh. bezeugter Begriff für einen – meist gegabelten – >Indikator, der vorzugsweise aus Holz hergestellt wurde und mit dem etwas Verborgenes aufgefunden werden sollte.

Im Nachlassinventar des berühmten Malers, Baumeisters und Wasserbauers MATHIAS GRÜNEWALD[1] von 1528 ist ein *vuder mit 4 winnsel Ruden* dokumentiert, das mit großer Gewissheit als Futteral mit vier Wünschelruten gedeutet werden kann[2].

Heute wird der Begriff allgemein für >Ruten gebraucht, die hauptsächlich mit >mentalen Arbeitstechniken eingesetzt werden.

---

1 MATHIS GOTHART-NITHART, genannt MATHIAS GRÜNEWALD ca. 1475 – 1528, dt. Maler und Baumeister – Schöpfer des Isenheimer Altars

2 Aus RAINHARD RIEPERTINGER (Hrsg.): Das Rätsel Grünewald, Augsburg 2002

Yin-Yang-Schalter

Der Yin-Yang-Schalter ist ein Zubehör für die >H3-Antenne, der von unten in dem Handstück auf das untere Ende der Platine aufgesteckt werden kann. Kernstück des Schalters ist eine Germaniumdiode. Dieses elektronische Bauteil lässt den Strom in einer Richtung unbeeinflusst passieren, sperrt ihn aber in Gegenrichtung. Je nachdem, ob der Schalter mit der Vorderseite in Stellung „Yin" oder „Yang" in das Handstück eingesteckt wird, ermöglicht er einen Stromfluss von der rechten zur linken oder von der linken zur rechten Leiterbahn (bei jeweils umgekehrter Sperrung). Offenbar wird damit eine Unterscheidung der >Polaritäten ermöglicht.

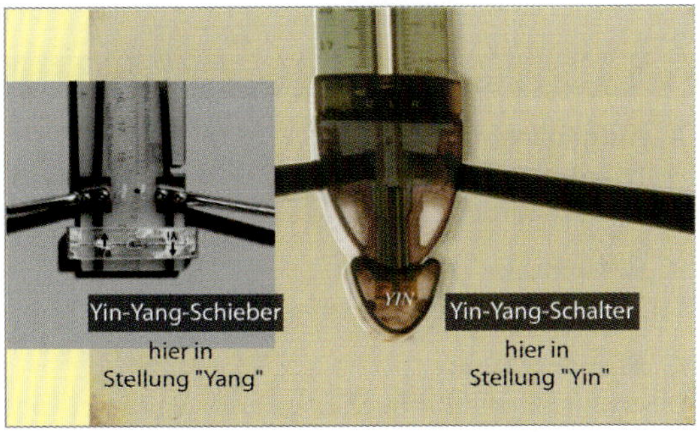

Yin-Yang-Schieber nach R. SCHNEIDER und Yin-Yang-Schalter in ihren Arbeitspositionen

Die Entwicklung des Yin-Yang-Schalters geht auf >R. SCHNEIDER zurück, der für seine >Lecherantenne einen ähnlich konstruierten Aufsatzschieber einsetzte.

S. Yin-Yang-Schalter

A. Aufgabenstellung:
Strahlungen auf ihre Polaritäten hin zu untersuchen.

B. Hilfsmittel:
>H3-Antenne mit Yin-Yang-Schalter, Knopfzellenbatterie 3,0 V (oder ähnlich).

C. Ausgangslage:
Durch >Grifflängenziehung und > Polarisationsbestimmung wurde die Knopfzellenbatterie untersucht. Ergebnis ist ein ermittelter H3-Wert von H3 = 4,10 IU. Es wurde bei diesem Wert keine Zirkularpolarisation ermittelt (Bei technischen Strahlern der Regelfall).

D. Ermittlung der Polaritäten:
Mit H3 = 4,10 IU und eingestecktem Yin-Yang-Schalter werden beide Pole der Knopfzelle untersucht. Zunächst erfolgt die Überprüfung in Stellung „YIN". Dabei wird der Schalter so vorsichtig in das Handstück eingesetzt, dass die Kontakte auf der Platine bis zum Anschlag gleiten. Der Schriftzug „YIN" zeigt zur Vorderseite der Antenne.

Die Antennenhaltung erfolgt bequem in ca. 5 cm Höhe über der Batterie, gemessen bis zur Unterseite des Yin-Yang-Schalters. Bei richtiger Positionierung reagiert die H3-Antenne jetzt nur über dem Minus-Pol der Batterie. Mit Schalterstellung „YANG" dagegen über dem Plus-Pol.

E. Wichtige Hinweise:
Der Einsatz von Dioden für radiaesthetische Zwecke ist physikalisch umstritten, da diese Bauteile erst ab einer gewissen anliegenden Regelspannung ihre einseitige Sperrfunktion erreichen. Die verwendete Germaniumdiode kommt gegenüber der früher benutzten Siliziumdiode nur mit der Hälfte der Spannung aus, trotzdem werden die Regelspannungen in der Radiaesthesie nicht erreicht. Allerdings kann der Verfasser durch eine Vielzahl von Versuchen bestätigen, dass der Einsatz des Yin-Yang-Schalters erheblichen Einfluss auf die Mess-, bzw. Mutungsergebnisse hat.

Da dieses Zubehör direkt auf den Energiefluss zwischen den körpereigenen Polaritäten wirkt, wird empfohlen, den Schalter nur für die konkreten Ermittlungen aufzustecken.

Bei Abgespanntheit und bei sonstigen Störungen des körpereigenen Energiehaushaltes sollte der Yin-Yang-Schalter nicht benutzt werden.

Ein Begleiteffekt ist, dass sich das Feld der Eigenstrahlung der H3-Antenne durch den aufgesteckte Yin-Yang-Schalter deutlich verstärken kann. In Ruhelage muss deshalb der Schalter unbedingt aus der Halterung entfernt werden!

Yin-Yang-Zone

Bei vergleichenden Untersuchungen wurde festgestellt, dass sich bestimmte Rutenreaktionen, die mit Metallruten (Winkel- oder Teleskopruten) erzielt worden waren, nicht mit >Kunststoffruten in Normalhaltung reproduzieren ließen, selbst wenn die >Grifflängen bekannt waren und verwendet wurden. Von BONGART[1] wurde der Verfasser darauf aufmerksam gemacht, dass es ebenfalls >Zonen gibt, die mit der >H3-Antenne nur mit aufgestecktem >Yin-Yang-Schalter zu finden sind.

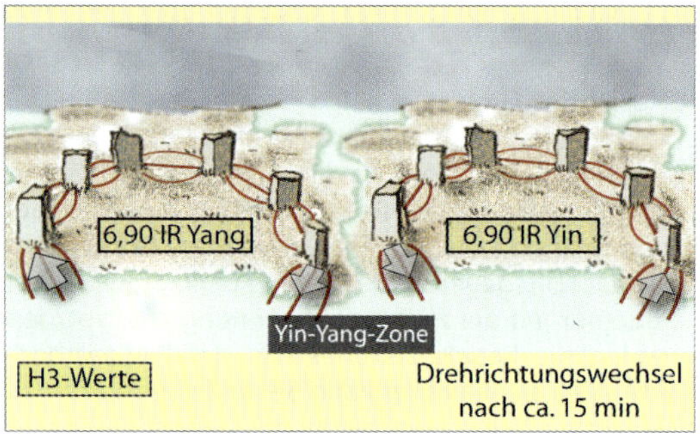

Typische Yin-Yang-Zone mit pulsierender Strahlung, wie sie an prähistorischen Steinkreisen auftritt

Mit Kunststoffruten können diese Zonen nur gefunden werden, wenn die Ruten entgegen der Normalhaltung mit vertauschter Polung der Rutenschenkel eingesetzt werden. Aus diesem Grund ist die Kenntnis der >Rutenpolung >radiaesthetisch von erheblicher Bedeutung.

Yin-Yang-Zonen bilden sich aus den verschiedensten >Wellenlängen, die offensichtlich zusätzliche Eigenschaften haben. Neuere Forschungen haben gezeigt, dass die Yin-Yang-Zonen in bestimmten Rhythmen ihre Einfallsrichtungen wechseln. Bei prähistorischen Steinkreisen in Südengland, die daraufhin entsprechend untersucht wurden, stellt sich im äußeren Rund ein Wechsel der >Einfallsrichtungen nach ca. 15 min ein. Das Pulsieren der Yin-Yang-Zonen ließ sich auch feststellen, wenn nur noch ganz wenige Steine auf ihren originären Plätzen standen[2].

1 FERDINAND BONGART, dt., Radiaesthesieforschungen, Autor von „Kultstätten, was sie uns verraten"

2 I.M. LÜDELING, Orte des Lichts, Selbstverlag

S. Yin-Yang-Zonen

A. Aufgabenstellung:
Prüfen, ob eine >Strahlungszone pulsierend die Einfallsrichtung ändert.

B. Hilfsmittel:
>H3-Antenne, Yin-Yang-Schalter, Stoppuhr.

C. Ausgangslage:
Die >Mittellinie des >Strahlungsfeldes wurde in Lage und Verlauf bestimmt. Die Reaktionen wurden mit aufgestecktem Yin-Yang-Schalter erzielt.

D. Befund:
Wenn die Zone nur mit aufgestecktem Schalter in „Yin" oder „Yang" zu finden ist, liegt pulsierende Strahlung vor.

E. Nähere Untersuchung:
An der Zone wird die Einfallsrichtung bestimmt. In Zeitintervallen zwischen 2 bis 15 Minuten wird diese Bestimmung wiederholt. Sollte es dabei zu einer Änderung der Einfallsrichtungen kommen, kann dieses Phänomen mit Hilfe der Stoppuhr zeitlich eingegrenzt werden.

Zeigerpflanzen

In der >Erz- und >Lagerstättensuche wurde dem Vorkommen bestimmter Pflanzen- und Baumarten schon immer Aufmerksamkeit gewidmet, da begünstigte Flora-Standorte sich meist durch besondere Strahlensituationen auszeichnen. Das Vorkommen seltener Pflanzen ist in der Regel an >radiaesthetisch aufzufindende >Zonen oder >Felder gebunden. Zum Beispiel sollen nach >Schneider die akeleiblättrige Wiesenraute (*Thalictrum aquilegifolium*), die rote Taubnessel (*Laminum purpureum*) und der Hain-Wachtelweizen (*Melampyrum nemorosum*) als Zeigerpflanzen für Gas und Erdöl gelten oder zutreffender, Standorte mit Strahlensituationen bevorzugen, die den Bodenstrahlungen über diesen Vorkommen ähneln.

Zeitnischen

Von I. Lüdeling[1] 1996 / 97 entdeckte Strahlungszonen in oder an alten Kultplätzen. Auf den als Zeitnischen bezeichneten Punkten verändert sich während des in sich Hineinversenkens das Zeitempfinden deutlich.

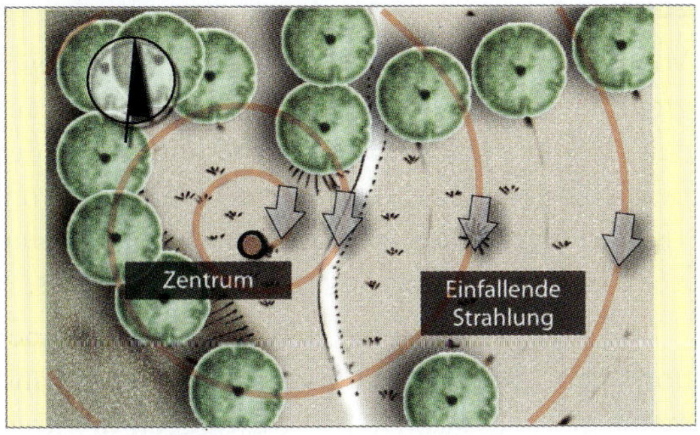

Zeitnische am Bärenstein (Horn-Bad Meinberg, NRW)

Es wird häufig beobachtet, dass sich bei dort meditierenden Personen Raum- und Zeitempfinden verschieben können.

>Radiaesthetisch sind Zeitnischen durch eine – normalerweise im Uhrzeigersinn und spiralförmig nach innen verlaufende – Strahlungszone gekennzeichnet. Es wurde bisher beobachtet, dass die Spiralen 4 bis 6 Windungen aufweisen, die sich auf Flächen von ca. 40 m Durchmesser verteilen. Der Fluss der einfallenden Strahlung verläuft zur Mitte hin.

Zeitnischen sind mit Hilfe von >Testobjekten und mit den nebenstehenden >Grifflängen anpeilbar.

Im innenliegenden Endpunkt der Spiralen, dem exakten Platz der Zeitnische, können keine >Biometereinheiten ermittelt werden, da Pendelschwingungen dort schnell abnehmen.

H3-Werte Zeitnische	
Basiswerte*	23,50 IR
–	2,30 CR
–	2,80 CR
–	7,75 CR
-	23,50 CR
–	26,55 CR

** über diese Werte hinaus können noch ortsspezifische H3-Werte hinzutreten.*

1 Ingeborg M. Lüdeling: Zeitnischen, Nienburg 1997

Zellmembranschwingung

Der Physiker Popp[1] bezeichnet die biologische Zelle als >Hohlraumresonator, in dem sich ein >stehendes Feld aus miteinander gekoppelten

>Infrarotwellen und >Phononenwellen befindet. Diese Wellen bilden an den Zellmembranen >Schwingungsknoten und haben unmittelbare Beziehung zum Zellkern.

Es ist zu vermuten, dass dort aufgrund verschiedener >Resonanzerscheinungen Phononen emittiert werden, die sich >radiaesthetisch mit der >H3-Antenne und eingesetztem >Akustiksensor >detektieren lassen.

1 Dr. Fritz-Albert Popp, *1938, dt. Bio- und Radiologiephysiker, grundlegende Forschungsarbeiten zur Zellstrahlung

Zeugengegenstand

Früher war es Brauch, markante Punkte, die Ausstrahlungen aussenden (Türme, Marktsäulen, Grenzsteine, Grenzbäume, Wegekreuze und ähnliche), durch sogenannte Zeugengegenstände zu sichern. Diese waren so ausgewählt, dass sie sehr stark bestimmte >Wellenlängen abstrahlen, die >geomantische Zonen bilden. Diese Zonen nehmen an Intensität mit zunehmender Entfernung vom Zeugen ab. Die einzelnen Wellenlängen verlaufen normalerweise parallel, in der Nähe des Zeugen jedoch unmittelbar auf ihn zu, vergleichsweise wie Magnetfeldlinien, die sternförmig von einem Pol ausgehen und zum Gegenpol verlaufen. Der Brauch, Zeugengegenstände einzusetzen, hat sich übrigens bis in die heutige Zeit – leider nicht in >radiaesthetischer Form – erhalten. Hier denken wir an den Ritus der Grundsteinlegung und das Einsetzen eines Zeugen (-rohres) unter den Grenzsteinen.

Zielfeld

Bezeichnet in der >Radiaesthesie das komplexe >Strahlungsfeld eines zielgerichtet gesuchten Phänomens.

zirkulare Polarisation

Phänomen bei der Ausbreitung >elektromagnetischer Wellen.

zirkularpolarisierte Antenne der Mikrowellentechnik

Bei der zirkularen Polarisation dreht sich die Ebene, in der sich die >Schwingung vollzieht, schraubenförmig im Gleichklang mit der >Wellenausbreitung. Sie kann durch Schrauben- oder Spiralantennen (Rechts-, Linksschraube), durch Kristall->Doppelbrechung und von biologischen Molekülen (rechtsdrehende, linksdrehende Milchsäure) erzeugt werden.

Zone

Von griech. *zone* „Gürtel", übertragen als „abgegrenztes Gebiet, festgelegter Bereich" verstanden. In der >Radiaesthesie wird mit Zone der Bereich bezeichnet, bei dessen Erreichen es zu >Reaktionen eines >Indikators kommt. Eine Zone ist stets ein (kleinerer) Teil eines >Feldes.

Da beim ersten Aufsuchen der Zone in einer normalen >Begehungshöhe gearbeitet wird, kann man erst nach zusätzlichen Messungen in unterschiedlichen Tiefen und Seitenlagen genauere

Aussagen über die tatsächliche Beschaffenheit und Lage einer Zone machen.

verschiedene Zonenausbildungen

Auffindbare Zonen können vertikale, geneigte oder horizontale Ebenen sein, aber sind auch als kreis- oder kugelförmige Gebilde, linien- und rohrförmige Zonen in gerader und gebogener, regel- und unregelmäßiger Form denkbar.

Zonenverfolgung

Nach erster >Detektierung von band- oder schlauchartigen >Strahlungsfeldern ist häufig von Interesse, den primären oder sekundären Faktor zu bestimmen, der das Feld erzeugt oder verändert. Insbesondere bei der >Hausuntersuchung sind die am Bettplatz einwirkenden >Strahlungen vollständig zu bestimmen, um daraus Rückschlüsse für Sanierungsmaßnahmen zu ziehen.

Da die feldartigen Zonen auf unterschiedlichste Weise durch die Umgebung verlaufen, bedarf es einer angepassten Technik, sie sicher in ihrem Verlauf zu verfolgen.

G. Zonenverfolgung

A. Aufgabenstellung:
Verfolgung von Strahlungszonen von der Stelle der ersten Detektierung (hier Bettplatz) bis zum Emittenten.

B. Hilfsmittel:
>H3-Antenne, Peilspitze, Markierungshölzchen, Abschirmfolie.

C. Ausgangslage:
Durch >Grifflängenziehung wurden die >H3-Werte bestimmt, mit denen im Bettplatz die verschiedenen Einflussfaktoren zu detektieren sind. Der folgende Arbeitsablauf bezieht sich auf einen als Belastung empfundenen H3-Wert. Mit diesem ist die beschriebene Untersuchung durchzuführen, jedoch ohne Auswahl einer Polarisation (Polarisationsschalter hierbei auf „U").

D. Bettplatzdetektierung:
Mit der H3-Antenne wird der gesamte Bettplatz möglichst in Höhe der Matratzenoberfläche abgefahren. Dabei erfolgt die Untersuchung in höchster Konzentration, nachdem die H3-Antenne in Höhe des Kopfendes gespannt wurde. Gemäß Schema der Abb. 1 wird jeweils zeilenweise ermittelt, wo sich eine Zone detektieren lässt.

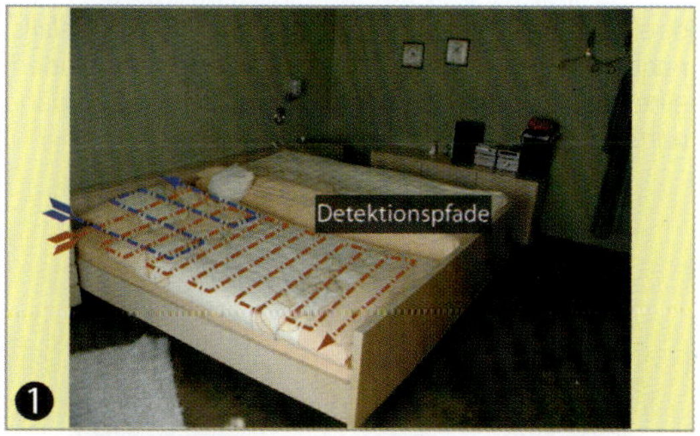

In der Regel wird man mehrere Linien finden, die als seitliche Begrenzungen der Zone interpretiert werden. Doch Vorsicht vor zu schnellen Deutungen. Es ist stets zu überprüfen, ob und auf welcher Seite der Reaktionslinien sich das Störfeld befindet.

Mit Hilfe der dachförmig aufgestellten Abschirmfolie (Abb. 2) kann diese Untersuchung bequem durchgeführt werden. Dabei tritt eine kumulierte Strahlung seitlich aus dem Hohlraum nur dann hervor, wenn sich die Folie innerhalb der Zone befindet, bzw. sie teilweise in die Zone hineinragt.

❷

Anschließend wird mit Hilfe der Folie die >Einfallsrichtung bestimmt (Abb. 3). Die H3-Antenne wird dabei so tief in den „Windschatten" (in ca. 20 cm Abstand vor und hinter der Folie) gehalten, dass auf diese Weise der sonst abschirmende Körper ersetzt wird.

Kommt es zu keinem eindeutigen Ergebnis (d. h., die >Intensitäten vor und hinter der Folie erscheinen gleich), kann es sich um eine Strahlung handeln, die direkt von oben oder von unten einstrahlt. Die Einfallsrichtungsbestimmung ist dann zu wiederholen, indem eine Hilfsperson die Folie waagerecht hält und dann darüber oder darunter ermittelt wird.

❸

E. Zonenbestimmung:

Zur Abschätzung der Dimension der Zone folgt bei Bedarf eine Untersuchung der >Schichtebenen (Abb. 4) an mehreren Stellen im Raum.

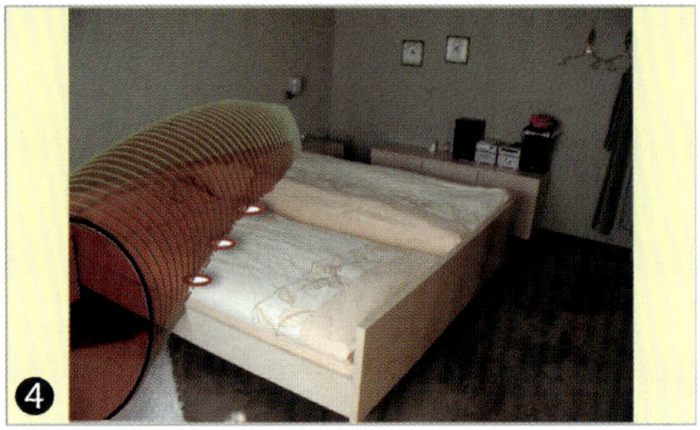

❹

Dadurch ist erkennbar, wie die Zone im Raum verläuft. Dabei sollte man mit der H3-Antenne und vorgegebenem Wert so arbeiten, dass auf Höhe des Schiebers abgesucht wird. Alternativ verwendet man die oben auf die Platine gesteckte Peilspitze. Maßgeblich zur Detektierung der Zonenoberfläche ist dann deren vorderes Spitzende.

F. Zonenverfolgung im Untersuchungsraum:

Bei der abschnittsweisen Untersuchung des Verlaufes und des Profils der Zone geht man sie stets rechtwinklig aus genügendem Abstand an (>Geradeausschritt, >Begehungstechnik).

In vielen Fällen wird am Verlauf erkennbar, dass die Zone von einem Gegenstand herrührt, der im Raum (z. B. in den Schränken, in Schubladen oder frei aufgestellt) vorhanden ist. Die Zone endet dann anscheinend an der Schranktür, der Schublade usw. Dann wird zunächst mit Hilfe der Peilspitze versucht, von außen die Höhe des Emittierers zu bestimmen.

G. Zonenverfolgung außerhalb des Untersuchungsraumes:

Wird festgestelllt, dass die Zone durch die Wand (bzw. Decke oder Fußboden) aus benachbarten Räumen einstrahlt (Abb. 5), ist sie durch >Peilung und lokale >Feldbegehung in ihrem kompletten Verlauf zu verfolgen.

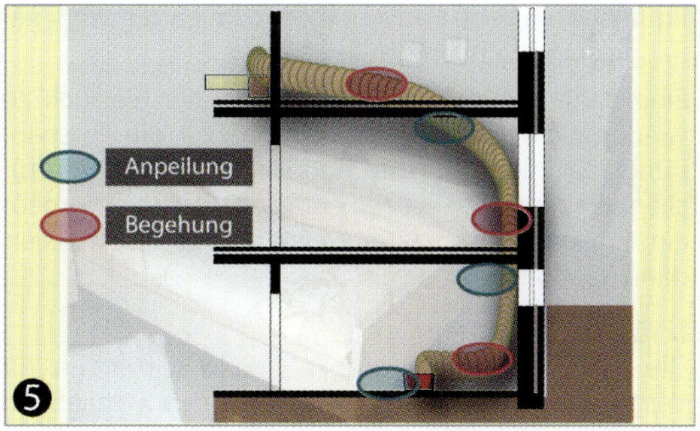

G. Störersuche:
Durch Aufspüren mit Hilfe der >Peilung gelingt es meist, die Stelle im Raum, die Schublade oder das Schrankfach zu ermitteln, wo sich der vermutete Emittent befindet. Liegen mehrere Gegenstände beieinander, sind diese einzeln herauszunehmen und durch Anpeilung auf ihre Emission hin zu überprüfen. Da sich erfahrungsgemäß in Schubladen eine ganze Reihe verschiedener Gegenstände befinden, genügt es, die Schublade komplett aus dem Schrank herauszunehmen.

Die so ermittelten Gegenstände werden – soweit möglich – aus dem Raum gebracht.

H. Kontolle am Bettplatz:
Im nächsten Schritt erfolgt die Kontrolle am Bettplatz darauf, ob und wie sich das Störfeld geändert hat. Eine deutliche Verlagerung oder sogar eine Eliminierung der Zone weist auf eine erfolgreiche Suche hin. Kann keine Änderung beobachtet werden, muss erneut am Zielort nach einem – sicher etwas zunächst verdeckten – Störer gesucht werden.

I. Weiteres Vorgehen:
Bei der >Hausuntersuchung wird dieses Verfahren für jeden weiteren Wert vorgenommen. Je mehr Zonen detektiert und eliminiert wurden, desto wahrscheinlicher ist, dass ursprünglich auf mehreren Wellenlängen strahlende Emittenten bereits erkannt und beseitigt wurden. Sollte deshalb im Bettplatz keine Reaktion auf einen vorher ermittelten Wert erzielbar sein, kann dann direkt an den „eliminierten" Störfaktoren geprüft werden, welcher den gesuchten Wert noch abstrahlt.

Zurückschreitverfahren

>Reaktionsabstandsmessungen von Personen, Pflanzen und größeren >Kreuzungssystemen werden im Zurückschreitverfahren durchgeführt. Dazu wird zunächst ein Bandmaß von dem Aufnahmepunkt in Richtung der Messung ausgelegt, an dem der >Rutengänger bis zum Erreichen des >Rapportpunktes rückwärts schreitet. Bei Messungen des Reaktionsabstandes von Kreuzungen sollte die Rückschreitlinie sich nicht mit >Reaktionszonen decken, die die gleiche >Grifflänge haben, mit der die Messung durchgeführt wird.

Um selbsterzeugte >Reflexionen innerhalb von Räumen oder ähnlich begrenzten Bereichen zu vermeiden, sollte die Begehungslinie diagonal und nicht parallel bzw. rechtwinklig zu den Raumwänden verlaufen.

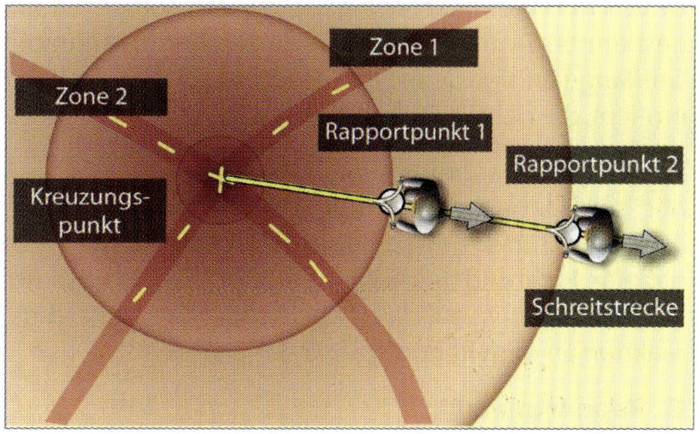

Reaktionsabstandsmessung im Zurückschreitverfahren

G. Zurückschreitverfahren

A. Aufgabenstellung:
Zentrische Strahlungsfelder sind auf ihre Ausdehnung hin zu untersuchen. Wobei die Ausdehnung gleichzeitig eine gewisse Intensitätsabschätzung für die Strahlung in deren Zentrum darstellt.

B. Hilfsmittel:
>H3-Antenne oder >H3-Rute, Bandmaß, Markierungshölzchen

C. Ausgangslage:
Durch >Grifflängenziehung und >Peilung wurde die spezifischen H3-Werte des Abstrahlfeldes ermittelt. Durch >Seitschrittverfahren ist die genaue Lage der einzelnen >Zonen (Mittelachsen) und der sich daraus gebildete Kreuzungspunkt gefunden und markiert worden.

D. Vorbereitung:
In einer möglichst von den zu- und ablaufenden Zonen freien Richtung wird vom Kreuzungsmittelpunkt aus ein Bandmaß ausgelegt, das soweit reichen sollte, wie das Abstrahlfeld sich ausdehnt. Das Bandmaß markiert den späteren Schreitweg. Dieser sollte möglichst eben und ohne Hindernisse sein.

E. Aufnehmen der Strahlung:
Das Zurückschreiten beginnt mit dem Aufnehmen der Strahlung auf dem Kreuzungspunkt (bei Personen ca. 20 cm vor dem Körper z. B. am Solarplexus), die mit gespannter Antenne / Rute in der vorher bestimmten Grifflänge erfolgt. Beim Eintauchen wird eine >Reaktion erreicht, die dann gehalten werden muss.

F. Rückwärtsschreiten:
Mit gehaltener gespannter Rute erfolgt nun das langsame Rückwärtsschreiten; die Rutenhaltung weist dabei in Richtung des Aufnahmepunktes. Die gesamte Konzentration ist auf das Erreichen der Entspannungsreaktion an dem Rapportpunkt gerichtet.

G. Rapportpunkt 1:
Bei Erreichen eines Rapportpunktes (oft werden pro Feld drei Punkte ermittelt), wird eine mehr oder weniger stark ausgeprägte Entspannungsreaktion gespürt.

Diese erste Reaktion liefert nur einen ersten ungenauen Vergleichswert, der dann im >Seitschritt von außen genauer bestimmt werden kann. Senkrecht unterhalb wird auf dem Bandmaß die zurückgelegte Entfernung abgelesen. Diese ist der gesuchte Reaktionsabstand.

H. Rapportpunkt 2:
Soll die Untersuchung die gesamte Feldausdehnung umfassen, wird es notwendig sein, auch die weiteren Rapportpunkte zu ermitteln.

Eine dafür brauchbare Methode ist, den Versuch zu wiederholen und diesmal ganz gezielt die Entspannungsreaktion am ersten Rapportpunkt zu unterdrücken. Einige Meter weiter entfernt wird dann erneut eine Entspannungsreaktion verspürt und diese markiert dann Rapportpunkt 2.

I. Dokumentation:
Die Maße für Rapportpunkt 1 und 2 werden für Vergleichsmessungen notiert. Daran anschließend können z. B. >Feldveränderungen durchgeführt werden und dann erneut überprüft werden, ob sich eine Reduzierung des Feldes ergeben hat.

J. Ausblick:
Die Detektierung dieses Feldes kann natürlich in allen Richtungen fortgeführt werden. Mit etwas Übung gelingt es, die zunächst etwas unklar erscheinenden Entspannungsreaktionen präziser zu erkennen. Mit Erreichen einer gewissen Routine wird in der Regel immer gespürt, ob man sich noch in dem zu untersuchenden Feld befindet oder nicht.

Teil 3

Anhang

Übersetzung der Fachausdrücke

Deutsch	Englisch	Französisch
Abladung/ Abladungspunkt	discharging /discharging point	décharge / endroit où l'on se décharge (énergie)
Ablenkung	diversion	déviation
Abschirmung	shielding	neutralisation
Abschwächer	attenuator	atténuateur
Abstimmtechnik	tuning technic	Technique de syntonisation
Abstimmung	tuning, selecting (matching)	réglage, syntonisation
Abstrahler	radiator	générateur de rayons
Abstrahlungsfeld	radiation area	champ de rayonnement
Adey-Fenster	Adey-window (biological window; Adey, american scientist)	fenêtre biologique "ADEY"
Akupunkturmeridiane	meridians of accupuncture	méridiens d'acupuncture
Akustiksensor (AKS)	acoustic probe	détecteur acoustique
Alpha-Strahlen	Alpha-rays	rayons alpha
Amplitude	amplitude	amplitude
Ankopplung	coupling	accouplage
Ankündigungslinie, -zone	indicator line / zone (Water Line Parallel)	ligne d' annonce-zone
Anpassung	adapting	adaptation
Anregung	excitation	stimulation
Antenne	antenna / aerial	antenne
Antennenanlagen	antenna / aerial installations	installations d' antennes
Antennencharakteristik	antenna / aerial characterization	caractéristiques d'antennes
Antennengewinn	antenna / aerial gain (effectiveness)	gain d'antenne
Antennenlänge, wirksame	effictive antenna / aerial length	longueur d'antenne efficace
Antennenpolarisation	antenna / aerial polarization	polarisation d'antenne
anthropomorph	anthropomorphic	anthropomorph
Aquastats	aquastats	aquastats
Äquipotenziallinie	equipotential line	ligne équipotentielle
Arbeitswellenlänge	working wave length	longeur d'onde de travail
Aufladung/Aufladungspunkt	charging /charging point	recharge / endroit où l'on se recharge
Aufnahmepunkt	location point	endroit de réception
Augenstrahl	eye beam	rayonnement des yeux
Auguren	augurs	augures
Aura	aura	aura
Auraschichten	aura layers	couches de l'aura
Außenbegehung	external investigation	investigations à l'exterieur

Deutsch	Englisch	Französisch
außerordentlicher Strahl	extraordinary ray	rayon extraordinaire
Bandbreite	bandwith	largeur de bande
Bande	band	bande
Bauhüttengeheimnisse	working site secrets (freemasonry)	secrets de batisseurs (francmaçonnerie)
Baustoffuntersuchung, radiaesthetische	examination of building material radiation (by dowsing)	Tests radiesthétiques de matériaux de construction
Begehungshöhe	heights level of investigation	hauteur de tenue de la baguette (d'investigation)
Begehungslinie	investigation track line	ligne du parcours (d'investigation)
Begehungstechnik	investigation technic	technique du parcours (d'investigation)
Bergkristall	rock crystal	cristal de roche
bestimmende Grifflänge	determining holding length	principales longueurs de préhension
Beta-Strahlung	beta radiation	rayons beta
Beugung	diffraction	courbure
Biokybernetik	bio-cybernetics	bio-cybernétique
biologische Fenster	biological windows	fenêtre biologique
Biometer	bio meter	bio-mètre
biophysikalisch	bio physics	bio physique
Bioresonanz	bio resonance	bio-résonance
Bischofsstab	crosier	crosse de l'évêque
Blind Spring	blind spring	blind spring
Blitzeinschlagstellen	areas struck by lightning	lieux d'impact de la foudre
Bohrpunkt	drilling point	point de forage
Bovismeter	Bovis meter	biomètre de A. BOVIS
Brechung	refraction	réfraction
Brechungsindex (n)	index of refraction	index de réfraction
Bruchzone	geol. fracture zone, geological fault	zone de faille
Brunnen, heilige	holy well	puits sacrés
CAP-Kompensator	CAP-compensator	CAP-compensateur
Ch'i	ch'i	chi
Cluster	cluster	cluster
Dämpfung	attenuation	atténuation
Denkmuster	train of thought, thought pattern	méthode (mentale) de penser
Detektierung	detection	détection
Diagonalgitter	diagonal grid (CURRY-grid; M. CURRY, german doctor and diviner)	réseau CURRY
Dielektrizitätszahl (ε)	dielectric number	nombre diélectrique
Doline	doline (sink hole)	doline
Dome	dome	dôme
Doppelbrechung	double refraction	double réfraction
Drachenlinien	dragon lines	lignes de dragon

Deutsch	**Englisch**	**Französisch**
Drehrute	bio tensor	biotensor
Druckwasser	artesian water pressure	eau sous pression artesienne
Eckabfrage	corner checking	interrogation angulaire
Eckabstrahlung	corner reflection	radiation angulaire
Ecksteine	corner stones	pierres angulaires
Eidetik	eidetic	eidétique
eidetische Reflexe	eidetic reflexes	réflexes eidétiques
Eigenfeld	characteristic field	champ personnel
Eigenresonanz	natural resonance	résonance personnelle
Eigenstrahlung	natural radiation	radiation personnelle
Einfallsrichtung	direction of incidence	direction de la pénétration
Eintauchmethode	immersion method	méthode du plongeon
elektromagnetische Wellen	electromagnetic waves	ondes électromagnétiques
Emittent	emitter	émittent
Empfangscharakteristik	characterization of reception	caractéristiques de la réception
Energie	energy	énergie
Energiebauch, -knoten	energy loop / energy node	ventre d'énergie, nœud d'énergie,
Energiekörper	ethereal body, energized substance	corps énergétique
Entstörung	suppressing	neutralisation
Entstörungsgeräte	suppressing appliances	appareils de neutralisation
Erdfall	sinkhole	crevasse dans la terre (petite doline)
Erdstrahlen	ground radiation	rayonnements telluriques
Erzgänge	veins of ore	veines / filons
Fading	fading	fading
Fehlmutungen	dowsing errors	erreurs d'estimation
Feld	field (field force)	champ
Feldbegehung	field investigation (field inspection)	parcours du champ d'investigation
Felder, morphische	morphic fields	champs morphiques
Felder, psychodynamische	psychodynamic fields	champs psychodynamiques
Feldinformation	field information	information du champ
Feldlinien	field line	lignes du champ
Feldstärke	field intensity	intensité du champ
Feldstruktur	field structure	structure du champ
Feldveränderung	field change	modification du champ
Feng Shui	Feng Shui	feng shui
Fenster, biologische	biological windows	fenêtres biologiques
Fernfeld	distant field area	champ éloigné
Fernmutung	remote dowsing	détection à distance (téléradiesthésie)
Fernscannen	distant scanning	scanner à distance
Fließrichtung	direction of flow	sens de l'écoulement

Deutsch	Englisch	Französisch
Formenstrahlung	shape radiation	ondes de forme
Formresonanz	shape resonance	résonance des formes (d'objets)
Frequenz (f)	frequency	fréquence
Fresnelzone	Fresnel-zone (A. Fresnel, french physician)	zone Fresnel
Frontstrahl	front beam	rayonnements de face
Füllfaktor (F_v; Verfüllungsgrad)	filling factor	facteur de remplissage
Fußsohlenscan	foot sole scan	scanner la plante du pied
Gamma-Strahlung	gamma rays	rayons gamma
Gang	vein	veine / filon
Gebäudeabstrahlung	building radiation	rayonnements du bâtiment
Geobiologie	geobiology	géobiologie
geologische Störungen	geological disturbances	perturbations géologiques
Geomantie	geomancy	géomantie
geomantische Zonen	geomantic zones	zones géomantiques
geomorphologische Felder	geomorphical fields	camps géomorphologues
Geopathie	geopathy	géopathie
Geopathietest	geopathic test	tests de géopathie
Geradeaus-Schritt	straight ahead pace	pas vers l'avant
Gitternetze	grids	réseau
Gittersysteme	grid systems	systèmes de réseaux
Globalgitter	global grid (Hartmann-grid, E. Hartmann, german doctor and diviner)	réseau global (HARTMANN)
goldene Grifflänge	ideal holding position for mental dowsing	longeur de préhension mental personnelle
Grenzlinie (äußerste Reaktionslinie)	boundary line (remotest reaction line)	ligne limite (derniere ligne de préhension)
Grifflänge	holding position (for dowsing rods)	longueur de préhension
Grifflänge, bestimmende (kennzeichnende)	principle holding position (for dowsing rods)	principale longueur de préhension pour le maniement de la baguette òu de l'Antenne LECHER
Grifflänge, goldene	ideal holding position for mental dowsing	longeur de préhension mental personnelle
Grifflängentabelle	holding position table (for dowsing rods)	table de longueurs de préhension
Grifflängentechnik	holding position technic (for dowsing rods)	Technique de longueurs de préhension
Grifflängenziehung	ascertaining holding positions (for dowsing rods	recherche de longueurs de préhension
Grundrauschen	background noise	bruit de fond
H3-Antenne	H3-antenna	antenne H3
Halbleiterschieber	semi-conducting slide	curseur semi conducteur
Harmonische	harmonic	harmoniques
Hauptzone	main zone (inner area of emanation field over a geological disturbance)	zone principale
Hausuntersuchung	house investigation	analyse d'une habitation

Deutsch	**Englisch**	**Französisch**
Hintergrundstrahlung	background radiation	rayonnement à l'arrière-plan
Höhle	cave	cavité souterraine (grotte)
Hohlräume, künstliche	artificial caves	cavité artificielle
Hohlraumresonator	cave resonance	résonnateur de cavité
Holographie	holography	holographie
Homöopathie	homoepathy	homéopathie
Hornstrahler	horn antenna	antenne de HORN
ideomotorisch	ideomotoric	idéomotorique
Impedanz	impedance	impédance
Indikator	indicator	indicateur
induktive Eigenschaften	inductive attributes	propriétés inductives
induzierte Kreuzungen	induced intersections	croisements induits (intersections)
Information	information	information
informationstragend	conveying information	porteur d'informations
Infrarotsensor	infrared probe	détecteur infrarouge
Infrarotstrahlung	infrared radiation	rayonnement infrarouge
Infraschall	infrasonic	infrason
Intensitätsbestimmung	determination of intensity	évaluation de l'intensité
Intensitätsverteilung	distribution of intensity	répartition de l'intensité
Intensitätszahl	intensity number	nobre d'intensité
Interferenz	interference	interférence
Invertierung	inversion	inversion
IRS	infrared probe	détecteur infrarouge
kalibrieren	calibration	calibrer
Kantenbreite	width of edge	largeur des bords
Kantenstrahlung	radiation of edges	rayonnement des bords
kapazitive Eigenschaften	capacity attributes	propriétés capacitives
Kennfrequenz	frequency code (characteristic frequency)	fréquences connues
Kieswasserader	vein of gravel water	nappe phréatique
Kirchen, alte	old churches	églises, anciennes
Kluft	rift	faille
Kohärenz	coherency	cohérence
Konditionierung	conditioning	influence, conditionnement
konkaves Abstrahlverhalten	concave reflection behaviour	comportements concave des radiations
konvexes Abstrahlungsverhalten	convex reflection behaviour	comportements convexe des radiations
Kopfstrahl	head radiance (beam)	rayonnements de la tête
Körpermessung	assessment of humanbody (to optain holding positions for dowsing rods)	scanning sur le corps
kosmo-tellurische Schlote	cosmo telluric chimneys, charging and discharging circular areas	cheminées cosmo-telluriques

Deutsch	Englisch	Französisch
Kreuzungen, induzierte	induced intersections	croisements induits
Kreuzungspunkt	point of intersection	points d'intersection
Kreuzungssystem	intersection system	sytèmes d'intersection
Kristallschwingung	crystal oscillation	oscillation des cristaux
Krummstab	crosier	crosse
Kubengitter	cube grid (Benker-grid; A. Benker, german diviner)	réseau cubique de BENKER
Kultstätten, prähistorische	prehistoric cult sites	lieux de cultes préhistoriques
Kunststoffe	plastics	plastiques
Kunststoffrute	plastic rod	baguette en plastique
Labyrinthe	labyrinths	labyrinthes
Lagerstätten	deposit sites	couches géologiques
Lambda (λ)	lambda	lambda
laminare Strömung	laminar flow	courant laminaire
Lecherantenne®	Lecher antenna / aerial) (E. Lecher, austrian physician)	antenne LECHER (E. LECHER, physicien autrichien)
Lecherleitung	Lecher conductor	fils de LECHER
Lecherruten	Lecher rods	baguettes de LECHER
Leisengabel	Leisen fork (dowsing fork; M. Leisen, german faith healer and dowser)	baguette de LEISEN (M. LEISEN, naturopathe et sourcier allemand
Leyline	leyline	leyline
Lichtleitereffekt	light transmitter effect	effet de transmission de la lumière
lineare Polarisation	linear polarization	polarisation linéaire
linksdrehend	rotating anticlockwise	giration levogyre
linkszirkular	circulating anticlockwise	levogyre
Lituus	lituus (spiral rod used by Etruscian and Roman augurs)	lituus (baguette divinatoire en spirale, utilisée par des augures étrusques et romains)
Longitude	longitude	longitude
Longitudinalwellen	longitudinal waves	ondes longitudinales
Luftlecherleitung	Lecher arial	conducteur de LECHER
Magnetopathie, (Heil-)	magnetism	magnétothérapie
Magnetstäbchen	magnetic wire (for a dowsing rod)	aguille aimantée
Mantik	mantic (prophecy, prediction)	mantie (prophétie, prédiction)
Map-dowsing	map-dowsing	détection radiesthétique sur carte géographique
Maser/Masereffekt	grain, grain effect	effet M.A.S.E.R
Medulla oblongata	medulla oblongata	medulla oblongata
mentale Abfragen	mental questions	interrogations mentales
mentale Erlaubnis, dreifache	threefold mental permission	triple permission mentale
mentale Vereinbarung	mental agreement	convention mentale
Mentalismus	mentalism	mentalisme

Deutsch	Englisch	Französisch
Mentaltechnik, programmierbare	mental technic, programmable	technique programmation mentale
Messen	surveying	mesurer
Mikroenergien	micro energies	micro-énergies
Mikrowellen	microwaves	micro ondes
Mittelachse	middle-axis (of the emanation field over an geological disturbance)	axe central (d'un champ d'émanation
Modulation	modulation	modulation
morphische Felder	morphic fields	champs morphiques
morphogenetische Felder	morphogenetic fields	champs morphogénétiques
Multiwellenstein	stone which multiwave length character	pierre présentant des ondes multiples
Multiwellenzone	multiwave zone	zone présentant des ondes multiples
muten	divining	estimer (de façon sensitive)
Nachkontrolle	re-check, double check	vérification
Nahfeld	short-range field	champ rapproché
Nebencharakteristik	secondary characterization	caractéristique secondaire
Nebenwellen	secondary waves	ondes secondaires
Nosode	nosode	nosode
Oberwellen	harmonics	harmoniques
Od	od, odic force	rayonnement du corps humaine
Od-Emanation	odic emanation	émanation d'Od
Odspeicher	odic storage, odic reservoir	accumulateur d'Od
Opus	opus	opus
ordentlicher Strahl	regular beam	rayonnement à double réfraction
Orgonstrahlung	orgone radiation	rayonnement Orgon
Ortswechselreaktion	reaction after change of place	réaction dûe au changement de place (par ex: du lit)
Peilstäbchen	direction seeking stick (for dowsing rods)	antenne pour détection à distance (goniométrie)
Peiltechnik	direction seeking technic	Technique de détection à distance
Peilung	bearing	détection à distance
Pendel	pendulum	pendule
Pendeltafel	pendulum table	tableau de détection radiesthésique avec le pendule
Permeabilität (μ)	permeability	perméabilité
Permittivität	permittivity	permettivitée
Phononen	phonons	phonones
Piezoelektrizität / Piezoeffekt	piezo electricity / effect of piezoelectric	piézo électricité/ effet piézo électrique
Planetenlinien	planetary lines	lignes planétaires
Polarisation	polarization	polarisation
Polarisationsbestimmung	defined polarization	recherche de la polarisation
Polarisationsfolie	polarization foil	film de plastique transparente pour déterminer la polarisation

Deutsch	Englisch	Französisch
Polarisationsring	polarization's ring	anneau pour déterminer la polarisation
Polarisationsschalter	polarization switch	interrupteur de polarisation
Polarität	polarity	polarité
Polpunkte	pole points	points polarisés
Potenzierung	potency	dynamisation
Proband	proband, test person	personne d'essai
psychodynamisches Resonanzpotenzial	psychodynamic resonance potential	potentiel de résonnance psychodynamique
psychodynamische Radiaesthesie	psychodynamic dowsing	radiesthésie psychodynamique
psychodynamische Störfaktoren	psychodynamic factors of dowsing errors	facteurs de perturbations psychodynamiques
Psychomantie, psychomantische Zonen	psychomanty, psychomantic zone	psychomantie, zones psychomantiques
Psychometrie	psychometrie	psychométrie
Qualitätenschalter	quality switch	interrupteur pour des qualités diverses
Quarzgang	quartz vein	filon à quartz
Quarzuhren	quartz clocks	montres à quartz
Quelle, blinde	contained water source (not to be confused with blind spring)	eaux souterraines sous pression
RA.	distance of reaction	distance de réaction
Radar	radar	radar
Radiaesthesie	radiestesia	radiesthésie
Radioaktivität	radioactivity	radioactivitée
Radiowecker	radio alarm clock	radio-réveil
Rapportpunkt	point of report	point de rapport
Raumakustik	room acoustics	acoustique de la pièce
Raumbelastung	room encumbrances	perturbations générales d'une chambre
Raumresonanz	room resonance	résonance de la chambre
Reaktion	reaction	réaction
Reaktionsabstandsmessung	distance of reaction / mesure of reaction	mesure de la distance de réaction
Reaktionslinie	reaction line	ligne de réaction
Reaktionspunkt	reaction point	point de réaction
Reaktionszone	reaction zone	zone de réaction
reale Arbeitstechnik	free working technics (dowsing without using a mental program)	technique réelle de travail
rechtsdrehend	clockwise rotating	dextrogyre
rechtszirkular	circulating clockwise	giration dextrogyre
Reflexion	reflection	réflexion
Reflexionsverhalten	reflection behaviour	supprimer la réflexion
Regeneration	regeneration	régéneration
Reinigung	cleaning up	purification
Reinvertierung (Re-Invertierung)	reversion	réinversion

Deutsch	**Englisch**	**Französisch**
Resonanz	resonance	résonance
Resonanzfähigkeit	resonance capability	capacité de résonance
Resonatoren	resonators	résonateurs
Richtdiagramm	directional diagramm	diagramme exact
Risse	cracks	faille
Rückkopplung	feedback	rétro réaction
Rückschreittechnik	reversing technic (dowsing by stepping backwards)	technique pour reculer (rad.)
Rückschritttest	reversing test	test en reculant (rad.)
Rückstrahlverhalten	counter reflection behaviour	comportement de cataphote (rad.)
Ruhestellung	resting position	position neutre
Rute	rod (dowsing)	baguette de sourcier
Rutengänger	diviner	sourcier, radiesthésiste
Rutenhaltungen	rod holdings	façon de tenir la baguette
Rutenmarkierung	rod markings	repères sur la baguette
Rutenpolung	polarity ends of dowsing rods	polarité de la baguette
Rutenreaktion	reaction of dowsing rod	réaction de la baguette de sourcier
Salzwasseradern	subterreanian saline water courses	sources souterraines à d'eau salée
Satellitenschüsseln	satellite dishes (parabol antennas)	antennes paraboliques
Scannen	scanning	scanner
Schächte (bergmännisch)	(vertical) shafts	puits (d'excavation)
Schichtebenen	layer levels	strates, niveaux de strates
Schichtebenendiagramm	layer level diagram	diagramme des niveaux de strates
Schirmung	shielding	protection
Schlafplatzuntersuchung	investigation of sleeping areas	expertise de l'emplacement du lit
Schlote, kosmo-tellurische	cosmo telluric chimneys	cheminées cosmo-tellurique
SCHNEIDER, Reinhard	SCHNEIDER, Reinhard, german physician and diviner	SCHNEIDER, Reinhard, physicien et sourcier allemand
Schrägstrahlungen	emission in an angle	rayonnements inclinés
Schüttung/Schüttmenge	efflux / amount of efflux	débit / quantité
Schwebung	beat	superposition de deux ondes identiques
Schwerpunktzone	centre zone (of the emanation field over a geological disturbance)	zone centrale
Schwingung	oscillation	oscillation
Seitenstrahlung	side emission, defraction	rayonnements latérals
Seitschritt	side step	pas latéral
Sekundärfelder	secondary emission fields	champs scondaires
Sender, technische	technical transmitter	émetteur, technique
Skalarwellen	scalar waves	ondes scalar
Skin-Effekt	skin effect	effet skin
solehaltiges Wasser	briny water	eau saline

Deutsch	Englisch	Französisch
Spalte	crevasse	faille (crevasse)
Spektroide	spectral	spectre
Spiralen	spirals	spirales
stehende Felder	standing fields	champs stationnaires
stehende Wellen	standing waves	ondes stationnaires
Steine, gepolte	polarized stones	pierres, polarisées
Stellvertretermethode	substitution method	méthode suppléant
Störbeziehungen	attracting disturbances	relations entre perturbations
Störfaktoren, primäre / sekundäre	disturbing factors primary / secondary	facteurs de perturbations primaires / secondaires
Störfaktoren, radiaesthetisch wirkende	disturbing factors with radiestetic effects	facteurs de perturbations avec effets radiesthétiques
Stoffresonanz	material resonance	résonance de la matière
Stoffstrahlung	material radiation	rayonnement de la matière
Strahlung	radiation	rayonnement
Strahlungsfeld	radiation field	champ de rayonnement
Technomantie	technomancy	technomantie
technomantische Störung	technomantic disturbances	perturbation technomantique
technomantische Zone	technomantic zone	zone technomantique
tellurisch	telluric	tellurique
Témoin	inspector, report, proof (test object)	témoin (objet de test)
Testobjekt	test object	objet de test (témoin)
Thermalwasser	thermal water	eau thermale
Thermoskanneneffekt	thermal flask effect	effet de verseuse isotherme
Tiefenfaktor (f_D)	depth factor (factor of profundity)	coefficient pour estimer la profondeur
Tracklines	tracklines	Tracklines
Trägerschwingung	carrier wave	oscillation d'objet
Transversalwellen	transversal waves	ondes transversales
Trefferquote, persönliche	personal quote of accuracy	pourcentage de réussite personnelle
turbulente Strömung	turbulent flow	turbulence, courant
Ultraschall	ultrasonic	ultrason
Umpolarisation	alterartion of polarization	changer de polarisation
Untergriff	underneath holding position of a dowsing rod (see palms)	Tenue de la baguette les mains en suppination
V-Rute	V-rod	baguette en V
Vereinbarung, mentale	mental agreement	convention mentale
Verkürzungsfaktor (V_k)	shortening factor	facteur de raccourcissement
verladen / Verladung	loading, entraining	recharger un objet mentalement
Vermessungslinie, historische	surveying line, historical	ligne d'arpentage historique
Vertikalantenne	vertical antenna / aerial	antenne verticale
Vertikalrute	vertical rod	baguette verticale

Deutsch	Englisch	Französisch
Verwerfung	fault (geological fault)	glissement de terrain
Verwerfung, wasserführende	water bearing fault	glissement de terrain avec course d'eau
Virgula	virgula (Latin for dowsing rod)	virgula (baguette)
Wärmefeld	temperature field	champ thermique
Wasser, heiliges	holy water	eau, guérisseuse
Wasserader	water course / underground stream / vein of water	source souterraine
Wasseraderverschiebung	moving of subterreanian water course	déplacement d'une source souterraine
Wasserinformation	water information	mémoire de l'eau
Water lines	water lines	lignes d'eau
Welle	wave	onde
Welle, elektromagnetische	electromagnetic wave	onde, électromagnétique
Welle, stehende	standing wave	onde, stationnaire
Wellenausbreitung	propagation of waves	diffusion des ondes
Wellenbild, individuelles	individual wave picture	image d'ondes individuelle
Wellenlänge (>Lambda λ)	wavelength	longueur d'ondes
Winkelrute (L-Rute)	L-rod	baguettes horizontales (rade masters)
Wirbel / Wirbelfeld	vortex, vortex field	tourbillon / champ avec tourbillon
Wünschelrute	dowsing rod	baguette de sourcier
Yin-Yang-Schalter	Yin-Yang switch (for the H3-aerial)	curseur Yin-Yang (pour antenne H3)
Yin-Yang-Zone	Yin-Yang zone (zone of pulsationing energies)	zone Yin et Yang
Zeigerpflanzen	indicating plants	plantes indicatrices
Zeitnischen	recesses of time (places where time seems to pass slower)	endroits où l'on perd la notion du temps
Zellmembranschwingung	cell membran oscillation	oscillation des membranes cellulaires
Zeugengegenstand	objects of reference	objet témoin
Zielfeld	aiming field	champ de destination
zirkulare Polarisation	circulating polarization	polarisation circulaire
Zone	zone (area)	zone
Zonenverfolgung	to follow up a zone	poursuite d'une zone
Zurückschreitverfahren	method of stepping backwards	méthode pour reculer (rad.)

Arbeitsblatt 1

argo 2012

Protokoll H3-Wertescan

Proband: ....

Adresse: ....

gemutet von: .... am : ....

Blatt Nr. ....

H3-Wert [cm]	Qualitäten I C	Qualitäten Y IR AK Zusatz-sensor	Intensitäten links	Intensitäten rechts	Intensitäten uni-polar	markant?	Zuordnung Resonanzbeziehung Bemerkungen

Arbeitsblatt 2

Stofftestung

Versuchsaufbau: ....
....

gemutet von: .... am : ....

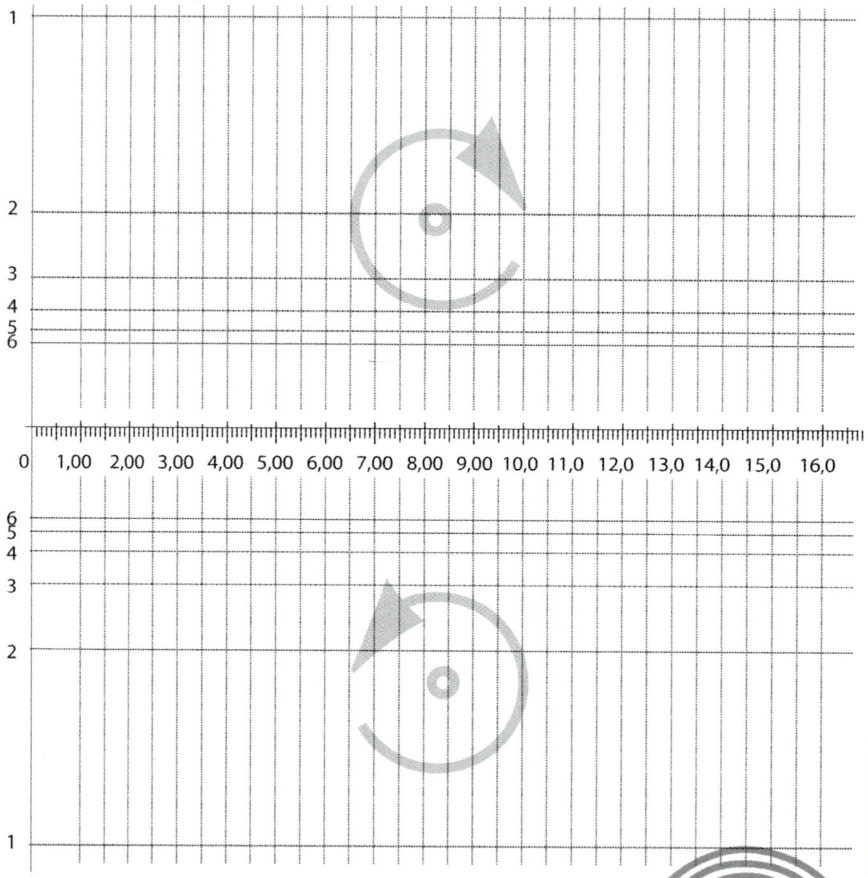

Farblegende

Qualität		
Kapazitiv		
Induktiv		

Arbeitsblatt 3

Schichtebenendiagramm

Bezeichnung der Reaktionslinie: ....
Teil der Zone / des Feldes: ....
gemutet von: .... am : ....

Mutungsrichtung (Blickrichtung)

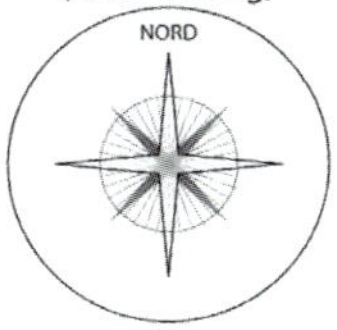

Lageskizze

Bemerkungen

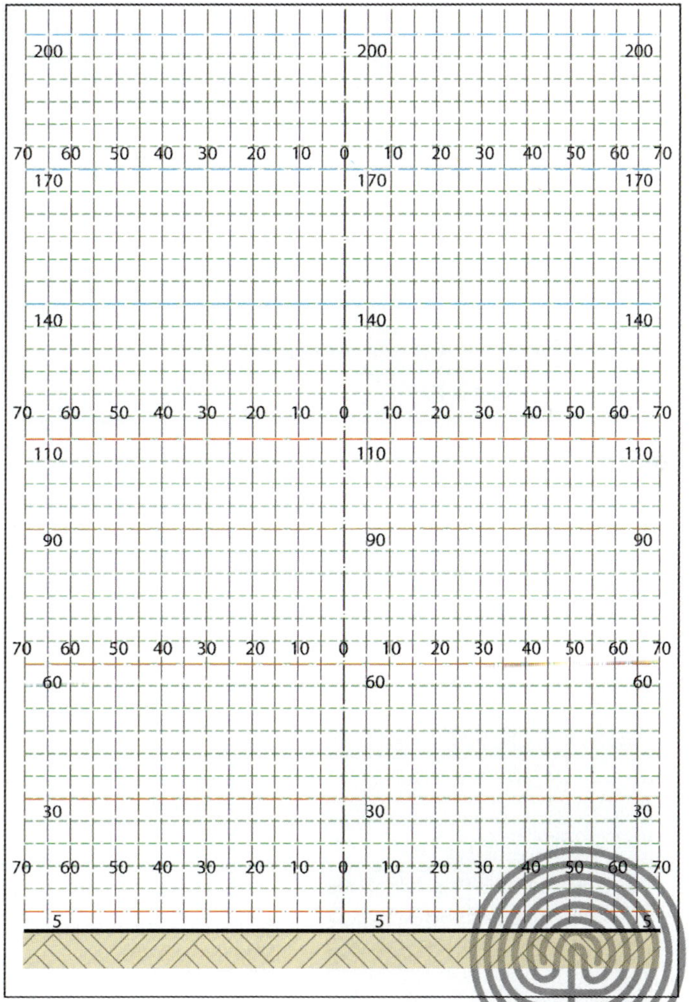

Arbeitsblatt 4

Verschiebung der H3-Werte durch solehaltiges Wasser

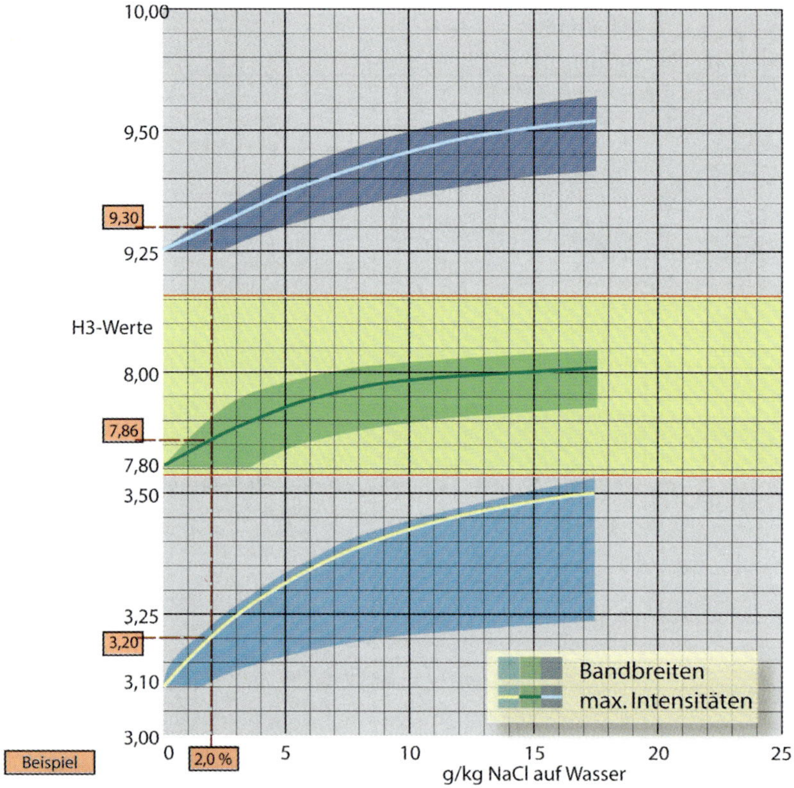

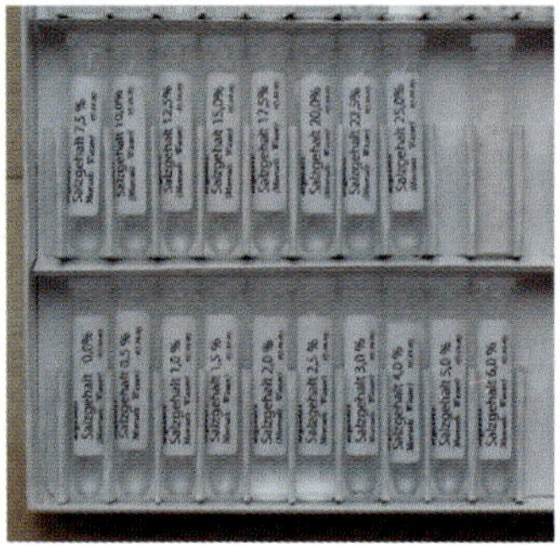

Untersuchungsgrundlage:
Leitungswasser unter Zugabe von Meersalz (99,5 % NaCl)
Zimmertemperatur

Beispiel:
Mittelachse Wasserader: 3,20
=> Reaktionen auf 1,5 % bis > 9,5 %,
dabei maximale Intensität bei
2% -iger Lösung führt darüber zu
folgenden H3-Werten
Schwerpunktzone: 7,86
Hauptzone: 9,30

Arbeitsblatt 5

Stellvertreter (M)

Name des Probanden: ....

Adresse: ....

gemutet von: .... am : ....

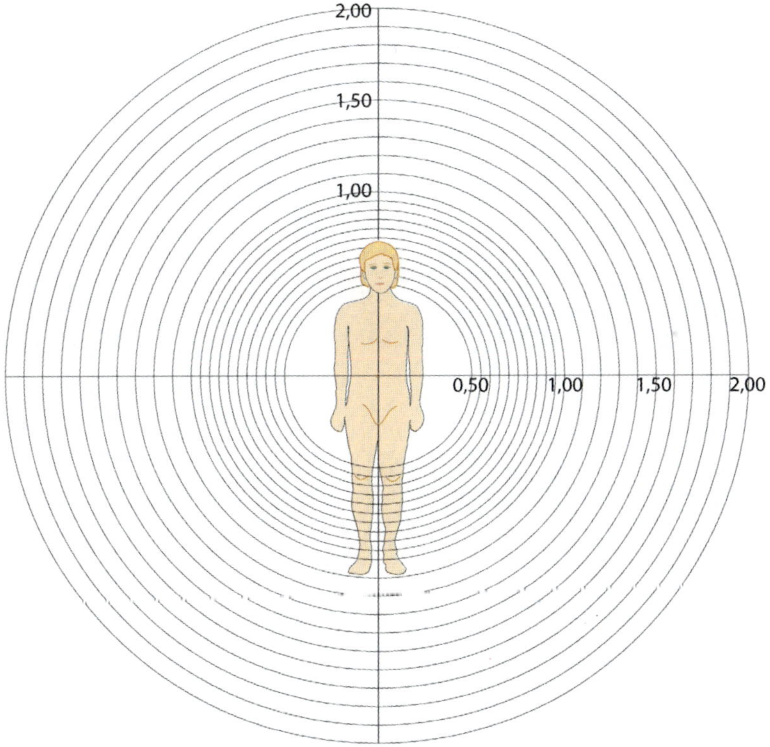

Arbeitsblatt 6

Stellvertreter (W)

Name der Probandin: ....
Adresse: ....
gemutet von: .... am : ....

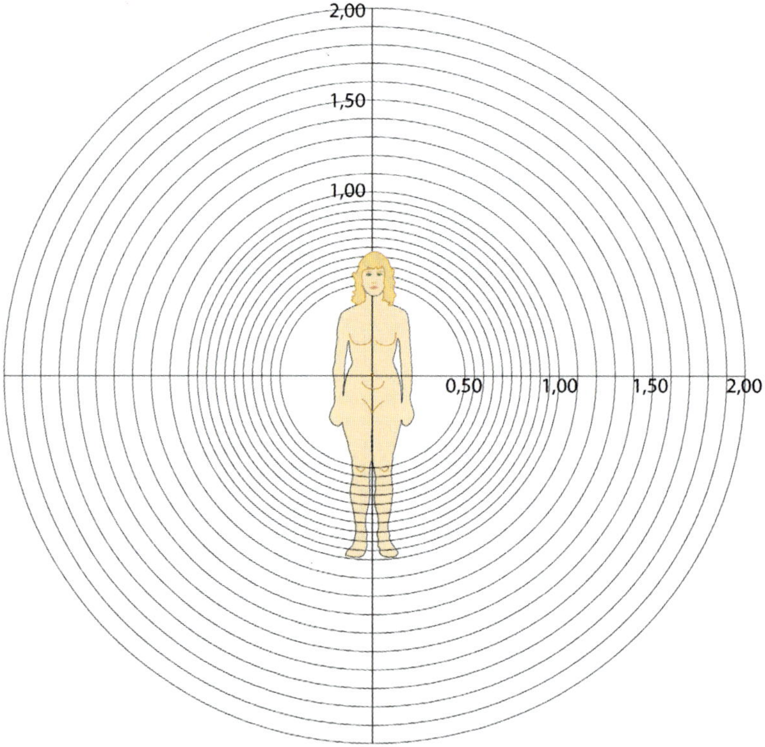

Originalversion unter www.argo2012.de herunterladbar

Arbeitsblatt 7

Auramessung vertikal

Name des Probanden: ....

Adresse: ....

gemutet von: .... am : ....

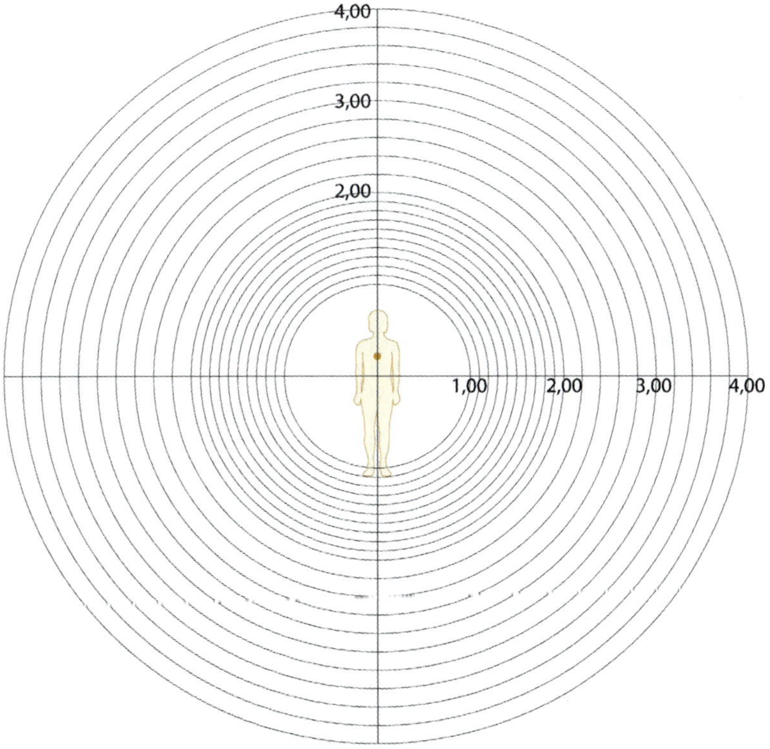

Schichten der menschlichen Aura

Ebene	Bezeichnung	Indische Entsprechung	Farben	H3-Wert	Qual.
0	Irdische Ebene			6,90	I
1	Triebnatur / Begierden	Kama	Rot -> Orange, Braun, Grau	6,60	I
2	Persönliches Ich / Mentalebene / Denken	Kama-Manas	Gelb -> Gelbgrün	8,80	I
3	Schöpferisches Denken	Buddhi-Manas	Grün -> Blaugrün	7,60	K
4	Höheres Selbst	Buddhi-Manas	Lichtblau, z.T. silbrig	8,70	K
5	Geistige universelle Seele	Buddhi	Violett	5,35	K
6	Seeligkeitshülle	Buddhi	Weinrot	2,80	K
7	Kosmische Anbindung	Atman?	Orientblau	0,70	H

Arbeitsblatt 8

Auramessung horizontal

Name des Probanden: ....

Adresse: ....

gemutet von: .... am : ....

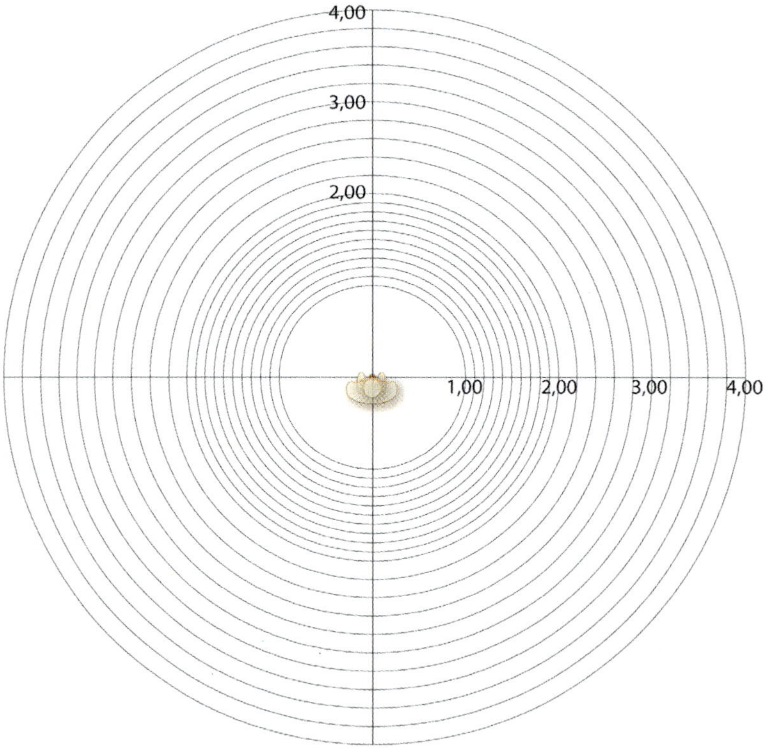

Schichten der menschlichen Aura

Ebene	Bezeichnung	Indische Entsprechung	Farben	H3-Wert	Qual.
0	Irdische Ebene			6,90	I
1	Triebnatur / Begierden	Kama	Rot -> Orange, Braun, Grau	6,60	I
2	Persönliches Ich / Mentalebene / Denken	Kama-Manas	Gelb -> Gelbgrün	8,80	I
3	Schöpferisches Denken	Buddhi-Manas	Grün -> Blaugrün	7,60	K
4	Höheres Selbst	Buddhi-Manas	Lichtblau, z.T. silbrig	8,70	K
5	Geistige universelle Seele	Buddhi	Violett	5,35	K
6	Seeligkeitshülle	Buddhi	Weinrot	2,80	K
7	Kosmische Anbindung	Atman?	Orientblau	0,70	H

Arbeitsblatt 9

Farbanalyse

Name des Probanden: ....

Adresse: ....

gemutet von: .... am : ....

Farbmuster gemäß Farber Castell Aquarellfarben		Abtönungsgrade in %										
Lichtgelb		100 %	90 %	80 %	70 %	60 %	50 %	40 %	30 %	20 %	10 %	0 %
Kadmiumgelb		100 %	90 %	80 %	70 %	60 %	50 %	40 %	30 %	20 %	10 %	0 %
Chromgelb dunkel		100 %	90 %	80 %	70 %	60 %	50 %	40 %	30 %	20 %	10 %	0 %
Kadmium orange		100 %	90 %	80 %	70 %	60 %	50 %	40 %	30 %	20 %	10 %	0 %
Scharlachrot		100 %	90 %	80 %	70 %	60 %	50 %	40 %	30 %	20 %	10 %	0 %
Geraniumrot hell		100 %	90 %	80 %	70 %	60 %	50 %	40 %	30 %	20 %	10 %	0 %
Permanentkarmin		100 %	90 %	80 %	70 %	60 %	50 %	40 %	30 %	20 %	10 %	0 %
Magenta		100 %	90 %	80 %	70 %	60 %	50 %	40 %	30 %	20 %	10 %	0 %
Magenta hell		100 %	90 %	80 %	70 %	60 %	50 %	40 %	30 %	20 %	10 %	0 %
Purpurrosa mittel		100 %	90 %	80 %	70 %	60 %	50 %	40 %	30 %	20 %	10 %	0 %
Karmoisin		100 %	90 %	80 %	70 %	60 %	50 %	40 %	30 %	20 %	10 %	0 %
Blauviolett		100 %	90 %	80 %	70 %	60 %	50 %	40 %	30 %	20 %	10 %	0 %
Delfterblau		100 %	90 %	80 %	70 %	60 %	50 %	40 %	30 %	20 %	10 %	0 %
Violett hell		100 %	90 %	80 %	70 %	60 %	50 %	40 %	30 %	20 %	10 %	0 %
Helioblau rötlich		100 %	90 %	80 %	70 %	60 %	50 %	40 %	30 %	20 %	10 %	0 %
Kobaltblau		100 %	90 %	80 %	70 %	60 %	50 %	40 %	30 %	20 %	10 %	0 %
Kobaltblau grünlich		100 %	90 %	80 %	70 %	60 %	50 %	40 %	30 %	20 %	10 %	0 %
Lichtblau		100 %	90 %	80 %	70 %	60 %	50 %	40 %	30 %	20 %	10 %	0 %
Phtaloblau mittel		100 %	90 %	80 %	70 %	60 %	50 %	40 %	30 %	20 %	10 %	0 %
Kobalttürkis hell		100 %	90 %	80 %	70 %	60 %	50 %	40 %	30 %	20 %	10 %	0 %
Kobaltgrün tief		100 %	90 %	80 %	70 %	60 %	50 %	40 %	30 %	20 %	10 %	0 %
Smaragdgrün		100 %	90 %	80 %	70 %	60 %	50 %	40 %	30 %	20 %	10 %	0 %
Pthalogrün hell		100 %	90 %	80 %	70 %	60 %	50 %	40 %	30 %	20 %	10 %	0 %
Grasgrün		100 %	90 %	80 %	70 %	60 %	50 %	40 %	30 %	20 %	10 %	0 %
Permanentgrün oliv		100 %	90 %	80 %	70 %	60 %	50 %	40 %	30 %	20 %	10 %	0 %
Grünerde		100 %	90 %	80 %	70 %	60 %	50 %	40 %	30 %	20 %	10 %	0 %
Fleischfarbe hell		100 %	90 %	80 %	70 %	60 %	50 %	40 %	30 %	20 %	10 %	0 %
Indischrot		100 %	90 %	80 %	70 %	60 %	50 %	40 %	30 %	20 %	10 %	0 %
Ocker gebrannt		100 %	90 %	80 %	70 %	60 %	50 %	40 %	30 %	20 %	10 %	0 %
Van Dyk Braun		100 %	90 %	80 %	70 %	60 %	50 %	40 %	30 %	20 %	10 %	0 %
Warmgrau		100 %	90 %	80 %	70 %	60 %	50 %	40 %	30 %	20 %	10 %	0 %
Kaltgrau		100 %	90 %	80 %	70 %	60 %	50 %	40 %	30 %	20 %	10 %	0 %
Schwarz		100 %	90 %	80 %	70 %	60 %	50 %	40 %	30 %	20 %	10 %	0 %
Silber		100 %	90 %	80 %	70 %	60 %	50 %	40 %	30 %	20 %	10 %	0 %
Gold		100 %	90 %	80 %	70 %	60 %	50 %	40 %	30 %	20 %	10 %	0 %

Die Empfehlungen sind Muster für Wand- oder Dekofarben zur harmonischen Gestaltung des Wohnumfeldes. Sie entsprechen der jetzigen Resonanzbereitschaft des Probanden. Diese ist nicht statisch, sondern kann sich im Laufe der Zeit verändern.

Arbeitsblatt 10

Hinweise H3-Rute

Für die erste Detektierung von Strahlungsfeldern wird die verlängerbare Grifflängenrute „H3-R" eingesetzt. Die darauf markierten Grifflängen beruhen auf Standardwerten, wie sie der Physiker Reinhard Schneider verwendet hat.

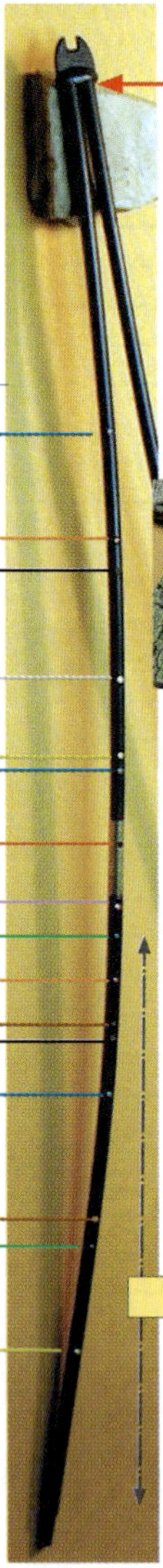

Grifflänge	Hauptbedeutung
11,0cm	Wasser, Mittelachse
14,5 cm	Blitz / Gedankenkraft
15,5 cm	Verwerfung (Bündelachsen)
19,0 cm	techn. Strahler / Gußeisen
21,5 cm	Erdmagnetfeld / 1. Gitter
22,0 cm	Wasser (tiefes), Hauptzone
24,5 cm	Lebenskraft / 2. Gitter
26,5 cm	Risse / Zerstörung / Akustik
27,5 cm	Wasser, Schwerpunktzone
29,0 cm	Blitz / Gedankenkraft
30,5 cm	Höhle / Gang, Schwerpunkt
31,0 cm	Verwerfung (Bündelachsen)
33,0 cm	Wasser, Hauptzone
37,5 cm	Höhle / Gang, Hauptzone
38,5 cm	Wasser, Schwerpunktzone
42,5 cm	Erdmagnetfeld / 1. Gitter

Durch Verwendung von gespritzten Kunststoffelementen ist die H3-Rute „Yin-Yang-neutral". Somit ergibt sich auch durch Verdrehung keine Änderung des Energieflusses zwischen den Handflächen. Eine Kennzeichnung der Rutenschenkel ist daher unnötig.

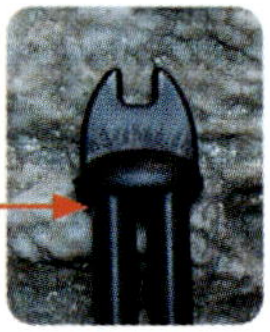

Meßbasis für die Abtragung der Grifflängen ist die Außenseite des Schenkelansatzes unterhalb der Peilstabaufnahme.

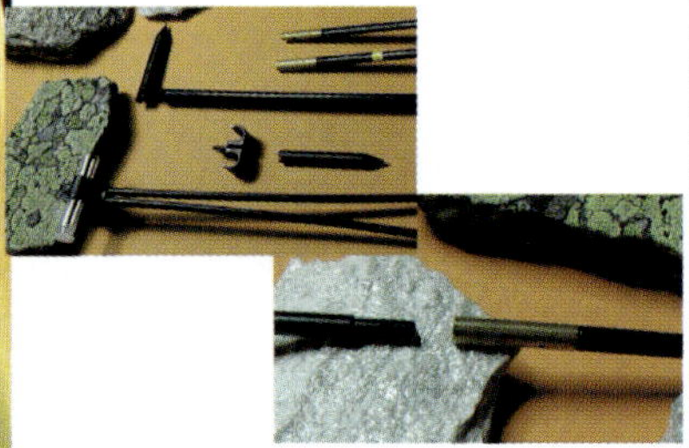

Zur Herstellung der goldenen Grifflänge nach Ewald Kalteiss wird der Ellenbogen senkrecht auf eine ebene Unterlage gestützt. In der zur Faust geballten Hand wird waagerecht ein Stift gehalten und die Distanz von der Stiftspitze bis zur Unterlage gemessen. Diese wird auf dem rechten Rutenschenkel von der Meßbasis (siehe oben) abgetragen.

Nun wird ein ca. 5 mm breiter Folienstreifen mittig auf den Maßpunkt geklebt und die goldene Grifflänge ist markiert.

Arbeitsblatt 11

Richtdiagramm

Versuchsaufbau: ....

....

gemutet von: .... am : ....

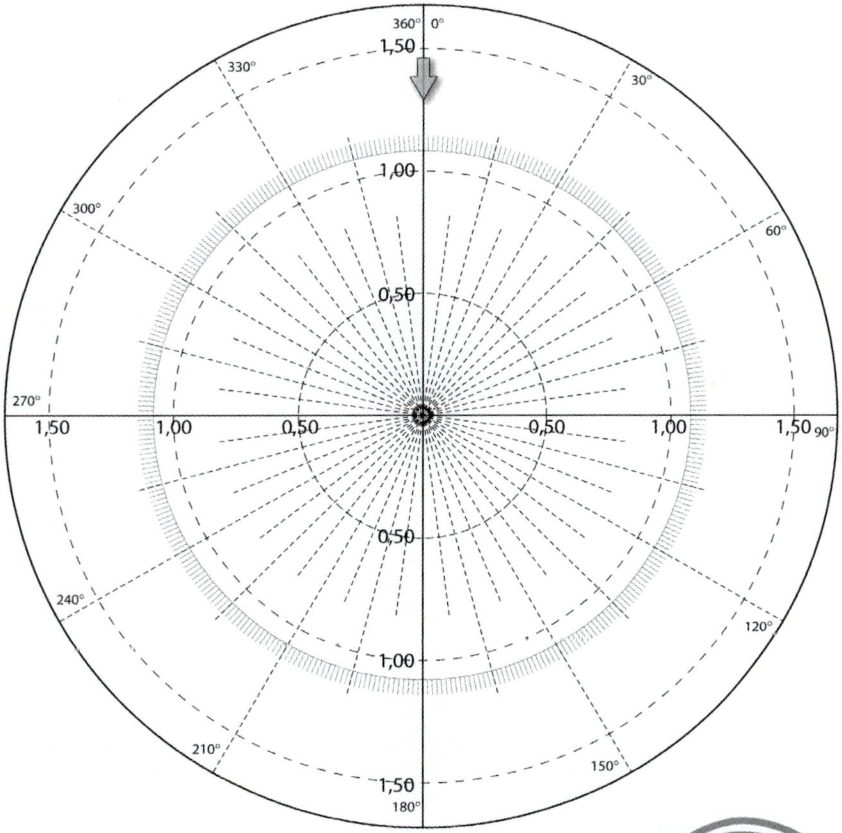

Arbeitsblatt 12

persönlicher Heilungspunkt

Einstellung: H3 = 6,95 HU / H3 = 6,95 HU AKS*

* "H" = Mittenstellung des Qualitätenschalters zwischen "C" und "I"
"U" = Unipolar des Polarisationsschalters
"AKS" = zusätzliche Verwendung des Akustiksensors

1. Suche des Achsenkreuzes mit der H3-Antenne

2. Feindetektierung des persönlichen Heilungspunktes

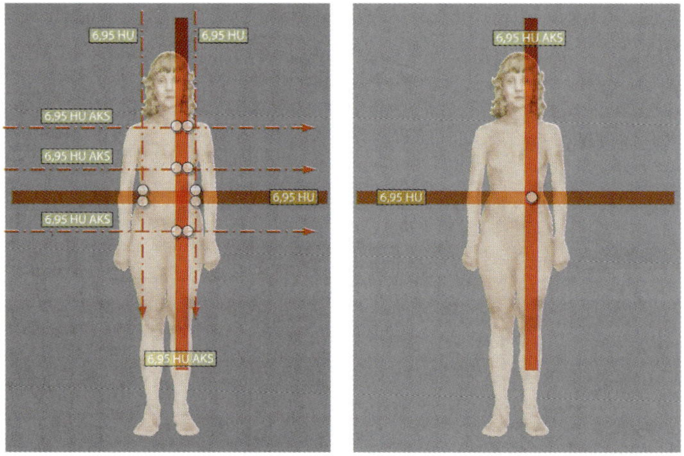

3. Imagination der Ansaugung von orangener Heilenergie durch eine linksdrehende Spirale, die an diesem Punkt angekoppelt ist (Spirale ist vom Probanden aus gesehen rechtsdrehend)

4. Imagination der Aussendung der Heilenergie von dem Punkt aus in alle Körperregionen

Imaginationen in langsamem Atemrhythmus ca. 4 Min. lang mehrfach täglich wiederholen.

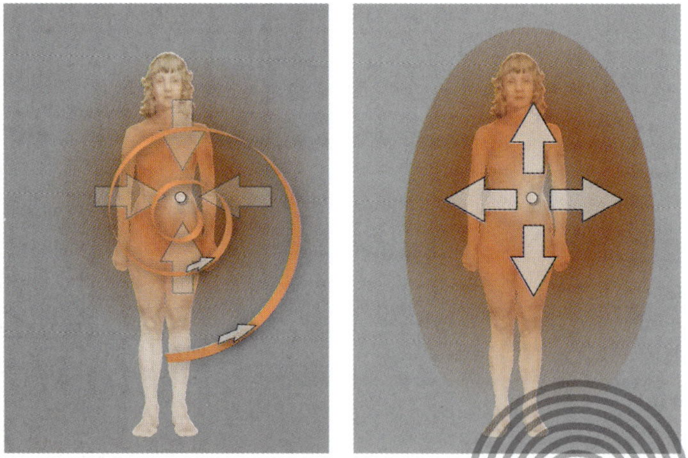

Arbeitsblatt 13

Akupunkturmeridiane

Proband: ....
....

gemutet von: .... am : ....

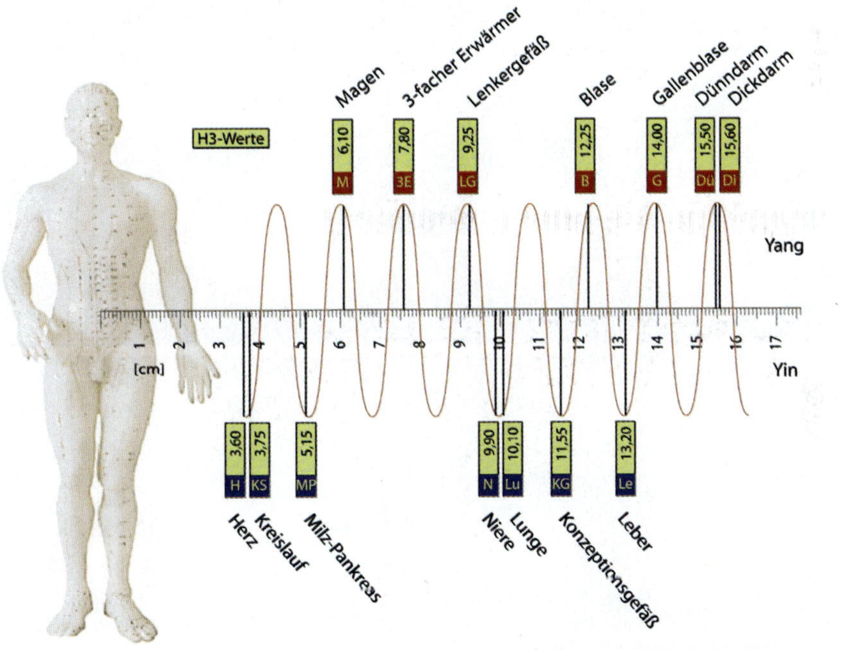

Wellenlänge der Hüllkurve = 1,58 cm

Arbeitsblatt 14

argo 2012

Testobjekte Planeten- / Sternenlinien

Arbeitsblatt 15

Wasseraderspektroide 1

Mutungsort/Station: ....

....

gemutet von: .... am : ....

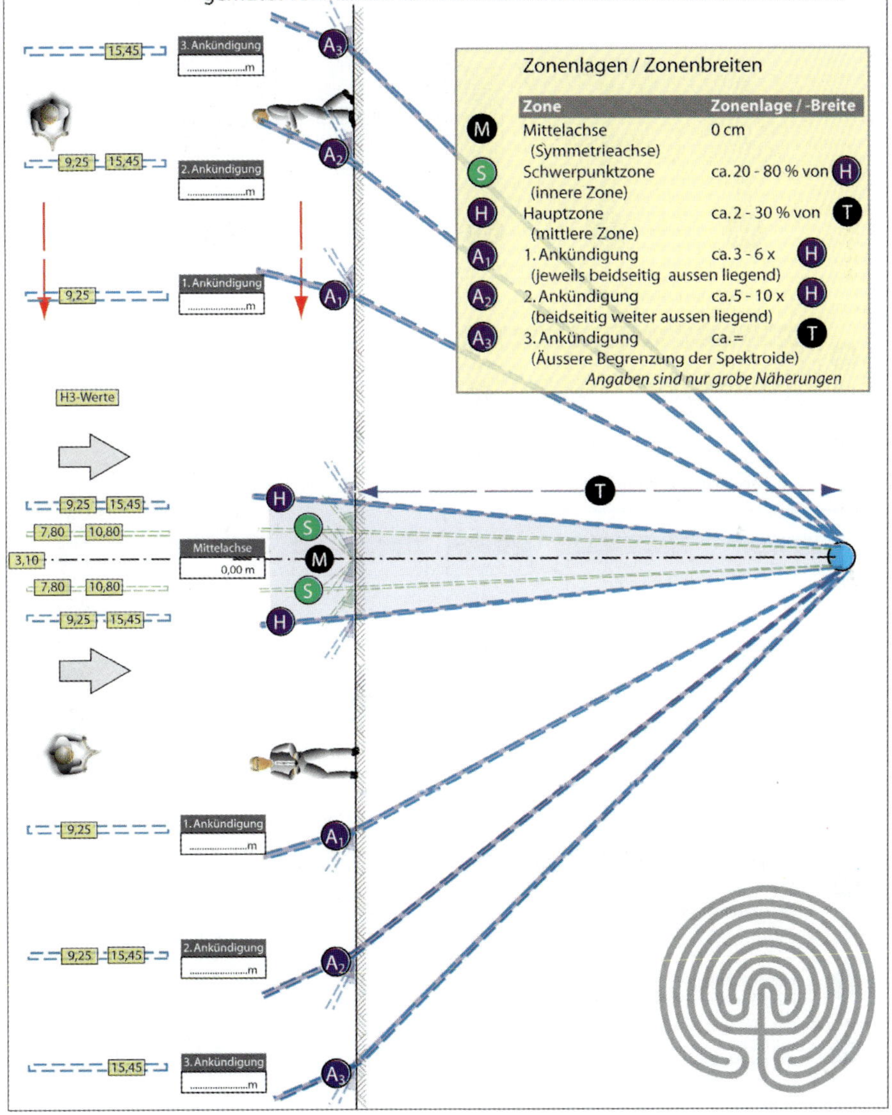

Zonenlagen / Zonenbreiten

Zone	Zonenlage / -Breite
M Mittelachse (Symmetrieachse)	0 cm
S Schwerpunktzone (innere Zone)	ca. 20 - 80 % von H
H Hauptzone (mittlere Zone)	ca. 2 - 30 % von T
A1 1. Ankündigung (jeweils beidseitig aussen liegend)	ca. 3 - 6 x H
A2 2. Ankündigung (beidseitig weiter aussen liegend)	ca. 5 - 10 x H
A3 3. Ankündigung (Äussere Begrenzung der Spektroide)	ca. = T

Angaben sind nur grobe Näherungen

Arbeitsblatt 16

Wasseraderspektroide 2

Mutungsort/Station: ....
....
gemutet von: .... am : ....

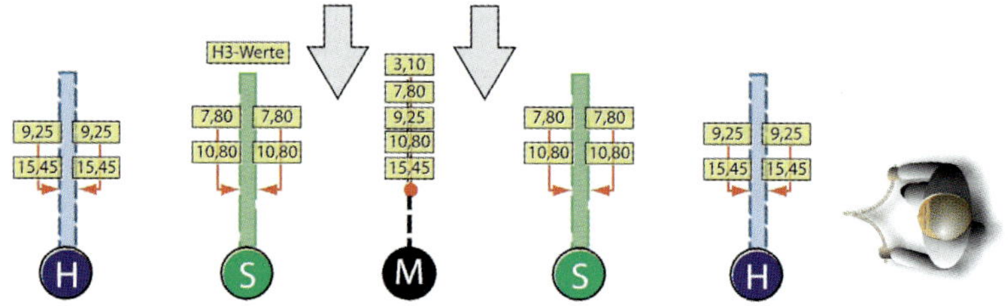

Zonenlagen / Zonenbreiten

Zone	Zonenlage / -Breite
(M) Mittelachse (Symmetrieachse)	0 cm
(S) Schwerpunktzone (innere Zone)	ca. 20 - 80 % von (H)
(H) Hauptzone (mittlere Zone)	ca. 2 - 30 % von (T)

Angaben sind nur grobe Näherungen

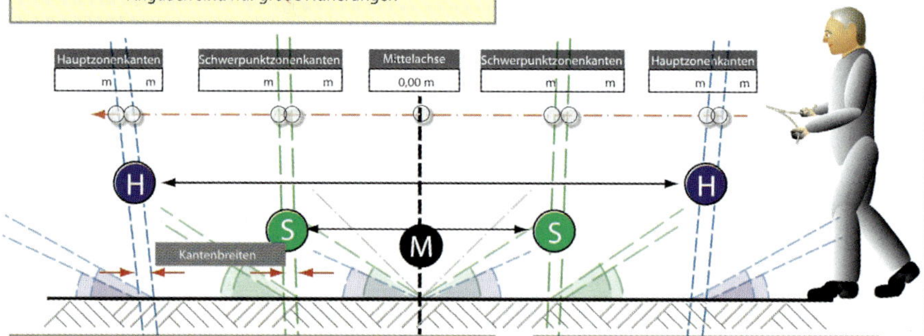

Detektion einer Normal-Wasserader

Zone	H_3-Wert
(M) Mittelachse (Symmetrieachse)	3,10 / 7,80 / 9,25 und alle Werte gebündelt, die in der Wasserader vorkommen
(S) Schwerpunktzone (mit Kantenbreiten)	7,80 / 10,80
(H) Hauptzone (mit Kantenbreiten)	9,25 / 15,45

Der OS - Brechungswinkel ist abhängig vom Untergrund:
toniger Boden <> steiler Winkel
sandiger Boden <> flacher Winkel

Arbeitsblatt 17

Schüttmengenbestimmung (am Vergleichsbrunnen)

Brunnenstandort: ....

....

gemutet von: .... am : ....

Lageskizze

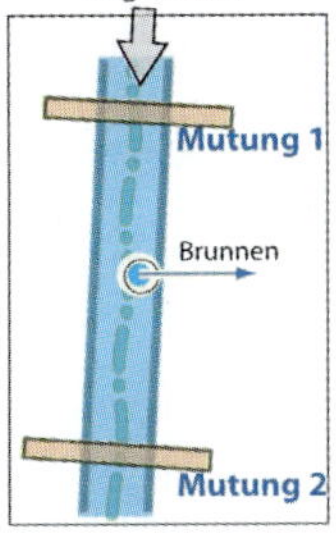

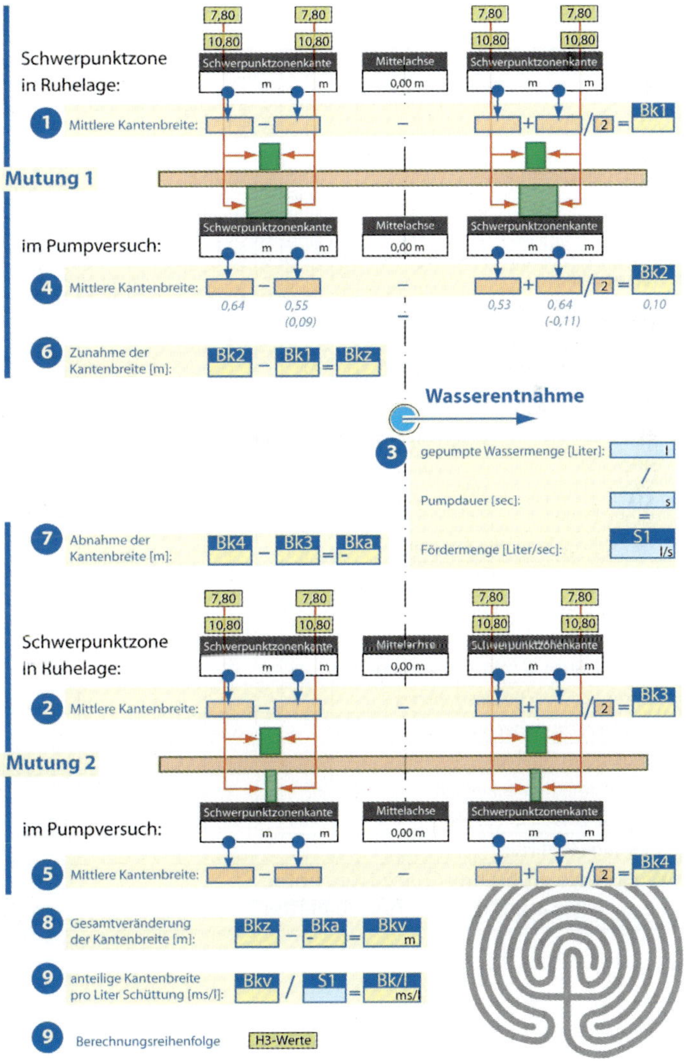

Bemerkungen

Tiefe der Bohrung:

Schichtenaufbau / Bodenverhältnisse:

Arbeitsblatt 18

Checkliste Erscheinungsformen natürlicher und technischer Felder

Grundstück / Areal: ....

Detail: ....

gemutet von: .... am : ....

Ursachen \ Eigenschaften	trocken	wasserführend	Kreuzungssystem	überwiegend linksdrehend	überwiegend rechtsdrehend	überwiegend linear	Schräg-/ Seitenstrahlung	Vertikale Strahlung	Strahlenspindel (Kreuzungen)	direkt wirkend	Reflexion	technisch angeregt	dauerhafte Einwirkung	zeitweilige Einwirkung	unvollkommen feldverändert	induktive Eigenschaften	kapazitive Eigenschaften	halbleitende Eigenschaften	Schallwellen	Infrarot / Licht / Ultraviolett	pulsierende Strahlung	sonstige Eigenschaften
Wasserader, normal / inverse																						
Druck-/Thermal-/Salzwasserader																						
Quelle / Blinde Quelle																						
Verwerfung																						
Riss / Kluft																						
Spalte / Hohlraum / Gang																						
Lagerstätte																						
sonstige geologische Anomalie																						
künstlicher Hohlraum / Rohr																						
Altlast, Bodenkontamination																						
geomantische Linie																						
gepolte Steine / Feldveränderung																						
Gitter / kosmische Einstrahlung																						
aktiver technischer Strahler																						
angeregter Strahler																						
baugeometrischer Einfluss																						
psychodynamisches Feld																						
Sonstige Einflüsse																						

weiterführende Checklisten unter www.argo2012.de „Arbeitsblätter“

Originalversion unter www.argo2012.de herunterladbar

Quellen- und Literaturverzeichnis

Jeweils in der benutzten Ausgabe angegeben:
- Geologische Karte von Nordrhein-Westfalen:
- Erläuterungen zu Blatt C 4314 Gütersloh, Krefeld 1977
- Erläuterungen zu Blatt C 4318 Paderborn, Krefeld 1985
- Hydrologische Karte von Nordrhein-Westfalen
- Erläuterung zu C 4314 Gütersloh 1979

BENEVOLO, LEONARDO: Die Geschichte der Stadt, Frankfurt 1983

BENSCHKOWSKI, ANDREA: Radiaesthetische Erscheinungen in der Baubiologie und ihre meßtechnische Erfassung, Nienburg 1997

BIRD, CHRISTOPHER: Handbuch der Wünschelrute – Einführung, Grundlagen, Geschichte, Anwendung und Auswirkungen, Augsburg 1987

BOUGARD, JEAN-FRANÇOIS: Chartres ou les cathédrales du Nombre, Roanne Cedex 2003

BRAUNBEK, WERNER: Die Physik in der Welt von morgen, Düsseldorf 1975

BREUER, HANS: dtv-Atlas zur Physik, Band I und II, München 1987 und 1988

BRIX, JOSEPH ET AL: Die Wasserversorgung, München Wien 1963

BONGART, FERDINAND: Kultstätten – Was sie uns verraten, Düsseldorf 1996

BRÖCKER, BERNHARD: dtv-Atlas zur Atomphysik, München 1993

CHARPENTIER, LOUIS: Die Geheimnisse der Kathedrale von Chartres, Köln 1986

CURRY, MANFRED: CURRY-Netz – das Reaktionsliniensystem als krankheitsauslösender Faktor, gesammelte Aufsätze, München-Solln

FRANKENBERG, GISELA VON: Kulturvergleichendes Lexikon – von Abendland bis Zweisonnensystem, Bonn 1984

FREYER, ULRICH: Satellitenfunklexikon, München 1990

FRITSCH, V., JELINEK, F.: Beiträge zur Physik der Wünschelrutenfrage, Diessen v. München 1936

GERMAN, RÜDIGER: Studienbuch Geologie, Stuttgart 1970

GRAVES, TOM: Needles of Stone revisited, Glastonbury 1986

GROTE, HUGO: Strahlenkunden mit dem Benker-Kuben-System, Selbstverlag, 59581 Warstein

HARTEN, U. ET AL: Schwingungen und Wellen, Freiburg 1980

HANSMANN, WILFRIED: Kunstwanderungen in Westfalen, Stuttgart 1966

HEINZ, ULRICH JÜRGEN: Das Handbuch der modernen Pflanzenheilkunde, Freiburg 1984

HENSCH, EIKE: Radiaesthesie im ländlichen Bauen und Siedeln, Wiesbaden 1987

HERRMANN, JOACHIM: dtv-Atlas zur Astronomie – Tafeln und Texte mit Sternatlas, München 1990

Humpert, Klaus / Schenk, Martin: Entdeckung der mittelalterlichen Stadtplanung, Das Ende vom Mythos der gewachsenen Stadt, Stuttgart 2001

JAMES, JOHN: Chartres, les contructeurs, Chartres 1977

-: The Master Masons of Chartres, London 1982

JÜNEMANN, JOACHIM: Das Kloster Bursfelde im Licht radiaesthetischer Erkenntnisse, Selbstverlag Dransfeld 1988

- : Die Kapellen der heiligen Odilia im Kraftfeld der Geomantie, Selbstverlag 1992

- : Die Externsteine im Licht der Geomantie, Selbstverlag 1997

KÄS, GÜNTER, PAULI, PETER: Mikrowellentechnik – Grundlagen, Anwendung, Meßtechnik, München 1991

KALTEISS, EWALD: Beiträge zur Radiaesthesie – Physikalische Aspekte zum Verständnis radiaesthetischer Erscheinungen, Nienburg 1993/1997

- : Elektrosmog, im Zweifel für den Angeklagten?, Nienburg 1996

- : Erfahrungswissenschaftliche Betrachtung von Schwingungen und Resonanzerscheinungen, Nienburg 1994

KELLAWAY. G. A. (HRSG.): Hot Springs of Bath – Investigation of the thermal waters of the Avon Valley, Bath 1991

KLINCKOWSTROEM, CARL GRAF VON: Archiv zur Klärung der Wünschelrutenfrage Nr. 1/51, Rendsburg 1951

KLÖSCH, AUGUST: Erdstrahlen – Ihr Einfluß auf Körper, Geist und Seele, Fohnsdorf/Graz 1991

KOCH, WILFRIED: Kleine Stilkunde der Baukunst, München 1991

LAKHOWSKY, GEORGES: Das Geheimnis des Lebens, kosmische Wellen und vitale Schwingungen, München 1931

LAMBRECHT, HEINZ-OTTO: Opus caementitium – Bautechnik der Römer, Düsseldorf 1987

LANGGUTH, H.R., VOIGT, R.: Hydrogeologische Methoden, Berlin, Heidelberg, New York 1980

LEITGREB, NORBERT: Strahlen, Wellen, Felder – Ursachen und Auswirkungen auf Umwelt und Gesundheit, Stuttgart 1990

LONEGREN, SIG: Spiritual Dowsing, Glastonbury 1986

LÜDELING, HARTMUT: Licht zwischen den Nebeln von Avalon, Wetter Boden Mensch Nr. 1/93, Waldbrunn-Wk.

-: Orte des Lichtes, Eigenverlag, 33775 Versmold

- / Lüdeling, I. M.: Häuser, Heilen und H3-Antenne, der Tagungsband, Nienburg 2006

LÜDELING, INGEBORG M.: Steine, Bäume, Menschenträume – ein spirituelles Erlebnisbuch mit 24 Übungen, Freiburg 1997

-: Zeitnischen – Das verborgene Wissen der Externsteine, Nienburg 1998

-: 10 heilende Chakrenengel, Linz 2005

MALTZAHN, RUDOLF FREIHERR VON: Praktisch angewandte Wünschelrute mit Beispielen, Rendsburg 1950

MANN, NICHOLAS R.: The Red & White Springs – The Mysteries of Britain at Glastonbury, Glastonbury 1992

MEIBURG, PETER ET AL: Geologie und Mineralogie des Warsteiner Raumes, Heidelberg 1979

MERZ, BLANCHE: Orte der Kraft – wenig bekannte kosmo-terrestrische Energien, Eigenverlag Chardonne 1989?

METTLER; MATTHIAS: Netzgitter Handbuch -Eine umfassende Darstellung der tellurischen und atmosphärischen Reizstreifen, Zürich 1990

MEULEN, JAN VAN DER, ET AL: Chartres – Biographie einer Kathedrale, Köln 1984

- : Notre-Dame de Chartres, Die vorromanische Ostanlage, Berlin 1975

MEYL, KONSTANTIN: Skalarwellentechnik, Villingen-S. 2001

MICHELL, JOHN: Die Geomantie von Atlantis – Wissenschaft und Mythos der Erdenergien, München 1984

MILLER, H./BROADHURST P.: The Sun and the Serpent – An Investigation into Earth Energies by tracking one of the world's most famous ley lines, Launceston 1991

MURAWSKI, HANS / MEYER, WILHELM: Geologisches Wörterbuch, München 2004

PENNICK, NIGEL: Die alte Wissenschaft der Geomantie – der Mensch im Einklang mit der Erde, München 1982

– : Das Geheimnis der Labyrinthe – Eine Reise in die Welt der Irrgärten, München 1992

PIETSCH, WERNER: Wassersuche mit der Grifflängentechnik, Wetter Boden Mensch Nr. 2/97, Waldbrunn-Wk.

POHL, GUSTAV FREIHERR VON: Erdstrahlen als Krankheitserreger – Forschungen auf Neuland, Reprint, Feucht 1983

POHL, ROBERT WICHARD: Einführung in die Physik – Band II und III, Berlin Heidelberg 1975 und 1976

RAHTZ, PHILIP: English Heritage Book of Glastonbury, London 1993

ROCHAS, ALBERT DE: Die Ausscheidung des Empfindungsvermögens, Leipzig 1909

RÖDEL, HEINRICH: Hydromechanik, München Wien 1974

RÖMPP, HERMANN: Chemie-Lexikon, Stuttgart 1947

RÖSSLER, BALTHASAR: Speculum metallurgiae politissimum, Reprint der Originalausgabe Dresden 1700

ROHRBACH, CHRISTOF: Über die Struktur des Strahlenfeldes fliessenden Wassers, Zeitschrift für Radiaesthesie, Geopathie, Strahlenbiologie (RGS) Nr. 3/93, St. Gallen

- : Radiästhesie – Physikalische Grundlagen und Anwendung in Geobiologie und Medizin, Heidelberg 1996

ROSS, T. EDWARD/WRIGHT, RICHARD D.: The diving mind – a guide to dowsing and self-awareness, Rochester, USA 1990

ROTHAMMEL, KARL: Antennenbuch, Stuttgart 1988

SAUTTER, D./WEINERT, H.: Lexikon der Elektronik und Mikroelektronik, Düsseldorf 1990

SCHAUBER, VERA/SCHINDLER, HANNS MICHAEL: Heilige und Namenspatrone im Jahreslauf, Augsburg 1992

SCHNEIDER, REINHARD: Leitfaden und Lehrkurs der Ruten- und Pendelkunst – Einführung in die Radiaesthesie Teil I und II, Selbstverlag, Wertheim 1984

– (Herausgeber): ATR – Zeitschrift und Archiv für angewandte und theoretische Radiaesthesie, Hefte 2, 6 und 7, Selbstverlag, Wertheim

– (Herausgeber): 3. Internationales Symposion 1992 – Radiästhesie, Physik, Naturwissenschaft, Selbstverlag, Wertheim 1994

SCHÖN, GÜNTER: Die Strahlungsstrukturen in biologischen Systemen, Nienburg 1990

SCHRÖDTER, WILLY: Heilmagnetismus – Quellen der Gesundheit, Freiburg 1987

SCHWEITZER, PAUL/KRAFT, MARGOT: Grundlagen der Geopathie, Heidelberg 1988

SHELDRAKE, RUPERT: Sieben Experimente, die die Welt verändern könnten, München 1997

SPINDLER, EBERHARD: Empfangsantennen – Grundlagen und Bauelemente von Einzel- und Gemeinschaftsanlagen, München 1991

STRACHAN, GORDON: Chartres, Sacred Geometry, Sacred Space, Edinburgh 2003

UNDERWOOD, GUY: The Pattern of the Past, London 1977

UNGER, HANS-GEORG: Hochfrequenztechnik in Funk und Radar, Stuttgart 1988

VARGA, ANDRÁS: Elektrosmog – Molekularbiologischer Nachweis über die biologische Wirkung elektromagnetischer Felder und Strahlen, Heidelberg 1995

VITRUVIUS, POLLIO, MARCUS; Übers. A. RODE: De architectura / Baukunst Bd. 1 - 2, Basel 1995

WACHTEL, S./JENDRUSCH, A.: Der Linksdrall in der Natur – Eine Entdeckung und ihr Schicksal, Berlin 1990

WAGNER, WALTRAUT: Naturwissenschaftliche Grundlagen zur biologischen Wirkung des Bauens – Selbstverlag Warburg 1982

WINNACKER, ALBRECHT: Die Physik von Maser und Laser, Mannheim 1984

WEIG, JOHANNES: Die Wallfahrt zum heiligen Kreuz auf dem Stromberg, Selbstverlag der Kirchengemeinde Stromberg 1920

WEIN, BERNHARD: Die Bauhütten und ihre Entwicklung zur Freimaurerei, Hamburg 1977

WORSCH, EMIL: Erdstrahlen und deren Einfluß auf die Gesundheit des Menschen, Graz 1990

Adressen, die weiterhelfen

Ausbildung in praktischer Radiaesthesie und Geomantie unter Anwendung der Grifflängentechnik und H3-Antenne:

argo2012, I. M. Lüdeling,
Vechtestr. 2, D–33775 Versmold
info@argo2012.de / www.argo2012.de

Biophysikalisches Forschungsinstitut und Verlag
Prof. E. Hensch, Neue Str. 20, D–31582 Nienburg
eike.hensch@gmx.de
www.hensch-geomantie.de

log.per. Messtechnik Ewald Kalteiß,
Stieglitzweg 2, D–83209 Prien am Chiemsee
kalteiss@t-online.de / www.kalteiss.de

Österreichischer Verband für Radiästhesie und Geobiologie
Kroppstr. 89-93/3, A-1160 Wien
info@radiaesthesieverband.at

Radiaesthesieverein Deutschland e.V. mit regionalen Arbeitsgruppen
Vechtestr. 2, D–33775 Versmold
info@rvdev.de / www.rvdev.de

Rudolf Mauthe,
Anton-Bruckner-Str. 18, D–71083 Herrenberg
mauthe-georad@t-online.de

ergänzende Kursangebote zur Radiaesthesie, Geobiologie und Geomantie, radiaesthetische Literatur, Zeitschriften oder Materialien:

Anima Mundi Akademie, Siegfried Prumbach,
Sehrtenbachstr. 11, D–57610 Altenkirchen
anima.mundi@t-online.de
www.anima-mundi-akademie.de

axis mundi Akademie, Hans-Jörg Müller,
Moltkestr. 12, D–84453 Mühldorf
mail@axis-mundi.info / www.axis-mundi.info

Forschungskreis f. Geobiologie - Dr. Hartmann e.V.
Adlerweg 1, D–69429 Waldbrunn-Wk.

Freundeskreis Geomantie e.V., Reinhard Thiel,
Bahnhofstr. 6, D–85238 Petershausen
freundeskreis@geomantie.org

Hagia Chora e.V.
Ludwig-Thoma-Str. 11, D–84513 Töging am Inn
info@hagia-chora.org / www.hagia-chora.org

Herold-Verlag Dr. Wetzel, Inh. Claus M. Wetzel,
Kirchbachweg 16, D–81241 München
wetzel@herold-verlag.de
www.herold-verlag.de

Verlag RGS,
Postfach 2225, CH–9001 St. Gallen
verlag-rgs@pendeln.org

H3-Antenne, radiaesthetisches Zubehör:

argo2012, I. M. Lüdeling,
Vechtestr. 2, D–33775 Versmold
info@argo2012.de / www.argo2012.de

Biophysikalisches Forschungsinstitut und Verlag
Prof. E. Hensch, Neue Str. 20, D–31582 Nienburg
eike.hensch@gmx.de
www.hensch-geomantie.de

HPC- Elisabeth Curiger, H3-Manufaktur
Im Trottenacker 2, CH–8353 Elgg
info@h3-shop.ch / www.h3-shop.ch

Kohnert, Hubert, Aufbewahrungskoffer,
Röckinghausener Str. 18, D–33378 Rheda-Wiedenbrück

log.per. Messtechnik Ewald Kalteiß,
Stieglitzweg 2, D–83209 Prien am Chiemsee
kalteiss@t-online.de / www.kalteiss.de

Österreichischer Verband für Radiästhesie und Geobiologie
Kroppstr. 89-93/3, A-1160 Wien
info@radiaesthesieverband.at

H3-Einstellwerte, Grifflängentabellen:

argo2012, I. M. Lüdeling,
Vechtestr. 2, D–33775 Versmold
info@argo2012.de / www.argo2012.de

Rudolf Mauthe,
Anton-Bruckner-Str. 18, D–71083 Herrenberg
mauthe-georad@t-online.de

Radiaesthesie - Schule Süd
Ewald Kalteiß
LOG. PER.
Messtechnik
- Radiaesthesie
- Geomantie
- Elektro-Smog
- Kurse in Ruten und Pendeltechnik, Freie Energie, Forschung
- Exkursionen, Geomantieschule
- Ausbildung in der Messtechnik für Elektro-Smog, Radiaesthetisches Werkzeug, Messgeräte für Elektro-Smog, Fachliteratur und vieles mehr.
www.kalteiss.de Stieglitzweg 2. 83209 Prien Tel. (08051) 6 29 64 Fax. (08051) 6 31 50 kalteiss@t-onlir

Radiaesthesie + Geomantie
Schule für Radiaesthesie Nord
argo2012, Ingeborg M. Lüdeling
Vechtestr. 2, D–33775 Versmold
www.argo2012.de
Prof. Eike Hensch
Neue Str. 20, D–31582 Nienburg
www.hensch-geomantie.de

xis mundi
AKADEMIE
E EUROPÄISCHE AKADEMIE FÜR
EOMANTIE & LEBENSRAUMKULTUR
usbildungen und seminare
Hans-Jörg Müller

SEMINARE IN DEN BEREICHEN

- Geomantie
- Raumenergetik
- Raumpsychologie
- Harmonik
- Feng Shui
- Radiästhesie
- Resonanzdiagnostik
- Farbenergetik
- Kreatives Planen

GEOMANTIE-AUSBILDUNG ZUM RAUMENERGETISCHEN B

FACHAUSBILDUNGEN

- Integrales Planen und Gestalten
- Landschaftsgeomantie
- Das Awarenesstraining©
- Integrale Logo-Gestaltung
- Business Environment©
- Holistic Design©

Hans-Jörg Müller
Anja Orttmann-Heuser
Prof. Eike Hensch
Werner Tafel
Sylvia Koch-Weser
Christina Kalko
Harald Jordan
Uwe Münzenberg
Annette Stuffer
Volker Albert & Edith Ballieu

SEMINARE & AUSBILDUNGEN

axis mundi
INSTITUT
DAS INSTITUT FÜR GEOMANTISCHE
ORSCHUNG & PRODUKTENTWICKLUNG
essinstrumente & analysesysteme

PRODUKTE

- **PR 42 Professional Rutensystem**
  Raumenergetik-Rute, Office-Rute
  Grundstücksrute, Genien-Rute 1-3
  Äther-Rute, Aura-Rute, Clearing-Rute
  u.a.
- **PR 35 Qualitäts-Holzruten**
- **KR 35 Abstimmrute**
- **Qualitäts-Holzpendel, handgefertigt**
- **Heilpendel nach Rohrbach**
- **RA 100 RESONANZDIAGNOSTIK**
- **LEG 100 RAUMENERGETIK**
- **RPS 100 RAUMPSYCHOGRAMM**

NEUE LÖSUNGEN FÜR DIE BERATUNGSPRAXIS

axis mundi
CONSULTING
AS PLANUNGSBÜRO FÜR
EOMANTIE & INTEGRALE PLANUNG
chitektur · stadt · landschaft · kunst

GRUNDSTÜCKS- & STANDORTANALYSE, LEBENSRAUMOPTIMIERUNG, BAUHERRENBERATUNG, PROJEKTENTWICKLUNG, RAUMKONZEPT FÜR

- Privathäuser
- Geschäftsräume & Office-Einheiten
- Hotels & Wellnessanlagen
- Siedlungen
- Landschaften, Parks & Gärten

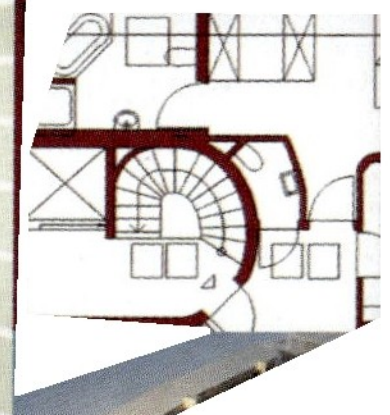

GEOMANTISCHE & RAUMENERGETISCHE PLANUNG

Hagia Chora

Zeitschrift für Geomantie

In Hagia Chora schreiben anerkannte Fachleute wie Marco Bischof, Stefan Brönnle, Axel Caspary, Howard Choy, Paul Devereux, Alessandra Dylla, Heide Göttner-Abendroth, Eike Hensch, Jochen Kirchhoff, Manfred Kubny, Hartmut und Ingeborg Lüdeling, Johanna Markl, Hans-Jörg Müller, Nigel Pennick, Marko Pogačnik, Siegfried Prumbach, Silvia Reichert de Palacio u.v.m.

Ständige Rubriken:

Wissen, Praxis, Feng Shui, Radiästhesie, Ökologie, Kunst, Neue Wissenschaft, Infomarkt, Terminkalender

Leserservice:

Human Touch Leserservice, Bärbel Lange
Am See 1, D-17440 Klein Jasedow
Telefon (03 83 74) 7 52 18, Fax (03 83 74) 7 52 23
bl@humantouch.de, www.geomantie.net

☐ **Ich abonniere Hagia Chora ab Ausgabe** ....

Das Abonnement umfasst 4 Ausgaben von Hagia Chora zum Preis von 19,50 € inkl. Versandkosten (europäisches Ausland zzgl. 5,– €, Welt Landweg zzgl. 12,– €; Schweiz: Abonnement 28,50 sfr. zzgl. 7,50 sfr. Versandkosten). Das Abonnement kann jederzeit schriftlich gekündigt werden. Ohne Kündigung verlängert sich das Abonnement jeweils für weitere 4 Ausgaben.

☐ **Ich bestelle die Hagia Chora Einzelhefte** ....

Ausgaben 12–23: Einzelpreis 5,– €; zzgl. Versandkosten
Restexemplare 8–11: Einzelpreis 2,50 – €; zzgl. Versandkosten

☐ **Ich bestelle ein Mini-Abo von Hagia Chora**

Das Mini-Abo umfasst 2 Ausgaben von Hagia Chora zum Preis von 10,– € inkl. Versandkosten in Deutschland und europäischem Ausland (Welt Landweg zzgl. 5,– €).
Wird das Mini-Abo nicht 14 Tage nach Erhalt des 2. Heftes schriftlich gekündigt, geht es automatisch in ein reguläres Abonnement von 4 Ausgaben der Hagia Chora über (Konditionen siehe oben).

Firma/Name ____________________

Vorname ____________________

Straße ____________________

PLZ/Ort ____________________

Telefon/Fax/Mail ____________________

Ort, Datum, Unterschrift ____________________

Bitte buchen Sie den Rechnungsbetrag bis auf Widerruf im Lastschriftverfahren von meinem Konto ab:

Konto ____________ BLZ ____________

Bank ____________________

Ort, Datum Unterschrift ____________________

Abo-Bestellungen können nur mit Bankeinzugsermächtigung angenommen werden. Alternativ können Sie im Internet bestellen und dort auch mit Kreditkarte bezahlen.

Heft 12/13 5,– €
Archäologie des Unsichtbaren

Heft 14 5,– €
Geomantie und Landwirtschaft

Heft 15 5,– €
Natur neu verstehen

Heft 16 5,– €
Geomantie und Siedlungskultur

Heft 17 5,– €
Die Erde spricht

Heft 18 5,– €
Radiästhesie

Heft 19 5,– €
Lebensräume

Heft 20 5,– €
Die Stimme der Landschaft

Heft 21 5,– €
Organische Architektur, Visionssuche, Elektrosmog

Heft 22 5,– €
Ökologie & Kunst, Lanzarote, geomantischer Friedhof

Heft 23 5,– €
Geopunkturkreise, Die Kraft der Steine, Innovationsfaktor Raumenergetik

Heft 24 5,– €
Raum und Bewusstsein, Körper des Drachen, Brunnensuche, Altai: Das weiße Land